首届向全國推薦優秀古籍整理圖書

玉谿生詩集箋注

上

〔唐〕李商隱 著
〔清〕馮浩 箋注
蔣凡 標點

上海古籍出版社

圖書在版編目（CIP）數據

玉谿生詩集箋注/（唐）李商隱著；（清）馮浩箋注；蔣凡點校. —上海：上海古籍出版社，1979.11（2023.9重印）
（中國古典文學叢書）
ISBN 978-7-5325-2396-2

Ⅰ.①玉… Ⅱ.①李… ②馮… ③蔣… Ⅲ.唐詩—注釋 Ⅳ.I222.742

中國版本圖書館CIP數據核字（2007）第035807號

中國古典文學叢書
玉谿生詩集箋注
（全二册）
[唐] 李商隱 著
[清] 馮 浩 箋注
蔣 凡 點校
上 海 古 籍 出 版 社 出版發行
（上海市閔行區號景路159弄1-5號A座5F 郵政編碼201101）
(1) 網址：www.guji.com.cn
(2) E-mail：gujil@guji.com.cn
(3) 易文網網址：www.ewen.co
上海展强印刷有限公司印刷
開本 850×1168 1/32 印張28.625 插頁 10 字數 508,000
1979年11月第1版 2023年9月第14次印刷
印數：33,251-34,050
ISBN 978-7-5325-2396-2

I·1219 平裝定價：88.00元

如發生質量問題，請與承印公司聯系
電話：021-66366565

前言

李商隱（約公元八一三年——八五八年），唐代著名詩人，字義山，號玉谿生、樊南生，懷州河內（今河南沁陽）人。出身于沒落的小官僚家庭。父李嗣，曾任獲嘉縣令，後到浙江爲幕僚。商隱幼年隨父赴幕，十歲喪父，回鄉跟叔父讀書。青年時古文寫作已嶄露頭角。十七歲時，受到天平軍節度使令狐楚的賞識，授以「今體」（駢文），任爲幕府巡官。二十五歲登進士第，入涇原節度使王茂元幕，並與他的女兒結婚。他一生仕途蹭蹬，只做過校書郎、縣尉一類小官，長期落魄江湖，沉淪幕府，「遠從桂海，來返玉京，無文通半頃之田，乏元亮數間之屋」〔一〕，過着窮愁飄蕩的生活，死時僅四十六歲。然而他所創作的詩歌，却在百花競豔的唐代詩歌園圃中開放出一叢絢麗奪目的奇葩，一千多年來爲人們所珍視。

唐朝在安史之亂以後，特別是到了李商隱所生活的晚唐時期，國勢江河日下，開元全盛的繁華景象早已蕩滌無存，元和中興的短暫希望也終成泡影。皇帝的昏庸，宦官的專權，朋黨的傾軋，藩鎮的跋扈，土地兼併的劇烈，這一切使得階級矛盾、民族矛盾越來越尖銳，人民生活更陷於苦難的深淵。再過四十年左右，唐王朝就在農民起義的怒濤和軍閥的紛爭中覆滅了。李商隱是個有政治抱負的詩人，「賈生年少虛垂涕，王粲春來更遠遊。永憶江湖歸白髮，欲迴天地入扁舟」（《安定城樓》），曾懷有拯救危亡、旋轉乾坤的宏願；但殘酷的現實與之恰恰相反，「如何匡國分，不與夙心期」（《幽居冬暮》），報國理想全歸幻滅。他的詩歌打上了深刻的時代烙印，已不懷有像李白「天生我材必有用」（《將進酒》）那種的樂觀自信，也喪失了像杜甫「皇綱未宜絕」（《北征》）那樣對王朝的信念，但却從李、杜身上吸取了浪漫主義與現實主義精神，時而憤怒地抨擊當時政治的腐敗、社會的黑暗；更多的則以委婉的彩筆，曲折傾吐心中隱微無盡的愁思，具有鮮明的時代色彩、個性特徵和獨特的藝術風格，成爲晚唐詩人的傑出代表。當時與杜牧並稱「李杜」，與溫庭筠並稱「溫李」。

首先，李商隱的政治詩雖然數量不算最多，但却值得注意。《行次西郊作一百韻》是他詩集中第一長篇，內容波瀾壯闊，展現了當時災難深重、民不聊生的社會眞貌。「高田長檞櫪，下田長荆榛。農具棄道旁，飢牛死空墩。依依過村落，十室無一存。」農村的殘破荒凉，令人怵目驚心。京郊尚且如此，何況其它！詩中夾敍夾議，「冤憤如焚」地控訴了唐王朝最高統治者的荒淫無恥，昏聵無能；揭露了權貴們的巧取豪奪，奸詐凶暴；喊出了廣大人民遭受屠殺、奴役、壓榨的沉痛呼聲。「盜賊亭午起，問誰多窮民。節使殺亭吏，捕之恐無因。」詩人雖然仍稱起義者爲「盜賊」，但字裏行間却流露着同情，道出了「官逼民反」的實質。唐末農民大起義的信息在這裏已透露端倪。唐王朝落到如此地步，是否天意如此呢？不是的。「又聞理與亂，繫人不繫天」，在詩人對社會現實問題的看法中，是有樸素唯物主義因素的。可是他又把救弊振衰的希望寄託在一二聖君賢相身上，而當時的上層統治集團却已腐朽透頂。「愼勿道此言，此言未忍聞」，最後他絕望了。這首詩有很強的現實性，堪稱詩史，仿佛杜甫的《自京赴奉先詠懷五百字》和《北征》，而其中對統治階級的揭露與批判，對歷史現象的描繪，則更率直，更廣泛。

李商隱儘管官職卑微，但對一些重大的政治事端，仍然勇於發表自己的看法，愛憎分明，態度明朗。如大和年間劉蕡在對策中痛論「黃門（宦官）太橫，將危宗社」，「土崩之勢，憂在旦夕」〔二〕，慷慨陳詞，震動朝野，後來遭受迫害，吞恨而死。會昌元年（公元八四一年）當劉蕡遠貶時，李商隱作詩送他；次年劉蕡去世，又作了四首詩哭他。「平生風義兼師友」，鮮明地反映了詩人與劉蕡政治態度的一致和對他正義事業的支持。對當時控制朝政的反動宦官集團，詩人的抨擊不遺餘力。如大和九年（公元八三五年）的甘露之變，宦官幽禁文宗，屠殺朝官，殘及百姓，從此唐朝政局愈加黑暗。當時的封建士大夫大都畏禍依違，有的趨附順從，有的默無表示。正直如白居易，這時遠處洛陽，也只暗中悲嘆老友的「白首同歸」，慶幸自己的「青山獨往」〔三〕。李商隱却挺身而出，以不可抑制的憤慨，奮筆寫下《有感》《重有感》三首，對宦官的暴行提出強烈的抗議，並表示了剷除這一罪惡勢力的強烈願望。其它如《隋師東》揭露軍閥叛亂及朝廷征伐無方所造成的嚴重破壞；《壽安公主出降》諷刺唐王朝對強藩姑息養奸的卑屈行徑；《行次昭應縣道上送戶部李郎中充昭義攻討》歌頌平叛戰爭；《驕兒詩》則期望自己的兒子迅速成長，深入虎穴，立功邊疆。這些都表明了他譴責分裂割據，維護祖國統一的立場。

李商隱的詠史詩也是有很強的現實性的。「莫恃金湯忽太平，草間霜露古今情」（《覽古》），「歷覽前賢國與家，成由勤儉破由奢」（《詠史》），記錄前朝成敗興衰的教訓，感昔撫今，促使在位者引爲鑑戒。如《富平少侯》、《南朝》、《隋宫》、《北齊》等寫歷史題材的詩，對古代的封建統治者的驕奢淫佚，荒唐迷信，虐人害物，進行有力的鞭撻，揭示其必然滅亡的命運，也是對當時朝政的諷刺。《賈生》一絶，尤見卓識：

宣室求賢訪逐臣，賈生才調更無倫。可憐夜半虚前席，不問蒼生問鬼神！

這裏遠遠超出了一般「士不遇」的感慨，指出卽使蒙受皇帝恩遇，但被詢問的如果不是有關「蒼生」的問題，而是鬼神之事，那就辜負了賈生的無比才調。由此也可窺見詩人胸襟之一端。中唐以後的帝王貴族，大都求仙佞佛，妄祈長生，無視民瘼，扼殺人材。李商隱這類詩歌均有感而發，具有批判現實的意義。他的詠史詩更有直接抨擊本朝的。如《瑶池》、《過景陵》、《華嶽下題西王母廟》等卽是譏刺唐憲宗、唐武宗的求仙餌藥以致「暴疾」而卒。又如《華清宫》二首有云：「當日不來高處舞，可能天下有胡塵。」「未免被他褒女笑，只教天子暫蒙塵。」把批判矛頭直指唐玄宗、楊玉環，揭露他們造成禍胎亂本的罪責。詠本朝史事如此尖鋭，無所忌諱，前人曾指責爲「大傷名教」，「用事失體，在當時非所宜言」〔四〕。這恰恰表現了詩人的胆識和作品的份量。這些以律、絶體裁出現的詠史詩，截取了歷史上的一時一事，畫龍點睛，形象地描繪了一幅幅封建王朝盛衰興亡的歷史圖畫。它表面是寫歷史，實是着眼於現實，篇幅雖短，容量很大，用筆婉轉，寓意精深，達到了很高的藝術境界。

李商隱的一部分抒情詠物之作，深摯細膩地刻劃了晚唐這一特定時代風貌和特定階層的心理矛盾：

秋陰不散霜飛晚，留得枯荷聽雨聲。（《宿駱氏亭寄懷崔雍崔袞》）

客散酒醒深夜後，更持紅燭賞殘花。（《花下醉》）

夕陽無限好，只是近黄昏。（《樂遊原》）

迴頭問殘照，殘照更空虛。（《槿花》）

人生失意，好景不常，對落日而興嘆，見殘花而垂泪，字裏行間凝聚着沉重的悲觀感傷氣氛。然而作者正是基於對中天旭日、盛放繁花的熱愛，才對其消逝與凋零寄與如此深厚的感情，這裏同時也透露出對美好事物和理想的熱烈憧憬。詩人對唐王朝的光榮歷史有自豪，對自己的才華有自負，可是眼見七寶樓台即將崩潰，覆巢之下豈有完卵？他留戀，沉痛，執着，迷茫，身世之悲，家國之痛，觸緒紛來，發爲心聲，顯得那麽悽惋入神，無限低迴。面對晚唐五代這樣混亂黑暗時代的來臨，追念往昔繁華，憂慮來日大難，當時許多封建知識分子都懷有類似的心情。因而李商隱的悲歌泣訴，也有着一定的代表性，它可幫助我們從另一角度去理解封建社會的衰落。

無題詩是李商隱的獨特創造。這些詩歌情致纏綿，景象迷離，含意深邈，辭藻瑰麗，閃爍着迷人的光彩。宋人對它就有種種揣測。金代元好問《論詩絶句》説：「望帝春心託杜鵑，佳人錦瑟怨華年。詩家總愛西崑好，只恨無人作鄭箋。」明清以來，雖然注家遞出，論說紛紜，但大多失諸穿鑿附會。《四庫全書總目提要》說他們「大抵刻意推求，務爲深解，以爲一字一句皆屬寓言，而無題諸篇穿鑿尤甚」，「一概以美人香草解之，殊乖本旨；至於流俗傳誦，多錄其綺豔之作，……取所短而遺所長，益失之矣」，不失爲比較中肯的批評。李商隱的無題詩並非作於一時一地，取材廣泛，內容多樣，既有寄意深遠的政治詩，更有哀感頑豔的愛情詩，也有其它抒情詩，難以一概而論。現實生活是複雜的，人的感情是豐富的，往日故事，當前情景，都可激發詩人的情感，引起創作的衝動，詩中之意不便明言或不能以題盡之，就名之爲「無題」。「巧囀豈能無本意」（《流鶯》），「楚雨含情皆有託」（《梓州罷吟寄同舍》），詩中可能蘊藏着某種寄託或本事，後人實事求是地加以探索和分析是有益的；但在沒有具體材料來證實的情況下，只能存疑。如果用主觀唯心主義的方法，抓住片言隻語去捕風捉影，猜謎索隱，必然愈弄愈糊塗，作出種種歪曲。對這一部分詩歌的評價，主要還是看它們反映的思想感情是否高尚嚴肅，真摯深切，那麽回答基本上是肯定的：

春蠶到死絲方盡，蠟炬成灰淚始乾。

身無綵鳳雙飛翼，心有靈犀一點通。

金蟾齧鎖燒香入，玉虎牽絲汲井迴。

在哀怨之中顯示一種積極的、執着的、鍥而不舍地追求美好理想的情操，值得我們重視。當然，無題詩中也有一些流於庸俗輕薄之作，則是需要分別對待的。

李商隱的文藝思想比較解放而新穎，表現出批判舊傳統的「異端」色彩。其《上崔華州書》〔五〕說：

始聞長老言，學道必求古，爲文必有師法，常悒悒不快。退自思曰：夫所謂道，豈古所謂周公、孔子者獨能邪？蓋愚與周、孔俱身之耳。以是有行道不繫今古，直揮筆爲文，不愛攘取經史，諱忌時世。百經萬書，異品殊流，又豈能意分出其下哉！

在思想內容方面反對用周、孔之道作爲教條束縛，在藝術形式方面反對因襲古代經史的陳詞濫調。他提倡直抒胸臆，要求揭露現實，強調突破傳統，兼采衆長，不拘一格，自由創造。這是對當日文壇的復古思潮和封建正統觀念的大胆挑戰。又其《獻侍郎鉅鹿公啓》〔六〕說：「况屬詞之工，言志爲最。自魯毛兆軌，蘇李揚聲，代有遺音，時無絕響，雖古今異制，而律呂同歸。我朝以來，此道尤盛。皆陷於偏巧，罕或兼材：枕石漱流，則尚於枯槁寂寞之句；攀鱗附翼，則先於驕奢豔佚之篇；推李杜則怨刺居多；效沈宋則綺靡爲甚。至於秉無私之刀尺，立莫測之門牆，自非託於降神，安可定夫衆制？」在對前人的評論中表示了自己的傾向。這些精神，也正體現於他的詩歌創作中。

李商隱的藝術才能比較全面，對古、近各種詩體都能够成功地運用。他的詩集中既有氣勢磅礴的長篇敍事詩，如《行次西郊作一百韻》等；又有迴腸蕩氣的長篇抒情詩，如《哭遂州蕭侍郎二十四韻》等。這些長篇古詩與排律，題材重大，畫面壯闊，顯示了作者的功力。然而他所最出色當行的還應推七言律詩。詩人善於把千言萬語所説不盡講不淸的情景，用有限的字句最貼切地表達出來，形象優美而意境深沉，格律工整而富有浪漫氣息，如著名的《錦瑟》、《安定城樓》、《馬嵬》、無題、詠史諸作，都無愧爲化工之筆。淸代葉燮説：「李商隱七絶，寄託深而措辭婉，實可空百代無其匹也。」〔七〕這評價應該是包括其七律的，雖然所謂「百代無匹」未免是誇大了。李商隱的律句，旣師法杜甫「而得其藩籬」〔八〕，更融會了屈原、宋玉辭賦和李白、李賀歌行的情采，儘管工力不如杜甫，豪放不如李白，奇譎不如李賀，但在他們的層巒叠嶂面前別開峯壑之勝，則是李商隱在文學史上的貢獻。他的絶句則常常洗淨鉛華，淸麗可誦。如《夜雨寄北》、《嫦娥》等，顯示作者不乏白描手法，而在樸素自然之中仍可以體味到它們語言的凝鍊與情韻的深婉。當然也應指出，李商隱的某些詩歌，存在着堆砌僻典，詞旨晦澀，濃而不化的缺點。正如魯迅所説：「玉溪生淸詞麗句，何敢比肩，而用典太多，則爲我所不滿。」〔九〕北宋西崑體作者專在這方面模擬他，取其糟粕，那只能説是李商隱的罪人了。

明淸人爲李商隱詩集作箋釋評注的人很多，有釋道源、朱鶴齡、徐樹穀、程夢星、姚培謙、屈復、馮浩等，各家互有短長。馮本晚出，比較詳備。馮氏精熟史書，吸收前人成果，融會李商隱的文集〔一〇〕，對其詩歌中涉及的人物故事、典章制度、詞語出處，旁徵博引，加以考證，並常能探索創作意圖，進行演繹串釋，有助於閲讀理解，在這方面是作出貢獻的。但由於他作注時還沒見到李商隱文集的補編部份〔一一〕，以及研究方法等局限，疏漏謬誤之處也在所難免。近代張采田《玉谿生年譜會箋》對之頗有糾正。至於詩大牛李黨爭對李商隱的影響，把他的許多無題詩及其它篇什都附會爲干求當時權相令狐綯之作，主觀片面，連馮氏也不得不說：「穿鑿之譏，吾所不辭耳。」〔三〕這又是馮本的不足之處。現以馮浩德聚堂乾隆庚子重刻本爲底本（馮浩的補遺及補註部分，係根據德聚堂嘉慶重校本補入），加以標點整理出版，以供讀者研究參考。

關於李商隱詩歌本文，馮氏博采諸本，頗爲精審，本書一般都保存原貌，個別明顯刊誤，則參照嘉靖本、汲古閣本、影印錢謙益手抄宋本、朱鶴齡本及馮氏德聚堂初刻本校改。對於箋注部分的錯字，隨時加以改正，某些引用史料的字句謬誤至於不能卒讀或易致誤解的，也逕照原書校正，不再一一說明。限於水平，工作中一定有不少缺點，希望讀者指正。

本書的標點整理工作是由蔣凡擔任的。在工作中曾得到朱東潤、趙善詒同志的關心與幫助，謹致謝意。

顧易生　蔣凡

一九七八年十月

〔一〕《樊南文集詳注》卷四《上尚書范陽公啓》。

〔二〕《舊唐書》卷一九〇下《劉蕡傳》。

〔三〕《白氏長慶集》卷六五《九年十一月二十一感事而作》。

〔四〕見本書卷三注。

〔五〕《樊南文集詳注》卷八。

〔六〕《樊南文集詳注》卷三。

〔七〕葉燮《原詩》外篇下。

〔八〕見《蔡寬夫詩話》。

〔九〕魯迅致楊霽雲的信。見人民文學出版社一九五六年版《魯迅全集》第十册二二四頁。

〔一〇〕馮浩曾編注李商隱文集，有《樊南文集詳注》十卷。

〔一一〕清同治間，錢振倫、錢振常補輯李商隱文並爲之箋注，有《樊南文集補編》十二卷。

〔一二〕見本書《即日》詩（「小鼎煎茶面曲池」）注。

玉谿生詩集箋註目錄

卷一

卷二

玉谿生詩集箋註卷之一

編年詩

按：義山，懷州河內人。當少年未第時，習業於玉陽王屋之山，詳畫松詩、偶成轉韻詩。其奠令狐公文云：「故山峨峨，玉谿在中」，必指玉陽王屋山中無疑也。若水經注云：「河水自潼關東北流，玉澗水注之，水南出玉谿，北流逕皇天原西，又北逕閿鄉城西，又北注於河。」此與義山所云，固相隔也。又云：「河水又東，永樂澗水注之。水北出薄山南，流逕河北縣故城西，又南入於河。」此亦稱永樂谿水，而初無玉谿之名。乃會昌間，義山曾寄居永樂，而後人遂以此爲玉谿，亦非也。偶檢三水小牘云：「高平縣西南四十里，登山越玉谿。」此與玉陽王屋地雖近接，界亦稍踰矣。細揣博求，意猶未愜。近讀元耶律文正王屋道中詩云：「行吟想像覃懷景，多少梅花坼玉谿？」玩其詞義，實有玉谿屬懷州近王屋山者，大可爲余說之一證。雖未能指明細處，必即義山之玉谿矣。

韓碑〔一〕

元和天子神武姿，彼何人哉軒與羲〔二〕。誓將上雪列聖恥〔三〕，坐法宮中朝四夷〔四〕。淮西有賊五十載〔五〕，封狼生貙貙生羆〔六〕。不據山河據平地，長戈利矛日可麾〔七〕。帝得聖相相曰度〔八〕，賊斫不死神扶持〔九〕。腰懸相印作都統〔一〇〕，陰風慘澹天王旗〔一一〕。愬武古通作牙爪〔一二〕，儀曹外郎載筆隨〔一三〕。行軍司馬智且勇〔一四〕，十四萬衆猶虎貔〔一五〕。入蔡縛賊獻太廟〔一六〕，功無與讓恩不訾〔一七〕。帝曰：「汝度功第一〔一八〕，汝從事愈宜爲辭〔一九〕。」愈拜稽首蹈且舞，金石刻畫臣能爲〔二〇〕。古者世稱大手筆〔二一〕，此事不繫於職司〔二二〕。當仁自古有不讓，言訖屢頷天子頤〔二三〕。公退齋戒坐小閤，濡染大筆何淋漓。點竄堯典舜典字，塗改清廟生民詩〔二四〕。文成破體書在紙〔二五〕，清晨再拜鋪丹墀〔二六〕。表曰：「臣愈昧死上」〔二七〕，詠神聖功書之碑。碑高三丈字如手〔二八〕，負以靈鼇蟠以螭〔二九〕。句奇語重喻者少，讒之天子言其私。長繩百尺拽碑倒，麤砂大石相磨治〔三〇〕。公之斯文若元氣，先時已入人肝脾〔三一〕。湯盤孔鼎有述作〔三二〕，今無其器存其詞。嗚呼聖皇及聖相，相與烜赫流淳熙。公之斯文不示後，曷與三五相攀追〔三三〕？願書萬本誦萬過〔三四〕，口角流沫右手胝〔三五〕。傳之七十有二代〔三六〕，以爲封禪玉檢明堂基〔三七〕。

〔一〕按：韓昌黎年至長慶四年，段墨卿年至太和九年，此當非太和前所作。今以其賦元和時事，煌煌巨篇，實當弁冕全集，故首登之，無嫌少通其例。

〔二〕軒轅、伏羲。

〔三〕唐自安史亂後，藩鎮遂多擅命，故云。

〔四〕何義門曰：起頌憲宗，得大體。

〔五〕按：新唐書藩鎮傳「自吳少誠盜有蔡四十年」，而碑文云：「蔡帥之不廷授，於今五十年。」蓋大曆末，李希烈爲其節度，建中時爲亂，僭稱建興王。貞元二年，爲陳仙奇藥死。仙奇領鎮，頗盡誠節，未幾，少誠殺之。合凡五十餘年矣。

〔六〕狠類，詳爾雅。後漢書張衡傳：射嶓冢之封狠。爾雅：貙獌似貍。註曰：今山民呼貙虎之大者爲貙豻。又：羆如熊，黄白文。註曰：似熊而長頭高脚，猛憨多力。

〔七〕舊唐書吳元濟傳：自少誠阻兵，王師未嘗及其城下。城池重固，陂浸阻迴。地少馬，廣蓄騾，乘之教戰，謂之「騾子軍」，尤勇悍。蔡人堅爲賊用，乃至搜閱天下豪鋭，三年而後屈。

〔八〕原註：晏子春秋：仲尼聖相。按：諸本所註，有義山自註者，有後人所註者，今酌以原註、自註別之。

〔九〕孫綽天台賦：實神明之所扶持。新書裴度傳：王承宗、李師道謀緩蔡兵，乃伏盜京師，刺殺宰相武元衡，又擊度，刃三進，斷靴，刜背裂中單，又傷首，度冒氈，得不死。騶人王義持賊大呼，賊斷義手。度墜溝，賊意已死，因亡去。帝曰：「度得全，天也。」疾愈，詔毋須宣政衙，即對延英，拜中書侍郎、同中書門下平章事。時元和十年六月。

〔一〇〕舊書裴度傳：十二年七月，奏請自赴行營，詔以守平章事彰義節度仍充淮西宣慰招討處置使。

詔出，度以韓弘爲都統，不欲更爲招討，請祇稱宣慰處置使，從之。其實行元帥事。新書傳：然實行都統事。何曰：昌黎有潼關上都統相公詩，首句云：「暫辭堂印執兵權」，必晉公也。

〔一〕舊書傳：度赴淮西，詔以神策軍三百騎衞從，上御通化門慰遣之。

〔二〕舊書李愬傳：元和十一年，充隨唐鄧節度使。韓弘傳：憲宗授弘淮西諸軍行營都統，弘惟令其子公武率師二千隸李光顏軍。李皐傳：元和十一年，以皐子道古爲鄂岳蘄安黃團練使。新書紀：元和九年，以李文通爲壽州團練使，討吳元濟。

〔三〕舊書紀：以司勳員外郎李正封、都官員外郎馮宿、禮部員外郎李宗閔，皆兼侍御史爲判官書記，從度出征。新書百官志：武德三年，改儀曹郎曰禮部郎中。句只指宗閔爲書記。

〔四〕後漢書志：將軍有長史、司馬各一人，行軍有軍司馬一人。後之行軍司馬始此。舊書紀：以右庶子韓愈兼御史中丞，充行軍司馬。新書韓愈傳：愈請乘遽先入汴，說韓弘使叶力。何曰：蔡兵聚洄曲，韓請於晉公，自提兵五千，間道入取元濟，公不許。俄而李愬破文城入蔡，晉公歎服。故曰「智且勇」。按：事見公行狀。公又有論淮西事宜狀，見文集。

〔五〕書牧誓：如虎如貔。

〔六〕舊書裴度傳：十月十一日，李愬襲破懸瓠城，擒吳元濟。吳元濟傳：元濟至京，憲宗御興安門受俘，乃獻廟社，徇兩市，斬之獨柳。

〔一七〕庾信商調曲：功無與讓，銘太常之旌。王粲詠史詩：結髮事明君，受恩良不訾。舊書裴度傳：時諸道兵皆有中使監陣，進退不由主將。度至，奏去之。軍法嚴肅，號令畫一，以是出戰皆捷。十一月，度入朝，加金紫光祿大夫、弘文館大學士，賜勳上柱國，封晉國公。田賓山曰：省筆已括。

〔一八〕史記蕭相國世家：高帝曰：「夫獵，追殺獸兔者，狗也；發蹤指示獸處者，人也。今諸君，功狗也；蕭何，功人也。」列侯位次，蕭何第一。

〔一九〕漢書毋將隆傳：大司馬車騎將軍王音內領尚書，外典兵馬，踵故選置從事中郎，奏請隆爲從事中郎。後漢書志：將軍有從事中郎二人，職參謀議。晉書志：諸公及開府有從事中郎二人。舊書韓愈傳：淮蔡平，以功授刑部侍郎，詔撰平淮西碑。何曰：二語勾清平淮西功，引起作碑，是全篇關鍵。提明「帝曰」，以見碑之無私也。

〔二〇〕史記秦始皇本紀：金石刻盡始皇帝所爲。

〔二一〕大手筆，見晉書王珣傳，而歷朝文人傳中習用之。

〔二二〕「職司」指翰林以文章爲職業者，隱射下改命段文昌。

〔二三〕揚子方言：頷，頤頷也。此謂點頭稱善。袁虎文曰：此等皆波瀾頓挫處，不爾便是直口布袋。

〔二四〕昌黎進碑文表引典誥、雅頌爲比例，而曰「茲事至大，不可輕以屬人。」此數句同其意也，言其慎重出之，隱見不可妄改。

〔二五〕徐浩論書：鍾善眞書，張稱草聖；右軍行法，大令破體，皆一時之妙。按：破體謂變化前人之體，戴叔倫懷素草書歌「始從破體逞風姿」也。又陳書徐陵傳：國家有大手筆，皆陵草之。其文頗變舊體，多有新意。昌黎此文，非唐人舊體，故道源註曰：「破當時爲文之體。」義亦似通。但既曰「文成」，當言書法。

〔二六〕漢書註：丹墀，赤地也，謂以丹漆地。

〔二七〕秦漢羣臣奏事，每曰「昧死上言」，屢見史書。

〔二八〕一作「斗」。

〔二九〕後漢書張衡傳：伏靈龜負坻兮。何晏景福殿賦：如螭之蟠。廣雅：無角曰螭龍。按：平蔡用簡筆，作碑用繁筆，不特相題宜然，亦行文虛實之法。田、袁二評殊妙。

〔三〇〕舊書韓愈傳：碑辭多敍裴度事。時先入蔡州，李愬功第一，愬不平之。愬妻，唐安公主女也，出入禁中，訴碑不實。詔令磨愈文，命翰林學士段文昌重撰勒石。廣川書跋：碑言夜半破蔡，取元濟以獻，豈嘗泯沒愬功？愈以裴度決勝廟算，請身任之，帝黜羣議，決用不疑，其所取遠矣。程曰：訴碑辭不實，其說有二：一爲李愬之武士石孝忠，心大不平，推碑幾仆，致聞於帝。羅隱有說石烈士，見唐文粹。東坡題跋：「淮西功業冠吾唐，吏部文章日月光。千載斷碑人膾炙，不知世有段文昌。」又一首云云。紹聖間，臨江軍驛壁上得此詩，不知誰氏子作也。王阮亭曰：侯鯖錄載宋紹聖中貶東坡，毀上清宮碑，命蔡京別撰。有人過臨江驛題詩，此因東坡而發，時黨禁方嚴，故託之前代云爾。以爲直言淮西事者，誤。

〔三一〕繁欽與魏文帝牋：淒入肝脾，哀感頑豔。

〔三二〕程曰：左傳正考父鼎銘，孔子之先也，故曰孔鼎，可配湯盤，非孔悝鼎銘。

〔三三〕班固東都賦：事勤乎三五。漢書註曰：三皇五帝也。文選註曰：史記：楚子西曰：「孔丘述三五之法，明周、召之業。」按：今本史記皆作「三王」，據善註是誤刊矣。

〔三四〕一作「遍」。黃庭內景經：詠之萬遍生三天。務成子註黃庭內景經敍：當清齋九十日，誦之萬遍。又：萬過既畢。又：十遍爲一過。

〔三五〕漢書揚雄傳：蔡澤頷頤折頞，涕涶流沫。呂氏春秋：舜未遇時，手足胼胝不居。荀子：耕耘樹藝，手足胼胝。廣韻：胝，皮厚也。

〔三六〕一作「三」。

〔三七〕史記：古者封泰山禪梁父者七十二家。何曰：宋本作「三代」字，佳，幷唐數之也。本班固典引「作者七十有四人」，後人妄改「二」字。按：宋本余未見，見前明刊本作「三」字，太平御覽引河圖眞紀鉤云「七十三君」，隋書許善心神雀頌「七十三君，信蔑如也」，則作「三」亦有據。余竊謂

「傳之」二字未甚明爽，疑「傳」字或有誤，作「三」作「二」，不足泥也。

〔三八〕史記封禪書：封泰山下東方，其下則有玉牒書。後漢書祭祀志：牒厚五寸，長尺三寸，廣五寸。有玉檢，檢用金縷五周，以水銀和金以爲泥。禮記明堂位：周公朝諸侯於明堂之位。趙氏孟子註：泰山下明堂，周天子東巡狩朝諸侯之處。韓碑銘曰：淮蔡既平，四夷畢來。遂開明堂，坐以治之。

錢木菴曰：賦韓碑卽學韓文序事筆法，神物之善變如此。何曰：古茂典雅，頌美之體，諷刺之遺也。姚平山曰：直敍平淮西，都作軒天蓋地語。後言碑文在天地間，如元氣流行，碑之存不存，不足爲損益也。天下金石志云：宋時州守陳珦磨去段作，仍刻韓文。浩曰：推崇韓碑，不待言矣。淮西覆轍在前，河朔終於怙惡，作者其以鋪張爲風戒乎？

富平少侯〔一〕

七國三邊未到憂〔二〕，十三身襲富平侯〔三〕。不收金彈抛林外〔四〕，却惜銀牀在井頭〔五〕。綵樹轉燈珠錯落〔六〕，繡檀迴枕玉雕鎪〔七〕。當關不〔八〕報侵晨客〔九〕，新得佳人字〔一〇〕莫愁〔一一〕。

〔一〕才調集無「少」字。以下編年。

〔二〕漢書：景帝時，吳、膠西、楚、趙、濟南、菑川、膠東七國反。史記匈奴傳：冠帶戰國七，而三國邊於匈奴。索隱曰：三國，燕、趙、秦也。後漢書：匈奴寇三邊。小學紺珠：三邊，幽、幷、涼三州也。田云：只言無兵事，偏說得隱曲。按：七國喻藩鎮，三邊謂外寇，言年少未遽知憂也。

〔三〕漢書傳：張安世封富平侯，傳至張放，以公主子開敏得幸。放與上臥起，寵愛殊絕。按：放之嗣爵，漢書不書其年，此云「十三」何據？家語：周成王年十有三而嗣立。疑其影用之。

〔四〕西京雜記：韓嫣好彈，常以金爲丸，所失者日有十餘，長安爲之語曰：「苦饑寒，逐金丸。」兒童每聞嫣出彈，輒隨之，望丸之所落，輒拾焉。

〔五〕樂府淮南王篇：後園鑿井銀作牀。梁簡文詩：銀牀繫轆轤。廣韻：轒轤，圓轉木也。玉篇：轆同轒。名義考：銀牀乃轆轤架，非井欄也。碧溪詩話：二句曲盡貴公子憨態。馮己蒼云：猶諺云「當着不着」。

〔六〕班固西都賦：隨侯明月，錯落其間。

〔七〕徐陵詩：帶衫行障口，覓釧枕檀邊。左思魏都賦：木無彫鎪。

〔八〕一作「莫」，非。

〔九〕東觀漢記：汝郁載病徵詣公車，臺遣兩當關扶入，拜郎中。嵇康絶交書：臥喜晚起，而當關呼之不置。

〔一〇〕一作「是」。

〔一〕莫愁，石城女子，又盧家婦名莫愁。俱詳後越燕、石城。

田曰：只形容驕貴宴安，「少」字已出。徐曰：此爲敬宗作。帝好奢好獵，宴遊無度，賜與不節，尤愛纂組雕鏤之物。視朝每晏，即位之年三月戊辰，羣臣入閤，日高猶未坐，有不任立而踣者。事皆見紀、傳。漢書：成帝始爲微行，從私奴出入郊野，每自稱富平侯家人。而敬宗即位年方十六，故以富平少侯爲比，不敢顯言耳。浩曰：徐說是矣，此異於少將、公子諸篇也。通鑑：「帝宣索左藏金銀，悉貯內藏，以便賜與。」第四句指此。蘇鶚杜陽雜編：「寶曆二年，浙東貢舞女二人，曰飛鸞、輕鳳。帝琢玉芙蓉爲歌舞臺，每歌舞一曲，如鸞鳳之音，百鳥莫不翔集。歌罷，令內人藏之金屋寶帳。宮中語曰：寶帳香重重，一雙紅芙蓉。」結句指此，徐氏引郭妃則誤矣。又曰：統觀李唐全代，中葉以後，河朔既不可復，諸藩鎮屢有擅命，吐蕃、迴鶻、党項先後頻入寇，蓋內外皆不寧矣。而敬宗童昏失德，朝野危疑，故連章諷刺，以志隱憂。此章首七字最宜重看。

日高

鍍鐶故錦縻輕拖〔一〕，玉笢〔二〕不動便門鎖〔三〕。水精眠夢是何人〔四〕？欄藥日高紅髲鬖〔五〕。

飛香上雲春訴天〔六〕，雲梯十二門九關〔七〕。輕身滅影何可望？粉蛾帖死屏風上〔八〕。

〔一〕一作「袘」，非。按：史記上林賦「宛虹拖於楯軒」，又曰：「拖蜺旌」一音徒我反，一音徒可反。

袉與拖通。說文引論語「朝服袉紳」，唐左切。此句用韻皆合。若袘字，雖玉篇曰：「袉，俗作袘。」然其本音非此韻也。徐曰：鍍鐶謂門鐶。以故錦繫鐶，便於引曳，宮禁之制如是。

〔二〕一作「筏」，非。

〔三〕黃庭經：玉笓金鑰長完堅。註曰：「笓」，或爲「匙」。

〔四〕錢曰：指水精簾內未起之人。

〔五〕蘂，苟蘂也。詩：不屑髢也。箋曰：髢，髲也。說文：髲，益髮也，平義切。按：「鬖」字舊字書皆無，今見字彙補，即據此詩耳。髲鬖如曰矮墮也。朱長孺謂當作駊騀解。余考廣韻「駊騀，馬搖頭貌」，而韓偓香奩集「酒蕩襟懷微駊騀，春牽情緒更融怡」，又世說「嵇叔夜醉，傀俄若玉山將頹」，或作嵬峨，皆假借通用。此則以紅蘂髲鬖狀內人睡態也。若朱氏引甘泉賦「崇丘駊騀」，則是高大貌，義不同矣。

〔六〕一作「哀」，非。

〔七〕雲梯十二，用十二樓，詳後九成宮。楚詞招魂：君無上天些，虎豹九關，啄害下人些。離騷：吾令帝閽開關兮，倚閶闔而望予。

〔八〕儀禮覲禮：天子設斧依於戶牖之間。註曰：依，如今綈素屏風也，有繡斧文。史記：孟嘗君待客坐語，而屏風後常有侍史主記所語。

浩曰：人君勵精圖治，首重臨朝，故李德裕獻丹扆六箴，其一曰宵衣，以諷視朝稀晚。裴度亦以爲言。其時諫議大夫李渤出次白宰相，請出閤待罪，既坐班退，左拾遺劉栖楚極諫，叩頭流血，帝爲之動容。事皆見舊書紀、傳。「飛香」句謂此也。「粉蛾帖死」，所謂老病者幾僵仆也。此本程氏徐氏之説而參定之。

陳後宮

玄武開新苑〔一〕，龍舟讌幸頻〔二〕。渚蓮參法駕〔三〕，沙鳥犯勾陳〔四〕。壽獻金莖露〔五〕，歌翻玉樹塵〔六〕。夜來江令醉，別詔宿臨春〔七〕。

〔一〕宋書：元嘉二十三年，築北隄，立玄武湖於樂游苑北。徐爰釋問：本桑泊，晉大興二年創爲北湖。宋元嘉中有黑魚見，因改玄武湖，以肄舟師。陳書：後主至德四年九月，幸玄武湖，肄艫艦閲武，宴羣臣賦詩。

〔二〕淮南子：龍舟鷁首，浮吹以虞。此遊於水也。通鑑注：自唐以來，治競渡龍舟。

〔三〕漢書文帝紀：奉天子法駕迎代邸。如淳曰：屬車三十六乘。後漢書輿服志：乘輿大駕，太僕御，大將軍參乘，屬車八十一乘；乘輿法駕，奉車郎御，侍中參乘，屬車三十六乘。

〔四〕史記天官書：中宮天極星。後句四星，大星正妃，餘三星後宮之屬。環之匡衞十二星，藩臣。皆曰紫宮。索隱曰：星經以後句四星爲四輔，其句陳六星爲六宮，亦主六軍，與此不同。晉書志：北極五星，勾陳六星，皆在紫宮中。

〔五〕班固西都賦：抗仙掌以承露，擢雙立之金莖。餘詳後漢宮詞。

〔六〕陳書：後主使諸貴人及女學士與狎客共賦新詩，被以新聲，其曲有玉樹後庭花、臨春樂等。按：瀛洲玉塵，見搜神記；而歌動梁塵語，習用。此「塵」字固非湊韻。

〔七〕陳書江總傳：後主授總尚書令。總當權宰，但日遊宴後庭，共陳暄、孔範、王瑗等十餘人，當時謂之狎客。張貴妃傳：後主於光昭殿前起臨春、結綺、望仙三閣，後主自居臨春閣。

徐曰：此爲敬宗作。舊書紀：寶曆時幸魚藻宮觀競渡；又發神策六軍，穿池於禁中；又詔淮南王播造競渡船供進。前四句所云也。五謂惑於道士劉從政等，求訪異人，冀獲靈藥。六謂教坊供奉及諸道所進音聲女樂也。熊望傳云：「昭愍嬉遊之隙，以翰林學士崇重不可褻狎，乃議別置東頭學士，以備曲宴賦詩。劉栖楚以望名薦送，事未行而昭愍崩。」則其時定有詞臣爲狎客者，如末二句所云也。浩曰：徐箋確矣。敬宗宴飲女樂諸事備詳紀文也。馮己蒼云：「參法駕者爲渚蓮，犯勾陳者爲沙鳥，醉而宿臨春者爲江令，君臣荒湎，備極形容。」鈍吟云：「江左繁華，陳宮淫湎，一筆寫出，力有千鈞。」二馮止就詩論詩，亦頗善言其妙。

陳後宮〔一〕

茂苑城如畫〔二〕，閶門瓦欲流〔三〕。還依水光殿，更起月華樓〔四〕。侵夜鸞開鏡〔五〕，迎冬雉獻裘〔六〕。從臣皆半〔七〕醉，天子正無愁〔八〕。

〔一〕似當與上首合，而舊分兩卷，英華則此首在前。

〔二〕漢書枚乘傳：說吳王濞曰：「修治上林，雜以離宮；積聚玩好，圈守禽獸，不如長洲之苑。」孟康曰：以江水洲爲苑也。按：吳王移都廣陵。長洲之苑，在廣陵之境，故海陵地也。吳都賦「佩長洲之茂苑」，雖接姑蘇言，然明言四遠也。自唐萬歲通天元年析吳縣置長洲。通典曰：以吳之長洲苑爲名，於是皆以茂苑爲吳郡矣。此句指廣陵，非指吳郡。

〔三〕按：閶門有在吳郡者，吳越春秋子胥立閶門也；有在揚州者，舊書紀寶曆二年正月，鹽鐵使王播奏揚州舊漕河水淺，舟船輸不及期，今從閶門外古七里港開河，向東屈曲，取禪智寺橋東通舊官河是也。與陳後宮要皆不符，而詩意借古紀事，當指揚州。

〔四〕緊接起聯。南史言陳後主盛修宮室，故借言更有構造，不必徵實。

〔五〕范泰鸞鳥詩序：昔罽賓王結罝峻祈之山，獲彩鸞鳥，欲其鳴而不能致。夫人曰：「嘗聞鳥見其類而後鳴，可懸鏡以映之。」王從其言。鸞睹影感契，慨然悲鳴，哀響中宵，一奮而絕。與異苑山鷄事相類。

〔六〕晉咸寧起居注：太醫司馬程據上雉頭裘一領，詔於殿前燒之。

〔七〕一作「伴」，非。

〔八〕北齊書：民間謂後主爲「無愁天子」。餘詳後北齊曲。

何曰：中四句形容得惟日不足。此詩深於作用，自覺味在鹹酸之外。徐曰：此亦爲敬宗作。紀書命中使往新羅求鷹鷂，則中國珍禽不待言矣。杜陽編載南昌國進浮光裘，以紫海水染色五彩，蹙成龍鳳，飾以眞珠。「侵夜」二句謂此類也。帝樂從羣小飲，其後卒以夜獵還宮，與中官劉克明打毬，軍將蘇佐明等飲酒，帝方酣，入室更衣，忽遇害，時年十八。末聯其先事之憂歟？浩曰：此解發自午橋，而徐氏衍之也。上四句當與覽古之蕪城江左參看。上半下半分賦遠近事，借陳宮爲題，無取細切。

覽古

莫恃金湯忽太平〔一〕，草間霜露古今情。空糊赬壤眞何益〔二〕？欲舉黃旗竟未〔三〕成〔四〕。長樂瓦飛隨水逝〔五〕，景陽鐘墮失天明〔六〕。迴頭一弔箕山客，始信逃堯不爲名〔七〕。

〔一〕漢書蒯通傳：金城湯池，不可攻也。

〔二〕鮑照蕪城賦：糊赬壤以飛文。

〔三〕一作「不」。

〔四〕吳志孫權傳註：陳化使魏，對魏文帝曰：「舊説紫蓋黄旗，運在東南。」

〔五〕三輔黄圖：長樂宫本秦興樂宫，高帝七年，修飾徙居。史記樂書：師曠鼓琴，再奏，大風雨，飛廊瓦，左右皆奔走。漢書平帝紀：大風吹長安城東門屋瓦且盡。後漢書光武紀：莽兵大潰，會大雷風，屋瓦皆飛。

〔六〕南史：齊武帝數遊幸，載宫人後車，宫内深隱，不聞端門鼓漏，置鐘景陽樓上，應五鼓。及三鼓，宫人聞聲早起粧飾。

〔七〕莊子：堯讓天下於許由，許由曰：「天下既已治也，而我猶代子，吾將爲名乎？」又：齧缺遇許由，曰：「子將奚之？」曰：「將逃堯。」史記：余登箕山，其上蓋有許由冢云。

浩曰：此深痛敬宗也。帝以狎昵羣小，深夜酒酣，猝被弑逆，詳舊書紀文矣。次聯之所云者，唐自明皇以前，東、西京固頻往來，且迭行封禪之禮。自安史倡亂而後，東都久不行幸。敬宗欲幸東都，以裴度言而止。其時王播領鹽鐵，在淮南，或聞東幸之意，而並請至江淮，故引蕪城江左，此可詳玩史文而通其旨也。五六痛其遽崩，末二句事取對照，語抱奇悲。

隋師東〔一〕

東征日調萬黄金，幾竭中原買鬬心。軍令未聞誅馬謖〔二〕，捷書惟是報孫歆〔三〕。但須鸑鷟巢阿閣〔四〕，豈假鵩鴞在泮林〔五〕？可惜前朝玄菟郡〔六〕，積骸成莽陣雲深〔七〕！

〔一〕廣韻：「隋」本作「隨」，隋文帝去「辵」。彭叔夏文苑英華辨證：隨、隋二字，通鑑初書楊忠爲隨公，楊堅爲隨王，文帝方省文爲「隋」。按：水經「溳水逕隋縣西」，漢碑亦有作「隋」者。金石文字記云：隋、隨二字通用。余意或隋文特禁用「隨」，非始省作「隋」也。

〔二〕蜀志：諸葛亮率軍攻祁山，使馬謖督諸軍在前，與魏將張郃戰於街亭，爲郃所破。亮還漢中，戮謖以謝衆，請自貶三等。

〔三〕原註：平吴之役，上言得歆。吴平，孫尙在。晉書杜預傳：奇兵伏樂鄉城外，以計直至吴都督孫歆帳下，虜歆而還。王濬先列上得孫歆頭，預後生送歆，洛中以爲大笑。

〔四〕尙書中候：黄帝時，天氣休通，五得期化，鳳凰巢阿閣，讙於樹。國語：周之興也，鸑鷟鳴於岐山。說文：鸑鷟，鳳屬，神鳥也。

〔五〕詩：翩彼飛鴞，集于泮林。食我桑黮，懷我好音。喻淮夷之歸化也。此句取義稍異。

〔六〕漢書地理志：玄菟郡。註曰：武帝元封四年，開高句驪。

〔七〕後漢書酷吏傳：積骸滿穽。左傳：逢滑曰：「暴骨如莽。」
朱長孺曰：通鑑寶曆太和間，橫海節度使李全略死，其子同捷盜據滄景，詔烏重胤、王智興、康志睦、史憲誠、李載義、李聽、張璠各率本軍討之。重胤薨，諸軍久未成功，每有小勝，則虛張首虜，以邀厚賞。朝廷竭力奉之，江淮爲之耗弊。至三年，斬同捷，滄景悉平。喪亂之後，骸骨蔽地，城空野曠，户口什無三四。詩正此時作。隋煬帝大業中，頻年用兵高麗，葢舉往事以諷也。浩曰：朱箋本兼討王廷湊言之，以廷湊助同捷也。然詩專指滄景，故爲删改。凡舊說之本是而小誤，或未詳明者，余乃修飾而存之也。潘畊引隋煬帝征高麗，宇文述等九軍敗績於薩水。帝怒，除其名；明年，復述等官爵，又徵兵討高麗，以解「軍令」句似合。其解「捷書」句，則所引有舛。詩固借隋爲言，何煩切證歟？五句謂須賢臣在朝，然非泛指也。舊書紀及裴度傳，敬宗歎宰執非才，致姦臣悖逆。學士韋處厚力請復用裴度，河北、山東必稟廟算。度自興元入朝，復知政事。及同捷竊弄兵權，以求繼襲，度請行誅伐，踰年而同捷誅。度前後在朝，衆望所尊，惜屢被讒沮，時則以年高多病，懇辭機務矣。故詩有含意焉。

謝書

微意何曾有一毫？空攜筆硯奉龍韜〔一〕。自蒙半夜傳衣後〔二〕，不羨王祥得佩刀〔三〕。

〔一〕太公六韜：文韜、武韜、龍韜、虎韜、豹韜、犬韜。徐曰：宋高似孫硯箋：杜季陽端石蟾蜍硯篆「玉谿生山房」，李商隱硯也。春渚紀聞：紫蟾蜍，端溪石也。無眼，正紫色，腹有古篆「玉谿生山房」五字，藏於吳興陶定安世家，云是李義山遺硯。其腹疵垢，直數百年物也。後以易向叔堅拱璧，卽以進御，世人不復見也。

〔二〕舊書方伎僧神秀傳：昔後魏末，有僧達磨者，本天竺王子，以護國出家，入南海，得禪宗妙法，云自釋迦相傳，有衣鉢爲記，世相付授。按：六祖慧能在碓坊，五祖弘忍夜詣之，以杖三擊其碓，能卽以三鼓入室，五祖乃以達磨法寶及所傳袈裟付之。能捧衣而出，是夜南邁，大衆莫知。屢見釋氏書中。新書藝文志：令狐楚漆匳集一百三十卷，梁苑文類三卷，表奏集十卷。

〔三〕晉中興書：初，魏徐州刺史呂虔有佩刀，工相之，以爲必三公可服此刀。虔語別駕王祥：「卿有公輔之量，故以相與。」祥始辭之，虔強與，乃受。晉書王祥弟覽傳：祥臨薨，以刀授覽，曰：「汝後必興，足稱此刀。」覽後奕世賢才，興於江左矣。

朱曰：楚能章奏，以其道授商隱，故借五祖傳衣事。程曰：未有不得佩刀之語，蓋猶未登第，故作自寬之詞。

無題

八歲偷照鏡，長眉已能畫〔一〕。十歲去踏青〔二〕，芙蓉作裙衩〔三〕。十二學彈箏，銀甲不曾卸〔四〕。十四藏六親〔五〕，懸知猶未嫁。十五泣春風，背面〔六〕鞦韆下〔七〕。

〔一〕古今注：魏宮人好畫長眉。

〔二〕唐輦下歲時記：唐人巳日在曲江傾都禊飲踏青。盧公範饋飾儀：三月三日上踏青鞋履。

〔三〕御覽引釋名：裙，下裳也。離騷：集芙蓉以爲裳。揚雄反離騷：被夫容之朱裳。按：廣韻：畫、衩，去聲，十五卦部；卸、嫁、下，去聲，四十禡部。此通用也。錢曰：「衩當改袴。」誤矣。

〔四〕梁書羊侃傳：有彈箏人陸大喜，著鹿角爪，長七寸。按：通典：彈箏用骨爪，長寸餘，以代指。唐人每云銀甲，其用同也。

〔五〕周禮地官大司徒註曰：六親，父、母、兄、弟、妻、子也。漢書禮樂志：六親和睦。如淳曰：賈誼書以爲父也、子也、從父昆弟、從祖昆弟、曾祖昆弟、族昆弟也。賈誼治安策註同周禮註。史記：管仲曰：上服度則六親固。正義曰：外祖父母一，父母二，姊妹三，妻兄弟之子四，從母之子五，女之子六。解各不同。「父母二」上，當有脫文。

〔六〕一作「立」。

〔七〕古今藝術圖：寒食鞦韆，北方山戎之戲，以習輕趫者。天寶遺事：宮中至寒食節，築鞦韆嬉笑爲樂，帝常呼爲半仙之戲。唐高無際鞦韆賦序：漢武帝祈千秋之壽，故後宮多鞦韆之樂。

胡震亨曰：只須如此便好。浩曰：上崔華州書「五年讀經書，七年弄筆硯」，甲集序「十六著才論、聖論，以古文出諸公間」。此章寓意相類，初應舉時作也。酌編於此。

失題〔一〕

幽人不倦賞，秋暑貴招邀。竹碧轉悵望，池清猶寂寥。露花終裛濕，風蝶強嬌饒〔二〕。此地如攜手，兼君不自聊〔三〕。

〔一〕舊本皆連上篇，作無題二首；戊籤分入五古中，亦作無題。愚謂必別有題而失之，然仍爲附編。

〔二〕古今注：蛺蝶，一名風蝶。此謂風中之蝶。

〔三〕劉安擬騷：歲暮兮不自聊。

吳喬曰：招友同遊不至之作。浩曰：結言我無聊，恐兼爾亦無聊也。似同應舉失意者。

天平公座中呈令狐令公〔一〕

罷執霓旌上醮壇〔二〕，慢粧嬌樹水晶盤〔三〕。更深欲訴蛾眉斂，衣薄臨醒玉艷寒〔四〕。白足禪僧思敗道〔五〕，青袍御史擬休官〔六〕。雖然同是將軍客〔七〕，不敢公然子細看〔八〕。

〔一〕題當止此。舊本皆有「時蔡京在坐，京曾爲僧徒，故有第五句」十五字。徐曰：京幼嘗爲僧徒二句，乃方回律髓評語，後人誤入題中也。按：舊書志「中書有中書令」，唐之宰相曰同中書，固以此也。令狐雖未實進中書令，而香山集中亦稱令狐令公矣。新書方鎮表：元和十四年，置鄆曹濮節度使，治鄆州，十五年賜號天平軍。舊書傳：令狐楚，字殼士。舊書紀：太和三年，令狐楚檢校右僕射、天平軍節度使。朱曰：公座卽公讌也。唐詩紀事：邕州蔡大夫京者，故令狐文公鎮滑臺日，於僧中見之，曰：「此童眉目疎秀，進退不懾，惜其單幼，可以勸學乎？」師從之，乃得陪學於相國子弟。後以進士舉上第，尋又學究登科，作尉畿服，爲御史，覈獄淮南，李相紳憂悸而卒，頗傳繡衣之稱。又曰：令狐文公在天平後堂宴樂，京時在坐，故義山詩云，謂京曾爲僧也。按：彭陽公爲鄆，薦蔡京正在此時，詳年譜。水經注云：「滑臺城卽鄭之廩延也。」舊書志河南道滑州，以城有古滑臺也。滑、鄭、濮三州節度治滑州。貞元元年，號義成軍。令狐宦蹟並未涖滑臺，紀事誤也。京以進士登學究科，時謂好及第，惡登科。唐摭言載之。而摭言載反初及第並不及京，豈幼年事在所略歟？公座既非可專指一人，義山年少，何可肆言？紀事所載，殊不可信。但公座不當實有僧流，故且存其說。舊題十五字，當卽本之紀事者；縱或有，然亦宜附注題下耳。

〔二〕高唐賦：建雲旆，霓爲旌，翠爲蓋。醮壇詳見道書。

〔三〕朱氏引漢成帝內傳：帝獲飛燕，身輕欲不勝風，恐其飄翥，爲造水晶盤，令宮人掌之而歌舞。此語見太眞外傳，言明皇在百花院便殿覽成帝內傳也。唐以前經籍志無此書，疑不足據，餘詳碧城。徐曰：嬌樹暗用「瓊樹朝朝新」之語。

〔四〕徐曰：唐時，女冠出入豪門，與士大夫相接者甚多，或令狐家妓曾爲之。此詩似文公命賦。錢曰：豔語必極深婉，亦天賦也。

〔五〕魏書釋老志：惠始到京都，世祖每加敬禮。五十餘年未嘗寢臥，雖履泥塵，初不汙足，色愈鮮白，世號之曰白脚師。

〔六〕唐六典：袍制有五，一曰青袍。按：幕官帶御史銜者，已詳年譜。全唐詩劉得仁有送蔡京侍御赴大梁幕詩，則京又曾爲汴幕憲官，不知其在何時也。上句若果指蔡，此句亦當指蔡，愚固不能信之。

〔七〕漢書汲黯傳：大將軍青既益尊，黯與亢禮，曰：「大將軍有揖客，反不重耶？」

〔八〕水經注：魏文帝在東宮宴諸文學，酒酣，命甄后拜坐，坐者咸伏，惟劉楨平仰觀之。太祖以爲不敬，送徒隸簿。今華林隸簿，昔劉楨磨石處也。暗用此典，雅切公坐。魏志注作「楨獨平視」。

牡丹

錦幃〔一〕初卷衛夫人〔二〕，繡被猶堆越鄂君〔三〕。垂手亂翻雕玉佩〔四〕，折〔五〕腰爭舞〔六〕鬱金裙〔七〕。石家蠟燭何曾剪〔八〕？荀令香爐可待熏〔九〕。我是夢中傳彩筆〔一〇〕，欲書花葉〔一一〕寄朝雲〔一二〕。

〔一〕「帷」同。

〔二〕原註：典略云：夫子見南子在錦幃之中。典略：孔子反衛，夫人南子使人謂之曰：「四方君子之來者，必見寡小君。」不得已見之。夫人在錦帷中，孔子北面稽首，夫人自帷中再拜，環珮之聲璆然。按：史記孔子世家作「絺帷」。

〔三〕說苑：鄂君子晳泛舟於新波之中也，乘青翰之舟，張翠蓋而檢犀尾。會鐘鼓之音畢，榜枻越人擁楫而歌曰：「今夕何夕兮？搴洲中流；今日何日兮？得與王子同舟。蒙羞被好兮，不訾詬恥；心幾煩而不絕兮，得知王子。山有木兮木有枝，心悅君兮君不知！」於是鄂君乃揄修袂，行而擁之，舉繡被而覆之。陳祚明曰：詳此，越人疑是女子。按：得毋以鄂君越人誤合爲一耶？袁曰：起聯生氣湧出。

〔四〕樂府解題：大垂手，小垂手，皆言舞而垂其手也。

〔五〕一作「招」。

〔六〕英華作「細腰頻換」。胡震亨曰：集作「招腰」，英華作「細腰」，並誤。

〔七〕西京雜記：戚夫人善爲翹袖折腰之舞。後漢書：梁冀妻孫壽善爲妖態，作折腰步。崔駰七依：表飛縠以長袖，舞細腰以抑揚。

〔八〕世說：石季倫用蠟燭作炊。

〔九〕習鑿齒襄陽記：劉季和曰：「荀令君至人家，坐處三日香。」按：後漢書、魏志：荀彧字文若，爲漢侍中、守尚書令。曹公征伐在外，軍國之事皆與彧籌，稱荀令君。典略曰：曹公、荀令君皆足蓋世。彧別傳曰：司馬宣王曰：「吾所聞見，未有及荀令君者也。」梁昭明博山香爐賦曰：「粤文若之留香」，正此事也。朱氏以爲晉之荀勗，誤矣。

〔一〇〕南史：江淹嘗宿於冶亭，夢一丈夫自稱郭璞，曰：「吾有筆在卿處多年，可以見還。」淹乃探懷中，得五色筆一以授之。爾後爲詩絕無美句，時人謂之才盡。

〔一一〕一作「片」。

〔一二〕樂府江南弄有朝雲曲。餘詳後代元城吳令。

何曰：富貴之花，寒餓人一字着不得。徐曰：令狐楚宅牡丹最盛，此詩作於楚宅。浩曰：長安志曰：酉陽雜俎載開化坊令狐楚宅牡丹最盛。近刊酉陽雜俎脫此語，而長安志所引明甚也。楚赴東京別牡丹詩：「十年不見小庭花，紫萼臨開又別家。上馬出門回首望，何時更得到京華？」以史傳考之，當爲太和三年楚赴東都留守時作。是年即鎮天平，而義山受其知遇。此章義山在京所作。上四句狀花之穠豔；五六言花之光與香，楚猶在鎮，故兼祝其還朝；七句謂授以章句之學；結句遠懷也。晚唐人賦物多用豔體，非可盡以風懷測之。徐說甚是，約在太和五六年。

初食筍呈座中

嫩籜香苞初出林，於〔一〕陵論價重如金〔二〕。皇都陸海應無數〔三〕，忍剪凌雲一寸心〔四〕！

〔一〕戊籤作「五」，誤。

〔二〕元和郡縣志：淄州長山縣本漢於陵縣地。齊乘：於陵在長山縣，即陳仲子所居。

〔三〕漢書志：秦地有鄠杜竹林，南山檀柘，號稱陸海，爲九州膏腴。又東方朔傳：此所謂天下陸海之地。

〔四〕徐曰：此疑從崔戎兗海作。戴凱之竹譜：「九河鮮育，五嶺實繁」，九河在今德州平原之間。大約北地多不宜竹，時必有以筍爲方物獻者，故紀之。浩曰：竹譜云：般腸實中，爲筍殊味。註曰：般腸竹生東郡緣海諸山中，有筍最美。正兗海地也。淄亦與兗隣，何疑焉？

海上

石橋東望海連天〔一〕，徐福空來不得仙〔二〕。直遣麻姑與搔背〔三〕，可能留命待桑田〔四〕！

〔一〕三齊略記：始皇作石橋，欲過海看日出處。有神人驅石下海，石去不速，神輒鞭之，石皆流血。今石橋猶赤色。

〔二〕史記秦始皇本紀：齊人徐市等上書，言海中有三神山，名蓬萊、方丈、瀛洲。於是遣徐市發童男女數千人，入海求仙人。漢書郊祀志：三神山者，其傳在勃海中。未至，望之如雲；及到，三神山反居水下，水臨之。患且至，則風輒引船而去，終莫能至云。按：史記始皇本紀作徐市，淮南王傳作徐福，至後漢書東夷傳而後，諸書多作「福」，蓋卽徐市而異名。

〔三〕麻姑山仙壇記：麻姑至蔡經家，麻姑手似鳥爪，心中念言，背蛘時，得此爪以杷背乃佳也。王方平已知經心中念言，使人牽經，鞭之曰：「麻姑者神人，汝何忽謂其爪可杷背乎？」

〔四〕麻姑自言：「接侍以來，見東海三爲桑田。向到蓬萊，水乃淺於往者會時略半也，豈將復還爲陸陵乎？」方平笑曰：「聖人皆言海中行復揚塵也。」

浩曰：此兗海痛府主之卒而自傷也。用事皆切東海。徐福求仙，義山自喻；麻姑搔背，喻崔厚愛，其如不能留命而遽卒乎！義山身世之感，多託仙情豔語出之。不悟此旨，不可讀斯集也。

贈趙協律晳〔一〕

俱識孫公與謝公〔二〕，二年歌哭處還〔三〕同〔四〕。已叨鄒馬聲華末〔五〕，更共劉盧族望通〔六〕。

南省恩深賓館在〔七〕，東山事往妓樓空〔八〕。不堪歲暮相逢地，我欲西征君又東〔九〕。

〔一〕舊書志：太常寺協律郎二人。　晳爲崔戎判官，詳文集狀。

〔二〕晉書：孫綽，字興公，博學善屬文，襲爵長樂侯，累遷散騎常侍、廷尉卿。于時文士，綽爲其冠。　謝安，字安石，少有重名，累遷中書監錄尚書事、加侍中都督諸軍事，封建昌縣公，進拜太保，薨贈太傅。　孫、謝嘗同居東土，同汎海，同修禊。見晉書諸傳中。

〔三〕一作「皆」。

〔四〕太和七年六月，楚爲吏部尚書，則歌；八年六月，崔安平卒，則哭。

〔五〕史記司馬相如傳：梁孝王來朝，從鄒陽、枚乘、莊忌之徒，相如見而説之。因病免，客遊梁，梁孝王令與諸生同舍。

〔六〕自註：愚與趙俱出今吏部相公門下，又同爲故尚書安平公所知，復皆是安平公表姪。　文選：劉琨答盧諶詩：郁穆舊姻，嬿婉新婚。　善注曰：臧榮緒晉書曰：琨妻即諶之從母也。　新婚未詳。　諶贈琨詩：伊諶陋宗，昔遘嘉惠，申以婚姻，著以累世。　向註曰：婚姻謂諶妹嫁琨弟。　按：鄒、馬統言幕中，非專指令狐鎮汴，此句則專指與安平戚誼也。　晉書盧諶傳曰：琨妻即諶之從母。　又曰：清河崔悦，劉琨妻之姪也。　溫嶠傳曰：劉琨妻，嶠之從母也。　劉琨傳曰：溫嶠表稱姨弟劉羣，內弟崔悦、盧諶等。　蓋琨妻與諶母、嶠母爲姊妹，故舉劉盧以含崔姓。　雖作者意不及此，亦堪搜剔。

〔七〕通典：尚書省都堂居中；都堂之東，吏部、戶部、禮部；都堂之西，兵部、刑部、工部。職官分紀：開元中，謂尚書省爲南省。陸游筆記：唐人以尚書省在大明宮之南，故曰南省。按：六尚書二十四司，皆統於尚書都省，故尚書與郎官統稱南省，或稱中臺。互詳文集箋矣。令狐已久進位僕射，則當謂都省。

〔八〕晉書：謝安寓居會稽，棲遲東土，每遊賞，必以妓女從其後。雖受朝寄，然東山之志始末不渝，每形於言色。二句分指。

〔九〕舊書王質傳：質於太和八年觀察宣歙，辟崔珦、劉蕡、裴夷直、趙晳爲從事，皆一代名流。此云「君又東」，必赴宣州也。西征指赴京師。詩蓋八年冬自家赴京途次作。

贈宇文中丞〔一〕

欲構中天正急材〔二〕，自緣烟水戀平臺〔三〕。人間只有嵇延祖，最望山公啓事來〔四〕。

〔一〕舊書紀：太和三年十二月，以吏部郎中宇文鼎爲御史中丞。李漢傳：太和八年，代宇文鼎爲御史中丞。新書宰相世系表：宇文鼎字周重，父邈，亦御史中丞。

〔二〕列子：周穆王時，西極之國有化人來，王爲之改築臺，其高千仞，臨終南之上，號曰中天之臺。賈誼新書：楚王作中天之臺，三休而後至其上。劉向新序：魏襄王欲爲中天之臺，以許綰言而罷。

〔三〕史記：梁孝王大治宮室，爲複道，自宮連屬於平臺三十餘里。徐曰：舒元輿御史臺新造中書院記云：「河南宇文公爲御史中丞。」蓋宇文河南人，故用平臺。

〔四〕自註：公盛歎亡友張君，故有此句。按：「盛」一作「感」，誤。後漢書孔融傳：文舉盛歎鴻豫名實相副。吳志虞翻傳：于禁雖爲翻所惡，然猶盛歎翻。魏志註：嵇康子紹，字延祖，少知名，山濤啓以爲祕書郎，稱紹平簡溫敏，有文思，又曉音，當成濟者。帝曰：「紹如此，便可爲丞，不足復爲郎也。」遂歷顯位。晉書山濤傳：濤爲吏部尚書，所奏甄拔人物，各爲題目，時稱山公啓事。浩曰：宇文罷中丞，暫爾家居。因其曾爲吏部，故又以銓衡期之也。

安平公詩〔一〕

丈人博陵王名家〔二〕，憐我總角稱才華〔三〕。華州留語曉至暮，高聲喝吏放兩衙〔四〕。明朝騎馬出城外，送我習業南山阿。仲子延〔五〕岳年十六〔六〕，面如白玉欹烏紗〔七〕。其弟炳章猶兩丱〔八〕，瑤林瓊樹含奇花〔九〕。陳留阮家諸姪〔一〇〕秀〔一一〕，邐迤出拜何駢羅〔一二〕。府中從事杜與李〔一三〕，麟角虎翅相過摩〔一四〕。清詞孤韻有歌響，擊觸鍾磬鳴環珂。三月石堤凍消釋，東風開花滿陽坡。時禽得伴戲新木，其聲尖咽如鳴梭〔一五〕。公時載酒領從事，踴躍鞍馬來相過。仰看樓殿撮〔一六〕清漢〔一七〕，坐視世界如恆沙〔一八〕。面熱脚掉互登陟，青雲表柱白雲崖〔一九〕。一百八句在貝葉〔二〇〕，三十三天長雨花〔二一〕。長者子來輒獻蓋〔二二〕，辟支佛去空留鞾〔二三〕。公時受詔鎮東魯〔二四〕，遣我草奏〔二五〕隨車牙〔二六〕。顧我下筆即千字，疑我讀書傾五車〔二七〕。嗚嘑大賢苦不壽〔二八〕，時世方士無靈砂〔二九〕。五月至止六月病，遽頹泰山驚逝波〔三〇〕。明年徒步弔京國，宅破子毀哀如何〔三一〕。西風衝戶捲素帳，隙光斜照舊燕窠〔三二〕。古人常歎知己少〔三三〕，況我淪賤艱虞多。如公之德世一二〔三四〕，豈得無淚如黃河〔三五〕。瀝膽呪〔三六〕願天有眼〔三七〕，君子之澤方滂沱。

〔一〕原編集外詩。自注：故贈尚書諱氏。按：爲崔戎也。舊書紀：太和八年三月，以華州刺史崔戎爲兗海觀察使，六月卒。崔戎傳：贈禮部尚書。義山爲戎所知，在華隨至兗，詳年譜。詩作於九年，故曰「明年徒步弔京國」。新書宰相世系表：戎爲博陵安平崔氏大房，封安平縣公。戊籤訛「諱」爲「韓」而疑之何歟？

〔二〕舊書崔戎傳：高伯祖元暐，神龍初，有大功，封博陵郡王。

〔三〕詩：婉兮孌兮，總角丱兮。魏志吳質傳註：周陔及二弟韶、茂，皆總角見稱，並有器望。總角稱才者頗多，不備引。

〔四〕封演聞見記：近人通謂府廷爲公衙，即古之公朝也。字本作「牙」。詩曰：「祈父，予王之爪牙。」

故軍前大旗謂之牙旗，軍中號令必至其下。近代尙武，是以通呼公府爲公牙，府門爲牙門，變轉而爲衙也。按：後漢書袁紹傳「拔其牙門」。註曰：牙門旗竿，卽周禮司常職云「軍旅會同，置旌門」是也。牙門字以始此。兩衙，早晚衙也。田曰：所謂知己。

〔五〕一作「廷」。

〔六〕本集有雍與衮，新書傳止雍一人，而宰相世系表雍、福、裕、厚四人，詳文集箋矣。衮，則傳、表及舊書咸通十年紀皆無之。延岳疑當爲雍字，而新傳云「雍字順中」，亦不合，無可再考。

〔七〕漢書：陳平美如冠玉。

〔八〕徐曰：炳章，疑是衮也。

〔九〕晉書王戎傳：嘗目王衍神姿高徹，如瑤林瓊樹，自然風塵物外。

〔一〇〕一作「姪」，從明刊本。

〔一一〕一作「璠璵並列諸姓秀」。晉書阮籍傳：籍，陳留尉氏人也。兄子咸，咸子瞻，瞻弟孚，咸從子修，族弟放，放弟裕。按：鄭氏註禮記，姓者子姓，謂衆孫也。此曰阮家諸子孫耳。

〔一二〕揚子法言：升東岳而知衆山之邐迤。楚詞：羣行兮上下，駢羅兮列陳。

〔一三〕杜勝、李潘，詳後。

〔一四〕詩：麟之角。虎翅，猶虎翼。此喻以文采英俊，相磋磨也。「過摩」，未詳。

〔一五〕敍次皆其設色。

〔一六〕一作「插」。

〔一七〕遙望樓殿高而小也。不當作「插」。

〔一八〕水經注：康泰扶南傳曰：恆水之源，乃極西北，出崑崙山中，有五大源，諸水分流皆由此。枝扈黎大江出山西北，流東南注大海，卽恆水也。史記注：亦名恆伽河。梁書：中天竺，國臨大江，名新陶。源出崑崙，分爲五江，總名曰恆水。其水甘美，下有眞鹽，色正白如水精。維摩經：恆河沙等諸佛世界。金剛般若經：恆河沙數三千大千世界。此句卽微塵世界之意，非言其多。

〔一九〕句不協調，疑有誤字。

〔二〇〕楞伽經有不生句生句等一百八句。佛言大慧是百八句。先佛所說，汝及諸菩薩摩訶薩應當修學。大業拾遺記：洛陽翻經道場，有婆羅門僧及身毒僧十餘人。新翻諸經，其經本從外國來，用貝多樹葉書，卽今胡書體。葉長一尺五六寸，闊五寸許，形似枇杷而厚大，横作行書，隨經多少，縫綴其一邊帖帖然。嵩山記：嵩高寺中有思維樹，卽貝多也。如來坐貝多下思維，因以爲名。一年三花，白色香美。

〔二一〕菩薩本起經：太子思維累刼之事，上至三十三天，下至十六泥犂。起世經：須彌山上有三十三天宮殿，帝、釋所居。法念經：若持不殺不盜，得生三十三天。妙法蓮華經：佛前有七寶塔，高至四天王宮，三十三天雨天曼陀羅華，供養寶塔。

〔二二〕維摩經：毗耶離城有長者子，名曰寶積，與五百長者子俱持七寶蓋來詣佛所，各以其蓋共供養佛。佛威神力，令諸寶蓋合成一蓋，徧覆三千大千國界諸山海江河及日月星辰天宮龍宮，幷十方諸佛說法，皆現於寶蓋中。

〔二三〕水經注：于闐國南城一十五里有利刹寺，中有石鞾，石上有足跡，彼俗言是辟支佛跡。北史：于闐國城南五十里贊摩寺石上有辟支佛跣處，雙跡猶存。洛陽伽藍記：辟支佛靴非皮非繒，於今不爛。

〔二四〕舊書傳：戎還兗海，華民戀惜遮道，至有解鞾斷鐙者。戎夜單騎亡去，民追不及。此借佛之遺跡，以寓州民愛戀。

〔二五〕舊作「詔」必誤，今改正。

〔二六〕「車牙」，輪輮也，見考工記輪人。

〔二七〕莊子：惠施多方，其書五車。

〔二八〕代崔遺表：臣年五十五。

〔二九〕晉書葛洪傳：從祖葛仙公煉丹祕術，洪得其法。洪年老，欲煉丹以祈遐壽，聞交阯出丹，求爲句漏令。本草：靈砂，久服通神明，不老。新書藝文志：崔元眞靈沙受氣用藥訣一卷。按：本草，靈砂以水銀流黄爲之，而丹砂金銀皆可鍊服，有太淸服鍊靈砂法。

〔二〇〕檀弓：泰山其頽乎。舊書傳：理兗一年，太和八年（標點者按：原無「太和八年」四字，據舊唐書崔戎傳增。）五月卒。新書傳：至兗歲餘卒。皆誤。惟舊紀書六月庚子，與詩合。

〔二一〕朱曰：毁是哀毁。有謂崔雍賜死宣州者，事在咸通九年，非也。

〔二二〕略與前「三月石堤」諸句相激射，榮悴判然矣。「燕窠」暗用巢幕，以比舊在幕中。

〔二三〕虞翻别傳：常歎曰：「使天下一人知己，足以不恨。」

〔二四〕兼馭相國言之。義山受知，惟二公最深。

〔二五〕晉書顧愷之傳：愷之字長康，爲桓大司馬參軍，甚見親昵。後拜溫墓，賦詩云：「山崩溟海竭，魚鳥將何依！」或問之曰：「卿憑重桓公乃爾，哭狀其可見乎？」答曰：「聲如震雷破山，淚如傾河注海。」

〔二六〕與「覘」同。

〔二七〕蔡琰歌：爲天有眼兮，何不見我獨漂流？菩薩本起經：太子得天眼，徹視洞見無極，知人生死，所行趣善惡之道。按：天眼屢見佛書，皆非此句之義。此自願上天有眼，福善餘慶也。舊註誤。

錢曰：集外詩是義山手筆，而稍平常。豈曾爲識者所訂耶？田曰：詩在韓、蘇之間。浩曰：本集此種頗少，意態平易，而情味已不乏。

過故崔兗海宅與崔明秀才話舊因寄舊僚杜趙李三掾

絳帳恩如昨〔一〕，烏衣事莫尋〔二〕。諸生空會葬〔三〕，舊掾已華簪〔四〕。共入留賓驛〔五〕，俱分市駿金〔六〕。莫憑無鬼論〔七〕，終負託孤心〔八〕。

〔一〕後漢書：馬融常坐高堂，施絳紗帳，前授生徒，後列女樂。

〔二〕南史：謝混風格高峻，少所交納，惟與族子靈運、瞻、晦、曜，以文義賞會，居在烏衣巷，故謂之烏衣之遊。

〔三〕後漢書：郭泰卒，四方之士千餘人，皆來會葬。

〔四〕陶潛詩：聊用忘華簪。趙赴宣歙，李、杜當亦他往，後又在彭陽幕。

〔五〕漢書：鄭當時每五日洗沐，常置驛馬長安諸郊，請謝賓客，夜以繼日。

〔六〕戰國策：郭隗先生曰：「古之君人有以千金求千里馬者，三年不能得。涓人請求之，得千里馬；馬已死，買其骨五百金。於是不能期年，千里馬之至者三。」

〔七〕晉書：阮瞻素執無鬼論。忽有一客通名，甚有才辯，及鬼神之事，反覆甚苦。客乃作色曰：「僕便是鬼。」於是變爲異形。瞻後歲餘病卒。無鬼論事頗多。

〔八〕後漢書：朱暉同縣張堪於太學見暉，把暉臂曰：「欲以妻子託朱生。」暉以堪先達，舉手未敢對，自後不復相見。堪卒，暉聞其妻子貧困，乃自往候視，厚賑贍之。暉少子頡怪而問曰：「大人不與堪爲友，平生未曾相聞，子孫竊怪之。」暉曰：「堪嘗有知己之言，吾以信於心也。」後村詩話：末二句有門生故吏之情，可以矯薄俗。浩曰：此「徒步弔京國」時也。首句自謂，次句崔明，五六兼己與三掾言之。午橋謂傷崔雍作，謬矣。辨詳年譜。

宿駱氏亭寄懷崔雍崔衮〔一〕

竹塢無塵水檻清，相思迢遞隔重城。秋陰不散霜飛晚，留得枯荷聽雨聲〔二〕。

〔一〕按：白氏長慶集過駱山人野居小池詩自註：駱生棄官，居此二十餘年。是爲長慶二年出守杭州，初由京城東南次藍溪而過之也。義山此章，似即白集所詠者，故曰「隔重城」也。又劉得仁有駱家亭子詩，似在京城南，未知即白公所詠否？朱氏引唐語林：駱浚者度支司書手，李吉甫擢用之，後典名郡，有令名，於春明門外築臺榭。盧申州有題駱氏池館詩。考吉甫爲相，係元和二年、六年，則與白詩所註不符也。朱氏又引唐年補錄，王廷湊爲駱山人搆亭事，時地尤謬矣。崔雍後由起居郎爲和州刺史，見新書傳，乃咸通時矣。又考唐漳州陀羅尼石幢，咸通四年造，有朝議郎使持節漳州諸軍事守漳州刺史崔衮之名，其後不爲雍所累者，似已卒也。此首未定何年，附編於此。

〔三〕何曰：寓情之意，全在言外。

公子

外戚封侯自有恩〔一〕，平明通籍九華門〔二〕。金唐〔三〕公主年應〔四〕小〔五〕，二十君王未許婚〔六〕。

〔一〕自緣先世之恩，非因得尚主也。

〔二〕洛陽宫名：洛陽諸門中有九華門。然皆可通用。

〔三〕程曰：疑作「堂」。按：「堂」、「唐」古或通用。如後漢書蔡邕傳中求定六經文字之堂谿典，或作「唐溪典」，然此固無取好異。

〔四〕一作「華」。

〔五〕主年小耶，不則何未成禮？

〔六〕新書諸公主傳：穆宗女金堂公主下嫁郭仲恭。徐曰：仲恭爲汾陽王裔，昇平長公主之孫，憲宗郭皇后之姪，故首句云然。

浩曰：舊書傳郭曖年十餘歲，尚昇平公主，主年與曖相類；曖子鏦尚德陽公主，鏦與公主年未及冠。則此詩所云似少遲矣，故詠之。二十指仲恭，非指公主，而意互通也。仲恭爲郭釗之子，其尙主當在太和開成間。但「唐」與「堂」既異，而詩意或非直指此也。

東還

自有仙才自不知〔一〕，十年長夢採華芝〔二〕。秋風動地黃雲暮，歸去嵩陽尋舊師。

〔一〕漢武內傳：西王母曰：「劉徹好道，然形穢神慢，非仙才也。」

〔二〕揚雄甘泉賦：乃登夫鳳凰兮而翳華芝。御覽：仙人採芝圖曰：芝生於名山，食之，令人乘雲能上天，觀望北極，通見神明。

田曰：此不得志於科舉之作，然失之俚。浩曰：借學仙寄慨，似未俚也。義山應舉，至是將十年。

夕陽樓〔一〕

花明柳暗繞天愁，上盡重城更上樓。欲問孤鴻向何處？不知身世自悠悠〔二〕！

〔一〕自註：在滎陽。是所知今遂寧蕭侍郎牧滎陽日作矣。「矣」一作「者」。舊書紀：太和七年三月，以給事中蕭澣爲鄭州刺史，入爲刑部侍郎。九年六月，貶遂州司馬。地理志：遂州遂寧郡，屬劍南東道。

〔三〕孤鴻比蕭，末更自慨，悽惋入神。登山詩話：「欲問」「不知」四字，無限精神。

有感二首〔一〕

九服歸元化〔二〕，三靈叶睿圖〔三〕。如何本初輩〔四〕，自取屈氂誅〔五〕。有甚當車泣〔六〕，因勞下殿趨〔七〕。何成奏雲物〔八〕？直是滅萑苻〔九〕。證逮符書密〔一〇〕，辭連性命俱〔一一〕。竟緣尊漢相〔一二〕，不早辨胡雛〔一三〕。鬼籙分朝部〔一四〕，軍烽照上都〔一五〕。敢云堪慟哭，未免怨洪爐〔一六〕！

丹陛猶敷奏〔一七〕，彤庭欻戰爭〔一八〕。臨危對盧植〔一九〕，始悔用龐萌〔二〇〕。御仗收前殿〔二一〕，兇〔二二〕徒劇背城〔二三〕。蒼黃五色棒〔二四〕，掩遏一陽生〔二五〕。古有清君側〔二六〕，今非乏老成〔二七〕。素心雖未易，此舉太無名〔二八〕。誰瞑銜冤目〔二九〕，寧吞欲絕聲〔三〇〕？近聞開壽讌，不廢用咸英〔三一〕。

〔一〕自註：乙卯年有感，丙辰年詩成。新書藝文志：李潛用乙卯記一卷，李訓、鄭注事。舊、新書李訓、鄭注等傳，文宗以宦者太盛，繼爲禍胎，思欲芟除，以雪讎恥。因鄭注得幸王守澄，俾之援李訓，冀黃門之不疑也。上以訓言論縱橫，必能成事，遂以眞誠謀之，擢同平章事。訓卽謀誅內豎，杖殺陳宏慶，酖王守澄。乃以注節度鳳翔，先之鎭，又以郭行餘鎭邠寧，王璠鎭太原，羅立言知大尹，韓約爲金吾街使，李孝本權中丞。璠、行餘未赴鎭間，廣令召募豪俠及金吾臺府之從者，俾集其事。太和九年乙卯十一月二十一日，上御紫宸。班定，韓約不報平安，奏曰：「金吾仗院石榴開，夜有甘露，臣已進狀訖。」宰相百官稱賀，訓請親幸左仗觀之。班退，上乘軟輿出紫宸門，升含元殿，百官班列。令宰相兩省官先往視，既還，曰：「臣等恐非眞甘露，不敢輕言，言出四方必稱賀也。」帝曰：「韓約妄耶？」乃令左右軍中尉仇士良、魚弘志帥諸內臣往視之。既去，訓召璠、行餘曰：「來受勅旨！」璠恐悚不能前，行餘獨拜殿下。時兩鎭官健皆執兵在丹鳳門外，訓已令召之。惟璠從兵入，邠寧兵竟不至。中尉至左仗，聞幕下有兵聲，驚恐走出。內官迴奏，韓約氣懾汗流，不能擧首。中官又奏曰：「事急矣，請陛下入內。」卽擧軟輿迎帝。訓呼金吾衞士曰：「來，上殿護乘輿。」內官決殿後罘罳，擧輿疾趨。訓攀呼曰：「陛下不得入內。」金吾衞士數十人隨訓而入，立言、孝本率臺府從人共四百餘上殿縱擊內官，死傷者數十人。訓持愈急。邐迤入宣政門，帝瞋目叱訓，宦者郄志榮奮拳擊其胸，訓仆地。帝入東上閤門，門卽闔。須臾，內官率禁兵五百人露刃出，遇人卽殺，訓、璠、行餘、約、立言、孝本及宰相王涯、賈餗、舒元輿等皆族誅。注與訓謀事有期，欲中外協勢，聞訓事發，自鳳翔率親兵五百赴闕，聞敗乃還。監軍張仲淸殺之，傳首京師。王涯爲禁兵所擒，士良鞫其反狀，涯實不知其故，榜笞極酷，乃手書反狀以自誣。凡坐訓、注而族者十一家。當訓攀輦時，士良曰：「李訓反。」帝曰：「訓不反。」及訓已敗，士良曰：「王涯與訓謀逆，將立鄭注。」僕射令狐楚、鄭覃等至，帝對悲憤，因付涯訊牒，曰：「果涯書耶？」楚曰：「然。涯誠有謀。」帝逼宦官，於是下詔暴涯、訓等罪。

〔二〕周禮職方氏：辨九服之邦國，方千里曰王畿，其外侯服、甸服、男服、采服、衞服、蠻服、夷服、鎭服、藩服。

〔三〕漢書揚雄傳：方將上獵三靈之流。注曰：三靈，日、月、星垂象之應也。

〔四〕後漢書袁紹傳：紹字本初。又何進傳：常侍張讓、段珪等殺大將軍何進。紹引兵屯朱雀闕下，遂勒兵捕宦者，無少長皆殺之。

〔五〕漢書：劉屈氂，武帝庶兄中山靖王子也。征和二年爲左丞相，封澎侯。又：時治巫蠱獄急。內者令郭穰告丞相使巫祠社祝詛，及與貳師將軍共禱祠，欲令昌邑王爲帝。詔載屈氂廚車以狥，要斬東市，妻子梟首華陽街。按：李訓爲宰相揆之族孫，世爲冠族；其死於宦官又相類。故以屈氂比之，蓋此事以李訓爲謀主也。二聯言下臨九服，上奉三靈，誅此刑餘，當如鼓洪爐燎毛髮，何乃謀之非人，望其爲本初，而反致廚車之狥哉！「自取」字正有含痛。

〔六〕漢書袁盎傳：上朝東宮，宦者趙談驂乘。盎伏車前曰：「天子所與共六尺輿者，皆天下豪英，奈何與刀鋸之餘共載？」於是上笑，下趙談。談泣下車。

〔七〕後漢書虞詡傳：詡案中常侍張防，屢寢不報。詡坐論輸左校。防欲害之，宦者孫程、張賢相率奏曰：「常侍張防臧罪明正，反搆忠良。今客星守羽林，其占，宮中有姦臣，宜急收防送獄。」時防立在帝後，程叱曰：「何不下殿！」防不得已，趨就東廂。按：以趨就東廂，比士良等至左仗，典切極矣。盎止令談泣而下車，今訓之用意大有甚也。舊注謬甚。

〔八〕左傳：凡分、至、啓、閉，必書雲物，爲備故也。

〔九〕左傳：鄭國多盜，取人于萑苻之澤。子太叔興兵攻殺之。按：二句指詭稱甘露，實欲聚中官於左仗而殺之也。然下聯接不融貫，或謂宦官率兵殺訓、注等，反似滅此衆盜。

〔一〇〕史記五宗世家：請逮勃所與姦諸證。

〔一一〕漢書杜周傳：詔獄益多，章大者連逮證案數百。按：謂王涯等十餘族及訓黨千餘人也。「符書」「性命」皆叠韻。義山精於聲律，叠韻雙聲，屬對工巧，且有句中上下字牽搭而用者，如宋玉之「宮供」「夢送」，留贈畏之之「鷩鸚」「弄鳳」是也。不暇一一標出，讀者當細會之。

〔一二〕漢書：王商身體鴻大，容貌甚過絕人，單于大畏之。天子曰：「此眞漢相矣。」舊新書傳：訓容貌魁梧，神情灑落，多大言自標置。天子傾意任之，天下事皆決於訓，中尉禁衞諸將見訓，皆震慴迎拜叩首。

〔一三〕晉書：石勒年十四，倚嘯上東門。王衍見而異之，顧謂左右曰：「向者胡雛，吾觀其聲視有奇志，恐將爲天下之患。」馳遣收之，會勒已去。按：上句謂但知尊倚李訓，此句謂不悟士良之不易誅，然於意不順。當以比鄭注之險惡兆亂。舊書傳：注本姓魚，冒姓鄭氏，故號「魚鄭」，時人目之爲水族。此只取見異爲患，不必過泥。然此句與「萑苻」句，皆未免意爲事晦耳。

〔四〕魏文帝與吳質書：觀其姓名，已爲鬼錄。

〔五〕班固西都賦：實用西遷，作我上都。

〔六〕莊子：今以天地爲大爐。賈誼鵩鳥賦：天地爲爐兮，造化爲工；陰陽爲炭兮，萬物爲銅。田曰：歸禍於天，風人之旨。

〔七〕書：敷奏以言。

〔八〕漢書外戚傳：昭陽舍中庭彤朱。班固西都賦：玉階彤庭。

〔九〕自注：是晚獨召故相彭陽公入。後漢書何進傳：進素知中官天下所疾，陰規誅之，而內不能斷，謀頗泄。中官懼而思變，張讓、段珪等斬進於嘉德殿，因將太后、天子及陳留王從複道走北宮。尚書盧植執戈閣道窗下，仰數段珪，珪等懼，乃釋太后。及袁紹勒兵捕殺宦者，讓、珪等遂將帝與陳留王奔小平津，公卿無得從者，惟植夜馳河上，斬宦官數人，餘投河死。明日，天子還宮。

〔一〇〕後漢書劉永傳：帝拜龐萌平敵將軍，與蓋延共擊董憲。時詔書獨下延而不及萌，萌自疑，遂反。帝大怒，乃自將討萌。與諸將書曰：「吾嘗以龐萌社稷之臣，將軍得無笑其言乎？」按：李訓原非正人，然謀誅宦官，實秉帝旨。及已敗，帝方在危懼，不得不從士良之誣。曰「臨危」，曰「始悔」，正見其實非反也。令狐楚、鄭覃同召，覃未見有奏對語，然令狐亦畏禍依違，且乞罷節度使兵仗參辭之制，非可盧植比矣。

〔二一〕謂文宗入內。

〔二二〕一作「兵」。

〔二三〕左傳：請收合餘燼，背城借一。謂士良率兵從內出。

〔二四〕魏志：太祖除洛陽北部尉。注曰：「太祖造五色棒，縣門左右各十餘枚。有犯禁者，不避豪強，皆棒殺之。」此謂金吾衞士、臺府從人蒼黃拒擊也。李德裕嘗言，天下有常勢，北軍是也。而反以臺府抱關游徼抗中人以搏精兵，其死宜矣。

〔二五〕時當冬至。

〔二六〕公羊傳：晉趙鞅興晉陽之甲，以逐荀寅、士吉射者，逐君側之惡人也。後漢書董卓傳：何進私呼卓將兵入朝。卓上書曰：「昔趙鞅興晉陽之甲，以逐君側之惡人；今臣輒鳴鐘鼓如洛陽，請收讓等，以清姦穢。」

〔二七〕詩：雖無老成人。謂今豈無可爲社稷臣者，而乃任李訓哉！如裴晉公時猶在也。

〔二八〕訓等心雖無他，謀實不善。層層吞吐，憤惋極矣。

〔二九〕謂被禍者。通鑑：開成元年二月，令狐楚從容奏王涯等身死族滅，遺骸棄捐，請收瘞之。上慘然久之，命京兆收葬。仇士良潛使人發之，棄骨渭水。

〔三〇〕謂朝野之中心憤痛而不敢明言者。

〔三〕樂緯：黄帝之樂曰咸池，帝嚳之樂曰六英。何曰：不特譏開讌用樂，蓋深歎文宗明知其冤，而刑賞下移，不能出聲也。按：舊書紀：開成二年八月，勅：「慶成節令京兆尹准上巳、重陽例，於曲江會文武百寮，延英奉觴宜權停。」則元年之不停可見矣。舊書王涯傳：文宗以樂府之音鄭衛太甚，命涯詢於舊工，取開元時雅樂，選樂童按之，名曰雲韶樂。樂成，上悦，賜涯等錦綵。是則咸英由其所定，今能無聞樂而悲哉！

錢曰：用意精嚴，立論婉摯，少陵又何加焉！節錄錢龍惕曰：甘露之變，閹豎横行，南司塗炭。當時士大夫深疾訓、注之姦邪，反若假手宦寺，殲除大憝者。後世不咎文宗之不密失臣，則恨訓、注之狂躁誤國，而當日情勢，未有寃論之者，可異也。使非平日傾險，君子猶將與之，不成之責，何乃甚乎！義山詩感憤激烈，有不同於衆論者。浩曰：夕公之論甚正，其中有過譽處，已删之矣。謀誅宦官，反被慘禍，誠堪憐憤；然文宗任用非人，亦不能辭其咎。義山措語皆有分寸。二篇皆痛李訓而連及王涯輩，通體不重鄭注。蓋史雖稱訓、注爲二兇，然注之陰惡，更甚於訓，細閲史書自見，故訓猶可憐，而注惟可惡。行次西郊篇中專斥注一人也。

重有感

玉帳牙旗得上遊〔一〕，安危須共主君〔二〕憂。竇融表已來關右〔三〕，陶侃軍宜次石頭〔四〕。豈有蛟龍愁〔五〕失水〔六〕？更無鷹隼與高秋〔七〕！晝號夜哭兼幽顯〔八〕，早晚星關雪涕收〔九〕。

〔一〕舊書經籍志：兵書有玉帳經一卷。抱朴子：兵在太乙玉帳之中，不可攻也。東京賦：牙旗繽紛。薛綜曰：兵書云：牙旗者，將軍之旌。謂古者天子出，建大牙旗，竿上以象牙飾之，故曰牙旗。按：黄帝出軍決：牙旗者，將軍之精；金鼓者，將軍之氣。精與旌有異。漢書項籍傳：古之王者，必居上游。

〔二〕一作「分」。

〔三〕後漢書：竇融行河西五郡大將軍事，聞光武即位，心欲東向，遣長史奉書獻馬，帝授融涼州牧。融既深知帝意，乃與隗囂書，責讓之，砥厲兵馬，上疏請師期，帝深嘉美之。魏志：曹公西征張魯，王粲作詩曰：「相公征關右。」晉書宣帝紀：魏武曰：「既得隴右。」按：關右即隴右。融所牧爲關隴以西之地。謂表自關右而來，以比能知帝意，遣人入奏，責讓中官也。

〔四〕晉書陶侃傳：蘇峻作逆，京都不守，溫嶠要侃同赴朝廷，因推爲盟主。侃戎服登舟，與溫嶠、庾亮俱會石頭。諸軍與峻戰，斬峻於陣。通鑑：蘇峻爲侃將所斬，臠割之，焚其骨。

〔五〕一作「曾」，一作「長」。

〔六〕管子：蛟龍，水中之神者也，乘水則神立，失水則神廢。賈誼惜誓：神龍失水而陸居兮，爲螻蟻之所裁。

〔七〕禮記月令：孟秋，鷹乃祭鳥，用始刑戮。漢書孫寶傳：立秋日勅曰：今日鷹隼始擊，當順天氣取姦惡，以成嚴霜之誅。春秋感精符：霜，殺伐之表。季秋霜始降，鷹隼擊。何曰：用左傳見無禮于君者，如鷹鸇之逐鳥雀也。

〔八〕言神人皆望之。

〔九〕何曰：星闕未詳。按：天官星占曰：北辰一名天闕，一名北極，紫宫太乙座也。晉書天文志：東方。角二星爲天闕，其間天門也，其内天庭也。故黄道經其中。房四星，爲明堂，天子布政之宫也。中間爲天衢、爲天闕，黄道之所經也。似皆可言星闕，以喻皇居。而張平子週天大象賦：天闕嚴扃於畢野，諸王列藩於漢滸。用之亦合。晉書劉隗傳：入宫告辭，帝雪涕與之别。此言文宗悲憤不自勝，冀其來誅内官，而乃得收痛淚也。舊引史記天官書「兩河天闕間爲關梁」，正義曰：「闕、邱二星在河南，天子之雙闕，諸侯之兩觀，金火守之，主兵戰闕下。」雖似合本事，却與下三字不可貫，必非。

浩曰：此篇專爲劉從諫發。錢龍惕兼王茂元言之，徐氏又兼蕭弘言之，皆誤矣。舊書紀：昭義節度使劉從諫三上疏問王涯罪名，仇士良聞之惕懼。從諫遣焦楚長入奏，於客省進狀，請面對。上召楚長，慰諭遣之。新書從諫傳：李訓先約從諫誅鄭注。及甘露事，宰相皆夷族，從諫不平，三上書請王涯等罪。時宦豎得志，天子弱，鄭覃、李石執政，藉其論執以立權綱。仇士良傳：從諫言：「謹修封疆，繕甲兵，爲陛下腹心。如姦臣難制，誓以死清君側。」書聞，人人傳觀，士良沮恐。帝倚其言，差自強。故三四言旣遣人奉表，宜卽來誅殺士良輩也。舊書訓注傳贊曰：苟無藩后之勢，黃屋危哉！藩后專指從諫也。史稱士良輩知事連天子，相與惡憤，帝懼，僞不語，數日之內，生殺除拜皆由兩中尉，天子不聞也。故五句痛其受制，六句謂除從諫外更無人矣。若王茂元，史言其以多財爲中人掎摭，方惴惴焉出家貲賂兩軍，得不誅，而反獲封。蕭弘以太后弟得顯位，實庸人耳，安得以陶侃比之哉？且新書云：初未獲注，京師戒嚴。茂元、蕭弘皆勒兵備非常。是二人方爲中人所用。乃夕公改「初未獲注」爲「初獲鄭注」，以曲成其論，尤是非顚倒矣。「得上游」，似借用漢書匈奴傳從上游來厭人之義，以喻懾服中官也。

故番禺侯以贓罪致不辜事覺母者〔一〕他日過其門〔二〕

飲鴆非君命〔三〕，茲身亦厚亡〔四〕。江陵從種橘〔五〕，交廣合投香〔六〕。不見千金子〔七〕，空餘數仞牆〔八〕。殺人須顯戮〔九〕，誰舉漢三章〔一〇〕？

〔一〕徐曰「者」一作「老」，當從之。按：諸本或無此二字。朱氏箋本、席氏所刊從宋本皆有之。母者，似謂母之者。製題欲晦之耳，不可改「老」。

〔二〕舊書志：廣州南海縣卽漢番禺縣，番山在州東三百步，禺山在北一里。按：兩漢志止云番禺，不言二山。水經注曰：「昔南海郡治與番禺縣連接，今有水坈陵，城倚其上，縣人名之爲番山。名番禺，儻謂番之禺也，後世皆謂二山矣。」贓罪謂多財，不辜謂死非其罪。蓋其父以贓而富，致其子今陷不辜也。玩詩意，「母者」二字不可删，過其門乃母者過其門，非義山過之也。

〔三〕史記呂后本紀注：應劭曰：「鴆鳥食蝮，以其羽畫酒中，飲之立死。」漢書蕭望之傳：中書令弘恭、石顯急發執金吾車騎馳圍其第。望之欲自殺，其夫人止之，以爲非天子意；門下生朱雲勸自裁，竟飲鴆自殺。

〔四〕老子：「多藏必厚亡。」後漢書折像傳：父國爲鬱林太守，有貲財二億。國卒，像感多藏厚亡之義，乃散金帛資產，曰：「我乃逃禍，非避富也。」

〔五〕史記貨殖傳：「江陵千樹橘。」吳志孫休傳注：丹陽太守李衡每欲治家事，妻習氏輒不聽。後密遣客十人，於武陵龍陽氾洲上作宅，種甘橘千株。臨死，敕兒曰：「有千頭木奴，不責女衣食，歲上一匹絹，亦可足用耳。」後兒以白母，母曰：「此當是種甘橘也。人患無德義，不患不富，貴而能貧方好耳。用此何爲？」

〔六〕晉書良吏傳：吳隱之爲廣州刺史，歸自番禺，其妻劉氏齎沉香一斤，隱之見之，遂投於湖亭之水。

〔七〕史記：袁盎曰：「千金之子，坐不垂堂。」按：陸氏釋文：金方寸，重一斤，爲一金。又正義曰：秦以一鎰爲一金，鎰二十四兩。古言百金千金，皆以此計。

〔八〕固本論語，實用潘岳西征賦：今數仞之餘趾。

〔九〕書：不迪，有顯戮。

〔一〇〕史記高祖本紀：吾當王關中，與父老約，法三章耳：殺人者死，傷人及盜抵罪。後漢書劉盆子傳：呂母聚客爲子報仇。母曰：「吾子不當死而爲宰所殺，殺人當死。」遂斬之。

浩曰：舊書胡証傳：太和二年冬，証卒於嶺南使府。廣州有海之利，貨貝狎至。証善蓄積，務華侈，童奴數百，於京城修行里起第，嶺表奇貨道途不絕，京邑推爲富家。証素與賈餗善，及李訓事敗，禁軍利其財，稱証子溵匿餗，乃破其家。一日之內，家財並盡，執溵入左軍，士良命斬之以徇。詩爲此發也。首用蕭望之事，取事由宦官，非天子意，不重飲鴆事。次句傷溵之不能散遺貲。三四言遺子以財，當善爲術，奈何以黷貨害之！五六傷毋之者過其門也。結聯從母者意中說，方見寃痛之情。張讀宣室志亦載此事，云濦以文學知名。太和七年春，登進士第，蓋賈餗爲禮部侍郎也。「濦」「溵」字同。

哭遂州蕭侍郎二十四韻〔一〕

遙作時多難〔二〕，先令禍有源〔三〕。初驚逐客議〔四〕，旋駭黨人寃〔五〕。密侍榮方入，司刑望愈尊〔六〕。皆因優詔用，實有諫書存〔七〕。苦霧三辰沒〔八〕，窮陰四塞昏〔九〕。虎威狐更假〔一〇〕，隼擊鳥逾喧〔一一〕。徒欲心存闕〔一二〕，終遭耳屬垣〔一三〕。遺音和蜀魄〔一四〕，易簀對巴猿〔一五〕。有女悲初寡〔一六〕，無男〔一七〕泣過門〔一八〕。朝爭屈原草〔一九〕，廟餒若〔二〇〕敖魂〔二一〕。迴閣傷神峻〔二二〕，長江極望翻。青雲寧寄意〔二三〕？白骨始霑恩〔二四〕。早歲思東閣〔二五〕，爲邦屬故園〔二六〕。登舟慚郭泰〔二七〕，解榻愧陳蕃〔二八〕。分以忘年契〔二九〕，情猶錫類敦〔三〇〕。公先眞帝子〔三一〕，我系本王孫〔三二〕。嘯傲張高蓋〔三三〕，從容接短轅〔三四〕。秋吟小山桂〔三五〕，春醉後堂萱〔三六〕。自歎離通籍〔三七〕，何嘗忘叫閽〔三八〕？不成穿壙入〔三九〕，終擬上書論〔四〇〕。多士還魚貫〔四一〕，云誰正駿奔〔四二〕？暫能誅倏忽〔四三〕，長與問乾坤〔四四〕。蟻漏三泉路〔四五〕，螢啼百草根〔四六〕。始知同泰講〔四七〕，徼福是虛言〔四八〕。

〔一〕舊書紀：太和九年六月，京兆尹楊虞卿坐妖言人歸第，人皆以爲寃誣。宰相李宗閔於上前論列，上怒，貶明州刺史。七月，貶虞卿爲虔州司馬，吏部侍郎李漢爲邠州刺史，刑部侍郎蕭澣爲遂州刺史。八月，又貶宗閔潮州司戶，虞卿、漢、澣亦再貶。通鑑：澣再貶遂州司馬。文集祭文云：

「纔易炎涼，遂分今昔。」蕭不久卽卒也。

〔二〕田曰：「遙作」卽遠起之意。

〔三〕「多難」，指甘露之變。言大難將作，而諸人之受誣於姦邪者，乃禍之源也。

〔四〕李斯上秦王書：臣聞吏議逐客。

〔五〕後漢書：桓帝延熹九年，司隸校尉李膺等二百餘人受誣爲黨人，並下獄，書名王府。注曰：事具劉淑傳。按：後漢書特立黨錮傳以詳其事。田曰：逐客指楊，黨人指李、蕭。

〔六〕舊書志：龍朔二年，改刑部爲司刑。按：李宗閔楊虞卿傳：李德裕入相，文宗與論朋黨，帝曰：「衆以楊虞卿、張元夫、蕭澣爲黨魁。」德裕皆請出爲刺史。此七年澣出爲鄭州也。訓、注用事，共短德裕，罷之，召宗閔復入，以工部侍郎召還虞卿，尹京兆，此八年冬十月也。蕭由鄭州內召，亦必在八年冬九年春。

〔七〕南史范雲傳：諫書存者百有餘紙。

〔八〕左傳：三辰旂旗，昭其明也。註曰：三辰，日、月、星。

〔九〕禮記明堂位：四塞。註曰：謂夷服、鎮服、蕃服在四方爲蔽塞者。周禮：九州之外，謂之蕃國。戰國策：秦四塞之國。高誘註曰：四面有山關之固。二句言天地皆爲昏暗。

〔一〇〕戰國策：虎得狐，狐曰：「子無敢食我，天帝令我長百獸。吾爲子先行，子隨我後，百獸見我，敢不走乎？」虎與之行，獸皆走，虎不知獸畏己，以爲畏狐也。

〔一一〕見重有感。錢夕公曰：舊書傳：訓、注竊弄威權，凡不附己者，目爲宗閔、德裕黨，貶逐無虛日，中外震駭，連月陰晦，人情不安。故此四句云。按：「隼擊」，謂諸臣論列訓、注者，非頂上諫書。

〔一二〕文子：老子云，身處江海之上，心存魏闕之下。

〔一三〕詩：無易由言，耳屬于垣。

〔一四〕易：飛鳥遺之音，不宜上宜下。疏曰：遺音，哀聲也。華陽國志：望帝禪位於開明，帝升西山隱焉。時適二月，子鵑鳥鳴，故蜀人悲子鵑鳥鳴也。文選蜀都賦：鳥生杜宇之魄。注引蜀記曰：杜宇王蜀，號曰望帝。宇死，俗說云：宇化爲子規。蜀人聞子規鳴，皆曰望帝也。

〔一五〕禮記：曾子寢疾，童子曰：「華而睆，大夫之簀歟？」曾子曰：「是季孫之賜也，吾未之能易也。元起易簀！」舉扶而易之，反席未安而卒。水經注：巫峽漁者歌曰：巴東三峽巫峽長，猿鳴三聲淚霑裳。

〔一六〕見下送裴十四。

〔一七〕徐曰：當作「兒」。

〔一八〕自注：公止裴氏一女，結褵之明年，又喪良人。徐曰：漢書外戚傳：王媼嫁廣望王迺始，產子男無故、武，女翁須。翁須寄劉仲卿宅，仲卿教翁須歌舞。邯鄲賈長兒求歌舞者，仲卿與之。翁須乘長兒車馬過門，呼曰：「我果見行，當之柳宿。」媼與迺始至柳宿，見翁須相對涕泣。句用此事，言其女聞喪，哭泣而過門。但嫁不久而寡，故無兒。按：「過門」字必用此。「男」與「兒」同，諸本皆作「男」。

〔一九〕史記：屈原者，名平，爲楚懷王左徒。王使屈原造爲憲令，屬草藁未定，上官大夫見而欲奪之，屈平不與，因讒之。

〔二〇〕舊作「莫」，非。

〔二一〕左傳：若敖氏之鬼不其餒而。

〔二二〕水經注：大劍去小劍，連山絶險，飛閣通衢，故謂之劍閣。

〔二三〕史記范睢傳：須賈曰：「賈不意君能自致於青雲之上。」

〔二四〕錢夕公曰：訓、注誅，文宗始大赦，量移貶謫諸臣，而蕭已卒。

〔二五〕漢書：公孫弘起客館，開東閤，以延賢人。

〔二六〕自注：余初謁於鄭舍。楊曰：以下自敘與蕭情分，兩兩夾寫。

〔二七〕後漢書：郭泰遊洛陽，見河南尹李膺，膺大奇之。後歸鄉里，衣冠諸儒送至河上，車數千輛。林宗惟與李膺同舟而濟，衆賓望之，以爲神仙。

〔二八〕後漢書：陳蕃爲樂安太守，郡人周璆高潔之士，前後太守招命，莫肯至，惟蕃能致焉。字而不名，特爲置一榻，去則縣之。又：徐穉字孺子，豫章南昌人也。陳蕃爲太守，以禮請署功曹，穉不免之，既謁而退。蕃在郡，不接賓客，惟穉來特設一榻，去則縣之。

〔二九〕後漢書禰衡傳：始弱冠，孔融年四十，與爲忘年友。

〔三〇〕詩：孝子不匱，永錫爾類。箋曰：長以與女之族類。此謂待之如族類也。下聯正謂族類相匹。

〔二一〕蕭爲蕭梁之後，祭文亦云然，爲結句伏脈。

〔二二〕詳年譜。

〔二三〕漢書循吏傳：黄霸爲潁川太守，賜車蓋，特高一丈。于定國傳：父于公治閭門，謂人曰：「少高大，令容駟馬高蓋車。」

〔二四〕晉書王導傳：短轅犢車。

〔二五〕文選招隱士：桂樹叢生兮山之幽，偃蹇連卷兮枝相繚。序曰：招隱士者，淮南小山之所作也。吕向曰：淮南王安好士，八公之徒著述篇章，或稱大山、小山，猶詩有大雅、小雅也。

〔二六〕詩：焉得萲草，言樹之背。傳曰：背，北堂也。此兼用戴崇事，詳下華州宴集。

〔二七〕古今注：籍者，尺二竹牒，記人之年名字物色，懸之宫門，案省相應，乃得入焉。三輔黄圖：漢宫門各有禁，非侍衛通籍之臣，不敢妄入。按：唐時由内出外者，謂之離通籍。如香山「博望移門籍，潯陽佐郡符」之類甚多。此指蕭之外貶。錢夕公誤以爲義山自謂，則其時尚未得第。

〔二八〕甘泉賦：選巫咸兮叫帝閽。新書徐有功傳：叫閽弗聽，叩鼓弗聞。

〔二九〕周禮春官小宗伯：卜葬兆甫竁。注曰：竁，穿壙也。史記：田横與二客乘傳詣洛陽，横自殺，以王禮葬。二客穿冢旁，自刎，下從之。漢書音義：復土，主穿壙填墓事。

〔四〇〕上書訟冤，漢書中事多有。

〔四一〕易：貫魚以宮人寵。

〔四二〕詩：「濟濟多士，秉文之德。對越在天，駿奔走在廟。」此言誰能訴之天祖也。

〔四三〕按：儵，音叔，一作「倏」，俗作「倐」。楚辭九歌「儵而來兮忽而逝」，謂司命往來奄忽也。此則用招魂「雄虺九首，往來儵忽，吞人以益其心些」，亦見天問。以比訓、注之奸毒。舊引莊子南海帝、北海帝，誤矣。以儵忽代雄虺，古有此例。

〔四四〕言雖誅訓、注，而蕭之冤終不白也。

〔四五〕淮南子：千里之隄，以螻蟻之穴漏。史記秦本紀：始皇治驪山，穿三泉，下銅而致槨。

〔四六〕玉篇：螿，寒蟬屬。

〔四七〕梁書：武帝篤信正法，尤長釋典，製涅盤、大品、淨名、三慧諸經義記。於重雲殿及同泰寺講說，名僧碩學、四部聽衆，常萬餘人。

〔四八〕左傳：君惠徼福于敝邑之社稷。老子：豈虛言哉。酉陽雜俎：蕭瀞初至遂州，造一旛剎，施於寺。齋慶畢，作樂，忽暴雷震剎，俱成數十片。至來年雷震日，瀞死。田曰：一篇極盡哭理。浩曰：史言義山善爲哀誄之詞，信然。

五松驛〔一〕

獨下長亭念過秦〔二〕，五松不見見輿薪。只應既斬斯高後〔三〕，尋被樵人用斧斤〔四〕。

〔一〕朱曰：白氏長慶集有自望秦赴五松驛詩。此驛在長安東。

〔二〕史記注：秦法十里一亭。庾信賦：十里五里，長亭短亭。史記秦始皇本紀：太史公曰：「善乎賈生推言之也。」又陳涉世家：褚先生曰：「吾聞賈生之稱曰。」注：裴駰案：班固奏事云「太史遷取賈誼過秦上下篇以爲秦始皇本紀、陳涉世家下贊文」，然則言「褚先生」者，非也。按：本紀全述賈誼之言，世家節取其中一篇，若皆出司馬筆，則複矣。故索隱據「地形險阻」數句，定爲褚先生所改題也。

〔三〕史記：胡亥、斯、高大喜。又：二世使趙高案丞相李斯獄，責斯與子繇謀反狀，誣服，具斯五刑，論腰斬。二世拜趙高爲中丞相，高刦二世於望夷之宮，二世自殺。子嬰卽位，謀令宦者韓談刺殺之。

〔四〕斤在欣韻，唐賢律詩多通用。本集如東冬、蕭肴之類，通用頗多。浩曰：此必訓、注誅後，其私人亦削斥也，非僅朋黨之迭爲進退者。

令狐八拾遺綯見招送裴十四歸華州〔一〕

二十中郎未足稀〔二〕，驪駒先自有光輝〔三〕。蘭亭讌罷方回去〔四〕，雪夜詩成道韞歸〔五〕。漢苑風煙催〔六〕客夢〔七〕，雲臺洞穴接郊扉〔八〕。嗟余久抱臨邛渴〔九〕，便欲因君問釣磯〔一〇〕。

〔一〕舊書傳：綯，字子直，楚之子。太和四年登進士第，開成初爲左拾遺。舊書志：關內道華州上輔，天寶元年爲華陰郡。

〔二〕一作「希」。晉書：荀羨尚尋陽公主，後除北中郎將、徐州刺史、監諸軍事、假節，時年二十八，中興方伯未有如羨之少者。按：晉中興書作「時二十」。宋書：謝晦初爲荆州，甚自矜。從叔澹問晦年，答曰：「三十三。」澹笑曰：「昔荀中郎年二十七，爲北府都督，卿比之已爲老矣。」晦有媿色。故後人凡言「年少荀郎」、「二十中郎」，必荀羨，非他人也。此兼以尚主比其爲壻。唐人用事，每踰分不細檢耳。朱氏引謝萬爲簡文帝撫軍從事中郎，誤矣。

〔三〕漢書儒林王式傳：歌驪駒。服虔曰：逸詩篇名也，見大戴禮。客欲去歌之。其辭云：「驪駒在門，僕夫具存；驪駒在路，僕夫整駕。」古樂府陌上桑：何用識夫壻？白馬從驪駒。此兼用之。

〔四〕晉書王羲之傳：永和九年，與同志宴集於會稽山陰之蘭亭，修禊事也。郗愔傳：愔字方回，鑒之子。朱曰：郗愔不與蘭亭四十二人之數。

〔五〕晉書：王凝之妻謝氏，字道韞。嘗內集，俄而雪驟下，叔父安曰：「何所似也？」安兄子朗曰：「散鹽空中差可擬。」道韞曰：「未若柳絮因風起。」安大悅。按：晉書郗愔傳：與姊夫王羲之、高士許詢，並有邁世之風，修黃老之術，後築室章安，後爲會稽內史，最後乞骸骨居會稽。而修禊有郄曇，卽愔弟也。故偶誤憶歟？羲之乃方回姊夫，道韞乃羲之子婦，合爲一聯，似涉嫌疑，豈用古不必太拘哉？朱氏謂裴十四必令狐氏之壻，時攜內歸家。第或更有戚誼，則無由細索耳。「散鹽」，晉書作「散」，御覽引之亦作「散」，他書作「撒」。

〔六〕一作「吹」。

〔七〕華陰縣有漢宮觀，故曰漢苑。詳後漢宮詞。

〔八〕華山志：嶽東北雲臺峯下有穴，昔有人入此穴，出東方山行，云：「經黃河底，上聞流水聲。」

〔九〕史記司馬相如傳：臨邛卓王孫有女文君新寡，相如以琴心挑之。及飲卓氏，弄琴，文君竊從戶窺之，心悅而好之，恐不得當也。相如使人重賜文君侍者通殷勤，文君夜亡奔相如。又：相如口吃而善著書。嘗有消渴疾。

〔一〇〕袁曰：太公釣於渭水，在華州，故云。按：用相如事何無顧忌也！唐季風尚若此，時義山失偶未娶。

和友人戲贈二首〔一〕

東望花〔二〕樓會〔三〕不同，西來雙燕信休通〔四〕。仙人掌冷三霄露〔五〕，玉女窗虛五〔六〕夜風〔七〕。翠袖自隨迴雪轉〔八〕，燭房尋類外庭空〔九〕。殷勤莫使清香透，牢合金魚鎖桂叢〔一〇〕。

迢遞青門有幾關〔一一〕？柳梢樓角見南山〔一二〕。明珠可貫須爲珮〔一三〕，白璧堪裁且作環〔一四〕。子夜休歌團扇掩〔一五〕，新正未破剪刀閑〔一六〕。猿啼鶴怨〔一七〕終年事，未抵熏爐〔一八〕一夕間〔一九〕。

〔一〕文苑英華作和令狐八綯戲題，當可據，故編此。

〔二〕一作「高」。

〔三〕英華作「事」。

〔四〕舊引開元遺事，任宗爲商於湘中，妻郭紹蘭自長安語梁間雙燕寄詩之事，非也。此二句固不必用典。

〔五〕漢書郊祀志：武帝作栢梁、銅柱、承露仙人掌。釋名：霄，青天也，無雲氣而青碧者也。又曰：近天氣也。按：三霄猶三天，餘詳寓懷。

〔六〕一作「午」。

〔七〕楚詞惜誓：載玉女於後車。司馬相如大人賦：載玉女而與之歸。注曰：玉女，青要乘弋等也。王延壽魯靈光殿賦：玉女闚窗而下視。衛宏漢舊儀：晝漏盡，夜漏起，省中用火，中黄門持五夜，甲夜、乙夜、丙夜、丁夜、戊夜相傳授。此寫高樓之景，良會不同，言外可見。

〔八〕一作「駐」。張衡觀舞賦：裾似飛鸞，袖如迴雪。

〔九〕謝莊月賦：去燭房，即月殿。

〔一〇〕金魚，魚鑰也。桂叢，指月殿。重門深鎖，毋使他人得近。

〔一一〕三輔黄圖：都城東出南頭第一門，曰霸城門。民見門色青，名曰青城門，或曰青門，亦曰青綺門。

按：即水經注東出北頭第三門也。

〔一二〕終南山在長安正南。

〔一三〕拾遺記：員邱之穴，洞達九天。中有細珠如流沙，可穿而結，因用爲佩。此神蛾之矢也。何曰：韓詩外傳：曾子曰：「君子有三言，可貫而佩之。」

〔一四〕爾雅：璧肉好若一，謂之環。説文：璧，瑞玉環也。似更有典。

〔一五〕子夜，夜半，非子夜歌也。休歌，歌罷也。團扇歌，詳後河内詩。

〔一六〕程曰：謂新正未動剪刀也，今尚有此風。按：未破猶曰未殘，杜詩「二月已破三月來」。朱氏解作未入正月，誤。

〔一七〕英華作「望」。

〔一八〕英華作「爐香」。

〔一九〕首二想其所居；中四寫其整理服飾，深居少事，皆遥思而得之也；結言一夕相思，甚於終年，怨望真不可禁。道源乃謂「終歲相思，不如一夕佳會」，衲子論風懷，宜相左矣。

題二首後重有戲贈任秀才〔一〕

一丈紅薔擁翠筠，羅窗不識繞街塵〔二〕。峽中尋覓長逢雨〔三〕，月裏依稀更有人〔四〕。虛爲錯刀留遠客〔五〕，枉緣書札損文鱗〔六〕。遙知小閣還斜照，羨殺烏龍臥錦茵〔七〕。

〔一〕上二首當已是贈任。

〔二〕往來尋覓，頻繞其居，其如羅窗中人竟不識何！

〔三〕用神女暮雨，詳後吳令暗答詩。

〔四〕淮南子：羿請不死之藥於西王母，姮娥竊以奔月。注曰：姮娥，羿妻。羿未及服，姮娥盜食之，得仙，奔入月中。姮娥獨居，何更有人？二句言任每訪，必遇有人，不得入也。

〔五〕文選張衡四愁詩：美人贈我金錯刀。注曰：漢書：王莽更造錯刀，以黃金錯其文，曰「一刀直五千」。

〔六〕古詩：客從遠方來，遺我雙鯉魚。呼兒烹鯉魚，中有尺素書。二句謂虛相聯絡，終無實意。

〔七〕戊籤：謔之也。搜神後記：會稽張然，滯役在都。有少婦與一奴守舍，奴與婦通。然素養一犬名烏龍，常以自隨。後歸，婦與奴欲殺然，奴已張弓拔矢，然拍膝大呼曰：「烏龍與手。」狗應聲傷奴，奴失刀杖倒地，狗咋其陰，然因殺奴，以婦付縣，殺之。烏龍喻他人，謔任之不得如也。韓偓詩亦云「橫臥烏龍作妒媒」。

浩曰：此必任秀才有所思於青樓中人也，否則措辭豈得爾！

李肱所遺畫松詩書兩紙得四十一〔一〕韻〔二〕

萬草已涼露，開圖披古松。青山徧滄海，此樹生何峯〔三〕？孤根邈無倚，直立撐鴻濛〔四〕。端如君子身，挺若壯士胸。樛枝勢夭矯〔五〕，忽欲蟠拏空。又如驚螭走，默與奔雲逢。孫枝擢細葉〔六〕，旖旎狐裘茸〔七〕。鄒〔八〕顛蓐髮軟〔九〕，麗〔一〇〕姬眉黛濃〔一一〕。視久眩目睛，倏忽變輝容。竦削正稠直，婀娜旋粵夆〔一二〕。又如洞房冷，翠被張穹籠〔一三〕。亦若暨羅〔一四〕女，平旦粧顏容〔一五〕。細疑襲氣母〔一六〕，猛若爭神功〔一七〕。燕雀固寂寂，霧露常衝衝。重〔一八〕蘭愧傷暮〔一九〕，碧竹慚空中〔二〇〕。可集呈瑞鳳，堪藏行雨龍〔二一〕。淮山桂偃蹇〔二二〕，蜀郡桑重童〔二三〕。枝條〔二四〕亮眇〔二五〕脆，靈氣何由同〔二六〕？昔聞咸陽帝，近說嵇山儂。或著佳〔二七〕人號〔二八〕，或以大夫封〔二九〕。終南與清〔三〇〕都〔三一〕，煙雨遙相通。安知夜夜意，不起西南風〔三二〕？美人昔清興，重之由〔三三〕月鐘〔三四〕。寶笥十八九，香緹千萬重。一旦鬼瞰室〔三五〕，稠疊張羅罿〔三六〕。赤羽中要害〔三七〕，是非皆怱怱〔三八〕。生如碧海月，死踐霜郊蓬。平生握中翫〔三九〕，散失隨奴僮〔四〇〕。我聞照妖鏡〔四一〕，及與神劍鋒〔四二〕。寓身會有地，不為凡物蒙。伊人秉茲圖，顧盼擇所從〔四三〕。而我何爲者？開懷〔四四〕捧靈蹤。報以漆鳴琴〔四五〕，懸之真珠櫳〔四六〕。是時方暑夏，座內若嚴冬。憶昔謝四騎〔四七〕，學仙玉陽東〔四八〕。千株盡若此，路入瓊瑤宮〔四九〕。口詠玄雲〔五〇〕歌〔五一〕，手把金芙蓉〔五二〕。濃藹深霓袖，色映琅玕中〔五三〕。悲哉墮世網，去之若遺弓〔五四〕。形魄天壇上，海日高曈曈〔五五〕。終期〔五六〕紫鸞歸，持寄扶桑翁〔五七〕。

〔一〕諸本皆作「四十」，今從實數。

〔二〕雲溪友議：開成元年秋，高鍇復司貢籍。上曰：「宗正寺解送人，恐有浮薄，以忝科名。在卿精揀藝能，勿妨賢路。其所試賦則准常規，詩則依齊梁體格。」乃試琴瑟合奏賦、霓裳羽衣曲詩。主司先進五人詩，其最佳者李肱。況肱宗室，德行素明，人才俱美，敢不公心，以辜聖教。乃以榜元及第。詩云云。困學紀聞：唐宗室爲狀頭有李肱。按：李肱霓裳羽衣曲詩見英華省試類，唐文粹古調中。據此則李肱與義山同開成二年及第，餘辨詳留贈畏之詩下。又按：集中他無可徵，安知此李肱非別一人乎？新書表趙郡南祖之裔有名肱者，但世次太晚，不足參考。今且仍舊說而辨核之。

〔三〕起勢高壯，暗用泰山秦松。

〔四〕莊子：雲將東遊，而適遭鴻蒙。注曰：鴻蒙，自然元氣也。

〔五〕淮南子：夭矯曾撓，芒繁紛挐，以相交持。司馬相如上林賦：夭蟜枝格。大人賦：低卬夭蟜。「蟜」

與「矯」同。

〔六〕文選琴賦：乃斲孫枝。注曰：鄭氏周禮注曰：孫竹，枝根之末生者。蓋桐孫亦然。按：此又以言松。

〔七〕楚詞九辯：蕙華之曾敷兮，紛旖旎乎都房。左傳：狐裘尨茸。

〔八〕姚曰：疑「鶵」字之訛。

〔九〕說文：顛，頂也。蓐，陳草復生也。一曰蔟也。玉篇：蓐，厚也，薦也。朱曰：難解，疑有誤。按：鄒姓史記亦作「騶」。此句用事未詳。廣韻：雛，籀文作「鶵」，姚氏疑謂如童兒之髮，頗似之，蓋形近而轉訛。

〔一〇〕原註：如字。

〔一一〕莊子：毛嬙、麗姬，人之所美也。注曰：毛嬙，古美人，一云越王美姬也。麗姬，晉獻公之嬖，以爲夫人。崔孝作西施。按：本無定解，故舊本注曰如字，以見非用驪姬也。若呂氏春秋驪姬亦作麗姬。梁簡文帝詩「麗姬與妖嬙」，則泛言耳。以上十二句，分賦幹與枝葉。田曰：此段酷似昌黎，蘇、黃所祖，唐人不用此極力形容。

〔一二〕原註：爾雅：甹夆，掣曳也。按：諸本作「敷峯」，戊籤作「敷夆」而有此註。今檢爾雅，注謂牽挽。疏引周頌「莫予荓蜂」，毛傳：「摩曳也」，從旁牽挽之言。荓、甹，夆、蜂，掣、摩，音義同。二句合狀輝容之善變，必本作「甹夆」，後乃訛「甹」爲「敷」耳，故直爲改正。姚氏改作「敷豐」，非矣。此總寫四句。

〔一三〕戊籤作「隆」，誤。穹籠似卽熏籠之義，兼言松之清香。

〔一四〕一作「蘿」。

〔一五〕吳越春秋：越使相者得苧蘿山鬻薪之女曰西施、鄭旦，飾以羅縠，敎以容步，三年學服而獻於吳。注曰：苧蘿山在諸暨縣。御覽引越絕書：越王得採薪二女西施、鄭旦，以獻吳王。拾遺記：越美女二人，一名夷光，一名修明，以貢於吳，吳處以椒華之房。二人當軒並坐，理鏡靚粧於珠幌之內，竊窺者動心驚魂，謂之神人。「平旦顏容」用此事也。

〔一六〕莊子：伏戲得之，以襲氣母。

〔一七〕又總摹六句。

〔一八〕朱本作「香」。

〔一九〕左傳：蘭有國香。按：舊本皆作「重」，頗疑「叢蘭」以音近而訛。文子「叢蘭欲修，秋風敗之」，楚詞「恐美人之遲暮」。

〔二〇〕史記龜策傳：竹外有節理，中直空虛。

〔二一〕以龍比松，常用之語。舊注引酉陽雜俎「不空三藏塔前老松，伐其枝爲龍骨以祈雨」者，非也。

〔一三〕見哭蕭侍郎。

〔一四〕蜀志：先主舍東南角籬上有桑樹，生高五丈餘，遥望見童童如小車蓋。此樹非凡，或謂當出貴人。按：藝文類聚引之作「幢幢」，此作「重童」，諸本皆然，似與「偃蹇」皆疊韻也。然「重」字「童」字見之漢碑者，偶或通用。此「重童」豈卽「童童」耶？先主幼時貴徵。家在涿縣，句乃云蜀郡，義可通耳。

〔一五〕一作「修」。

〔一六〕一作「杪」。

〔一七〕以上十句，以他物作襯，至此一小束。

〔一八〕一作「仙」。

〔一九〕舊本皆作「佳」，似與松不合。惟朱本改「仙」。然故實未詳，未定孰是。

〔二〇〕史記秦始皇本紀：上泰山，立石，封祠祀。下，風雨暴至，休於樹下，因封其樹爲五大夫。漢官儀：始皇上封泰山，逢疾風暴雨，賴得松樹，因復其下，封爲五大夫。「復」一作「覆」。漢書表、通典：漢承秦制，爵二十等，以賞功勞，九曰五大夫。注曰：大夫之尊也。按：嵇山僊事未詳。然曰近說，必非太遠也。晉書傳：譙國銍縣有嵇山，嵇康從上虞徙銍，家於其側，因而命氏。世說：山公曰：「嵇叔夜之爲人，巖巖若孤松之獨立。」或更有古松事，所未考也。庾信詩「青林隱士松」，注家引晉書曰：高士戴安道修道成功，有眞氣結成五色雲，浮於松上，故號隱士之松耳。安道譙國人，徙居會稽之剡縣，亦可稱稽山僊。此似較近，但「嵇」「稽」小異，而本傳不載，其所引何晉書，俟再考。舊註則皆誤。

〔三〇〕一作「青」。

〔三一〕列子：化人之宮出雲雨之上，實爲清都紫微。茅君內傳：王屋山洞，名曰小有清虛之天。

〔三二〕以上又引舊事，以見松之非凡物也。按：史記：涼風居西南維，閶闔風居西方。呂氏春秋、淮南子、易緯皆云：閶闔，西方風。而曹子建詩「願爲西南風，長逝入君懷」，郭璞遊仙詩「閶闔西南來，潛波渙鱗起」，似皆以「西南閶闔」寓近君之思。此句亦然。

〔三三〕「猶」同。

〔三四〕未詳。舊引集仙錄：女仙魯妙典居九疑山，有古鏡一面，大三尺；鐘一口，形如偃月，皆神人送來者。未知是否。

〔三五〕漢書揚雄解嘲：高明之家，鬼瞰其室。

〔三六〕爾雅：彘罟謂之羉，繴謂之罿。詩：雉離於罿。

〔三七〕家語：子路曰：「由願得白羽若月，赤羽若日。」按：家語下文又有「旍旗繽紛」，則赤羽、白羽，定謂羽箭。或以爲羽旗者，誤也。羽箭有赤、白，如吳、晉爭長，猶有白羽、朱羽。後漢書來歙傳：臣夜人定後爲何人所賊，中臣要害。

〔三八〕生平善惡皆不暇論。

〔三九〕掌握之寶。

〔四〇〕朱曰：舊書傳：王涯家書數萬卷，前代法書名畫，人所保惜者，以厚貨致之，或官爵致之，厚爲垣，竅而藏之複壁。涯死，人破其垣取之，或剔取函奩金寶之飾與其玉軸而棄之。觀此詩云云，豈畫松卽涯所藏者歟？按：未可定。以上敍畫之來由。

〔四一〕西京雜記：宣帝繫獄，臂上猶帶身毒寶鏡一枚，如八銖錢。舊傳此鏡照見妖魅，佩之者爲天神所福。帝崩，鏡不知所在。

〔四二〕吳越春秋：湛盧之劍，惡闔閭無道，乃去而出，水行如楚。楚昭王臥而寤，得之於牀。風胡子曰：「五金之英，太陽之精，寄氣託靈，出之有神，服之有威，可以折衝拒敵。然人君有逆理之謀，其劍卽出，故去無道以就有道。」按：以漢宣崩，鏡不知所在；吳王無道，劍遂他去，以引下文意。

〔四三〕伊人謂李肱也。爲此圖擇所從，不意乃以贈我。

〔四四〕一作「顔」。

〔四五〕鮑令暉詩：客從遠方來，贈我漆鳴琴。

〔四六〕說文：櫳，房室之疏。徐曰：窗也。按：珠櫳猶珠簾。

〔四七〕未詳。余疑謂謝絶四方車騎而山居學仙也。如家語「子貢結駟連騎」，則以「駟」作「四」可也。又史記「聶政遂謝車騎人徒獨行」，亦可借證。舊注謬。田曰：又轉到初隱時常對此物，寄意幻杳。

〔四八〕通典：河南府王屋縣王屋山，沇水所出。元和郡縣志：山在縣北十五里，周迴一百三十里，高三十里。按：王屋山盤亙懷州、絳州、澤州之境，玉陽山其分支連接者。河南通志：玉陽山有二，東西對峙。相傳唐睿宗女玉眞公主修道之所。通典：開元二十九年，京師置崇玄館，諸州置道學生徒有差，謂之道舉。舉送課試，與明經同。按：韓昌黎李素墓志曰：素拜河南少尹。呂氏子炅棄其妻，著道士衣冠，謝其母曰：「當學仙王屋山。」去數月，間詣公，公使吏卒脱道士冠，給冠帶，送付其母。誰氏子詩曰：「非癡非狂誰氏子？去入王屋稱道士。或云欲學吹鳳笙，所慕靈妃媲蕭史；又云時俗輕尋常，力行險怪取貴仕。」蓋當時風尚如此，義山學仙亦此情事。

〔四九〕龜山玄錄有瓊瑤之室，此仙家常語。天壇山古松多千百年物，見志書。

〔五〇〕一作「山」，誤。

〔五一〕藝文類聚：漢武內傳曰：西王母命侍女安法嬰歌玄雲曲。按：必用此。第他本有誤「雲」爲「靈」者耳。或引晉書樂志鐃歌曲之玄雲，謂聖皇用人各盡其才也，亦非。

〔五二〕樂府子夜歌：玉藕金芙蓉。此則是學仙語，如李白廬山謠「手把芙蓉朝玉京」。

〔五三〕琅玕，謂竹也，色與青霓之衣相映。與杜詩「翠袖倚修竹」相似。

〔五四〕家語：楚共王亡烏號之弓，左右請求之，王曰：「楚人失弓，楚人得之，又何求焉！」

〔五五〕河南通志：王屋山絕頂曰天壇。按：道書十大洞天，王屋山洞爲第一也。天壇夜分先見日出，唐人有登天壇山望海日初出賦。舊書司馬承禎傳：字子微，開元十五年，令於王屋山自選形勝置壇室以居，因以所居爲陽臺觀；又令玉眞公主及光祿卿韋縚至其所居修金籙齋。

〔五六〕一作「騎」，誤。

〔五七〕十洲記：扶桑在碧海中，地方萬里，上有太帝宮，太眞東王父所治。有椹樹長數千丈，大二千餘圍，兩兩同根偶生，更相依倚，是名扶桑。其椹赤色，九千歲一生，仙人食之，一體皆作金光色。按：道書屢稱扶桑大帝君，此以比天子。

浩曰：極力描摹，波瀾叠起。前以松比李肱而美之，後借學仙時所見以自慨，結寓近君之望。此爲尚未第時作。

送從翁從東川弘農尙書幕〔一〕

大鎭初更帥，嘉賓素見邀。使車無遠近，歸路更〔二〕煙霄〔三〕。穩放驊騮步〔四〕，高安翡翠巢〔五〕。御〔六〕風知有在〔七〕，去國肯無聊〔八〕。早忝諸孫末，俱從小隱招〔九〕。心懸紫雲閣〔一〇〕，夢斷赤城標〔一一〕。素女悲清瑟〔一二〕，秦娥弄碧〔一三〕簫〔一四〕。山連玄圃近〔一五〕，水接絳河遥〔一六〕。豈意聞周鐸，翻然慕舜韶。皆辭喬木去，遠逐斷蓬飄。薄俗誰其激？斯民已甚恌〔一七〕。鸞凰期一舉，燕雀不相饒〔一八〕。敢共頽波遠〔一九〕？因之内火燒〔二〇〕。是非過別夢，時節慘驚飆〔二一〕。末至誰能賦〔二二〕？中乾欲病痟〔二三〕。屢曾紆錦繡〔二四〕，勉欲報瓊瑤〔二五〕。我恐霜侵鬢，君先綬掛腰。甘心與陳阮〔二六〕，揮手謝松喬〔二七〕。錦里差隣接〔二八〕，雲臺閉寂寥〔二九〕。一川虚月魄，萬崦自芝苗。瘴雨瀧間急〔三〇〕，離魂峽外銷〔三一〕。非關無燭夜〔三二〕，其奈落花朝！幾處逢鳴珮〔三三〕，何筵不翠翹〔三四〕？蠻僮騎象舞，江市賣鮫綃〔三五〕。南詔知非敵〔三六〕，西山亦屢驕〔三七〕。勿貪佳麗地〔三八〕，不爲聖明朝〔三九〕。少減東城飲，時看北斗杓〔四〇〕。莫因乖別久，遂逐歲寒凋〔四一〕。盛幕開高宴，將軍問故僚。爲言公玉季〔四二〕，早日棄漁樵〔四三〕。

〔一〕弘農，楊氏也。按：舊書紀、傳：嗣復於太和七年檢校禮部尚書、東川節度使，九年移西川。汝士於太和八年由工部侍郎出爲同州刺史，九年入爲戶部侍郎，開成元年十二月檢校禮部尚書、東川節度使。時宗人嗣復鎮西川，兄弟對居節制，時人榮之。今詳味詩句，當爲汝士也。詩多敍遊山學仙之事，從翁蓋同居玉陽者，惜無可考。長安志：靖恭坊工部尚書楊汝士宅，與虞卿、漢公、魯士同居，號靖恭楊家，爲冠蓋盛族。按：楊氏多見本集。

〔二〕一作「便」。

〔三〕從翁必舊在弘農幕者。舊書志：同州刺史領防禦長春宮使。汝士刺同，必已辟之，故曰「素見邀」。三言相隨使車，不計遠近。四言他日歸來，更可致身烟霄矣。若嗣復則初出鎮東川，不相合。

〔四〕驊騮，良馬。詳後華嶽下王母廟。

〔五〕說文：翡，赤雀；翠，青雀。

〔六〕一作「愈」，非。

〔七〕莊子：列子御風而行，泠然善也。

〔八〕御風，借仙家語以比乘風直上，言自當翺翔朝禁，莫以出遊爲慨。非用魏志陳琳草檄愈太祖頭風事。

〔九〕王康琚反招隱詩：小隱隱林藪，大隱隱市朝。

〔一〇〕上清經：元始居紫雲之闕，碧霞爲城。「闕」一作「閣」。按：長安志：西内有紫雲閣。此則借仙境爲言。

〔一一〕會稽記：赤城山土色皆赤，巖岫連沓，狀似雲霞。孫綽天台山賦：赤城霞起而建標。以仙境寓登進之望，下二聯亦借仙境說。

〔一二〕漢書郊祀志：泰帝使素女鼓五十絃瑟，悲，帝禁不止，故破爲二十五絃。

〔一三〕一作「玉」。

〔一四〕列仙傳：蕭史者，秦穆公時人，善吹簫，作鸞鳳之響，穆公女弄玉妻焉。日於樓上吹簫，作鳳鳴，鳳來止其屋，爲作鳳臺。一旦昇天，秦爲作鳳女祠。方言：娥、嬿，好也，秦曰娥。

〔一五〕穆天子傳：天子昇於春山之上，先王所謂縣圃。淮南子：崐崘之上，是謂閬風，又上是謂玄圃。十洲記：崐崘山正西一角，名曰玄圃堂。集仙錄：西王母宮闕在崐崘之圃。

〔一六〕白帖：天河謂之銀河，亦曰絳河。漢武內傳：上元夫人遣一侍妾問王母云：「遠隔絳河，遂替顔色。」詩敍隱居學仙，而所引多女仙，凡集中敍學仙事，皆可參悟。

〔一七〕一作「佻」。詩：視民不恌。離騷：余猶惡其佻巧。按：恌、佻義同，偷也。

〔一八〕謂遭排忌，當指舉場言。田云：以下述人情冷暖，發己悲慨。

〔一九〕莊子：因以爲弟靡，因以爲波流。郭注曰：變化頹靡，世事波流。弟，徐音頹。按：即頹也。

〔二〇〕詩：心焉如灼。莊子：我其內熱與？後漢書劉陶傳：心灼內熱。

〔二一〕古詩：人生寄一世，奄忽若飆塵。

〔二二〕謝惠連雪賦：相如末至，居客之右。又：王乃授簡於司馬大夫曰：「侔色揣稱，爲寡人賦之。」

〔二三〕左傳：外強中乾。廣韻：痟，渴病也。司馬相如所患。

〔二四〕張衡四愁詩：美人贈我錦繡段。朱曰：謂贈詩。

〔二五〕詩：報之以瓊瑤。

〔二六〕魏志：陳琳字孔璋，阮瑀字元瑜，太祖並以爲司空軍謀祭酒，管記室。「甘心」字寫出無聊。

〔二七〕揚雄太玄賦：揖松、喬於華岳。列仙傳：赤松子，神農時雨師，服水玉，以教神農。至崐崘山上，常止西王母石室，隨風雨上下，仙去。王子喬，周靈王太子晉也。善吹笙。浮邱公接上嵩高山，後於七月七日乘白鶴至緱氏山。

〔二八〕華陽國志：成都城南之西曰夷里橋，橋南岸道西，故錦官也。錦江，織錦濯其中則鮮明，他江則不好，故命曰錦里。此句不特地勢，亦寓對居節制之意。

〔二九〕文集與陶進士書所謂雲臺觀也，餘見送裴十四。上句應「甘心」，此句應「揮手」，下聯頂「寂寥」，猶帶仙意。舊註引漢尚書郎入直雲臺，誤。

〔三〇〕說文：瀧，雨瀧瀧貌。廣韻：瀧，南人名湍。集韻：奔湍也。

〔三一〕東川在峽外。以下預擬從翁抵幕事。

〔三二〕用秉燭夜遊意。

〔三三〕用江妃二女解珮事。蜀都賦：娉江婓與神遊。餘詳後擬意。

〔三四〕招魂：砥室翠翹，挂曲瓊些。王逸注：翹，羽也。以砥石爲壁，平而滑澤。以翠鳥之羽彫飾玉鉤，以懸衣物也。「翠翹」字本此。而此則用七啓「揚翠羽之雙翹」，首上飾也。

〔三五〕博物志：南海有鮫人，水居如魚，不廢織績。左思吳都賦注曰：俗傳鮫人從水中出，曾寄寓人家，積日賣綃。綃者，竹孚俞也。此與前素女二聯相映。以下則全歸之正論。

〔三六〕新書傳：南詔本哀牢夷後，烏蠻別種。夷語「王」爲「詔」。其先渠帥有六，自號「六詔」，曰蒙嶲詔、越析詔、浪穹詔、邆睒詔、施浪詔、蒙舍詔。不能相君，蜀諸葛亮討定之。蒙舍在諸部南，故稱南詔。居永昌、姚州之間，鐵橋之南。開元末，賜皮邏閣名歸義。五詔微，乃合六詔爲一。

〔三七〕朱曰：西山即岷山。李宗諤圖經：岷山巉絶崛立，捍阻羌夷，全蜀倚爲巨屏。肅、代後，西山三城屢陷吐蕃。按：陸游曰：自蜀郡之西，大山廣谷，西南走蠻箐中，皆岷山也。考舊書吐蕃傳，劍南西山與吐蕃、氐、羌鄰接。建中時，吐蕃約盟，西山大渡河東爲漢界，大渡水西南爲蕃界。至貞元時，詔韋皋遣將出成都西山，南北九道並進，逼棲雞、老翁、故維州、保州、松州諸城。合之舊、新書地理志，松、維、保等州之山，皆爲西山，以在蜀郡之西，故曰西山。雖與岷連亙，而名自分著也。范成大峨眉山行記曰：登山頂光明巖，眺望巖後，岷山萬重。稍北，則瓦屋山，在雅州。稍南，則大瓦屋，近南詔。此諸山之後，即西域雪山，緜亙入天竺諸番。東西川所重，在禦外夷，南蠻猶易，吐蕃最強，故二句云。特詳徵之，兼備他篇之證。

〔三八〕蜀中素爲佳麗。華陽國志：漢家食貨以爲稱首。

〔三九〕錢曰：寓規主帥，想見藩鎮之横。

〔四〇〕三輔黃圖：惠帝元年，城長安城，城南爲南斗形，北爲北斗形。至今人呼漢京城爲斗城是也。

〔四一〕「勿貪」二句指王事，此指交情，故不複。

〔四二〕史記孝武本紀、漢書郊祀志：濟南人公玉帶，上黃帝時明堂圖。注曰：公玉，姓；帶，名。呂氏春秋：齊有公玉丹，蓋其族。餘未詳。

〔四三〕舊僚指從翁，與「素見招」應。田云：望其援手。

田曰：筆勢跳擲，人己分合。大亂心目，不得不歎爲奇觀。

南山趙行軍新詩盛稱游讌之洽因寄一絕〔一〕

蓮幕遥臨黑水津〔二〕，櫜鞬無事但尋春〔三〕。梁王司馬非孫武〔四〕，且免宮中斬美人〔五〕。

〔一〕舊書志：節度使有行軍司馬一人。徐曰：彭陽遺表中行軍司馬趙祝，卽此人也。按：此題與後南山北歸，徐氏皆以爲當作「山南」，然不可改也；朱氏專以終南爲南山；程氏又言蜀中亦有南山，皆疎矣。漢書王莽傳：子午道當杜陵，直絕南山徑漢中。今詳考之，如近人禹貢錐指備引地志諸書，而曰：雍之南界，自太華以西爲華州諸縣，皆以南山與梁分界；又西爲大散嶺，又漸極西而至岷州、洮州、西傾山，皆與梁分界處也。又曰：華山，四州之際。東北冀，東南豫，西南梁，西北雍。雍、梁之間，大山長谷，遠者數百里。終南山東連二華，在長安南，至武功而爲太白；

又西過寶雞，訖於隴首山，其深處高而長大者曰秦嶺，關中指此爲南山，漢中指此爲北山。斯實雍、梁之大限矣。然則大散嶺、秦嶺之地，實爲分界之處，關中正稱之爲南山，何用改書山南哉？

〔二〕南史：庾杲之爲王儉衛將軍長史，蕭緬與儉書曰：「庾景行泛淥水依芙蓉，何其麗也！」時人以入儉府爲蓮花池，故美之。禹貢：華陽黑水惟梁州。水經注：漢水又東，黑水注之，水出漢中南鄭縣北山，南流入漢。諸葛亮牋云：「朝發南鄭，暮宿黑水。」按：所引水經注，正此句黑水也。禹貢：梁州南距黑水。薛士龍謂卽古之若水，漢時名瀘水，唐以後改名金沙江者，與此遠矣。然詩句無煩細核。

〔三〕左傳：左執鞭弭，右屬櫜鞬，以與君周旋。

〔四〕興元爲梁州，故借用梁王。唐時藩鎮非漢藩國之比，而每引古諸侯王，其勢積重，習而不察矣。

〔五〕史記：孫子武以兵法見吳王闔閭，王曰：「可試以婦人乎？」曰：「可。」於是出宮中美人百八十人，孫子分爲二隊，以王寵姬二人爲隊長。卽三令五申之，於是鼓之右，婦人大笑；復三令五申而鼓之左，婦人復大笑。遂斬隊長二人，用其次爲隊長，於是復鼓之，皆中規矩繩墨，無敢出聲。

及第東歸次灞上却寄同年〔一〕

芳桂當年各一枝〔二〕，行期未分壓春期〔三〕。江魚朔雁長相憶，秦樹嵩雲自不知〔四〕。下苑經過勞想像〔五〕，東門送餞又差池〔六〕。霸陵柳色無離恨〔七〕，莫枉〔八〕長條贈所思！

〔一〕漢書注：霸上在長安東三十里，今謂之霸頭。何曰：水經注：霸水，古曰滋水，秦穆公更名以顯霸功。然則此字不當加水，故漢志霸陵霸橋皆不加水。按：潘岳西征賦：玄灞素滻。玉篇、廣韻：灞，水名。則作「灞」亦久矣。唐摭言：曲江大會在關試後，亦謂之關宴。宴後，同年各有所之，亦謂之爲離會。却寄者，回寄也，唐詩中每見。餘詳年譜。

〔二〕各折一枝也。非用郤詵對策第一，猶桂林一枝。徐曰：當年，猶今年。

〔三〕在春杪，故曰壓。

〔四〕昔日遠而相憶，不意今日合而遽別。

〔五〕漢書元帝紀：宜春下苑。師古曰：即今京城東南隅曲江池是。此謂爾至曲江，追憶同遊之事。

〔六〕漢書疏廣傳：設祖道供張東都門外。注曰：長安東郭門也。水經注：長安城東出北頭第一門曰宣平門，亦曰東城門，其郭門亦曰東都門。

〔七〕三輔黃圖：文帝霸陵，在長安城東七十里，就其水名，因以爲陵號。霸橋，漢人送客至此橋，折柳贈別。

〔八〕一作「把」，非。

浩曰：姚氏謂必同年中最知愛者，未及話別，故寄之。末言對此灞橋柳色，彼豈能知人離恨耶？翻覺折贈之爲俗況矣。此解爲合，正醒出不及話別也。錢曰「以及第故無離恨」，似淺矣。

商於新開路〔一〕

六百商於路〔二〕，崎嶇古共聞〔三〕。蜂房春欲暮〔四〕，虎穽日初曛。路向泉間辨，人從樹杪分〔五〕。更誰開捷徑〔六〕？速擬上青雲〔七〕。

〔一〕通典：商州，上洛郡商洛縣，古商縣。檢地志云：商於中。蓋今商於，亦漢商縣地，鄧州南陽郡內鄉縣即於中地，張儀所言商於地也。新書志：商州，貞元七年，刺史李西華自藍田至內鄉，開新道七百餘里，迴山取途，人不病涉，謂之偏路，行旅便之。按：商州至京師幾三百里，舊書志屬山南西道，新書志屬關內道。

〔二〕戰國策：張儀說楚，能閉關絕齊，願獻商於之地六百里。楚果絕齊求地，儀與六里。

〔三〕漢書王莽傳：繞霤之固，南當荆楚。師古曰：四面塞阸，其道屈曲，谿谷之水回繞而霤，今商州界七盤十二⿰糸爭是也。按：⿰糸爭，音爭，縈也。或作「繞」，非。

〔四〕淮南子：蜂房不容鵠卵，小形不足包大體也。

〔五〕正寫新開。

〔六〕離騷：夫惟捷徑以窘步。此則義取仕宦之捷徑。

〔七〕徐曰：青雲，驛名，屬商州。杜牧、周吉皆有詩。餘見哭蕭詩。此言雲路，語意雙關。浩曰：及第後往來所經之作，結寓速仕之望。又曰：寶刻類編有商於驛路記，韋琮撰，柳公權書，李商隱篆額，大中元年正月立。余因疑此章亦爲其年赴桂時作。但此碑亦作商於新驛記，乃修治驛路而新道早開矣。且玩詩句，與所云「湘妃廟下已春盡」者，必不符，故定編此。

壽安公主出降〔一〕

嬀水聞貞媛〔二〕，常山索銳師〔三〕。昔憂迷帝力〔四〕，今分送王姬〔五〕。事等和強虜，恩殊睦本枝。四郊多壘在〔六〕，此禮恐無時！

〔一〕舊書紀：開成二年六月，以成德軍節度使王元逵爲駙馬都尉，尙壽安公主。新書傳：鎭冀自李惟岳以來，拒天子命，至王庭湊，凶悖肆毒。庭湊死，次子元逵襲，識禮法，歲時貢獻如職。帝悅，詔尙絳王悟女壽安公主。元逵遣人納聘闕下，進千盤食、良馬、主粧澤奩具、奴婢，議者嘉其恭。

〔二〕書：釐降二女于嬀汭。

〔三〕舊書志：成德軍節度使治恆州。新書志：河北道鎭州常山郡，本恆州恆山郡，避穆宗名更。按：

左傳：齊人伐萊，萊人賂夙沙衞以索馬、牛皆百匹。注曰：索，簡擇好者。又尚書傳曰：索，盡也。此句「索」字，似言其盡禮來聘，非古謂娶婦曰索之義也。

〔四〕漢書張耳陳餘傳：耳子敖，尚高祖長女魯元公主。高祖從平城過趙，趙王自上食，有子壻禮，高祖甚慢之。趙相貫高等請殺高祖，敖曰：「君何言之誤！且先王亡國，賴皇帝得復國，德流子孫，秋毫皆帝力也。」迷帝力，謂廷湊昔爲亂不知恩德，而朝廷不能制之。

〔五〕詩：王姬之車。春秋：單伯送王姬。錢曰：「分」字深痛。

〔六〕禮記：四郊多壘，此卿大夫之辱也。

徐曰：元逵雖改父風，然據鎮輸誠，不能束身歸國，文宗降以宗女，終有辱國之恥。義山憤王室不振，而諸道效尤也。浩曰：徐論正大，然河朔事體，相習久矣。

寄惱韓同年二首時韓住蕭洞〔一〕

簾外辛夷定已開〔二〕，開時莫放豔陽回。年華若到經風雨，便是胡僧話劫灰〔三〕。

龍山晴雪鳳樓霞，洞裏迷人有幾家〔四〕？我爲傷春心自醉，不勞君勸石榴花〔五〕！

〔一〕一以五字作題下注。朱曰：瞻字畏之，與義山同年，亦王茂元壻。皆見本集。

〔二〕馮衍顯志賦：搆木蘭與新夷。本草注：辛夷花正二月開，初發如筆，北人呼爲木筆；其花最早，南人呼爲迎春。

〔三〕御覽引曹毗志怪：漢武鑿昆明池，深極悉是灰黑，無復土。以問東方朔，朔曰：「臣愚不足以知之，可試問西域胡也。」以朔不知，難以核問。至後漢明帝時，外國道人來入洛陽，時有憶朔言者，乃試以武帝時灰黑問之。胡人云：「天地大刼將盡則刼燒，此刼燒之餘。」乃知朔言旨。

〔四〕御覽引幽明錄：漢明帝永平五年，剡縣劉晨、阮肇共入天台山取穀皮，迷不得返。經十餘日，遥望山上有桃樹，大有子實，至上噉數枚。下山見山腹一杯流出，有胡麻飯。度山出一大溪，有二女子姿質妙絶。二女便笑曰：「劉、阮二郎來何晚耶？」遂同還家。有羣女來，各持三五桃子，笑而言：「賀女壻來！」酒酣作樂，暮令各就一帳宿，女往就之。留半年，求歸甚苦，女呼前來女子集奏會樂，共送劉、阮，指示還路。既出，無復相識，問得七世孫，傳聞上世入山，迷不得歸。

〔五〕梁書：扶南國南界頓遜國有酒樹，似安石榴，采其花汁停甕中，數日成酒。梁簡文帝詩：蠡杯石榴酒。

浩曰：此必韓初娶王氏女，未成新居，寓居蕭洞，故戲惱之。首作言美色易衰，過時了無佳趣，反襯新婚之美。解者屬之悼亡，大誤。次章傷春，歎己之未得佳偶，即所謂「禁欝無人近」也。辛夷亦戲言也，未幾而稱曰吾姨矣。

哭虔州楊侍郎虞卿〔一〕

漢網疎仍漏〔二〕，齊民困未蘇〔三〕。如何大丞相，翻作弛刑徒〔四〕？中憲方外易〔五〕，尹京終就拘〔六〕。本矜能弭謗〔七〕，先議取非辜〔八〕。巧有凝脂密〔九〕，功無一柱扶〔一〇〕。深知獄吏貴〔一一〕，幾迫季冬誅〔一二〕！叫帝青天闊〔一三〕，辭家白日晡〔一四〕。流亡誠不弔，神理若爲誣。在昔恩知忝，諸生禮秩殊。入韓非劍客〔一五〕，過趙受鉗奴〔一六〕。楚水招魂遠〔一七〕，邙山卜宅孤〔一八〕。甘心親垤蟻〔一九〕，旋踵戮城狐〔二〇〕。陰騭今如此〔二一〕，天災未可無。莫憑牲玉請〔二二〕，便望救焦枯〔二三〕。

〔一〕原編集外詩。舊書傳：虞卿字師皋。太和中，牛僧孺、李宗閔輔政。六年，虞卿爲給事中。七年，宗閔罷，李德裕知政事，出爲常州刺史。八年，宗閔復入相，召爲工部侍郎。九年四月拜京兆尹，六月京師訛言鄭注爲上合金丹，須小兒心肝，民間扃鎖小兒甚密，街肆恟恟，注頗不自安。御史大夫李固言素嫉虞卿朋黨，乃奏曰：「臣窮問其由，語出京兆尹從人。」上怒，收虞卿下獄。弟男八人自繫，撾鼓訴冤，詔虞卿歸私第。翌日貶虔州司馬，再貶司戶，卒於貶所。新書傳：鄭注內不安，而雅與虞卿有怨，即約李訓奏言，語出虞卿家，李固言因傅左端倪。地理志：虔州南康郡，屬江南西道。餘互詳哭蕭侍郎詩。

〔二〕史記酷吏傳：漢興，網漏於吞舟之魚。老子：天網恢恢，疎而不失。

〔三〕漢書食貨志注：無有貴賤謂之齊民。程曰：起言訓、注未誅之先，朝野皆受其害。

〔四〕漢書宣帝紀：西羌反，發三輔中都官徒弛刑。注曰：弛，廢也。若今徒解鉗釱赭衣，置任輸作也。二語謂宗閔。

〔五〕原注：史記云：商鞅多左建外易。索隱曰：謂以左道建立威權，在外革易君命。此謂固言。

〔六〕漢書序傳：「廣漢尹京，克聰克明。」此謂虞卿。

〔七〕周語：厲王得衞巫，使監謗者，以告，則殺之，國人莫敢言。王告召公曰：「吾能弭謗矣。」

〔八〕書：罔不懼于非辜。此謂固言借虞卿以弭謗。

〔九〕鹽鐵論：昔秦法繁於秋荼，而網密於凝脂。此謂舒元輿鍛鍊，亦見史文。

〔一〇〕世說：任愷失權勢，不復自檢括。或謂和嶠曰：「卿何以坐視元裒敗而不救？」和曰：「如北夏門拉攞自欲壞，非一木所能支。」文中子：大廈之顛，非一木所支也。言無一人能救之，如宗閔且大得罪矣。

〔一一〕漢書周勃傳：勃曰：「吾常將百萬軍，安知獄吏之貴也。」

〔一二〕司馬遷報任少卿書：少卿抱不測之罪，涉旬月，迫季冬，恐卒然不可諱。

〔一三〕見哭蕭詩。此指訟冤。

〔一四〕淮南子：日至於悲谷，是謂晡時。此指遠貶。

〔一五〕史記刺客傳：嚴仲子與韓相俠累有卻。聶政仗劍獨行至韓，俠累方坐府上，衛侍甚衆，政直入上階，刺殺俠累。

〔一六〕史記田叔傳：叔爲趙王張敖郎中，漢下詔捕趙王，惟孟舒、田叔等十餘人赭衣自髡鉗，稱趙王家奴，隨之長安。張耳陳餘列傳：於是上賢張王諸客，以鉗奴從張王入關。按：「受」字疑。

〔一七〕虔州古屬楚。

〔一八〕說文：邙，河南洛陽北亡山上邑。楊龍驤洛陽記：北山連嶺修亘，實古今東洛九原之地。孝經：卜其宅兆。

〔一九〕說文：垤，螘封也。莊子：在下爲螻蟻食。

〔二〇〕原注：是冬舒、李伏剹。按：剹，古「戮」字。戰國策：一心同功，死不旋踵。按：晏子春秋：社鼠者，不可熏，不可灌。君之左右，出賣寒熱，入則比周，此之謂社鼠也。他如韓非子、韓詩外傳、說苑、漢書中山靖王傳，語皆相類，俱無「城狐」二字。惟文選沈約彈王源文：狐鼠微物。注引應璩詩：城狐不可掘，社鼠不可熏。因注家多雜引，偶詳徵之。

〔二一〕書：惟天陰騭下民。

〔二二〕詩雲漢篇：靡神不舉，靡愛斯牲；圭璧既卒，寧不我聽？左傳：卜筮走望不愛牲玉。

〔三〕舊書紀：開成二年七月乙亥，以久旱徙市，閉坊門。田曰：言虞卿寃氣所致，非禱祀可免。田曰：怨憤語，大有欲叫無從之意。浩曰：徐氏謂觀哭蕭、楊詩，益知義山爲牛黨。夫一介之士必有密友，豈定黨哉？當時欲趨舉場，問蘇、張、三楊，義山之相親，當以是也。若必遽以爲黨，則白香山乃楊氏之戚，集中寄詩甚多，何千古無人謂爲牛黨乎？餘已詳辨於譜末。

病中早訪招國李十將軍遇挈家遊曲江〔一〕

十頃平波溢岸清，病來惟夢此中行。相如未是眞消渴〔二〕，猶放沱江過錦城〔三〕。

又一首〔四〕

家近紅蕖曲水濱〔五〕，全家羅襪起秋塵〔六〕。莫將越客千絲網，網得西施別贈人〔七〕。

〔一〕朱曰：招國里在京師，白居易有招國閒居詩。按：舊、新書白居易、鄭餘慶傳，皆有昭國里。「昭」「招」同也。李家無可考定。長安志曰：昭國坊在朱雀街東第三街內，坊有夏綏宥節度使李寰宅。寰堅守博野鎮，穆宗賜其子方回宅也。義山文集中河陽大夫爲李執方。執方之名，見於開成二年舊紀而無傳，其世系無可考。據爲韓同年白從事啓，執方係宗室，未知與昭國之李寰爲一家否也？蓋王茂元妻爲李氏，故爲韓啓云：家人延自出之恩。義山之婚，似藉其力。此章乃未爲壻時作。其曰李十將軍，初疑執方本金吾衛將軍也。然開成二年六月出鎮河陽，與秋塵之字不合，且執方德望豈宜瀆以狂言？當別是一人，而義山之羨慕王氏則已深矣。招國李家，頻見晚唐詩中。

〔二〕見送裴十四。

〔三〕禹貢：岷山導江，東別爲沱。漢書地理志：蜀郡郫縣。注曰：禹貢江沱在西南，東入大江。又汶江縣。注曰：江沱在西南，東入江。郫之沱爲禹貢之沱；汶江之沱爲開明之沱。按：史記河渠書：蜀守冰穿二江成都之中。正義引括地志云：大江一名汶江，亦名外江，西南自溫江縣界流來。郫江一名成都江，亦曰內江，西北自新繁縣界流來。而他書引括地志又曰：大江一名流江，而流江又卽檢江。華陽國志：穿郫江、檢江，雙過郡下。自漢以來皆以郫江爲沱水也。郫、檢二江或稱內江、外江，或稱南江、北江。餘詳送從翁東川幕。

〔四〕舊作寄成都高苗二從事，誤也。戊籤作失題。余定其必爲上篇之次章，故作又一首。

〔五〕按：程大昌雍錄：唐時曲江，池周七里，占地三十頃。其地在城東南昇道坊龍華寺之南也。曲江有芙蓉池，而昭國坊近城南面，故云。

〔六〕洛神賦：凌波微步，羅襪生塵。

〔七〕朱曰：未詳。疑出小說家，今逸之矣。按：唐音癸籤有考東坡異物志，以西施爲魚名，而引此句證之者，謬極之說也。

浩曰：上篇僅從曲江與病中生情，此乃點明李十挈家往游，題義方備。結句急求作合，而恐他人之我先也。移而正之，並非武斷。

韓同年新居餞韓西迎家室戲贈〔一〕

籍籍征西萬戶侯〔二〕，新緣貴壻起朱樓。一名我漫居先甲〔三〕，千騎君翻在上頭〔四〕。雲路招邀迴綵鳳，天河迢遞笑牽牛〔五〕。南朝禁臠無人近〔六〕，瘦盡瓊枝詠四愁〔七〕。

〔一〕西迎者，涇原在京西。

〔二〕後漢書：光武建武三年，馮異爲征西大將軍。戰國策：有能得齊王頭者，封萬戶侯。

〔三〕易：先甲三日。朱曰：此借以言甲第。

〔四〕樂府陌上桑：東方千餘騎，夫壻居上頭。

〔五〕王氏女當於成婚後迴至涇原，故畏之往迎。

〔六〕晉書謝混傳：孝武帝爲晉陵公主求婚，王珣以謝混對。未幾，帝崩。袁山松欲以女妻之，珣曰：「卿莫近禁臠。」初，元帝始鎮建業，公私窘罄，每得一㹠，以爲珍膳，項上一臠尤美，輒以薦帝，羣下未嘗敢食，於時呼爲「禁臠」，故珣以爲戲。混竟尚主。陳正敏遯齋閒覽：今人於榜下擇壻號

「欒𪧐」，按：是沿唐時風尙。故此句云然也。唐摭言曰：進士宴曲江日，公卿家傾城縱觀，中東牀之選者十八九。

〔七〕莊子逸篇：孔子見老子，從弟子五人：子路勇，子貢智，曾子孝，顏回仁，子張武。老子歎曰：「吾聞南方有鳥，其名爲鳳，所居積石千里，河水出下，天爲生食，其樹名瓊枝，高百二十仞，以璆琳琅玕爲實。天又爲生離珠，一人三頭，遞臥遞起，以琅玕飼鳳凰。」按：爲實以飼鳳也，或作爲「寶」，誤。離騷：折瓊枝以繼佩。張衡四愁詩每章皆以「我所思兮」起句。

程曰：時義山未爲茂元壻，故有禁臠之戲。浩曰：新居乃茂元爲韓構者。疑韓得第，即爲茂元幕官，詳代韓上李執方啓，故云「千騎君翻在上頭」也。時義山尚未赴涇原，而情態畢露。玩次聯當同有議婚之舉，而韓先成也，義山於是遂有涇原之役。令狐綯怒其背恩，而薄其無行以此矣。新書韓偓傳：京兆萬年人。此新居必在京師。

西南行却寄相送者

百里陰雲覆雪泥，行人只在雪雲西。明朝驚破還鄉夢，定是陳倉碧野雞〔一〕。

〔一〕舊書志：鳳翔府寶雞縣，隋陳倉縣，至德二年改。餘詳後寄令狐學士。

浩曰：最後赴東川，亦冬令。然遲暮之悲，羈孤之痛，必無此詩情態，是爲馳赴興元作無疑。

聖女祠〔一〕

杳靄〔二〕逢仙跡〔三〕，蒼茫滯客途。何年歸碧落〔四〕？此路向皇都。消息期青雀〔五〕，逢迎異紫姑〔六〕。腸迴楚國夢〔七〕，心斷漢宮巫〔八〕。從騎裁寒竹〔九〕，行車蔭白楡〔一〇〕。星娥一去後〔一一〕，月姊更來無〔一二〕？寡鵠〔一三〕迷蒼壑〔一四〕，羈凰怨翠梧〔一五〕。惟應碧桃下，方朔是狂夫〔一六〕。

〔一〕水經注：故道水合廣香川水，又西南入秦岡山，尙婆水注之。山高入雲，縣厓之側，列壁之上，有神象若圖，指狀婦人之容，其形上赤下白，世名之曰聖女神。至於福應愆違，方俗是祈。故道水南入東益州之廣漢郡界。按：合水經注、通典、元和郡縣志諸書，兩當水源出陳倉縣之大散嶺西南，流入故道川，謂之故道水。其云西南入秦岡山者，在唐鳳州之境，州西五十里則兩當縣也。鳳州南至興元府幾四百里，東南至褒城縣幾三百里。而唐時興元至上都，或取駱谷，或取斜谷；若從驛路，則一千二百餘里，其途較紆也。此爲自興元至鳳州，出扶風郡之陳倉縣大散關時經之無疑也。

〔二〕一作「藹」。

〔三〕梁元帝陶弘景碑：嶕嶢高棟，窅靄修櫳。按「窅」與「窈」同，「杳」亦相類。

〔四〕度人經：昔於始青天中碧落空歌大浮黎士，受元始度人無量上品。注曰：東方第一天有碧霞遍滿，是名碧落。

〔五〕山海經大荒西經曰：西有王母之山，有三青鳥，赤首黑目，一名曰大鵹，一名少鵹，一名青鳥。注曰：皆西王母所使也。餘詳漢宮詞。

〔六〕異苑：紫姑是人妾，爲大婦所嫉，每以穢事相次役，正月十五日感槩而死。故世人作形，夜於廁間或猪欄邊迎之，祝曰：「子胥不在，曹姑亦歸去，小姑可出。」子胥，壻名也；曹姑，大婦也。戲捉者覺重，便是神來，奠設菜菓，亦覺貌輝輝有色，即跳躞不住。占衆事，卜行年蠶桑，又善射鉤，好則大儛，惡便仰眠。按：歲時記亦引異苑作注，而字有小誤者。又引洞覽曰：帝嚳女將死，云生平好樂，至正月可以見迎。又曰：雜五行書：廁神名後帝。將後帝之靈憑此姑而言乎？他書則云：壽陽李景之妾。

〔七〕宋玉高唐賦：迴腸傷氣。餘別詳。

〔八〕漢書郊祀志：高祖於長安置祠祀官，女巫有梁巫、晉巫、秦巫、荊巫、九天巫，各有所祠，皆以歲時祠宮中。

〔九〕後漢書方術傳：壺公以竹杖與費長房，曰：「乘此任所之。」長房乘杖，須臾來歸，投杖葛陂中，視之則龍也。禮記喪服小記：苴杖，竹也。問喪：爲父苴杖。

〔一〇〕古樂府隴西行：天上何所有？歷歷種白榆。檀弓：諸侯輴而設幬，爲榆沈故設撥。注曰：輴，殯車也。撥，可撥引輴車。所謂紼，以水澆榆白皮之汁，有急，以播地，於引輴車滑。按：用意之曲若此，何可驟解？

〔一一〕織女。

〔一二〕嫦娥。春秋感精符：人君父天母地，兄日姊月。

〔一三〕英華作「鶴」。「鶴」「鵠」古通。

〔一四〕列女傳：陶嬰夫死守義，作歌曰：「悲夫黃鵠之早孤兮，七年不雙；夜半悲鳴兮，想其故雄。」

〔一五〕爾雅：鶠，鳳，其雌皇。餘屢見。

〔一六〕博物志：王母降於九華殿。王母索七桃，以五枚與帝，母食二枚，惟母與帝對坐，從者皆不得進。時東方朔竊從殿南廂朱鳥牖中窺母，母顧之，謂帝曰：「此窺牖小兒常三來盜吾此桃。」史記東方朔傳：取少婦於長安中好女，率一歲即棄去，更取婦。所賜錢財盡索之於女子。人主左右諸郎半呼之狂人。按：古婦人稱夫，謙言狂夫，如列女傳楚野辯女，昭氏之妻也，其對鄭大夫曰：「既有狂夫昭氏在內矣」之類。

徐曰：此益知爲令狐楚作無疑。楚卒於山南鎮，義山往赴之。此北歸道中之作。浩曰：余既悟出，證之徐而益信。今細箋之曰：起四句點歸途經過也。以下多比令狐。「消息」四句，謂我望其入秉國鈞，而今不可再遇，夢醒高唐，心斷漢宫矣。「從騎」二句，謂奉其喪而歸。「星娥」二句，謂令狐既化，更得知己否？「寡鵠」二句，謂己之哀情。結謂惟有其子可以相守，借用小兒字也。一字不可移易，而義山初心不背，於此可見。其後重過一章，眞有隔生之痛矣。

自南山北歸經分水嶺〔一〕

水急愁無地，山深故有雲。那通極目望，又作斷腸分〔二〕。鄭驛來雖及〔三〕，燕臺哭不聞〔四〕。猶餘遺意在，許刻鎮南勳〔五〕。

〔一〕水經注引漢中記曰：嶓冢以東，水皆東流；以西，水皆西流，故俗以嶓冢爲分水嶺。按：括地志云：嶓冢山在梁州金牛縣東二十八里，今在陝西漢中府寧羌州北九十里。禹貢錐指歷引自漢以來諸説，而謂嶓冢有二，此嶓冢在漢中西縣，乃嶓冢導漾者；其嘉陵江水所出之嶓冢，則在秦州上邽縣，所謂西漢水也。王阮亭蜀道驛程曰：金牛驛西稍南入五丁峽，一名金牛峽，此峽爲蜀道第一險。次寧羌州過百牢關，關下有分水嶺，嶺東水皆北流至五丁峽，北合漾水入沔嶺；西水皆南流，逕七盤關龍洞，合嘉陵水爲川江。余以此等地理，古今無異，取以疏此題及後題之嘉陵江甚明悉矣。

〔二〕辛氏三秦記：隴右西關欲上者，七日乃越，上有幾水四注流下，俗歌曰：「隴頭流水，嗚聲幽噎；

遥望秦川，肝腸斷絶。」「肝腸」一作「心肝」。

〔三〕見過崔兗海宅。

〔四〕述異記：燕昭爲郭隗築臺，士人呼爲賢士臺，亦謂之招賢臺。

〔五〕晉書：杜預拜鎮南大將軍，都督荆州諸軍事。孫皓既平，以功進爵當陽縣侯。預刻石爲二碑，紀其勳績，一沉萬山之下，一立峴山之上，曰：「焉知此後不爲陵谷乎？」按：令狐楚遺命，銘誌但志宗門，秉筆者無擇高位。義山代草遺表，又爲墓誌，見令狐傳及本集。餘詳年譜。

行次西郊作一百韻

蛇年建丑月〔一〕，我自梁還秦。南下大散嶺〔二〕，北濟渭之濱〔三〕。草木半舒坼，不類冰雪〔四〕晨。又若夏苦熱，燋卷無芳津〔五〕。高田長槲〔六〕櫪〔七〕，下田長荆榛。農具棄道旁，飢牛死空墩。依依過村落，十室無一存。存者皆〔八〕面啼，無衣可迎賓〔九〕。始若畏人問，及門還具陳〔一〇〕：「右輔田疇薄〔一一〕，斯民常苦貧。伊昔稱樂土，所賴牧伯仁〔一二〕。官清若冰玉〔一三〕，吏善如六親〔一四〕。生兒不遠征，生女事四隣。濁酒盈瓦缶，爛穀堆荆囷。健兒庇〔一五〕旁婦〔一六〕，衰翁舐童孫〔一七〕。況自貞觀後，命官多儒臣。例以賢牧伯，徵入司陶鈞〔一八〕。降及開元中，姦邪撓經綸。晉公忌此事，多録邊將勳。因令猛毅輩〔一九〕，雜牧昇平民〔二〇〕。中原遂多故，除授非至尊。或出倖臣輩，或由帝戚恩。中原困屠解〔二一〕，奴隸厭肥豚〔二二〕。皇子棄不乳〔二三〕，椒房抱羌渾〔二四〕。重賜竭中國，強兵臨北邊。控弦二十萬〔二五〕，長臂皆如猿〔二六〕。皇都三千里〔二七〕，來往同〔二八〕彫〔二九〕鳶。五里一換馬，十里一開筵〔三〇〕。指顧動白日，煖熱迴蒼旻〔三一〕。公卿辱嘲叱，唾棄如糞丸〔三二〕。大朝會萬方，天子正臨軒〔三三〕。綵旂轉初旭，玉座當祥煙。金障既特設，珠簾亦高褰。捋須蹇不顧〔三四〕，坐在御榻前〔三五〕。忤〔三六〕者死跟履〔三七〕，附之升頂顚。華侈矜遞衒〔三八〕，豪俊相併呑〔三九〕。因失生惠養，漸見〔四〇〕徵求頻〔四一〕。奚寇西〔四二〕北來，揮霍如天翻。是時正忘戰，重兵多在邊。列城遶長河〔四三〕，平明插旗旛〔四四〕。但聞虜騎入，不見漢兵屯〔四五〕。大婦抱兒哭，小婦攀車轓〔四六〕。生小太平年，不識夜閉門。少壯盡點行，疲老守空〔四七〕村。生分作死誓，揮淚連秋雲。廷臣例譽怯〔四八〕，諸將〔四九〕如羸奔〔五〇〕。爲賊掃上陽〔五一〕，捉人送潼關〔五二〕。玉輦望南斗〔五三〕，未知何日旋！誠知開闢久，遘此雲雷屯〔五四〕。送〔五五〕者問鼎大〔五六〕，存者要高官〔五七〕。搶攘互間諜，孰辨梟與鸞？千馬無返轡，萬車無還轅。城空雀鼠死，人去豺狼喧〔五八〕。南資竭吳越，西費失河源〔五九〕。因令右〔六〇〕藏庫〔六一〕，摧毀惟空垣。如人當一身，有左無右邊。筋體半痿痺，肘腋生臊臚〔六二〕。列聖蒙此恥，含懷不能宣〔六三〕。謀臣拱手立，相戒無敢先。萬國困杼柚〔六四〕，內庫無金錢。健兒立霜雪，腹歉衣裳單。饋餉多過時，高估銅與鉛〔六五〕。山東望河北，爨煙猶相聯。朝廷不暇給〔六六〕，辛苦無半年。行人擢〔六七〕行資〔六八〕，居者稅屋椽〔六九〕。中間遂作梗，狠籍用戈鋋〔七〇〕。直臨門送節制〔七一〕，以錫通天班。破者以族滅，存者尚遷延。禮數異君父，羈縻如羌零〔七二〕。直求輸赤誠〔七三〕，所望大體全。巍巍政事堂〔七四〕，宰相厭八珍〔七五〕。敢問下執事〔七六〕，今誰掌其權？瘡疽幾十載，不敢抉〔七七〕其根。國蹙賦更重，人稀役彌繁〔七八〕。近年牛醫兒〔七九〕，城社更攀〔八〇〕緣〔八一〕。盲目把大旆〔八二〕，處此京西藩〔八三〕。樂禍忘怨敵，樹黨多狂猾。生爲人所憚，死非人所憐〔八四〕。快刀斷其頭，列若猪牛〔八五〕懸〔八六〕。鳳翔三百里〔八七〕，兵馬如黃巾〔八八〕。夜半軍牒來，屯兵萬五千。鄉里駭供億〔八九〕，老少相扳牽。兒孫生未孩，棄之無慘顏。不復議所適，但欲〔九〇〕死山間〔九一〕。爾來又三歲，甘澤不及春。盜賊亭午起〔九二〕，問誰多窮民〔九三〕。節使殺亭吏〔九四〕，捕之恐無因〔九五〕。咫尺不相見，旱久多黃塵〔九六〕。官健腰佩弓〔九七〕，自言爲官巡。常恐值荒迴，此輩還射人〔九八〕。愧客問本末，願客無因循。鄜塢抵陳倉〔九九〕，此地忌黃昏」〔一〇〇〕。我聽此言罷，冤憤如相焚〔一〇一〕。昔聞舉一會，羣盜爲之奔〔一〇二〕。又聞理與亂，繫〔一〇三〕人不繫天。我願爲此事，君前剖心肝。叩額〔一〇四〕出鮮血，滂沱污紫宸〔一〇五〕。九重黯已隔〔一〇六〕，涕泗空沾脣。使典作尚書〔一〇七〕，廝養爲將軍〔一〇八〕。愼勿道此言，此言未忍聞〔一〇九〕。

〔一〕十二月自興元還京，故下云「不類冰雪晨」。作「午月」者謬。

〔二〕一作「關」。魏志武帝紀：公自陳倉以出散關。新書志：寶鷄縣西南有大散關。通志：通褒斜大路。按：關以嶺爲名。

〔三〕渭水經寶鷄縣南。

〔四〕一作「霜」。

〔五〕山海經：十日所落，草木燋卷。王筠詩：拭露染芳津。

〔六〕一作「檞」，誤。

〔七〕本草：槲木與櫟相類。文選南都賦注：「櫪」與「櫟」同，謂皆長不材之木也。檞爲松構，非所用矣。

〔八〕戊籤作「背」。

〔九〕徐曰：所以背面啼也。按：「背」字似是，作「皆」字亦可。謂皆饑寒而啼也。

〔一〇〕何曰：此下皆述具陳，至末方自發議論，章法佳。

〔一一〕扶風爲右輔。

〔一二〕何曰：宰相不選牧伯，是此篇發憤大旨。

〔一三〕魏志注：令狐邵爲弘農太守，所在淸如冰雪。晉書賀循傳：循冰淸玉潔。

〔一四〕見無題。

〔一五〕一作「疵」。

〔一六〕漢書高五王傳：齊悼惠王母，高祖微時外婦也。師古曰：謂與旁通者。元后傳：父禁，好酒色，多娶傍妻。按：舊本皆作「疵」，戊籤、朱本作「庛」。左傳「不能庛其伉儷」，又「不女疵瑕也」。健兒有旁婦，見寬然豐樂之象。「庛」字較是。

〔一七〕書：幼子童孫。

〔一八〕漢書鄒陽傳：聖王制命御俗，獨化於陶鈞之上。注曰：陶家名轉者爲鈞，蓋取周迴調鈞耳。何曰：宰相非人，以天官私非材，則小者草竊，大者叛亂相仍，未有已也。故就前事縷陳之。

〔一九〕國語：不主寬惠，亦不主猛毅，主德義而已。大戴禮：猛毅而獨斷者。使是治軍事爲邊境。

〔二〇〕舊、新書李林甫傳：開元二十五年封晉國公。開元中，張嘉貞、王晙、張説、蕭嵩、杜暹皆以節度入知政事。林甫欲杜其源以久己權，乃言夷、狄未滅，由文吏憚矢石，不身先，請專用蕃將。因以安思順代己領使，而擢哥舒翰、高仙芝、安祿山等爲大將，林甫利其無入相之資。故祿山得專三道勁兵，處十四年不徙，卒稱兵蕩覆天下，王室遂微。舊書崔羣傳：告憲宗曰：「世言安祿山反，爲治亂分時；臣謂罷張九齡、相林甫，則治亂已分矣。」

〔二一〕朱曰：視民如牛狗，屠之解之。

〔二二〕何曰：一層。

〔二三〕漢書宣帝紀：生數月，遭巫蠱事，繫郡邸獄。邴吉使女徒趙徵卿、胡組乳養。按：句意必貴妃專寵時，有害皇子，如漢趙后之所爲者，史未詳載也。朱氏引林甫譖殺太子瑛、鄂王瑤、光王琚，則與「棄不乳」不符，非也。

〔二四〕安祿山事蹟：祿山生日後三日，明皇召入內。貴妃以錦繡綳縛祿山，令內人以綵輿舁之，歡呼動地，云：「貴妃與祿兒作三日洗兒。」帝就觀大悅，因賜洗兒金銀錢物。自是宮中皆呼祿山爲祿兒，不禁出入。舊書傳：安祿山，營州柳城雜種胡人也。朱曰：非羌渾種也，趁韻。何曰：是借用，若用吐渾，乃是趁韻。

〔二五〕漢書匈奴傳：控弦之士三十餘萬。安祿山事蹟：祿山引蕃奚步騎二十萬。

〔二六〕史記：李廣爲人長，猿臂，善射。

〔二七〕舊書志：范陽在京師東北二千五百二十里。

〔二八〕一作「如」。

〔二九〕「彤」「雕」「鵰」，古通。

〔三〇〕安祿山事蹟：晚年益肥，腹垂過膝。乘驛詣闕，每驛中間，築臺換馬，謂之大夫換馬臺，不然馬輒死。飛蓋蔭野，車騎雲屯，所止之處，皆賜御膳，水陸畢備。

〔三一〕爾雅：春爲蒼天，秋爲旻天。程曰：謂祿山所煖熱，可變涼媷。

〔三二〕爾雅：蛣蜣，蜣蜋。古今注：蜣蜋能以土包糞，轉而成丸。莊子所謂蛣蜣之智，在於轉丸者也。

〔三三〕漢書史丹傳：天子自臨軒檻。

〔三四〕捋鬚，借舉一節以見祿山驕蹇無狀也。非用朱桓捋孫權鬚，謝安捋桓伊鬚事。左傳：彼皆偃蹇。注曰：偃蹇，驕傲。公羊傳：爲其驕蹇。

〔三五〕舊、新書傳：帝御勤政樓，於御坐東爲設一大金鷄障，前置一榻，詔祿山坐之，卷去其簾。太子諫曰：「陛下寵祿山過甚，必驕。」帝曰：「胡有異相，吾欲厭之。」

〔三六〕一作「誤」。

〔三七〕諸本皆作「鞎屧」，戊籤作「跟」。朱曰：「鞎屧」未詳，或云釋名：鞎，根也，如物根也。鞎屧言脚根下之屧。徐曰：「跟」字是猶言死於踐踏也。按：自當作「跟」。釋名：足後曰跟，象木根也。「屧」「履」義固同。

〔三八〕舊、新書傳：帝爲祿山起第京師，窮極壯麗，帟幕率緹繡，金銀爲笲筐爪籬，大抵服御雖乘輿不能過。安祿山事蹟：舊宅在道政坊，更於親仁坊寬爽之地造焉。

〔三九〕新書傳：祿山爲范陽大都督兼河北道採訪處置使，又拜河東節度兼制三道，後又得朔方節度阿布思之衆，兵雄天下。又請爲閑厩、隴右羣牧等使，擇良馬內范陽，又奪張文儼馬牧。

〔四〇〕一作「及」。

〔四一〕一作「煩」。何曰：二層。

〔四二〕朱曰：當作「東」。

〔四三〕左傳：晉侯許賂秦伯以河外列城五。

〔四四〕舊書傳：天寶十四載十一月，反于范陽，以諸蕃馬步十五萬，夜半行，平明食，日六十里。天下承平日久，人不知戰，聞其兵起，朝廷震驚。十二月渡河。

〔四五〕安祿山事蹟：所至郡縣無兵捍禦，甲仗器械朽壞，兵士皆持白棒。

〔四六〕漢書注：轓，車蔽也。車耳反出，所以爲藩，屏翳塵泥。

〔四七〕一作「孤」，非。

〔四八〕埤雅：麠如小鹿而美。又麠性善驚，故從章。吳越春秋：章者，憧惶也。

〔四九〕一作「軍」。

〔五〇〕説文：羸，瘦也，从羊，羸聲。注曰：羊主給膳，以瘦爲病。

〔五一〕舊書志：東都上陽宫。餘詳天津西望。舊書紀：天寶十五載正月，祿山僭號於東京。

〔五二〕按：祿山未至長安，新傳小誤。此指賊兵入長安，搜捕百官宦者宫女樂工等，送出潼關，詣洛陽也。事詳通鑑，舊註誤。

〔五三〕朱曰：謂幸蜀。

〔五四〕易：雲雷屯，剛柔始交而難生。

〔五五〕一作「逆」。

〔五六〕左傳：定王使王孫滿勞楚子，楚子問鼎之大小輕重。

〔五七〕按：「迓」，惟戊籤作「逆」。或曰逆謂叛臣，存謂尙爲王臣者；或曰迓爲迎迓，存爲存問。逆亦迎也，如春秋祭公逆王后于紀之類。方言：自關而東曰逆，自關而西曰迎。此迓者、存者，當指使臣往來。然兩未可定。

〔五八〕何曰：三層。

〔五九〕新書志：天寶盜起，中國用兵，至廣德間，吐蕃盡取河西、隴右之地。

〔六〇〕一作「左」。

〔六一〕按：舊本皆作「右」，惟朱本作「左」。通典：左藏庫掌藏錢布帛雜綵，右藏掌銅鐵毛角玩弄之物，金玉珠寶香畫綵色諸方貢獻雜物。舊書志：左藏掌邦國庫藏天下賦調，右藏掌國寶貨，凡四方所獻金玉珠貝玩好之物。句意借右藏以言，從此藩鎮專利自殖，不効貢獻，右藏無所用之也。若天下賦調之正數錢物藏，當安史亂平之後，仍有常供，何至惟空垣哉！余初據明皇幸蜀，百姓亂入宮禁，取左藏大盈庫物，既而焚之，而定作「左」，是泥一時之事，而失詩情矣。

〔六二〕按：杜牧戰論，大略謂：「天下視河北猶四支也，國家無河北，則精甲鋭卒利刀良弓健馬無有也，是一支兵去矣。河東、盟津、滑臺、大梁、彭城、東平盡宿厚兵，以塞虜衝，不可他使，是二支兵去矣。六鎭之師，厥數三億，低首仰給，横拱不爲，沿淮已北，循河之南，東盡海，西叩洛，赤地盡取，纔能應費，是三支財去矣。咸陽西北，戎夷大屯，盡劃吳、越、荆、楚之饒，以啖兵戍，是四支財去矣。」可與此「南資」以下數聯相參證也。自祿山之亂，而隴右州縣盡陷於吐蕃，河朔三鎭強藩擅據，此天下大勢之有左無右邊也。

〔六三〕田云：遞及肅、代、德、憲時事。

〔六四〕詩：小東大東，杼柚其空。史記天官書：杼雲類杼軸。「柚」「軸」通用。

〔六五〕新書食貨志：德宗時，江淮多鉛錫錢，以銅盪外，不盈斤兩，帛價益貴。銷千錢，爲銅六斤。按：銷鑄者多，錢益耗，帛益貴。詳見史志。

〔六六〕西都賦：日不暇給。

〔六七〕「摧」「榷」通。

〔六八〕漢書王莽傳：豪吏猾民，辜而攉之。

〔六九〕舊書紀：德宗建中三年，搜括富商錢，增兩稅鹽榷錢。又於諸道津要置吏税商貨，每貫税二十文，竹木茶漆什税一。四年，又税屋間架除陌錢。新書志：屋二架爲間，上間錢二千，中一千，下五百。匿一間，杖六十，告者賞錢五萬。除陌法：公私貿易，千錢算五十，物兩相易者，約值爲率。

〔七〇〕東都賦：元戎竟野，戈鋋彗雲。朱曰：謂河北諸鎭朱滔、田悅、王武俊以及朱泚、李懷光、李納、李希烈等相繼叛亂。按：朱泚之亂最大。詳送李千牛。

〔七一〕朱曰：節，旌節；制，制書。

〔七二〕司馬相如難蜀父老：天子之牧夷、狄也，羈縻勿絕而已。漢書趙充國傳：先零首爲畔逆。零音憐。先零，西羌名。按：舊書鄭餘慶傳：至德以來，方鎮除授，必遣中使領旌節就第宣賜。又新書藩鎮傳：先遣使弔祭，次册贈，次近臣宣慰，度軍便宜乃與節。則指擅自承襲者也。胡三省通鑑注亦云：凡藩鎮加官，率遣中使奉命，謂之官告使。「錫以通天班」者，杜牧守論所謂「王侯通爵，越錄受之」也。元和時平定諸鎮，而河朔訖不能復，幸得羈縻而已。

〔七三〕「直」字作「豈」字用。

〔七四〕新書志：初，三省長官議事於門下省之政事堂。其後，裴炎自侍中遷中書令，乃徙政事堂於中書省。張説又改號中書門下，列五房於其後：吏房、樞機房、兵房、户房、刑禮房。

〔七五〕周禮：膳夫，珍用八物；食醫，掌和王八珍之齊。

〔七六〕國語吳語：敢私告于下執事。

〔七七〕作「扶」，誤。

〔七八〕通鑑：每歲賦稅倚辦，止浙江東西、宣歙、淮南、江西（標點者按：原無「江西」二字，據通鑑增）、鄂岳、福建、湖南八道，比天寶稅户四分減三；天下兵仰給縣官八十三萬餘人，比天寶三分增一，大率二戶資一兵。其水旱所傷，非時調發，不在此數。何曰：四層。

〔七九〕後漢書：黃憲父爲牛醫。戴良見憲，罔然若失。其母問曰：「汝復從牛醫兒來耶？」徐曰：此是借用。何曰：此下一層，京師重困。

〔八〇〕「扳」同。

〔八一〕一作「援」，非。

〔八二〕左傳：城濮之役，亡大旆之左旃。

〔八三〕晉書王濬傳：杜預與之書曰：「足下既摧其西藩。」

〔八四〕漢成帝時童謠：桂蠹花不實，黃雀巢其顛。昔爲人所愛，今爲人所憐。

〔八五〕一作「羊」，非。

〔八六〕舊書鄭注傳：注始以藥術遊長安，兩目不能遠視，自言有金丹之術，可去痿弱重膇。始李愬自云得効，乃移之王守澄。守澄入知樞密，注內通勅使，外結朝官，文宗召注賜對。注與李訓兩姦合從，平生恩讐，絲毫必報。餘詳有感及哭蕭侍郎詩。

〔八七〕舊書志：鳳翔在京師西三百十五里。

〔八八〕後漢書靈帝紀：鉅鹿人張角，自稱黃天，其部師三十六萬，皆著黃巾，同日反叛。

〔八九〕左傳：鄭伯曰：「寡人惟是一二父兄，不能供億。」

〔九〇〕一作「求」。

〔九一〕新書鄭注傳：初，未獲注，涇原、鄜坊節度王茂元、蕭弘皆勒兵備非常。通鑑：令隣道按兵觀變，以左神策大將軍陳君奕節度鳳翔。數句指此事也，言官軍渾如盜賊，益可見重有感之專爲劉從諫矣。何曰：五層。

〔九二〕廣雅：日在午曰亭午。

〔九三〕徐曰：問誰爲盜賊，乃多窮民也。

〔九四〕後漢書百官志：亭有亭長，以禁盜賊。本注曰：亭長主求捕盜賊。風俗通：亭吏舊名負弩，今改爲長。

〔九五〕言民窮爲盜，節使不務求其源，而徒殺亭吏，則捕之終恐無因也。田曰：句法出沒，十分得意。

〔九六〕見哭虞卿詩。

〔九七〕一作「刀」。新書代宗紀：州兵給衣糧者謂之官健。

〔九八〕捕盜之官健値荒迴地，卽自爲盜，節使不治官健，而徒殺亭吏哉！

〔九九〕後漢書董卓傳：築塢于郿，號曰萬歲塢。餘見西南行。

〔一〇〇〕田曰：極形危恐。按：歸到行次。

〔一〇一〕詩：憂心如惔。

〔一〇二〕左傳：晉侯請于王，以黻冕命士會將中軍，且爲太傅，于是晉國之盜逃奔于秦。

〔一〇三〕一作「在」。

〔一〇四〕一作「頭」。

〔一〇五〕班固終南山賦：概青宮，觸紫宸。唐會要：高宗龍朔三年四月，移仗就蓬萊宮新作含元殿，始御紫宸殿聽政，百寮奉賀新宮成也。按：蓬萊宮，本大明宮，咸亨元年仍改名大明。紫宸殿在大明宮，自後爲常御之內殿。

〔一〇六〕楚辭九辯：君之門兮九重。

〔一〇七〕漢書蘇武傳注：假吏，猶今之差人充使典。舊書李林甫傳：朔方節度牛仙客在鎮有政能，加實封，兼爲尚書。九齡曰：「仙客本河湟一使典耳，目不識文字，大任之，恐非宜。」舊書紀：開元二十四年，牛仙客爲兵部尚書、知中書門下省事。按：唐人呼吏胥爲使典。

〔一〇八〕戰國策：士大夫之所匿，廝養士之所竊。鮑注曰：廝，折薪養馬者。史記：武臣爲趙王，間出，爲燕所得，張耳、陳餘患之。有廝養卒說燕，乃歸趙王。容齋隨筆：今人呼蒼頭爲將軍，本彭寵爲奴所縛，呼其奴爲將軍事。野客叢書：陳勝傳已言將軍呂臣爲蒼頭軍矣。唐岑參歌曰：紫紱金章左右趨，問著卽是蒼頭奴。李商隱詩：廝養爲將軍。則知其事甚多。按：漢書鮑宣傳：蒼頭盧兒。注家云：漢名奴爲蒼頭。若陳勝傳、項羽本紀之蒼頭軍，謂着青帽之軍，戰國策已有之，不宜概引。此二句虛說尤合，言尚書奉行故事，乃使典所優爲；將軍一無籌策，與廝養何以異？皆不必泥實事。

〔一〇九〕將相皆非其人，愼勿再爲此言，我眞不忍聞也。正見訴之不盡。或謂尚書將軍不忍聞之，誤矣。何曰：不用儒臣，則終無仁政，盜何由弭？右輔且然，況議河北哉！故終之不忍聞也。胡震亨曰：天寶事何可復道？末及近事，乃生色耳。田曰：不事雕飾，是樂府舊法。浩曰：朴拙盤鬱，擬之杜公北征，面貌不同，波瀾莫二。自古有叛臣必由於權奸，而牧令失人，民生日蹙，元氣日削，尤爲致亂之本。前半所敍可爲龜鑑，不嫌習聞，胡評未允也。眞、文、元、寒、山、先六韻通用，此常例也。「邊」字三見，「民」字「奔」字二見，木庵、湛園頗病之。然遠則漢魏，近則杜韓，皆所不避，古詩不忌重韻，顧亭林論之詳矣。

彭城〔一〕公薨後贈杜二十七勝 李十七潘 二君並與愚同出故尚書安平公門下〔二〕

梁山沇水約從公〔三〕，兩地差池〔四〕一旦空〔五〕。謝墅庾村〔六〕相弔後〔七〕，自今岐路更〔八〕西東〔九〕。

〔一〕當作「陽」。

〔二〕舊書令狐楚傳：開成元年，山南西道節度使。二年十一月卒於鎮，贈司空，謚曰文。按：以其先世封彭城男，稱彭城公亦可。然太和九年，楚已進封彭陽郡公，故當作「陽」。新書傳：杜勝，宰相黄裳子。寶曆初，擢進士第；大中朝，拜給事中，遷戶部侍郎，出爲天平節度使。按：舊書紀大中十一年，以中書舍人李藩權知禮部貢院；十二年，李藩爲尚書戶部侍郎。而李漢傳：漢弟潘，大中初爲禮部侍郎。即此人也。御覽引唐書：大中十二年中書舍人李潘知舉，放博學鴻詞科三人。亦作「潘」。蓋「漢」「滻」「洸」「潘」皆於水取義，「藩」則非其義矣，故定作「潘」。

〔三〕「沇」舊刻作「兗」，而他書引此句則作「沇」。沇，濟也，見禹貢，音兗。漢書天文志：角、亢、氐，沇州。與兗通用。

〔四〕一作「參差」，非。

〔五〕詩：燕燕于飛，差池其羽。

〔六〕似當作「樓」。

〔七〕晉書謝安傳：安於土山營墅，樓館林竹甚盛，每攜中外子姪往來遊集。按：謝安有與幼度圍棋賭墅事，此則自用謝安之墅。庾亮傳：亮在武昌，諸佐吏殷浩之徒，乘秋夜往共登南樓，俄而不覺亮至，將起避之，亮曰：「諸君少住，老子於此處興復不淺。」便據胡床，與浩等談詠竟坐。舊皆作「村」，未詳。

〔八〕一作「各」，非。

〔九〕謝朓辭隨王牋：岐路西東，或以烏唈。

撰彭陽公誌文畢有感

延陵留表墓〔一〕，峴首送沉碑〔二〕。敢伐不加點〔三〕，猶當無愧辭〔四〕。百生終莫報，九死諒難追〔五〕。待得生金後〔六〕，川原亦幾移〔七〕！

〔一〕史記吳太伯世家：季札封於延陵。寰宇記：季子墓，在今晉陵縣北七十里申浦西。集古錄：孔子題季札墓曰：「嗚呼，有吳延陵季子之墓。」據張從紳記云：舊石堙滅，唐開元中，命殷仲容模搨其書以傳，至大曆中，蕭定重刊於石。按：廣川書跋、金石錄、集古錄皆疑其僞。

〔二〕沈炯歸魂賦：映峴首之沉碑。詳南山北歸。

〔三〕後漢書禰衡傳：黃祖子射，大會賓客，人有獻鸚鵡者，射舉卮於衡曰：「願先生賦之，以娛嘉賓。」衡攬筆而作，文無加點，辭采甚麗。

〔四〕後漢書：郭泰卒，刻石立碑，蔡邕爲文，謂盧植曰：「吾爲碑銘多矣，皆有慚德，惟郭有道無愧色耳。」

〔五〕楚辭：雖九死其猶未悔。

〔六〕王隱晉書：石瑞記曰：永嘉初，陳國項縣賈逵石碑中生金，人盜取盡復生，此江東之瑞。庾信碑文：刺史賈逵之碑，既生金粟；將軍衞青之墓，方留石麟。

〔七〕謂此碑必久而不泯也。其文已逸，惜哉！

漫成三首

不妨何范盡詩家〔一〕，未解當年重物華。遠把龍山千里雪〔二〕，將來擬並洛陽花〔三〕。

沈約憐何遜〔四〕，延年毀謝莊〔五〕。清新俱有得，名譽底相傷？

霧夕詠芙蕖，何郎得意初〔六〕。此時誰最賞？沈范兩尚書〔七〕。

〔一〕南史：何遜字仲言，八歲能賦詩，弱冠，州舉秀才。南鄉范雲見其對策，大相稱賞，因結忘年交。范雲字彥龍，善屬文，下筆輒成，時人疑其宿構。

〔二〕鮑照詩：朔風吹朔雪，千里度龍山。

〔三〕朱曰：何遜集范廣州宅聯句「洛陽城東西，却作經年別。昔去雪如花，今來花似雪」。雲嘗遷廣州刺史。按：亦見范集聯句，共八句。此上四句，范雲作也；下四句，何遜作。而選本有只取上四句作范雲別詩者。

〔四〕梁書：沈約字休文。約嘗謂遜曰：「吾每讀卿詩，一日三復，猶不能已。」

〔五〕南史：謝莊字希逸，七歲能屬文。孝武嘗問顔延之曰：「謝希逸月賦何如？」答曰：「美則美矣，但莊始知『隔千里兮共明月』。」帝召莊語之，莊應聲曰：「延之作秋胡詩，始知『生爲久離别，没爲長不歸』。」帝撫掌竟日。顔延之字延年。

〔六〕何遜集看伏郎新婚詩：霧夕蓮出水，霞朝日照梁。何如花燭夜，輕扇掩紅粧。

〔七〕梁書：沈約領中書令，遷尚書令。范雲領太子中庶子，遷尚書右僕射。杜詩：沈范早知何水部。浩曰：此開成三年初婚王氏而應鴻博時作也。末首上二句借謂初婚，下二句謂周、李兩學士舉之也，詳文集。次章首句指愛我者，次句指忌我者而言。皆屬文人，何爲爭名相忌？蓋時在不中選之前，雖已遭忌，尚未大甚，故語猶婉約。三首皆以何遜自比：首言范不如何，三言沈、范同賞。蓋所重不在范，不妨錯言之。

無題

照梁初有情，出水舊知名〔一〕。裙衩芙蓉小〔二〕，釵茸翡翠輕〔三〕。錦長書鄭重〔四〕，眉細恨分明〔五〕。莫近彈碁局，中心最不平〔六〕。

〔一〕見上章。又神女賦：其始來也，耀乎如白日初出照屋梁。洛神賦：灼若芙蓉出緑波。

〔二〕見前無題。

〔三〕宋玉諷賦：主人之女，以翡翠之釵挂臣冠纓。

〔四〕錦書，舊注引蘇若蘭織錦事，詳後即日詩下。又王勃七夕賦：上元錦書傳寶字。用上元夫人出紫錦之囊，開綠金之笈，以三元流珠經等四部授茅固、茅盈事，見太平廣記所引漢武內傳。此則謂閨人書札耳。漢書注：鄭重，猶頻煩也。

〔五〕用愁眉細而曲折之義，詳後無題三韻。

〔六〕後漢書梁冀傳注：藝經曰：彈棊，兩人對局，白黑棊各六枚，先列棊相當，更相彈也。其局以石爲之。御覽引藝經：先列棊相當，下呼上擊之。魏文帝彈棊賦：局則豐腹高隆，庳根四頽。又：文石爲局，隆中夷外。按：西京雜記謂彈棊，劉向所造。而彈棊經序：武帝時東方朔進此藝，宮禁習之，傳落人間，後又中絶。建安中，宮人以金釵玉梳戲於粧奩之上；及魏文受禪，宮人更習彈棊焉。世説曰：彈棊始魏宮內用裝奩戲。詩意正用此也。

浩曰：此寄內詩。蓋初婚後，應鴻博不中選，閨中人爲之不平，有書寄慰也，絶非他篇之比。

安定城樓〔一〕

迢遞高城百尺樓，綠楊枝外〔二〕盡汀洲〔三〕。賈生年少虛垂涕〔四〕，王粲春來更遠遊〔五〕。永憶江湖歸白髮，欲迴天地入扁舟〔六〕。不知腐鼠成滋味，猜意鵷雛竟未休〔七〕！

〔一〕舊書志：關内道涇州安定郡，涇原節度使治所，管涇、原、渭、武四州，在京師西北四百九十三里。按：王茂元於太和九年節度涇原，至開成四年猶在涇原，詳年譜。

〔二〕一作「上」。

〔三〕三秦記：涇水出幵頭山，至高陵縣入渭。漢書郊祀志：湫淵，祠朝那。注曰：湫淵在安定朝那縣，方四十里，停水不流。太平廣記：涇州東有美女湫，廣袤數里，莫測其深淺。按：若作「上」，謂高樓出綠楊枝上而覽盡汀洲，似亦通。

〔四〕一作「泪」。史記：賈生名誼，雒陽人也。年少頗通諸子、百家之書。漢書傳：數上疏陳政事，多所欲匡建，其大略曰：臣竊惟事勢可爲痛哭者一，可爲流涕者二，可爲長太息者六。

〔五〕魏志：王粲字仲宣，山陽高平人，徙居長安，後之荆州依劉表。文選登樓賦：雖信美而非吾土兮，曾何足以少留！荆州記曰：當陽縣城樓也。

〔六〕陸圃玉曰：永憶江湖，欲歸而優悠白髮，但必俟迴旋天地，功成而却入扁舟。按：言扁舟江湖，必須待旋乾轉坤、功成白髮之時。時方年少，正宜爲世用，而預期及此者，見志願之深遠也。解固如斯，要在味其神韻。何曰：此二句亦是王荆公一生心事，故酷愛之。

〔七〕莊子：惠子相梁，莊子往見之。或謂惠子曰：「莊子來，欲代子相。」惠子恐，搜於國中三日三夜。莊子往見之，曰：「南方有鳥名鵷雛，發於南海，而飛於北海，非梧桐不止，非練實不食，非醴泉不飲。於是鴟得腐鼠，鵷雛過之，仰而視之曰：『嚇！』今子欲以梁國而嚇我耶？」按：似兼用樂府升天行「鳳臺無還駕，簫管有遺聲。何時與爾曹，啄腐共吞腥」之意，以喻婚於王氏之情事。浩曰：應鴻博不中選而至涇原時作也，玩三四顯然矣。其應鴻博不中，已因往依茂元之故，詳年譜。下半言我志願深遠，豈戀此區區者，而俗情相猜忌哉！

回中牡丹爲雨所敗二首〔一〕

下苑他年未可追〔二〕，西州今日忽相期〔三〕。水亭暮雨寒猶在，羅薦春香暖不知〔四〕。舞蝶殷勤收落蕊，有〔五〕人惆悵臥遙帷〔六〕。章臺街裏芳菲伴〔七〕，且問宮腰損幾枝〔八〕？

浪笑榴花不及春〔九〕，先期零落更愁人。玉盤迸淚傷心數〔一〇〕，錦瑟驚絃破夢頻〔一一〕。萬里重陰非舊圃〔一二〕，一年生意屬流塵〔一三〕。前溪舞罷君迴顧〔一四〕，併覺今朝粉態新〔一五〕。

〔一〕原編集外詩。史記：秦始皇巡隴西、北地，出雞頭山，過回中。漢書：文帝十四年，匈奴入朝那、蕭關，遂至彭陽，使騎兵入燒回中宮。武帝元封四年，行幸雍，通回中道，遂北出蕭關。應劭曰：回中在安定高平，有險阻。蕭關在其北。按：此皆本題之回中也。若後漢書右扶風汧有回城名回中，注曰「來歙開道處」，非武帝時所通道之回中也。顏師古明辨之，後人尚有雜引者。

〔二〕下苑即曲江，見前。

〔三〕西州謂安定郡。後漢書：皇甫規，安定朝那人。及黨事大起，自以西州豪傑，恥不得與。

〔四〕漢武内傳：帝以紫羅薦地，燔百和之香，以候雲駕。

〔五〕一作「佳」。

〔六〕江淹詩：汎瑟臥遙帷。袁曰：正寫「敗」字。

〔七〕漢書：張敞爲京兆尹，時罷朝會，過走馬章臺街。按：章臺本秦時臺也，楚懷王入秦，朝章臺，見史記，後名章臺街。唐人有章臺柳詩。

〔八〕牡丹既敗，則柳枝亦損，喻在京同袍之亦失意者，正應下苑。

〔九〕舊書文苑傳：孔紹安，隋時爲監察御史，詔監高祖之軍，深見接遇。及高祖受禪，紹安自洛陽間行來奔，拜内史舍人。時夏侯端亦嘗爲御史監高祖軍，先歸朝，授秘書監。紹安因侍宴，應詔詠石榴詩曰：「祇爲時來晚，開花不及春。」

〔一〇〕左思吳都賦：泉室潛織而卷綃，淵客慷慨而泣珠。注曰：鮫人臨去，從主人索器，泣而出珠滿盤，以與主人。

〔一一〕見送從翁東川。

〔一二〕穆天子傳：是謂重陰。潘岳懷舊賦：陳荄被於堂除，舊圃化而爲薪。

〔一三〕晉書殷仲文傳：此樹婆娑，無復生意。劉鑠擬古詩：堂上流塵生。

〔四〕晉書樂志：前溪歌者，車騎將軍沈充所制。按：宋書沈慶之傳：高祖充，晉車騎將軍。舊、新書志作沈玩。于兢大唐傳：前溪村，南朝習樂之所，今尚有數百家習音樂，江南聲伎多自此出，所謂舞出前溪者也。寰宇記：水自銅峴山曰前溪，在武康縣西一百步，古永安縣前之溪也。晉沈充家於此溪。

〔五〕胡震亨曰：古前溪曲：「黃葛生蒙籠，生在洛溪邊。花落隨流去，何見逐流還？還亦不復鮮！」此翻案用之。按：非翻用也。花爲雨敗，原非應落之時。迨至落盡之後，迴念今朝，併覺雨中粉態尚爲新豔矣。此進一層法。

浩曰：借牡丹寫照也。玩其製題，則知以涇原之故而爲人所斥矣；或是豔情之作，未可定。

東南

東南一望日中烏〔一〕，欲逐羲和去得無？且向秦樓棠樹下〔二〕，每朝先覓照羅敷〔三〕。

〔一〕史記龜策傳：孔子曰：「日爲德而君於天下，辱於三足之烏。」張衡靈憲：日，陽精之宗，積而成烏，象烏而有三趾。

〔二〕棠樹用詩「何彼襛矣，唐棣之華」，與秦樓意自通。程曰「當作『桑』」，非也。

〔三〕樂府陌上桑：日出東南隅，照我秦氏樓。秦氏有好女，自名爲羅敷。又曰：羅敷自有夫。

浩曰：歎不得近君而且樂室家之樂也。在涇州而望京師，故曰東南。

和韓錄事送宮人入道〔一〕

星使追還不自由〔二〕，雙童捧上綠瓊輈〔三〕。九枝燈下朝金殿〔四〕，三素雲中侍玉樓〔五〕。鳳女顛狂成久別〔六〕，月娥孀獨好同遊。當時若愛韓公子，埋骨成灰恨未休〔七〕。

〔一〕文集有爲濮陽公奏韓琮充判官狀。舊書志：都督都護府上州錄事，從九品上階。按：琮爲詩人，與義山並稱，詳代柳璧啓。舊紀書開成三年六月，出宮人四百八十，送兩街寺觀安置。此固特紀其多者。然琮已在涇原幕，而三年義山正在京，則必是時作矣。中、晚唐頗多此題。琮字成封，大中時官至湖南觀察使，見藝文志。

〔二〕爾雅：奔星爲彴約。注曰：流星。晉書天文志：流星，天使也。徐曰：李亢獨異志：秦併六國時，太白星竊織女侍兒梁玉清、衛承莊逃入衛城少仙洞，四十六日不出。天帝怒，命五岳搜捕，太白歸位，玉清謫於北斗下掌舂。句用此事。按：謂既謫在人間，又追還上界，眞無如何也。唐、宋史志作「亢」，他書或作「元」，非。

〔三〕太上飛行九神玉經：凡行玉清、上清、太清之道，皆給玉童、玉女，乘瓊輪丹輿之屬。太上飛行羽書：南岳眞人、西城王君、龜山王母、方諸青童君，並乘綠景之輿。道書中碧霞玉輿、綠雲之輦、紫霞瓊輪，皆屢見。

〔四〕漢武帝故事：西王母欲來，帝然九華之燈。漢武內傳作「九薇」，一作「九光」。梁王筠燈檠詩：百花燃九枝。

〔五〕黃庭經：紫烟上下三素雲。注曰：三素者，紫素、白素、黃素也，此三元妙氣。八道秘言：立春日，清朝北望，有紫、綠、白雲，爲三元君三素飛雲也。按：四時之立與分、至，共八日，皆有仙眞乘三素雲，但雲色不同，仙眞亦異耳。八道者，赤道、黃道之類。

〔六〕用弄玉事。

〔七〕史記：韓非者，韓之諸公子也。按：借古人以點姓，詩家泛例，不必更有事在也。俞南史疑其用紫玉韓重之事，則以童子爲公子，必不可矣。詩言倘有冶情，則從此終身埋恨，戲錄事兼醒原唱。

奉和太原公送前楊秀才戴兼招楊正字戎〔一〕

潼關地接古弘農〔二〕，萬里高飛雁與鴻。桂樹一枝當白日〔三〕，芸香三代繼清風〔四〕。仙舟尚惜乖雙美〔五〕，綵服何由得盡同〔六〕？誰憚士龍多笑疾，美髭終類晉司空〔七〕。

〔一〕王茂元封濮陽郡侯。此猶未封，故稱太原公。舊書志：舉試之制，其科有六，一曰秀才，試方略策五條，取人稍峻，貞觀後遂絕。唐摭言：舉人通稱謂之秀才。舊書志：東宮官屬，司經局正字二人，正九品下階，掌典校四庫書籍。唐六典：掌校讎典籍，刊正文字。按：宰相世系表：敬之子戴，江西觀察使。戎，表中缺書。敬之傳云：文宗以宰相鄭覃兼國子祭酒，俄以敬之代，未幾兼太常少卿。是日二子戎、戴登科，時號楊家三喜。唐摭言云：次子戴，進士及第；長子三史登科。似長子名戎。而詩意以士龍比戎，則戎爲戴弟，未可詳考。鄭覃兼祭酒，表載於開成元年，然則戎、戴登科亦在開成初。戴稱前秀才者，如唐摭言得第謂之前進士之例也。選舉有三史科。

〔二〕後漢書志：弘農郡湖縣有閿鄉。華陰縣注曰：桃林縣西長城是也。晉地道記曰：潼關是也。水經：河水又南至華陰潼關。潘岳西征賦：發閿鄉而警策，愬黄巷以濟潼。廣韻：閿，俗作閺。國史補：楊氏自震號關西孔子，葬於潼關亭，至今七百餘年，子孫猶在閿鄉故宅，天下一家而已。

〔三〕朱曰：送戴。

〔四〕招戎。魚豢典略：芸香辟紙魚蠹，故藏書臺稱芸臺。按：後漢崔駰三世繼爲著作，即秘書之職，見事文類聚。但史傳止云「沈淪典籍，世有美才」而已，俟再考。

〔五〕見哭蕭詩。

〔六〕困學紀聞：陳思王靈芝篇：伯瑜年七十，綵衣以娛親。今人但知老萊子，不知伯瑜。按：韓伯瑜之孝，見說苑。老萊子，詳三卷崔處士詩。仙舟，唐人每以言仕進。二句言兄弟同登之不易得也。

〔七〕晉書陸雲傳：吳平，入洛。機初詣張華，華問雲何在。機曰：「雲有笑疾，未敢自見。」俄而雲至。華爲人多姿制，又好帛繩纏鬚，雲見而大笑，不能自已。張華傳：華封廣武侯，進中書監，拜司空。陸機兄弟欽華德範，如師資之禮。

戲贈張書記〔一〕

別館君孤枕，空庭我閉關。池光不受月，野〔二〕氣欲沉山。星漢秋方會，關河夢幾還？危絃傷遠道，明鏡惜紅顏。古木含風久〔三〕，平蕪盡日閑。心知兩愁絕，不斷若尋〔四〕環〔五〕。

〔一〕疑即祭文之張五審禮，亦王茂元壻也，互詳祭張氏女文。此蓋張與其婦相離，故戲贈之。張於開成五年挈婦至京，與篇中「關河」「遠道」等字不合，頗似張自岐下至涇原相晤所作，故酌編此。

〔二〕一作「暮」。

〔三〕與搖落詩第五句同。

〔四〕一作「循」。

〔五〕周書：三王之統若循連環，周則復始。傅休奕怨歌行：情思如循環，憂來不可遏。

贈送前劉五經映三十四韻〔一〕

建國宜師古〔二〕，興邦屬上庠〔三〕。從來以儒戲〔四〕，安得振朝綱？叔世何多難〔五〕，茲基遂已亡。泣麟猶委吏，歌鳳更佯狂〔六〕。屋壁餘無幾〔七〕，焚阬逮可傷〔八〕。挾書秦二世〔九〕，壞宅漢諸王〔一〇〕。草草臨盟誓，區區務富強。徵茫金馬署〔一一〕，狼籍鬬雞場〔一二〕。盡欲心無竅〔一三〕，皆如面正牆。驚疑豹文鼠〔一四〕，貪竊虎皮羊〔一五〕。南渡宜終否〔一六〕？西遷冀小康〔一七〕。策非方正士〔一八〕，貢絶孝廉郎〔一九〕。海鳥悲鐘鼓〔二〇〕，狙公畏服裳〔二一〕。多岐空擾擾〔二二〕，幽室竟倀倀〔二三〕。凝邈〔二四〕爲時範，虛空作士常〔二五〕。何由羞五霸〔二六〕？直自呰〔二七〕三皇〔二八〕。別派驅楊墨，他鑣並老莊。詩書資破冢〔二九〕，法制困探囊〔三〇〕。周禮仍存魯〔三一〕，隋師果禪唐。鼎新麾一舉〔三二〕，革故法三章〔三三〕。星宿森文雅〔三四〕，風雷起退藏。縲囚爲學切〔三五〕，掌故〔三六〕受經忙〔三七〕。夫子時之彥，先生蹟未荒〔三八〕。褐衣終不召〔三九〕，白首興難忘〔四〇〕。感激誅〔四一〕非聖〔四二〕，棲遲到異粻〔四三〕。片辭褒有德，一字貶無良〔四四〕。燕地尊鄒衍〔四五〕，西河重卜商〔四六〕。式閭眞道在，擁彗信謙光〔四七〕。獲預青衿列〔四八〕，叨來絳帳旁〔四九〕。雖從各言志，還要大爲防〔五〇〕。勿謂孤寒棄，深憂訐直妨。叔孫讒易得，盜跖暴難當〔五一〕。雁下秦雲黑，蟬休隴葉黃〔五二〕。莫渝〔五三〕巾屨〔五四〕念〔五五〕，容許後升堂〔五六〕。

〔一〕新書選舉志：科目之中有明經。明經之別，又有五經、三經、二經。凡禮記、春秋左氏傳爲大經，詩、周禮、儀禮爲中經，易、尚書、春秋公羊傳、穀梁傳爲小經。通二經者，大小各一，若中經二；通三經者，大中小各一；通五經者，大經皆通，餘經各一，兼通孝經、論語。

〔二〕書：事不師古，以克永世，匪說攸聞。

〔三〕禮記：有虞氏養國老於上庠。

〔四〕禮記：哀公曰：「終沒吾世，弗敢以儒爲戲。」

〔五〕左傳：叔向論鑄刑書曰：「三辟之興，皆叔世也。」田曰：以下敍次明白，音節跌蕩。

〔六〕高士傳：陸通字接輿，楚人。昭王時，見楚政無常，佯狂不仕。

〔七〕漢書藝文志：書百篇。秦燔書禁學，濟南伏生獨壁藏之。漢興，求得二十九篇。孔安國尚書序：我先人藏家書於屋壁。

〔八〕史記始皇本紀：李斯請史官非秦記皆燒之；非博士官所職，天下敢有藏詩、書、百家語者，悉詣守、尉雜燒之。又曰：始皇曰：「諸生或爲訞言，以亂黔首。」使御史案問，乃自除犯禁者四百六十餘人，皆阬之咸陽。

〔九〕漢書：惠帝四年，除挾書律。張晏曰：秦律：敢有挾書者族。徐曰：謂秦二代皆有此律，非專指胡亥。

〔一〇〕漢書志：古文尚書者，出孔子壁中。武帝末，魯共王壞孔子宅，欲以廣其宮，而得古文尚書及禮記、論語、孝經凡數十篇，皆古字也。共王往入其宅，聞鼓琴瑟鐘磬之音，於是懼，乃止不壞。孔安國悉得其書。

〔一一〕史記東方朔傳：金馬門者，宦署門也，門傍有銅馬，故謂之曰金馬門。漢書：東方朔、公孫弘皆待詔金馬門。後漢書馬援傳：武帝時，善相馬者東門京鑄作銅馬法獻之，詔立馬於魯班門外，更名曰金馬門。

〔一二〕鬬鷄，習見事，此當有切學校者，俟考。如漢書：眭孟，魯國蕃人，少好鬬鷄走馬，長乃變節，受春秋，以明經爲議郎。西京雜記「魯共王好鬬鷄」，尚非所用。

〔一三〕史記：比干強諫，紂怒曰：「吾聞聖人心有七竅。」餘詳寄羅劭興。

〔一四〕爾雅：豹文鼮鼠。注曰：鼠文彩如豹者。漢武帝時得此鼠，孝廉郎終軍知之，賜絹百匹。三輔決錄：世祖與百僚大會靈臺，得鼠身如豹文，熒有光澤，惟竇攸以見爾雅對，詔諸侯子弟從攸受爾雅。按：說文作「鼨」，從鼠，冬聲。何曰：言學陋。

〔一五〕陰符經：羊質虎皮者柔。楊子：羊質而虎皮，見草而悅，見豺而戰。「豺」一作「狼」。何曰：言無實。田曰：皆言以僞亂眞。

〔一六〕易：物不可以終否。朱曰：謂晉元帝渡江。

〔一七〕西都賦：輟而勿康，實用西遷。詩：汔可小康。朱曰：謂陳後主歸隋。北史儒林傳：隋文平一寰宇，厚賞諸儒，京邑達乎四方，皆啓黌校，齊、魯、趙、魏學者尤多，中州儒術之盛，自漢、魏以來，一時而已。及帝暮年，不悦儒術，至仁壽間，遂廢天下之學。

〔一八〕漢書文帝紀：詔舉賢良方正能直言極諫者，上親策之。

〔一九〕漢時，詔令二千石舉孝廉，詳漢書。此言所策所貢，皆不得人。

〔二〇〕莊子：海鳥止於魯郊，魯侯御而觴之于廟，奏九韶以爲樂，具太牢以爲膳，鳥乃眩視憂悲，三日而死。卽國語爰居。

〔二一〕莊子：猿狙而衣以周公之服，彼必齕齧挽裂，盡去而後慊。何曰：海鳥、狙公，駭於所不聞見也。按：言放蕩成風，深畏禮法拘苦，蓋清談之流毒。下數聯皆此意。

〔二二〕列子：楊子之隣人亡羊，楊子曰：「亡一羊，何追者之衆？」曰：「多岐路。」既反，曰：「亡之矣！岐路之中又有岐焉，吾不知所之也。」大道以多岐亡羊，學者以多方喪生。

〔二三〕禮記：治國而無禮，譬猶瞽之無相，倀倀乎其何之？終夜有求于幽室之中，非燭何見？

〔二四〕音「莫」。

〔二五〕朱曰：指何平叔、王夷甫諸人也。

〔二六〕漢書董仲舒傳：仲尼之門，五尺之童羞稱五霸。

〔二七〕「訾」同。

〔二八〕一作「王」。呰，說文：苛也。玉篇：口毀也。曹子建與楊德祖書：田巴毀五帝，罪三王，呰五霸於稷下。按：本文「三王」，「王」字韻複，直呰三皇，義固可通。如莊子：三皇五帝之治天下，名曰治之，而亂莫甚焉。

〔二九〕莊子：儒以詩、禮發冢。詩固有之：「生不布施，死何含珠爲？」儒以金椎控其頤，徐別其頰，無傷口中珠。按：莊子或刊作「發家」，誤。

〔三〇〕莊子：將爲胠篋探囊發匱之盜而爲守備，則必攝緘縢、固扃鐍，然而巨盜至，則負匱揭篋擔囊而趨。謂不能禁其弊。

〔三一〕左傳：韓宣子來聘，觀書于太史氏，見易象與魯春秋，曰：「周禮盡在魯矣。」

〔三二〕書：右秉白旄以麾。又曰：一戎衣，天下大定。

〔三三〕易：革，去故也；鼎，取新也。史記高祖本紀：父老苦秦苛法久矣，吾約法三章耳，餘悉除去秦法。餘互見故番禺侯。

〔三四〕錢曰：下二聯言人才之盛。

〔三五〕漢書：夏侯勝、黃霸皆下廷尉，繫獄，當死。霸因從勝受尚書獄中，積三歲乃出。後漢書：崔瑗繫東郡發干獄。獄掾善爲禮，瑗閒考訊時，輒問以禮說。

〔三六〕一作「固」。

〔三七〕史記：鼂錯以文學爲太常掌故。文帝時，天下無治尚書者，詔太常遣錯受尚書伏生所。按：掌故，掌故事也。周禮夏官掌固，與此大異。乃後世此或亦作「固」，非其義矣，豈古字可通耶？

〔三八〕鄭氏曲禮注：先生，老人教學者。此言先生之蹟得爾則未荒。田曰：入題婉而入。

〔三九〕漢書：婁敬曰：「臣衣帛，衣帛見；衣褐，衣褐見。」後漢書陳元傳：臣如以褐衣召見，誦孔氏之正道。

〔四〇〕漢書藝文志：幼童而守一藝，白首而後能言。按：皓首窮經事習見。

〔四一〕一作「殊」。

〔四二〕孝經：五刑之屬，非聖人者無法。漢書揚雄傳：非聖哲之書不好也。後漢書：周燮不讀非聖之書。

〔四三〕禮記：五十異粻。玩此二聯，劉雖登明經，似未得仕。

〔四四〕范甯穀梁傳集解序：一字之褒，寵踰華衮之贈；片言之貶，辱過市朝之撻。

〔四五〕漢書志：燕地尾箕分壄也。史記孟子傳：鄒衍如燕，昭王擁彗先驅，請列弟子之座而受業，築碣石宮，身親往師之。

〔四六〕史記仲尼弟子傳：子夏居西河教授，爲魏文侯師。魏世家：文侯受子夏經藝，客段干木，過其閭，未嘗不軾也。

〔四七〕自注：外舅太原公亦受經於公也。按：新書李栖筠傳：拜浙西都團練觀察使，增學廬，表宿儒河南褚冲、吳何員等，超拜學官爲之師，身執經問義，遠邇趨慕。此云太原公受經，亦其類耳。

〔四八〕詩：青青子衿。

〔四九〕見過故崔兗海宅。

〔五〇〕禮記：大爲之防，民猶踰之。

〔五一〕詳莊子盜跖篇：正義曰：跖者，黄帝時大盜之名。以柳下惠弟爲天下大盜，故世放古謂之盜跖。何曰：望劉之裁其訐直，扶而進之也；抑劉亦訐直，故不合而去，乃託之自訟以規之乎？

〔五二〕點時地，見送行意。

〔五三〕一作「踰」。

〔五四〕一作「履」。

〔五五〕爾雅：渝，變也。巾屨，取儒服與侍於君子之義。

〔五六〕田曰：去路逌然。李文貞榕齋語錄續集：敍經學興廢，意極剴至，語尤清警。田曰：委蛇斷續，文統離合興衰，無不備載。

四皓廟〔一〕

羽翼殊勳棄若遺〔二〕，皇天有運我無時。廟前便接山門路，不長青松長紫芝〔三〕。

〔一〕高士傳：四皓者，皆河內軹人也。秦始皇時，見秦政虐，共入商雒，隱地肺山。按：終南山商雒山皆有廟，詩不重「廟」字。

〔二〕史記留侯世家：高帝欲廢太子。留侯曰：「此難以口舌爭也。上有不能致者四人，太子卑辭安車固請，宜來。來，以爲客，從入朝，則一助也。」於是使人奉太子書，迎此四人。及燕，置酒，太子侍。四人從，年皆八十有餘，鬚眉皓白，衣冠甚偉。上怪之，四人前對，各言名姓，曰：東園公、角里先生、綺里季、夏黃公。上乃大驚曰：「煩公幸卒調護太子。」四人趨去，上目送之，召戚夫人，指示四人者，曰：「我欲易之，彼四人輔之，羽翼已成，難動矣。」竟不易太子者，留侯招此四人之力也。晉書：閻纘上書曰：「漢高欲廢太子，四皓爲師，子房爲傅，竟復成就。」詩：棄予如遺。

〔三〕高士傳：四皓作紫芝之歌。紫芝，隱居之物；青松，棟樑之器，故云。舊書文宗子傳：長子永，母曰王德妃，太和四年封魯王。六年以庾敬休兼魯王傅，鄭肅兼王府長史，李踐方兼王府司馬。其年十月冊爲皇太子，以王起、陳夷行爲侍讀。開成三年，上以太子不循法度，不可教導，將議廢黜，宰臣及衆官論諫，意稍解，官屬及宦官宮人等數十人連坐死竄。其年十月暴薨，勅王起撰哀冊，謚莊恪。王德妃晚年寵衰，賢妃楊氏懼太子他日不利於己，日加誣譖，太子終不能自明也。既薨，上意追悔。

浩曰：此爲輔導莊恪太子者歎也。王德妃已爲楊賢妃譖死，太子危疑之際，竟無人能建羽翼之勳者。哀冊中云「憂兢損壽」，蓋文宗已卽悔之，有「富有天下，不能全一子」之痛。詩借古致慨，甚爲警切。余初以敬宗爲皇太子，文宗得迎立，皆由於裴晉公，乃以此章爲午橋綠野高歌放言借慨，舍近而求遠，是爲誤矣。

宮中曲

雲母濾〔一〕宮月〔二〕，夜夜白於水。賺得羊車來〔三〕，低扇遮黃子〔四〕。水精不覺冷，自刻鴛鴦翅。蠶縷茜香濃，正朝纏左臂〔五〕。巴牋兩三幅，滿寫承恩字。欲得識青天〔六〕，昨夜蒼龍是〔七〕。

〔一〕呂據切。

〔二〕朱曰：宮月逗出雲母窗，如濾漉然。

〔三〕晉書后妃傳：武帝掖庭殆將萬人，而並寵者甚多，莫知所適。常乘羊車，恣其所之，至便宴寢。宮人取竹葉插戶，以鹽汁灑地，引帝車。南史潘妃事同。

〔四〕朱曰：文選南都賦「中黄」注引博物志：「石中黄子，黄石脂。」額黄想用之，故曰遮黄子。

〔五〕爾雅：茹藘，茅蒐。注曰：今之蒨也，可以染絳。蒨卽茜。晉書后妃傳：武帝多簡良家子女以充内職，自擇其美者，以絳紗繫臂。

〔六〕東觀漢記：和熹鄧皇后夢捫天體，蕩蕩正青，滑如磄磃，有若鐘乳狀，乃仰嗽之。以訊占夢，言堯夢攀天而上，湯及天舐之，皆聖王之夢。

〔七〕史記：薄姬曰：「昨暮夜，妾夢蒼龍據吾腹。」高帝曰：「此貴徵也，吾爲汝成之。」一幸生男，是爲代王。

浩曰：首二長夜清冷之態；三四定情羞澀之容；「水精」四句，綢繆繾綣，正寫承恩也；結句「昨夜」二字，應轉羊車之來。「宫中」如曰宫廷，此作爲秘省，得趨朝瞻天之寓言也。

無題二首

昨夜星辰昨夜風，畫樓〔一〕西畔桂堂東〔二〕。身無綵鳳雙飛翼，心有靈犀一點通〔三〕。隔座送鉤〔四〕春酒暖〔五〕，分曹射覆蠟燈紅〔六〕。嗟余聽鼓應〔七〕官去，走馬蘭臺類轉〔八〕蓬〔九〕。

聞道閶門萼緑華〔一〇〕，昔年相望抵天涯。豈知一夜秦樓客〔一一〕，偷看吴王苑内花〔一二〕。

〔一〕一作「堂」，非。

〔二〕馮默庵曰：首二句妙，次聯襯貼，流麗圓美，西崑一世所效，然義山高處不在此。鈍吟曰：首七字最妙。

〔三〕漢書西域傳：通犀翠羽之珍。如淳曰：通犀，謂中央色白，通兩頭。抱朴子：通天犀角有白理如綖，置粟中，鷄往啄輒驚，南人呼爲駭鷄犀。

〔四〕一作「鬮」。

〔五〕辛氏三秦記：昭帝母鉤弋夫人，手拳而有國色，先帝寵之，世人藏鉤法此也。按：漢書：鉤弋趙倢伃家河間，天子召之至，兩手皆拳，上自披之，卽時伸，由是號拳夫人，居鉤弋宮。列仙傳云：病臥六年，右手拳。召到，帝披其手，得玉鉤，手得展。周處風土記：臘日飲祭之後，叟嫗兒童爲藏彄之戲，分爲二曹，以校勝負；若人偶，卽敵對；人奇，卽令奇人爲遊附，或屬上曹，或屬下曹，名爲飛鳥，以齊二曹。按：古皆作藏彄，後多作藏鉤，詳歲時記諸書。隔座送鉤者，送之使藏，今人酒令尚有遺意。道源泥下三字，而以爲酒鉤，非也。

〔六〕宋玉招魂：菎蔽象棊，有六簙些。分曹並進，遒相迫些。漢書東方朔傳：上嘗使諸數家射覆。

〔七〕一作「因」，誤。

〔八〕一作「斷」。

〔九〕舊書職官志：秘書省，龍朔初改爲蘭臺，光宅時改爲麟臺，神龍時復爲秘書省。御史臺，魏、晉、宋名爲蘭臺，梁、陳、北朝咸曰御史臺，唐因之。此云「走馬蘭臺」，必爲秘書郎時也。漢制，御史中丞在殿中蘭臺，掌圖籍秘書。故後代營置府寺，必以秘書省及御史臺爲鄰，是以互稱耳。舊解謂義山此時得侍御史，誤甚。淮南子：見飛蓬轉而知爲車，以類取之。魏武帝詩：田中有轉蓬，隨風遠飄揚。

浩曰：次聯言身不接而心能通；五六正想像得之，與下章「偷看」相應，非義山身在其中也，意味乃佳。

〔一〇〕眞誥：萼緑華者，自云是南山人，不知是何山也。女子，年可二十上下，青衣，顏色絶整。以升平三年十一月十日夜降於羊權家，自此往來，一月輒六過。來與權尸解藥。按：萼緑華曰：我本姓楊。又云是九嶷山中得道女羅郁也。而南史：羊欣，泰山南城人，祖權，晉黄門郎。皆不可言閶門。此只取與下「吴王苑」相應。

〔一一〕見送從翁東川。

〔一二〕暗用西施。

趙臣瑗山滿樓唐詩七律箋注曰：此義山在王茂元家，竊窺其閨人而爲之。或云在令狐相公家者，非也。觀次首絶句，固自寫供招矣，又何疑焉。浩曰：自來解無題諸詩者，或謂其皆屬寓言，或謂其盡賦本事，各有偏見，互持莫決。余細讀全集，乃知實有寄託者多，直作豔情者少，夾雜不分，令人迷亂耳。此二篇定屬豔情，因窺見後房姬妾而作，得毋其中有吳人耶？趙箋大意良是，他人苦將上首穿鑿，不知下首明道破矣。鼓吹合諸無題詩而計數編之，全失本來意味，可大噱也。又曰「秦樓客」，自謂壻於王氏也。但義山兩爲秘省房中官：一在開成四年，是年即出尉弘農；一在會昌二年。而王茂元於武宗即位初由涇原入朝，會昌元年出鎮陳許，則蹤跡皆不細合矣。或茂元在鎮，更有家在京，或係王氏之親戚，而義山居停於此，頗可與街西池館及可歎等篇參悟，亦大傷輕薄矣。

鏡檻〔一〕

鏡檻芙蓉入，香臺翡翠過〔二〕。撥絃驚火鳳〔三〕，交扇拂天鵝〔四〕。隱忍陽城笑〔五〕，喧傳郢市歌〔六〕。仙眉瓊作葉〔七〕，佛髻鈿爲螺〔八〕。五里無因霧〔九〕，三秋只見河〔一〇〕。月中供藥剩〔一一〕，海上得綃多〔一二〕。玉集胡沙割〔一三〕，犀留聖水磨〔一四〕。斜門穿戲蜨，小閣鎖飛蛾〔一五〕。騎襜〔一六〕侵韉卷〔一七〕，車帷約幰鈋〔一八〕。傳書兩行雁〔一九〕，取酒一封駞〔二〇〕。橋迥涼風壓，溝橫夕照和。待烏燕太子〔二一〕，駐馬魏東阿〔二二〕。想像鋪芳縟〔二三〕，依稀解醉羅〔二四〕。散時簾隔露〔二五〕，臥後幕生波〔二六〕。梯穩從攀桂〔二七〕，弓調任射莎〔二八〕。豈能拋斷夢，聽鼓事朝珂〔二九〕？

〔一〕本集、諸本皆作「鏡」，所見才調集二本：一作「鏡」，注曰：或作「錦」；一直作「錦」。程曰：謝朓詠鏡臺詩「玲瓏類丹檻」，此鏡檻當是鏡臺。徐曰：錦檻，錦棚也。開元遺事：長安富家每至暑伏中，各於林亭內植畫柱，結錦爲涼棚，設坐具，召名姝間坐，遞請爲避暑會。杜子美陪諸貴公子丈八溝攜妓納涼詩即此會也。玩全篇語義，與此頗合。按：謝朓詩，初學記於鏡臺采之，程說近是，故且從舊本。徐說於全篇亦似，但不必過泥林亭。

〔二〕拾遺記：石虎春雜寶異香爲屑，使數百人於樓上吹散之，名曰芳塵臺。此句泛用可也。徐曰：芙蓉、翡翠皆喻名姝。

〔三〕春秋演孔圖：鳳，火精也。通典：貞觀末，有裴神符妙解琵琶，作勝蠻奴、火鳳、傾盃樂三曲，聲度清美，太宗深悅之。

〔四〕世說：郗嘉賓三伏之月詣謝公，雖復當風交扇，猶沾汗流離。拾遺記：周昭王時，塗修國獻丹鵲，夏至取鵲羽爲扇，二美女更搖此扇侍于王側。本草：鵠一名天鵝，大鵝也。此言羽扇字習見。

〔五〕登徒子好色賦：嫣然一笑，惑陽城，迷下蔡。

〔六〕宋玉對楚王問：客有歌於郢中者。餘詳後移白菊。

〔七〕眉以葉言，如梁元帝詩「柳葉生眉上」。御覽引上原經曰：眉竺仙住南岳。餘未考。

〔八〕南史扶南國傳：佛髮青紺色，衆僧以手伸之，隨手長短，放之則旋屈爲蠡形。僧伽經：佛髮青而細，如藕莖絲。二句狀其粧飾。

〔九〕後漢書：張楷字公超，居弘農山中，學者隨之成市。後華陰山南遂有公超市。性好道術，能作五里霧。時關西人裴優亦能爲三里霧。

〔一〇〕銀河也。無端有霧，凝望惟河，未得諦視也。

〔一一〕見重有戲。又漢樂府董逃行：白兔長跪搗藥蝦蟇丸，奉上陛下一玉柈。

〔一二〕見送從翁東川。

〔一三〕寰宇記：邢州貢解玉沙。齊東野語：玉人攻玉，必以邢河之沙。按：寰宇記：河南道潁陽縣八風溪水南流，合三交水，此岸有沙，細潤可以澡灌。隋代常進後宮，雜以香藥，以當豆屑，號曰玉女沙。亦可取證。

〔一四〕水經注：聖水出上谷郡西南聖水谷。三輔黃圖：冰池在長安西，舊圖云：西有滮池，亦名聖女泉。蓋「冰」、「滮」聲相近，傳說之誤也。按：冰池之爲聖女泉，宋敏求長安志亦云：聖水泉出咸陽縣西昆明池北平地上也。其餘聖水事甚多。細玩以上四句，「供藥剩」者，借言飲食已畢。「得綃多」者，取更衣之義。綃至輕明，正切夏衣。「玉」謂玉顔。「胡沙」喻拭面之物。「犀」謂犀齒。「聖水磨」喻漱齒之態。其遺詞致爲詭僻。

〔一五〕貯之別室。

〔一六〕昌豔切。

〔一七〕說文：襜，衣蔽前。釋名：韠，蔽膝也，又曰跪襜。按：襜本衣名，「騎襜」則被於馬者，暫休故卷之。

〔一八〕釋名：容車，婦人所載小車也。其蓋施帷，以隱蔽形容也。幰，憲也，禦熱也。蒼頡篇：帛張車上爲幰。南史鮑泉傳：常乘高幰車。說文：鈋，吪圜也，五禾切。廣韻：刓也，去角也。二句謂休其車騎。此十字以故犯聲病爲戲。

〔一九〕詩：兩驂鴈行。此用雁書。

〔二〇〕漢書西域傳：大月氏國出一封橐駝。謂遣使更延他人取酒以備宴飲。

〔二一〕見後人欲。

〔二二〕見後代元城吳令。徐曰：「待烏」謂烏棲，承上「夕照」；「駐馬」亦取日既西傾之義。按：此義山自寫遙望之情，下遂接入想像。

〔二三〕文選雪賦：援綺衾兮坐芳縟。按：西京賦「釆色纖縟」，雪賦本作「縟」，或作「褥」，誤。

〔二四〕詳下曲池。以下想其酒闌夜宿。

〔二五〕鮑照詩：珠簾無隔露。

〔二六〕幕動如波紋，猶燕臺夏詩「輕帷翠幕波洄旋」也。

〔二七〕淮南子：月中有桂樹。虞喜安天論：俗傳月中有仙人桂樹。今視其初生，見仙人之足漸以成形，桂樹後生焉。

〔二八〕北史豆盧寧傳：嘗與梁企定肆射，乃相去百步，縣莎草以射之，七發五中，企定服其能。御覽引述異記：昔戰國時魏國苦秦之難，有民征戍不返，其妻思之而卒，冢上生木，枝葉皆向夫所在而傾，謂之相思木。今秦、趙間有相思草，狀若石竹，而節節相續，一名斷腸草，又名愁婦草，亦名孀草，人呼爲寡婦莎，蓋相思之流也。按：月娥亦言孀獨。二句定指女冠，用意頗幻，否則語不倫矣。今本述異記「孀草」誤作「霜草」，「寡婦莎」誤作「寮莎」，幾無從考索耳。前云「仙眉」「佛髻」，亦以女冠也。

〔九〕徐曰：唐六典載承天門擊曉鼓，聽擊鐘後一刻鼓聲絶，皇城開。第一鼕鼕鼓聲絶，宮城及左右延明、乾化門開；第二鼕鼕鼓聲絶，宮殿門開，則百官集矣。雍洛靈異小録：馬周請置街鼓，時人呼爲鼕鼕鼓。按：詳馬周傳。隋書志：馬珂，三品以上九子，四品七子，五品五子。

馮鈍吟曰：此首頗直用事，有未詳處。浩曰：細爲剖晰，姿態全呈：晝則羡其嬉遊，晚而想其歡會，身屬旁觀，饞涎難禁。意纖語僻，易使人迷耳。玩結句，當作於爲校書時，其後雖頻在京，無此歡悰矣。

曲池〔一〕

日下繁香不自持〔二〕，月中流豔與誰期？迎憂急鼓疎鐘斷，分隔休燈滅燭時〔三〕。張蓋欲判江灩灩〔四〕，迴頭更望柳絲絲。從來此地黃昏散，未信河梁是別離〔五〕。

〔一〕按：即曲江也。漢書宣帝紀注：立廟於曲池之北，後人謂在曲江之北也。又名曲水。唐書及詩文中曲池、曲水習見，如本集曲水閑話是也。長安志：街東第四街之最南名曲池坊，坊南街抵京城之南面，以近曲江園，故名。

〔二〕按：爾雅：觚竹、北戶、西王母、日下，謂之四荒。「日下」字本此。而日爲君象，後人以之稱京師。

〔三〕史記滑稽淳于髡傳：日暮酒闌，合尊促坐，男女同席，履舄交錯，杯盤狼籍，堂上燭滅，主人留髡而送客，羅襦襟解，微聞薌澤，當此之時，髡心最歡，能飲一石。

〔四〕「判」同「拚」，言登舟張蓋而歸。朱氏乃引搜神記：趙昞臨水求渡，船人不許，乃張帷蓋坐其中，長嘯呼風，亂流而濟之事。非所用也。「昞」，後漢書方術傳作「炳」。

〔五〕李陵別蘇武詩：攜手上河梁，遊子暮何之？

浩曰：此宴飲既罷，有所不能忘情之作。與上章略同，非義山將行役也。

有感

中路因循我所長，古來才命兩相妨。勸君莫強安蛇足，一醆芳醪不得嘗〔一〕。

〔一〕戰國策：楚有祠者，賜其舍人卮酒，舍人相謂曰：「數人飲之不足，一人飲之有餘。請畫地爲蛇，先成者飲酒。」一人蛇先成，引酒且飲，乃左手持卮，右手畫蛇，曰：「吾能爲之足。」未成，一人之蛇成，奪其卮，曰：「蛇固無足，子安能爲之足？」遂飲其酒。爲蛇足者終亡其酒。浩曰：此調尉弘農作也。義山雖赴涇原，未叨薦剡，仍俟拔萃釋褐，則此行爲畫蛇足矣。徒以是爲令狐輩所怒，鴻博不中選，校書不久居，則終亡其酒矣。秘省乃清資，故曰芳醪。詩言中路少需，何遽非我所長，而乃誤落歧途者！才命相妨，有不自知其然者也。低摧吞吐，字與淚俱。吳氏發微，已窺及此。徐氏駁之曰：「義山伉儷情深，何得以此横加。」不知琴瑟之情，功名之感，兩不相礙。玩祭外舅文，亦微見不能藉力之意。文人一端不檢，爲累終身，良可歎也！

次陝州先寄源從事〔一〕

離思羇愁日欲晡，東周西雍此分途〔二〕。迴鑾佛寺高多少〔三〕，望盡黃河一曲無〔四〕？

〔一〕舊書志：陝州陝郡，本弘農郡，屬河南道陝虢觀察使治所。

〔二〕公羊傳：自陝而東，周公主之；自陝而西，召公主之。後漢書郡國志：弘農郡陝縣有陝陌。注曰：博物記：二伯所分。

〔三〕舊書紀：代宗廣德元年十月，吐蕃犯京畿，駕幸陝州，十二月還京。徐曰：佛寺必還京後建以報功者。

〔四〕爾雅：河百里一小曲，千里一直一曲。水經：河水又西逕陝縣故城南。

浩曰：佛寺高居比源，黄河一曲自喻屈就縣尉。毫不着迹，但覺雄渾。

荆山〔一〕

壓河連華勢孱顔〔二〕，鳥没雲歸一望間。楊僕移關三百里〔三〕，可能全是爲荆山。

〔一〕元和郡縣志：虢州湖城縣，荆山在縣南，即黄帝鑄鼎之處。新書志：覆釜山一名荆山。朱曰：明一統志收此詩於富平荆山，非是。按：荆山有三：一在漢左馮翊懷德縣南，禹貢北條之荆，大禹鑄鼎處也。一在荆豫界，南條之荆，卞和得玉處也。漢書郊祀志公孫卿曰：「黄帝采首山銅，鑄鼎於荆山下。」此則唐志湖城縣之覆釜也。韓昌黎詩「荆山已去華山來」，即此山也。

〔二〕司馬相如大人賦：放散畔岸，驤以孱顔。

〔三〕漢書武帝紀：元鼎三年，徙函谷關於新安，以故關爲弘農縣。應劭曰：時樓船將軍楊僕數有大功，恥爲關外民，上書乞徙東關，以家財給其用度。武帝意亦好廣闊，於是徙關於新安，去弘農三百里。水經注：楊僕以家僮七百人築塞徙關。

浩曰：借慨己之由京調外也。不直言恥居關外，而故迂其詞，使人尋味。

任弘農尉獻州刺史乞假歸〔一〕京〔二〕

黄昏封印點刑徒，愧負荆山入座隅。却羨卞和雙刖足〔三〕，一生無復沒階趨〔四〕。

〔一〕一作「還」。

〔二〕元和郡縣志：弘農縣望虢州郭下。本傳：調補弘農尉，以活獄忤觀察使孫簡，將罷去。餘詳年譜。舊書文苑孫逖傳：逖曾孫簡、範，並舉進士。會昌後，兄弟繼居顯秩，歷諸道觀察使，簡兵部尚書。必此孫簡，傳未詳核耳。

〔三〕韓非子：楚人卞和得玉璞于楚山，獻厲王。王使人相之，曰：「石也。」刖和右足。及武王即位，又獻之，復相曰：「石也。」刖左足。及文王即位，和乃抱其璞哭於楚山，三日三夜，泣盡繼之以血。王使玉人治之，得寶玉焉，名曰和氏之璧。按：三世楚王，他本不同。此從太平御覽所引韓子也。荆山借用玉受誣，比民受冤。又蔡邕琴操云：荆王剖之，果有玉，乃封和爲陵陽侯，卞和辭不就而去，作退怨之歌。亦可與將罷去爲喻。

〔四〕韻語陽秋：英俊陸沉，強顔低意，趨跖諸虎，扼腕不平之氣，有甚於傷足者。非粗知直己不能賞此語之工也。

曲江〔一〕

望斷平時翠輦過，空聞子夜鬼悲歌〔二〕。金輿不返傾城色〔三〕，玉殿猶分下苑波。死憶華亭聞唳鶴〔四〕，老憂王室泣銅駝〔五〕。天荒地變心雖折，若比傷〔六〕春意未多！

〔一〕史記：司馬相如哀二世賦：臨曲江之隑州。索隱曰：隑即碕字，謂曲岸頭也，在杜陵西北五里。舊書鄭注傳：言秦中有災，宜興工役以禳之。文宗嘗吟杜甫江頭篇，知天寶以前，環曲江四面有樓臺行宮廨署，心竊慕之。既得注言，卽命左右神策軍，差人淘曲江、昆明二池，仍許公卿士大夫之家於江頭立亭館，以時追賞。時兩軍造紫雲樓、彩霞亭，內出樓額以賜之。康駢劇談錄：曲江，開元中疏鑿爲勝境，其南有紫雲樓芙蓉苑，其西有杏園慈恩寺，花卉環周，烟水明媚。都人遊賞，盛於中和上巳之節，賜宴臣僚，京兆府大陳筵席，恩賜太常及敎坊聲樂，每歲傾動皇州，以爲盛觀。雍錄：唐曲江，本秦隑州，至漢爲樂遊苑。隋營京城，以其地高不便，故闕此地，不爲居人坊巷，而鑿爲池以厭勝之。又會黃渠水自城外南來，故隋世遂從城外包之入城爲芙蓉池，且爲芙蓉園。

〔二〕晉書樂志：子夜歌者，女子名子夜，造此聲。孝武太元中，琅琊王軻之家有鬼歌子夜，則子夜是此時人也。舊書樂志：子夜歌聲過哀苦。

〔三〕漢書李夫人傳：兄延年，侍上起舞，歌曰：北方有佳人，絕世而獨立。一顧傾人城，再顧傾人國。寧不知傾城與傾國，佳人難再得！

〔四〕晉書：宦人孟玖譖陸機於成都王穎。機被收，歎曰：「華亭鶴唳，豈可復聞乎？」

〔五〕晉書：索靖知天下將亂，指洛陽宫門銅駝，歎曰：「會見汝在荆棘中耳。」華氏洛陽記：兩銅駝在宫之南街，東西相對，高九尺，漢時所謂銅駝街。

〔六〕舊作「陽」，今從戊籤。

浩曰：朱氏謂前半追感明皇、貴妃臨幸時事，後半謂王涯等被甘露之禍，非也。凡詩須玩其用意用筆，正陪輕重，乃可引事證之。今次聯正面重筆，即所謂傷春，五六乃陪筆耳。此蓋傷文宗崩後，楊賢妃賜死而作也。文宗后妃，舊、新書竟無傳可考，今據安王溶、楊嗣復傳：安王溶，穆宗第八子也。楊賢妃有寵於文宗，晚稍多疾，陰請以安王爲嗣，密爲自安地。帝謀於宰相李珏，珏非之，乃立陳王成美。妃與宰相楊嗣復宗家，及仇士良立武宗，遂擿此事，譖而殺之。詩首句謂文宗，次句謂賢妃，三四承上，五六則以甘露之變作襯，而謂傷春之痛較甚於此。蓋文宗受制閹奴，南司塗炭，已不勝「天荒地變」之恨，孰知宫車晚出，幷不保深宫一愛姬哉！語極沉鬱頓挫。朱氏誤會，故解至末聯而其詞窮矣。余深味此章與下章，楊賢妃之死也，必棄骨水中，故以王涯輩棄骨渭水爲襯，實可補史之闕文，非臆度也。四句似亦以棄骨水中，故云分波。

景陽井〔一〕

景陽宫井剩堪悲，不盡龍鸞誓死期。腸斷吳王宫外水，濁泥猶得葬西施〔二〕。

〔一〕陳書：隋軍陷臺城，張貴妃與後主俱入於井，隋軍出之，晉王廣命斬貴妃，牓於青溪中橋。南史：後主逃於井，軍人欲下石，乃聞叫聲，以繩引之，驚其太重，乃與張貴妃、孔貴人三人同乘而上。晉王廣命斬貴妃於青溪中。按：玩史文，是斬麗華棄諸溪水也。

〔二〕困學紀聞：墨子謂西施之沉，其美也，豈亦如隋之於張麗華乎？「一舸逐鴟夷」，特見於杜牧詩，未必然也。楊愼曰：修文御覽引吳越春秋逸篇：吳亡後，越浮西施於江，令隨鴟夷以終浮沉也。牧之云「西子下姑蘇，一舸逐鴟夷」，安知不謂子胥乎？皮日休詩「不知水葬歸何處？溪月彎彎欲效顰」，李義山景陽井詩亦叶此意。按：牧之云一舸，則必非子胥，必謂隨范少伯也。此章只用水葬，以痛楊賢妃，不必辨水葬之可信否也。舊本皆與上首接編，猶可悟其一時一事之作，所箋確矣。長安志云：文宗章陵，陪葬楊封妃。「封」字既有誤，詳觀史文，必無仍令陪葬之事，此訛傳也。

詠史

歷覽前賢國與家，成由勤儉破由奢〔一〕。何須琥珀方爲枕〔二〕，豈得眞〔三〕珠始是車〔四〕？運去不逢青海馬〔五〕，力窮難拔蜀山蛇〔六〕。幾人曾預南薰曲〔七〕？終古蒼梧哭翠華〔八〕。

〔一〕韓非子：秦穆公問由余曰：「古之明王得國失國何以故？」余對曰：「常以儉得之，以奢失之。」

〔二〕後漢書王符傳注：廣雅曰：琥珀，珠也。生地中，初如桃膠，凝堅乃成，其方人以爲枕。出罽賓及大秦國。西京雜記：趙昭儀上皇后飛燕襚三十五條，中有琥珀枕。

〔三〕一作「待珍」。

〔四〕史記田敬仲世家：威王與魏王會田於郊，魏王曰：「若寡人國小也，尚有徑寸之珠，照車前後各十二乘者十枚。」

〔五〕一作「鳥」，誤。隋書西域傳：吐谷渾青海，周迴千餘里，中有小山，其俗至冬放牝馬於其上，言得龍種。嘗得波斯草馬，放入海，因生驄駒，能日行千里，故時稱青海驄焉。

〔六〕華陽國志：蜀有五丁力士，能移山。秦惠王許嫁五女於蜀，蜀遣五丁迎之。還到梓潼，見一大蛇入穴中，一人覽其尾掣之，不得，五人相助，大呼拽蛇，山崩，壓五人及秦五女，因命曰五婦山。按：句意本劉向災異封事：去佞則如拔山。

〔七〕禮記：舜彈五絃之琴，以歌南風。

〔八〕禮記：舜崩于蒼梧之野。上林賦：建翠華之旗。注曰：以翠羽爲葆也。華，葆也。

朱曰：史稱文宗恭儉性成，衣必三澣，可謂令主矣，迨乎受制家奴，自比周赧、漢獻。故言儉成奢敗，國家常理，帝之儉德，豈有珀枕珠車之事？今乃與亡國同恥，深可歎也。義山及第於開成，南薰之曲嘗聞之矣，其能已於蒼梧之哭耶？全是故君之悲，託於詠史耳。姚曰：青海馬，惜駕馭者無英雄；

蜀山蛇，恨盤結者增氣餤。浩曰：合采朱氏、姚氏之解，已明爽矣。文宗儒雅好詩，夏日與學士聯句，帝獨諷柳公權「薰風自南來，殿閣生微涼」兩句，曰：「辭清意足，不可多得。」見舊書傳。結聯統美其好文，方得大體，不可專指義山得第之年恩賜詩題也。

垂柳

娉婷小苑中，婀娜曲池東〔一〕。朝珮皆垂地，仙衣盡帶風。七賢寧占竹〔二〕，三品且饒松〔三〕。腸斷靈和殿，先皇玉座空〔四〕。

〔一〕魏文帝柳賦：柔條婀娜而蛇伸。

〔二〕晉書：阮籍、嵇康、山濤、向秀、劉伶、王戎、阮咸，共爲竹林之遊，世所謂竹林七賢也。

〔三〕白香山從龍潭寺至少林寺詩：「九龍潭月落杯酒，三品松風飄管絃。」考少林寺有則天皇后封三品松、五品槐，見嵩山志及宋范純仁游嵩山聯句，或更有他事歟？

〔四〕南史：張緒少有清望，吐納風流，每朝見，武帝目送之。劉悛之爲益州，獻蜀柳數株，枝條甚長，狀若絲縷，帝植於太昌靈和殿前，常賞玩咨嗟，曰：「此楊柳風流可愛，似張緒當年時。」其見賞愛如此。

浩曰：此借喻朝貴之爲新君所斥者，語意顯豁，當在文宗後作。或者垂柳卽垂楊，暗寓嗣復之姓歟？

與同年李定言曲水閑話戲作〔一〕

海燕參差溝水流〔二〕，同君身世屬離憂。相攜花下非秦贅〔三〕，對泣春天〔四〕類楚囚〔五〕。碧草暗侵穿苑路，珠簾不捲枕江樓〔六〕。莫驚玉塍〔七〕埋香骨〔八〕，地下傷春亦白頭〔九〕。

〔一〕朱曰：許渾集有李定言殿院銜命歸闕拜員外郎還右史詩，當卽其人。按：鼓吹選本作送李宣殿院歸闕，而許集先有送定言南遊詩，似定言名宜，抑誤刊歟？

〔二〕卓文君白頭吟：今日斗酒會，明旦溝水頭。躞蹀御溝上，溝水東西流。

〔三〕漢書賈誼傳：秦人家貧，子壯則出贅。按：贅壻古所賤。始皇發贅壻、賈人遣戍；漢文帝時，賈人、贅壻及吏坐贓者，禁錮不得爲吏。

〔四〕舊皆作「春天」，朱本一作「風前」。

〔五〕左傳：晉侯見鍾儀，問曰：「南冠而縶者誰也？」有司對曰：「鄭人所獻楚囚也。」晉書王導傳：過江人士，每至暇日，相要出新亭飲宴。周顗中坐而歎曰：「風景不殊，舉目有江山之異！」皆相視流涕。惟導愀然變色，曰：「當共戮力王室，尅復神州，何至作楚囚相對泣耶！」

〔六〕西京雜記：昭陽殿織珠爲簾，風至則鳴如珩珮之聲。

〔七〕舊本作「五勝」，戊籤作「玉塍」，或云：南宋本作「五塍」。今據永樂大典所采，則戊籤訛「媵」爲「塍」耳。

〔八〕左傳：凡諸侯嫁女，同姓媵。史記秦始皇本紀：推終始五德之傳，周得火德；秦代周，從所不勝，以爲水德之始。漢書律歷志：秦兼天下，亦頗推五勝，自以爲獲水德。

〔九〕按：初解只以五勝代水字，猶老子云「上善若水」，而唐人賦水，直以上善稱之也。言莫驚香骨竟棄水中，卽得葬地下，悲苦均耳，又何擇焉！似與曲江一首同意。然水中不可言埋，白頭字亦無着，且必不可云閑與戲也。故似作玉媵，追悼亡妾，戲其地下傷春，亦有白頭之歎，較爲平近，然究難定其孰是也。白頭似卽用白頭吟「聞君有兩意，故來相決絕」。

浩曰：諸家疑李定言亦王茂元壻，似也；更以爲同悼亡，則非。蓋別有所悼耳。三四謂原非秦贅，何至不得居官而相對泣耶？蓋以婚於茂元致累，故云然也。五六正詠曲水境地，恰緊接出「埋香」。玩起聯，是兩人皆將出遊也。

井泥四十韻

皇都依仁里〔一〕，西北有高齋〔二〕。昨日主人氏，治井堂西陲。工人三五輩，輦出土與泥。到水不數尺，積共庭樹齊。他日井甃畢〔三〕，用土益作堤〔四〕。曲隨林掩映，繚以池周迴〔五〕。

下去冥寞穴，上承雨露滋。寄辭別地脈〔六〕，因言謝泉扉。昇騰不自意，疇昔忽已乖〔七〕。伊余掉行鞅〔八〕，行行來自西。一日下馬到，此時芳草萋。四面多好樹，旦暮雲霞姿。晚落花滿地，幽鳥鳴何枝？蘿幄既已薦，山樽亦可開。待得孤月上，如與佳人來〔九〕。因之〔一〇〕感物理，惻愴平生懷〔一一〕。茫茫此羣品，不定〔一二〕輪與蹄。堯〔一三〕得舜可禪〔一四〕，不以瞽瞍疑〔一五〕。禹竟代舜立，其父吁咈哉〔一六〕！嬴氏并六合，所來因不韋〔一七〕。漢祖把左契〔一八〕，自言一布衣〔一九〕。當塗佩國璽〔二〇〕，本乃黃門攜〔二一〕。長戟亂中原〔二二〕，何妨起戎氐〔二三〕。不獨帝王爾，臣下亦如斯。伊尹佐興王，不藉漢父資〔二四〕。磻溪老釣叟，坐爲周之師〔二五〕。屠狗與販繒，突起定傾危〔二六〕。長沙啓封土，豈是出程姬〔二七〕？帝問主人翁，有自賣珠兒〔二八〕。武昌昔男子，老苦爲人妻〔二九〕。蜀王有遺魄，今在林中啼〔三〇〕。淮南雞舐藥，翻向雲中飛〔三一〕。大鈞運羣有〔三二〕，難以一理推。顧〔三三〕於冥冥內，爲問秉者誰？我恐更萬世，此事愈云爲。猛虎與雙翅，更以角副之〔三四〕。鳳凰不五色，聯翼上雞棲〔三五〕。我欲秉鈞者，朅來與我偕〔三六〕。浮雲不相顧〔三七〕，寥泬誰爲梯〔三八〕？悒怏夜參〔三九〕半〔四〇〕，但歌井中泥。

〔一〕朱曰：在東都。白氏長慶集有宿崔十八依仁新亭詩。

〔二〕何曰：文選古詩西北有高樓篇注：此篇明高才之人，仕宦未達，知之者稀也。西北乾位，君之居也，發端本此。舉仁者君之事也，故假里名寓意。按：何說足見讀書之細。

〔三〕易：井甃无咎，修井也。
〔四〕何曰：以比沙堤。
〔五〕田曰：句法古老，文在其中。
〔六〕史記：蒙恬曰：「此其中不能無絶地脈哉！」
〔七〕田曰：用意見此。
〔八〕左傳：樂伯曰：「御下兩馬，掉鞅而還。」
〔九〕狀井泥昇騰，許多生態妄想。義門謂用騷人求女之意，非也。
〔一〇〕一作「玆」。
〔一一〕二句一篇之主。以下雜拉繁亂，集中至穨唐之作。
〔一二〕一作「動」，誤。
〔一三〕舊皆作「喜」。程曰：應作「堯」。
〔一四〕「喜得」亦通，然發端不宜隱「堯」字，當以形近而訛。
〔一五〕杜牧秋娘詩後幅亦然。但彼敍秋娘事已居大半，此則借題取興，用意却在中後。
〔一六〕書：僉曰：「於，鯀哉！」帝曰：「吁，咈哉！」
〔一七〕史記呂不韋傳：不韋取邯鄲諸姬絶好善舞者與居，知有身。子楚從不韋飲，見而請之，不韋遂獻其姬。姬自匿有身，至大期時，生子政。子政立，是爲始皇。

〔一八〕老子：聖人執左契而不責於人，有德司契，無德司徹。天道無親，常與善人。王弼注曰：左契防怨之所由生也。有德之人，念思其契，不令怨生，而後責於人也。徹，司人之過也。按：輔嗣之說如此，而本文殊近皇天無親，惟德是輔，故後人以言王者受命，用之熟矣。然禮記「獻粟者執右契」，疏曰：右爲尊，以先書爲尊故也。戰國策有「操右契而責德於秦、魏」之語，是責人者操右契也。漢時銅虎符，右留京師，左與郡守，亦右尊於左也。老子本讓而不爭之意，有德則天心歸之，自然司契，何事早爭召怨哉？後世則以左爲重。舊書志「符寶郎凡出納符節，辨其左右之異，藏其左而班其右，以合中外之契焉」，與老子本義自異，今偶爲晰之。

〔一九〕史記：高祖曰：「吾以布衣提三尺劍取天下。」

〔二〇〕漢書元后傳：初，高祖至霸上，秦王子嬰降軹道，奉上始皇璽。高祖御服其璽，世世傳受，號曰漢傳國璽。後漢書徐璆傳注：玉出藍田山，題是李斯書，其文曰：「受命於天，既壽永昌。」魏志：白馬令李雲上言：「許昌氣見於當塗高，當塗高者當昌於許。」當塗高者，魏也；象魏者，兩觀闕是也。又曰：文帝受禪，漢獻帝遣使者送璽綬。

〔二一〕後漢書袁紹傳：檄曰：司空曹操，祖父騰，故中常侍，饕餮放橫，傷化虐人。父嵩，乞丐携養，因臧買位。操姦閹遺醜，本無令德。注曰：曹瞞傳及郭頒代語並云：嵩，夏侯氏子，惇之叔父。

〔二二〕史記樗里子傳：長戟居前，彊弩在後。漢書鼂錯傳：平地淺屮，可前可後，此長戟之地也。句舉一以該五兵。

〔二三〕戎、氐統言諸胡，如前趙劉氏之爲匈奴，後趙石氏之爲羯，前燕慕容氏之爲鮮卑，前秦苻氏之爲氐，後秦姚氏之爲羌，皆其類也。詳晉書載記。

〔二四〕列子：伊尹生乎空桑。呂氏春秋：有侁氏女子採桑，得嬰兒于空桑之中，獻之其君。察其所以然，曰：其母居伊水之上，孕，夢有神告之曰：「臼出水而東走毋顧。」明日，視臼出水，東走十里而顧，其邑盡爲水，身因化爲空桑，故命之曰伊尹。獨異志：伊尹無父。按：古來稱人曰漢，如北史斛律金傳「爾所使多漢」，邢劭傳「此漢不可親近」，及「好漢」「醉漢」之類。此言無丈夫爲父也。易乾卦：萬物資始。

〔二五〕尚書大傳：文王至磻溪，見呂望釣，拜之，尚父曰：「望釣得魚，腹中有玉璜，刻曰：周受命，呂佐檢，德合於今昌來提。」水經：渭水又東過陳倉縣西。注曰：渭水之右，磻谿水注之，水出南山茲谷。谿中有泉，謂之茲泉，卽呂氏春秋所謂太公釣茲泉也。今人謂之凡谷。東南隅有石室，蓋太公所居也。水流次平石釣處，其投竿跽餌，兩膝遺蹟猶存。

〔二六〕史記樊噲傳：以屠狗爲事。灌嬰傳：睢陽販繒者也。

〔二七〕漢書：長沙定王發母唐姬，故程姬侍者。景帝召程姬，程姬有所避，飾侍者唐兒，使夜進。上醉不知，以爲程姬而幸之，遂有身，已乃覺非程姬也。及生子，因名曰發。張晏曰：發悟己之繆幸。

〔二八〕漢書東方朔傳：竇太主寡居，年五十餘矣，近幸董偃。始，偃與母以賣珠爲事。偃年十三，隨母出入主家，左右言其姣好，主召見，曰：「吾爲母養之。」年十八而冠，出則執轡，入則侍內，名稱城中，號曰董君。上從主飲，臨山林，坐未定，上曰：「願謁主人翁。」主自引董君伏殿下，主廼贊：「館陶公主胞人臣偃昧死再拜謁。」因叩頭謝。時董君見尊，不名，稱爲主人翁，飲大驩樂。於是董君貴寵，天下莫不聞。

〔二九〕道源曰：搜神記：漢哀帝時，豫章有男子化爲女子，嫁爲人婦，生一子。武昌則未詳。按：豫章事見漢書五行志。武昌或南昌之訛，豫章郡首南昌縣也。未定是否。徐氏引武都丈夫化女子爲蜀王妃，亦非。

〔三〇〕見哭蕭侍郎。

〔三一〕神仙傳：八公與淮南王安，白日昇天，餘藥器置在中庭，雞犬舐啄之，盡得昇天，故雞鳴天上，犬吠雲中。

〔三二〕賈誼鵩鳥賦：大鈞播物兮，坱圠無垠。

〔三三〕一作「願」。

〔三四〕韓非子：故周書曰：毋爲虎傅翼，將飛入邑，擇人而食。夫乘不肖人於勢，是爲虎傅翼也。揚子：或問酷吏，曰：虎哉虎哉，角而翼也。神異經：西北有獸，狀似虎，有翼，能飛，便勦食人。聞人鬬，輒食直者；聞人忠信，輒食其鼻；聞人惡逆不善，輒殺獸往饋之。

〔三五〕詩：雞棲于塒。何曰：此四句方是本旨。猛虎不仁之獸，鳳凰戴仁之鳥，與「依仁」相應。

〔三六〕曾子歸耕操：朅來歸耕，歷山盤兮。九辯：車既駕兮朅而歸。漢書：司馬相如大人賦：回車朅來兮。朱曰：朅之爲言盍也。

〔三七〕何曰：浮雲蔽日之意。陸賈新語：邪臣之蔽賢，猶浮雲之鄣日月也。按：九辯云：「何氾濫之浮雲兮，猋廱蔽此明月。願皓日之顯行兮，雲蒙蒙而蔽之。」在陸之先矣。

〔三八〕楚辭九辯：泬寥兮天高而氣清。注曰：泬寥，曠蕩而虛靜也。

〔三九〕一作「將」。

〔四〇〕何曰：用「長夜漫漫何時旦」意。

胡震亨曰：嘗讀元微之古諷各篇，怪其講道理着魔，不謂此趣士亦復爾爾。朱曰：易云：井泥不食。故以起興，深刺世之沉洿下才而倖居高位者。中幅雜言古今升沉變態，難以理斷。後慨小人乘權，君子失位，三歎於浮雲蔽天而不可梯也。錢曰：取義僻而無味。程曰：劉孝威箜篌謠云：從風暫靡草，富貴上昇天。不見山巔樹，摧抏下爲薪。豈甘井中泥，上出作埃塵。詩意本此。浩曰：「行行來自西」，自長安至東都也。遡其遊蹤，玩其引古，蓋當文宗崩，武宗立，楊嗣復輩遠斥江湘，李德裕由淮南入相之時。語雖雜拉，尚有線索可尋。

送千牛李將軍赴闕五十韻〔一〕

照席瓊枝秀〔二〕，當年紫綬榮〔三〕。班資古直閣〔四〕，勳伐舊西京。在昔王綱紊，因誰國步清〔五〕？如無一戰霸〔六〕，安有大橫庚〔七〕！內豎依憑切，凶門責望輕〔八〕。中台終惡直〔九〕，上將更要盟〔一〇〕。丹陛祥煙滅，皇闈殺〔一一〕氣橫。喧闐衆狙怒〔一二〕，容易八鸞驚〔一三〕。檮杌寬之久〔一四〕，防風戮不行〔一五〕。素來矜異類〔一六〕，此去豈親征〔一七〕！捨魯眞非策〔一八〕，居邠未有名。曾無力牧御〔一九〕，寧待雨師迎〔二〇〕。火箭侵乘石〔二一〕，雲橋逼禁營〔二二〕。何時絕刁斗〔二三〕？不夜見欃槍〔二四〕。屢亦聞投鼠〔二五〕，誰其敢射鯨〔二六〕？世情休念亂〔二七〕，物議笑輕生〔二八〕。大鹵思龍躍〔二九〕，蒼梧失象耕〔三〇〕。靈衣沾愧汗〔三一〕，儀馬困陰兵〔三二〕。別館蘭薰酷，深宮蠟燄明。黃山遮舞態，黑水斷歌聲〔三三〕。縱未移周鼎〔三四〕，何辭免趙坑〔三五〕！空拳〔三六〕轉鬭地〔三七〕，數板不沉城〔三八〕。且欲憑神算〔三九〕，無因計力爭〔四〇〕。幽囚蘇武節〔四一〕，棄市仲由纓〔四二〕。下殿言終驗〔四三〕，增埤事早萌〔四四〕。蒸雞殊減膳〔四五〕，屑麴異和羹〔四六〕。否極時還泰，屯餘運果亨。流離幾南度〔四七〕，倉卒得西平〔四八〕。神鬼收昏黑，姦兇首〔四九〕滿盈。官非督護貴〔五〇〕，師以丈人貞〔五二〕。覆載還高下，寒暄急改更〔五三〕。馬前烹莽卓〔五四〕，壇上揖韓彭〔五五〕。扈蹕三才正，回軍六合晴〔五六〕。此時惟短劍，仍世盡雙旌〔五七〕。顧我由羣從〔五八〕，逢君歎老成。慶流歸嫡長〔五九〕，詒厥在名卿〔六〇〕。隼擊須當要〔六一〕，鵬摶莫問程〔六二〕。趨朝排玉座〔六三〕，出位泣金莖〔六四〕。幸藉梁園賦〔六五〕，叨蒙許氏評〔六六〕。中郎推貴壻〔六七〕，定遠重時英〔六八〕。政已標三尚〔六九〕，人今佇一鳴〔七〇〕。長刀懸月魄〔七一〕，快馬駭星精〔七二〕。披豁慚深眷，睽離動素誠。蕙留春晼〔七三〕晚〔七四〕，松待歲崢嶸〔七五〕。異縣期迴雁〔七六〕，登時已飯鯖〔七七〕。去程風刺〔七八〕刺，別夜漏丁丁。庾信生多感〔七九〕，楊朱死有情〔八〇〕。紘危中婦瑟〔八一〕，甲冷想夫箏〔八二〕。會與秦樓鳳，俱聽漢苑鶯〔八三〕。洛川迷曲沼，煙月兩心傾〔八四〕。

〔一〕舊書職官志：千牛刀，卽人主防身刀也。後魏有千牛備身，後代因之。唐置左右千牛衞，有大將軍，正三品；將軍，從三品；中郎將，正四品下階；備身左右，正六品下階。又曰：備身左右，衞官以上、王公以下高品子孫起家爲之。此李千牛當是已爲從三品之將軍，故詩有紫綬及趨朝出位之語，非起家爲之者，集有少將詩可證。千牛乃西平王之孫，程氏遂以李聽之子琭官千牛將軍者實之。琭非嫡長，誤矣。表多闕略，無可全考。至招國李家，余揣其爲李執方家，茂元妻之族也，徐氏取以證此，尤誤。

〔二〕見安平公詩。

〔三〕呂氏春秋：士有當年而不耕者。高誘訓解：當其丁壯之年。史記：蔡澤曰：「結紫綬於腰。」舊書輿服志：二品三品紫綬。按：「當年」，正當妙年，見垂柳。朱氏謂指李令，誤。「紫綬」，不可引漢書「相國、丞相、太尉至徹侯，皆金印紫綬」也。

〔四〕一作「閤」。通典：梁置左右驍騎，領朱衣直閤，並給儀從，出則羽儀清道，入則與二衞通直，臨軒則升殿夾侍。至隋置備身府。

〔五〕詩：國步斯頻。

〔六〕左傳：一戰而霸。

〔七〕史記文帝本紀：大臣使人迎代王，王卜之，兆得大横，占曰：大横庚庚，予爲天王，夏啓以光。注曰：以荆灼龜，文正横也。庚庚，横貌。

〔八〕淮南子：將軍受命，辭而行，乃爪鬋，設明衣，鑿凶門而出。史記：衡山王、淮南王兄弟相責望。按：以下敍致亂之由，定亂之業，余悉爲訂正。舊書宦官傳：自魚朝恩誅，宦官不復典兵。德宗以親軍委白志貞，志貞多納豪民賂，補爲軍士，取其傭直，身無在軍者。通鑑：禁兵東征死亡者，志貞皆隱不以聞。司農卿段秀實上言：「禁兵不精，其數全少，卒有患難，將何待之？」此聯正指其弊。

〔九〕漢書東方朔傳：願陳泰階六符以觀天變。注曰：泰階，三台也，每台二星。黄帝泰階六符經曰：

泰階者，天之三階也：上階爲天子，中階爲諸侯、公卿、大夫，下階爲士、庶人。後漢郎顗傳：三公上應台階。左傳：惡直醜正。

〔一〇〕左傳：我實不德，而要人以盟，豈禮也哉？公羊傳：要盟可犯，而桓公不欺。按：朱泚之爲涇原亂兵所奉，由於曾帥涇原也。舊書傳及通鑑云：楊炎獨任大政，專復恩讐，奏請城原州，浚豐州陵陽渠，以興屯田。涇原節度段秀實以爲未宜興事召寇，炎以其沮己，徵入爲司農卿，以李懷光代之。涇原將劉文喜不受詔，上疏復求秀實，不則朱泚。乃以泚代懷光，文喜又不受詔。及文喜授首，加泚兼中書令，而以姚令言爲涇原留使。泚自涇州還鎮鳳翔，朱滔以蠟書遺之，欲與同反，馬燧獲之，送長安，泚不之知。上驛召泚至京，泚惶恐請罪，上曰：「千里不同謀，非卿之過。」因留長安私第，賜予甚厚，以安其意。是則泚之鎮涇原，由於楊相惡秀實之直言；泚之居京師，由於滔之約與同反。切指二事，以見禍生有源，並非泛論。

〔一一〕一作「煞」，同。

〔一二〕莊子：狙公賦芧，朝三而暮四，衆狙皆怒；朝四而暮三，衆狙皆喜。

〔一三〕舊皆作「八鑾」，殊無謂，必「八鸞」之誤，竟爲改正。詩：八鸞瑲瑲。宋書禮志：漢制，金根車駕六黑馬，施十二鸞；五時副車駕四馬，施八鸞。韻會：「鑾」通作「鸞」。通鑑：建中四年，發涇原兵救哥舒曜。十月，姚令言將兵五千至京師。及將發滻水，犒師惟糲食菜餤，衆怒，蹴而覆之，鼓譟還趣京師。上出金帛二十車賜之，賊已入城，不可復遏。召禁兵禦賊，無一人至者，乃自苑北門出幸奉天。此謂偏師作亂，遽驚鑾御。

〔一四〕左傳：顓頊氏有不才子，謂之檮杌，舜投之四裔，以禦魑魅。

〔一五〕家語：禹致羣臣於會稽之山，防風後至，禹殺而戮之，其骨專車。

〔一六〕國語：異德則異類。

〔一七〕「檮杌」句謂久優容泚而居之京師也。舊書傳及通鑑云：姜公輔叩馬諫曰：「朱泚嘗爲涇帥，廢處京師，陛下既不能推心待之，則不如殺之，毋貽後患。亂兵若奉以爲主，則難制矣！請召使同行。」上倉猝不暇用其言，曰：「無及矣。」遂行。姚令言與亂兵謀，乃迎泚於晉昌里第，入居含元殿，徙白華殿。「防風」句謂不從公輔之言也，又言於兇徒素事姑息，然此時豈親征之比，何可尚留此禍種哉？

〔一八〕禮記：孔子曰：「我舍魯何適矣！」

〔一九〕帝王世紀：黃帝夢人執千鈞之弩，驅羊萬羣，寤而歎曰：「千鈞之弩，異力者也；驅羊萬羣，能牧民爲善者也。天下豈有姓力名牧者也？」於是求之，得力牧於大澤，進以爲將。宋均曰：力墨或作力牧，黃帝七輔之一。

〔二〇〕韓非子：黃帝合鬼神於泰山之上，風伯進掃，雨師灑道。風俗通：春秋左氏傳說，共工之子爲玄冥師。玄冥，雨師也。周禮：以槱燎祀雨師。雨師者，畢星也。廣雅：雨師謂之屏翳。四句言倉卒出幸，無奉御恭迎之儀衛也。

〔二一〕魏略：諸葛亮攻郝昭，起雲梯衝車以臨城，昭以火箭逆射其雲梯。周禮夏官：隸僕，王行，洗乘石。

〔二二〕舊書紀、朱泚、渾瑊傳：泚自領兵侵逼奉天，於城東三里下營，矢石不絕。又分營乾陵，下瞰城內。西明寺僧法堅爲造雲橋，攻城東北隅，兵仗不能及，城中憂恐。矢石如雨，賊隨風推橋薄城下，三千餘人相繼而登。渾瑊預爲地道，雲橋脚陷，不得進，瑊命焚之，雲橋與兇黨同爲灰燼。於是三門皆出兵，賊徒大敗。入夜，泚復來攻城，矢及御前三步而墜，上大驚。

〔二三〕漢書李廣傳：不擊刁斗自衛。孟康曰：以銅作鐎，受一斗，晝炊飯食，夜擊持行。

〔二四〕爾雅：彗星爲欃槍。注曰：亦謂之孛，其形孛孛如掃彗。史記天官書注：天彗者，一名掃星，本類星，末類彗，小者數寸，長或竟天，體無光，假日之光。天欃者，在西南，長四丈，銳，主兵亂。天槍者，長數丈，兩頭銳，出西南方。占曰：爲兵喪亂。漢書天文志：槍、欃、棓、彗異狀，其殃一也。

〔二五〕漢書賈誼傳：欲投鼠而忌器。

〔二六〕射鯨，如史記始皇自以大弩射殺一大魚之類。說文：鱷，海大魚也，或从京。玉篇：魚之王。此謂諸軍擊賊者前後屢有小勝，而未卽誅元惡。皆詳史文。

〔二七〕詩：莫肯念亂。

〔二八〕謂人心不固，從賊之徒反笑爲國拒守之自輕其生也。朱泚傳及通鑑云：源休引符命，勸泚僭逆。及圍奉天時，遣使環城招誘公卿士庶，笑其不識天命。

〔二九〕春秋：晉荀吳帥師敗狄于大鹵。穀梁傳：中國曰太原，夷狄曰大鹵。說文：鹵，西方鹹地也。一行幷州起義堂頌：高祖龍躍晉水，鳳翔太原。

〔三〇〕論衡：舜葬蒼梧，象爲之耕。文選吳都賦注：越絕書曰：舜葬蒼梧，象爲之耕；禹葬會稽，鳥爲之耘。按：水經注：會稽山上有禹冢，有鳥來爲之耘，春拔草根，秋啄其穢。而越絕書：禹葬會稽，敎民鳥田；舜死蒼梧，象爲民田。相類而有異也。

〔三一〕楚辭九歌：靈衣兮披披，玉佩兮陸離。

〔三二〕舊書紀：朱泚據乾陵作樂，辭多侮慢。通鑑：賊斬乾陵松栢，以夜繼晝。朱曰：似暗用昭陵石馬事，詳後復京。按：儀馬，具馬之儀。漢書郊祀志：木寓車馬。寓車寓馬，謂寄其形於木也。陵廟石馬義同。通鑑：開成元年，遇立仗，別給儀刀。注曰：具刀之儀而已。其義亦同。乃源師引甘澤謠「許雲封乘義馬入長安」，而改「義」爲「儀」，謬哉！程曰：原廟之衣，愧爲沾污；儀仗之馬，難於陰助。

〔三三〕漢書地理志：右扶風槐里縣有黃山宮。西京賦：繞黃山而款牛首。書禹貢：黑水西河惟雍州。此二聯自奉天迴思長安，言宮館皆爲賊據，歌舞皆爲賊娛，而帝困於奉天也。非朱泚初入宮，燭炬星羅之事。

〔三四〕史記周本紀：秦昭王取九鼎寶器，而遷西周公於𢛳狐。

〔三五〕史記：秦武安君白起大破趙於長平，坑降卒四十餘萬。此言縱未能滅我王室，而困守圍城，何以免害？是泛論，非有所專指也。長平本殺降事，今借用之者：舊書傳：建中四年十月，泚僭卽僞位，稱大秦皇帝。十一月，泚解圍入長安。明年爲興元元年正月一日，更號曰漢。當圍奉天時，僭稱秦，故用二秦事以切之。

〔三六〕一作「拳」。

〔三七〕漢書李陵傳：轉鬬千里，矢盡道窮，士張空拳。注曰：拳，弓弩拳也，與絭同，去權反，又音眷。司馬遷傳：張空弮，冒白刃。注曰：弮，弩弓也。矢盡，故張弩之空弓，非是手拳也。拳則屈指，不當言張。

〔三八〕史記：智伯率韓、魏攻趙晉陽，引汾水灌其城，城不浸者三版。

〔三九〕後漢書王渙傳：京師稱歎，以爲渙有神算。此取神明之意。

〔四〇〕舊書渾瑊傳：以饑弱之衆，當劇賊之鋒，雖力戰應敵，人憂不濟，公卿以下仰首祝天。

〔四一〕漢書：蘇武持節使匈奴，單于欲降之，廼幽武，置大窖中。又徙北海上，使牧羝。武杖漢節牧羊，臥起操持，節旄盡落。

〔四二〕史記：石乞、壺黶攻子路，擊斷子路之纓，子路曰：「君子死而冠不免。」遂結纓而死。通鑑：盧杞言於上曰：「朱泚必不爲逆，願遣大臣入京宣慰。」金吾將軍吳溆請行，遂奉詔詣泚，泚殺之。泚召段秀實等議稱帝，秀實奪源休笏擊泚，賊衆爭前殺之。劉海賓、岐靈岳等相次死。泚圍城時，龍武大將軍呂希倩戰死，將軍高重捷爲賊伏兵所斬。舊書李晟傳：上還京，晟表守臣節不屈於賊者，程鎮之、劉廼、蔣沇、趙曄、薛岌等。

〔四三〕梁書武帝紀：大通六年，熒惑入南斗，諺曰：「熒惑入南斗，天子下殿走。」乃跣足下殿以禳之。及聞魏主西奔，乃慚曰：「彼亦應天象耶？」

〔四四〕原注：先時桑道茂請修奉天城。通鑑：建中元年六月，術士桑道茂言：「陛下不出數年，暫有離宮之厄。臣望奉天有天子氣，宜高大其城，以備非常。」上命築奉天城。舊書方伎傳：帝倉卒幸奉天，方思道茂之言，時已卒，命祭之。「埤」同「陴」，城上女牆也。左傳：授兵登陴。漢書劉向疏：增埤爲高。

〔四五〕晉四王故事：惠帝還洛陽，道中有老人蒸雞素木盤中，盛以奉帝。周禮：膳夫掌王之飲食膳羞。王日一舉，鼎十有二，物皆有俎，以樂侑食。王齋，日三舉。大喪、大荒、大札、天地有烖、邦有大故，則不舉。漢書宣帝紀：今歲不登，其令太官損膳省宰。晉書成帝紀：詔太官減膳。

〔四六〕晉書愍帝紀：建興四年冬，京師饑甚，米斗金二兩，人相食，死者大半。太倉有麴數十餅，麴允屑爲粥以供帝。書：若作和羹，爾惟鹽梅。新書傳：奉天圍久，食且盡，以蘆秣帝馬，大官糲米止二斛。圍解，父老爭上壺飧餅餌。通鑑：每伺賊休息，夜縋人於城外，采蕪菁根而進之。以上全敍圍奉天事。

〔四七〕舊書紀：興元元年二月，李晟表李懷光反狀已明，車駕幸梁州。按：傳書帝欲幸西川，晟上表請駐蹕梁、漢，繫億兆之心。而通鑑云：淮南節度使陳少遊修塹壘，繕甲兵；浙江東西節度使韓滉築石頭城，繕館第數十，修塢壁，以備車駕渡江，且自固也。此即舊書韓滉傳「滉恐有永嘉南渡之事」者也。此句固非虛設。

〔四八〕舊、新書紀：上南幸梁州，李晟大集兵賦，以收復爲己任。八月，論功，晟以合川郡王改封西平郡王。

〔四九〕去聲。

〔五〇〕通典：漢初置西域都護，爲加官也，使護西域三十六國。晉、宋以後，有都護之官，亦其任也。齊書曰：廣州西南，別置督護，專征討之。

〔五一〕易：師貞，丈人，吉。舊書傳：晟引軍渭北，壁東渭橋以逼泚。朔方節度李懷光自河北赴難，軍咸陽，詔晟與之合軍。懷光陰與泚通，晟懼爲所併，乃徙屯渭橋。懷光果叛，晟以孤軍獨當二賊，徒以忠義感人心，故英豪歸向。

〔五二〕自出幸至還宮，爲期不及一年。

〔五三〕王莽、董卓。

〔五四〕一作「挹」。

〔五五〕韓信、彭越。按：「挹」與「揖」通。荀子議兵篇：湯、武之誅桀、紂，拱挹指麾。舊書紀：興元元年五月，晟大破賊，追擊至白華，朱泚、姚令言遁去，晟收復京師。渾瑊、戴休顔亦破賊於咸陽。六月，晟上收京露布。涇州田希鑒斬令言，幽州軍士韓旻斬泚，並傳首至行在。

〔五六〕舊書紀：七月壬午，車駕至自興元。渾瑊、韓遊瓌、戴休顔以其衆扈從，李晟、駱元光、尚可孤以其衆奉迎，步騎十餘萬，旌旗數十里，都民歡呼感泣。李晟見於三橋，自陳收復之遲，上慰勞遣之。

〔五七〕新書志：節度使賜雙旌雙節。程曰：謂晟在當時只知用兵，雖家室爲賊所質，皆所不惜，故能成功，而子孫各以功名顯：愿、憲、愬、聽皆爲節度，聽子琢亦爲節度。

〔五八〕「由」、「猶」通。舊書傳：晟配享德宗廟廷，其家編附屬籍。羣從，從兄弟也，屢見史書。

〔五九〕金石錄：裴度撰西平王碑，載西平十二子：愿、聰、摠、愻、凴、恕、憲、愬、懿、聽、惎、憝。唐史宰相世系表同，而新、舊史傳皆云有十五子也。舊史云：侗、伷、偕，無祿早世。豈以侗等早世，故碑不載歟？又李石撰李聽碑云：西平有子十六人。疑更有未名而卒者爾。按：神道碑乃太和元年奉勑撰，必可據也。侗既早世，未必有後，且西平子名皆從心，不從人旁。此嫡長當爲愿子。舊紀：德宗詔西平郡王李晟長子愿，賜勳上柱國，與晟門並列戟也。杜牧之分司洛陽，司徒愿罷鎮閒居，牧之有李尙書席上作，則有家于東都也。新書表列聽子琢、璋、瑾、瑨、琮、瓊六人，甚子璀一人，其餘傳、表皆缺。

〔六〇〕詩：詒厥孫謀。

〔六一〕已見重有感矣。時孫寶以姦惡之人問掾侯文，文曰：「霸陵杜穉季。」寶曰：「其次。」文曰：「豺狼橫道，不宜復問狐狸。」寶默然。此云當要，暗用其事。

〔六二〕莊子：北溟有魚，其名曰鯤，化而爲鳥，其名曰鵬，摶扶搖羊角而上者九萬里。

〔六三〕舊書志：凡受朝之日，千牛將軍則領備身左右昇殿而侍列於御坐之左右。新書儀衞志：朝會有千牛仗，以千牛備身、備身左右爲之，皆執御刀弓箭，升殿列御座左右。

〔六四〕魏略：景初元年，徙長安諸鐘虡駱駝銅人承露盤。漢晉春秋：帝徙盤，盤折，聲聞數十里，金狄或泣，因留於霸城。餘見陳後宮。

〔六五〕史記梁孝王世家：孝王築東苑，方三百餘里。正義曰：苑園在宋州，俗人言梁孝王竹園也。西京雜記：梁孝王好營宮室苑囿之樂，作曜華之宮，築兔園，園中有落猿巖、棲龍岫，又有雁池，池間有鶴洲鳧渚，王日與宮人、賓客弋釣其中。又曰：王遊於忘憂之館，集諸遊士，各使爲賦。

〔六六〕後漢書：許劭與從兄靖，好共覈論鄉黨人物，每月輒更其品題，故汝南俗有月旦評。

〔六七〕見送裴十四。

〔六八〕後漢書：班超封定遠侯。

〔六九〕按：家語：孔子曰：「帝王改號，於五行之德，各從其所王：夏后氏以金德王，尚黑；殷人以水德王，尚白；周人以木德王，尚赤。此三代所以不同。」「三尙」用此。上云「泣金莖」者，千牛當於文宗晏駕時罷歸，今武宗立，朝政一新，不啻三代之各易所尙，而千牛將起用矣。舊注引忠、質、文，相似而猶誤。又改引「三尙署」，謬矣。

〔七〇〕史記滑稽淳于髡傳：此鳥不鳴則已，一鳴驚人。

〔七一〕新書車服志：千牛將軍執金裝長刀。餘見街西池館。

〔七二〕爾雅：天駟，房也。注曰：龍爲天馬，故房四星謂之天駟。

〔七三〕玉篇：晼，於阮切。

〔七四〕楚辭：白日晼晚其將入兮。蕙開於夏令，故曰留春。此與「惜別夏仍半」似合。

〔七五〕鮑照舞鶴賦：歲崢嶸而愁暮，心惆悵而哀離。似有自夏涉秋之景。

〔七六〕古樂府：他鄉復異縣。徐靈期南岳記：南岳周回八百里，回雁爲首，嶽麓爲足。輿地志：衡山一峯極高，雁不能過，遇春北歸，故名迴雁。或云峯勢如雁之迴。通典：衡州湘潭縣有南岳衡山。新書志：元和後，湘潭屬潭州。

〔七七〕抱朴子自敍：人賫酒餚候，洪亦不拒也；後有以答之，亦不登時也。西京雜記：五侯不相能，婁護豐辯，傳食五侯間，各得其歡心，競致奇膳，護乃合以爲鯖，世稱五侯鯖，以爲奇味焉。

〔七八〕七跡切。

〔七九〕庾信哀江南賦。

〔八〇〕取路岐之意。

〔八一〕古樂府相逢行：大婦織綺羅，中婦織流黃，小婦無所爲，挾瑟上高堂。

〔八二〕樂苑：想夫憐，羽調曲也。國史補：于頔以其名不雅，將改之，客有笑者，曰：「南朝相府曾有瑞蓮，故歌相府蓮，自是後人語訛耳。」此句直取想夫之義，自謂離其家室也。餘見無題五古。

〔八三〕言歸期當在春。

〔八四〕點明洛中送別。

田曰：跳動激發，筆驅風雲，人擬義山於少陵，於此信之。浩曰：此章在洛陽作。李千牛亦茂元壻，時將赴闕，而義山將南遊也。前半頌美先世。後幅「趨朝」二句，謂其官京師而暫歸也。「幸藉」二句，謂叨其賞譽。「中郎」二句，實指千牛爲王壻。「異縣」二句，謂我將往異鄉迴雁峯前，今日過別，遽邀餞飲也。庾信以寓江南，楊朱以悲岐路。「中婦瑟」、「想夫箏」，則謂己之與其妻別也，情關姻婭，不妨語之昵耳。「會與」二句，訂歸期也。語意全爲明白。朱氏輩以「迴雁」爲雁書，以「絃危」二句爲悼亡，遂至前後皆不可通。又曰：語皆覈實，字盡精湛，大氣鼓蕩，運重若輕。竊意追敍太繁，未免貪使才耳。

崇讓宅東亭醉後沔然有作〔一〕

曲岸風雷罷，東亭霽日涼。新秋仍酒困〔二〕，幽興暫江鄉。搖落眞何遽〔三〕？交親或未亡〔四〕。一帆彭蠡月〔五〕，數雁塞門霜。俗態雖多累，仙標發近狂〔六〕。聲名佳句在，身世玉琴張〔七〕。萬古山空碧，無人鬢免黃。驊騮憂老大〔八〕，鶗鴂妒芬芳〔九〕。密竹沉虛籟〔一〇〕，孤蓮泊〔一一〕晚香〔一二〕。如何此幽勝，淹臥劇清漳〔一三〕？

〔一〕韋氏述征記：洛陽崇讓坊有河陽節度使王茂元宅。

〔二〕一作「困病」。

〔三〕楚詞九辯：悲哉秋之爲氣也，蕭瑟兮草木搖落而變衰。

〔四〕舊皆作「亡」，朱本作「忘」，「忘」字似是。詩箋：亡之言忘也，本可通用。

〔五〕禹貢：揚州，彭蠡既豬，陽鳥攸居。孔傳曰：彭蠡，澤名。隨陽之鳥，鴻雁之屬，冬居此澤。陸氏釋文：張勃吳錄云：今名洞庭湖。案：今在九江郡界。正義曰：是江、漢合處。荆州記：宫庭湖，即彭蠡澤也。按：余初以義山至潭州，必渡洞庭，疑其却用吳錄之説。今以江路往來，或果經彭蠡，不可妄斷。通典曰：彭蠡在江州潯陽郡之東南，九江在郡西北。

〔六〕漢書：梅福，九江壽春人也，爲郡文學，補南昌尉，後去官歸壽春。至元始中，福一朝棄妻子，去九江，至今傳以爲仙。其後人有見福於會稽者，變名姓爲吳市門卒云。北史儒林王孝籍傳：謝相如之病，無官可以免；發梅福之狂，非仙所能避。按：梅福之狂，指福上言變事輒報罷。成帝時，王氏浸盛，復上書譏切，終不見納。

〔七〕漢書：董仲舒曰：「譬之琴瑟不調，甚者必取而更張之，乃可鼓也。」

〔八〕魏武詩：老驥伏櫪，志在千里；烈士暮年，壯心不已！

〔九〕離騷：恐鵜鴂之先鳴兮，使百草爲之不芳。王逸曰：常以春分鳴也。音題決。漢書揚雄反離騷作「鷤䳏」。師古曰：䳏，鴂字也，一名子規，常以立夏鳴，鳴則衆芳皆歇。鷤，音大系反；䳏，音桂。「鷤」字或作「鶗」，亦音題決。廣韻：鶗鴂春分鳴，則衆芳生；秋分鳴，則衆芳歇。

〔10〕韋氏述征記：崇讓坊出大竹及桃。

〔一一〕一作「泊」。

〔一二〕曰沉、曰汨，皆因風雷初罷。

〔三〕劉楨詩：余嬰沉痼疾，竄身清漳濱。

浩曰：集中江鄉之遊，一爲開成五年辭尉任南遊，一爲大中二年歸自桂管，途經江、漢，皆詳年譜。此章當屬開成五年。四句「幽興暫江鄉」，言將暫詣江鄉。與「異縣期迴雁」，同爲預擬之詞。「搖落」句謂罷官，慨入官未久，已遭失意。「交親」句謂所親或未忘我，將往依之。「一帆」二句，預擬江鄉之程。「俗態」四句，言尉乃俗吏耳，以活獄忤上官，何其狂也！唐人每云仙尉矣。「聲名佳句」虛說亦可，或即指獻州刺史之篇。去職他遊，猶之不調更張，且將寄人幕中，與仕於京朝判然矣。「萬古」四句，言高隱未能，徒畏遲暮。末四句應轉首聯，以物態之摧抑，比己之志不得舒，因疾羈留也。數章中頗相貫通。但與陶進士書九月初東去，則三句不合。玩書中往來番番數語，大約夏半別令狐補闕之後，九月東去之前，又有東西往來小躓耳。若屬大中二三年作，則「搖落」句謂鄭亞遠貶，「交親」句及下聯謂更至江鄉，訪舊求遇也。「仙標近狂」，謂選尉盩厔，地多仙跡，近京師也。以下皆撫身世而感歎之。解亦可通。但細跡總屬難詳，他篇少可互證，且其時意緒無聊，與此之傲兀激昂，又有不同，故酌移數過而附編於此。又曰：江鄉之遊，大旨確得。而篇章紛雜，豔情居多，無可細編，皆彙入第三卷也。此時南遊及桂管歸程之外，惟閒居永樂數年，當更有行役之事。然詩云：「我獨邱園坐四春」，更何從憑虛妄測耶？

酬别令狐〔一〕補闕〔二〕

惜别夏仍半，回途秋已期。那修直諫草，更賦贈行詩〔三〕。錦段知無報〔四〕，青萍肯見疑〔五〕？人〔六〕生有通塞，公等繫安危〔七〕。警露鶴辭侣〔八〕，吸風蟬抱枝〔九〕。彈冠如不問〔一〇〕，又到掃門時〔一一〕。

〔一〕英華作「令狐八」。

〔二〕綯早爲補闕，此服闋起爲原官也，詳年譜。

〔三〕謂夏半告别，預期秋歸，不料秋始成行，更勞賦贈也。此解方與五韻合。

〔四〕張衡四愁詩：美人贈我錦繡段，何以報之青玉案。

〔五〕魏志：陳琳答曹植牋：君侯秉青萍、干將之器。按：吕氏春秋：青萍，豫讓之友也，爲趙襄子驂乘，因遇豫讓，退而自殺。典論曰：三劍三刀，惜乎不遇薛燭、青萍也。是青萍以人名劍，如干將之類矣。史記：鄒陽獄中上書曰：「蘇秦相燕，燕人惡之於王，按劍而怒，食以駃騠。」注曰：敬重蘇秦，雖有讒謗，而更膳以珍奇之味。鄒陽書又曰：「明月之珠，夜光之璧，以暗投人於道路，人無不按劍相眄者，何則？無因而至前也。」又曰：「素無根柢之容，雖竭精思，欲開忠信，輔人主之治，則人主必有按劍相眄之跡。」乃句意所用。

〔六〕一作「吾」。

〔七〕此種句入老杜集何以辨！後村詩話：於升沉得喪之際，婉而成章。

〔八〕風土記：鶴性警，八月白露降，流於草上，滴滴有聲，卽高鳴相警，移徙所宿處，慮有變害也。

〔九〕家語：孔子曰：「蟬飲而不食。」莊子：姑射神人吸風飲露。溫嶠蟬賦：饑噏晨風，渴飲清露。此借寫景，言跡雖暫離，心仍永託。

〔一〇〕漢書王吉傳：王吉字子陽，與貢禹爲友，世稱王陽在位，貢公彈冠，言其取舍同也。又蕭望之傳：蕭、朱結綬，王、貢彈冠，言其相薦達也。

〔一一〕史記齊悼惠王世家：魏勃少時，欲求見齊相曹參，家貧無以自通，乃常獨早夜掃齊相舍人門外。相舍人恠之，以爲物而伺之，得勃，於是舍人見勃，曹參因以爲舍人。一爲參御，言事，參以爲賢，言之王，拜爲內史。楊曰：結句悽惋，其詞卑，其志苦矣。浩曰：與陶進士書「九月東去」，景態相合也。纏綿之中，半含剖白，與令狐交誼之乖，大可見矣。

臨發崇讓宅紫薇

一樹穠姿獨看來，秋庭暮雨類輕埃〔一〕。不先搖落應爲有〔二〕，已欲別離休更開。桃綬含情依露井〔三〕，柳綿相憶隔章臺〔四〕。天涯地角同榮謝，豈要移根上苑栽〔五〕？

〔一〕羣芳譜：紫微四五月始花，開謝接續，可至八九月。謝朓觀雨詩：散漫似輕埃。

〔二〕按：英華作「應有待」，亦非。愚意當作「應爲待」，言豈意有所待乎？

〔三〕後漢書輿服志注引丁孚漢儀：二千石綬，羽青地，桃花縹，三采。梁武帝賦：或帶桃花之綬。桃綬泛用，不拘品秩。餘見後判春。

〔四〕見回中牡丹。

〔五〕西京雜記：初修上林苑，羣臣遠方各獻名果異樹二千餘種，植其中。

浩曰：中書省爲紫微省，而秘書省隸中書之下也。白香山詩「紫薇花對紫微郎」，此章暗用薇省寄慨。四句深恨別離，兼憶家室，結則強作排解也。

過伊僕射舊宅〔一〕

朱邸方酬力戰功〔二〕，華筵俄歎逝波窮。迴廊簷〔三〕斷燕飛出〔四〕，小閣〔五〕塵凝人語空〔六〕。幽淚〔七〕欲乾殘菊露〔八〕，餘香猶入敗荷風〔九〕。何能更涉瀧江去，獨立寒沙〔一〇〕弔楚宮〔一一〕？

〔一〕舊書傳：伊慎，兗州人。大曆以後，累討哥舒晃、梁崇義、李希烈、吳少誠，前後多戰功，封南充郡王，節度安、黃等州。安、黃置奉義軍額，爲奉義軍節度使、檢校右僕射。憲宗即位，入眞拜右僕射，後兼右衛上將軍。元和六年卒。按：安州安陸郡，黄州齊安郡，安黄節度治安州。而當愼入覲時，詔其子宥領安州刺史，見權德輿所撰神道碑。「南充郡」有作「南兗」者，誤。舊、新書志、表：元和元年，罷奉義軍節度使，升鄂岳觀察爲武昌軍節度使，治鄂州，管鄂、岳、蘄、黄、安、申、光等州。五年，罷節度使，置鄂岳都團練觀察使。又按：此宅在舊治之地，義山至江鄉而過之，非如長安志所載街東光福坊有伊愼宅也。

〔二〕漢書注：郡國朝宿之舍在京師者，率名邸。按：朱門朱邸，在京在外可通用。南史謝朓箋：朱邸方開。

〔三〕一作「簾」。

〔四〕一作「去」，又一作「入」，誤。

〔五〕一作「閤」。

〔六〕集中雙聲疊韻甚多，此聯尤巧變者。

〔七〕一作「砌」，非。

〔八〕一作「雨」，非。

〔九〕深秋之景。

〔一〇〕一作「流」，今從英華。

〔二〕瀧爲江水通稱，見送從翁東川。楚宮遠在巫峽，入蜀乃經，何能更涉弔哉？田曰：哀音清苦，但多亮節而少微情，一結猶存風雅。浩曰：田評不曉用意耳。高鍇出鎮鄂岳，義山當至其地。題以舊宅寄慨，結云更涉瀧江，高已由鄂岳遷鎮西川，義山不更泝江而上矣，故有寄成都從事之作。

寄成都高苗二從事〔一〕

紅蓮幕下紫梨新〔二〕，命斷湘南病渴人〔三〕。今日問君能寄否？二江風水接天津〔四〕。

〔一〕自註：時二公從事商隱座主府。「府」一作「所」。

〔二〕文選蜀都賦：紫梨津潤。善曰：西京雜記：「上林有紫梨。」楊慎曰：選注不言其狀。蜀有梨樹，花以秋日，紅色。唐李遵有進紫梨表可證。按：下文二江切蜀。紫梨，詞賦屢見，非專蜀產。孫楚秋賦曰：朱橘甘美，紫梨甜脆。此以紀秋令，故曰新。

〔三〕漢書地理志：長沙國湘南縣。注曰：衡山在東南。舊書志：潭州長沙縣，漢臨湘縣；湘潭縣，漢湘南縣地。按：湘水出零陵始安縣陽朔山，皆東北流，至會洞庭湖水而東北入大江，故自桂州至衡潭，皆可曰湘南，韓昌黎送桂州嚴大夫詩「茲地在湘南」也。然桂州究多稱嶺南，而長沙連郡，則皆據古稱湘南。此句定指潭州，朱氏謂桂管非矣。餘見送裴十四。

〔四〕揚雄蜀都賦：兩江珥其前。南史：江祏及弟祀、劉渢、劉晏俱候謝朓，朓謂祏曰：「可謂帶二江之雙流。」餘詳招國李十將軍。

浩曰：商隱座主，高鍇也。題之書法，必高、苗二人從事成都也。余初疑其爲成都人，又據舊書紀高鍇爲河南尹，而以天津指東都洛水，今知皆甚誤也。舊書紀：開成三年五月，以吏部侍郎高鍇爲鄂岳觀察使，至四年七月，又書鍇尹河南。舊、新書傳：鍇於三年轉吏部侍郎，五月出爲鄂岳觀察，卒。皆不敍尹河南也。鍇兄銖，太和九年五月，以給事中觀察浙東，舊書紀、傳同。紀於銖，他無所書；傳則云：開成三年，入爲刑部侍郎，四年七月，出爲河南尹。是四年傳文之銖，即紀文之鍇，而有一誤矣。且鍇三年方至鄂岳，豈四年即內召，尋又出尹耶？紀又不書何人代領鄂岳也。與陶進士書係五年九月，稱鍇爲夏口公，則必尚在鄂岳，而鍇尹河南之紀文，洵不可據矣。至會昌元年觀察鄂岳者爲崔蠡，見爲濮陽陳許舉代狀。今就詩釋之，首句言秋深入幕，末句以二江比二從事，天津泛言霄漢，言從此上升也，次句義山在湘南寄詩也。更合檢舊、新書紀、傳、表、通鑑：開成二年十月，李固言罷相，節度西川，會昌初入朝。會昌六年四月，西川節度使爲崔鄲。大中元年，李回罷相，爲西川節度使，二年二月責授湖南觀察，是時卽杜悰節度西川。然則會昌朝數年鎮西川者，史文多所闕軼，如崔鄲鎮蜀，見紀文，而傳渾云歷方鎮，此必高鍇於五年深秋時還鎮西川，紀、傳皆闕之耳。以詩證補，必不誣矣。詩見成都文類，亦一證也。又按：舊紀言，開成政事最詳於近代，然疏略已不免，故徵事箋詩，甚費鉤校也。

贈劉司户蕡〔一〕

江風揚〔二〕浪動雲根〔三〕，重碇危檣白日昏〔四〕。已斷燕鴻初起勢〔五〕，更驚騷客後歸魂〔六〕。漢廷急詔〔七〕誰先入〔八〕？楚路高歌自欲翻〔九〕。萬里相逢歡復泣，鳳巢西隔九重門〔一〇〕。

〔一〕舊、新書傳：劉蕡字去華，幽州昌平人。寶曆二年進士。博學善屬文，尤精左氏春秋，好談王霸大略，耿介嫉惡，慨然有澄清之志。太和二年，策試賢良方正能直言極諫者，蕡切論黄門大横，將危宗社。考官不敢留蕡在籍中，物論喧然不平之。令狐楚在興元，牛僧孺鎮襄陽，皆表蕡幕府，授秘書郎。而宦人深嫉蕡，誣以罪，貶柳州司户參軍，卒。按：舊傳蕡終使府御史，此從新傳。

〔二〕一作「吹」，非。

〔三〕唐音癸籤：雲根，六朝人先用之，宋孝武登樂山詩「屯烟擾風穴，積水溺雲根」。按：晉張協雜詩「雲根臨八極，雨足灑四溟」已在前矣。但景陽是狀積雨，尚非實境，宋孝武方指石。

〔四〕「碇」同「矴」。玉篇：矴，石也。陸曰：江風吹浪，而山爲之動，日爲之昏。只十四字，而當日北司專恣，威柄凌夷，一齊寫出。

〔五〕昌平，燕地。對策爲進身之始，謂不留在籍。

〔六〕時在楚地，故以騷客目之。

〔七〕一作「召」。

〔八〕漢書賈誼傳：誼既以適去三年。後歲餘，文帝思誼，徵之。至，入見。餘詳後。

〔九〕用接輿歌鳳事。

〔一〇〕道源曰：東坡句「九重新掃舊巢痕」本此。

浩曰：義山與司戶相逢之跡，詳年譜矣。玉泉子云：劉蕡，楊嗣復門生也。中官仇士良謂嗣復曰：「奈何以國家科第放此風漢耶？」嗣復懼而答曰：「昔與蕡及第時，猶未風耳。」竊疑義山赴潭，司戶必因謁座主來潭，故得相晤，而於春雪時黄陵送別也。

潭州〔一〕

潭州官舍暮樓空，今古無端入望中〔二〕。湘淚淺深滋竹色〔三〕，楚歌重疊怨蘭叢〔四〕。陶公戰艦空灘雨〔五〕，賈傅承塵破廟風〔六〕。目斷故園人不至，松醪一醉與誰同〔七〕！

〔一〕水經注：臨湘縣北昭山，山下旋泉，深不可測，故言昭潭無底，亦謂之湘州潭。舊書志：秦漢爲長沙郡國；晉置湘州；隋爲潭州，以昭潭爲名，屬江南西道。

〔二〕陸曰：所言在古，所傷在今，故曰「今古無端」。

〔三〕博物志：洞庭之山，帝之二女啼，以涕揮竹，竹盡斑。述異記：湘水岸有相思宮、望帝臺。舜歿，葬蒼梧，二女追之不及，慟哭，淚下沾竹，文悉斑斑然。水經注：大舜陟方，二妃從之，溺於湘江，神遊洞庭之淵，出入瀟湘之浦。

〔四〕史記屈原列傳：楚人既咎子蘭勸懷王入秦而不反也。屈原既嫉之。又曰：令尹子蘭大怒。朱曰：楚辭九歌稱澧蘭者不一，故曰重疊。

〔五〕晉書陶侃傳：侃爲江夏太守，加督護，拒陳恢，以運船爲戰艦，所向必破。後爲征南大將軍，都督八州，討杜弢，平蘇峻，封長沙郡公。朱伺傳：侃以伺能水戰，曉作舟艦，乃遣作大艦。

〔六〕史記：賈生爲長沙王太傅三年，有鵩飛入舍，止於坐隅。楚人命鵩曰服。生以長沙卑濕，壽不得長，傷悼之，乃爲賦以自廣。西京雜記：鵩鳥集其承塵。釋名：承塵，施於上以承塵土也。水經注：湘州郡廨西陶侃廟，云舊是賈誼宅。地中有一井，是誼所鑿，上斂下大，狀似壺，旁有一脚石牀，纔容一人坐形，流俗相承云誼宿所坐牀。又有大柑樹，亦云誼所植。寰宇記：賈誼廟即誼宅。

〔七〕本草：松葉、松節、松膠，皆可爲酒。陸士衡詩：瓦甖酌松醪。徐曰：此作於楊嗣復出爲潭州時。三指文宗，四指武宗放逐諸臣，叢蘭指贊皇門下也。疑嗣復鎮潭，義山曾至其幕。浩曰：徐説約略得之矣。舊書傳、通鑑：嗣復於武宗即位之年五月罷相守尚書，九月出爲湖南觀察，明年三月，遣中使往殺嗣復、李珏，宰相李德裕、崔珙、崔鄲等極言，乃再貶潮州刺史。餘互詳前諸篇。此章在潭州作，中二聯皆從潭境借古以喻今也。首云暮樓空，結云人不見，是義山有意中之人也。時惟贊皇得君當國，會昌一品集有論救三狀獻替記，曰：德裕救不得，他人固不可矣。蓋德裕雖與嗣復不協，而以公義力救，其時之誣二王與賢妃及嗣復者，固中人爲多也。徐氏以叢蘭指李黨，非然矣。又曰：「湘淚」句雖故君常語，然武宗云「嗣復全是希楊妃意」，故以比楊妃，點明嗣復得罪之根。下句謂嗣復重疊被譏，尤工切也。余疑楊妃死在嗣復出鎮後者，於此亦可參悟。又曰：校定年譜，嗣復貶潮之時，義山漸已還京，故此段遊跡往來，終難得其細確。

杏花

上國昔相値，亭亭如欲言〔一〕。異鄉今暫賞，眽眽豈無恩〔二〕？援〔三〕少風多力〔四〕，牆高月有痕。爲含無限意〔五〕，遂到〔六〕不勝繁〔七〕。仙子玉京路〔八〕，主〔九〕人金谷園〔一〇〕。幾時辭碧落，誰伴過黃昏？鏡拂鉛華膩〔一一〕，爐藏桂燼温〔一二〕。終應催竹葉〔一三〕，先擬詠桃根〔一四〕。莫學啼成血〔一五〕，從教夢寄魂。吴王采香徑〔一六〕，失路入煙村。

〔一〕文選長門賦：澹偃蹇而待曙兮，荒亭亭而復明。注曰：亭亭，遠貌。

〔二〕古詩：盈盈一水間，眽眽不得語。注曰：相視貌。四句扇對起。

〔三〕去聲。

〔四〕謝靈運集有田南樹園激流植援詩云：「插槿當列墉。」卽今之槿籬也。

〔五〕一作「思」。

〔六〕一作「對」，今從英華。

〔七〕二句一篇之主。

〔八〕魏書釋老志：道家言上處玉京，爲神王之宗；下在紫微，爲飛仙之主。度人經：元始天尊在大羅天上玉京山中，爲諸天仙說此生天得道眞經。按：唐人每以玉京喻科第事。

〔九〕一作「佳」。

〔一〇〕晉書：石崇有別館在河陽之金谷，一名梓澤。水經注：石季倫金谷詩集敍云：別廬在河南界金谷澗中，有清泉茂樹，衆果竹栢，藥草蔽翳。

〔一一〕博物志：燒鉛成胡粉。洛神賦：鉛華不御。

〔一二〕北堂書鈔引傅休奕七謨：瑤席玉饌，蕙藉桂薪。拾遺記：西王母與燕昭王說炎帝鑽火之術，取綠桂之膏，然以照夜。張協詩：尺燼重尋桂。

〔一三〕張華輕薄篇：蒼梧竹葉清，宜城九醞酒。張景陽七命：豫北竹葉。

〔一四〕樂府集：桃葉妹曰桃根，今秦淮口有桃葉渡。餘詳後燕臺。

〔五〕禽經：子規夜啼達旦，血漬草木。臨海異物志：杜鵑鳴，晝夜不止。取母血塗其口，兩邊皆赤。上天自言乞恩。

〔六〕吳地記：香山，吳王遣美人採香於山，因以爲名，故有采香徑。

朱曰：因杏花而寓失路之感，玩首末可見。陳帆曰：疑爲令狐綯排笮而作。「援少風多」、「牆高月淺」，喻己之援引無人，而彼之門牆忽峻也。下遂言含意未申，對此發之。程曰：此追憶及第以來之情事，而歎末路之不得所也。浩曰：二說近似而非。余謂必寓座主府中之慨也。進士曲江遊賞、杏園宴、慈恩塔下題名，見唐摭言諸書，故因杏花感觸也。「亭亭如欲言」，指綯向夏口公三道李商隱者，而不爲薦託之辭也。「脈脈豈無恩？」何今日異鄉暫遇，恩不我施哉？「援少」四句，謂其受譖而疎我有跡，故含情寄慨也。令狐與高雅善，必以背恩言之矣。「仙子」四句，謂是仙官恩地出就外任，而我未依之也。「鏡拂」四句，喻己之美才熱腸，終望與之合歡，而且暫遊江鄉也。或以「詠桃根」比先寄詩高、苗二從事。結則謂啼雖深切，夢竟低迷，何素叨采取之處，乃至失路無聊乎？如此看去，通篇融洽，情味深長，否則有可通不可通者。凡集中託意之作，不得眞解，則觸處迷悶；一爲悟出，何嘗不明顯哉！

岳陽樓〔一〕

欲爲平生一散愁，洞庭湖上岳陽樓。可憐萬里堪乘興，枉是蛟龍解覆舟〔二〕！

〔一〕通典：青草、洞庭湖，在岳州巴陵郡。岳陽風土記：岳陽樓，城西門樓也。

〔二〕本歎長路風波，却用反託晦之。覆舟，謂所望又變更也。

離思

氣盡前溪舞〔一〕，心酸子夜歌〔二〕。峽雲尋不得〔三〕，溝水欲如何〔四〕？朔雁傳書絶〔五〕，湘篁染淚多〔六〕。無由〔七〕見顔色，還自託微波〔八〕。

〔一〕見回中牡丹。

〔二〕見曲江。

〔三〕用巫峽朝雲，詳後代元城吴令。

〔四〕見同年李定言。

〔五〕程曰：雖用蘇武事，其義理則用庾子山賦「親友離絶，妻孥流轉，玉關寄書，粧臺留釧」也。

〔六〕見潭州。

〔七〕一作「因」。

〔八〕洛神賦：託微波而通辭。何曰：通首是寫離中之思，非單寫離字。

程曰：離騷、古樂府多託婦人女子以爲言，唐人往往效之。如獻主司，則曰「粧罷低聲問夫壻，畫眉深淺入時無？」辭辟聘，則曰「還君明珠雙淚垂，何不相逢未嫁時？」此詩亦其類也。怨有力者之不加物色。浩曰：首歎氣竭心酸，次謂不能追尋，已相離絶，猶何能更涉瀧江之意也。五謂晉書不至，六點明湘中。結言雖不得見，猶欲通詞言情，與「命斷湘南病渴人」同一意緒。徐氏謂爲令狐作，非矣。

楚宮〔一〕

湘波如淚色漻漻〔二〕，楚厲〔三〕迷魂逐恨遙〔四〕。楓樹夜猿愁自斷〔五〕，女蘿山鬼語相邀〔六〕。

空歸腐敗猶難復〔七〕，更困腥臊豈易招〔八〕？但使故鄉三戶在〔九〕，綵絲誰惜懼長蛟〔一〇〕！

〔一〕何曰：「宮」疑作「厲」。程曰：詩與楚宮無涉，當作「厲」。按：舊本皆作「宮」。

〔二〕戰國策：食湘波之魚。莊子：漻乎其清。道德指歸論：偆偆漻漻，消如冰釋。

〔三〕一作「禲」。

〔四〕鬼無依則爲厲。楚厲謂屈大夫。正字通：「厲」，周禮俗本譌作「禲」。

〔五〕招魂：湛湛江水兮上有楓，目極千里兮傷春心。九歌山鬼：猨啾啾兮狖夜鳴，風颯颯兮木蕭蕭。

〔六〕九歌山鬼：若有人兮山之阿，被薜荔兮帶女蘿。水經注：汨水又西爲屈潭，即羅淵也，淵潭以屈爲名。甄烈湘中記：屈潭之左玉笥山，屈原棲於此山而作九歌。

〔七〕後漢書：樊宏卒，遺敕薄葬，以爲棺槨一藏，不宜復見，如有腐敗，傷孝子之心。檀弓：復，盡愛之道也。注曰：復謂招魂。

〔八〕韓非子：有巢氏民食果蓏蚌蛤，腥臊惡臭。此謂死埋黃壤，猶腐敗難復，況葬魚腹乎！

〔九〕左傳：哀公四年，以畀楚師于三戶。注曰：今丹水縣北三戶亭。史記項羽本紀：楚南公曰：「楚雖三戶，亡秦必楚。」索隱曰：韋昭以爲楚三大姓昭、屈、景也。臣瓚曰：楚人怨秦，雖三戶猶足以亡秦。二說皆非。左氏云云，則是地名不疑。正義曰：服虔云：三戶，漳水津也。後項羽果渡三戶津，破章邯，秦遂亡，是南公之善讖。按：三戶自以地名爲正，而此詩仍用三姓之義。

〔一〇〕續齊諧記：屈原五月五日投汨羅死，楚人每至此日，竹筒貯粉米投水祭之。漢建武中，長沙區回白日忽見一士人，自稱三閭大夫，謂曰：「常年所遺，並爲蛟龍所竊。君今若有惠，可以楝樹葉塞其上，以五色絲縛之，此二物蛟龍所憚。」回依言，後乃復見感之。今人作粽，并帶五色絲及楝葉，皆汨羅之遺風也。詩言楚鄉人類不絕，誰惜綵絲而不以之懼蛟龍乎？

浩曰：雖直詠三閭，而自有寄慨。顧俠君、何義門、陸圃玉皆以爲傷王涯等棄骨渭水，固爲近是。愚意題作楚宮，豈兼因楊賢妃棄骨水中，而觸類鳴冤乎？首句暗寓湘妃啼竹之意。

破鏡〔一〕

玉匣清光不復持，菱花散亂月輪虧〔二〕。秦臺一照山雞後〔三〕，便是孤鸞罷舞時〔四〕。

〔一〕白帖引古絕句「破鏡飛上天」，謂殘月。

〔二〕飛燕外傳：昭儀奏上三十六物，中有七出菱花鏡一奩。白帖：魏武帝有菱花鏡。

〔三〕西京雜記：高祖初入咸陽宮，有方鏡廣四尺，高五尺九寸，表裏有明，人直來照之，影則倒見；以手捫心而來，則見腸胃五臟，歷然無硋。異苑：山鷄愛其毛羽，映水則舞。魏武時，南方獻之，公子蒼舒令置大鏡其前，鷄鑑形而舞，不知止，遂乏死。

〔四〕見陳後宮。與山鷄事相類。

浩曰：以衡鑒言選才，古今通例也。詩謂鏡光散亂，照山鷄而頓棄孤鸞，必爲間之於座主者寄慨。詳年譜及前諸詩。余初疑爲令狐，細玩必非；或以爲悼亡，更誤。

七月二十八日夜與王鄭二秀才聽雨後夢作〔一〕

初夢龍宮寶燄然〔二〕，瑞霞明麗滿晴天。旋成醉倚蓬萊樹，有箇仙人拍我肩〔三〕。少頃遠聞吹細管，聞聲不見隔飛煙。逡巡又過瀟湘雨，雨打湘靈五十絃〔四〕。瞥見馮夷殊悵望〔五〕，鮫綃休賣海爲田〔六〕。亦逢毛女無憀極〔七〕，龍伯擎將華嶽蓮〔八〕。恍惚〔九〕無倪明又暗〔一〇〕，低迷不已斷還連〔一一〕。覺來正是平階雨，未〔一二〕背寒燈枕手眠〔一三〕。

〔一〕朱本作「夢後作」，然當從舊本。

〔二〕梁四公記：震澤洞庭山南有洞穴，中有龍宮。梁武帝問杰公，公曰：「此東海龍王第七女，掌龍王珠藏。」按：龍宮百寶所聚，不拘一處。

〔三〕方言：箇，枚也。集韻：亦作「个」，俗作「個」。郭璞遊仙詩：左挹浮邱袂，右拍洪厓肩。

〔四〕楚辭遠遊：使湘靈鼓瑟兮，令海若舞馮夷。

〔五〕山海經海內北經：從極之淵，冰夷都焉，人面，乘兩龍。注曰：冰夷，馮夸也，即河伯也。按：諸書言馮夷，怪詭不一，而聖賢冢墓記曰：馮夷者，弘農華陰潼鄉隄首里人，服八石，得水仙而爲河伯。似爲此所取義。

〔六〕見送從翁東川與海上。此暗寓悲泣之情，更張之局。

〔七〕列仙傳：毛女，字玉姜，在華陰山中，山客獵師，世世見之，形體生毛，自言秦始皇宮人，至西漢時已百七十餘年矣。此似即他詩所謂湘川相識也。

〔八〕博物志：河圖玉版云：龍伯國人長三十丈，生萬八千歲而死。「龍伯」頂上「馮夷」，「岳蓮」頂上「毛女」。謂所思者仍爲貴人據之也。龍伯而擎嶽蓮，失山水之性矣。

〔九〕「恍忽」同。

〔一〇〕老子：惟恍惟惚。

〔一一〕嵇康養生論：夜半而坐，則低迷思寢。二句摹夢態極精。

〔一二〕一作「獨」，非。

〔一三〕通首不及二秀才，蓋本與友人敍事訴懷，却諱之於言外，而託爲聽雨忽夢之作，時固未解衣而寢也。或謂獨背寒燈，則二秀才已去，乃不點題而襯題之法。不知聽雨平階，固未嘗有去者，是爲誤會耳。

錢曰：此係律詩。唐人律詩不對者頗多。浩曰：假夢境之變幻，喻身世之遭逢也。首二句比宮闕之美富；三四比爲秘省清資，仙人指注擬之天官，必非猶謂座主也；五六比外斥爲尉，尙得聞京華消息，而地已隔矣；七八指湘中之遊；九似以馮夷比楊嗣復，取弘農華陰之居也；十喻又有變更，我無所依，猶海上絕句之歎覓海也；十一二謂得見意中之人，而終不可攀；十三十四虛寫總結。其必作於湖湘歸後審矣。或謂仙人指令狐綯，毛女指茂元女，細玩不符。河伯之解，余亦自嫌太鑿，然義山用事隱僻，却似得之。此箋未必句句貼合，而大意不誤也。詩係古體，古體原有似律者，觀初唐人集便曉，無庸故爲高論。

七月二十九日崇讓宅讌作

露如微霰下前池，風〔一〕過迴塘萬竹悲〔二〕。浮世本來多聚散，紅蕖何事亦離披〔三〕？悠揚歸夢惟燈見，濩落生涯獨酒知〔四〕。豈到白頭長只爾，嵩陽松雪有心期〔五〕。

〔一〕舊作「月」。朱曰：西谿叢語作「風」。何曰：此日安得有月？

〔二〕文選南都賦：分背迴塘。

〔三〕錢曰：情深於言，義山所獨。何曰：前半自是變體。

〔四〕莊子：惠子謂莊子曰：「魏王貽我大瓠之種，我樹之成而實五石，以盛水漿，其堅不能自舉也；剖之爲瓢，則瓠落無所容。非不呺然大也，吾爲其無用而掊之。」注曰：瓠，司馬音護。簡文云：瓠落，猶廓落也。司馬云：瓠，布護也；落，零落也。程曰：「濩」應作「瓠」。按：「濩落」亦習用，即「瓠落」之義。

〔五〕此在崇讓宅讌別，而下半全從閨中着筆。時義山與妻京、洛分處，結言終圖偕隱。凡集中寄內詩，亦皆隱其題，不獨此篇。

浩曰：題紀月日，似與上章連也。會昌元年，義山自江鄉還京，二年始又拔萃。此必元年七月之作。

又曰：以上諸篇，未必年月前後悉符，但得其大要足矣。

華州周大夫宴席〔一〕

郡齋何用酒如泉〔二〕，飲德先時已醉眠〔三〕。若共門人推禮分，戴崇爭得及彭宣〔四〕？

〔一〕原注：西銓。按：舊本皆作「西鈴」，當誤；朱本作「西銓」。周大夫爲周墀，文集有爲汝南公表。舊書傳：周墀，字德升，長慶二年擢進士第，至開成二年知制誥，充翰林學士，三年遷職方郎中，四年正拜中書舍人。武宗即位，出爲華州刺史、鎮國軍、潼關防禦等使。職官志：吏部三銓，尚書爲尚書銓，侍郎二人分中銓、東銓。唐會要：乾元二年，改中銓爲西銓。按：杜牧之周墀墓誌銘云：武宗即位，以疾辭，出爲工部侍郎、華州刺史。愚意開成時，墀似曾以本官權判銓事。舊書傳中如鄭肅權判吏部西銓，出爲陝虢防禦觀察之類頗多，義山似曾爲所注擬，故特標明。但史傳即或漏書，墓誌何亦不敍？是則未可定也。據唐摭言：會昌三年，王起再主文柄，墀以詩寄賀，其時猶刺華州也。

〔二〕裴秀詩：有肉如邱，有酒如泉。

〔三〕謝靈運詩：中山不知醉，飲德方覺飽。

〔四〕漢書張禹傳：禹弟子尤著者，淮陽彭宣，沛郡戴崇。宣爲人恭儉有法度，而崇愷弟多智。禹心親愛崇，敬宣而疏之。崇每候禹，禹將入後堂飲食，婦女相對，優人筦弦鏗鏘極樂，昏夜乃罷。而宣之來也，禹見之於便坐，講論經義，日宴賜食，不過一肉，巵酒相對，未嘗得至後堂。及兩人皆聞知，各自得也。此似席間有同出門下，而其人已稍尊貴者，故以戴崇自比，以彭宣比其人，言外慨己之蒙厚遇而位不進，非怨周大夫疎之也。

鸞鳳

舊鏡鸞何處〔一〕？衰桐鳳不棲。金錢饒孔雀〔二〕，錦段落山雞〔三〕。王子調清管〔四〕，天人降紫泥〔五〕。豈無雲路分？相望不應迷。

〔一〕見陳後宮。

〔二〕南州異物志：孔雀背及尾皆圓文，五色相繞，如帶千錢。

〔三〕倉頡解詁：鵕鸃似鳳凰。南越志：增城縣多鵕鸃，山鷄也，鮮明五色。

〔四〕見送從翁東川。

〔五〕西京雜記：武都紫泥爲璽室，加綠綈其上。隴右記：武都紫水有泥，其色紫而粘。貢之，用封璽書。二句以鳳笙鸞書分頂。

浩曰：上半喻己之不得所依，讓不如我者之得意也。下半喻得爲清資之官，可望高躋雲路。「王子」，義山自謂。「天人」，注擬之天官也。玩其情味，必從江鄉還京，拔萃重入秘省時作無疑矣。

贈子直花下〔一〕

池光忽隱牆，花氣亂侵房。屏緣〔二〕蝶留粉，窗油蜂印黄。官書推小吏〔三〕，侍史從清郎〔四〕。並馬更吟去，尋思有底忙？

〔一〕是會昌二年子直爲戶部員外郎時。詳年譜。

〔二〕以絹切。

〔三〕舊書志：每郎中各有令史、書令史，並流外也。令史掌案文簿。

〔四〕後漢書鍾離意傳：藥崧家貧，爲郎，常獨直臺上，無被，枕杫，食糟糠。帝每夜入臺，輒見崧，問其故，甚嘉之。自此詔大官賜尚書以下朝夕餐，給帷被皂袍，及侍史二人。蔡質漢官儀：尚書郎，伯史二人，女侍史二人，皆選端正者。伯史從至止車門還，女侍史絜被服，執香爐燒燻，從入臺中，給使護衣服也。北史：袁聿修爲尚書郎，十年未受升酒之遺，尚書邢劭戲呼爲清郎。五見酬令狐見寄。

哭劉蕡

上帝深宫〔一〕閉九閽〔二〕，巫咸不下問銜冤〔三〕。黄陵別後春濤隔〔四〕，湓浦書來秋雨翻〔五〕。

只有安仁能作誄〔六〕，何曾宋玉解招魂〔七〕？平生風義兼師友，不敢同君哭寢門〔八〕。

〔一〕一作「居」。

〔二〕見日高。

〔三〕離騷：巫咸將夕降兮，懷椒糈而要之。王逸曰：巫咸，古神巫也，當殷中宗之世。何曰：以文義論之，當作「巫陽」。甘泉賦「選巫咸兮叫帝閽，開天庭兮延羣神」，從來用巫咸者，殆因此而訛。按：史記封禪書：殷太戊世，巫咸之興自此始。注謂以巫咸爲巫覡。蓋巫咸是殷臣，以巫接神事，太戊使禳桑穀之災也。山海經海外西經：巫咸國登葆山，羣巫所從上下。而巫陽之名見海內西經諸巫中。呂氏春秋「巫咸」作「筮」。史記天官書注：巫咸本吳人，冢在蘇州常熟海隅山上。巫咸之說不同，而其爲巫一也。巫陽固同類。而招魂帝告巫陽，王逸曰：女曰巫，陽其名也。句意尙未遽謂其死，用巫咸正合，不可疑也。

〔四〕即所云「春雪黃陵」也。舊作「廣陵」必誤，今改定。餘詳下。

〔五〕詳下，合之「江風吹雁」，蕡當卒於秋，此書卽訃音。

〔六〕晉書：潘岳字安仁，詞藻絕麗，尤善爲哀誄之文。

〔七〕招魂序曰：宋玉憐哀屈原厥命將落，作招魂，欲以復其精神，延其年壽也。二句痛其竟死，不得再延。

〔八〕檀弓：孔子曰：「師吾哭諸寢，朋友吾哭諸寢門之外。」舊書傳令狐楚、牛僧孺待如師友。新書傳皆以師禮禮之。按：況義山乎！

哭劉司戶二首〔一〕

離居星歲易，失望死生分。酒甕凝餘桂〔二〕，書籤冷舊芸〔三〕。江風吹雁急，山木帶蟬曛〔四〕。一叫千迴首，天高不爲聞。

有美扶皇運，無誰薦直言。已爲秦逐客，復作楚寃魂。湓浦應分派〔五〕，荆江有會源〔六〕。并將添恨淚，一灑問乾坤〔七〕。

〔一〕司戶之卒，當在會昌二年，詳年譜。考舊、新書傳，牛僧孺於開成四年鎮襄陽，會昌二年徵爲太子少保，留守東都，則蕡在其幕，當開成、會昌際也。玩詩語雖貶柳州，而實卒於江鄉，似未至貶所也。粤西文載言卒於柳州，墓在城西五里，乃後人僞託者。

〔二〕桂酒見楚辭。袁曰：王建集中有與去華絕句，言其病酒，此故云。

〔三〕徐曰：蕡表授秘書郎。

〔四〕想其卒於江鄉之景物，所謂迴首也。

〔五〕漢書志：廬江郡尋陽縣。注曰：江自尋陽分爲九。郭璞江賦：流九派乎尋陽。舊書志：江州，隋九江郡，理潯陽縣，隋時改湓城縣，武德時復名。郡國志：有人此處洗銅盆，忽水張失盆，投水取之，見一龍啣盆，奪之而出，故曰盆水。又曰：源出青盆山，因名。

〔六〕岳陽風土記：鼎、澧、沅、湘合諸蠻南黔之水，匯於洞庭，至巴陵與荆江合。通鑑注：大江自蜀東流，入荆州界，謂之荆江口，即洞庭水與江水會處。二句似喻劉與己跡不同而心相合。

〔七〕姚曰：此恨只堪訴與湓浦、荆江耳，然將此二水都化爲恨淚，亦訴寃不盡也。浩曰：容齋續筆引義山詩而曰：甘露之事，相去纔七年，未知蕡及見之否？今考之，其爲及見審矣。二章結句皆倍沉痛。又曰：義山重叠致哀，細味之，實一時所作，或有代人之作而並存者。

哭劉司戶蕡

路有論寃謫〔一〕，言皆在中〔二〕興。空聞遷賈誼〔三〕，不待相孫弘〔四〕。江闊惟迴首，天高但撫膺〔五〕。去年相送地，春雪滿黃陵〔六〕。

〔一〕何曰：言行路爲之嗟傷。

〔二〕陟仲切。

〔三〕史記賈生傳：文帝召以爲博士，說之，超遷，一歲中至太中大夫；後疏之，乃以爲長沙王太傅。

〔四〕漢書公孫弘傳：武帝初即位，招賢良文學士。弘徵爲博士。使匈奴，還報，不合意，上怒，乃移病免歸。元光五年，復徵賢良文學，菑川國復推上弘。弘至太常，上策詔諸儒，太常奏弘第居下，策奏，天子擢爲第一。至元朔中，爲丞相，封平津侯。程曰：弘以再徵擢用至相，茍賁不死，未必不然，所以曰「不待」也。按：遷謫不必拘看，猶前贈詩「漢廷急詔」之意。二句言遠斥之後不能復徵用。

〔五〕何曰：五六是哭。

〔六〕水經注：湘水又北逕黄陵亭西，又合黄陵水口。其水上承太湖，湖水西流，逕二妃廟南，世謂之黄陵廟。通典：岳州湘陰縣有地名黄陵，卽二妃所葬之地。韓昌黎黄陵廟碑：自前古立以祠舜二妃者。

妓席暗記送同年獨孤雲之武昌〔一〕

疊嶂千重叫恨猿，長江萬里洗離魂。武昌若有山頭石，爲拂蒼苔檢淚痕〔二〕。

〔一〕新書宰相世系表：獨孤雲字公遠，官至吏部侍郎。核其世次，卽此人也。又見舊書咸通十三年紀文。

〔二〕御覽引輿地記：武昌郡奉新縣北山上有望夫石，狀如人立者。古今相傳云：昔有貞婦，其夫遠赴國難，攜弱子餞送此山，既而立望其夫，乃化爲石，因此爲名。

徐曰：詩中無妓席意，「妓席暗記」四字，必義山曾住武昌，因獨孤去而追感也。浩曰：詞意沉痛，必非徒感閑情也。座主觀察武昌，遷鎮西蜀，義山不能依倚，必有隱恨，故於讌送同年，大鳴積憤，聲與淚俱，所暗記者此也，聊以妓席晦其迹耳。上二句卽從武昌悵望蜀中之情景，非紀客蹤也。此種箋釋是爲以意逆志乎？又曰：寄在朝四同年，獨孤與焉。此似在前也，無可定編，聊附於此。

贈別前蔚州契苾使君〔一〕

何年部落到陰陵〔二〕？奕〔三〕世勤王國史稱〔四〕。夜掩〔五〕牙旗千帳雪〔六〕，朝飛羽騎一河冰〔七〕。蕃兒襁負來青塚〔八〕，狄女壺漿出白登〔九〕。日晚鸊鵜泉畔獵〔一〇〕，路人遥識〔一一〕郅都鷹〔一二〕。

〔一〕自注：使君遠祖，國初功臣也。舊書志：河東道蔚州興唐郡，本隋雁門郡之靈邱縣，領縣三：靈邱、飛狐、興唐。契苾何力傳：其先鐵勒別部之酋長也。貞觀六年，何力率衆千餘家詣沙州內附，太宗置其部落於甘、涼二州。何力至京，授將軍，後封涼國公。舊書紀：會昌二年，詔契苾通、何清朝領沙陀、吐渾六千騎趨天德。按：時因討回紇也。回紇傳：清朝，銀州刺史；通，蔚州刺史。會昌一品集云：通本蕃中王子，諳識虜情，先在蔚州，任使已熟。通鑑云：通，何力五世孫。新書志：天德軍在豐州中受降城西二百里大同川。合之詩中第七句，必二年赴天德時贈送之作。通後節度振武，見文苑英華制書類。

〔二〕舊書北狄傳：貞觀時，鐵勒、契苾、回紇等十餘部落相繼歸國，請列爲州縣，太宗各因其地置瀚海、燕然、幽陵等凡一十三州。按：何力内附在其前也。漢書匈奴傳：北邊塞至遼東，外有陰山，東西千餘里。舊、新書志：關内道豐、勝二州界有陰山，隴右道庭州亦有陰山。庾信五聲調曲：陰陵朝北附。

〔三〕一作「三」。

〔四〕左傳：求諸侯莫如勤王。舊書傳：何力三子明、光、貞，明襲凉國公。新書傳：明子聳襲爵。

〔五〕一作「捲」，非。

〔六〕舊書傳：貞觀七年，同征吐谷渾。時吐谷渾主在突淪川，何力欲傾其巢穴，乃自選驍兵千餘騎，直入突淪川，襲破牙帳，渾主脱身以免，俘其妻子。

〔七〕舊書傳：龍朔元年，爲遼東道行軍大總管，次于鴨綠水，其地高麗之險阻，莫支男生以精兵數萬守之，衆莫能濟。何力始至，會層冰大合，趨卽渡兵，鼓譟而進，賊遂大潰，斬首三萬級，餘衆盡降。

〔八〕寰宇記：青塚在振武軍金河縣西北，漢王昭君葬於此，其上草色常青。

〔九〕漢書：高帝自將兵逐匈奴，冒頓縱精騎圍高帝於白登七日。注曰：白登在平城東南。括地志：朔州定襄縣，本漢平城。新書傳：子明遷鷄田道大總管，至烏德鞬山，誘附二萬帳。徐曰：三四何力事，五六子明事，所謂奕世勤王也。

〔一〇〕新書志：豐州西受降城北三百里有鸊鵜泉。又回紇傳：貞觀中，回紇南踰賀蘭山境，遣使獻款，於是鐵勒十一部皆來歸命，乃詔磧南鸊鵜之陽置過郵六十八所。

〔一一〕一作「認」。

〔一二〕史記酷吏傳：郅都行法，不避貴戚，號曰「蒼鷹」。景帝拜爲雁門太守，匈奴竟都死，不近雁門。爲偶人象郅都，令騎馳射，莫能中，見憚如此。此取獵鷹相關，點明趨天德備胡寇。

灞岸

山東今歲點行頻，幾處冤魂哭虜塵。灞水橋邊倚華表〔一〕，平時二月有東巡〔二〕。

〔一〕三輔黃圖：霸水出藍田谷，西北入渭，跨水作橋。古今注：程雅問曰：「堯設誹謗之木，何也？」答曰：「今之華表木也。以橫木交柱頭，狀若花，形似桔槔。大路交衢悉施焉，表王者納諫，亦以表識衢路。今西京謂之交午。」按：橋旁表柱，見檀弓「三家視桓楹」疏。

〔二〕書：歲二月東巡守。

浩曰：此爲討回紇作，非大中時討党項也。會昌二年八月，回鶻烏介可汗掠雲、朔北川，乃徵發許、蔡、汴、滑等六鎭之師，會軍於太原。六鎭皆與東都密邇。唐自天寶亂後，久不復幸東都，故慨之也。古者函關以東皆謂之山東，六國惟秦在山西，故過秦論「山東豪傑並起」，而後漢書陳元傳「陛下不當都山東」，謂洛都也。互詳樞言草閣。

出關宿盤豆館對叢蘆有感〔一〕

蘆葉梢梢夏景深，郵亭暫欲灑塵襟。昔年曾是江南客〔二〕，此日初爲關外心〔三〕。思子臺邊風自急〔四〕，玉孃湖上月應沉〔五〕。清聲不遠〔六〕行人去，一世〔七〕荒城伴〔八〕夜砧〔九〕。

〔一〕北周書太祖紀：帝率將東伐，遣于謹徇地至盤豆，拔之，至弘農。隋書楊素傳：西至閿鄉，上槃豆。按：盤豆館至今有其名，潼關外四十里矣。

〔二〕徐曰：江南，湘江之南，項羽紀「放殺義帝於江南」，楚辭章句「遷屈原於江南」也。按：此可證湖湘之爲江南。實則唐時江南道甚廣，浙西、浙東、鄂岳、江西、湖南、福建、黔州，凡七觀察使所管。詳元和郡縣志。

〔三〕見荆山。蘆叢江鄉最多，今身宿關外乃又見之，故有感而言。

〔四〕漢書戾太子傳：上憐太子無辜，乃作思子宮，爲歸來望思之臺於湖。師古曰：臺在今湖城縣之西，閿鄉之東。

〔五〕玉孃湖，未詳。舊引嵩山玉女臺，誤甚。而王阮亭秦蜀驛程後記云：「過閿鄉盤豆驛，涉郎水，即義山所云之玉孃湖。」未知其據何書也，俟再考。又檢太平御覽臺類下引水經注：河水南至華陰，又東，西玉湖水注之。此乃玉澗水，即南出玉谿，北流逕皇天原西者，原上有思子臺。御覽傳本多訛，不足據，然竊疑唐時或作玉湖，或即此玉孃湖，蓋二句正寫宿字，必近地也。斯誠妄測耳。風急月沉，叢蘆尤覺蕭森也。

〔六〕一作「逐」。

〔七〕一作「任」，又作「宿」。

〔八〕一作「半」。

〔九〕何曰：「遠」當作「逐」，「世」當作「任」。按：皆不必改。二句收足宿對。

何曰：昔客江南，黃蘆徧地，然年壯氣盛，自視立致要津，曾無流落之感；此日流落而爲關外之人，不覺淒兮其悲，因蘆葉之梢梢，而百端交集也。腹聯皆是所感，末句指叢蘆。浩曰：何評頗妙，然上半稍廓矣。三句「江南客」者，指江鄉之遊也。五六紀地，而志慨合之。四句似喪母後將詣出居永樂，故以從關中徙關外對景寫情也。岑參集有夜宿盤豆隔河望永樂寄閨中詩可以取證，故編於此。然是否尚難定斷，舍此更無由尋蹤索解耳。

即日

小苑試春衣，高樓倚暮暉。夭桃惟是笑，舞蝶不空飛。赤嶺久無耗〔一〕，鴻門猶合圍〔二〕。幾家緣錦字，含淚坐鴛機〔三〕！

〔一〕舊書紀：開元二十二年，於赤嶺與吐蕃分界立碑。新書地理志、吐蕃傳：鄯州鄯城縣西南過石堡城右行數十里，土石皆赤，曰赤嶺，其西吐蕃。

〔二〕按：漢書地理志：武帝元朔四年，置西河郡，統三十六縣。有鴻門縣，又有離石縣。其地與雁門馬邑相接，唐時河東道之邊也，烏介入犯正其地。舊注引項羽屯兵之鴻門，謬矣。上指戍吐蕃者久不歸，此指逐回紇者猶苦戰。又唐人用顏色字，每以假對眞，鴻字取同紅音，餘仿此。

〔三〕晉書：竇滔妻蘇氏名蕙，字若蘭，善屬文。滔苻堅時爲秦州刺史，被徙流沙，蘇氏思之，織錦爲迴文旋圖詩以贈滔，宛轉循環，詞甚悽惋，凡八百四十字。侍兒小名錄：滔寵姬趙陽臺，蘇苦加撻辱，滔深恨之，與陽臺之鎮襄陽，絕蘇音問。因織錦迴文，題詩二百餘首，名璇璣圖寄之。滔覽錦字，感其妙絕，具車從迎蘇氏。按：他書不一其說，錦字錦書習用，不必定拘此。古詩：客從遠方來，遺我一端綺。文綵雙鴛鴦，裁爲合歡被。梁元帝鴛鴦賦：文連新錦之機。錦機亦習用。

浩曰：上半詠女郎春憨歡聚之態，下半以思婦對映。言外見世路干戈，離情不少，人愁我亦愁矣！

淮陽路〔一〕

荒村倚廢營，投宿旅魂驚。斷雁高仍急，寒溪曉更清。昔年嘗聚盜，此日頗分兵。猜貳誰先致？三朝事始平〔二〕。

〔一〕後漢書志：淮陽國，高帝置，明帝改爲陳國。舊書志：河南道陳州淮陽郡。按：道經淮陽之境，非專指陳州也。

〔二〕事詳韓碑。朱曰：陳蔡接壤，吳氏據蔡，歷德、順、憲三朝始討平之。程曰：德宗猜忌，人情不安，陸贄嘗屢諫之。通鑑：貞元元年，陸贄以河中既平，慮乘勝討淮西李希烈，則四方負罪者孰不自疑，上奏極言之，乃詔：希烈若降，當待以不死。二年，陳仙奇毒殺希烈，舉淮西降，以爲節度。纔數月，詔發其兵於京西防秋，仙奇遣精兵五千人行，吳少誠殺仙奇爲留後，密召防秋兵歸。上敕陝虢觀察李泌擊殺其三分之二，又命汴鎮劉元佐以詔書緣道誘而殺之，得至蔡者纔四十七人。少誠以其少，悉斬之以聞。少誠繕兵完城，欲拒朝命。浩曰：「分兵」謂調遣也。會昌二年討回鶻，三年討劉稹，皆以汴、蔡、陳、許之兵矣。其討劉稹，羣議皆以爲不可，故結句借舊事爲隱諷，斯誠謬見哉！

賦得雞〔一〕

稻粱猶足活諸雛，妒敵專場好自娛〔二〕。可要五更驚穩〔三〕夢，不辭風雪爲陽烏〔四〕。

〔一〕一本無「賦得」字。

〔二〕劉孝威鬭雞篇：丹雞翠翼張，妒敵得專場。

〔三〕一作「曉」，誤。

〔四〕蜀都賦：陽烏迴翼於高標。餘見東南。

浩曰：刺藩鎮利傳子孫，故妒敵專權而無勤勞王室之志。三句謂其自謀則固也，作「曉」字殊少味矣。雞取戰國策連雞之義。當爲討澤潞、宣諭河朔三鎮時所作。

鄭州獻從叔舍人褎〔一〕

蓬島煙霞閬苑鐘，三官箋奏附金龍〔二〕。茅君奕世仙曹貴〔三〕，許掾全家道氣濃〔四〕。絳簡尚參黄紙案〔五〕，丹爐猶用紫泥封〔六〕。不知他日華陽洞，許上經樓第幾重〔七〕？

〔一〕文集有爲舍人絳郡公上諸相啓，乃由中書舍人於會昌二年出守絳州移鄭州者，正當劉稹叛亂時。啓皆以多病事煩，乞移他郡，而詩言好道，意其養疾攝生、習導引之術歟？稱舍人者，唐人重內輕外，投贈外官，每書其京銜。

〔二〕後漢書劉焉傳：張魯祖父陵，順帝時學道鶴鳴山中，造作符書，以惑百姓。受其道者輒出米五斗，故謂之「米賊」。注曰：張角爲五斗米道，使人爲鬼吏，主爲病者請禱。請禱之法：書病人姓字，說服罪之意。作三通：其一上之天，著山上；其一埋之地；其一沉之水，謂之「三官手書」。黄庭經：傳得可授告三官。注曰：天、地、水也。金龍玉簡，道書屢見，如黄籙簡文經：投金龍一枚，丹書玉札，以關靈山五帝昇度之信。

〔三〕洞仙傳：茅濛字初成，東卿司命君盈之高祖也，入華山修道昇天。其邑歌謡曰：神仙得者茅初成，繼世而往在我盈。集仙傳：大茅君盈南至句曲之山，天皇大帝拜盈爲東岳上卿司命眞君太元眞人。

〔四〕晉書傳：許邁一名映，句容人也。徧遊名山。後入臨安西山，改名玄，字遠遊。莫測所終，皆謂羽化矣。上清源統經目註序：許邁之第五弟謐，眞位爲上清佐卿；謐之第三子玉斧，長名翽，字道翔，郡舉上計掾不赴，後爲上清仙公。按：穆卽謐也。道書玉斧稱許掾，玉斧子黄民，黄民子豫之，皆得仙。眞誥言登升者三人，先生邁、長史謐、掾玉斧也。度世者五人：玉斧兄虎牙，玉斧子黄民，黄民長子榮，黄民二女道育、瓊輝也。又玉斧之姑適黄家曰黄娥，本名娥皇，亦得度世。

〔五〕黄庭經：玉書絳簡赤丹文。唐會要：開元三年，始用黄麻紙寫詔。上元三年，詔制敕並用黄麻紙。通鑑注：唐故事，中書用黄白二麻，爲綸命輕重之别。其後翰林學士專掌内命，中書用黄麻，其白皆在翰林院，拜授將相、德音赦宥則用之。

〔六〕眞誥紫微夫人詩：慶雲纏丹爐，鍊玉飛八瓊。太清中經有九鼎丹法。漢舊儀：皇帝六璽，皆白玉螭虎紐，皆以武都紫泥封。

〔七〕南史處士傳：陶弘景止句容之句曲山。此山下是第八洞宫，名金壇華陽之天。乃中山立館，自號華陽隱居。始從東陽孫遊岳受符圖經法，偏歷名山，尋訪仙藥。永元初更築三層樓，弘景處其上，弟子居其中，賓客至其下。與物遂絶，惟一家僮得侍其旁。

懷求古翁〔一〕

何時粉署仙〔二〕，傲兀逐戎旃〔三〕。關塞猶傳箭〔四〕，江湖莫繫船〔五〕。欲收棋子醉〔六〕，竟把釣車眠。謝朓眞堪憶，多才不忌前〔七〕。

〔一〕原編：集外詩。新書藝文志：李遠詩集一卷，字求古，大中建州刺史。唐詩鼓吹注：太和五年進士，蜀人也。忠、建、江三州刺史，終御史中丞。徐曰：溫岐集有寄岳州從事李員外遠詩，共三首，是遠嘗以郎署出爲幕職，故此起聯云然。稱之翁者，必於義山分尊年長也。按：飛卿寄李詩，諸本題字不同，「李」一作「韋」，「遠」一作「肱」，故不足據。杜牧早春寄岳州李使君李善碁愛酒詩云「分符潁川政」，似即李遠，又曾守岳，然與此詩不符。許渾有寄當塗李遠詩云「不須倚向青山住」，則遠曾在宣州，故此用謝朓。他篇「南陵寓使」可以相證，非岳陽時也。

〔二〕郎官曰粉署，詳後行次昭應送李郎中。

〔三〕陶潛詩：兀傲差若穎。謝朓辭隋王牋：契闊戎旃。

〔四〕舊書吐蕃傳：徵兵用金箭。裴行儉傳：是日傳其契箭。新書吐蕃傳：其舉兵，以七寸金箭爲契；有急兵，驛人臆前加銀鶻。

〔五〕時方需才，未宜久淹江介。

〔六〕張固幽閑鼓吹：宣宗朝，令狐綯薦遠爲杭州，帝曰：「我聞遠詩云：『長日惟消一局棋』，豈可以臨郡哉？」對曰：「詩人之言，非有實也。」乃俞之。然則遠固素好奕，而後又曾刺杭矣。北夢瑣言亦載之，作「人事三杯酒，流年一局碁」。「張固」他書或作「張同」，似誤。

〔七〕南史：謝朓好獎人才。會稽孔覬粗有才筆，未爲時知。孔珪嘗令草讓表以示朓，朓嗟吟良久，手自折簡寫之，謂珪曰：「士子聲名未立，應共獎成，無惜齒牙餘論。」晉書載記：魯徽謂趙染忌前害勝。北史：李業興務進忌前。徐曰：義山每代人屬草，故有懷於斯事。

浩曰：與下篇參看，李遠當在宣歙觀察幕，而義山寓使南陵，或曾至宣州，藉其雅意，今則既歸而重懷之也。「傳箭」句，似是會昌二三年回鶻入犯時，故編此。餘詳三卷中。

和韋潘前輩七月十二日夜泊池州城下先寄上李使君〔一〕

桂含爽氣三秋首，蓂吐中旬二葉新〔二〕。正是澄江如練處〔三〕，玄暉應喜見詩人〔四〕。

〔一〕舊書志：池州屬江南西道，本隋宣城郡之秋浦縣。徐曰：杜樊川有處州李使君墓誌銘：使君名方玄，字景業，由起居郎出爲池州刺史，凡四年。會昌五年四月卒於宣城客舍，蓋時方移處州而遽卒也。按：更有牧之祭李文可證。李之刺池，當始於會昌元、二年也。本集有十字水期韋潘侍御同年，而此乃曰前輩，下篇劉、韋二前輩不書其名。舊本列此章於永樂諸詩中，疑即韋前輩，而潘字或有一誤；或有兩韋、潘，皆未可定。韋出詩見示而和之，不必義山至池也。今以李之刺池，酌編此。

〔二〕帝王世紀：堯時蓂莢生於階，每月朔生一葉，望後日落一葉，月小盡，則一葉厭而不落。

〔三〕謝朓晚登三山詩：餘霞散成綺，澄江淨如練。

〔四〕南齊書：謝朓字玄暉，爲中書郎，出爲宣城太守。

和劉評事永樂閒居見寄〔一〕

浩曰：筆趣與人日卽事相似，然不類本集，可疑也。

白社幽閒君暫居〔二〕，青雲器業我全疎〔三〕。看封〔四〕諫草歸鸞掖，尙賁〔五〕衡門待鶴書〔六〕。蓮聳碧峯關路近〔七〕，荷翻翠蓋〔八〕水堂虛〔九〕。自探典籍忘名利，欹枕時驚落蠹魚〔一〇〕。

〔一〕舊書志：河東道河中府永樂縣。

〔二〕晉書：董京字威輦，初與隴西計吏俱至洛陽，被髮而行，逍遙吟詠，常宿白社中，孫楚數就社中與語。

〔三〕顏延之五君詠：仲容青雲器。

〔四〕一作「已看」。

〔五〕一作「憤」，誤。

〔六〕文選北山移文：鶴書赴隴。注云：蕭子良古今篆隸文體曰：鶴頭書與偃波書，俱詔版所用，在漢謂之尺一簡，彷彿鶴頭，故有其稱。通典：梁、陳時選曹以黃紙錄名，入座奏可，出付典名書其名，帖鶴頭板，送所授之家。

〔七〕華山記：山頂有池，池中生千葉蓮花，服之羽化，因名華山。按：所謂太華峯頭玉井蓮也。御覽云：華山三峯，蓮花、毛女、松檜也。永樂中條山遙對蓮花峯，故近潼關。

〔八〕一作「扇」。

〔九〕楚詞九歌：築室兮水中，葺之兮荷蓋。又：水周兮堂下。

〔一〇〕爾雅：蟫，白魚。注曰：衣書中蟲，一名蛃魚。穆天子傳：蠹書於羽陵。此義山未移居永樂時作。

戲題贈稷山驛吏王全〔一〕

絳臺驛吏老風塵〔二〕，躭酒成仙幾十春。過客不勞詢甲子，惟書亥字與時人〔三〕。

〔一〕自注：全爲驛吏五十六年，人稱有道術，往來多贈詩章。隋圖經：稷山在絳郡，后稷播百穀於此，亦左氏傳所謂晉侯治兵於稷。元和郡縣志：絳州屬縣稷山，因縣南稷山爲名。

〔二〕說苑：晉靈公造九層之臺。元和郡縣志：晉靈公臺在絳州西北二十一里。左傳靈公從臺上彈人即此。後漢書馮衍傳：饁女齊於絳臺兮。注曰：國語：晉平公作九層之臺。

〔三〕左傳：晉悼夫人食輿人之城杞者。絳縣人或年長矣，使之年，曰：「臣生之歲，正月甲子朔，四百有四十五甲子矣，其季於今三之一也。」吏走問諸朝，師曠曰：「七十三年矣。」史趙曰：「亥有二首六身，下二如身，是其日數也。」士文伯曰：「然則二萬六千六百有六旬也。」

登霍山驛樓〔一〕

廟列前峯迥〔二〕，樓開四望窮。嶺鼷嵐色外〔三〕，陂雁夕陽中。弱柳千條路，衰荷一向〔四〕

風〔五〕。壺關有狂孽〔六〕，速繼老生功〔七〕。

〔一〕元和郡縣志：晉州平陽郡霍邑縣霍山，一名太岳。禹貢曰：壺口、雷首至于太岳。鄭氏注曰：彘縣霍太山是也。新書志：霍邑有西北鎮霍山祠。按：似皆太原往來之作。

〔二〕水經注：河東霍太山有嶽廟甚靈，鳥雀不棲其林，猛虎常守其庭。

〔三〕爾雅：鼷鼠。注曰：有螫毒者。疏曰：春秋食郊牛角者也。博物志：鼠最小者，或謂之耳鼠。玉篇：螫毒，食人及鳥獸皆不痛，今之甘口鼠也。

〔四〕戊籤：近本作「面」，誤。

〔五〕何曰：「弱柳」「裛荷」，以興劉稹之易取。按：白香山詩「風荷一向翻」，可相證也。

〔六〕漢書志：上黨郡有壺口關、天井關，壺關縣有羊腸阪。寰宇記：漢壺關縣，以山形似壺，於此置關，潞府所理城是也。狂孽謂劉稹。

〔七〕舊書紀：隋武牙郎將宋老生屯霍邑以拒義師。會霖雨積旬，餽運不給，有白衣老父詣軍門曰：「余爲霍山神使謁唐皇帝曰：『八月雨止，路出霍邑東南，吾當濟師。』」八月辛巳，高祖引師趨霍邑，斬宋老生。按：暗用此事，應轉首句「廟」字，謂宜神佑破賊也，非謂諸將當繼此功。

幽居冬暮

羽翼摧殘日〔一〕，郊園寂寞時。曉雞驚樹雪，寒鶩守冰池〔二〕。急景倏〔三〕云暮〔四〕，頹年寖已衰〔五〕。如何匡國分，不與夙心期。

〔一〕言鎩翮不能高飛。

〔二〕何曰：三四工於比興。

〔三〕一作「忽」，又一作「歲」。

〔四〕鮑照舞鶴賦：窮陰殺節，急景凋年。

〔五〕陸機應詔：恨頹年之方侵。

浩曰：此母喪中作。郊園當是京郊之園，即所云移家關中者，必在四年春移家永樂之前也。下半歎年漸衰而志不遂。又曰：以下行跡，詩篇每於事情不類，無可細訂，年譜中標明之矣。

行次昭應縣道上送戶〔一〕部李郎中充昭義攻討〔二〕

將軍大旆掃狂童〔三〕，詔選名賢贊武功〔四〕。暫逐虎牙臨故絳〔五〕，遠含雞舌過新豐〔六〕。魚遊沸鼎知無日〔七〕，鳥覆危巢豈待風〔八〕？早勒勳庸燕石上〔九〕，佇光綸綍漢庭中〔一〇〕。

〔一〕戊籤作「吏」，誤。

〔二〕舊書志：天寶二年，分新豐、萬年，置會昌縣，七載改爲昭應，治溫泉宮之西北。新書表：大曆元年，相、衞六州節度，賜號昭義軍；建中元年，兼領澤潞二州，徙治潞州。按：相、衞早爲田承嗣盜取，後所領者，潞、澤、邢、洺、磁五州。藩鎮傳：會昌三年，劉稹拒命，詔發徐、許、滑、孟、魏、鎮、幽、幷八鎮之師，四面進討，俱詳文集啓、序注中，不備引。李郎中，李丕也。藩鎮傳：丕善長短術，從諫署大將。稹拒命，軍中忌其才，丕懼，遂自歸，擢忻州刺史，遷汾、晉二州刺史。大中時，節度振武鄜坊。會昌一品集有授丕晉州刺史充冀氏行營攻討副使制，又有代丕與郭誼書云：今蒙改授晉州，充石尚書副使。蓋石雄代李彥佐爲行營攻討，而丕副之也。凡用將出使曰招討使，曰招撫使，曰攻討使，名小異，義實同也。會昌一品集有授王宰攻討使制矣，而於丕亦云攻討副使，程氏乃疑之，誤矣。

〔三〕通鑑：李德裕曰：「劉稹騃孺子耳。」

〔四〕會昌一品集授丕汾州制云：「昔在爾祖，志康國屯。翼龍而飛，既濡其雨露；刑馬而誓，已表於山河。」則丕固名家裔也。

〔五〕漢書宣帝紀：本始二年，雲中太守田順爲虎牙將軍。按：虎牙將軍始此，而三年田順有罪自殺，故通典只敍後漢光武以蓋延爲之。左傳：士蔿城絳。注曰：絳，晉所都，今平陽絳邑縣。又：晉人謀去故絳，遷於新田。

〔六〕漢官儀：尚書郎奏事於明光殿，省中皆胡粉塗壁，畫古賢人烈士，郎趣走丹墀，含雞舌香，伏其下奏事，黃門侍郎對揖跪受。西京雜記：太上皇徙長安，居深宮，不樂。高祖乃作新豐，移諸故人實之，太上皇乃悅。

〔七〕後漢書劉陶傳：譬猶養魚沸鼎之中，必至燋爛。邱遲與陳伯之書：將軍魚遊於沸鼎之中。

〔八〕詩：予室翹翹，風雨所漂搖。箋曰：巢之危，以所託枝條弱也。周禮：晢蔟氏掌覆夭鳥之巢。

〔九〕周禮司勳：王功曰勳，民功曰庸。後漢書：竇憲大破北單于於稽落山，遂登燕然山，刻石勒功，令班固作銘。

〔一〇〕禮記：王言如絲，其出如綸；王言如綸，其出如綍。

錢曰：壯麗渾雅，聲出金石。何曰：頗似夢得「相門才子稱華簪」篇，落句猶有開、寶風氣。

大鹵平後移家到永樂縣居書懷十韻寄劉韋二前輩二公嘗於此縣寄居〔一〕

驅馬遶河干〔二〕，家山照〔三〕露寒〔四〕。依然五柳在〔五〕，況復〔六〕百花殘〔七〕。昔去驚投筆〔八〕，今來分挂冠〔九〕。不憂懸磬乏〔一〇〕，乍喜覆盂安〔一一〕。甑破寧迴顧〔一二〕，舟沉豈暇看〔一三〕？脫身離虎口〔一四〕，移疾就猪肝〔一五〕。鬢入新年白，顏無舊日丹〔一六〕。自悲秋穫少〔一七〕，誰懼夏畦難？逸志忘鴻鵠〔一八〕，清香披蕙蘭。還持一杯酒，坐想二公歡〔一九〕。

〔一〕大鹵，見送李千牛。舊書紀：會昌四年正月朔，河東都將楊弁逐節度使李石，據軍府應劉稹。監軍李義忠收復太原，生擒弁，盡斬其亂軍。二月，以晉絳觀察崔元式充河東節度觀察使。按：云二前輩、二公，固以先進待之也。餘詳和韋潘前輩。

〔二〕永樂濱河。

〔三〕舊皆作「照」，似當作「曉」。

〔四〕按：漢書司馬相如傳「過鳷鵲，望露寒」，露寒，觀名，在甘泉宮外。朱曰：太原，唐北都，故得用之。余意似謂移家而來，曉行抵此，故疑作「曉」。若作「照」而用露寒觀，義既不合，句亦不妥也。程曰：露寒，泛泛寫景，不用宮觀名。

〔五〕晉書：陶潛嘗著五柳先生傳，曰：宅邊有五柳，因以爲號焉。

〔六〕一作「値」，今從戊籤。

〔七〕殘，餘也。

〔八〕後漢書：班超常爲官傭書以供養，嘗投筆嘆曰：「大丈夫無他志略，猶當效傅介子、張騫立功異域，以取封侯，安能久事筆硯間乎？」投筆從戎，遂爲入幕常語。

〔九〕後漢書逢萌傳：解冠掛東都城門，歸，將家屬浮海，客遼東。又胡廣傳：六世祖剛，平帝時大司農馬宮辟之。値王莽居攝，剛解其衣冠縣府門而去。

〔一〇〕左傳：室如懸罄。國語：室如縣磬。後漢書陳龜傳注引左傳亦作「磬」，言如磬之懸，下無所有。

愚意「罄」「磬」古當通用，非盡字之義。

〔一〕漢書東方朔傳：連四海之外以爲帶，安於覆盂，動猶運之掌。

〔二〕後漢書郭泰傳：孟敏客居太原，荷甑墮地，不顧而去。林宗問其意，對曰：「甑已破矣，視之何益？」林宗以此異之。

〔三〕通典：河陽縣，古孟津，謂之陶河渚，魏杜畿試船沈沒之所。魏志杜畿傳：文帝征吳，畿受詔作御樓船於陶河，試船，遇風沒。帝爲之流涕，曰：「忠之至也。」按：上句太原，此喻王茂元卒於河陽，不暇哭送，如祭文所云者，何其隱切。

〔四〕莊子：料虎頭，編虎鬚，幾不免虎口哉！

〔五〕後漢書：太原閔仲叔，世稱節士。客居安邑，老病家貧，不能得肉，日買猪肝一片，屠者或不肯與。安邑令聞，勅吏常給。仲叔乃嘆曰：「閔仲叔豈以口腹累安邑邪？」遂去。

〔六〕詩：顔如渥丹。

〔七〕取不逢年之意。

〔八〕史記陳涉世家：燕雀安知鴻鵠之志哉！

〔九〕田曰：有懷皆苦，無句不妍。

浩曰：義山罹母憂，而澤潞賊氛逼近懷孟，故急至故鄉，改葬其姊與姪女，詳年譜。及太原楊弁平後，始安居永樂。其云「依然五柳」，又云「昔去」「今來」，則其前必已居之，辨詳年譜。當太和六年，義山必曾至令狐楚太原幕，但其他實蹟，無從細定也。玩「脫身」句，則此時身遭危亂，似曾至李石幕中，或別有行程也。程氏謂王茂元兵敗身死，義山始離其戎幕。徐氏謂太原當有王茂元宅。皆謬甚也。余閱續酉陽雜俎與北夢瑣言所載三枝槐曰：相國李石，河中永樂有宅，庭槐一本抽三枝，直過堂前屋脊，一枝不及。相國同堂昆弟三人，曰石、曰程，皆登宰職；惟福歷七鎮使相而已。然則李石家居永樂，而義山卜居，未曉因依何人也？

和馬郎中移白菊見示

陶詩只採黃金實〔一〕，郢曲新傳白雪英〔二〕。素色不同籬下發，繁花疑自月中生〔三〕。浮杯小摘開雲母〔四〕，帶露旋〔五〕移綴水精〔六〕。偏稱含香五字客〔七〕，從茲得地始芳榮〔八〕。

〔一〕陶潛詩：采菊東籬下。又：秋菊有佳色，裛露掇其英。本草：九月採花，十一月採實。玉函方：王子喬變白增年方：甘菊，三月採名玉英，六月採名容成，九月採名金精，十二月採名長生。

〔二〕宋玉對楚王問：客有歌於郢中者，其爲陽春白雪，屬而和者不過數十人。楚辭：餐秋菊之落英。

〔三〕梁簡文帝采菊篇：月精麗草散秋株。

〔四〕春秋運斗樞：樞星散爲雲母。淮南子：雲母來水。

〔五〕一作「全」，非。

〔六〕山海經：堂庭之山多水玉。司馬相如上林賦：水玉磊砢。郭璞曰：水玉，水精也。

〔七〕郭頒魏晉世語：司馬景王命中書令虞松作表，再呈，不可意，令松更定，經時思竭，不能改。中書郎鍾會取視，爲定五字，松悅服，以呈景王，王曰：「不當爾耶！誰所定也？」松曰：「鍾會。」王曰：「如此可大用。」餘見送李郎中。

〔八〕鍾會菊花賦：俯弄芳榮。

寄和水部馬郎中題興德驛時昭義已平〔一〕

仙郎倦去心〔二〕，鄭驛暫登臨〔三〕。水色瀟湘闊〔四〕，沙程朔漠深〔五〕。鷁舟時往復〔六〕，鷗鳥恣浮沉。更想逢歸馬，悠悠嶽樹陰〔七〕。

〔一〕舊書紀：會昌四年七月，潞州將郭誼殺劉稹以降；八月，傳首京師；九月，誼等皆伏誅。隋書志：京兆郡華陰縣有興德宮。元和郡縣志：同州馮翊縣南三十二里，義旗將趣京師，次于忠武園，因置亭子，名興德宮。按：忠武園，新書志作志武里。同州與華陰縣接近，而隋與唐則異也。末聯則指華陰。時馬郎中自永樂入朝，詩語顯然。

〔二〕白帖：郎官曰星郎、仙郎、臺郎。

〔三〕屢見。

〔四〕水經：湘水北過羅縣西，潰水從東來流注之。注曰：瀟者，水清深也。湘中記曰：湘川清照五六丈，下見底，石如樗蒲矣，五色鮮明，白沙如霜雪，赤崖若朝霞。是納瀟湘之名矣。按：注則謂湘水至此，兼名瀟湘，非又有瀟水也。圖經言湘水至零陵北而營水會之，二水合流，謂之瀟湘。

〔五〕文選雪賦：朔漠飛沙。徐曰：二句比也。

〔六〕漢書司馬相如傳：浮文鷁。注曰：鷁，水鳥，畫其象於船首。

〔七〕書：歸馬于華山之陽。

喜聞太原同院崔侍御臺拜兼寄在臺三二同年之什〔一〕

鵬魚何事遇屯同？雲水升沉一會中〔二〕。劉放未歸雞樹老〔三〕，鄒陽新去兔園空〔四〕。寂寥我對先生柳〔五〕，赫奕君乘御史驄〔六〕。若向南臺見鶯友〔七〕，爲傳垂翅度春風〔八〕。

〔一〕徐曰：使府侍御爲寄祿官，臺拜則即眞矣，故聞而喜之也。按：舊人以太原爲王茂元者，誤。此太原稱地不稱郡望也。太原同院，若謂太和六年令狐公尹太原，義山當至其幕，於事固合，而詩意不符。若謂此時偶在李石太原幕，則義山母服未闋，似不可云同院，且當存疑。味其意致，必閒居永樂時也。又按：李石先在令狐楚河東幕，必與義山夙契，當有往來之跡，惜無可明考。

〔二〕似與崔同遭險難，而俄判升沉也。

〔三〕魏志：劉放，涿郡人，説漁陽王松附太祖，以放參司空軍事，歷主簿記室。文帝時爲祕書監，加給事中，遂掌機密。明帝尤見寵任。放善爲書檄詔命，招喻多放所爲。世語曰：放與孫資久典機任，夏侯獻、曹肇心不平。殿中有雞棲樹，二人相謂：「此亦久矣，其能復幾？」急就篇注：皂莢樹，一名雞栖。

〔四〕漢書梁孝王傳：招延四方豪桀，自山東游士莫不至，齊人羊勝、公孫詭、鄒陽之屬。鄒陽傳：梁事敗，陽求方略解罪於上者。行月餘，還過王先生，發寤於心。辭去，不過梁，徑至長安。餘見送李千牛。二句謂其出幕至京。

〔五〕見上篇。

〔六〕後漢書：桓典拜侍御史，常乘驄馬，京師畏憚，爲之語曰：「行行且止，避驄馬御史。」

〔七〕通典：御史臺，梁及後魏、北齊或謂之南臺。詩：嚶其鳴矣，求其友聲。

〔八〕後漢書馮異傳：始雖垂翅回谿，終能奮翼澠池。張衡傳：子覩木雕獨飛，愍我垂翅故棲。

何曰：此章極似夢得。

寄令狐郎中〔一〕

嵩雲秦樹久離居〔二〕，雙鯉迢迢一紙書〔三〕。休問梁園舊賓客，茂陵秋雨病相如〔四〕。

〔一〕新書傳：綯擢右司郎中。按：舊書失書「郎中」。綯子滈傳：綯於會昌二年任戶部員外郎。則爲郎中，必在三四年。

〔二〕謂舊在河南、京師之蹟。

〔三〕見贈任秀才。

〔四〕史記：司馬相如稱病閑居，不慕官爵，爲孝文園令；既病免，家居茂陵。餘見贈趙協律。姚曰：以楊得意望令狐。楊曰：其詞甚悲，意在修好。

靈仙閣晚眺寄鄆州韋評事〔一〕

愚公方住谷〔二〕，仁者本依山〔三〕。共誓林泉志，胡爲樽俎間〔四〕？華蓮開菡萏〔五〕，荊玉刻孱顏〔六〕。爽氣臨周道，嵐光出〔七〕漢關〔八〕。滿壺從蟻泛〔九〕，高閣已苔斑。想就安車召〔一〇〕，寧期負矢〔一一〕還〔一二〕！潘遊全璧散〔一三〕，郭去半舟閑〔一四〕。定笑幽人跡，鴻軒不可攀〔一五〕。

〔一〕舊書志：鄆州東平郡屬河南道。按：靈仙閣在永樂縣，見太平廣記木怪類所引傳奇開成中江叟事也。韋評事曾居永樂，而已出赴鄆幕，詩意自明。

〔二〕說苑：齊桓公出獵，入山谷之中，問一老公曰：「是爲何谷？」對曰：「爲愚公之谷。」曰：「何故？」

對曰：「以臣名之。臣故畜牸牛，生子而大，賣之而買駒。少年曰：『牛不能生馬。』遂持駒去。傍鄰聞之，以臣爲愚，故名此谷爲愚公谷。」義山自謂。

〔三〕謂韋。

〔四〕晏子春秋：孔子曰：「不出樽俎之間，而折衝千里之外，晏子之謂也。」

〔五〕屢見。

〔六〕見獻州刺史。

〔七〕一作「入」，非。

〔八〕想其所經道途，是遠眺，非閣前景也。詳事先至京，始赴鄆。

〔九〕釋名：酒有汎齊，浮蟻在上汎汎然。曹植酒賦：素蟻浮萍。

〔一〇〕漢書儒林傳：武帝使使束帛加璧，安車以蒲裹輪，駕駟迎申公。

〔一一〕一作「米」，誤。

〔一二〕漢書司馬相如傳：拜相如爲中郎將，建節往使。至蜀，太守以下郊迎，縣令負弩矢先驅，蜀人以爲寵。言韋已赴鄆，未必以再到故居爲望。

〔一三〕晉書夏侯湛傳：湛美容觀，與潘岳友善，行止同輿接茵，京都謂之連璧。

〔一四〕見哭蕭侍郎。

〔五〕顏延之五君詠：交呂既鴻軒，攀嵇亦鳳舉。姚曰：幽人自謂，鴻軒謂韋。

明神

明神司過豈令寃，暗室由來有禍門〔一〕。莫爲無人欺一物，他時須〔二〕慮石能言〔三〕。

〔一〕左傳：閔子馬曰：「禍福無門，惟人自召。」史記趙世家：同類相推，俱入禍門。

〔二〕一作「猶」。

〔三〕左傳：石言於晉魏榆，師曠曰：「石不能言，或憑焉。」

浩曰：昭義平後，李訓兄仲京，郭行餘子台，王涯姪孫羽，韓約男茂章、茂實，王璠子渥，賈餗子庠，凡亡歸從諫爲其撫養者，皆斬。詳舊書紀與通鑑。其餘多所誅戮，當時諸臣大有議其寃濫者。此故特傷之，言已逃居暗室，豈知禍復有門，盡舉而殲之也。覆巢遺種，無人護持，原同一物之可欺，然安知其寃横所結，不憑物而爲厲哉？用事皆切晉地，舊解謂甘露之變，非也。

過姚孝子廬偶書〔一〕

拱木臨周道〔二〕，荒廬積古苔。魚因感姜出〔三〕，鶴爲弔陶來〔四〕。兩鬢蓬常亂，雙眸血不開。聖朝敦爾類〔五〕，非獨路人哀。

〔一〕徐曰：邵氏聞見錄：唐永樂縣姚孝子莊，孝子名栖筠。貞元中，當戍邊，栖筠之父語其兄曰：「兄嗣未立，弟已有子，請代兄行。」遂戰沒，時栖筠方三歲。其後，母再嫁，鞠於伯母。伯母死，栖筠葬之，又招魂葬其父，廬於墓側，終身哀慕不衰。縣令刻石表之。河東尹渾瑊上其事，詔加優賜，旌表其閭，名其鄉曰孝悌，社曰節義，里曰欽愛。姚孝子必即其人。次聯指廬墓事，三聯哀慕不衰，七句旌表里閭也。按：邵氏聞見錄謂栖筠而下，至宋政和中，義居二十餘世，專以一人守墳墓，世推尊長公平者主家政，三百餘年，無異爨者。澠水燕談錄「筠」作「雲」。宋史孝義姚宗明傳亦作「雲」，云經唐末五代兵戈亂離，而子孫保守墳墓，骨肉不相離散，求之天下，未或有焉。

〔二〕左傳：爾墓之木拱矣。

〔三〕後漢書列女傳：廣漢姜詩妻龐。詩事母至孝，妻奉順尤篤。母好飲江水，去舍六七里，妻嘗泝流而汲。其子後因遠汲溺死，妻恐姑哀傷，託以行學不在。姑嗜魚鱠，又不能獨食，夫婦嘗力作供鱠，呼鄰母共之。舍側忽有湧泉，味如江水，每旦輒出雙鯉魚，常以供二母之膳。永平三年，察孝廉，顯宗詔曰：「大孝入朝，凡諸舉者一聽平之。」由是皆拜郎中。

〔四〕御覽引陶侃傳：侃丁母艱，在墓下，忽有二客來弔，不哭而退，儀服鮮異。知非常人，遣隨而看之，但見雙鶴舞而衝天。

〔五〕見哭蕭侍郎。

浩曰：義山喪母未久，故觸緒成篇。

四年冬以退居蒲之永樂渴然有農夫望歲之志遂作憶雪又作殘雪詩各一百言以寄情於遊舊〔一〕

憶雪

愛景人方樂〔二〕，同雲候稍愆〔三〕。徒聞周雅什〔四〕，願賦〔五〕朔風篇〔六〕。欲俟千箱慶〔七〕，須資六出妍〔八〕。詠留飛絮後〔九〕，歌倡〔一〇〕落梅前〔一一〕。庭樹思瓊蕊〔一二〕，粧樓認粉綿。瑞邀盈尺日〔一三〕，豐待兩岐年〔一四〕。預約延枚酒〔一五〕，虚乘訪戴船〔一六〕。映書孤志業〔一七〕，披氅阻神仙〔一八〕。幾向霜階步，頻將月幌褰。玉京應已足，白屋但顒然〔一九〕。

殘雪

旭日開晴色，寒空失素塵〔二〇〕。繞牆全剝粉，傍井漸消銀〔二一〕。刻獸摧鹽虎〔二二〕，爲山倒玉人〔二三〕。珠還猶照魏〔二四〕，璧碎尚留秦〔二五〕。落日驚侵晝，餘光悞惜春。簷冰滴鵝管〔二六〕，屋瓦鏤魚鱗〔二七〕。嶺霽嵐光坼，松暄翠粒新〔二八〕。擁林愁拂〔二九〕盡，著砌恐行頻。焦寢忻無患〔三〇〕，梁園去有因〔三一〕。莫能知帝力，空此荷平均〔三二〕。

〔一〕舊書志：武德初，置蒲州。開元中，改河中府。

〔二〕左傳：趙衰冬日之日也。注曰：冬日可愛。

〔三〕詩：上天同雲，雨雪雰雰。

〔四〕即上小雅。謝惠連雪賦：詠南山於周雅。

〔五〕一作「誦」。

〔六〕詩：北風其涼，雨雪其雱。雪賦：歌北風於衛詩。按：曹植朔風詩「今我旋止，素雪云飛」。然非此所用。

〔七〕詩：乃求千斯倉，乃求萬斯箱。

〔八〕韓詩外傳：凡草木花多五出，雪花獨六出。

〔九〕屢見。

〔一〇〕「唱」同。

〔一一〕樂錄：漢橫吹曲梅花落，本笛中曲也。梁簡文帝雪朝詩：落梅飛四注。

〔一二〕文選西京賦：屑瓊蕊以朝飧。注：楚辭曰：屑瓊蕊以爲糧。王逸曰：糜，屑也。按：所引即離騷

「精瓊靡以爲粻」句而小異。

〔一三〕左傳：平地尺爲大雪。雪賦：盈尺則呈瑞於豐年。

〔一四〕詩傳：豐年之冬，必有積雪。後漢書：張堪爲漁陽太守，勸民耕種，以致殷富。百姓歌曰：「桑無附枝，麥穗兩岐。」

〔一五〕雪賦：微霰零，密雪下。王乃置旨酒，命賓友，召鄒生，延枚叟。

〔一六〕語林：王子猷居山陰，大雪夜，開室命酌，四望皎然，因詠招隱詩。忽憶戴安道在剡，乘興棹舟訪之，經宿方至，既造門而返。或問之，對曰：「乘興而來，興盡而返，何必見戴安道？」

〔一七〕宋齊語：孫康家貧，常映雪讀書。

〔一八〕晉書王恭傳：恭披鶴氅裘，涉雪而行。孟昶窺見之，嘆曰：「此眞神仙中人也。」

〔一九〕家語：孔子曰：「周公下白屋之士，日見百七十人。」注曰：白屋，草舍。

〔二〇〕何遜詠雪：若逐微風起，誰言非玉塵？

〔二一〕拆用粉牆銀牀。

〔二二〕左傳：王使周公閱來聘，享有昌歜、白、黑、形鹽，辭曰：「國君文足昭也，武可畏也，則有鹽虎形以獻功，吾何以堪之？」

〔二三〕晉書裴楷傳：楷字叔則，風神高邁，容儀俊爽，時人謂之玉人。又稱見裴叔則如近玉山，照映人也。餘見日高。

〔二四〕後漢書循吏傳：孟嘗遷合浦太守，郡不產穀實，而海出珠寶，通商貨糴。先時宰守貪穢，珠遂漸徙於交阯郡界。嘗到官，去珠復還。餘見詠史。

〔二五〕史記：藺相如奉璧西入秦，視秦王無意償趙城，乃前曰：「璧有瑕，請指示王。」王授璧，相如因持璧，却立倚柱，怒髮上衝冠，謂秦王曰：「大王必欲急臣，臣頭今與璧俱碎於秦柱矣。」

〔二六〕輿地記：太湖小山洞庭穴中有鵝管鍾乳。圖經本草：石鍾乳，溜山液而成，空中相通，如鵝翎管狀。

〔二七〕楚辭：魚鱗屋兮龍堂。庾信賦：漢后舊陶，即用魚鱗之瓦。

〔二八〕述異記：松有兩鬣、三鬣、七鬣者。言如馬鬣形也，言粒者非矣。本草圖經：粒，讀爲鬣。

〔二九〕一作「掃」，誤。

〔三〇〕高士傳：焦先，野火燒廬，因露寢，遭大雪，先袒臥不移，人以爲死，視之仍生。

〔三一〕屢見。此謂辭幕而歸。

〔三二〕言退居者，惟此荷帝力平均也。

寒食行次冷泉驛〔一〕

歸途仍近節，旅宿倍思家。獨夜三更月，空庭一樹花。介山當驛秀〔二〕，汾水繞關斜〔三〕。自怯春寒苦，那堪禁火賒〔四〕。

〔一〕荆楚歲時記：去冬節一百五日，即有疾風甚雨，謂之寒食，禁火三日。前明統志：冷泉在汾州府孝義縣西南二十里，炎夏清冷。本朝王阮亭秦蜀驛程後記：抵介休縣，過冷泉關，關爲太原平陽要害，又抵靈石縣。按：新書志汾州孝義縣有隱泉山，頗疑音近，即後稱冷泉者。

〔二〕史記：晉文公反國，介子推自隱，至死不復見。於是文公環緜上山中而封之，以爲介推田，號曰介山。新書志：汾州介休縣有雀鼠谷，有介山。

〔三〕周禮職方氏：河内曰冀州，其浸汾潞。水經注：汾水出太原汾陽縣北管涔山。又：又南過冠爵津。汾津名也，在介休之西南，俗謂之雀鼠谷。數十里間道險，水左右悉結偏梁閣道，累石就路，俗謂之魯般橋，蓋通古之津隘。北史：周武帝大舉東討，大將軍宇文盛守汾水關。

〔四〕新序：文公求子推不得，以謂焚其山宜出，遂不出而焚死。鄴中記：并州之俗，冬至後一百五日，爲介子推斷火，冷食三日，作乾粥，今之糗是也。按：後漢書周舉傳，并州舊俗以子推焚骸，有龍忌之禁。注曰：龍星，木位，春見東方。心爲大火，忌火之盛，故謂之禁火。俗傳云子推以此日被焚而禁火。然傳文云：每冬中，輒一月寒食，莫敢煙爨。舉以盛冬去火，殘損民命，非賢者意，作書置子推廟，宣示愚民，風俗頗革。豈是後乃改於清明前耶？琴操云：文公令民五月五日不得發火。尤異辭矣。

田曰：禁地悄然，能使歎人生悲。浩曰：首云歸家，歸永樂也。時方閑居，故感子推隱死之事。

評事翁寄賜餳粥走筆爲答〔一〕

粥香餳白杏花天〔二〕，省對流鶯坐綺筵。今日寄來春已老，鳳樓迢遞憶鞦韆〔三〕。

〔一〕評事翁似爲劉評事，韋則赴鄆矣。題一作寒食詩，誤。

〔二〕玉燭寶典：寒食節，今人悉爲大麥粥，研杏仁爲酪，引餳沃之。

〔三〕見無題五古。

縣中惱飲席

晚醉題詩贈物華，罷吟還醉忘歸家。若無江氏五色筆〔一〕，爭奈河陽一縣花〔二〕。

〔一〕見牡丹。

〔二〕庾信賦：若非金谷滿園樹，即是河陽一縣花。白帖：潘岳爲河陽令，樹桃李花，人號曰「河陽一縣花」。

徐曰：飲席似妓席，與牧之「忽發狂言」同一豪致。浩曰：玩「歸家」字，則宜永樂縣也。

花下醉

尋芳不覺醉流霞〔一〕，倚樹沉眠日已斜。客散酒醒深夜後，更持紅燭賞殘花〔二〕。

〔一〕揚雄甘泉賦：噏青雲之流瑕兮。漢書注曰：瑕，日旁赤氣也。文選注善曰：相如大人賦「呼吸沆瀣飡朝霞」。「霞」與「瑕」古字通。此則謂酒，互詳武夷山。

〔二〕蘇東坡詩「更燒高燭照紅粧」，從此脫出。浩曰：最有韻，亦復最無聊。

永樂縣所居一草一木無非自栽今春悉已芳茂因書即事一章

手種悲陳事，心期玩物華。柳飛彭澤雪〔一〕，桃散武陵霞〔二〕。枳嫩棲鸞葉〔三〕，桐香待鳳花〔四〕。綬藤縈弱蔓〔五〕，袍草展新芽〔六〕。學植功雖倍〔七〕，成蹊跡尚賒〔八〕。芳年誰共玩？終老召平瓜〔九〕。

〔一〕晉書：陶潛爲彭澤令。餘見移家永樂。

〔二〕陶潛桃花源記：晉太元中，武陵人捕魚，緣溪行，逢桃花林，夾岸數百步，得一山，有小口，舍船從口入。其人云：「避秦來此，不復出焉。」停數日，辭去。

〔三〕後漢書仇覽傳：枳棘非鸞鳳所棲。

〔四〕詩：鳳凰鳴矣，于彼高岡；梧桐生矣，于彼朝陽。禮月令：季春之月，桐始華。

〔五〕綬形如藤，詩家常用。

〔六〕古詩：青袍似春草。

〔七〕左傳：閔子馬曰：「夫學，殖也。不學，將落。」舊本皆作「植」，謂自栽也。

〔八〕史記李廣傳贊：桃李不言，下自成蹊。

〔九〕史記蕭相國世家：召平者，故秦東陵侯。秦破，爲布衣，貧，種瓜於長安城東，瓜美，故世俗謂之「東陵瓜」。錢曰：實敍六句，又以瓜字落韻，律法犯矣。按：列敍一草一木，結從今春推下，似無礙。

自喜

自喜蝸牛舍〔一〕，兼容燕子巢。綠筠遺粉籜〔二〕，紅藥綻香苞〔三〕。虎過遥知穽，魚來且佐庖。慢行成酩酊〔四〕，鄰壁有松醪〔五〕。

〔一〕古今注：蝸牛，陵螺也。野人結圓舍如其殼，故曰蝸牛之舍。魏志注：案魏略云：焦先及楊沛並作瓜牛廬，止其中。以爲「瓜」當作「蝸」。蝸牛，螺蟲之有角者，俗或呼爲黄犢。先等作圓舍，形如蝸牛廠，故謂之蝸牛廬。

〔二〕禮記：如竹箭之有筠也。

〔三〕謝朓詩：紅藥當階翻。

〔四〕酩酊，見山簡傳，詳後樂營置酒。

〔五〕鄰壁，暗用畢卓、阮籍事，詳後詠懷寄秘閣，餘見潭州。

浩曰：次句言家室相聚，三四即上章悉已芳茂之意。

春宵自遣

地勝遺塵事，身閑念歲華。晚晴風過竹，深夜月當花。石亂知泉咽，苔荒任逕斜。陶然恃琴酒，忘却在山家。

浩曰：念歲華，是不能忘也。陶然忘却，聊自遣耳。

題道靖〔一〕院院在中條山故王顏中丞所置虢州刺史捨官居此今寫眞存焉〔二〕

紫府丹成化鶴羣〔三〕，青松手植變龍文〔四〕。壺中別有仙家日〔五〕，嶺上猶多隱士〔六〕雲〔七〕。

獨坐遺芳成故事〔八〕，褰帷舊貌似元君〔九〕。自憐築室靈山下，徒望朝嵐與夕曛。

〔一〕一作「靜」，一作「淨」。

〔二〕宣室志：永樂縣道淨院，居蒲中之勝境。文宗時，道士鄧太玄鍊丹藥於院中。新書志：永樂縣有雷首山。按：中條即雷首山，兼跨數邑之境。永樂舊隸虢州。徐曰：英華有權德輿中嶽宗元先生吳尊師集序云：太原王顏常悅先生之風，自先生化去三歲，顏爲御史中丞，類斯遺文上獻。即此人也。顏固好道矣。按：宣室志：鄧太玄鍊藥留貯院內，蒲人侯道華在院爲供給者，性好子、史，常不釋卷，一覽必誦之於口，曰：「天上無愚懵仙人。」一旦不見，惟脫雙履衣挂松上，留偈一首。方驗竊太玄藥仙去，時大中五年五月也。此詩在前，偶附志之。

〔三〕抱朴子：項曼都言：「到天上，先過紫府，金牀玉几，晃晃昱昱。」餘詳後。神仙傳：蘇仙公躭升雲而去，後化白鶴，止郡城東北樓。又丁令威事，見下喜雪。

〔四〕按：拾遺記：秦始皇起雲明臺，窮四方之珍木，有東得之漂檖龍松。然不必用此也。格物總論曰：松磥砢多節，皮如龍鱗，盤根樛枝，四時青青。以龍狀松，習見語也。抱朴子：松三千歲，皮中有蘩芝如龍形，名曰飛節芝。朱氏引之，而改「蘩芝」爲「聚脂」，又删「飛節」句，誤矣。

〔五〕後漢書方術傳：費長房爲市吏，有賣藥老翁懸一壺於肆頭，及市罷，輒跳入壺中。按：神仙傳：凡召軍符，召鬼神治病玉府符，皆出自壺公，總名壺公符。雲笈七籤：魯人施存遇雲臺治官張申，常夜宿壺中，中有天地日月，自號壺天。眞誥謂施存，孔門弟子。張申卽長房之師。

〔六〕一作「者」。

〔七〕陶弘景答詔詩：山中何所有？嶺上多白雲。

〔八〕後漢書宣秉傳：拜御史中丞，光武特詔御史中丞與司隸校尉、尙書令會同，並專席而坐，故京師號曰「三獨坐」。史記自序：余所謂述故事，整齊其世傳。

〔九〕後漢書：賈琮爲冀州刺史。舊典，傳車驂駕，垂赤帷裳。琮曰：「刺史當遠視廣聽，何垂帷裳以自掩塞乎？」乃命御者褰之。太素三元君，道書屢見。

題小松〔一〕

憐君孤秀植庭中，細葉輕陰滿座風。桃李盛時雖寂寞，雪霜多後始青葱〔二〕。一年幾變〔三〕枯榮事？百尺方資柱石功〔四〕。爲謝西園車馬客，定悲搖落盡成空〔五〕。

〔一〕一作「小栢」。

〔二〕爾雅：青謂之葱。揚雄甘泉賦：翠玉樹之青葱。

〔三〕一作「度」。

〔四〕漢書：田延年謂霍光曰：「將軍爲國柱石。」

〔五〕魏文帝芙蓉池作：乘輦夜行遊，逍遥步西園。曹植公宴詩：清夜遊西園，飛蓋相追隨。又云：秋蘭被長阪，朱華冒淥池。芙蓉、秋蘭俱不耐久，故云然，以比朝貴。何曰：殊覺疎薄，不似義山手筆。浩曰：頗如何評，而首句與前題「無非自栽」合，故從原編列之。

七夕偶題

寶婺搖珠珮〔一〕，常娥照玉輪〔二〕。靈歸天上匹〔三〕，巧遺世間人〔四〕。花果香千戶，笙竽濫〔五〕四鄰。明朝曬犢鼻，方信阮郎〔六〕貧〔七〕。

〔一〕史記天官書：牽牛爲犧牲，其北河鼓。河鼓大星，上將；左右，左右將。婺女其北織女。織女，天女孫也。索隱曰：爾雅云，河鼓謂之牽牛，故或名河鼓爲牽牛也。爾雅云：須女謂之務女。或作「婺」字。荆州占云：織女一名天女，天子女也。

〔二〕婺女近爲之搖珮，常娥遠爲之照輪。珮、輪皆謂織女，蓋催之渡河也。

〔三〕崔寔四民月令：七月七日，河鼓、織女二星神當會。續齊諧記：桂陽成武丁有仙道，謂其弟曰：「七日織女當渡河。」弟問曰：「何事渡河？」答曰：「暫詣牽牛。」世人至今云織女嫁牽牛也。御覽引大象列星圖曰：古歌「黄姑、織女時相見」，黄姑即河鼓也，爲吳音訛而然。按：爾雅本作「何鼓」，注曰：今荆楚人呼牽牛星爲檐鼓。檐者，荷也。則知原不作「河」。晉人七日夜歌：靈匹怨離處。

〔四〕歲時記：婦人結綵縷，穿七孔鍼，或以金銀鍮石爲鍼，陳瓜果於中庭以乞巧，有喜子網於瓜上，以爲符應。

〔五〕一作「溢」。

〔六〕一作「家」，誤。

〔七〕竹林七賢論：阮咸，籍兄子也。諸阮俱善居室，惟籍一巷尙道業，好酒而貧。七月七日曬衣，諸阮庭中爛然，莫非絺錦。咸時總角，乃豎長竿標大布犢鼻褌於庭中，曰：「未能免俗，聊復共爾。」

浩曰：極平實，却有寓意，蓋借言婚於王氏也。一二謂作合者，卽戊辰會靜中西山南眞之意；三四謂成婚得佳耦；五六卽事；七八則自訴淸貧，與王氏之富於財者異也。祭外舅文中有數語可互參。

秋日晚思

桐槿日零落，雨餘方寂寥。枕寒莊蝶去〔一〕，窗冷胤螢銷〔二〕。取適琴將酒，忘名牧與樵。平生有遊舊，一一在煙霄。

〔一〕莊子：昔者莊周夢爲蝴蝶，栩栩然蝶也；俄然覺，則蘧蘧然周也。此之謂物化。

〔三〕晉書：車胤字武子，博學多通，家貧不常得油，夏月則練囊盛數十螢火以照書。

菊

暗暗淡淡紫，融融冶冶黃。陶令籬邊色〔一〕，羅含宅裏香〔二〕。幾時禁重露？實是怯殘〔三〕陽〔四〕。願泛〔五〕金鸚鵡〔六〕，升君白玉堂。

〔一〕見移白菊。

〔二〕晉書文苑傳：羅含致仕還家，階庭忽蘭菊叢生，以爲德行之感。

〔三〕一作「斜」。

〔四〕無人潤澤，深憂遲暮。

〔五〕「汎」通。

〔六〕西京雜記：九月九日飲菊花酒，令人長壽。御覽：晉咸康起居注：詔送遼東使鸚鵡杯。嶺表錄異：鸚鵡螺旋尖處屈而朱，如鸚鵡觜，故以此名。殼上青綠斑文，大者可受二升，殼內光瑩如雲母。裝爲酒盃，奇而可玩。梁簡文帝詩：車渠屢酌，鸚鵡驟傾。道源曰：金鸚鵡，或範金爲之也。浩曰：三四是罷官家居，結望入朝。

漢宮詞〔一〕

青雀西飛竟未迴〔二〕，君王長在集靈臺〔三〕。侍臣最有相如渴〔四〕，不賜金莖露一杯〔五〕。

〔一〕徐曰：磧砂唐詩作杜牧詩。按：的是義山筆。

〔二〕山海經西山經：玉山，西王母所居，其狀如人，豹尾虎齒而善嘯，蓬髮戴勝，是司天之厲及五殘。又曰：崑崙之邱，有人名西王母。海內北經：西王母梯几而戴勝杖。三青鳥已見聖女祠，又見西山經三危之山，又見海內北經，注皆云：爲王母取食。漢武故事：七月七日，上於承華殿齋，忽青鳥從西來，東方朔曰：「西王母欲來。」有頃，王母至。

〔三〕三輔黃圖：集靈宮、集仙宮、存仙殿、望仙臺，皆武帝宮觀名，在華陰縣界。按：唐亦有集靈臺，即華清宮長生殿側，見舊書紀。此則用漢事。程曰：以武宗築望仙臺比事屬辭。

〔四〕屢見。

〔五〕三輔黃圖：建章宮有神明臺，武帝造，祭仙人處。上有承露臺，有銅仙人舒掌捧銅盤玉杯，以承雲表之露，和玉屑服之。按：三輔黃圖建章宮神明臺、甘泉通天臺，皆言有承露盤。田曰：深婉不露，方是諷諫體。浩曰：武宗朝，義山閑居時多，借以自慨，非諷諫也。

所居

窗下尋書細，溪邊坐石平。水風醒酒病，霜日曝衣輕。雞黍隨人設，蒲魚得地生〔一〕。前賢無不〔二〕謂，容易卽遺名〔三〕。

〔一〕周禮：青州、兗州，其利蒲魚。

〔二〕一作「不無」。

〔三〕曹植七啓：君子不遯俗而遺名。

奉同諸公題河中任中丞新創河亭四韻之作〔一〕

萬里誰能訪十洲〔二〕？新亭雲構壓中流。河鮫〔三〕縱玩難爲室〔四〕，海蜃遙驚恥化樓〔五〕。左右名山窮遠目，東西大道鎖輕舟〔六〕。獨留巧思傳千古，長與蒲津作勝遊〔七〕。

〔一〕會昌一品集有河東留後任畹，卽此人也。

〔二〕十洲記：祖洲、瀛洲、玄洲、炎洲、長洲、元洲、流洲、生洲、鳳麟洲、聚窟洲。

〔三〕一作「蛟」。

〔四〕木華海賦：鮫人之室。郭璞江賦：鮫人構館於懸流。「難爲室」，如世說陳元方難爲兄，季方難爲弟之意。

〔五〕史記天官書：海旁蜃氣象樓臺。范晞文對牀夜語：不過蛟室蜃樓耳，而點化如此。世稱王禹玉鳳輦鰲山之句，本斯意也。

〔六〕徐曰：東岸河東縣，西岸河西縣。唐六典：造舟爲梁，河三，洛一。蒲津浮梁，河之一也。

〔七〕史記秦本紀：昭襄王五十年，初作河橋。正義曰：今蒲津橋也。新書志：河中府河西縣蒲津關，一名蒲阪。開元十二年，鑄八牛，牛有一人策之，牛下有山，皆鐵也，夾岸以維浮梁。

何曰：只可施之新瓶，移掇泛題不得，所以尤佳。

無愁果有愁曲北齊歌〔一〕

東有青龍西白虎〔二〕，中含福星包世度〔三〕。玉壺渭水笑清潭，鑿天不到牽牛處〔四〕。騏驎〔五〕蹋〔六〕雲天馬獰〔七〕，牛山撼碎珊瑚聲〔八〕。秋娥點滴不成淚，十二玉樓無故釘〔九〕。推煙唾月拋千里，十番紅桐一行死〔一〇〕。白楊別屋鬼迷人〔一一〕，空留暗記如蠶紙〔一二〕。日暮向〔一三〕風牽短絲〔一四〕，血凝血散今誰是？

〔一〕朱曰：曲名緣起未詳。按：當是義山自撰之曲，取義於北齊耳。隋書樂志：北齊後主自能度曲。嘗倚絃而歌，別采新聲，爲無愁曲，自彈胡琵琶而唱之，音韻窈窕，極於哀思，曲終樂闋，莫不隕涕。樂往哀來，竟以亡國。

〔二〕史記天官書：東宮蒼龍，西宮參爲白虎。張衡靈憲：蒼龍連蜷於左，白虎猛據於右。

〔三〕史記天官書：察日月之行，以揆歲星順逆。索隱曰：物理論云：歲行一次，謂之歲星，十二歲一周天。正義曰：天官云：歲星所居國，人主有福。

〔四〕三輔黄圖：渭水貫都，以象天漢；橫橋南渡，以法牽牛。按：北史齊、周紀：齊神武以晉陽四塞，乃定居焉。及文宣帝受東魏禪，都鄴，而晉陽往來臨幸。鄴在東，晉陽在西，故首句云然，兼取漢世蒼龍闕白虎觀之名矣。次句統舉所有封域。宇文周氏承西魏爲帝，都長安，故三四用渭水天河，謂笑其一壺之水，不足顧忌，開疆所不到也。

〔五〕一作「麒麟」。

〔六〕「踏」同。

〔七〕按：戰國齊策：世無騏驎騄耳，王之駟已備矣。商子亦云：騏驎騄耳。後漢書秦彭傳：鳳凰騏驎之瑞。又李業傳注引孔子曰：「刳胎殺夭，則騏驎不至。」南史梁武帝紀：鑿井得玉鏤騏驎。諸史中「騏驎」字甚多。蓋唐以前「騏驎」「麒麟」轉移互用，不足疑也。乃注國策及杜詩者頗疑之，故詳述焉。漢書禮樂志：馬生渥洼水中，又獲宛馬，作天馬歌。互詳茂陵。

〔八〕列子：齊景公遊於牛山，臨其國城而流涕，曰：「美哉國乎！若何滴滴去此國而死乎？」括地志：

牛山在臨淄縣。晉書：石崇以鐵如意擊碎王愷珊瑚樹。

〔九〕十二玉樓，詳九成宮。北史齊紀：文宣營三臺於鄴下，後帝又於晉陽起十二院，壯麗逾於鄴下。「踏雲」二句，指周師之至，後主走青州，故用牛山也。周武帝平鄴，詔僞齊東山南園及三臺並毁，撤諸物入用者，盡賜百姓。晉陽十二院當亦毁矣，故曰「無故釘」。

〔一〇〕按：詩義疏有青桐、白桐、赤桐。宋陳翥桐譜：赬桐高三四尺，即有花，色紅如火，無實。此取桐孫之義。紅桐言貴種，指神武子孫也。

〔一一〕古詩：驅車上東門，遥望郭北墓；白楊何蕭蕭，松栢夾廣路。

〔一二〕書斷：魯秋胡玩蠶作蠶書。按：墨藪云：秋胡妻作。梁虞龢論書表：子敬門生以子敬書種蠶，後人於蠶紙中尋取，大有所得。北齊書：周軍奄至，太子恆、淑妃及韓長鸞等皆爲所獲。時齊之太后諸王同送長安。至建德七年，數十人無少長皆賜死。神武子孫存者一二而已。至大象末，改葬於長安北原洪瀆川。此故言其人已死，惟有暗記其事者。

〔一三〕一作「西」，非。

〔一四〕按上「白楊」，謂楊柳絲也。

浩曰：實詠北齊而暗有寓意也。蓋追悼劉從諫之作。東龍西虎，喻南北司如水火也。「福星」謂天子也。「玉壺」二句，暗遡從諫欲入清君側之惡也。「騏驎」四句，謂天兵往討，奪其茅土也。「牛山」

暗言亡國。石崇，寓石雄入潞州也。「推煙」以下，謂誅劉稹後，其母阿裴及弟妹從兄輩，並俘至京，斬於獨柳下也。事皆載舊書紀、傳。又新書言郭誼斬稹，悉取從諫子在襁褓者二十餘殺之矣。「空留」句謂徒有暗記從諫之事實者。其以北齊爲言者，澤潞爲河東道，與北齊晉陽鄰接也。蓋至劉稹方拒命，而其先從諫尚扶王室，又頗得士大夫之心，故猶有默傷之者。

喜雪

朔雪自龍沙〔一〕，呈祥勢可嘉。有田皆種玉〔二〕，無樹不開花〔三〕。班扇慵〔四〕裁素〔五〕，曹衣詎比麻〔六〕。鵝歸逸少宅〔七〕，鶴滿令威家〔八〕。寂寞門扉掩〔九〕，依稀履跡斜〔一〇〕。人疑遊麪市〔一一〕，馬似困鹽車〔一二〕。洛水妃虛妒〔一三〕，姑山客漫誇〔一四〕。聯辭追〔一五〕許謝〔一六〕，和曲本慚巴〔一七〕。粉署闈全隔〔一八〕，霜臺路漸〔一九〕賒〔二〇〕。此時傾賀酒，相望在京華。

〔一〕後漢書班超傳贊：坦步葱雪，咫尺龍沙。注曰：葱嶺，雪山，白龍堆沙漠也。據此注龍沙似分言，亦有謂沙形長亙如龍者。

〔二〕水經注：無終山有陽翁伯玉田。搜神記曰：雍伯，雒陽人。父母沒，葬之於無終山。山高八十里，上無水，雍伯置飲焉。有人就飲，與石一斗，令種之，玉生其田。北平徐氏有女，雍伯求之，要以白璧一雙。伯至玉田，求得五雙，徐氏妻之，遂即家焉。陽氏譜敍言翁伯是周景王之孫，食采陽樊，因而氏焉。陽公受玉田之賜，今猶謂之玉田陽。按：他書「陽」多作「楊」，或作「羊」。「翁伯」「雍伯」亦小異。

〔三〕劉庭琦瑞雪篇：何處田中非種玉，誰家院裏不生梅？

〔四〕一作「難」。

〔五〕班婕妤怨歌行：新製齊紈素，皎潔如霜雪。

〔六〕詩曹風：麻衣如雪。

〔七〕晉書王羲之傳：字逸少。法書要錄：梁虞龢論書表曰：羲之性好鵝。山陰曇礦村有一道士，養好鵝十餘，王往求市易。道士乃言：「性好道，久欲寫河上公老子，而無人能書。府君若能自屈，書道德經各兩章，便合羣以奉。」羲之便住半日，爲寫畢，籠鵝而歸。

〔八〕搜神後記：丁令威本遼東人，後化鶴歸遼，集城門華表柱。有少年欲射之，乃飛，徘徊空中，言曰：「有鳥有鳥丁令威，去家千年今始歸。」

〔九〕錄異傳：漢時，大雪積地丈餘，洛陽令身出按行。至袁安門，無有路，謂安已死，令人除雪，入戶見安僵臥。問何不出，曰：「大雪人皆餓，不宜干人。」令以爲賢，舉孝廉。汝南先賢行狀：胡定字元安，潁川人。在喪，雉兔遊其庭。雪覆其室，縣令遣戶曹掾排闥問定，定已絕穀，妻子皆臥在床。令遣以乾糗就遺之，定乃受半。

〔一〇〕史記滑稽傳：東郭先生久待詔公車，貧困飢寒，衣敝履不完。行雪中，履有上無下，足盡踐地，道中人笑之。

〔一一〕束皙餅賦：重羅之麪，塵飛雪白。

〔一二〕戰國策：驥服鹽車而上太行。

〔一三〕洛神賦：飄颻兮若流風之迴雪。

〔一四〕莊子：藐姑射之山，有神人居焉，肌膚若冰雪。

〔一五〕一作「雖」。

〔一六〕屢見，謂遠匹道韞也。

〔一七〕宋玉對楚王問：客有歌於郢中者，其始曰下里巴人，屬而和者數千人。餘見移白菊。此謂閨中唱和。

〔一八〕見行次昭應縣。

〔一九〕一作「正」。

〔二〇〕通典：御史臺爲風霜之任。浩曰：略有寄意。四五聯閑居之景，七八聯兼閨中人言之，結慨不得在京華也。

小園獨酌

柳帶誰能結？花房未肯開。空餘雙蝶舞，竟絶一人來。半展龍鬚席〔一〕，輕斟馬腦杯〔二〕。年年春不定，虛信歲前梅。

〔一〕山海經中山經：賈超之山，其草多龍修。郭璞曰：龍鬚也。似莞而細，生石穴中，莖倒垂，可以爲席。元和郡縣志：汾州、沁州，貢龍鬚席。

〔二〕魏文帝馬腦勒賦序：馬腦，玉屬，出西域。文理交錯，有似馬腦，故其方人因以名之。晉書載記吕纂傳：盜發張駿墓，得琉璃榼、白玉樽、馬腦鍾。

何曰：句句生動，與小桃園詩皆是宫體。

小桃園

竟日小桃園，休寒亦未喧。坐鸎當酒重，送客出牆繁。啼久豔粉薄，舞多香〔一〕雪翻。猶憐未圓月，先出照黄昏。

〔一〕一作「春」，誤。

自貺

陶令棄官後，仰眠書屋中。誰將五斗米，擬換北窗風〔一〕？

〔一〕晉書隱逸傳：陶潛爲彭澤令。郡遣督郵至縣，吏白應束帶見之，潛歎曰：「吾不能爲五斗米折腰，拳拳事鄉里小人邪！」解印去縣。嘗言夏月虛閒，高臥北窗之下，清風颯至，自謂羲皇上人。

浩曰：似永樂閑居作。或以祇有傲情，更無他慨，疑前尉弘農乞假歸京時作，亦合，今且編此。

所居永樂縣久旱縣宰祈禱得雨因賦詩

甘〔一〕膏滴滴是精誠〔二〕，晝夜如絲一尺盈〔三〕。祇怪閭閻喧鼓吹，邑人同報束長生〔四〕。

〔一〕一作「井」，誤。

〔二〕春秋：僖公三年六月雨。公羊傳注曰：所以詳錄，賢君精誠之應也。後漢書諒輔傳：爲民祈福，精誠懇到。

〔三〕張協詩：密雨如散絲。

〔四〕晉書：束晳字廣微，陽平元城人。太康中，郡界大旱，晳爲邑人請雨，三日而雨注。衆爲晳誠感，爲作歌曰：「束先生，通神明，請天三日甘雨零。我黍以育，我稷以生。何以疇之？報束長生。」此用反託法。

落花

高閣客竟去，小園花亂飛。參差連曲陌，迢遞送斜暉。腸斷未忍掃，眼穿仍欲稀〔一〕。芳心向春盡，所得是沾衣〔二〕。

〔一〕一作「歸」。

〔二〕漢鐃歌：臨水遠望，泣下沾衣。田曰：起超忽，連落花亦看作有情矣。結亦雙關。楊曰：一結無限深情。

春日寄懷

世間榮落重逡巡，我獨邱園坐四春〔一〕。縱使有花兼有月，可堪無酒又〔二〕無人〔三〕。青袍似草年年定〔四〕，白髮如絲日日新。欲逐風波千萬里，未知何路到龍津〔五〕！

〔一〕當至會昌六年矣。

〔二〕一作「更」。

〔三〕袁曰：無酒無人，反不如併花月而去之。二語沉痛。

〔四〕屢見。

〔五〕三秦記：河津一名龍門，水險不通，黿魚之屬莫能上。江海大魚薄集門下數千，不得上，上則爲龍。

過故府中〔一〕武威公交城舊莊感事〔二〕

信陵亭館接郊畿〔三〕，幽象遥通晉水祠〔四〕。日落高門喧燕雀〔五〕，風飄大樹撼熊羆〔六〕。新蒲似筆思投日〔七〕，芳草如茵憶吐時〔八〕。山下祇今黄絹字〔九〕，淚痕猶墮六州兒〔一〇〕。

〔一〕何曰：「中」字衍。按：未可定。

〔二〕舊書志：北京太原府，領縣十三。交城，隋分晉陽置，初治交山，後移治却波村。

〔三〕御覽引圖經：浚儀有信陵亭，在城内，即魏公子無忌勝概之地。

〔四〕水經注：晉水有唐叔虞祠，水側有涼堂，結飛梁於水上，左右雜樹交蔭，希見曦景。晉川之中，最爲勝處。

〔五〕史記汲鄭列傳：下邽翟公爲廷尉，賓客闐門；及廢，門外可設雀羅。非用淮南子「大廈成而燕雀相賀」。

〔六〕後漢書馮異傳：諸將並坐論功，異獨屏樹下，軍中號曰「大樹將軍」。爾雅：熊，虎醜。羆，如熊。注曰：能拔樹木。昔日多賓客部曲，今惟燕雀熊羆。

〔七〕謝靈運詩：新蒲含紫茸。按：徐氏引董澤之蒲，是乃爾雅「楊，蒲柳」可爲箭者，誤矣。餘見移家永樂縣。此則以投筆謂封侯也。

〔八〕謝萬春遊賦：草靡靡以成茵。漢書：丙吉馭吏嗜酒，數逋蕩，嘗從吉出，醉歐丞相車上。西曹主吏白欲斥之，吉曰：「此不過汚丞相車茵耳。」遂不去也。

〔九〕後漢書孝女曹娥傳：上虞縣長度尚改葬娥於江南道旁，爲立碑焉。會稽典錄：邯鄲淳爲曹娥碑文，操筆而成。其後蔡邕題八字，曰：「黄絹幼婦，外孫虀臼。」世說新語：魏武嘗過曹娥碑下，楊修見碑背題字，已解。魏武行三十里，乃得之，與修同。黄絹，色絲，於字爲「絶」；幼婦，少女，於字爲「妙」；外孫，女子，於字爲「好」；虀臼，受辛，於字爲「辭」。所謂「絶妙好辭」。按：準之史書，蔡邕亡命，遠至吳會，自可題字。魏武與修，何緣得過碑下？注世說者已疑之。

〔一〇〕晉書：羊祜爲征南大將軍，封南城侯，鎮襄陽，卒。襄陽百姓於峴山祜平生遊憩之所，建碑立廟，歲時饗祭。望其碑者，莫不流涕，杜預因名爲「墮淚碑」。北齊書李稚廉傳：高祖行經冀州，總合河北六州文籍，商校戶口增損。

浩曰：自朱長孺妄以武威公爲王茂元，諸家胥仍其誤。王栖曜，濮陽人，父子宦蹟皆未一至河東，何得交城有莊，且有碑紀功哉？義山爲茂元壻，何僅曰「故府」？茂元謚「威」，何加「武」字哉？太原王氏亦有封武威者，如北齊王叡之父贈武威王之類，而此必非也。余初以漢有劉武威，定爲追感劉從諫之作。舊、新書言失意不逞之徒，皆投潞州，故以信陵好客比之。舊紀：開成元年，從諫奏開儀夷山路，通太原晉州。故次句云。從諫加同平章事，故六句云。「六州兒」者，指河北魏博諸州也。舊、新書羅威傳：自至德中，田承嗣盜據相、魏、澶、博、衞、貝等六州，募置牙軍。語曰：「長安天子，魏府牙軍。」謂其勢强也。魏博六州，唐時常語。如舊紀元和七年，魏博田興請裴度至六州宣達朝旨；太和九年歲飢，河北尤甚，賜魏博六州粟；及平淮西碑「魏將首義，六州降從」之類。蓋河北以魏博最強，而昭義本由相衞分置，一氣相依，故此云「六州兒」，而文集亦以六州向化指河朔之來服也。劉氏之鎮昭義，從諫居其中，故隱曰中武威公也。稹以叛誅，而從諫頗可追惜也。今思交城自屬太原，地不相涉，武威之稱，亦太假借，恐又非也。再檢傳、表，武威李氏抱眞喜招致天下賢雋，飾臺沼以自娱。其所鎮亦昭義，非太原。范陽李氏載義封武威郡王，太和七年鎮太原，其吏下請立碑紀功，詔李程爲之詞，開成二年卒。似相近，而實不可符。其他李氏之或家太原，或封武威者，皆無可徵。其曰「故府」，曰「感事」，必有實事在焉。尋考未符，惡可妄斷。又曰：頗以爲李光顏也。舊書傳、紀：李光進，父良臣。光進，光顏兄弟，家於太原。光進以破賊多戰功，封范陽郡公，進武威郡王。元和六年，賜姓李氏。十年卒。光顏討吴元濟，功冠諸將。穆宗卽位之年，由邠寧赴闕，賜開化里第，加同中書門下平章事，守司徒兼侍中。敬宗寶曆元年，由忠武移太原尹、北京留守，二年卒，謚曰

「忠」。光進、光顏，皆大著功勳，屢爲節鎮，時人以大小大夫別之。光顏忠誠尤烈。金石錄云：榆次縣有李良臣碑。而朱竹垞曝書亭集跋榆次三唐碑，兼光進光顏也。光進傳書武威郡王，碑書安定郡王，其詞令狐楚撰。光顏碑，李程撰，開成五年立。傳不書封爵，而紀於邠寧入朝時書武威郡開國公矣。前明統志云：榆次縣北十里，良臣與子光進、光顏、孫昌元等五墓並列，墓有碑，今磨滅。夫光顏家在太原，墓在榆次，則有莊在交城，似亦可也。次句似謂與太原家祠靈爽相通。六句點明曾加平章。光顏討淮蔡時，却韓弘美妓之遺，座對三軍，誓死無貳。今之討昭義者，有是忠勇之帥與？題所以云感事也。惟「故府」字與五六句，似曾身入其幕者，於義山不可符。然惟此與劉從諫二人近似，無可更詳討矣。或曾至從諫幕而深諱之，未可知也。又曰：自和劉評事永樂閒居以下約四十章，皆將居永樂及以後數年作也。舊來集本顛倒錯亂，惟中下兩卷中所編永樂時詩，頗有連十餘篇尚能彙敍者。余得會其意而通之，不必皆有確據之語也。乃又雜取前後之確有可憑者並列焉，要之皆非武斷。

寄蜀客

君到臨邛問酒壚，近來還有長卿無〔一〕？金徽却是無情物〔二〕，不許文君憶故夫〔三〕！

〔一〕史記：司馬相如，蜀郡成都人，字長卿。相如與文君俱之臨邛，盡賣車騎，買酒舍，酤酒，而令文君當壚，相如自着犢鼻褌，滌器於市中。

〔二〕國史補：蜀中雷氏斲琴，常自品第，第一以玉徽，次瑟瑟徽，次金徽，又次螺蚌徽。

〔三〕古詩：上山采蘼蕪，下山逢故夫。餘見送裴十四。何曰：以無情誚金徽，殊妙。若説文君無情，便同嚼蠟。

蜀桐

玉壘高桐〔一〕拂玉繩〔二〕，上含非〔三〕霧下含冰〔四〕。枉教紫鳳無棲處，斲作秋琴彈〔五〕壞〔六〕陵〔七〕。

〔一〕一作「梧」。

〔二〕見後武侯廟、寄令狐學士。

〔三〕一作「霏」，誤。

〔四〕史記天官書：若霧非霧，衣冠而不濡，見則其域被甲而趨。

〔五〕去聲。

〔六〕一作「廣」，誤。

〔七〕徐曰：陸機詩：齊僮梁甫吟，秦娥張女彈。彈與館漢叶，作去聲。琴操第十二曰壞陵操，伯牙所作。按：英華及諸舊本皆作「壞」，考御覽、玉海引琴操本皆作「壞」，而他書或作「懷」，訛也。廣陵散，詳晉書嵇康傳。意取壞陵，必非廣陵。

浩曰：此二章余早悟爲間之於西川者發也。但初定爲大中二三年有望於杜悰之作，今乃知其非矣。當與成都高苗二從事互看。唐人託興，每以夫婦之情喻君臣師友之契合，寄蜀客篇「文君」「故夫」，喻本是師生，情更濃至。其人必離西川，故言今豈還有長卿哉，何向之工於排間也！蜀桐篇言其身名高顯，蒙上凌下，昔年爾實擯我，豈知今亦遭斲壞哉！其人或廢棄，或已逝也。皆未定何年所作。以會昌末鎮蜀者已非高鍇，故酌編此。愚細味詩情，詳探遊跡，始能得之。舊解動指令狐，於蜀客奚取焉？「壞陵」或謂當作「廣陵」，以喻杜悰由蜀移淮南，不知移鎮依然顯貴，義必不可通也。

昭肅皇帝挽歌辭三首〔一〕

九縣懷雄武〔二〕，三靈仰睿文。周王傳叔父〔三〕，漢后重神君〔四〕。玉律朝驚露〔五〕，金莖夜切雲〔六〕。笳簫〔七〕凄欲斷，無復詠横汾〔八〕。

玉塞驚宵柝〔九〕，金橋罷舉烽〔一〇〕。始巢阿閣鳳〔一一〕，旋駕鼎湖龍〔一二〕。門咽通神鼓〔一三〕，樓凝警夜鐘〔一四〕。小臣觀吉從〔一五〕，猶誤欲東封〔一六〕。

莫驗昭華琯〔一七〕，虚傳甲帳神〔一八〕。海迷求藥使〔一九〕，雪隔獻桃人〔二〇〕。桂寢青雲斷〔二一〕，松扉白露新〔二二〕。萬方同象鳥〔二三〕，舉動滿秋塵〔二四〕。

〔一〕舊書紀：會昌六年三月壬寅，帝不豫，疾篤，是月二十三日崩。謚曰至道昭肅孝皇帝，廟號武宗。八月葬端陵。按：左傳：吳與齊戰，齊人公孫夏命其徒歌虞殯，卽挽歌之始也。續漢書禮儀志曰：登遐，羽林孤兒、巴俞擢歌者六十人。晉書禮志：漢魏故事，大喪及大臣之葬，執紼者挽歌。古今注：薤露、蒿里，喪歌也，出田横門人，至李延年分爲二曲：薤露送王公貴人，蒿里送士大夫庶人，使挽柩者歌之。全唐詩中大行挽歌，亦有奉勅撰者。此疑代人之作。

〔二〕後漢書：九縣飈回。

〔三〕史記周本紀：共王崩，子懿王囏立。懿王崩，共王弟辟方立。舊書紀：遺詔立光王爲皇太叔，卽皇帝位。

〔四〕史記封禪書：天子病不愈，游水發根言上郡有巫，病而鬼神下之。上召置祠之甘泉。及病，使人問神君，神君言曰：「天子無憂病。病少愈，彊與我會甘泉。」於是病愈，遂起，幸甘泉，病良已。大赦，置壽宮神君。詩是用此事，非用長陵女子也。舊書紀：帝重方士，服食修餌，親受法籙，至是藥燥。通鑑：上自秋來已覺有疾，而道士以爲換骨。

〔五〕後漢書律曆志：候氣之法，殿中候用玉律十二。史記商君傳：危若朝露，尚欲延年益壽乎？古今注：薤露之章曰：薤上朝露何易晞！

〔六〕三輔故事：承露盤高二十丈，掌大七圍。餘詳漢宮詞。

〔七〕一作「笙」，非。

〔八〕漢武秋風詞：泛樓船兮濟汾河，橫中流兮揚素波。簫鼓鳴兮發櫂歌，少壯幾時兮奈老何！

〔九〕漢書西域傳：東則接漢，阸以玉門陽關。師古曰：阸，塞也。此謂破回紇也。舊書：劉沔遣石雄至振武，引兵夜出，直攻可汗牙帳。至其帳下，虜乃覺之，可汗大驚，不知所爲，遂迎太和公主以歸。故曰「驚宵柝」。

〔一○〕玉海地志：金橋在上黨南二里。景龍三年，明皇經此橋至京師。史記：公子無忌與魏王方博，舉烽，言趙寇，王懼。漢書音義：晝則燔燧，夜則舉烽。此謂平劉稹。

〔一一〕禮斗威儀：其政太平，則鳳集於林苑。餘見隋師東。謂武功既成，將致太平也。

〔一二〕漢書郊祀志：黃帝采首山銅以鑄鼎。鼎成，有龍垂胡顈下迎，黃帝上騎，羣臣後宮從上龍七十餘人。餘小臣不得上，乃悉持龍顈，龍顈拔，墮黃帝之弓，乃抱其弓與龍顈號。故後世因名其處曰鼎湖，其弓曰烏號。

〔一三〕蔡質漢儀：凡宮中漏夜盡，鼓鳴則起。餘見覽古。又臨海記：郡西有白鵠山，山有石鼓，相傳云此山有白鵠，飛入會稽郡雷門鼓中，打鼓聲洛陽聞之。劉瓛定軍禮：或曰：鷺，鼓精也。昔吳王夫差啓蛇門以厭越，越爲雷門以禳之，擊大鼓雷門之下，而蛇門閧焉。其後移鼓建康宮之端門，有雙鸞破鼓而飛乎雲表。古今樂錄及吳錄：夫差移於建康之宮南門，有雙鶴從鼓中而飛上入雲中。按：「通神」用此，非用周禮地官「鼓人以雷鼓鼓神祀」之類。

〔一四〕見覽古。張衡西京賦：警夜巡晝。此謂響寂聲沉，冥冥長夜矣。

〔一五〕後漢書禮儀志：先大駕日，游衣冠於諸宮殿，羣臣皆吉服，從會如儀。皇帝近臣喪服如禮。晉書禮志：將葬，設吉駕，羣臣吉服導從，以象平生之容。

〔一六〕漢書：武帝元封元年，東巡登封泰山。

〔一七〕一作「管」。大戴禮：舜時，西王母獻白玉琯。晉書律曆志：舜時，西王母獻昭華之琯。西京雜記：高祖初入咸陽宮，周行府庫，有玉管長二尺三寸，二十九孔，吹之，則見車馬山林隱轔相次。銘曰「昭華之琯」。

〔一八〕漢武故事：上以琉璃珠玉明月夜光雜錯天下珍寶爲甲帳，其次爲乙帳。甲以居神，乙以自居。

〔一九〕漢書郊祀志：自威、宣、燕昭使人入海求蓬萊、方丈、瀛洲諸仙人及不死之藥，秦始皇使人齎童男女求之，船交海中，皆以風爲解。漢武帝東巡海上，益發船，令言海中神山者數千人求蓬萊神人，復遣方士求神人采藥以千數。餘互詳海上。

〔二〇〕拾遺記：西王母進周穆王嵰州甜雪，萬歲冰桃。餘見聖女祠。舊書紀：會昌元年六月，衡山道士劉玄靖充崇玄觀學士，賜號廣成先生，命與趙歸眞等於三殿建九天道場，帝親受法籙。三年，築望仙觀於禁中。四年，以道士趙歸眞爲道門敎授先生。五年，築望仙臺於南郊。歸眞舉羅浮道士鄧元起有長生之術，帝遣中使迎之。

〔二〕三輔黄圖：桂宫，漢武帝造。關輔記云：桂宫在未央宫北，從宫中西上，至建章神明臺、蓬萊山。西京雜記：武帝爲七寶牀、雜寶桉、廁寶屏風、列寶帳，設於桂宫。按：桂寢當用此，而兼用漢書：公孫卿曰：「仙人可見，好樓居。」於是上令作飛廉、桂館，使卿候神人。「青雲」用仙人乘雲而下之意。

〔三〕陵寢必植松栢。松扉栢城，習用語也。舊引符子：堯曰：「余坐華殿之上，森然而松生於棟；立櫺扉之內，霏然而雲生於牖。」似之而非也。白露亦園陵習用，此更切八月初葬。

〔三〕見送李千牛赴闕。

〔四〕「轝」一作「舉」，誤。朱本作「舉慟滿」，「滿」一作「淨」，今從戊籤。按：「乘輿」，史記封禪書作「乘轝」。後世喪儀每作「轝」，謂葬時靈輿也。若如朱本謂舉慟而塵爲之淨，亦通。然此體只取莊重，故酌定。

田云：宏整哀切，就挽事作歎，不失誄尊之體。浩曰：武宗大有武功，篤信仙術，絕類西漢武帝。三詩用典，大半取之。極華贍中，殊含悽惋。

茂陵〔一〕

漢家天馬出蒲梢〔二〕，苜蓿榴花偏近郊〔三〕。内苑只知含〔四〕鳳觜〔五〕，屬車無復插雞翹〔六〕。

玉桃偷得憐方朔〔七〕，金屋修〔八〕成貯阿嬌〔九〕。誰料蘇卿老歸國〔一〇〕，茂陵松栢雨蕭蕭！

〔一〕漢書：武帝葬茂陵。

〔二〕史記樂書：武帝伐大宛，得千里馬，名曰蒲梢，作天馬之歌。互見無愁有愁曲。

〔三〕戊籤：首二句誤出韻。按：唐人不拘。漢書西域傳：大宛左右以蒲陶爲酒，俗耆酒，馬耆目宿。漢使采蒲陶、目宿種歸。天子以天馬多，外國使來衆，益種蒲陶、目宿，離宫館旁極望焉。博物志：張騫使西域還，得安石榴、胡桃、蒲桃。

〔四〕一作「銜」。

〔五〕一作「嘴」。十洲記：仙家煮鳳喙及麟角作膠，名爲「續絃膠」，或名「連金泥」，能續弓弩已斷之絃，刀劍斷折之金。武帝時，西國王使至，獻此膠，武帝以付外庫，不知妙用也。帝幸華林園射虎，弩絃斷，使者時從駕，又上膠一分，使口濡以續弩絃。帝驚曰：「異物也。」乃使武士數人共對掣引之，終日不脱，膠色青如碧玉。戊籤：含鳳嘴，謂口濡膠也。

〔六〕後漢書輿服志：前驅有九斿雲罕，鳳凰闟戟，皮軒鸞旗。鸞旗者，編羽旄，列繫幢旁，民或謂之雞翹，非也。餘見陳後宮。此謂已殂落，弩絃可續，而壽命難延。五六又追述。

〔七〕神農經：玉桃，服之長生不死。若不早得服，臨死日服之，其尸畢天地不朽。抱朴子內篇：五原蔡誕入山而返，欺家云：「到崑崙山，有玉桃光明洞徹而堅，須玉井水洗之，便軟可食。」餘見聖女祠。楊慎曰：本是「瑤池宴罷留王母」，俗作此句，直似小兒語耳。朱曰：漢武內傳：王母降承華之宮。若瑤池西宴，自是穆王事，如何可合？徧檢宋本俱無之，不可以語出用修，而不覈其實。按：此辨極是，不可震其名而爲所欺也。

〔八〕一作「粧」。

〔九〕漢武故事：帝爲膠東王，年數歲，長公主問曰：「兒欲得婦否？」指其女阿嬌好否，笑對曰：「好，若得阿嬌，當作金屋貯之。」漢書外戚傳：武帝卽位，陳皇后擅寵驕貴，十餘年。此舉一以該後宮。

〔一〇〕漢書蘇武傳：武字子卿，爲移中廄監。武帝天漢元年，使匈奴。昭帝始元六年春迺還。詔武奉一太牢謁武帝園廟，拜爲典屬國。武留匈奴凡十九歲，始以強壯出，及還，鬚髮盡白。

朱曰：此詩全是託諷武宗。何曰：首二謂勤遠略，三四謂好獵，五謂好仙，六謂好內，結借蘇卿一襯，諷刺自見言外。包括貫穿，極工整而不牽率。浩曰：武宗武功甚大，故首聯重筆寫起，不僅游獵武戲也。推之好仙好色，而仍歸宿邊事，武之所以爲武也。亦非專是託諷，謂借發故君之感，則合乎忠厚矣。蘇卿未必有所指。徐氏謂宣宗立，武宗朝貶逐五相李宗閔、楊嗣復、牛僧孺、崔珙、李玨同日召還。義山本牛黨，蘇卿指僧孺等。深文之論，吾無取焉。又曰：此章的是慨武宗矣。然謂直詠漢武以爲諷戒，意味固已深長，詩中妙境，其趣甚博，隨人自領之耳。

漢宮

通靈夜醮達清晨〔一〕，承露盤晞甲帳春〔二〕。王母西歸〔三〕方朔去〔四〕，更須重見李夫人〔五〕。

〔一〕三輔黄圖：王褒雲陽記曰：鉤弋夫人卒，葬雲陽。武帝思之，起通靈臺於甘泉宮。按：通靈，泛指醮事亦可。太平廣記引漢武内傳：帝禱醮名山，以求靈應。

〔二〕屢見。

〔三〕一作「不來」。

〔四〕英華曰：集作「王母西歸何處去」。武帝内傳：其後東方朔一旦乘龍飛去，同時衆人見從西北上，冉冉大霧覆之，不知所適。至元狩二年帝崩。餘皆别詳。

〔五〕漢書外戚傳：李夫人少而早卒，上思念不已，方士齊人少翁言能致其神。乃夜張燈燭，設帳帷，陳酒肉，而令上居他帳，遥望見好女如李夫人之貌，還帷坐而步。又不得就視，上愈益相思悲感，爲作詩曰：「是邪非邪？立而望之，偏何姍姍其來遲！」按：李夫人，封禪書作王夫人。

華嶽下題西王母廟

神仙有分豈關情？八馬虛追〔一〕落日行〔二〕。莫恨名姬中夜沒〔三〕，君王猶自不長生〔四〕。

〔一〕一作「隨」，誤。

〔二〕穆天子傳：天子之駿，赤驥、盜驪、白義、踰輪、山子、渠黃、華騮、綠耳。天子主車，造父爲御。水經注：湖水出桃林塞之夸父山。山多野馬，造父於此得驊騮、綠耳、盜驪之乘，獻穆王，使之馭，以見西王母。

〔三〕穆天子傳：天子西北□，姬姓也，盛栢之子也。天子乃爲之臺，是曰重璧之臺。天子東狃於澤中，逢寒疾，盛姬告病，天子西至重璧之臺，盛姬告病，□乃殯盛姬於轂邱之廟。天子永念傷心，乃南葬盛姬於樂池之南。

〔四〕史記周本紀：穆王即位，春秋已五十矣，立五十五年崩。朱曰：新書：武宗王才人善歌舞，狀纖頎，頗類帝。每畋苑中，才人必從，袍而騎，佼服光侈，觀者莫知孰爲帝也。帝惑方士，餌藥，寖不豫，才人侍左右，帝熟視曰：「吾氣奄奄，顧與汝辭。」對曰：「陛下萬歲後，妾得以殉。」及大漸，悉取所常貯散遺宮中。帝崩，即自經幄下。宣宗嘉其節，贈賢妃，葬端陵之栢城。義山豈感其事而發歟？楊曰：康駢劇談錄有孟才人寵於武宗，帝不豫，召而問之曰：

「我或不諱，汝將何之？」對曰：「無復生爲。」是日令於御前歌河滿子一曲，聞者涕零。後宮車晏駕，哀痛數日而殞。「名姬」亦可指此。徐曰：張祜詩有孟才人歎，序稱才人以笙囊獲寵。上曰：「吾不諱，爾何爲哉？」指笙囊泣曰：「請以此就縊。」上憫然。復曰：「妾嘗藝歌，請對上歌一曲以泄憤。」乃歌一聲河滿子，氣亟立殞。上令醫候之，曰：「肌尚溫而腸已斷。」其事皆大同小異，豈宮闈事祕，傳之者不得其眞乎？浩曰：以上兩章，皆武宗崩後作無疑也。漢宮首句指道場法籙。下二句言王母不再來，方朔又去，帝求仙之道絕矣。末句以重見託出李夫人之早卒，運筆殊妙，隔帷遙望，豈果能重見之耶？或謂宮車晚出，却與李夫人重見，意亦通也。考舊書后妃傳云：武宗王賢妃事闕。而紀文：即位之年三月，詔宮人劉氏、王氏並爲妃。及葬端陵，德妃王氏祔焉。通鑑載王才人事，而考異引李贊皇獻替記曰：王妃有專房之寵，至是嬌妬忤旨，一夕而殞。又引蔡京王貴妃傳：帝升遐，妃自縊，仆於御座下。又引劇談錄：孟才人窆於端陵之側。而曰此事正恐是王才人，傳聞不同也。今合檢諸書，竊以德妃、賢妃即一人，孟才人、王才人事，亦即王妃也。唐末紀載庬雜，附會者多，不足盡信。又曰：獻替記書於五年十月，張祜詩序「才人先帝而殞」，與崩後從殉不同。合之此二詩，則妃必先帝而卒，史文當有舛耳。

瑤池〔一〕

瑤池阿母綺窗開〔二〕，黃竹歌聲動地哀〔三〕。八駿日行三萬里〔四〕，穆王何事不重來〔五〕？

〔一〕穆天子傳卷三：天子賓於西王母，天子觴西王母於瑤池之上。西王母爲天子謠曰：「白雲在天，山陵自出。道里悠遠，山川間之。將子無死，尚能復來。」天子答之曰：「予歸東土，和治諸夏。萬民平均，吾顧見汝。比及三年，將復而野。」

〔二〕稱王母爲玄都阿母，見武帝內傳。

〔三〕穆天子傳卷五：日中大寒，北風雨雪，有凍人，天子作詩三章以哀民，曰「我徂黃竹，□員閟寒」云云。按：玩傳文，黃竹當在嵩高之西，長安之東，與西王母相遠，固不必拘耳。

〔四〕傳卷四：朝於宗周之廟，乃里西土之數，各行兼數三萬有五千里。列子：穆王乃觀日之所入，一日行萬里。杜子美集畫馬讚原注：穆天子傳：飛兔、騕褭，日馳三萬里。按：宋書符瑞志：飛菟，神馬之名也，日行三萬里。禹治水勤勞，天應其德而至。騕褭者，神馬也，與飛菟同。杜集所注，俟再檢。

〔五〕竹書：穆王十七年西征昆侖，見西王母。其年，西王母來朝，賓於昭宮。餘屢見。

錢曰：此方專諷學仙。

過景陵〔一〕

武皇精魄久仙昇，帳殿淒涼煙霧凝〔二〕。俱是蒼生留不得，鼎湖何異魏西陵〔三〕！

〔一〕舊書憲宗紀：元和十五年正月甲戌朔，上以餌金丹小不豫，庚子暴崩，葬景陵。新書志：景陵在同州奉先縣金熾山。

〔二〕通典：葬儀備列吉凶二駕：神駕至吉，帷宮帳殿，進轀輬車；靈駕至凶，帷帳殿下。

〔三〕三國魏志：太祖武皇帝葬高陵。按：陵在鄴之西岡，故稱西陵。詳後東阿王，餘見挽歌辭。

浩曰：此篇意最隱曲，假景陵以詠端陵，而又追慨章陵也。「鼎湖」，喻新成陵寢；「西陵」，喻章陵，而痛楊賢妃賜死事也。有前諸詩可證，言豈獨文宗不能庇一姬耶？憲宗與武宗皆求仙餌藥致疾，故用黃帝上仙。而篇首「武皇」，微而顯矣。

四皓廟〔一〕

本爲留侯慕赤松〔二〕，漢庭方識紫芝翁。蕭何只解追韓信〔三〕，豈得虛當第一功〔四〕？

〔一〕戊籤無「廟」字。

〔二〕史記：留侯曰：「今以三寸舌爲帝者師，封萬戶，位列侯，此布衣之極，於良足矣。願棄人間事，從赤松子游耳。」

〔三〕史記淮陰侯列傳：蕭何聞信亡，不及以聞，自追之。居一二日，何來謁上，曰：「諸將易得耳，至如信者，國士無雙。」

〔四〕見韓碑。

徐曰：此詩爲李衞公發。衞公舉石雄，破烏介，平澤潞，君臣相得，始終不替。而卒不能早定國儲，使武宗一子不得立，有愧紫芝翁多矣。故假蕭相以譏之。浩曰：徐箋甚精。舊、新書武宗五子，並逸其薨年。然通鑑云：諸宦官密於禁中定策，下詔稱皇子冲幼，須選賢德。則其時武宗之子未盡也。留侯之使呂澤迎四皓，已在多病道引不食穀，杜門不出之後歲餘矣。衞公始終秉鈞，而竟不能建國本、扶冲人，何哉？蕭何爲相，至惠帝二年薨。詩故確據漢事而婉轉出之。會昌一品集賜石雄詔云：得飛將於無雙。此擬韓信正合。集又有天性論，爲莊恪太子事，而歎無人以一言悟主也。比類而觀，其能解於此章之冷刺歟？

玉谿生詩集箋註卷之二 編年詩

喜舍弟羲叟及第上禮部魏公〔一〕

國以斯文重，公仍內署來〔二〕。風標森太華〔三〕，星象逼中台〔四〕。朝滿遷鶯侶〔五〕，門多吐鳳才〔六〕。寧同魯司寇，惟〔七〕鑄一顏回〔八〕！

〔一〕舊書紀：大中元年三月，禮部侍郎魏扶奏放進士三十三人。本傳：弟羲叟進士擢第，累爲賓佐。按：甲集序曰：「仲弟聖僕特善古文，居會昌中進士爲第一二。」此追言於舉人中傑出也。乃朱氏作舉會昌中進士爲第一，誤矣。又獻鉅鹿公啓云五言四首，今止一首，何耶？唐詩紀事：扶知禮闈，入院題詩云：「梧桐葉落滿庭陰，鎖閉朱門試院深。曾是昔年辛苦地，不將今日負前心。」及榜出，無名子削爲五言詩以譏之。

〔二〕漢書孔光傳：光爲帝太傅，行內署門戶。班固兩都賦序：內設金馬、石渠之署。新書志：開元時，改翰林供奉爲學士，別置院，號爲內相，又以爲天子私人。扶蓋兼翰林之職。

〔三〕山海經：太華之山，削成而四方，其高五千仞。

〔四〕見送李千牛。

〔五〕劉賓客嘉話録：今謂登第爲遷鶯，蓋本毛詩「伐木丁丁，鳥鳴嚶嚶，出自幽谷，遷于喬木」，然並無「鸎」字。頃試早鸎求友及鸎出谷詩，别無證據，豈非誤歟？葉大慶攷古質疑：詩「嚶嚶」，雖非指鶯，然漢張衡歸田賦：王雎鼓翼，倉庚哀鳴；交頸頡頏，關關嚶嚶。又東都賦：雎鳩鸝黄，關關嚶嚶。倉庚、鸝黄，皆鶯也，皆以「嚶嚶」言之，唐人未必不本於此。按：詩傳箋疏並不指鶯。本草釋名曰：禽經云鸎鳴嚶嚶，故云。或云，鸎項有文，故從賏，賏，項飾也。或作「鶯」，鳥羽有文也。竊以爲相承之由當以此。

〔六〕西京雜記：揚雄著太玄經，夢吐白鳳凰，集於玄上，頃而滅。

〔七〕一作「只」。

〔八〕揚子：或曰：「人可鑄歟？」曰：「孔子鑄顔回矣。」

題鄭大有隱居〔一〕

結構何峯是？喧閑此地分：石梁高瀉月，樵路細侵雲。偃臥蛟螭室，希夷鳥獸羣〔二〕。近知西嶺上，玉管有時聞〔三〕。

〔一〕鄭大，鄭畋也。舊書鄭畋傳：畋字台文，年十八登進士第，二十二又以書判拔萃，授渭南尉，歷官至乾符時爲相。按：畋於會昌二年登進士，大中元年拔萃作尉，即見傳中自陳表。全唐詩話：鄭台文爲人仁恕，姿采如峙玉。

〔二〕老子：視之不見名曰夷，聽之不聞名曰希，搏之不得名曰微。

〔三〕自註：君居近子晉憩鶴臺。水經：洛水東過偃師縣南。注曰：昔王子晉好吹鳳笙，與道士浮邱同遊伊、洛之浦。子晉控鶴於緱氏山，靈王望而不得近，舉手謝而去。其家得遺屣。俗亦謂之撫父堆。劉向列仙傳云：世有簫管之聲焉。餘見送從翁東川。偃師接近滎陽。鄭氏，滎陽人也。鄭畋集題緱山王子晉廟五言長律，自注：時爲渭南尉作。

謝往桂林至彤庭竊詠〔一〕

辰象森羅正〔二〕，勾陳翊衞寬〔三〕。魚龍排百戲〔四〕，劍珮儼千官〔五〕。城禁將開晚，宮深欲曙難。月輪移枍〔六〕詣〔七〕，仙路下闌干〔八〕。共賀高禖應〔九〕，將陳壽酒歡〔一〇〕。金星壓芒角〔一一〕，銀漢轉〔一二〕波瀾〔一三〕。王母來空闊〔一四〕，羲和上屈盤〔一五〕。鳳凰傳詔旨〔一六〕，獬豸〔一七〕冠朝端〔一八〕。造化中台坐〔一九〕，威風大〔二〇〕將壇〔二一〕。甘泉猶望幸，早晚冠呼韓〔二二〕。

〔一〕原編集外詩。舊書志：嶺南西道桂管經略觀察使治桂州，管桂、昭、蒙、富、梧、潯、龔、鬱林、平、琴、賓、澄、繡、象、柳、融等州。舊書鄭畋傳：父亞，字子佐，大中初爲桂管都防禦經略使。新書選舉志：凡官已受成，皆廷謝。此從鄭亞赴桂朝謝也。餘詳年譜。

〔二〕張正見山賦：森羅辰象，吐吸雲霧。

〔三〕見陳後宮。

〔四〕漢書武帝紀：元封三年，作角抵戲。西域傳：作巴俞都盧、海中碭極、漫衍魚龍、角抵之戲以觀視之。師古曰：魚龍者，爲舍利之獸，先戲於庭極，畢，乃入殿前激水，化成比目魚，跳躍漱水，作霧障日，畢，化成黄龍八丈，出水散戲於庭，炫燿日光。西京賦云：「海鱗變而成龍」，卽爲此色也。百戲，詳西京賦。「漫衍」，亦作「曼延」。「抵」亦作「觝」，亦作「氐」。

〔五〕古者諸臣皆有劍珮，上殿則解劍。故功高者，特賜帶劍履上殿，如蕭何是也。

〔六〕烏詣切。

〔七〕一作「几席」，非。文選西都賦：洞枍詣以與天梁。注曰：建章宮有駁娑、駘盪、枍詣、承光四殿。三輔黄圖：枍詣，木名。宮中美木茂盛也。

〔八〕一作「欄杆」。古樂府善哉行：月沒參横，北斗闌干。此只言欄檻。

〔九〕月令：仲春玄鳥至之日，以太牢祠于高禖。漢書武五子傳：上年二十九，乃得太子，甚喜，爲立禖，使東方朔、枚皋作禖祝。詩生民之篇，傳曰：去無子，求有子，古者必立郊禖焉。

〔一〇〕稱觥上壽，本詩豳風。漢書兒寬傳：臣寬奉觴再拜上千萬歲壽。桂管之命在二月，時或生皇子，或宣宗母鄭太后壽日在是月，故以姜嫄比之，皆無可徵。

〔一一〕爾雅：明星謂之啓明。史記天官書：太白曰西方，秋，司兵，小以角動，兵起。

〔一二〕一作「展」。

〔一三〕詩：倬彼雲漢。爾雅：析木謂之津，箕斗之間漢津也。此謂啓明之光已隱，銀漢之形漸退，則將曉矣。但語似秋令。

〔一四〕屢見。

〔一五〕山海經：東南海外，甘水之間，有羲和之國，有女子名曰羲和，方日浴於甘淵。羲和者，帝俊之妻，生十日。注曰：羲和，蓋天地始生，主日月者也。堯因此而立羲和之官。廣雅：日御曰羲和。

〔一六〕鄴中記：石虎詔書以五色紙銜木鳳凰口中，飛下端門。上句似指太后，此句謂天子升殿。或謂亦指太后，非也。以上用意，皆未可曉。

〔一七〕與「鳶」通。

〔一八〕後漢書輿服志：法冠一名柱後，執法者服之，或謂之獬豸冠。獬豸，神羊，能別曲直。楚王嘗獲之，故以爲冠。論衡：獬廌者，一角之羊，性知有罪。皋陶治獄，其罪疑者，令羊觸之，有罪則觸，無罪則不觸。故皋陶禮羊，跪坐視之。新書儀衛志：朝日，御史大夫領屬官至殿西廡，監察御史二人立東西朝堂甎道，以涖百官。內門開，監察御史領百官入宣政門。

〔一九〕屢見。

〔二〇〕一作「上」。

〔二一〕後漢書馮衍傳：威風遠暢。晉書阮孚傳：今王莅鎮，威風赫然。二聯寫朝儀。

〔二二〕漢書宣帝紀：行幸甘泉，郊泰時。匈奴呼韓邪單于稽侯狦來朝。匈奴傳：單于朝天子於甘泉宮，漢寵以殊禮，賜以冠帶衣裳，位在諸侯王上。此以柔遠爲頌。「冠」字複。

浩曰：此必鄭亞赴桂時，但用字有不類，義山何若此歟？原編集外，固可疑耳。

離席〔一〕

出宿金樽掩，從公玉帳新〔二〕。依依向餘照，遠遠隔芳塵〔三〕。細草翻驚雁，殘花伴醉人。楊朱不用勸，只是更沾巾〔四〕。

〔一〕義山所歷諸幕，惟桂管春時從鄭亞出都。

〔二〕詩：從公于邁。

〔三〕漸離京師。

〔四〕列子：楊朱見岐路而泣之，爲其可以南可以北。

春遊

橋峻斑騅疾〔一〕，川長白鳥高。煙輕惟潤柳，風濫欲吹桃。徙倚三層閣，摩挲七寶刀〔二〕。庾郎年最少〔三〕，青草妒春袍〔四〕。

〔一〕見後對雪。

〔二〕樂府横吹曲瑯琊王歌詞：新買五尺刀，懸著中梁柱。一日三摩挲，劇於十五女。

〔三〕姚氏謂用庾小征西，是也。晉書：庾翼風儀秀偉，少有經綸大略。蘇峻作逆，翼年二十二，兄亮使白衣領數百人備石頭。事平，辟太尉陶侃府，遷從事中郎。餘詳集外垂柳。

〔四〕赴桂陸途中作。原編與上首接，第六句謂懷報恩之志，七八指同舍中最年少者。

岳陽樓

漢水方城帶百蠻〔一〕，四鄰誰道亂周班〔二〕？如何一夢高唐雨〔三〕，自此無心入武關〔四〕。

〔一〕左傳：楚國方城以爲城，漢水以爲池。

〔二〕左傳：魯以周班後鄭。

〔三〕見代元城吳令。

〔四〕史記：楚懷王入武關，秦伏兵絕其後。索隱曰：左傳云：通於少習。杜預以爲商縣武關。此謂襄王不入關攻秦而報父仇。

浩曰：借慨一自婚於茂元，遂終身不得居京職也，豈漫責楚襄哉！

海客

海客乘槎上紫氛〔一〕，星娥罷織一相聞。只應不憚牽牛妒，聊用支機石贈君〔二〕。

〔一〕說文：氛，祥氣也。劉楨詩：鳳皇集南岳，奮翅凌紫氛。

〔二〕荆楚歲時記：漢武帝令張騫使大夏，尋河源，乘槎經月而至一處，見城郭如州府，室內有一女織，又見一丈夫牽牛飲河。騫問曰：「此是何處？」答曰：「可問嚴君平。」織女取搘機石與騫俱還。後至蜀問君平，君平曰：「某年某月客星犯牛、女。」搘機石爲東方朔所識。按：博物志止言天河與海通，近人居海渚者，年年八月見浮槎，去來不失期，人有奇志，立飛閣於查上，多賫糧而去，芒芒忽忽，不覺晝夜，奄至一處云云，不言張騫。本出傅會，不足辨也。此則兼用之。「海客」比鄭，「星娥」自比，「支機石」喻己之文采，「牽牛」比令狐也，孰知其遙妒之深哉！

程曰：此從鄭亞作，桂管近海，故託以爲題。浩曰：三句謂不憚他人之妒也。時令狐綯在吳興，未幾亞貶而綯登用，遂重疊陳情而不省矣。

桂林〔一〕

城窄山將壓〔二〕，江寬地共浮〔三〕。東〔四〕南通絕域〔五〕，西〔六〕北有高樓〔七〕。神護青楓岸〔八〕，龍移白石湫〔九〕。殊鄉竟何禱？簫鼓不曾休〔一〇〕。

〔一〕舊書志：江源多桂，不生雜木，故秦時立爲桂林郡。

〔二〕柳宗元記：桂州多靈山，發地峭豎，林立四野。

〔三〕通典：桂州有離水，一名桂江；又有荔水，亦曰荔江。

〔四〕一作「西」。

〔五〕白居易授嚴謩桂管觀察使制：東控海嶺，右扼蠻荒。

〔六〕一作「東」。

〔七〕范成大桂海虞衡志：靈川、興安之間，兩山蹲踞，中容一馬，謂之嚴關。朔雪至關輒止，大盛則度至桂林城下，不復南矣。北城舊有樓，曰雪觀，所以夸南州也。按：二句寫地勢一遠一近。桂之東南廣州、循州而外，皆大海矣，韓昌黎送鄭尚書序：「其海外雜國之屬，東南際天地以萬數。」故曰「絕域」。此遠勢也。嚴關正當桂州西北隅，此近形也。高樓更寓望君之思，廣、桂在京師東南數千里也。他書引之有作「西南」「東北」者，桂之西南爲安南、交阯，似亦可通。然舊刊集本皆作「東南」「西北」，徐氏以全同古詩「西北有高樓」句爲嫌，則固無妨也。

〔八〕南方草木狀：五嶺之間多楓木，歲久則生瘤癭，遇雷雨，暗長三五尺，謂之楓人。越巫取之作術，有通神之驗。

〔九〕一統志：白石湫在桂林府城北七里，俗名白石潭。曹學佺名勝志：白石潭水甚深，相傳靈川縣南二里有蛟精塘，昔藏妖蜃，傷隄害物。南齊永明四年，始安內史裴昭明夢神女七人，雲冠玉珮，各執小旂圭印，自言爲荆楚以南司禍福之神，此方被妖蜃所害，今當禁之於白石湫。既覺，詢其故，得之。先時湫水險急，舟觸必敗，乃爲建祠秩祀，水遂平。義山詩云云卽此。按：隋書：桂州人李光仕作亂，保白石洞，周法尙討平之。當卽此地。白石神事，何寰宇記不之載也？

〔一〇〕漢書郊祀志：粤人俗鬼，而其祠皆見鬼，數有効，粤巫立粤祝祠，祠天神帝百鬼，而以雞卜。

深樹見一顆櫻桃尙在

高桃〔一〕留晚實〔二〕，尋得小庭南。矮墮綠雲髻〔三〕，欹危紅玉簪〔四〕。惜堪充鳳食，痛已被鸎含〔五〕。越鳥誇香荔〔六〕，齊名亦未甘。

〔一〕戊籤作「枝」。

〔二〕爾雅：楔，荆桃。註曰：今櫻桃。謝朓詩：晚實猶見奇。

〔三〕古今注：墮馬髻，今無復作者。倭墮髻，一云墮馬之餘形也。古樂府：頭上倭墮髻。廣韻：矮，烏蟹切，短貌。墮，他果切。倭墮，髻也，小兒剪髮爲髻。倭，烏果切。按：「矮」與「倭」或可通用。此謂深樹。

〔四〕一作「篸」。謂一顆尚在。

〔五〕月令：仲夏，天子羞以含桃，先薦寢廟。呂氏春秋註：含桃，鸎桃。鸎鳥所含食，故言含桃。此痛己之不得仕於朝而寄人幕下。

〔六〕古詩：越鳥巢南枝。天寶中，因南海進茘支，名新曲爲茘支香，見甘澤謠。浩曰：赴桂後作，與櫻桃諸絶句迥不同。鄭亞大有文名，結疑指之。

晚晴

深居俯夾城〔一〕，春去夏猶淸。天意憐幽草，人間重晚晴〔二〕。併添高閣迥〔三〕，微注小窗明。越鳥巢乾後，歸飛體更輕〔四〕。

〔一〕「夾城」猶云重闉，卽宅與嚴城接之意。舊注引舊書志京都東內達南內有夾城複道者，誤。

〔二〕深寓身世之感。田曰：偏於閑處用大筆。

〔三〕一作「曉」，誤。何曰：晴後憑高，所見愈遠。

〔四〕何曰：「巢乾」切「晴」，「歸飛」切「晚」。

五月六日〔一〕夜憶往歲秋與澈師同宿〔二〕

紫閣相逢處〔三〕，丹巖託〔四〕宿時〔五〕。墮蟬翻敗葉，棲鳥定寒枝。萬里飄流遠，三年問訊遲〔六〕。炎方憶初地〔七〕，頻夢碧琉璃〔八〕。

〔一〕一作「十五」。

〔二〕原編集外詩。朱曰：澈師乃知玄弟子僧徹，見高僧傳，非越州靈徹也。按：集中智玄非衲子，已詳辨矣。通鑑：懿宗咸通十二年幸安國寺，賜僧重謙、僧澈沈檀講座。舊書李蔚傳作僧徹，未知即此時之澈師否？李郢有長安夜訪澈上人詩：「關西木落夜霜凝，烏帽閒尋紫閣僧。」與此澈師合也。

〔三〕張禮遊城南記：圭峯紫閣在終南山四皓祠之西，圭峯下有草堂寺，紫閣之陰即渼陂。通志：紫閣峯，鄠縣東南三十里，旭日射之，爛然而紫。

〔四〕舊作「議」，一作「記」。

〔五〕按：「議宿」無理，「記宿」亦非。莊子「假道於仁，託宿於義」，必因以致誤耳，故竟改定。

〔六〕維摩經：維摩詰稽首世尊足下，問訊起居。此「三年」字不必拘看。

〔七〕法苑珠林十地部曰：初地菩薩猶如初月，光明未顯，其明性皆悉具足；二地菩薩如五日月；三地菩薩如八日月云云。按：初地至十地，皆以初月至十五日圓滿月爲喻，故用之，非詳箋不知其用字之精也。

〔八〕魏略：大秦國多赤、白、黑、緑、黄、青、紺、縹、紅、紫十種琉璃。按：天竺西通大秦，多珍物，故佛經多言七寶，而佛有號寶華琉璃功德光照如來也。涅槃經云：有五色光從佛口出，時祇洹精舍變成瑠璃。又曰：文殊師利化瑠璃像，衆生念文殊像，法先念瑠璃像。又有夢中得見文殊師利之語。此以言愁處炎荒，憶清涼之界也。

酬令狐郎中見寄〔一〕

望郎臨古郡〔二〕，佳句灑丹青。應自邱遲宅〔三〕，仍過柳惲汀〔四〕。封來江渺渺，信去雨冥冥〔五〕。句曲聞仙訣〔六〕，臨川得佛經〔七〕。朝吟搘客枕，夜讀漱僧瓶〔八〕。不見銜蘆鴈〔九〕，空流腐草螢〔一〇〕。土宜悲坎井〔一一〕，天怒識雷霆〔一二〕。象卉分疆近〔一三〕，蛟涎浸岸腥〔一四〕。補羸貪紫桂〔一五〕，負氣託青萍〔一六〕。萬里懸離抱，危於訟閣〔一七〕鈴〔一八〕。

〔一〕朱曰：綯自湖州有詩寄義山，而此酬之。按：綯於大中二年自湖州入行尚書考功郎中、知制誥，義山於元年五月抵桂管。此在桂州酬寄湖州也。徐曰：湖州天寧寺有尊勝陀羅尼石幢一十四座，今存其八，中有建於大中元年十一月者，後題令狐綯姓名，則二年入朝明矣。按：幢款一書大中元年十一月二十八日中大夫使持節湖州諸軍事守湖州刺史上柱國彭陽縣開國男令狐綯，又一款大中二年八月刺史蘇特，銜與前略同，惟無縣爵耳，可以見當時刺史之全銜也。又一題會昌二年十月樹，五年六月准勅廢。然則大中元年所樹，乃復興釋教事也，時綯已封彭陽男矣。中大夫與紀作「中散大夫」小異。

〔二〕山公啓事：舊選尚書郎，極清望也，號稱大臣之副。按：稱清郎、望郎以此。

〔三〕南史：邱遲字希範，吳興人，累官中書侍郎，遷司空從事中郎。

〔四〕梁書：柳惲字文暢，少工篇什，爲吳興太守。柳惲江南曲：汀洲采白蘋，日暖江南春。白居易五亭記：湖州城東南二百步抵霅溪，溪連汀洲，洲一名白蘋，梁吳興守柳惲於此賦詩云，因以爲名也。

〔五〕古謂使者曰「信」，如史記韓世家「發信臣」之類。

〔六〕南史：陶貞白得神符秘訣，以爲神丹可成，合飛丹色如霜雪，服之體輕。餘見獻從叔。

〔七〕宋書謝靈運傳：爲臨川內史。蓮社高賢傳：謝靈運一見遠公，肅然心服，乃卽寺築臺，翻涅槃經，求入白蓮社，遠公以其心雜而止之。

〔八〕寄歸傳：梵云軍持，此云瓶。西域記云：澡瓶也。

〔九〕淮南子：雁銜蘆而飛，以避矰繳。餘見送李千牛。

〔一〇〕月令：季夏之月，腐草爲螢。朱曰：桂林又在衡陽之南，雁所不至。流螢，自喻漂泊無依也。按：亦點時序。姚曰：言得絢詩如仙訣、佛經之珍重，諷誦之餘，酬寄無便。「土宜」以下則自敍。

〔一一〕左傳：使毋失其土宜。易坎卦、井卦。嵇康詩：坎井蝤蛭宅，神龜安所歸？晉書孫楚傳：時龍見武庫井中。楚言龍蟠坎井，同於蛙蝦，願陛下赦小過，舉賢才，修學官，起淹滯。徐曰：宋梅摯感應泉銘序：昭州江水不可飲，飲者輒病，日用汲井。大抵昭、桂之間，草木蔚薈，蛇虺出沒，故日用皆藉井取給。

〔一二〕朱曰：嶺南多雷。國史補云：雷州春夏無日不雷，秋冬則伏地中，狀類彘，人取食之。又柳文有雷山、雷水，地皆近桂林，故異俗詩亦云：未驚雷破柱。按：言外自悲坎壈，祈釋怨怒。

〔一三〕桂海虞衡志：象出交阯山谷。

〔一四〕墨客揮犀：蛟如蛇，其首如虎。見人先以腥涎繞之；既墜水，即於腋下吮其血。餘見上章。

〔一五〕山海經：桂林八樹在賁隅東。注曰：賁隅，音番隅。拾遺記：闇河之北有紫桂成林，實大如棗，羣仙餌焉。

〔一六〕見酬別令狐。徐曰：上句謂一時之爲貧，此句謂報恩之本願。絢之寄詩，必有誚其背恩者，故反覆自陳。

〔七〕一作「閤」。

〔八〕鈴，風鈴也，官閣寺觀多有之。程曰：蹤跡遼遠，心事危疑，溢情見乎詞矣。

寓目〔一〕

園桂懸心碧，池蓮飫眼紅〔二〕。此生眞遠客〔三〕，幾別即衰翁。小幌風煙入〔四〕，高窗霧雨通。新知他日好〔五〕，錦瑟傍朱櫳〔六〕。

〔一〕左傳：得臣與寓目焉。梁元帝答張纘文：寓目寫心，因事而作。

〔二〕道源曰：廣韻：飫，飽也，厭也。按：「飫眼」猶云眼飽。

〔三〕古詩：人生天地間，忽如遠行客。

〔四〕「碧」、「客」、「入」皆入聲，偶不檢。

〔五〕「新知」謂新婚。「樂莫樂兮新相知」，本杞梁妻琴歌，不僅指交情也。「他日」，昔日也。左傳：他日吾見蔑之面而已。凡或前或後，皆可曰他年、他日。

〔六〕客中思家之作，解作悼亡者誤。「園桂」，點桂林；「池蓮」，比幕府。

席上作〔一〕

淡雲輕雨拂高唐，玉殿秋來夜正長〔二〕。料得也應憐宋玉，一生惟事楚襄王〔三〕。

〔一〕一云「予爲桂州從事故府鄭公出家妓令賦高唐詩」。一本題作「席上贈人」，注云：故桂林滎陽公席上出家妓。按：稱故府者，詩係追錄也。

〔二〕借古事，故用玉殿。杜詩答嚴公垂寄有用「行宮」字，古人不避，然不可效也。

〔三〕屢見。一作「淡雲輕雨拂高唐，一曲清聲繞畫梁。料得有心憐宋玉，只應無奈楚襄王。」見戊籤。又一云：「淡烟微雨忞高唐，一曲清塵繞畫梁。料得也應憐宋玉，只因無奈楚襄王。」此即題作「席上贈人」者。席氏刊本於下卷重出。

馮鈍吟曰：太露。錢曰：意狂語直，詩家惡品。浩曰：未至惡品，若作「只因無奈」便不佳。

夜意

簾垂幕半卷，枕冷被仍香。如何爲相憶，魂夢過瀟湘〔一〕。

〔一〕憶內之作，殊近古風。

訪秋

酒薄吹還醒，樓危望已窮〔一〕。江皋當落日，帆席見歸風〔二〕。煙帶龍潭白，霞分鳥道紅。殷勤報秋意，只是有丹楓〔三〕。

〔一〕陸機詩：擊斗宿危樓。

〔二〕海賦：維長綃，挂帆席。謂見歸帆而羨之。

〔三〕徐氏以爲在桂林作是也。蓋龍潭桂州亦有之，而「鳥道」泛比高險。結言嶺南常暖，舍「丹楓」不見秋意也。

城上〔一〕

有客虛投筆，無憀〔二〕獨上城。沙禽失侶遠，江樹著陰輕。邊遽稽天討〔三〕，軍須竭地征〔四〕。賈生游刃極，作賦又論兵〔五〕。

〔一〕原編：集外詩。

〔二〕一作「聊」，義同。

〔三〕爾雅：馹、遽，傳也。注曰：皆傳車馹馬之名。左傳：子產乘遽而至。國語：吳會晉於黃池，邊遽乃至，以越亂告。

〔四〕周禮：大司徒以土均之法，制天下之地征。

〔五〕莊子：庖丁爲文惠君解牛，曰：「以無厚入有間，恢恢乎其於游刃必有餘地矣。」朱曰：賈誼傳有

「屠牛坦一朝解十二牛，芒刃不頓」之語。誼作弔屈原賦、鵩賦。又求試屬國之官，施五餌三表以繫單于之頸而制其命，是論兵也。詳漢書。浩曰：程氏、徐氏皆因「江樹」字以爲東川作，然桂江自可也。代滎陽公表云：控西原而遏寇。狀云：海上有分屯之卒，邕南有未返之師。五句定指此；若東川則喪失家道，意緒闊略，不復以賈生游刃自譬矣。細玩乃可別之。桂州近長沙，故屢以賈生爲比。

念遠

日月淹秦甸，江湖動越吟〔一〕。蒼梧〔二〕應露下，白閣自雲深〔三〕。皎皎非鸞扇〔四〕，翹翹失鳳簪〔五〕。牀空鄂君被〔六〕，杵冷女嬃砧〔七〕。北思驚沙鴈，南情屬海禽。關山已搖落，天地共登臨。

〔一〕史記：越人莊舃仕楚執珪而病。楚王曰：「舃今富貴矣，亦思越不？」中謝對曰：「凡人之思故，在其病也。彼思越則越聲；不思越則楚聲。」使人往聽之，猶尚越聲也。秦策亦有之，作吳人吳吟。王粲登樓賦：莊舃顯而越吟。

〔二〕一作「桐」。

〔三〕岑參白閣西草堂詩：東望白閣雲，半入紫閣松。

〔四〕按：古今注：扇始於殷高宗雊雉之祥，服章多用翟羽，故有雉尾扇，後爲羽扇。扇名甚多，「鸞扇」亦可通用矣。江淹擬班婕好詠扇曰：紈扇如圓月，出自機中素。畫作秦王女，乘鸞向烟霧。亦可據也。

〔五〕後漢書輿服志：太皇太后、皇太后簪以瑇瑁爲擿，長一尺，端爲華勝，上爲鳳凰爵，以翡翠爲毛羽，下有白珠，垂黃金鑷，左右一横簪之。諸簪皆同，其擿有等級焉。爾雅：翹翹。注曰：懸危。

〔六〕見牡丹。

〔七〕離騷：女嬃之嬋媛兮。注曰：女嬃，屈原姊也。水經注：秭歸縣北有屈原宅，宅東北六十里有女嬃廟，擣衣石猶存。

浩曰：首句卽甲集序所謂「十年京師寒且餓」也；次句謂動旅思；三四一南一北；「皎皎」兩聯，憶內也；結處明點南北，而言兩地含愁，互相遠憶，忽覺雄壯排宕，健筆固不可測。

朱槿花二首〔一〕

蓮後紅何患？梅先白莫誇。纔飛建章火〔二〕，又落赤城霞〔三〕。不卷錦步障〔四〕，未登油壁車〔五〕。日西相對罷，休澣向天涯〔六〕。

勇多侵露〔七〕去，恨有礙燈還〔八〕。嗅自微微白，看成沓沓殷〔九〕。坐忘疑物外〔一〇〕，歸去有簾間〔二〕。君問傷春句，千辭不可删。

〔一〕原編集外詩。程曰：原編次首「西北朝天路」，乃晉昌晚歸馬上贈人之作，兩相錯誤，今從戊籤改正。南方草木狀：朱槿花，莖葉皆如桑，高止四五尺。自二月開，至中冬歇，花深紅色，大如蜀葵，有蘂一條，長於花葉，上綴金屑，日光所爍，疑若焰生。一叢數百朵，朝開暮落，插枝即活。一名赤槿，一名日及。嶺表錄異：朱槿花亦謂之佛桑花。按：爾雅釋草：椴，木槿；櫬，木槿。別二名也。後人謂白曰椴，赤曰櫬。槿有紅白紫黃數色，純白者名舜英，而朱槿花惟南方最盛。

〔二〕西京賦：柏梁既災，越巫陳方。建章是經，用厭火祥。顧寧人日知錄：庾子山枯樹賦云：建章三月火。考史記，武帝太初元年冬十一月，柏梁臺災；春二月，起建章宮。是災者乃柏梁，非建章；而三月火又秦之阿房，非漢也。子山誤矣。按：此遂承用之。

〔三〕見送從翁東川。田曰：咸開落之遽。

〔四〕晉書：王愷作紫絲步障四十里，石崇作錦步障五十里敵之。

〔五〕古詞蘇小小歌：妾乘油壁車，郎騎青驄馬。何處結同心？西陵松柏下。

〔六〕唐類函：休假亦曰休沐。漢律：吏五日得一下沐。言休息洗沐也。問奇類林：俗以上澣中澣下澣爲上旬中旬下旬，蓋本唐制十日一休沐。通鑑注：一月三旬，遇旬則下直而休沐，謂之旬休，亦曰旬假。

〔七〕一作「路」，誤。今從戊籤。

〔八〕礙燈還，如異苑有云：欲進路，礙夜不得前去。此言夜則不得不還也。

〔九〕緊接上聯，言自微明之時，聞此花氣，直看至盛開而暮落也。

〔一〇〕「忘」一作「來」，「忘疑」一作「疑忘」。莊子：顏回曰：「回坐忘矣。墮枝體，黜聰明，離形去知，此謂坐忘。」

〔一一〕入則閒消永晝，出則客館孤清，皆羈留遠幕之慨。浩曰：在嶺南作，身世之感淒然。唐時幕僚晨入昏歸，韓昌黎上張僕射書，杜工部遣悶呈嚴鄭公詩可見也。義山此時自有所不愜意耳。

桂林路〔一〕中作〔二〕

地暖無秋色，江晴有暮暉。空餘蟬嘒嘒〔三〕，猶向客依依。村小犬相護，沙平僧獨歸。欲成西北望，又見鷓鴣飛〔四〕。

〔一〕一作「道」。

〔二〕此近遊，非至江陵。

〔三〕詩：鳴蜩嘒嘒。

〔四〕禽經：子規啼必北向，鷓鴣飛必南翥。吳都賦：鷓鴣南翥而中留。

高松

高松出衆木，伴我向天涯。客散初晴後〔一〕，僧來不語時。有風傳雅韻，無雪試幽姿。上藥終相待〔二〕，他年訪伏龜〔三〕。

〔一〕一作「候」，非。

〔二〕博物志：神農經曰：上藥養命，中藥養性，下藥除病。

〔三〕嵩高山記：嵩高丘有大松樹，或百歲千歲，其精變爲青牛，爲伏龜，採其實得長生。本草注：茯苓通神靈，上品仙藥也。餘詳題僧壁。

徐曰：曰「天涯」，曰「無雪」，詩必作於桂林。

海上謠

桂水寒於江〔一〕，玉兔秋冷咽。海底覓仙人〔二〕，香桃如瘦骨。紫鸞不肯舞〔三〕，滿翅蓬山雪〔四〕。借得龍堂寬，曉出揲雲髮。劉郎舊香炷〔五〕，立見茂陵樹。雲孫帖帖臥秋烟〔六〕，上元細字如蠶眠〔七〕。

〔一〕見桂林。

〔二〕詳海上、昭肅挽歌詞。

〔三〕瑞應圖：鸞鳥，赤神之精，鳳凰之佐，喜則鳴舞。餘見陳後宮。

〔四〕狀其心憂髮白。

〔五〕漢武帝内傳無劉郎之稱，未檢所始。宋書符瑞志：宋武帝劉寄奴飲於逆旅，逆旅嫗曰：「劉郎在室内飲酒。」此語固不可類推也，乃李賀詩亦云「茂陵劉郎秋風客」。何楫班婕妤怨：獨臥銷香炷。餘見回中牡丹。

〔六〕爾雅：晜孫之子爲仍孫，仍孫之子爲雲孫。

〔七〕漢武内傳：帝以王母所授五嶽眞形圖、靈光經及上元夫人所授金書秘字六甲靈飛十二事，自撰集爲一卷，奉以黄金之箱，封以白玉之函，珊瑚爲軸，紫錦爲囊，安著柏梁臺上。餘見無愁有愁曲。

浩曰：非諷求仙，蓋歎李衞公貶而鄭亞漸危疑也。「桂水」二句，借月宫以點桂林。「海底」六句，指衞公貶潮州濱海地矣。其貶以七月，故言秋令。「劉郎」二句，謂武宗昔日倚信，而崩後遽遭遠斥也。「雲孫」比鄭亞，君相擢用之庶僚，猶高曾之有雲仍。「臥秋烟」者，失勢而愁懼也。「上元」句喻衞公之相業紀在史書，且暗寓爲之作一品集序。蓋九月德裕書自洛至桂，命亞作序，而不意時已貶湖，勢將沉淪海底矣。

江村題壁

沙岸竹森森，維舟〔一〕聽越禽。數家同老壽，一徑自陰〔二〕深。喜客嘗留橘，應官說採金〔三〕。傾壺眞得地，愛日靜霜砧。

〔一〕一作「梢」，又作「艄」，皆非。

〔二〕一作「幽」。

〔三〕嶺南郡縣多貢麩金與銀，見史志。

洞庭魚〔一〕

洞庭魚可拾，不假更垂罾。鬧若雨前蟻〔二〕，多於秋後蠅。豈思鱗作簟〔三〕，仍計腹爲燈〔四〕。浩蕩天池路，翺翔欲化鵬〔五〕。

〔一〕荆州記：青草湖一名洞庭湖，周迴數百里，日月出沒其中。長沙志：洞庭之水瀦七百里，在岳州城西。青草湖每秋夏水泛，北與洞庭爲一；水涸，則此湖先乾，青草生焉。

〔二〕易林：蟻封戶穴，大雨將集。

〔三〕魚鱗簟也。原出處未詳。

〔四〕史記：秦始皇葬驪山，以人魚膏爲燭。天寶遺事：南方有魚多脂，照紡績則暗，照宴樂則明，謂之饞燈。本草：江豘魚有曲脂，照摴博卽明，照讀書卽暗，俗言嬾婦化也。

〔五〕莊子：海運則將徙於南冥。南冥者，天池也。餘見送李千牛。

浩曰：冬令水涸時也。借譏庸人之冀非分者。

自桂林奉使江陵途中感懷寄獻尙書〔一〕

下客依蓮幕〔二〕，明公念竹林〔三〕。縱然膺使命，何以奉徽音？投刺雖傷晚〔四〕，酬恩豈在今〔五〕！迎來青〔六〕瑣闈〔七〕，從到碧瑤岑〔八〕。水勢初知海〔九〕，天文始識參〔一〇〕。固慚非賈誼，惟恐後陳琳〔一一〕。前席驚虛辱〔一二〕，華樽許細斟〔一三〕。尙憐秦痔苦〔一四〕，不遣楚醪沈〔一五〕。既載從戎筆，仍披選勝襟。瀧通伏波柱〔一六〕，簾對有虞琴〔一七〕。宅與嚴城接，門藏別岫深。閣涼松冉冉，堂靜桂森森〔一八〕。社內容周續〔一九〕，鄉中保展禽〔二〇〕。白衣居士訪〔二一〕，烏帽逸人尋〔二二〕。佞佛將成縛〔二三〕，耽書或類淫〔二四〕。長懷五羖贖〔二五〕，終著九州箴〔二六〕。良訊封鴛綺〔二七〕，餘光借玳簪〔二八〕。張衡愁浩浩〔二九〕，沈約瘦愔愔〔三〇〕。蘆白疑粘鬢，楓丹欲照心。歸期無鴈報，旅抱有猿侵。短日安能駐？低雲只有陰。亂鴉衝噭〔三一〕網，寒女簇遙碪〔三二〕。東道違寧久〔三三〕，西園望不禁〔三四〕。江生魂黯黯〔三五〕，泉客淚涔涔〔三六〕。逸翰應藏法〔三七〕，高辭肯浪吟？數須傳庾翼〔三八〕，莫獨與盧諶〔三九〕。假寐憑書簏〔四〇〕，哀吟叩劍鐔〔四一〕。未嘗貪偃息，那復議登臨〔四二〕！彼美迴淸鏡〔四三〕，其誰受曲針〔四四〕？人皆向燕路〔四五〕，無乃費黃金〔四六〕！

〔一〕樊南甲集「大中元年冬，如南郡」，二史及文集全銜皆不言兼尚書，然當時必兼之，節鎮之常例也。文集稱諸使府皆曰尚書。漢書地理志：南郡，秦置，縣十八。江陵故楚郢都。舊書志：山南東道荆州江陵府，荆南節度使治。

〔二〕屢見。

〔三〕自註：公與江陵相國韶敍叔姪。朱曰：竹林七賢，阮籍、阮咸爲叔姪。又曰：宰相世系表鄭無名韶者，注疑誤。程曰：新書表、傳：會昌五年，鄭肅同中書門下平章事。宣宗卽位，罷爲荆南節度使。通鑑：會昌六年九月，以荆南節度李德裕爲東都留守，以鄭肅代充節度，當訛「肅」爲「韶」也。按：肅與亞皆滎陽人，皆德裕所最善，程箋良是。舊書鄭肅傳「罷爲河中節度使，以疾辭」者，誤矣。

〔四〕後漢書童恢傳：掾屬皆投刺去。魏志夏侯淵傳註：人一奏刺，書其鄉邑名氏，世所謂爵里刺。按：爵里刺如今之履歷也。此取初充掾屬之意，諸史文中習見。

〔五〕報恩將畢生以之也。若云舊已相識，亦通，但與下文「初知」「始識」不符。

〔六〕舊皆作「新」，今改定。

〔七〕漢舊儀：黃門郎日暮入，對青瑣門拜，名曰夕郎。漢書注：孟康曰：以青畫戶邊鏤中。師古曰：刻爲連瑣文，以青塗之。亞以給事中出。

〔八〕昌黎桂州詩「山如碧玉簪」之意。

〔九〕桂州近海，兼取觀海難爲水之意。

〔一〇〕曹植與吳質書：面有逸景之速，別有參商之闊。徐曰：參商二星，兩不相見。「始識參」，恨相見之晚也。

〔一一〕見送從翁東川。

〔一二〕詳後賈生。

〔一三〕暗用鄴中公讌。

〔一四〕莊子：秦王召醫，破癰潰痤者得車一乘，舐痔者得車五乘。所治愈下，得車愈多。

〔一五〕按：古之言酒，每曰楚醪，如楚詞：吳醴白糵，和楚瀝只。曹植賦：蒼梧縹清。荊州記：淥水出豫章康樂縣，其間烏程鄉有酒官，取水爲酒，與湘東酃湖酒並稱。酃、淥酒皆楚地也。「沉」謂沉醉，若七命云：單醪投川，可使三軍告捷。李善只引黃石公記：昔良將用兵，人有饋一簞之醪，投河，令衆迎流而飲之。而史記則以爲楚莊王事，符子則以爲秦穆公蹇叔事，吳越春秋、列女傳則以爲句踐事。旣不專屬楚，且並非句意，舊注引之，似是而實謬。

〔一六〕後漢書：馬援爲伏波將軍。桂海虞衡志：伏波巖突然而起且千丈，下有洞，可容二十榻，穿鑿通透，戶牖旁出，有懸石如柱，去地一線不合，俗名馬伏波試劍石，前浸江濱，波浪日夜漱齧之。按：洞前石脚插入灕江，此曰瀧，江水之通稱也。桂非銅柱之謂。

〔一七〕寰宇記：桂州舜廟在虞山之下。

〔一八〕此下言寓館清幽，容其野逸。明張鳴鳳桂故：此數句狀府廨與獨秀山相接，如在目中。

〔一九〕蓮社高賢傳：惠遠居廬山，與慧永、慧持輩，及名儒劉程之、張野、周續之、張詮、宗炳、雷次宗等結社念佛，世號十八賢。又曰：鑿池植白蓮。時遠公諸賢同修淨土之業，因號白蓮社。

〔二〇〕家語：魯人有獨處室者，鄰之嫠婦亦獨處一室。夜暴風雨至，嫠婦室壞，趨而託焉，魯人閉門不納。嫠婦自牖與之言曰：「子何不如柳下惠然？嫗不逮門之女，國人不稱其亂。」魯人曰：「柳下惠則可，我固不可。」注曰：以體覆之曰嫗。

〔二一〕禮記：居士錦帶。楞嚴經：白衣居士。又：愛談名言，清淨自居，現居士身。南史：到洽築室巖阿，幽居積歲，時人號曰居士。

〔二二〕隋書禮儀志：帽，古野人之服也。上古衣毛帽皮，不施衣冠。宋、齊之間，天子宴私，著白高帽，士庶以烏，其制不定。又曰：隱居道素之士，被召入謁見者，黑介幘。按：幘與帽制異而取義同，蓋野逸之服。

〔二三〕一作「傳」，誤。今從戊籤。晉書何充傳：充與弟準，性好釋典，崇修佛寺。時郄愔與弟曇奉天師道，謝萬譏之曰：「二郄媚於道，二何佞於佛。」維摩經：所生無縛，能爲衆生說法解縛，是故菩薩不應起縛。何謂縛？何謂解？貪著禪味，是菩薩縛；以方便生，是菩薩解。

〔二四〕晉書：皇甫謐耽翫典籍，忘寢與食，時人謂之書淫。

〔二五〕史記秦本紀：百里奚亡秦走宛，楚鄙人執之。繆公聞其賢，欲重贖之，恐楚人不與，乃請以五羖羊皮贖之，授之國政，號曰「五羖大夫」。

〔二六〕左傳：虞人之箴曰：芒芒禹蹟，畫爲九州。漢書揚雄傳：箴莫善於虞箴，作州箴。注曰：九州之箴也。徐曰：借言九州之內，惟其所使。

〔二七〕陸機詩：良訊代兼金。餘見卽日「鴛機」句下。

〔二八〕史記：趙平原君使人欲誇楚，爲瑇瑁簪。漢人古絶句：何用通音信？蓮花玳瑁簪。「瑇」、「玳」同。

〔二九〕文選張衡四愁詩序：出爲河間相，時天下漸弊，鬱鬱不得志，爲四愁詩。

〔三〇〕南史：沈約與徐勉書，言己老病：「百日數旬，革帶常應移孔；以手握臂，率計月小半分。」

〔三一〕俗「矖」字。

〔三二〕「砧」同。以上四聯，皆冬日客途情景。

〔三三〕左傳：若舍鄭以爲東道主。

〔三四〕見小松。

〔三五〕江淹別賦：黯然銷魂者，惟別而已矣。

〔三六〕述異記：鮫人即泉先也，一名泉客。餘見回中牡丹。江淹雜體詩：涔涔猶在袂。

〔三七〕徐曰：當作「去」。漢書：陳遵贍於文辭，性善書，與人尺牘，主皆臧去以爲榮。師古曰：去亦臧也。按：舊皆作「法」，亦通。

〔三八〕晉書：王羲之書初不勝庾翼、郗愔，及暮年方妙。嘗以草書答庾亮，而翼深歎服，因與羲之書云：「吾昔有伯英章草十紙，過江顛狽亡失，常歎妙迹永絕。忽見足下答家兄書，煥若神明，頓還舊觀。」

〔三九〕晉書：劉琨爲段匹磾所拘，爲五言詩贈其別駕盧諶。琨詩託意非常，諶以常詞酬和，殊乖琨心，重以詩贈之。時鄭亞必以書寄之，故美其詩書也。徐曰：似亞別有寄他人詩，而義山亦見之。

〔四〇〕晉書劉柳傳：傅迪好廣讀書而不解其義，柳惟讀老子而已，迪每輕之，柳云：「卿讀書雖多而無所解，可謂書簏矣。」

〔四一〕音尋。說文：鐔，劍鼻也。

〔四二〕極言奉懷之專。

〔四三〕詩：彼美人兮。

〔四四〕吳志虞翻傳注：年十二，客有候其兄者，不過翻，翻追與書曰：「僕聞虎魄不取腐芥，磁石不受曲針，過而不存，不亦宜乎？」此必有人間之，鄭亞疑其逗遛，故以自明。

〔四五〕史記淮陰侯傳：北首燕路。後漢書孔融傳：嚮使郭隗倒懸而王不解，則士莫有北首燕路者矣。

〔四六〕六帖：燕昭王置千金於臺上，以延天下士，謂之黃金臺。互詳分水嶺。

浩曰：大有鬱塞淹留之態。蓋因德裕罷斥，諸所厚者皆懷危懼，亞之遣使至江陵，同病相憐之情也。義山亦因此徘徊，可於言外領之。措詞纏綿沉摯，正以消其疑耳。吟至結聯，固畏人之多言矣。

宋玉

何事荆臺〔一〕百萬家〔二〕，惟〔三〕教宋玉擅才華？楚詞已不饒唐勒，風賦何曾讓景差〔四〕！落日渚宮供觀閣〔五〕，開年雲夢送烟花〔六〕。可憐庾信尋荒徑，猶得三朝託後車〔七〕。

〔一〕一作「門」。

〔二〕家語：楚王將遊荆臺，司馬子祺諫。按：說苑作楚昭王。國語：靈王爲章華之臺。後漢書邊讓章華賦：靈王遊雲夢之澤，息荆臺之上。

〔三〕一作「獨」。

〔四〕宋玉風賦：楚襄王遊蘭臺之宮，宋玉、景差侍。諷賦：宋玉休歸，唐勒讒之於王。按：騷亦賦也，漢書藝文志列之詩賦家。志曰：屈原離讒憂國，作賦以諷，有惻隱古詩之義。屈原賦二十五篇，唐勒賦四篇，宋玉賦十六篇，皆楚辭也。文選登宋玉九辯、招魂，而不及唐勒。王逸注楚辭云：大招，屈原作；或曰景差，疑不能明也。亦未及唐勒，勒不如玉審矣。宋玉、景差並侍於王，而風賦惟玉爲之，王曰：「善哉論事！」此故云然。何曰：景差，漢書古今人表作「景瑳」，小顏音子何反。史記作「差」。索隱注曰：法言及漢書皆作「瑳」，今作「差」，是字省耳。徐、裴、鄒三家皆無音，是如字讀也。此入麻韻，不知何據？

〔五〕左傳：王在渚宮。通典：楚渚宮故城在今江陵縣東。

〔六〕何曰：言渚宮、雲夢，無非助發才華。按：「開年」，明年也。言無早晚，無年歲，皆足逞其才藻。

〔七〕詩：命彼後車，謂之載之。庾信哀江南賦：誅茅宋玉之宅，穿徑臨江之府。渚宮故事：庾信因侯景之亂，自建康遁歸江陵，居宋玉故宅。按：北史傳：庾信先爲東宮抄撰學士，是武帝時也；後事簡文帝、元帝，則三朝矣。信奔江陵，元帝除御史中丞，故與「尋荒徑」合。乃舊解誤以梁、魏、周爲三朝，身既留北，安得尚尋南土哉？信雖遭亂漂流，猶得以文學侍從三朝；而義山歷文、武、宣三朝，沉淪使府，故有羨於子山也。語曲情哀，味之無極。歸州亦有宋玉宅，此則江陵。何曰：澹澹收住，自有無窮感慨。

浩曰：在江陵作，時將於開春還桂，五六兼以託意。

即日〔一〕

桂林聞舊説，曾不異炎方〔二〕。山響匡牀語〔三〕，花飄度臘香〔四〕。幾時逢鴈足〔五〕？著處斷猿腸〔六〕。獨撫青青桂〔七〕，臨城憶雪霜〔八〕。

〔一〕一作「目」，誤。

〔二〕自註：宋考功有「小長安」之句也。按：宋之問景龍中爲考功員外郎，後流欽州，賜死桂州，見新書傳。宋集有桂州三月三日詩，頗言其繁麗，然無「小長安」之句。徐曰：魯人張叔卿有流桂州詩云：莫問蒼梧遠，而今世路難，胡塵不到處，即是小長安。舊、新書皆作「叔明」，附李白傳，竹溪六逸之一。杜子美雜述作「叔卿」，皆無可考。其爲考功，疑注有誤。按：全唐詩止云官御史，不言何地人。詩僅二首，一云「不敢繡爲衣」，謂官侍御也。其云「胡塵不到」者，謂祿山之亂所不及耳。玩此自註，疑宋先有「小長安」句而逸之也。

〔三〕莊子：麗姬與王同匡牀，食芻豢。商君書：明者無所不見，人君處匡牀之上而天下治。錢曰：即空谷傳聲之意。按：言所居在山。

〔四〕度臘則交春矣。義山於正月還桂。

〔五〕漢書蘇武傳：漢使復至匈奴，常惠敎使者謂單于，言天子射上林中，得鴈，足有係帛書，言武等在某澤中。

〔六〕詳後哀箏。

〔七〕莊子：受命於地，惟松柏獨也，在冬夏青青。

〔八〕度臘終無雪霜。非憶雪霜，念京華也。

鳳

萬里峯巒歸路迷，未判〔一〕容彩借山雞〔二〕。新春定有將雛樂〔三〕，阿閣華池兩處棲〔四〕。

〔一〕朱曰：「拚」同。按：「拚」、「拼」、「拌」三字皆有音潘，而爲捐棄之義。方言曰：拌，棄也，凡揮棄物謂之拌也。此「判」字意亦可。

〔二〕文子：楚人擔山雞，路人問曰：「何爲也？」欺之曰：「鳳凰也。」路人請十金，弗與；倍，乃與之。將獻楚王，經宿鳥死，國人傳之，咸以爲眞。王感其貴買，厚賜之，過於買鳥之金十倍。餘見鸞鳳。

〔三〕隴西行：鳳凰鳴啾啾，一母將九雛。晉書樂志：鳳將雛歌者，舊曲也。應璩百一詩云：言是鳳將離。然則其來久矣。

〔四〕崔駰詩：鸞鳥高翔時來儀，啄食竹實飲華池。文選天台山賦：漱以華池之泉。注曰：史記曰：崑崙其上有華池。按：卽大宛傳所云「其上有醴泉瑤池」也。山海經：崑崙近王母之山，有鸞鳥自歌，鳳鳥自舞。餘見隋師東。

浩曰：戊籤謂似寄內詩，是也。首言身在炎方；次句自負才華，兼寓幕僚之慨；三四憶母子之娛樂，悵南北之分離。

北樓〔一〕

春物豈相干？人生只强歡。花猶曾斂夕，酒竟不知寒〔二〕。異域東風濕，中華上象寬。此樓堪北望，輕命倚〔三〕危欄〔四〕。

〔一〕北樓不一處。李羣玉有長沙陪裴休登北樓詩，長沙素稱卑濕，五句亦合。今以三四氣候，當爲桂林之北樓也。

〔二〕暗點炎方。

〔三〕英華作「俯」。

〔四〕楊曰：結句不堪多讀。

思歸

固有樓堪倚，能無酒可傾？嶺雲春沮洳〔一〕，江月夜晴明。魚亂書何託？猿哀夢易驚。舊居連上苑〔二〕，時節正遷鶯〔三〕。

〔一〕詩：彼汾沮洳。

〔二〕史記始皇本紀：渭南上林苑。班固西都賦：西郊則有上囿禁苑。此謂移家關中時。

〔三〕遷鶯，不專言科第，凡仕途遷轉皆用之，如蘇味道詩「遷鶯遠客聞」也。餘詳獻禮部魏公。浩曰：「嶺雲」、「江月」，必在桂府時也。

異俗二首〔一〕

鬼瘧朝朝避〔二〕，春寒夜夜添〔三〕。未驚雷破柱〔四〕，不報水齊簷〔五〕。虎箭侵膚毒〔六〕，魚鉤刺骨銛〔七〕。鳥言成諜訴〔八〕，多是恨彤襜〔九〕。

戶盡懸秦網〔一〇〕，家多事越巫〔一一〕。未曾容獺祭〔一二〕，只是縱豬都〔一三〕。點對連鰲餌〔一四〕，搜求縛虎符〔一五〕。賈生兼事鬼〔一六〕，不信有洪爐〔一七〕。

〔一〕自註：時從事嶺南。徐曰：此詩載平樂縣志，原註下又有「偶客昭州」四字。

〔二〕禮記：孟秋行夏令，民多瘧疾。文選東京賦注：漢舊儀曰：顓頊氏有三子，已而爲疫鬼：一居江水，爲瘧鬼；一居若水，爲罔兩蜮鬼；一居人宫室區隅，善驚人，爲小鬼。按：他書引此，每有誤字。朱曰：賓退錄：高力士流巫州，李輔國授諷制，力士逃瘧功臣閣下。自唐已然。按：幽明錄：河南楊起，少時病瘧，逃於社中，得素書一卷，以讁劾百鬼。乃晉時人已有然矣。

〔三〕徐曰：嶺南地氣恆暖，連雨即復淒然。廣西通志：三春連暝而多寒。

〔四〕曹嘉之晉紀：諸葛誕以氣邁稱，嘗倚柱讀書，霹靂震其柱，誕自若。世説：夏侯太初嘗倚柱作書，時大雨霹靂，破所倚柱，衣服焦然，神色無變，書亦如故。注曰：臧榮緒又以爲諸葛誕也。按：「作書」御覽引之作「讀書」。

〔五〕一作「櫊」。錢曰：未驚、不報，習以爲常也。

〔六〕桂海虞衡志：蠻箭以毒藥濡鋒，中者立死。藥以蛇毒草爲之。

〔七〕按：題曰「異俗」，虎箭、魚鉤，當以民俗射虎捕魚言之也。朱氏引嶺表志「鰐魚尾有三鉤，遇鹿豕即以尾戟之」，此語余未見。而吳時外國傳、廣州異物志、嶺表錄異諸書，鰐魚長者二三丈，狀如鼉，一目，四足，修尾，喙長六七尺，舉止遹疾，口森鋸齒甚利。虎及鹿渡水，鰐擊之，皆中斷。鹿走崖岸上，羣鰐嗥叫其下，鹿必怖懼落崖，多爲所得。皆不言鉤也。爾雅翼云：以尾取物，如象之用鼻。明魏濬西事珥云：鰐魚尾有巨骨如鉤，伺人行岸上，以尾擊而食之。此乃言鉤，然必非詩意也，故詳引而辨之。

〔八〕舊皆作「詐」，今從朱本。後漢書度尚傳：椎髻鳥語之人，置於縣下。文選北山移文：牒訴倥傯裝其懷。增韻：「牒」通作「諜」。桂海虞衡志：牒訴券約多用土俗書。

〔九〕一作「幨」。周禮：巾車有容蓋。鄭司農云：容爲幨車，山東謂之裳幃。按：「彤襜」即傳車赤帷，詳道靖院。又後漢書郭賀傳：敕行部去襜帷。此似州民有訟其刺史者。

〔一〇〕桂海虞衡志：桂林城北有秦城，相傳始皇發戍五嶺之地。晉書殷仲堪傳：秦網雖虐，游之而不懼。按：地開於秦，則法網亦始於秦也。朱氏謂網罟之利開於秦，非然也。或只取「網」字，不重「秦」字。

〔一一〕見桂林。

〔一二〕禮月令：孟春獺祭魚。王制：獺祭魚，然後虞人入澤梁。

〔一三〕桂海虞衡志：山猪即豪猪，身有棘刺，能振發以射人。二三百爲羣，以害禾稼，州洞中甚苦之。按：當即所謂「猪都」也。朱氏舊注：酉陽雜俎諾臯記：伍相奴或擾人，許於伍相廟多已。舊說：一姓姚，二姓王，三姓汪。昔值洪水，食都樹皮餓死，化爲鳥都，皮骨爲猪都，婦女爲人都。在樹根居者名猪都，在樹半可攀及者名人都，在樹尾者名鳥都。南中多食其巢，味如木芝。窠表可爲履屜，治脚氣。按：又檢寰宇記汀州下引牛肅紀聞，與諾臯記略同，而言男女自爲配偶，又言聞其聲不見其形，亦鬼之流也。必非所用，故附存以訂其誤。

〔四〕列子：龍伯之國有大人，一釣而連六鰲。程曰：「點對」疑唐人方言。

〔五〕後漢書呂布傳：縛虎不得不急。抱朴子：道士趙炳能禁虎，虎伏地低頭閉目，便可執縛。眞誥：楊羲受中黄制虎豹符。何曰：似有刺貪之意。

〔六〕詳下賈生。

〔七〕見有感二首，卽桂林結句意。時義山或兼有祀事。

田曰：聲格似杜，不必於工處求之。錢曰：句句實賦，紀事體如是。

昭郡〔一〕

桂水春猶早〔二〕，昭川〔三〕日正西〔四〕。虎當官路〔五〕鬬〔六〕，猿上驛樓啼。繩爛金沙井〔七〕，松乾乳洞梯〔八〕。鄉音吁〔九〕可駭，仍有醉〔一〇〕如泥〔一一〕。

〔一〕一作「州」。舊書志：昭州平樂郡屬嶺南道，西至桂州二百二十里。

〔二〕見海上謠。

〔三〕英華作「州」。

〔四〕通典：昭州取昭潭爲名，潭州亦取昭潭爲名，則彼此皆有昭潭。昭州有昭岡，潭只在江中，蓋因岡爲名。粵西通志：昭潭在平樂府城東，下有十六灘。湘中記：或謂昭王南征，沒於此潭，因名。

〔五〕一作「渡」，一作「道」。

〔六〕郡國志：昭州夷人往往化爲貙。貙，小虎也。

〔七〕方輿勝覽：金沙井在平樂府治東。平樂縣志：在塘背庵內，唐李義山所詠也。近爲僧塡，不可復問。

〔八〕新書志：昭州恭城縣有鐘乳穴十二，在銀帳山。

〔九〕英華作「呼」，誤。又一作「殊」。

〔一〇〕英華作「酒」，誤。

〔一一〕後漢書儒林傳：周澤爲太常，臥病齋宮。其妻哀澤老病，闚問所苦，澤以干犯齋禁，收送詔獄謝罪。時人語曰：「生世不諧，作太常妻，一歲三百六十日，三百五十九日齋。」注曰：漢官制此下云：「一日不齋醉如泥。」鄉音殊足駭人，我惟以醉自遣。

浩曰：淵鑑類函州郡部廣西引義山詩三條，「城窄山將壓」四句，「桂水春猶早」四句，又有集中所無者四句云：「假守昭平郡，當門桂水清。海遙稀蚌迹，峽近足灘聲。」不知從何採取，似據永樂大典，且內府多古籍也。杜氏通典云：頃年常見州縣有攝官，皆是牧守所自置署，政多苟且，不議久長，始到官已營生計，迎新送故，勞弊極矣。唐時州縣闕官，幕府得自置署，史傳中以幕職攝郡縣者頗有之。義山時果攝守昭郡，則與「偶客昭州」四字正合。箋此三篇，誠爲快事，第無由確證之耳。「灘聲」疑「猿聲」之誤，卽「猿上驛樓啼」之意，方與「蚌迹」對。

賈生〔一〕

宣室求賢訪逐臣〔二〕，賈生才調更無倫。可憐夜半虛前席，不問蒼生問鬼神〔三〕！

〔一〕徐曰：磧砂唐詩作杜牧詩。

〔二〕三輔黃圖：宣室，未央前殿正室也。

〔三〕史記賈生傳：賈生徵見，孝文帝方受釐，坐宣室，上因感鬼神事而問鬼神之本，賈生因具道所以然之狀，至夜半，文帝前席。既罷，曰：「吾久不見賈生，自以爲過之，今不及也。」餘詳前。詩藪曰：與「東風不與周郎便」二句，皆宋人議論之祖；間有絕工者，以氣韻衰颯，天壤開、寶。浩曰：義山退居數年，起而應辟，故每以逐客逐臣自喩，唐人習氣也。上章亦以賈生自比。此蓋至昭州修祀事，故以借慨，不解者乃以爲議論。

李衛公〔一〕

絳紗弟子音塵絕〔二〕，鸞鏡佳人舊會稀。今日致身歌舞地，木棉花暖鷓鴣飛〔三〕。

〔一〕舊書傳：會昌四年八月，德裕以平劉稹功，進封衛國公。大中初罷相，歷貶潮州司馬、崖州司戶參軍，卒。詳年譜。

〔二〕見過崔兗海宅。

〔三〕吳錄：交阯有木棉樹，高大，實如酒盃，中有綿，如絲之綿，可作布，名曰緤，一名毛布。羅浮山記：木棉正月開花，大如芙蓉，花落結子，有綿甚白。餘見桂林路中。

徐曰：唐摭言李德裕「頗爲寒畯開路」，與首句合。新書傳「德裕不喜飲酒，後房無聲色娛」，與第二句不符。然樂府雜錄云：「望江南本名謝秋娘，李德裕鎮浙西，爲亡姬謝秋娘製。」則聲色之娛，自不能免，特無專房之嬖耳。浩曰：首句非指孤寒，衛公門下士固多也。續博物志云：衛公好餌雄朱。有道士李終南借以玉象子，令求勾漏瑩徹者，致象鼻下，象服之，復吐出，人乃可服。衛國服之有異，乃於都下採聘名姝，至百數不止，象砂不復吐。斯事或非無因，似次句之類矣。下二句不言身赴南荒，而反折其詞，與「舊時王、謝堂前燕，飛入尋常百姓家」同一筆法，傷之，非幸之也。徐氏謂義山黨牛，故於衛國多貶辭，是不然。

題鵝

眠沙臥水自成羣，曲岸殘〔一〕陽極浦雲。那解〔二〕將心憐孔翠〔三〕，羈雌長共故雄分〔四〕。

〔一〕一作「斜」。

〔二〕一作「暇」，一作「得」。

〔三〕蜀都賦：孔翠羣翔。

〔四〕謝靈運詩：羈雌戀舊侶。餘見聖女祠五排。

程曰：孔翠以有文章爲人羅致，此天末羈孤之感也。浩曰：更有意在焉：鵷喻同舍之無愁者，「羈雌」自謂，言爾等豈能知我愁心哉？必嶺南作矣。

寄令狐學士〔一〕

祕殿崔嵬拂彩霓〔二〕，曹司今在殿東〔三〕西〔四〕。賡歌太液翻黃鵠〔五〕，從獵陳倉獲碧雞〔六〕。

曉飲豈知金掌迥〔七〕？夜吟應訝玉繩低〔八〕。鈞天雖許人間聽〔九〕，閶闔門多夢自迷〔一〇〕。

〔一〕大中二年，綯以考功郎中充翰林學士。詳年譜。

〔二〕王延壽魯靈光殿賦：立靈光之祕殿。班固西都賦：正殿崔嵬層構。又曰：虹霓迴帶於棼楣。

〔三〕萬花谷引之作「中」。

〔四〕程曰：「曹司」謂諸曹郎中。李肇翰林志：翰林院在銀臺門內麟德殿西廂重廊之後；學士院在翰林南，別戶東向，引鈴門外，雖宣事不敢入。綯以郎中充學士，故云。唐會要：德宗又置東翰林院於金鑾殿之西。按：此則言在天子左右也。

〔五〕西京雜記：始元元年黃鵠下太液池，帝爲歌曰：「黃鵠飛兮下建章。」

〔六〕史記封禪書：秦文公獲若石云，于陳倉北阪城祠之。其神來也常以夜，光輝若流星，從東南來集于祠城，則若雄雞，其聲殷云，野雞夜雊。以一牢祠，命曰陳寶。括地志云：寶雞神祠在岐州陳倉縣。晉太康地志云：秦文公時，陳倉人獵得獸若彘，不知名，牽以獻之，逢二童子，童子曰：「此名爲媦，常在地中食死人腦。卽欲殺之，拍捶其首。」媦亦語曰：「二童子名陳寶，得雄者王，得雌者霸。」陳倉人乃逐二童子，化爲雉，雌上陳倉北坂爲石，秦祠之。搜神記云：雄者飛至南陽，其後光武起於南陽。按：史記秦本紀：文公三年東獵，四年居汧渭之會，十九年得陳寶。乃宋書符瑞志云：秦穆公發徒大獵，得其雌者，化而爲石，置之汧渭之間。至文公爲之立祠，名曰陳寶祠。夫穆公乃文公曾孫，德公之少子，何宋書之舛也！漢書郊祀志又云：宣帝卽位，或言益州有金馬碧雞之神，可醮祭而至，於是遣大夫王褒使持節而求之。如淳曰：金形似馬，碧形似雞。九州要記：禺同山有金馬、碧雞之祠。此別爲一事，詩乃誤合之，文集亦然。

〔七〕屢見。

〔八〕春秋元命苞：玉衡北兩星爲玉繩，玉之爲言溝刻也。宋均注：繩能直物，溝謂作器。謝朓詩：玉繩低建章。

〔九〕呂氏春秋：天有九野，中央曰鈞天。史記：趙簡子疾，扁鵲視之，曰：「血脈治也，而何怪！昔秦繆公嘗如此，七日而寤，告公孫支曰：『我之帝所甚樂。』今主君之疾與之同。」居二日半，簡子寤，語大夫曰：「吾之帝所甚樂，與百神遊於鈞天，廣樂九奏萬舞，不類三代之樂，其聲動人心。」此頂上以喻綯之詩文。

〔一〇〕司馬相如大人賦：排閶闔而入帝宮。左傳：晉政多門。此兼用建章宮千門萬戶意。何曰：五六洗發「崔嵬」二字，顧瞻玉堂，如在天上，流落人間者，九閽萬里，夢不得到，而君則曉飲夜唫其中，固不啻濁水汙泥清路塵也。結句本休文「夢中不識路，何以慰相思」，兼之尊卑闊絶也。浩曰：義門又云：以溫飛卿投蕭舍人詩相較，兩人相去不啻三十里。今玩溫作「萬象曉歸仁壽鏡，百花春隔景陽鐘」，寫內相之任重望高，未必遜此也。論其大勢，溫不如李之盤鬱。

鈞天

上帝鈞天會衆靈，昔人因夢到青冥〔一〕。伶倫吹裂孤生竹〔二〕，却爲知音不得聽。

〔一〕何曰：庸才貴仕，皆所謂因夢到青冥也。

〔二〕呂氏春秋：黃帝令伶倫作爲律。伶倫自大夏之西，乃之阮隃之陰，取竹於嶰谿之谷，以生空竅厚鈞者，斷兩節間，其長三寸九分而吹之，以爲黃鐘之宮；次日舍少，次制十二筒，聽鳳皇之鳴，以別十二律。周禮：孤竹之管。注曰：竹特生者。

楊曰：賢者不必遇，遇者不必賢，人世浮榮，怳同一夢。徐曰：與上章同作，暗誚子直，兼自傷也。

玉山

玉山高與〔一〕閬風齊〔二〕，玉水清流不貯泥〔三〕。何處更求回日馭？此中兼有上天梯〔四〕。珠容百斛龍休睡〔五〕，桐拂千尋鳳要棲〔六〕。聞道神仙有才子，赤簫吹罷好相攜〔七〕。

〔一〕一作「共」。

〔二〕山海經西山經：玉山。注曰：穆天子傳謂之羣玉之山，見其阿平無險，四徹中繩，先王之所謂策府。十洲記：崑崙山上有三角，其一角正北干辰之輝，曰閬風巔。

〔三〕尸子：水方折者有玉，圓折者有珠。顔延年詩：玉水記方流。西山經：峚山，丹水出焉，其中多白玉，是有玉膏。史記大宛傳：漢使窮河源，河源出于窴，其山多玉石，采來，天子案古圖書，名河所出山曰崑崙云。

〔四〕崔駰大將西征賦：升天梯以高翔。王逸九思：緣天梯兮北上。按：史記：崑崙，日月所相避隱爲光明也。括地志：天竺國在崑崙山南。佛上天青梯，今變爲石入地，惟餘十二蹬。二句似用之。

〔五〕莊子：千金之珠，必在九重之淵驪龍頷下。能得珠者，必遭其睡也。

〔六〕枚乘七發：龍門之桐，高百尺而無枝。餘屢見。

〔七〕晉書載記呂纂傳：盜發張駿墓，得赤玉簫、紫玉笛。此句不重「赤」字，實暗用蕭史吹簫，夫妻同鳳飛去，故曰「相攜」。詳前註。以比朋友，詩家常例也。

浩曰：吳氏發微謂爲綯作，信然。蓋首聯比內相之清高；次聯言只此可恃，奚用他求？三聯言我欲相依，爾休不顧；結更醒出援手之望。綯爲楚子，故曰「才子」；爲翰林，故曰「神仙」。必點明「才子」者，冀其承父志而愛我也。余初疑集中前人泥指令狐者未可盡信，及訂明全集，乃知屬望子直，自此而下，篇什極多。蓋其始既有深恩，其後子直得君當國，義山必不能舍此他求，故不禁言之繁也。讀者勿疑。

燈

皎潔終無倦，煎熬亦自求〔一〕。花時隨酒遠，雨夜〔二〕背窗休。冷暗黃茅驛〔三〕，暄明紫桂樓〔四〕。錦囊名畫揜，玉局敗碁收〔五〕。何處無佳夢，誰人不隱憂〔六〕？影隨簾押轉〔七〕，光信簟文流。客自勝潘岳〔八〕，儂今定莫愁〔九〕。固應留半焰，迴照下幃羞〔一〇〕。

〔一〕莊子：膏火自煎也。

〔二〕一作「後」。

〔三〕嶺南多瘴。御覽於容州引郡國志曰：春爲青草瘴，秋爲黄茅瘴。柳柳州詩：瘴江南去入雲烟，望盡黄茅是海邊。

〔四〕見酬令狐見寄。又御覽引漢武内傳云：紫桂宫，太上丈人君處之。

〔五〕古子夜歌：明燈照空局，悠然未有期。

〔六〕詩：耿耿不寐，如有隱憂。

〔七〕漢武故事：甲帳以白珠爲簾箔，玳瑁押之，象牙爲篾。

〔八〕見後擬意。

〔九〕詳見後石城。

〔一〇〕陳啓源曰：梁紀少瑜殘燈詩：惟餘一兩燄，纔得解羅衣。結語從此化出。

浩曰：此桂府初罷作也。首二句領起通篇，「皎潔」言不負故交，「煎熬」言屢遭失意，「自求」二字慘甚。三、四溯昨春從行而背京師，五謂行近桂管，六則抵桂幕，七、八不意其遽貶也。「何處」一聯，言倏喜倏憂，人世皆然。「影隨」二句，謂蹤跡又將流轉。結二韻謂兩美終合，定有餘光之照。雖未見明切子直，而此外固無人矣，正應轉首句。

送鄭大台文南覲〔一〕

黎辟〔二〕灘聲五月寒〔三〕，南風無處附平安。君懷一匹胡威絹〔四〕，爭拭酬恩淚得乾〔五〕？

〔一〕按：舊書傳：畋尉渭南，直史館，事未行，父亞出桂州，畋隨侍左右。而其自陳表則曰：作尉畿南，兩考免罷。則畋實尉渭南，史傳自相岐誤矣。循在桂之東南，題曰南覲，不曰隨侍，起句又用「黎壁」，必台文罷尉赴桂，亞已赴循，故急爲南覲。時義山則自作歸計矣。新書傳云「擢渭南尉，父喪免」。亦有小疎。朱曰：北夢瑣言載畋生於桂州，小字桂兒。時監軍西門思恭赴闕，亞餞於北郊，以畋託之。考舊史及此詩，知其謬矣。

〔二〕當作「壁」。

〔三〕宋之問下桂江縣黎壁詩：放溜覿前溆，連山分上干。吼沫跳急浪，合流環峻灘。舟子怯桂水，最云斯路難。寰宇記：昭州平樂江中有懸藤灘、犂壁灘。按：平樂江與桂江接，台文自桂州、昭州而南至循省覲也。舊注誤。

〔四〕晉陽秋：胡威少有志尚，厲操清白。父質爲荆州，威自京都省之，告歸，質賜絹一匹，威跪曰：「大人清白，不審於何得此？」質曰：「是俸祿之餘，故以爲汝糧耳。」

〔五〕錢曰：何其雅而切。

獻寄舊府開封公〔一〕

幕府三年遠〔二〕，春秋一字褒〔三〕。書論秦逐客〔四〕，賦續楚離騷〔五〕。地理南溟闊〔六〕，天文北極高〔七〕。酬恩撫身世，未覺勝鴻毛〔八〕。

〔一〕按：舊、新書志傳表：唐初鄭州滎陽郡，又以所屬浚儀開封置汴州陳留郡。鄭氏在漢居滎陽，開封晉置滎陽郡，遂爲郡人。鄭善果，周時襲父誠開封縣公，至唐改封滎陽郡公。唐之鄭氏皆封滎陽，而此曰開封，稍晦之也。東魏曾置開封郡，後齊廢，見魏、隋書志。

〔二〕史記李牧傳：市租皆輸入莫府。索隱曰：崔浩云：「將帥理無常處，以幕帟爲府署，故曰幕府。」當作「幕」。崔駰與竇憲牋：君侯以野幕爲府，前世封靑故事也。

〔三〕杜預春秋序：春秋雖以一字爲褒貶，然皆須數句以成文。互見送劉五經。

〔四〕見哭蕭詩。

〔五〕屢見。

〔六〕見洞庭魚。

〔七〕爾雅：星名，北極謂之北辰。後漢書：李固曰：「陛下之有尚書，猶天之有北斗；北斗爲天喉舌，尚書亦爲陛下喉舌。」

〔八〕言身所酬恩輕於鴻毛也。詳見上杜僕射。

浩曰：朱長孺諸人皆誤以爲令狐楚。今考定楚鎭宣武，義山尚在童年，廁乃在天平幕，未久而楚徙河東，安得追稱開封公哉？且亦無三年遠之情事。況唐人最重犯諱，雖生時未諱，何得犯其名於獻寄哉？皆必不可通也。今細審之，是寄鄭亞於循州者。首聯謂遠隨三年，叨其知遇。三四緊承説下，唐人每以罷官爲逐客，義山久不調，亞特奏充幕官，而乃得至湘南，用詞精切。五謂循州。六以還朝祝之，亦暗寓天高難問之慨。結則自愧無能報恩致力也。黨局猜嫌，故製題稍隱。余初妄爲詮解，亦謬甚矣。此當在送台文南覲時後，今附此。

同崔八詣藥山訪融禪師〔一〕

共受征南不次恩〔二〕，報恩惟是有忘言〔三〕。巖花澗草西林路〔四〕，未見高僧且〔五〕見猿〔六〕。

〔一〕崔八、崔珏未可合一，詳送崔珏往西川。隋書志：澧陽郡澧陽縣有藥山。道源曰：稽古略：藥山惟儼禪師爲初祖，太和六年入寂，融禪師或其後也。按：唐伸撰碑銘，惟儼終於文宗嗣位明年十二月，非六年也。

〔二〕後漢書紀：光武建武二年，以廷尉岑彭爲征南大將軍；五年，以偏將軍馮異爲征西大將軍。按：彭傳屢稱征南，異傳並無此號，通典則謂征南將軍，光武二年以馮異爲之也。晉書：羊祜爲征南大將軍。此亦爲征南之最著者。

〔三〕莊子：得意而忘言。高僧傳：惠可立雪斷臂，求法於達摩。達摩曰：「我法一心，不立文字。」徐曰：佛氏有報恩經。

〔四〕蓮社高賢傳：西林法師慧永，太元初至尋陽，乃築廬山舍宅爲西林。按：「慧」一作「惠」。

〔五〕一作「只」。

〔六〕何曰：縈紆鬱悶，四句中無限曲折。

浩曰：山境在澧州、朗州之間，洞庭湖之西也，其東南至長沙四百里，北至江陵三百里，故解者謂桂管歸途之作。今細參前後事跡，此説定是。

漢南書事〔一〕

西師萬衆幾時迴〔二〕，哀痛天書近已裁〔三〕。文吏何曾重刀筆〔四〕？將軍猶自舞輪臺〔五〕。幾時拓土成王道〔六〕？從古窮兵是禍胎〔七〕。陛下好生千萬壽〔八〕，玉樓長御白雲杯〔九〕。

〔一〕爾雅：漢南曰荆州。注曰：自漢南至衡山之陽。按：唐時稱山南東道，治所襄州，曰漢南，荆襄地勢同也。舊書紀、通鑑：會昌五、六年，党項攻陷邠寧鹽州界城堡，發諸道兵討之，至大中四、五年，連年無功，戍饋不已。上頗知邊帥欺奪其羊馬，或妄誅殺，党項不勝憤怨，故反，乃以李福爲夏綏節度使，面加戒勵。上頗厭用兵，議遣大臣鎮撫，以宰相白敏中充招討行營都統制置等使。定遠城使史元破党項九千餘帳，敏中奏平夏党項平，又奏南山党項亦請降。詔幷赦，使之安業。

詩蓋自桂歸途經荆江時作，非書漢南之事。

〔二〕党項，西羌也。味詩意當作「幾人」。

〔三〕漢書西域傳：上乃下詔，陳既往之悔，曰：「輪臺西於車師千餘里，迺者貳師敗，軍士死略離散，悲痛常在朕心。今請遠田輪臺，欲起亭隧，是擾勞天下也，朕不忍聞。」贊曰：孝武末年，棄輪臺之地，而下哀痛之詔，豈非仁聖之所悔哉？

〔四〕史記馮唐傳：上功莫府，一言不相應，文吏以法繩之。吏奉法必用，賞太輕，罰太重。又李廣傳：大將軍使長史急責廣之幕府對簿，廣曰：「廣年六十餘矣，終不能復對刀筆之吏。」遂自剄。漢書胡建傳：失理不公，用文吏議，不至重法。

〔五〕漢書李廣利傳：烏孫、輪臺易苦漢使。貳師行，兵多，所至小國莫不迎，出食給軍。至輪臺不下，攻數日，屠之。師古曰：輪臺亦國名。舊書志：隴右道北庭都護府有輪臺縣，有輪臺州都督府。此聯謂無人案責邊將之罪。

〔六〕吳都賦：拓土畫疆。味詩意，「幾時」二字誤。

〔七〕魏志王朗傳注：車駕既還，詔三公曰：「窮兵黷武，古有成戒。」枚乘奏吳王書：禍生有基，禍生有胎。

〔八〕書：好生之德，洽于民心。餘見謝往桂林。

〔九〕玉樓在崑崙。白雲亦仙事，即瑤池宴飲之義。

荆門西下〔一〕

一夕南風一葉危，荆門〔二〕迴望夏雲時〔三〕。人生豈得輕離别，天意何曾〔四〕忌嶮巇〔五〕？骨肉書題安絶徼〔六〕，蕙蘭蹊徑失佳期。洞庭湖闊蛟龍惡，却羨楊朱泣路岐〔七〕。

〔一〕後漢書郡國志：南郡夷陵有荆門虎牙山。袁山松宜都山川記：南岸有山名荆門，北岸有山名虎牙。盛宏之荆州記：郡西泝江六十里。餘詳風。按：宜都即夷陵，唐時峽州也。荆門之下爲荆江，西通巴峽，南會重湖。

〔二〕諸本皆作「雲」。朱曰：疑作「門」。按：必當作「門」，故竟改定。

〔三〕荆門志地，夏雲紀時。或謂從荆門之雲，迴望夏口之雲，地勢詩意皆不可通。

〔四〕一作「嘗」。

〔五〕東方朔七諫：何周道之平易兮，然蕪穢而嶮巇。

〔六〕戊籤作「忘紀復」。袁曰：安者不能致之意。按：亦可疑。

〔七〕見離席。錢曰：路岐在平陸，無風波之險。浩曰：此章移易數過，而究難定也。偶成轉韻篇「頃之失職辭南風，破帆壞槳荆江中」，與首聯恰合。「南風」、「夏雲」、「蕙蘭」，皆夏令，與風五律之「來鴻」「別燕」迴異，故當爲夏時荆江遇險之作；洞庭波惡，亦在迴望中，是與風宜分編也。然題云「西下」，與初歸後略有停留又就水程者，恐未細合。風五律之情景，的是深秋西入巴峽。此或亦泝江西去，追慨前時江間遇險之作，全以「迴望夏雲時」標明命意，直貫通篇，意味亦妙，是宜移下與風同編也。二說未定，要皆在此年中，「言外嘆桂海之役，大受驚疑也。又曰：「西下」二字，若如前說，則自西而下也；若如後說，則自荆門而西向峽中也。凡古云東下南下，類皆謂之東之南。而南史：庾域，新野人也，遷寧蜀太守，卒於官。子子輿奉喪還鄉，秋水猶壯，行侶忌之。子輿撫心長叫，水忽退減，安流南下。則謂自南而下也。此「西下」當與同義，若泝江向峽，似不當云下也。依此則前說較長。

舊將軍

雲臺高議正紛紛〔一〕，誰定當時蕩寇勳？日暮灞陵原上獵，李將軍是舊〔二〕將軍〔三〕。

〔一〕後漢書：中興二十八將，永平中，顯宗追感前世功臣，乃圖畫於南宮雲臺，其外合三十二人。江淹上建平王書：高議雲臺之上。

〔二〕一作「故」。

〔三〕漢書：李廣屏居藍田南山中射獵，嘗夜從一騎出，從人田間飲。還至亭，霸陵尉醉，呵止廣。廣騎曰：「故李將軍。」尉曰：「今將軍尚不得夜行，何故也！」浩曰：潘眜謂此詩追感李晟而發，不知曰「紛紛」，曰「誰定」，與西平久經圖像者不符；況當時雖張延賞間之，奪其兵柄，亦何至如所云也？午橋謂慨李衞公，極是。余更切證之。新書紀文：大中二年七月，續圖功臣於凌煙閣，事詳忠義李憕傳。後時必紛紛論功，而李衞國之攘回紇、定澤潞，竟無一人訟之，且將置之於死地，詩所爲深慨也。舊書傳贊云：「嗚呼煙閣，誰上丹青？」憤嘆之懷，不謀而相合矣。義門謂爲石雄發，亦通；然衞國之廟算，乃功人也。

淚

永巷長年怨綺羅〔一〕，離情終日思風波。湘江竹上痕無限〔二〕，峴首碑前灑幾多〔三〕。人去紫臺秋入塞〔四〕，兵殘楚帳夜聞歌〔五〕。朝來灞水橋邊問，未抵青袍送玉珂〔六〕。

〔一〕爾雅：宮中衖謂之壼。註曰：巷閤間道。三輔黃圖：永巷，宮中長巷，幽閉宮女之有罪者。武帝時改爲掖庭，置獄焉。按：後人只以閑冷言之。

〔二〕屢見。

〔三〕見交城舊莊。

〔四〕文選恨賦：若夫明妃去時，仰天太息，紫臺稍遠，關山無極。此謂一離宮闕，便遠至異域，與杜詩

「一去紫臺連朔漠」同意。

〔五〕史記：項王軍壁垓下，兵少食盡，夜聞漢軍四面皆楚歌，乃大驚曰：「是何楚人之多也？」項王夜起飲帳中，悲歌慷慨，自爲詩，歌數闋，泣數行下。

〔六〕服虔通俗：飾勒曰珂。西京雜記：長安盛飾鞍馬，皆白蜃爲珂。玉篇：珂，石次玉也，亦碼磁潔白如雪者，一云螺屬。餘見鏡檻。

馮鈍吟曰：句句是淚不是哭。又曰：起承轉合，訓蒙之法也，如此詩，三體詩、瀛奎律髓全用不著矣。錢曰：陸游效之作聞猿詩亦然。浩曰：香山中秋月已有作法，此則尤變化矣。初疑義山抑塞終身窮途抱痛之作，然繩之以理，末句之可傷，何反勝於上六事歟？況以自慨，復何用問諸水濱？此必李衞國叠貶時作也。唐摭言有「八百孤寒齊下淚，一時南望李崖州」之句，與此同情。上六句興而比也：首句失寵；次句離恨；三四以湘淚指武宗之崩，峴碑指節使之職，衞公固以出鎮荆南而叠貶也；五謂一去禁廷終無歸路；六謂一時朝列盡屬仇家。用事中自有線索。結句總納上六事在内，故倍覺悲痛。不悟其旨，則大失輕重之倫矣。灞橋只取離別，不泥京師，此義山獨創之絕作也。

亂石

虎踞龍蹲縱復横，星光漸減雨〔一〕痕生〔二〕。不須併礙東西路，哭殺廚頭阮步兵〔三〕。

〔一〕一作「水」。

〔二〕左傳：隕石于宋五。隕星也。

〔三〕晉書傳：阮籍聞步兵廚營人善釀，有貯酒三百斛，乃求爲步兵校尉。又曰：時率意獨駕，不由徑路，車迹所窮，輒慟哭而反。

徐健菴曰：不但窮途之悲，兼有蔽賢之恨。何曰：既不得挂名朝籍，幷使府亦不安其身，所爲發憤也。浩曰：別有深意焉。亞坐德裕事而貶，義山緣此廢滯矣。上二句指李黨之據在要地者，一旦光燄忽衰，漸形蕭颯；下二句恐其勢將累我。

槿花

風露淒淒秋景繁，可憐榮落在〔一〕朝昏。未央宮裏三千女〔二〕，但保紅顔莫保恩。

〔一〕一作「任」，誤。

〔二〕漢書高帝紀：七年，蕭何治未央宮。漢武故事：上起明光宮，發燕、趙美女三千人充之，率取十五以上二十以下，年滿四十者出嫁。建章、未央、長樂三宮皆輦道相屬，不由徑路。

浩曰：嘆鄭亞在桂一年遽貶。

陸發荊南始至商洛〔一〕

昔去眞無素〔二〕，今還豈自知？青辭木奴橘〔三〕，紫見地仙芝〔四〕。四海秋風濶，千巖〔五〕暮景遲。向來憂際會，猶有五湖期〔六〕。

〔一〕荊州卽荊南。新書志：關內道商州上洛郡商洛縣東有武關。

〔二〕一作「奈」。朱曰：一作「素」，非。按：今從仿宋本。漢書江充傳：以敎敕亡素者。王褒四子講德論：非有積素累舊之歡。按：有素無素，交遊間習語也。此謂與鄭亞非舊交，忽承其薦辟，今忽然罷歸，皆非意料也。若作「無奈」，殊淺率矣。

〔三〕通典：朗州武陵郡龍陽縣，沅水入縣界，歷九洲，洲長三十里，卽李衡種甘所。餘見故番禺侯。

〔四〕地仙謂四皓。

〔五〕「嵒」同。

〔六〕周禮職方氏：東南曰揚州，其浸五湖。吳越春秋：范蠡乘扁舟，出三江入五湖，人莫知其所適。二句與「永憶江湖」一聯同意，今則際會尚不可知，況五湖哉！楊曰：從鄭亞幕還京途中作。浩曰：頗似破帆壞槳於荊江，乃從陸路，由夏及秋，當至故鄉與東都也。

歸墅

行李踰南極〔一〕，旬時到舊鄉〔二〕。楚芝應徧紫〔三〕，鄧橘未全黃〔四〕。渠濁村舂急〔五〕，旗高社酒香〔六〕。故山歸夢喜，先入讀書堂〔七〕。

〔一〕左傳：行李之往來，供其乏困。劉向七嘆：櫂舟航以橫濿兮，濟湘流而南極。曹植詩：南極蒼梧野，游眄窮九江。按：王制，古九州之地，南不盡衡山。故衡湘云南極也。

〔二〕書：至于旬時。傳曰：十日三月。此似言百日。

〔三〕水經注：楚水出上洛縣楚山，四皓隱於楚山。寰宇記：商山又名地肺山，亦稱楚山。按：史記索隱：商、洛之間，秦、楚之險塞，故每稱楚。餘詳四皓廟。

〔四〕漢書志：南陽郡：穰縣，鄧縣。文選南都賦：穰橙鄧橘。舊書志：鄧州南陽郡。

〔五〕後漢書西羌傳：虞詡曰：「因渠以溉，水舂河漕。」注曰：水舂，卽水碓也。

〔六〕韓非子外儲說：宋人有沽酒者，縣幟甚高。注曰：幟卽帘也，亦謂酒旗。春秋元命苞：酒旗主上尊酒，所以侑神也。張衡週天大象賦：酒旗緝醮以承歡。史記索隱：二十五家爲里，里各立社。

〔七〕姚曰：身未到夢先到也。浩曰：衡在潭州南數百里，在桂州東北千里，故朱氏曰：「云踰南極，必歸自桂林也。」余初疑其或前之潭州歸時，今定爲桂管歸途矣。

楚澤

夕陽歸路後，霜野物聲乾。集鳥翻漁艇，殘虹拂馬鞍〔一〕。劉楨元抱病〔二〕，虞寄數辭官〔三〕。白袷經年卷〔四〕，西來又〔五〕早寒〔六〕。

〔一〕何曰：三四是澤中。

〔二〕見崇讓東亭醉後。

〔三〕南史：虞寄字次安，梁大同中爲宣城王國常侍，閉門稱疾，惟以書籍自娛。入陳，文帝手勅用爲衡陽王掌書記，後除東中郎建安王諮議，寄辭以疾，王於是命長停公事，其有疑議，就以決之。

〔四〕急就篇注：衣裳施裏曰袷。潘岳秋興賦：御袷衣。

〔五〕一作「及」。

〔六〕楊曰：謂在桂常暖，經年不着也。楊曰：從桂入朝途中作。浩曰：午橋以數辭官謂東川罷歸，東川豈常暖哉？桂府之罷，儘可云數辭官矣。又曰：以上三首，或同時，或異時，無可再訂，且類編之。

戊辰會靜〔一〕中出貽同志二十韻〔二〕

大道諒無外〔三〕，會越自登眞〔四〕。丹元子何索？在己莫問隣〔五〕。蒨璨玉琳華〔六〕，翺翔九眞君〔七〕。戲擲萬里火〔八〕，聊召六甲旬〔九〕。瑤簡被靈誥〔一〇〕，持符〔一一〕開〔一二〕七門〔一三〕。金鈴攝羣魔〔一四〕，絳節何兟兟〔一五〕！吟弄東海若〔一六〕，倚笑〔一七〕扶桑春〔一八〕。三山誠迥〔一九〕視，九州揚一塵〔二〇〕。我本玄元胄〔二一〕，稟華由上津〔二二〕。中迷鬼道樂〔二三〕，沈爲下土民〔二四〕。託質屬太陰，鍊形復爲人〔二五〕。誓將覆宮〔二六〕澤〔二七〕，安此眞與神〔二八〕。龜山有慰薦〔二九〕，南眞爲彌綸〔三〇〕。玉管會玄圃〔三一〕，火棗承天姻〔三二〕。科車遏故氣〔三三〕，侍香傳靈芬〔三四〕。飄颻被青霓，婀娜佩紫紋〔三五〕。林洞何其微？下仙不與羣〔三六〕。丹泥因未控〔三七〕，萬劫猶逡巡〔三八〕。荆蕪既以薙〔三九〕，舟〔四〇〕壑永無湮〔四一〕。相期保妙命，騰景侍帝宸〔四二〕。

〔一〕一作「靖」，誤。

〔二〕戊辰，大中二年也。本集詩題如紀年，則辛未七夕，壬申七夕；紀月日，則正月十五夜，二月二日之類，無有以干支紀日者。是年自桂歸來，後又有巴蜀遊蹟，中間似無暇有此；然暫歸故鄉及東都而又出行，亦可也。唐時崇尙道敎，義山舊有「學仙玉陽東」之事，正與相合矣。朱氏謂道家忌戊辰、戊戌、戊寅之日，不須朝眞。余初以入道秘言六戊日望三素雲，其他有六戊日拊心祝，六戊服氣法，而辨朱氏之非，皆誤以紀年爲紀日耳。登眞隱訣有入靜法：燒香入靜朝神，願得正一三炁灌養形神，長生久視，得爲飛仙。又曰：每入靜出靜，當以水漱口。

〔三〕莊子：至大無外，謂之大一。

〔四〕陶弘景有登眞隱訣二十五卷。

〔五〕黃庭經：心神丹元字守靈。又：心部之官蓮含華，下有童子丹元家。又：眞人在己莫問隣，何處遠索求因緣？按：「隣」字暗點同志，已醒全題。

〔六〕黃庭經：赤珠靈裙華蒨粲。漢武內傳：上元夫人腰鳳文琳華之綬。

〔七〕九眞中經：尊神有九宮，名曰九眞君。按：有修九眞中道之法，道書習見。

〔八〕度人經：擲火萬里，流鈴八衝。

〔九〕漢武內傳：上元夫人出六甲左右靈飛致神之方十二事授帝。眞誥：仙道有素奏丹符，以召六甲。

〔一〇〕瑤簡、玉簡，道書習見。眞誥：許長史曰：「欣想靈誥。」

〔一一〕一作「府」，誤。

〔一二〕一作「闕」，誤。

〔一三〕黃庭經：負甲持符開七門。注謂七竅。

〔一四〕眞誥：老君佩神虎之符，帶流金之鈴。又曰：仙道有流金之鈴，以攝鬼神。雲笈七籤：九星之精化爲五鈴神符，威制極天之魔，召攝五方神靈。

〔一五〕說文：兟，進也。

〔一六〕莊子秋水篇：河伯順流東行，向若而嘆，北海若曰。餘見聽雨後夢作。

〔一七〕一作「笑倚」，誤。

〔一八〕見畫松。

〔一九〕一作「迴」，非。

〔二〇〕見海上，卽昌谷詩「遥望齊州九點烟」之意。以上敍行法飛神，下乃述懷。

〔二一〕舊書紀：高宗乾封元年行泰山封禪之禮，還次亳州，幸老君廟，追號曰太上玄元皇帝。

〔二二〕神仙傳：老子母感大星而有娠，受氣於天。

〔二三〕史記武帝本紀：開八通之鬼道。魏書釋老志：佛法有三歸五戒，奉持之，生天人勝處；虧犯則墮鬼畜諸苦惡。按：道教亦相類。

〔二四〕漢武內傳：下土濁民。

〔二五〕南岳魏夫人傳：白日尸解，自是仙矣。若非尸解之例，死經太陰，暫過三官者，肉脫脉散，血沉灰爛，而五藏自生，白骨如玉，七魄營衛，三魂守宅者，或三十年、二十年、十年、三年，血肉再生，復質成形，勝於昔日未死之容。此名錬形太陰，易貌三官之仙也。天帝云：「太陰錬身形，勝服九轉丹。」

〔二六〕一作「官」。

〔二七〕廣韻：復，房六切，返也。覆，芳福切，反覆。按：復、覆義相類。

〔二八〕黄庭經：至道不煩決存眞，泥丸百節皆有神。又：腦神精根字泥丸。又：一面之神宗泥丸，泥丸九眞皆有房。注曰：三丹田，三洞房，合三元爲九宮，中有九眞神。經又有云：顏色生光金玉澤，存此眞神勿落落。登眞隱訣：凡頭有九宮，其經皆神仙爲眞人之道，眞官司命，經之要言。道源曰：覆，還也，還元辰本宮之澤。按：腦有九宮，卽還精補腦之義。

〔二九〕集仙錄：西王母者，九靈大妙龜山金母也。女子登仙者咸隸之。漢書趙廣漢傳：其尉薦待遇吏，殷勤甚備。程曰：尉、慰古通。

〔三〇〕南岳魏夫人傳：太微帝君授夫人上眞司命南岳夫人，治天台大霍山洞臺中，主下訓奉道敎，授當爲仙者。眞誥所呼南眞，卽夫人也。易：易與天地準，故能彌綸天地之道。眞誥：許長史曰：「仁德流映，高蔭彌綸。」

〔三一〕十洲記：玄圃臺上有積石圃，西母宴會之所。餘屢見。王母會眞仙作樂，命侍女吹笙擊金之類，道書屢見。

〔三二〕眞誥：晉興寧三年，衆眞降楊羲家，紫微王夫人與一神女俱來，年可十三四許。紫微夫人曰：「此太虛元君金臺李夫人之少女，詣龜山學道成，署爲紫清上宮九華眞妃，於是賜姓安，名鬱嬪，字靈簫。」眞妃手握三棗，一枚見與，一枚與紫微夫人，自留一枚，各食之。眞妃曰：「君師南眞夫人實良德之宗也。聞君德音甚久，不圖今日得敍因緣，君不得有謙飾。」因作一紙文相贈。紫微夫人復作一紙文曰：「今我爲因緣之主矣。」眞妃又曰：「宿命相與，顧儔中饋，內藏眞方，非有邪也。」南嶽夫人授書曰：「偶靈妃以接景，聘貴眞之少女，於爾親交，亦大有益。」又：雲林夫人答許長史曰：「火棗交梨之樹，已生君心中也，心中荊棘相雜，是以二樹不見。」九皇上經注曰：交梨火棗在人體中，在於心室，液精內固，開花結實，胞孕佳味。宋書后妃傳：閭閻有對，本隔天姻。此以火棗言眞妃手握之棗。

〔三三〕遁甲開山圖：霍山南岳儲君來，或駕科車，或駕龍虎。眞誥：人臥室潔盛則受靈氣，不盛則受故氣。又：渴穢垢之津路。按：舍其故氣，乃可得仙，亦兼吐故納新之義，故「氣」字道書屢見。科車，俟再考。

〔三四〕一作「氛」，侍香之童，如玉女、玉童之類，見和韓錄事。

〔三五〕青霓，衣也。紫紋，綬也。楚詞：青雲衣兮白霓裳。此類之言被服者，道書中極多，皆小異大同。

〔三六〕登眞隱訣：上品居上清，中品處中道，下品居三元之末。

〔三七〕丹泥，卽丹元泥丸之所在也。控者，如道書之論胎息，眞仙謂三魂神領腦宮元神遊於上天也。蓋葆氣成神，方尸解而登眞矣。正應上「宮澤」句，舊注誤。

〔三八〕「萬劫」字屢見道書。隋書經籍志：天地一成一敗，謂之一劫。自此天地已前，則有無量劫矣。

〔三九〕荆蕪卽心中荆棘。周禮：薙氏掌殺草。

〔四〇〕一作「丹」，誤。

〔四一〕一作「因」，誤。莊子：藏舟於壑，自謂固矣，夜半有力者負之而趨。陶貞白許長史舊館壇碑：三相幻惑，舟壑自移。此謂中心淸淨，則此身不死而湮埋。

〔四二〕雲林右英夫人授許長史詩：來尋眞中友，相攜侍帝晨。眞誥：桐柏眞人領五嶽司侍帝晨王子喬，青蓋眞人侍帝晨郭世幹。又曰：侍帝晨，並如世之侍中。按：陶隱居集：許玉斧爲東華上相青童君之侍帝晨，而頌曰：錫茲帝宸。則「晨」「宸」通用也。此以仙職收到「貽同志」。

浩曰：篇中既用王母事，而雲林夫人，王母第十三女，紫微夫人，王母第二十女，九華眞妃本李夫人少女，與義山妻系出類同。余初謂在東川時心懷永悼，托以抒哀。「龜山」四句，謂作合成婚。「科車」四句，謂王氏之亡，頗似的確。今而悟箋詩之說每有近似而實不然者。若果以此寄哀，當更有深摯之情，且何以云「出貽同志」耶？其前逕從翁東川幕，所用已皆女仙，蓋學仙時多與女冠相習，唐時風尚如此耳。或兼比己之婚於王氏，默敍行藏，則大可也。「戊辰」必爲紀年，必非悼亡後矣。

河清與趙氏昆季讌集得擬杜工部〔一〕

勝槩殊江右，佳名逼渭川〔二〕。虹收青嶂雨，鳥沒夕陽天。客鬢行如此，滄波坐眇〔三〕然〔四〕。此中真得地，漂蕩釣魚船。

〔一〕通典：河南府河清縣南臨黃河。左傳云晉陰，即此。新書志：會昌三年，隸孟州，尋還屬河南府。

〔二〕取清江、清渭以點河清。

〔三〕一作「渺」。

〔四〕戊籤：一作「歲月行如此，江湖坐渺然」。朱弁曰：真老杜語也。按：眇，微也，亦遠也。杳眇，遠視貌，於義自通，不必定作「渺」。

楊曰：譬之臨摹書畫，得其神解。浩曰：讌席當是餞別，故只點行役，而言外含之。劉夢得送趙司直轉官參山南令狐僕射幕云趙氏兄弟皆僕射門客，當即此趙氏昆季，本集中趙祝、趙晳之輩也。「得擬杜工部」，當爲席上分擬者耳。頗疑大中三年從商洛歸至東都，而旋就水程，由江漢以詣巴蜀，故以杜工部入蜀寄意。雖所揣大鑿，然後之杜工部蜀中離席似相應。

寓懷〔一〕

綵鸞餐顥氣〔二〕，威鳳入〔三〕卿雲〔四〕。長養三清境〔五〕，追隨五帝君〔六〕。煙波遺汲汲〔七〕，矰繳任云云〔八〕。下界圍黄道〔九〕，前程合紫氛〔一〇〕。金書惟是見〔一一〕，玉管不勝聞。草爲迴生種〔一二〕，香緣却死熏〔一三〕。海明三島見〔一四〕，天迥九江分〔一五〕。騫〔一六〕樹無勞援〔一七〕，神禾豈用耘〔一八〕？鬬龍風結陣，惱鶴露成文〔一九〕。漢嶺〔二〇〕霜何早〔二一〕？秦宮日易曛。星機抛〔二二〕密緒，月杵散靈芬〔二三〕。陽烏西南下〔二四〕，相思不及羣〔二五〕。

〔一〕原編集外詩。

〔二〕楚詞：飡六氣而飲沆瀣兮。西都賦：鮮顥氣之清英。

〔三〕一作「食」，誤。

〔四〕漢書宣帝紀：威鳳爲寶。注曰：鳳之有威儀者，與尚書「鳳凰來儀」同意。史記天官書：若烟非烟，若雲非雲，郁郁紛紛，蕭索輪囷，是謂卿雲。

〔五〕三洞宗玄：三清：玉清、上清、太清也。亦名三天：清微天、禹餘天、大赤天也。太清境有九仙，上清境有九眞，玉清境有九聖。太眞科：上品曰聖，中品曰眞，下品曰仙。三清之間各有正位，聖登玉清，眞登上清，仙登太清。

〔六〕史記：天神貴者太一，太一佐者五帝。

〔七〕家語：蘧伯玉汲汲於仁。公羊傳：及猶汲汲也。

〔八〕戰國策：射者方將修其碆盧，治其矰繳。史記留侯世家：羽翮已就，横絶四海，雖有矰繳，尚安所施？家語：皆曰云云。漢書汲黯傳：吾欲云云。

〔九〕卽環拱之意，見後述德抒情詩。

〔一〇〕見海客。

〔一一〕武帝内傳：尊母欲得金書秘字授劉徹。黄庭内景經序：黄庭内景經，一名太上琴心文，一名太帝金書，一名東華玉篇。登眞隱訣：謹讀金書玉經。

〔一二〕十洲記：祖洲有不死之草，形如菰苗，長三四尺。人已死三日，以草覆之，皆活。述異記：漢武時日支國獻活人草三莖。

〔一三〕十洲記：聚窟洲有返魂樹，伐其根心，玉釜中煮，取汁煎如黑餳，丸之，名曰驚精香，或名震靈丸，或名反生香，或名震檀香，或名人鳥精，或名却死香。一種六名。香聞數百里，死者在地聞香氣，却活；以熏死人，更神驗。

〔一四〕卽三神山，見海上謠。

〔一五〕禹貢：荆州九江孔殷。餘見哭劉司戶。

〔一六〕舊作「寋」，一作「褰」。道源曰：當作「騫」。

〔一七〕高上太素君曰：月中樹名騫樹，一名藥王，凡有八樹，在月中也。得食其葉，爲玉仙，身如水精琉璃焉。又見後留贈畏之。

〔一八〕按：嘉禾之爲瑞者，亦曰神禾。如玉海引述異記：堯時十瑞，有神禾生，與宮中芻化爲禾，是二事也。尚書中候：堯時嘉禾滋連。詩含神霧：堯時嘉禾莖三十五穗。梁簡文帝謝長生米啓：堯禾五尺，未足稱珍。皆此神禾也。別本述異記作神木生蓮者，誤。柳子厚請復尊號表「神禾嘉瓜」，亦用此也。朱氏引眞誥：酆都山稻名重思。杜瓊賦曰：神禾鬱乎浩京。非所用也。

〔一九〕江淹別賦：露下地而騰文。餘見酬別令狐。

〔二〇〕一作「殿」。

〔二一〕似謂秦嶺，詳南山趙行軍。

〔二二〕一作「呈」。

〔二三〕一作「氛」，與第四韻複。今從戊籤。馮衍顯志賦：揚屈原之靈芬。

〔二四〕見崇讓宅東亭。

〔二五〕何曰：義山有極似庚子山處。

浩曰：此明爲子直作也。首聯美其羽儀。次聯宰相節度之子而早貴也。三四五聯由吳興內擢，遂居禁近。烟波指湖州，矰繳比忌之者，謂速離水鄉，人不能阻也。六聯指己之冀修舊好。七聯言蓬山望而難親，交情恐分而難合也。「鶱樹」句逆遡助之得第，「神禾」句比爲其所棄，言昔者豈無藉爾之援，今日反同非種之鋤乎？「闕龍」比黨局，「惱鶴」比見怒也，言惟朋黨相爭，遷怒及我也。「漢嶺」句似嘆令狐楚之卒，「秦宮」句傷己宦於京之不久。「星機」二句承上，喻己之外遊也。結曰「陽鳥西南」，而嘆相思之阻。其爲自桂管歸來無疑。所以不屬之東川時者，以中多翰苑之語，尚未及秉鈞也。

無題〔一〕

萬里〔二〕風波一葉舟，憶歸初罷更夷猶〔三〕。碧江地沒〔四〕元相引，黃鶴沙邊亦少留〔五〕。益德冤魂終報主〔六〕，阿童高義鎮橫秋〔七〕。人生豈得長無謂？懷古思鄉〔八〕共白頭。

〔一〕原編集外詩。

〔二〕鼓吹作「事」。

〔三〕楚詞：君不行兮夷猶。注曰：猶豫也。

〔四〕「沒」字當誤，或疑作「脈」，未可定。

〔五〕通典：江夏縣，漢以來沙羨縣。荆州圖記：夏口城西南角，因磯爲高，是名黃鶴磯。述異記：荀瓌字叔偉，憩江夏黃鶴樓上，望西南有物飄然降自雲漢，乃駕鶴之賓也。賓主歡對，辭去，跨鶴騰空。唐閻伯里黃鶴樓記：圖經云：費禕登仙，嘗駕黃鶴返憩於此，遂以名樓。一統志：世傳仙人子安乘黄鶴過此。

〔六〕蜀志：張飛字益德，領巴西太守。餘見籌筆驛。寃魂報主事未詳。寰宇記：張飛冢在閬州刺史大廳東二十步。

〔七〕晉書羊祜傳：祜以伐吳必藉上流之勢，又時吳有童謠曰：「阿童復阿童，銜刀浮渡江。不畏岸上虎，但畏水中龍。」會益州刺史王濬徵爲大司農，祜知其可任，濬又小字阿童，因表留濬監益州諸軍，加龍驤將軍。北山移文：霜氣横秋。事亦未詳。舊注引濬守巴郡，禁巴人不得棄子事，絕無當也。益德被害事在閬州，士治則久在益州，義山茲行似爲益州。他詩又云：「望喜樓中憶閬州」，自注：此情別寄。則固當有意在，或借古人以寓其姓，非用古事也。徒詮其粗迹，則一死一生皆有功義，引起長無謂之慨。

〔八〕一作「賢」。

何曰：此篇未詳。浩曰：似因破帆荆江，驚魂方定，故曰「萬里風波」也。不得已而又就扁舟，故曰「憶歸初罷更夷猶」也。三句謂沿江之境相連，四句小駐橈於武昌也。曰「亦少留」者，似追憶會昌初鄂岳之役，今又少留於此也。一結極淒惋，惜五六無可曉耳。舊解泥作東川，絕不通矣。

江上

萬里風來地，淸江北望樓。雲通梁苑路〔一〕，月帶楚城秋〔二〕。刺字從漫滅〔三〕，歸途尚阻修。前程更煙水，吾道豈淹留！

〔一〕梁苑，汴宋之境，屢見。

〔二〕江鄉固皆楚境。

〔三〕後漢書：禰衡避難荆州，來遊許下。始達潁川，乃陰懷一刺，既而無所之適，至於刺字漫滅。浩曰：江程寓懷之作。三四左右顧望，下言無所遇合，更向客途，而意在急歸也。

風

迴拂來鴻急，斜催別燕高〔一〕。已寒休慘淡，更遠尚呼號。楚色分西塞〔二〕，夷音接下牢〔三〕。歸舟天外有，一爲戒波濤〔四〕。

〔一〕禮記：仲秋之月，盲風至，鴻鴈來，玄鳥歸；季秋之月，鴻鴈來賓。

〔二〕水經：江水又東過夷陵縣南，歷峽東逕宜昌縣北，又逕狼尾灘、黄牛山、西陵峽，出峽東南流逕故城北，又東歷荆門虎牙之間，過夷道縣北，又南過江陵縣南。注曰：荆門在南，上合下開，闇徹山南，有門象虎牙在北，石壁色紅，間有白文，類牙形，並以物象受名。此二山楚之西塞也，水勢峻急。

〔三〕新書志：夷陵郡夷陵縣西北二十八里有下牢鎮，有黃牛山。元和郡國志：隋於此置峽州，貞觀五年移於步闡壘，其舊城因置鎮。

〔四〕田曰：仁及萬物之意。

浩曰：「來鴻」「別燕」，深秋時令。「迴拂」「斜催」，形容風勢。凡自東而西入蜀者，過荆門至下牢，乃入西陵峽，經黃牛山。五六正與下章之「灘激黃牛」相貫。其爲水程上巴峽審矣。乃結云「歸舟」者，蓋此水程皆爲嶺海歸舟，故曰「天外」，且與前之曾受驚危者，倍感觸也。田評推類言之，亦無不可。

九日〔一〕

曾共山翁〔二〕把酒時〔三〕，霜天白菊繞階墀〔四〕。十年泉下無消息〔五〕，九日樽前有所思。不〔六〕學漢臣栽苜蓿〔七〕，空教〔八〕楚客詠江蘺〔九〕。郎君官〔一〇〕貴〔一一〕施行馬〔一二〕，東閣無因〔一三〕再得〔一四〕窺〔一五〕。

〔一〕錢曰：一本下有「懷令狐楚府主」六字。按：果有六字，可以息衆喙，然或後人所注，必非原注，余未之見。

〔二〕一作「公」。

〔三〕一作「戹」。按：晉書：山簡鎮襄陽，惟酒是耽。詳後河東公樂營置酒。簡稱山公，亦稱山翁。後人每言嗜酒山翁，如李白詩「笑殺山翁醉似泥」也。山濤，史亦言其飲酒至八斗方醉。然初不以酒名。余以太和七年令狐楚爲吏部尙書，而疑當作「山公」，非也。文集明言「將軍樽旁」矣。

〔四〕一作「正離披」。按：劉賓客和令狐相公翫白菊詩：家家菊盡黄，梁國獨如霜。又有訓庭前白菊花謝書懷見寄詩。令狐最愛白菊。

〔五〕一作「人問」。

〔六〕一作「莫」，非。

〔七〕見茂陵。以樹物比樹人，嘆其不承父志。

〔八〕一作「還同」。

〔九〕楚詞：覽椒蘭其若兹兮，又況揭車與江蘺。說文：江蘺，蘼蕪。博物志：苗曰江蘺，根曰芎藭。

〔一〇〕一作「漸」。

〔一一〕一作「重」。

〔一二〕後漢書哀牢傳：太守張翕政化清平，得夷人和。卒，天子以翕有遺愛，乃拜其子湍爲太守。夷人懽喜，奉迎道路，曰：「郎君儀貌類我府君。」文選：應璩與滿公琰書：外嘉郎君謙下之德。銑曰：滿炳父寵爲太尉，璩嘗事之，故呼其子曰郎君。周禮：掌舍設梐枑再重。注曰：謂行馬。漢官儀：光祿大夫秩，施行馬以旌別之。魏志：黃初四年，楊彪爲光祿大夫，門施行馬。唐摭言：義山師令狐文公，呼小趙公爲郎君。

〔三〕一作「人」。

〔四〕一作「更重」，一作「許再」，一作「得再」。

〔五〕見哭蕭詩。北夢瑣言：令狐楚沒，子綯繼有韋平之拜，疎義山，未嘗展分。重陽日，義山詣宅，於廳事留題云云。綯覩之慙悵，乃扃閉此廳，終身不處。唐摭言：大中中，令狐趙公在內廷。重陽日，義山謁不見，因以一篇紀於屏風而去。唐詩紀事云云，綯乃補義山太學博士。苕溪漁隱曰：綯父名楚，商隱又受知於楚，更不避其家諱何耶？程曰：東閣難窺，又何從題壁耶？「有所思」非承上思把酒之時，正透下思「郎君官貴」之日。東閣屬楚，非屬綯也。曰「官貴」，猶在綯未相之先。若韋平繼拜，又不止於「官貴」矣。詩當在綯爲學士或舍人時作，義山自嶺表入朝時也。徐曰：楚沒於開成丁巳，至大中二年戊辰，已十二年，尚可舉成數言，時綯官學士，亦已貴矣。若綯當國，則不得云十年，且豈僅施行馬哉？浩曰：義山於子直，既怨之，猶不能無望之，敢於其宅發狂犯諱哉？諸家之辨已明。余更定爲此時途次所作，第六句乖志客程也。蓋大中二年，綯已充內相，故異鄉把盞，遠有所思，恐其官已漸貴，我還京師，尚未得窺舊時之東閤，況敢望其援手哉？預爲疑揣，不作實事解，彌見其佳。覩一作「許再」可悟矣。及三年入京，内實睽離，外猶聯絡，屢曾留宿，備見詩篇，何至不得窺東閣哉？本傳所云綯謝不與通，亦誤也。後人妄撰一宗公案，皆不足信，故詳引而駁之。又曰：韻語陽秋曰：綯之忘商隱，是不能念親；商隱之望綯，是不能揆己也。論頗平允。

搖落

搖落傷年日，羈留念遠心。水亭吟斷續，月幌夢飛沉〔一〕。古木含風久，疎螢怯露深。人閑始遥夜〔二〕，地迥更清砧。結愛曾傷晚〔三〕，端憂復至今〔四〕。未諳滄海路〔五〕，何處玉山岑〔六〕？灘激黄牛暮〔七〕，雲屯白帝陰〔八〕。遥知霑灑意，不減欲分襟〔九〕。

〔一〕文選雪賦：月承幌而通輝。莊子：夢爲鳥而厲乎天，夢爲魚而投於淵。後漢書李膺傳：偃息衡門，任其飛沉。陸雲爲顧彥先贈婦詩：山海一何曠，譬彼飛與沉。

〔二〕楚詞九辯：靚杪秋之遥夜兮，心繚悷而有哀。應璩詩：秋日苦短，遥夜綿綿。

〔三〕秦嘉贈婦詩：歡會常苦晚。

〔四〕謝莊月賦：陳王初喪應、劉，端憂多暇。

〔五〕以入海求仙比入朝。

〔六〕謝朓詩：若遺金門步，見就玉山岑。餘見玉山。

〔七〕水經注：江水又東逕黃牛山下，有灘名黃牛灘，南岸重嶺疊起，最外高崖間有石色如人，負刀牽牛，人黑牛黃，成就分明。此巖既高，加江湍紆回，故行者謠曰：「朝發黃牛，暮宿黃牛」，言水路紆深，迴望如一矣。按：過下牢次黃牛廟，過諸灘，及抵秭歸縣界，尚見黃牛灘。詳放翁入蜀記。

〔八〕郡國記：公孫述至魚復，有白龍出井中，因號魚復爲白帝城。通典：夔州雲安郡奉節縣，漢魚復縣地，有白帝城。

〔九〕謂爾當遙知我相思之苦不減初別也。

浩曰：此寄內詩也。「結愛傷晚」者，久爲屬意而成婚遲也；「端憂至今」者，數年閑居愁苦，赴桂又不久，行者居者皆含愁也。「未諳」二句，謂未得入仕中朝而家室聚也。的是此時途次所寄，味其意態，似小有羈留之況。又曰：文集爲李詒孫啓以全力赴之，必故交之深者。詒孫會昌五年爲夔州刺史，大中二三年或尚在夔乎！

過楚宮〔一〕

巫峽迢迢舊楚宮，至今雲雨暗丹楓。微〔二〕生盡戀人間樂，只有襄王憶夢中。

〔一〕舊書志：山南東道夔州，本巴東郡屬縣，有巫山，以巫山峽爲名。水經注：江水又東逕巫峽，杜宇所鑿，以通江水。寰宇記：楚宮在巫山縣西北二百步，在陽臺古城內，卽襄王所遊之地。

〔二〕一作「浮」。

浩曰：自傷獨不得志，幾於哀猿之啼矣。

深宫

金殿銷香〔一〕閉綺櫳，玉壺傳點〔二〕咽銅龍〔三〕。狂飆不惜蘿陰薄，清露偏知桂葉濃。斑竹嶺邊無限淚〔四〕，景陽宫裏及時鐘〔五〕。豈知爲雨爲雲處〔六〕，只有高唐十二峯〔七〕。

〔一〕一作「香銷」。

〔二〕一作「響」。

〔三〕周禮：挈壺氏。注曰：挈壺水以爲漏。初學記：殷夔漏刻法：爲器三重，圓皆徑尺，差立於水輿踟躕之上，爲金龍，口吐水，轉注入踟躕經緯之中，流於衡渠之下。李蘭漏刻法：以玉壺玉管流珠奔馳行漏。

〔四〕屢見。

〔五〕屢見。

〔六〕一作「意」。

〔七〕按：巫山十二峯，詩家習見。放翁入蜀記曰：巫山峯巒上入霄漢，十二峯者不可悉見，惟神女峯最爲纖麗奇峭，當即十二峯中之朝雲也。餘峯名不備引。

田曰：一彼一此，腴枯頓別，「只有」二字寫怨，偏能含蓄。浩曰：一二點題；三謂彼不我憐；四謂我猶有戀，指昔登第也；五謂從桂管湘江而來；六謂綯已及時升用；七八即所過以寄慨。與上章託意無殊，而吐詞各別，眞妙於言情者。又曰：下半或如「當罏仍是卓文君」之寄慨，亦通。要皆此時作也。

夜雨寄北〔一〕

君問歸期未有期，巴山夜雨漲秋池〔二〕。何當共剪西窗燭，却話巴山夜雨時！

〔一〕萬首絕句作「夜雨寄內」。

〔二〕三巴皆可云巴山，而此則當以前後詩會其意也。

浩曰：語淺情濃，是寄內也。然集中寄內詩皆不明標題，當仍作「寄北」。又曰：此時義山於巴蜀間兼有水陸之程，玩諸詩自見，但無可細分確指。

因書

絕徼南通棧〔一〕，孤城北枕江〔二〕。猿聲連月檻，鳥影〔三〕落天窗〔四〕。海〔五〕石分碁子〔六〕，郫筒當酒缸〔七〕。生歸話辛苦，別夜對凝釭〔八〕。

〔一〕漢書注：東北謂之塞，西南謂之徼。戰國策：棧道千里，通於蜀漢。按：秦棧在北，劍棧在南。此謂南通劍閣也。詳哭蕭侍郎。「絶徼」字不足異，杜詩夔府已曰「絶塞烏蠻北」矣。

〔二〕按：地勢雖難確指，大略嘉陵江畔接近巴山，唐爲巴州利州地，江水經此而南趨閬中。

〔三〕一作「語」，誤。

〔四〕魯靈光殿賦：爾乃懸棟結阿，天窗綺疏。按：言其高。

〔五〕朱曰：一作「錦」。

〔六〕徐曰：杜詩「錦石小如錢」，則可以爲碁矣。按：川江固多錦石，然不聞可爲碁。舊本皆作「海」，不可改也。

〔七〕華陽風俗錄：郫縣有郫池，池旁有大竹，郫人刳其節，傾春釀於筒，閉以藕絲，苞以蕉葉，信宿馨達竹外，然後斷之以獻，俗曰郫筒酒。

〔八〕廣韻：釭，燈也。詳後蠅蜨等成篇。

浩曰：亦寄内詩，與上首同。次聯旅宿荒涼之景。細味詩情，實有屬望於巴蜀間者，而迄無遇合，欲歸猶未歸耳。下半言辛苦行役，僅爲碁酒之資，其何益哉？只堪歸而相對言愁耳。其後閬州屢有追慨，當於此尋根也。

巴江柳〔一〕

巴江可惜柳，柳色綠侵江。好向金鑾殿〔二〕，移陰入綺窗〔三〕。

〔一〕水經：江水至巴郡江州縣東，強水、涪水、漢水、白水、宕渠水五水合，南流注之。注曰：巴水出晉昌郡宣漢縣巴嶺山，南流歷巴中，逕巴郡入江。庾仲雍所謂江州縣對二水口，右則涪內水，左則蜀外水也。江州縣，古巴子之都。通典：渝州南平郡，古巴國，謂之三巴。引三巴記曰：閬白二水東南流，曲折三回如「巴」字，故謂三巴。巴縣，漢江州縣。按：唐之渝州，今之重慶府，諸水合流於此。巴江以地言，又以形言，非專以巴水言也。凡江水經巴境者，固皆可曰巴江。然元和郡縣志云「巴江水一名涪陵江」，是唐人所習稱者在此也。

〔二〕兩京記：大明宮紫宸殿北曰蓬萊殿，其西龍首山支隴起平地，上有殿名金鑾殿，殿旁坡名金鑾坡。五代會要：金鑾殿與翰林院相接。

〔三〕古詩：交疏結綺窗。左思蜀都賦：都護之堂，殿居綺窗。暗用獻蜀柳事，見垂柳。

浩曰：二漢書志、華陽國志、通典諸書：古巴子國境東至魚復，西至僰道，北接漢中，南極黔涪，自古言巴在蜀之東偏也。唐之梓州，厥初亦巴西郡，梓之西北綿州，東北閬州，皆巴西地。然自漢初分置廣漢郡，梓潼久屬廣漢，至蜀漢又自置梓潼郡。故常璩漢中志列梓潼郡於梁州，而曰「東接巴西，南接廣漢」，蜀志列廣漢郡於益州，而曰「北接梓潼，東接巴郡」也。其梓潼江、涪江水固通巴入漢，然卽稱潼江爲巴江，則未可矣。本集中於梓州則曰巴南也。余熟味詩情，所云巴江者，實有斯時之行役，絕非後來東川之幕，總以追慨閬中爲隱據也。貌似武斷，意頗洞微，否則何敢妄忖哉？

初起

想像咸池日欲光〔一〕，五更鐘後更迴腸。三年苦霧巴江水〔二〕，不爲離人照屋梁〔三〕。

〔一〕淮南子：日出於暘谷，浴於咸池，拂於扶桑，是謂晨明。

〔二〕鮑照賦：嚴嚴苦霧。

〔三〕見無題五律。

浩曰：此將入京謁令狐而作也。南史王融傳：融詣王僧祐，遇沈昭略，未相識，謂主人曰：「是何年少？」融殊不平，曰：「僕出於扶桑，入於暘谷，照耀天下，誰云不知？」首句用此事，時令狐綯承恩，初爲內相，故以初起比之。三年者，合元年赴桂至此時言之，不必拘在巴蜀三年也。程氏謂東川流滯之作，統觀前後諸篇，必不可符。

武侯廟古栢〔一〕

蜀相階前栢，龍蛇捧閟宮〔二〕。陰成外江畔〔三〕，老向惠陵東〔四〕。大樹思馮異〔五〕，甘棠憶召公〔六〕。葉彫湘燕雨〔七〕，枝拆〔八〕海鵬〔九〕風〔一〇〕。玉壘經綸遠〔一一〕，金刀歷數終〔一二〕。誰將出師表〔一三〕，一爲問昭融〔一四〕！

〔一〕蜀志：丞相諸葛亮，謚忠武侯。成都記：先主廟西院即武侯廟，前有雙大栢，人云諸葛手植。

〔二〕詩：閟宮有侐。杜詩：先主武侯同閟宮。段文昌古栢文：武侯祠前，栢壽千齡，盤根擁門，勢如龍形。

〔三〕寰宇記：汶江亦曰外江。餘詳病中訪李十將軍。

〔四〕蜀志：昭烈帝葬惠陵。寰宇記：東陵即蜀先主陵也，今有祠存，號曰東陵神。陸游跋古栢圖：予居成都七年，屢至漢昭烈惠陵，此栢在陵旁廟中，忠武侯室之南。

〔五〕見交城舊莊。

〔六〕詩序：甘棠，美召公也。

〔七〕湘州記：零陵山有石燕，遇風雨則飛，雨止還爲石。

〔八〕「拆」同，一作「折」，誤。

〔九〕一作「鵰」，誤。

〔一〇〕屢見。拆，裂也，開也。若作「折」，非勁栢矣。何曰：發古字偏壯麗。

〔一〕蜀都賦：包玉壘而爲宇。注曰：山在成都西北岷山界。華陽國志：玉壘山出璧玉，湔水所出。

〔二〕漢書王莽傳：「劉」之爲字，卯金刀也。正月剛卯，金刀之利，皆不得行。

〔三〕程曰：出師表乃文選撰此題。本傳但云率諸軍北駐漢中，臨發上疏云云。其第二表，亮集所無，出張儼默記。按：說見蜀志本傳注。

〔四〕道源曰：昭融，天也。程曰：本詩「昭明有融」而組織之。

浩曰：義山此時至成都，雖無明據，然後之籌筆驛云：「他年錦里經祠廟，梁父吟成恨有餘。」以意追考，當在此時也，故爲酌編。井絡一章以類附焉。

井絡〔一〕

井絡天彭一掌中〔二〕，漫誇天設劍爲峯〔三〕。陣圖東聚煙〔四〕江石〔五〕，邊柝西懸雪嶺松〔六〕。堪歎〔七〕故君成杜宇〔八〕，可能先主是眞龍〔九〕。將來爲報奸雄輩，莫向金牛訪舊蹤〔一〇〕。

〔一〕蜀志秦宓傳注：河圖括地象曰：岷山之地，上爲東井絡，帝以會昌，神以建福，上爲天井。左思蜀都賦曰：遠則岷山之精，上爲井絡。

〔二〕華陽國志：秦以李冰爲蜀守。冰知天文地理，謂汶山爲天彭門。乃至湔，及縣，見兩山對如闕，因號天彭闕。

〔三〕舊書志：劍州劍門縣界大劍山，卽梁山也，其北三十里有小劍山。餘見哭蕭詩。

〔四〕舊作「燕」，誤。

〔五〕舊作「口」，今從戊籤。按：舊本皆「燕江」，戊籤曰：「燕」一作「煙」。朱曰：燕江無考，必「夔」字之訛。余以「夔江」字少見，亦非，鼓吹本有作「煙」者是也。蓋以音訛，非以形訛，故竟改定。水經：江水又東逕南鄉峽東，逕永安宮南，又東逕諸葛亮圖壘南。注曰：八陣圖東跨故壘，皆累細石爲之，自壘西去，聚石八行，行間相去二丈，皆圖兵勢行藏之機，自後深識者所不能了。荆州圖記：八陣圖各高五尺，廣十圍，碁布相當，中間相去九尺，正中開南北巷，悉廣五尺，凡六十四聚。或爲人散亂，及爲夏水所沒，至冬水退如故。桓宣武伐蜀見之，曰：「此常山蛇勢也。」

〔六〕詳下篇。

〔七〕一作「笑」。

〔八〕見哭蕭侍郎。

〔九〕吳志：周瑜曰：「劉備非久爲人用者，恐蛟龍得雲雨，終非池中物也。」

〔10〕華陽國志：秦惠王作石牛五頭，朝瀉金其後，曰牛便金。蜀人悅之，使使請石牛，許之，乃遣五丁迎石牛。旣不便金，怒遣還之，乃嘲秦人曰：「東方牧犢兒。」秦人笑曰：「吾雖牧犢，當得蜀也。」按：蜀地恃險，自古多乘時竊據，憲宗時尙有劉闢之亂。詩特戒之，言先主尙不免與杜宇

同悲，况么麽輩乎？田曰：足褫奸雄之魄，而冷其覬覦之心。

何曰：起便破盡全蜀，二是門戶，三東川，四西川。四句中包括後人數紙。如此工緻，却非補綴。

義山佳處，在議論感慨；專以對仗求之，只是崑體諸公面目耳。

杜〔一〕工部蜀中離席〔二〕

人生何處不離羣？世路干戈惜暫分。雪嶺未歸天外使〔三〕，松州猶駐殿前軍〔四〕。座中醉客延醒客，江上晴雲雜雨雲。美酒成都堪送老，當壚仍是卓文君〔五〕。

〔一〕朱曰：一作「辟」，非。

〔二〕舊書杜甫傳：黄門侍郎鄭國公嚴武鎮成都，奏爲節度參謀、檢校尚書工部員外郎，賜緋魚袋。按：杜詩年譜：代宗廣德二年，嚴武復鎮西川，表入幕參軍事。永泰元年，辭幕歸草堂，又離蜀至戎、渝、忠等州，有去蜀五律詩。又按：唐詩鼓吹注謂懿宗時東川柳仲郢辟商隱爲判官、檢校工部員外郎時作，故有謂當作「辟工部」者，義既不可通，且時與地皆乖謬矣。

〔三〕按：後漢書班超傳注：西域有白山，通歲有雪，亦名雪山。詳檢史志諸書，雪山綿亘遼遠，以界華、戎。而自蜀徼言之，切近松、茂、維、保諸州，唐初招撫党項羌而羈縻之，其後皆陷於吐蕃。通典曰：吐蕃國山有積雪。党項羌，漢西羌之別種，東界至松州，又有居雪山下，號雪山党項者，亦爲吐蕃所破而臣屬之。故吐蕃南路入寇，松維諸處最要衝，杜工部詩「夷界荒山頂，蕃州積雪邊」，又曰：「松州雪嶺東」也。互詳述德抒情詩「西山的博」句下，又杜詩「已收的博雲間戍，欲奪蓬婆雪外城」，解者謂大雪山，一名蓬婆山，在柘州境。此皆近松、維諸州之雪嶺也。其他隨地通稱者不備引。

〔四〕通典與舊書志：松州交川郡，歷代諸羌之域，唐置松州。有甘松嶺，江水所發之源，西北至吐蕃界九十里。貞觀初置松州都督府，督羈縻州，皆招撫党項羌漸置。永徽以後，臣叛制置不一。新書志：初，哥舒翰破吐蕃臨洮西之磨環川，卽其地置神策軍。後故地淪沒，詔屯陝州。及代宗避吐蕃幸陝，觀軍容使魚朝恩舉軍迎扈，帝幸其營，朝恩遂以軍歸禁中，自後寖盛，爲天子禁軍，多以裨將將兵征伐。又自肅宗時置殿前射生左右軍，元和中改天威軍，八年廢，以其兵分隸左右神策矣。邊兵多不贍，而戍卒給最厚，諸將務爲詭辭，請遥隸神策軍，以贏稟賜。繇是塞上往往稱神策行營。何曰：此等詩須觀通體，荆公只賞次聯，猶是皮相。

〔五〕見寄蜀客。

浩曰：乍看易解，細審則難會也。三四若從杜工部時徵之，則舊書吐蕃傳：代宗寶應二年，遣李之芳、崔倫使吐蕃，至其境而留之。廣德二年放李之芳還。新書紀：廣德元年十二月陷松、維二州。舊書崔寧傳：永泰元年陷西山柘、靜等州，皆可引證，而未能盡符。若就義山時言之，自太和至大中，唐與吐蕃使問不絕，而史籍缺略，無可詳考矣。夫果專論時事，則下半何竟不相應？凡杜老傷時憂國之篇，有如是之安章措句者乎？此蓋別有寓意也。杜老往來梓、閬，幸遇嚴公，參謀成都；義山斯行大有望於東、西川，而迄無遇合。故三四承「干戈」二字，略舉軍事，言外見旁觀者不得贊畫也。其曰「世路干戈」者，兼言人情之爭勝也，時必有與之爲難者。五六暗喻相背相軋之情，非關寫景。結則借指其人，言竟思據以終老，不肯讓人也。如此解，不特本章線索鈎連，且與後之壬申七夕、籌筆驛之結聯皆相印合也。題曰「杜工部」，北禽篇曰「朝杜宇」，或以暗寓杜悰，此則爲妄測歟？何曰：起句尤似杜，一則干戈滿路，一則人麗酒濃，兩路夾寫出惜別。如此結構，眞老杜嫡派也。詩至此，一切起承轉合之法何足以繩之？然離席起，蜀中結，仍是一絲不走。按：何評論詩自妙，然亦皮相。

夢令狐學士

山驛荒涼白竹扉，殘燈向曉夢淸暉。右銀臺路雪三尺〔一〕，鳳詔裁成當直歸〔二〕。

〔一〕舊書志：翰林院在大明宮右銀臺門內。王者一日萬機，軍國多務，深謀密詔皆從中出。翰林學士得充選者，文士爲榮。例置學士六人，擇年深德重者一人爲承旨，獨承密命。貞元以後，爲學士承旨者，多至宰相焉。

〔二〕李肇翰林志：學士每下直，出門相謔，謂之小三昧；出銀臺門乘馬，謂之大三昧。餘見謝往桂林。

程曰：先寫身世之蒼涼，後寫令狐之淸貴，語最微婉。

北禽

爲戀巴江暖〔一〕，無辭瘴霧蒸。縱能朝杜宇〔二〕，可得值〔三〕蒼鷹〔四〕。石小虛塡海〔五〕，蘆銛未破矰〔六〕。知來有乾鵲〔七〕，何不向雕陵〔八〕？

〔一〕一作「好」，非。

〔二〕見哭蕭侍郎。

〔三〕直吏切。

〔四〕值，如後漢書酷吏傳「嗟我樊府君，安可更遭值」之「值」。戰國策：要離之刺慶忌，蒼鷹擊於殿上。餘見重有感。

〔五〕山海經北山經：發鳩之山有鳥如烏，文首、白喙、赤足，名曰精衞。其鳴自詨，是炎帝之少女，名曰女娃，遊于東海，溺而不返，故爲精衞。常銜西山之木石，以堙于東海。

〔六〕見酬令狐見寄。

〔七〕淮南子：乾鵲知來而不知往，此修短之分也。西京雜記：陸賈曰：「乾鵲噪而行人至。」埤雅：鵲作巢，取木杪枝，不取墮地者。皆傳枝受卵，故曰乾鵲。

〔八〕莊子：莊周遊雕陵之樊，睹一異鵲自南來，翼廣七尺，目大運寸，感周之顙而集於栗林。周執彈而留之，覩一蟬得美蔭而忘其身，螳螂執翳而搏之，見得而忘其形，異鵲從而利之，見利而忘其眞。莊周怵然曰：「物固相累。」捐彈而反走。「知來」「雕陵」合勘，方得命意。莊子皆言見所利而忘其害也，喻己意有所慕而不知人將忌之，知來之明不全矣。故箋斯集，不可不詳引事也。

田曰：意深、情苦、語厚，大異晚唐人。浩曰：起聯謂不憚遠來。三四言意在西川，而歎人之排擊。「縱能」者，正託出不能也。五六頂上致慨，結則言其計左矣。

梓潼望長卿山至巴西復懷譙秀〔一〕

梓潼不見馬相如，更欲南行問酒罏〔二〕。行到巴西覓譙秀〔三〕，巴西惟是有寒蕪。

〔一〕新書志：劍州梓潼縣有神山。寰宇記：長卿山在梓潼縣治南，舊名神山。唐明皇幸蜀，見有司馬相如讀書之窟，因改名。蜀志：譙周，巴西西充國人。周子熙，熙子秀。後漢書志：巴西充國縣，分閬中置。通典：閬州閬中郡，隋巴西郡，唐改閬州。果州南充郡，隋幷入巴西郡，唐分置果州，屬縣南充、西充。按：閬州屬縣南部、新政、新井，皆漢充國縣地。劍州之梓潼縣與梓州之爲梓潼郡境相接也。此時義山之至成都，乃從詩中意逆得之，而徘徊於閬、果、劍、梓之間，跡更可據。若謂後在東川幕，使至西川，歸而致慨，則何必越境至此？且在幕尚有數年，情態豈可合哉？望長卿山不必泥看，即詩中酒罏之意。此章當與後之別嘉陵江水互參。閬州必有事在也。

〔二〕蜀記：相如宅在市橋西，即文君當罏滌器處。

〔三〕晉書隱逸傳：譙秀字元彦。李雄盜蜀，安車徵秀，不應。桓溫滅蜀，上疏薦之，朝廷以年在篤老，兼道遠，故不徵，勑所在四時存問。

何曰：傷不遇也。相如有監門之薦，譙秀有元子之表，今不可得矣。浩曰：言至梓潼時所望已虚，何更南行訪酒罏耶？及回至巴西，而意中所覔，亦惟一片寒蕪，僕僕往來，誠何謂哉？語澹而神味無窮，更當於蹤跡外領之也。

夜飲

卜夜容衰鬢〔一〕，開筵屬異方。燭分歌扇淚，雨送酒船香〔二〕。江海三年客，乾坤百戰場〔三〕。誰能辭酩酊，淹臥劇清漳〔四〕！

〔一〕左傳：陳公子完曰：「臣卜其晝，未卜其夜。」

〔二〕按：吳志注引吳書曰：鄭泉性嗜酒，每曰：「願得美酒滿五百斛船，以四時甘脆置兩頭，反覆没飲之。」晉書畢卓傳：嘗謂人曰：「得酒滿數百斛船，四時甘味置兩頭，拍浮酒船中，便足了一生矣。」二事相類。陸龜蒙酒中諸詠，其詠「酒船」即指此事也。若泛以酒器爲酒船，亦可。又八王故事：陳思王有神思，爲鴨頭杓，浮於九曲酒池，王意有所勸，鴨頭則迴向之。近人注庚子山詩「金船代酒巵」者引之，謂凡用酒船者本此。若朱氏引大業拾遺之酒船，必非矣。

〔三〕何曰：如此學杜，亦似不病而呻。按：指事中兼含身世之感，非強摹悲壯之鈍漢也。

〔四〕結句全同崇讓東亭。楊曰：神似少陵。浩曰：起結言雖衰病，不辭起而一醉以散愁也。五句是桂管歸後，時海上邕南兵事未息，故借時事以兼慨世途也。似巴蜀歸後還京之前所作，細蹤莫考，酌附於此。

利州江潭作〔一〕

神劍飛來不易銷〔二〕，碧潭珍重駐蘭橈。自攜明月移燈疾〔三〕，欲就行雲散錦遙〔四〕。河伯軒窗通貝闕〔五〕，水宮帷箔卷冰綃〔六〕。他〔七〕時燕脯無人寄〔八〕，雨滿空城蕙葉雕〔九〕。

〔一〕戊籤無「作」字。自註：感孕金輪所。舊書紀：武后如意二年，加金輪聖神皇帝號。舊書志：利州義成郡，屬山南西道。通典：利州蓋蜀之北境。胡震亨戊籤：九域志：武士彠爲利州都督，生后嬰於其地。方輿勝覽：其地皇澤寺有武后眞容殿。名勝記：古利州廢城在今保寧府廣元縣，縣之臨清門川主廟卽唐皇澤寺。縣之南有黑龍潭，蓋后母感漑龍而孕也。癸籤：蜀志：則天父士彠泊舟江潭，后母感龍交娠后。然史不載其事，雖建寺賜眞容，不聞別有祠設，豈后欲諱之耶？按：酉陽雜俎：則天初誕之夕，雌雉皆雊，右手中指有黑毫，左旋如黑子，引之尺餘。若胡氏所云，余未考證。老學庵筆記：利州武后畫像，其長七尺。

〔二〕越絕書：風胡子曰：「劍之威也，此亦鐵兵之神也。」晉書張華傳：雙劍化爲雙龍。不備引。武后盜帝位，誅唐宗室，故首以龍劍比之。舊書李淳風傳：太宗以祕記云：「唐三世之後，則女主武王代有天下。」密訪淳風，淳風曰：「其兆已成，生陛下宮中，不踰三十年，當有天下。」帝曰：「疑似者盡殺之。」淳風曰：「天之所命，必無禳避之理；王者不死，多恐枉及無辜。」卽此句意。又：袁天綱，益州人，赴召至京，經利，得相后於幼小時。亦見史文。

〔三〕明月，珠也。徐曰：楚詞：燭龍何照？注曰：言大荒西北隅山名不周，神龍銜燭照之。按：佛說海八德經：海懷衆珍，明月神珠。此言自擕明珠，以代神燭。

〔四〕胡震亨曰：言龍銜珠爲燈，而散鱗錦以交合。海賦敍水怪鮫室，有「雲錦散文於沙汭之際」句用此。按：上句喩遞移唐室也。「明月」陰象，以比后妃。下句言乘時御天而多醜行也。雲從龍，又「行雲」爲高唐事。胡氏解未全的。

〔五〕抱朴子：馮夷以八月上庚日渡河溺死，天帝署爲河伯。餘詳七月二十八日。楚詞九歌河伯：

紫貝闕兮珠宮，靈何爲兮水中？

〔六〕冰綃卽鮫綃，屢見。二句謂江潭祠廟。

〔七〕一作「此」。

〔八〕梁四公記：甌越羅子春兄弟，自云家代與龍爲婚，能化惡龍。杰公乃令子春兄弟等賫燒燕五百枚，入震澤中洞庭山洞穴，以獻龍女。龍女食之大喜，以大珠三、小珠七、雜珠一石以報帝命，子春乘龍載珠還國。博物志：人食燕肉，不可入水，爲蛟龍所呑。按：漢成帝時童謠：「燕燕，尾涎涎。張公子，時相見。」武后嬖張六郎兄弟。此影借漢事，用龍嗜燕肉爲隱語，又以羅子春兄弟比二張。

〔九〕徐曰：從前必崇祀，至此成荒江廢廟矣。

浩曰：頗不易解，今爲細釋之，其所感未曉。

重過聖女祠

白石巖扉碧蘚滋〔一〕，上清淪謫得歸遲〔二〕。一春夢〔三〕雨常飄瓦，盡日靈風不滿旗〔四〕。萼綠華來無定所〔五〕，杜蘭香去未移時〔六〕。玉郎會此通仙籍〔七〕，憶向天階問紫芝。

〔一〕江淹詩：閨草含碧滋。

〔二〕見寓懷。又登眞隱訣：上淸，太上宮名，玉晨道君所居。

〔三〕一作「猛」，誤。

〔四〕眞誥：右英王夫人歌：「阿母延軒觀，朗嘯躡靈風。」徐曰：祠中樹旗，如漢書郊祀志「畫旗樹太乙壇上，名靈旗」之類。紫薇詩話：東萊公深愛此聯，以爲有不盡之意。

〔五〕見無題。

〔六〕晉書曹毗傳：桂陽張碩爲神女杜蘭香所降，毗以二詩嘲之，幷續蘭香歌詩十篇。曹毗神女杜蘭香傳：杜蘭香自云：「家昔在青草湖，風溺，大小盡沒。香年三歲，西王母接而養之於崑崙之山，於今千歲矣。」御覽引杜蘭香別傳曰：香降張碩，既成婚，香便去，絕不來。年餘，碩忽見香乘車山際，碩不勝悲喜，香亦有悅色。言語頃時，碩欲登其車，其婢舉手排碩，凝然山立，碩復於車前上車，奴攘臂排之，碩於是遂退。按：集仙錄作洞庭包山張碩。何曰：乃是聖女祠，移別仙鬼廟不得。

〔七〕登眞隱訣：三淸九宮並有僚屬，其高總稱曰道君，次眞人，眞公，眞卿，其中有御史、玉郎諸小號官位甚多。金根經：青宮之上有仙格，格上有學仙簿錄，領仙玉郎所典也。太眞科：太上眞人在五岳華房之內，非有仙籍不得聞見，丹簡校定，名入南宮。按：玉郎亦稱侍郎，在仙官中其秩未尊，與仙籍字皆屢見道書。此蓋借喻己之初得第也。舊注引眞誥「方丈臺東宮昭靈李夫人，太保玉郎李靈飛之小妹」，取其與聖女相關，然非也。浩曰：自巴蜀歸，追憶開成二年事，全以聖女自況。「淪謫」二字，一篇之眼，義山自慨由秘省清資而久外斥也。三四謂夢想時般，好風難得，正頂次句之意。五六不第，正寫重過，實借慨投託無門，徒匆匆歸去也。七句望入朝仍修好於令狐。八句重憶助之登第，即赴興元而經此廟之年也。

木蘭〔一〕

二月二十二〔二〕，木蘭開拆初。初當〔三〕新病酒〔四〕，復自〔五〕久離居。愁絕更傾國，驚新聞〔六〕遠書。紫絲何日障，油壁幾時車〔七〕？弄粉知傷重，調紅或有餘。波痕空映襪〔八〕，煙態不勝裾〔九〕。桂嶺含芳遠，蓮塘屬意疎〔一〇〕。瑤姬與神女〔一一〕，長短定何如〔一二〕？

〔一〕原編集外詩。離騷：朝搴阰之木蘭。司馬相如子虛賦：桂椒木蘭。左思蜀都賦：木蘭梫桂。按：合楚詞、漢書、文選諸注：木蘭，大樹也。其皮似椒，亦云似桂，辛香可食，可作面膏藥。去皮不死，葉似長生，冬夏榮，常以冬華。其實如小柿，甘美，南人以爲梅。本草曰：生零陵山谷及太山。圖經曰：今湖嶺蜀川諸州皆有之，而於韶州種云「與桂同」。是取外皮爲木蘭，中肉爲桂心，桂中之一種耳。蓋木蘭是桂類而劣於桂，似卽今所習用之桂皮歟？若其花則本草有云：粉紅色，二三月開。李時珍云：花內白外紫，亦有四季開，有紅黃白數色。木肌細而心黃，大者可爲舟。花之時色，所言不同矣。李衛公平泉草木記有「海嶠之木蘭」，白香山題令狐家木蘭花詩「膩如玉指塗朱粉，光似金刀剪紫霞。從此時時春夢裏，應添一樹女郎花」，則可爲此篇證也。又按：白香山木蓮樹圖序曰：「木蓮樹生巴峽山谷間，巴民亦呼爲黃心樹。大者高五丈，涉冬不凋。身如青楊，有白文。葉如桂，厚大無脊。花如蓮，香色豔膩皆同，獨房蘂有異，四月初始開，自開迨謝，僅二十日。忠州鳴玉谿生者，穠茂尤異。詩曰：「如折芙蓉栽旱地，似抛芍藥掛高枝。」又曰：「紅似燕支膩如粉。」又曰：「花房膩似紅蓮朵，豔色鮮如紫牡丹。」宋祁益部方物記：木蓮花生峨眉山谷，花夏開，枝條茂蔚，不爲園圃所蒔。是則木蓮以遐僻標奇，當與木蘭相類而實異。乃本草釋名：木蘭、杜蘭、林蘭、木蓮、黃心，其香如蘭，其狀如蓮，其木心黃。是一物而異名也，似誤混矣，故不憚詳徵之。又按：羣芳譜列木蘭於玉蘭花、辛夷之間，疑卽與之同類，不必過以珍奇目之也。譜又以木蓮卽木芙蓉，則未可信。

〔二〕一作「二十五」。

〔三〕一作「猶」，誤。

〔四〕史記：信陵君竟病酒而卒。

〔五〕一作「似」，誤。

〔六〕一作「心開」。

〔七〕皆見朱槿花。

〔八〕見又一首。

〔九〕見後蜂。

〔一〇〕江淹西州曲：采蓮南塘秋。

〔一一〕水經注：巫山者，帝女居焉。宋玉謂帝之季女，名曰瑤姬，未行而亡，封於巫山之臺，精魂爲草，實爲靈芝。集仙傳：雲華夫人名瑤姬，王母第二十三女。嘗遊東海，過巫山，授禹上清靈文理水之策。餘詳代元城吳令。

〔一二〕神女賦：穠不短，纖不長。登徒子好色賦：臣東家之子，增之一分則太長，減之一分則太短。

徐曰：據白香山題詩，此篇有託，非詠物也。浩曰：義山寓意令狐之作極多，此章命意雖難執定，木蘭何必令狐家獨有？第以「桂嶺」二句，似從桂管歸京，而情意疎淡。起句月日，似暗記到京相見，非無謂者，故通體不盡符，而且類列之。又曰：蓮塘、南塘，此後屢見，當是京城南曲江芙蓉池相近之地也，疑令狐有別館在焉。互詳後。

木蘭花〔一〕

洞庭波冷曉侵雲〔二〕，日日征帆送遠人〔三〕。幾度〔四〕木蘭舟上望〔五〕，不知元是此花身。

〔一〕古今詩話：義山遊長安，宿旅舍，客賦木蘭花詩，衆皆誇示，義山後成，客盡驚，問之，始知是義山。一云陸龜蒙，誤。按：唐詩紀事與詩話同。西谿叢語則云：唐末，館閣諸公泛舟，以木蘭爲題，忽一貧士登舟作詩云云，諸公大驚，物色之，乃義山之魄，時義山下世久矣。又李躍嵐齋集云：是陸龜蒙於蘇守張摶坐中賦木蘭堂詩，故諸本附入集外詩。今細玩詩趣，必是義山，且萬首絶句入義山集，並不重見魯望集，因皮、陸有宿木蘭院詩，致生歧說耳。今直采入正集。

〔二〕陸龜蒙集作「洞庭波浪渺無津」，西溪叢語作「洞庭春水緑於雲」，今從萬首絶句、全唐詩話。雲韻通用，本集屢有此例。

〔三〕一作「征」，誤。

〔四〕一作「曾向」。

〔五〕「舟」，叢語作「洲」；「望」，詩話作「過」，皆非。述異記：七里洲中，魯班刻木蘭爲舟，至今在洲中。

浩曰：詩中須有個人在，前賢論之詳矣。此在令狐家假物託意之作。上二句謂桂管往來，久願歸朝也。下二句謂曾經遠望，不知元是此中舊物，比己之素在門館也。妙筆運之，情味緜遠，若江湖散人，無此情事矣。後人妄生談柄，何足據哉！

贈句芒神〔一〕

佳期不定春期賒，春物夭閼興咨嗟〔二〕。願得句芒索青女〔三〕，不教容易損年華。

〔一〕月令：春月其神句芒。註曰：少皞氏之子曰重，爲木官。疏曰：木初生之時，句屈而有芒角。

〔二〕莊子：背負青天而莫之夭閼者，而后乃今將圖南。

〔三〕三國志：袁術欲爲子索呂布女。淮南子：秋三月，青女乃出，以降霜雪。注曰：青霄玉女，主霜雪也。

徐曰：新書五行志：「大中三年春，隕霜殺桑。」詩當作於是時。按：更有借喻。

謁山

從來繫日乏長繩〔一〕，水去雲回恨不勝。欲就麻姑買滄海〔二〕，一杯春露冷如冰。

〔一〕傅休奕九曲歌：歲暮景邁羣光絶，安得長繩繫白日！

〔二〕見海上。

浩曰：當與玉山七律同味。謁山者，謁令狐也。次句身世之流轉無常，三句陳情，四句相遇冷澹也。唐時翰林學士不接賓客，義山雖舊交，中心已睽，遂以體格疎之耳。

和孫朴韋蟾孔雀詠〔一〕

此去三〔二〕梁遠〔三〕，今來萬里攜。西施因網得〔四〕，秦客被花迷〔五〕。可在青鸚鵡〔六〕，非關碧野雞〔七〕。約眉憐翠羽〔八〕，刮膜〔九〕想金篦〔一〇〕。瘴氣籠飛遠，蠻花向坐低〔一一〕。輕於趙皇后〔一二〕，貴極楚懸黎〔一三〕。都護矜羅幕〔一四〕，佳人炫繡袿〔一五〕。屏風臨燭釦〔一六〕，捍撥倚香臍〔一七〕。舊思牽雲葉〔一八〕，新愁待雪泥〔一九〕。愛堪通夢寐〔二〇〕，畫得不端倪〔二一〕。地錦排蒼鴈〔二二〕，簾釘鏤白犀〔二三〕。曙霞星斗外，涼月露盤西〔二四〕。妒好休誇舞，經寒且少啼。紅樓三十級〔二五〕，穩穩上丹梯〔二六〕。

〔一〕舊書儒學韋表微傳：子蟾，進士登第，咸通末爲尚書左丞。全唐詩話：韋蟾字隱桂，下杜人，大中七年進士登第，初爲徐商掌書記，終尚書左丞。按：「隱桂」或作「隱珪」，誤。朱曰：樊南乙集序云：爲盩厔尉，假京兆參軍。時同寮有樂安孫朴、京兆韋嶠。詩當作於是時。按：又有寄懷韋蟾詩。韋蟾、韋嶠，當是兩人，未必訛「蟾」爲「嶠」也。

〔二〕一作「西」，誤。

〔三〕朱曰：三梁在桂管，見本集桂州謝上表。按：曹學佺名勝志：陽江源出靈川縣思磨山，流至郭西匯爲澄潭，歷西南文昌三石梁，東出灕山，與灕江合，對岸卽桂林城。三梁必卽此，地理固古今同也。

〔四〕嶺表錄異：交趾郡人多養孔雀，又養其雛爲媒，旁施網罟，捕野孔雀。餘見前。

〔五〕朱氏補註：列仙傳、水經注俱云：蕭史吹簫，能致白鶴、孔雀。自是用秦樓蕭史事。有引秦人桃花源者，非也。徐曰：蕭史事，言能致孔雀，不可以秦客代孔雀也。此與「一夜秦樓客」，皆別有出處，未詳。按：謂網得珍禽，愛玩若迷也。秦客當是蕭史。他詩之「吳王苑內花」，亦正是西施。

〔六〕山海經：黃山有鳥焉，青羽、赤喙，人舌，能言，名曰鸚鴞。南方異物志：鸚鴞有青、白、五色三種。

〔七〕見寄令狐學士。

〔八〕登徒子好色賦：眉如翠羽。古子夜歌：約眉出前窗。

〔九〕一作「目」。

〔一〇〕事文類聚：魏武帝病眼，令華佗以金篦刮膜。涅槃經：盲人爲治目，故造詣良醫，醫卽以金鎞抉其眼膜。埤雅：孔雀尾有金翠，五年而後成，初春乃生，三四月後復凋，與花萼相榮衰。

〔一一〕孔雀從蠻瘴中來。

〔一二〕西京雜記：趙后體輕腰弱。餘詳蜂。

〔一三〕戰國策：梁有懸黎，楚有和璞。按：註云：皆美玉名。此乃云楚。檢阮籍薦盧播書：鄧林昆吾，翔鳳所棲；懸黎和肆，垂棘所集。似亦地名，豈近楚歟？

〔一四〕漢書：宣帝使鄭吉護鄯善以西南道，并令護車師以西北道，號曰都護。通典：唐永徽中，於邊方置安東、安西、安南、安北四大都護府。餘見巴江柳。朱曰：有引紀聞「孔雀其鳴曰都護」者，非也。

〔一五〕音圭。神女賦：振繡衣，被袿裳。晉書夏統傳：賈充使妓女之徒，服袿襡，炫金翠。釋名：婦人上服謂之袿。埤雅：孔雀遇芳時好景，聞絃歌，必舒張翅尾，盼睞而舞。性妒忌，遇婦女童子服錦綵者，必逐而啄之。此言養在羅幕中，以美衣誘之舞。

〔一六〕說文：鈿，金飾器口。

〔一七〕舊書志：舊琵琶皆以木撥彈之，太宗貞觀始有手彈之法，今所謂搊琵琶者是也。新書蘇頲傳：頲節度劍南，皇甫恂使蜀，檄取庫錢市琵琶捍撥、玲瓏鞭，頲不肯予。白香山詩：珠顆淚霑金捍撥。海錄碎事：金捍撥在琵琶面上當絃，或以金塗爲飾，所以捍護其撥也。程曰：樂曲有孔雀雙雙彈，如王建傷韋令孔雀詩「舉頭問舊曲」是也。按：二句狀雀屏。

〔一八〕古今注：黃帝與蚩尤戰，常有五色雲氣金枝玉葉。陸機雲賦：金柯分，玉葉散。此謂不能乘雲而歸故山。

〔一九〕古禽經：孔雀愛毛，遇雨高止。徐曰：虞衡志：孔雀喜卧沙中自浴，故言恐爲雪泥所污。按：離暖就寒，故將有新愁也。

〔一〇〕齊書：武帝年十三，夢著孔雀羽衣裳，空中飛舉。

〔一一〕舊書后妃傳：高祖太穆皇后竇氏家門屏畫二孔雀。唐名畫錄：貞元中，新羅獻孔雀，解舞。德宗詔邊鸞寫貌，一正一背。莊子：反覆終始，不知端倪。

〔一二〕綵毯之類。

〔一三〕徐君蒨詩：故留殘粉絮，掛着箔簾釘。餘見無題二首。

〔一四〕屢見。言時之早暮。

〔一五〕紅樓泛喻宮殿。

〔一六〕文選：謝靈運擬鄴中集詩：躧步陵丹梯。注曰：丹墀也。又曰：謂階陛赤色。浩曰：首二聯言其來自遠方，爲人所愛，領起全篇。次二聯先狀其文采。又次二聯重言其遠來貴重。又次二聯迴憶在南荒時，人皆珍玩，卽所謂舊思也。又次二聯爲中間之轉捩，拍到今來。又次二聯言宜置之華麗之地，朝夕給賞。結謂宜韜文采，靜待良遇。不特以勗孫、韋，時義山方從桂管還京也。采色華鮮，尤工運掉。

碧瓦

碧瓦銜珠樹〔一〕，紅輪〔二〕結綺寮〔三〕。無雙漢殿鬢〔四〕，第一楚宮腰〔五〕。霧唾香難盡〔六〕，珠啼冷易銷。歌從雍門學〔七〕，酒是蜀城燒〔八〕。柳暗將翻巷，荷欹正抱橋。鈿轅開道入〔九〕，金管隔鄰調。夢到飛魂急，書成即席遙。河流銜柱〔一〇〕轉〔一一〕，海沫近槎飄〔一二〕。吳市觜〔一三〕蠵〔一四〕甲〔一五〕，巴賨翡翠翹〔一六〕。他時未知意，重疊贈嬌饒〔一七〕。

〔一〕山海經海外南經：三珠樹在厭火北，生赤水上，其爲樹如栢，葉皆爲珠。一曰：其爲樹若彗。

〔二〕一作「綸」。

〔三〕按：徐君蒨詩：「樹斜牽錦帔，風橫入紅綸」，庾信詩：「步搖釵梁動，紅輪帔角斜」，皆非此所用。此當是窗網紅簾之類。沈約詠少年新婚：「紅輪映早寒，畫扇迎初暑」，似相同也。綸、輪通用，頻見晚唐詩。左思魏都賦：皦日籠光於綺寮。

〔四〕西京賦：衛后興於鬒髮。注曰：漢武故事曰：衛后子夫得幸，頭解，上見其美髮，悅之。東觀漢記：孝明馬皇后美髮，爲四起大髻，尙有餘，繞髻三匝，復出諸髮。

〔五〕墨子：荆靈王好小腰。後漢書馬廖傳：傳曰：楚王好細腰，宮中多餓死。

〔六〕莊子秋水篇：子不見夫唾者乎？噴則大者如珠，小者如霧。

〔七〕列子：韓娥東之齊，過雍門，鬻歌假食。既去，而餘音繞梁欐，三日不絕。又：韓娥曼聲哀哭，一里老幼悲愁，垂涕相對，三日不食；娥復爲曼聲長歌，一里老幼喜躍抃舞，忘向之悲也。故雍門之人至今善歌哭，効娥之遺聲。句喻己之陳情，可歌可泣。

〔八〕國史補：酒有劍南之燒春。二句謂詞哀心熱，又似從巴蜀來，有爲之致書修好者。

〔九〕辟人開道而歸。

〔一〇〕一作「樹」，誤。

〔一一〕底柱，見上杜僕射。

〔一二〕後漢書杜篤傳：海波沫血。注曰：水沫如血。餘詳海客。

〔一三〕「蟕」同。

〔一四〕一作「蠙蛦」，非。

〔一五〕山海經東山經：深澤其中多蠵龜。注曰：蟕蠵，大龜也，甲有文彩。爾雅：十龜，二曰靈龜。注曰：文似瑇瑁，即今蟕蠵龜，一名靈蠵，能鳴。後漢書杜篤傳：甲瑇瑁，戕蟕觿。嶺表錄異：蟕蠵俗謂之茲夷，產潮循山中，廣州巧匠取其甲爲梳篦盃器之屬。

〔一六〕說文：賨，南蠻賦也。揚雄蜀都賦：東有巴賨，綿亘百濮。應劭風俗通：巴有賨人。高祖募取賨人定三秦。餘屢見。

〔一七〕一作「嬈」。玉臺新詠：宋子侯有董嬌饒詩。浩曰：此在令狐子直家賦也。首韻言內相之府。次聯言其貴重。三四兩聯似從彼之姿態，合到我之陳情，大有悲歌修好之跡，但夾寫難分，統會其意可也。或次聯卽義山自負美才，三四聯亦自寫陳情姿態也。五六兩聯謂令狐歸第，「隔鄰」句蓋屬其代筆送入小齋。七聯卽「夢爲遠別、書被催成」之情事。八聯以桂石仙槎比令狐，以河流海沫自比。衝而轉，近而飄，接近而仍不合也。九十則謂自桂海巴蜀而回，屢有投贈之物，初不知其中心之永睽矣。若徒作豔體讀，能無使詩魂飲恨哉！

腸

有懷非惜恨，不奈寸腸何！卽席迴彌久，前時斷固多。熱應翻急燒〔一〕，冷欲徹空〔二〕波〔三〕。隔樹澌澌雨，通池點點荷。倦程山向背〔四〕，望國闕嵯峨〔五〕。故念飛書及，新歡借夢過。染鈎休伴淚〔六〕，繞雪莫追歌〔七〕。擬問陽臺事〔八〕，年深楚語訛〔九〕。

〔一〕東方朔七諫：心沸熱其若湯。史記龜策列傳：腸如涫湯。「涫」一作「沸」。

〔二〕一作「微」。

〔三〕顏氏家訓：墨翟之徒，世謂熱腹；楊朱之侶，世謂冷腸。

〔四〕湘中記：遥望衡山如陣雲，沿湘千里，九向九背，乃不復見。

〔五〕晉書：洛中謠：遥望魯國鬱嵯峨。

〔六〕見潭州。

〔七〕見移白菊。

〔八〕見元城吳令。

〔九〕國語有楚語。

浩曰：亦爲令狐作。首二句點題，謂固已恨之，無奈尚有餘望也。三句迴腸，此時之餘望；四句斷腸，前此之積恨也。五自言，六謂子直，一熱一冷，冰炭不相入矣。七八卽席所見之景。九十記遠歸京師之蹟。十一二謂「飛書」雖及，好事猶虛。十三謂桂管之罷，我原不甚深惜，蓋子直所增怒以此也。十四暗指昔年章奏之傳。結乃謂彭陽公之厚愛，年深多謬誤矣。絢不憐父之舊客，故遇義山冷落耳。曰「楚語」者，得毋暗寓楚之名歟？與前燈詩尤爲託意之隱約者，非熟通全集，無由悟到。視湖湘豔情之作，語多近似，趣則懸殊。又曰：毛西河云：義山最不足處，是半明半暗，迷悶不決，求其句之通、調之浹，使人信口了了，亦不可得。余細讀全集，誠有未能遽曉者；然毛氏本不求甚解耳。屈大夫之離騷，使前賢不早詮明，曷嘗不迷悶哉？此篇三韻以前寫題之貌，四韻以後傳題之神，句盡通、調盡浹矣。

射魚曲〔一〕

思牢〔二〕弩箭磨青石〔三〕，繡額蠻渠〔四〕三虎力〔五〕。尋潮背日伺〔六〕泗鱗〔七〕，貝闕夜移鯨失色〔八〕。纖纖粉簳馨香餌〔九〕，綠鴨迴塘養龍水〔一〇〕。含冰漢語遠於天〔一一〕，何由迴作金盤死？

〔一〕史記始皇本紀有齎捕巨魚具，以連弩射巨魚事。

〔二〕集皆作「思牢」，他書或作「篾簩」。

〔三〕嵇含南方草木狀：篾簩竹皮薄而空多，大者徑不過二寸，皮麤澀，以鎊犀象，利勝於鐵，出大秦。按：唐劉恂嶺表錄異亦本此語，而云可爲錯子錯甲，利勝於鐵。沈懷遠南越志曰：沙麻竹，人削以爲弓，弓似弩，淮南所謂溪子弩也。異物志曰：新州有篾簩竹。太平寰宇記曰：賀州簩竹，有毒，人以爲觚，刺虎，中之則死。蓋交、廣間多竹弓矢以施其毒也。然皆無「思牢」之字。朱氏舊註引異物志云：南方思牢國產竹，即篾簩。余檢異物志，未見此語，且宋以前志外國者無「思牢」，至楊伯嵒臆乘乃有之，未足據也。他書引此句，有直作「篾簩」者，俟再考。異物志：夷州土無銅鐵，磨礪青石，以作弓矢。此石弩楛矢之類。郡國志：昭州俗以青石爲刀劍，如銅鋏法。按：禹貢：荆州貢砮，砮石中矢鏃。後漢書東夷傳：挹婁，古肅愼國，青石爲鏃，鏃皆施毒。而蘇子瞻石砮記：余自儋耳北歸，江上得古箭鏃，槊鋒而劍脊，其廉可劌，而其質則石，此即所謂楛矢石砮。尤與此爲切證。

〔四〕一作「奴」。

〔五〕禮記：南蠻，雕題、交趾。詩：有力如虎。

〔六〕一作「俟」。

〔七〕說文：泅，浮行水上也。

〔八〕皆見前。

〔九〕廣韻：箹，小竹也。句意言釣，非謂箭箹。

〔一〇〕遁甲開山圖：絳北有陽石山，有神龍池，黃帝遣雲陽先生養龍於此，帝王歷代養龍之處。

〔一一〕含冰，似用莊子：內熱飲冰；漢語，似用莊子：肩吾聞接輿之言，猶河漢而無極也。然皆未盡符，俟再考。

錢曰：義山學杜者也，間用長吉體，作射魚、海上、燕臺、河陽等詩，則不可解；飛卿學李者也，即用太白體，作湖陰、擊甌等詩，亦多不可解。疑是唐人習尚，故爲隱語，當時之人，自能喻之，傳之既久，遂莫曉所謂耳。浩曰：此論甚妙，可使學者勿爲所迷也。然此章尚有可通，蓋悲李衞國貶崖州而作。首二句謂射魚之具甚利，而人甚猛也。「尋潮」暗點潮陽，「背日」謂遠背京華，「泅鱗」喻衞公，「伺」者，日夜有人伺察也。「貝闕夜移」，謂移崖州而衞公失色，自知必死矣。「纖纖」以下費解，似謂自有清幽美境可娛此身，今則遠不可即，何由歸死於故土乎？衞公有平泉佳墅，而南荒炎熱，不可得冰，故云，第未能字字豁然耳。

無題四首

來是空言去絕蹤，月斜樓上五更鐘。夢爲遠別啼難喚，書被催成墨未濃。蠟照半籠金翡翠〔一〕，麝熏微度繡芙蓉〔二〕。劉郎已恨蓬山遠〔三〕，更隔蓬山一萬重！

颯颯東南〔四〕細雨來〔五〕，芙蓉塘外有輕雷〔六〕。金蟾齧鎖燒香入〔七〕，玉虎牽絲汲井迴〔八〕。賈氏窺簾韓掾少〔九〕，宓妃留枕魏王才〔一〇〕。春心莫共花爭發，一寸相思一寸灰〔一一〕。

含情春晼〔一二〕晚，暫見夜闌干〔一三〕。樓響將登怯，簾烘欲過難〔一四〕。多羞釵上燕〔一五〕，眞愧鏡中鸞〔一六〕。歸去橫塘曉〔一七〕，華星送寶鞍〔一八〕。

何處哀箏隨急管〔一九〕，櫻花永巷垂楊岸〔二〇〕。東家老女嫁不售〔二一〕，白日當天三月半〔二二〕。溧陽公主年十四〔二三〕，清明暖後同牆看。歸來展轉到五更，梁間燕子聞長歎！

〔一〕楚詞招魂：翡翠珠被，爛齊光些。

〔二〕鮑照詩：七采芙蓉之羽帳。此謂褥也，如杜詩「褥隱繡芙蓉」。

〔三〕用漢武求仙事，屢見。後漢書竇章傳：學者稱東觀爲老氏藏室，道家蓬萊山。

〔四〕一作「風」。

〔五〕楚詞九歌：風颯颯兮木蕭蕭。

〔六〕長門賦：雷隱隱而響起，聲象君之車音。或引魯靈光殿，謂簷溜之響者，非也。

〔七〕道源曰：蟾善閉氣，古人用以飾鏁。陳帆曰：高似孫緯略引此句，云是香器。其言鏁者，蓋有鼻鈕施之於帷幬之中也。

〔八〕海錄碎事：金蟾，鎖飾也；玉虎，轆轤也。廣韻：綆，井索。樂府淮南王篇：金瓶素綆汲寒漿。

〔九〕世說：韓壽美姿容，賈充辟以爲掾。賈女於青瑣中見壽，悅之，壽踰牆而入。自是充見女盛自拂拭。後聞壽有奇香之氣，是外國所貢，一著人則歷月不歇，疑壽與女通，取女左右婢考問，即以狀對。充秘之，以女妻壽。

〔一〇〕文選注：記曰：魏東阿王求甄逸女，既不遂；太祖回與五官中郎將，植殊不平。黄初中入朝，帝示植甄后玉鏤金帶枕，植見之，不覺泣。時已爲郭后讒死，帝仍以枕賚植。植還，度轘轅，將息洛水上，忽見女來，自云：「託心君王，其心不遂。此枕是我在家時從嫁，前與五官中郎將，今與君王，遂用薦枕席。」遂作感甄賦，後明帝見之，改爲洛神賦。

〔一〕莊子：心固可使如死灰乎？

〔二〕一作「院」，誤。

〔三〕見謝往桂林。

〔四〕按：詩：卬烘于煁。烘，燎也，而實取照物之義。故用之。夜闌干，近五更入朝時矣。樓響簾烘，聲光之盛；我往就見，頗自慚爾。

〔一五〕洞冥記：元鼎元年起招靈閣，有神女留玉釵與帝，帝以賜趙婕妤。至元鳳中，宮人猶見此釵，共謀欲碎之，明旦發匣，惟見白燕飛昇天。後宮人學作此釵，因名玉燕釵，言吉祥也。

〔一六〕屢見。

〔一七〕一作「晚」，誤。

〔一八〕魏文帝詩：華星出雲間。此華星，啓明也。彼既入朝，我則歸矣。

〔一九〕禮記：絲聲哀。說文：箏，五絲筑身樂也。魏文帝與吳質書：高譚娛心，哀箏順耳。鮑照白紵曲：催絃急管爲君舞。

〔二〇〕錢曰：永，長也，非宮中之永巷。

〔二一〕登徒子好色賦：臣里之美者，莫若臣東家之子。戰國策：處女無媒，老且不嫁；舍媒而自衒，敝而不售。列女傳：鍾離春，齊無鹽邑之女，極醜無雙，年四十，衒嫁不售。梁樂府：老女不嫁，蹋地喚天。

〔二二〕言遲暮也。神來奇句。

〔二三〕南史梁簡文帝紀：侯景納帝女溧陽公主，公主有美色，景惑之。按：「年十四」，史文未見。浩曰：此四章與「昨夜星辰」二首判然不同，蓋恨令狐綯之不省陳情也。首章首二句謂綯來相見，僅有空言，去則更絕蹤矣。令狐爲內職，故次句點入朝時也。「夢爲遠別」，緊接次句，猶下云隔萬重也。「書被催成」，蓋令狐促義山代書而攜入朝，文集有上綯啓，可推類也。五六言留宿。蓬山，唐人每以比翰林仙署，怨恨之至，故言更隔萬重也。若誤認豔體，則翡翠被中、芙蓉褥上，既已惠然肯來，豈尚徒託空言而有夢別催書之情事哉？次首首二句紀來時也；三句取瓣香之義；四句申汲引之情；五句重在「掾」字，謂己之常爲幕官；六句重在「才」字，謂幸以才華，尚未相絕；結則嘆終無實惠也。三首上四句言徹夜候見，而終不得深浹；五六自嘆自愧；結則言惟遣騎送歸，蒙其虛禮而已。以上三章，未必皆一夕間事，蓋類列之耳。四章又長言嘆息之。首言何處告哀，固惟有此地耳；無鹽自喻，「溧陽公主」比令狐；末二句重結「歸」字，閒長嘆者只有梁燕，令狐之不省，言外托出矣。載酒園詩話摘「書被催成墨未濃」及「車走雷聲語未通」，以爲眞浪子宰相，淸狂從事，何其妄作解人哉！

哀箏

延頸全同鶴〔一〕，柔腸素怯猿〔二〕。湘波無限淚，蜀魄有餘冤〔三〕。輕幰長無道〔四〕，哀箏不出門。何由問香炷〔五〕？翠幕自黃昏〔六〕。

〔一〕莊子：鶴頸雖長，斷之則悲。史記樂書：師曠援琴而鼓之，一奏，有玄鶴二八集廊門；再奏，延頸而鳴，舒翼而舞。阮瑀箏賦曰：箏長六尺。

〔二〕左思吳都賦：猨父哀吟。搜神記：有人得猿子殺之，猿母悲喚，自擲而死，破腸視之，寸寸斷裂。餘見哭蕭侍郎。釋名：箏，施絃高急箏箏然也。此狀箏形與絃，又以自喻。

〔三〕屢見。比所彈之曲，又自喻昔遊。

〔四〕潘岳藉田賦：微風生於輕幰。

〔五〕見海上謠。

〔六〕藉田賦：翠幕黕以雲布。

浩曰：即「何處哀箏」之意也。首句望之深；次句愁之切；三四自桂管蜀中來也；五六言舍此更無他路，故惟在爾門告哀；七八言瓣香何在，徒又獨宿而已。如此悟透，詩之微妙乃出。余初定爲東川悼亡，則情味大減矣。

槿花二首〔一〕

燕體傷風力〔二〕，雞香積露文〔三〕。殷〔四〕鮮一相雜〔五〕，啼笑兩難分〔六〕。月裏寧無姊〔七〕？雲中亦有君〔八〕。三清與仙島〔九〕，何事亦離羣！

珠館薰燃久〔一〇〕，玉房梳掃餘〔一一〕。燒蘭才〔一二〕作燭〔一三〕，襞錦不成書〔一四〕。本以亭亭遠，翻嫌脈脈疎〔一五〕。迴頭問殘照，殘照更空虛〔一六〕。

〔一〕禮記：仲夏之月木菫榮。按：前朱槿花在嶺南作。味此用意，是還京後作矣。

〔二〕用飛燕事，詳見蜂。

〔三〕御覽引南方草木狀：交趾蜜香樹，其花不香，成實乃香，爲雞舌香。俞益期牋曰：外國老胡說，衆香共是一大木，木花爲雞舌香。本草圖經：或謂與丁香同種，花實叢生，其中心最大者爲雞舌，擊破，則順理而解爲兩向如雞舌。此乃是母丁香，似近之也。餘見寓懷。朱曰：燕體比條之輕，雞香比色之艷。

〔四〕烏閑切。

〔五〕廣韻：殷，赤黑色。

〔六〕江總南越木槿賦：啼粧梁冀婦，紅粧蕩子家。若持花並笑，宜笑不勝花。按：槿花甚豔，風露損之，致色態有殊矣。用意頗曲。

〔七〕見聖女祠。

〔八〕楚詞九歌雲中君。

〔九〕屢見。

浩曰：第三聯同李花詩，此題只作槿花，疑其兼詠白色者，故用「月」、「雲」也。月中雲中，皆不忌人之得入，何「三清」、「仙島」，必以屏棄他人爲快耶？此其寓意矣。然究無定解，結句「亦」字又複。

〔一〇〕陸倕詩：當衢啓珠館。道書每有「朱館」之字，「朱」「珠」通用。

〔一一〕漢郊祀歌：神之出，排玉房。梳掃，婦人梳粧也。

〔一二〕一作「纔」。

〔一三〕招魂：蘭膏明燭。

〔一四〕見無題五律。

〔一五〕見杏花。

〔一六〕上四句正賦朝榮，五六虛狀情態，七八則暮落也。較上首明顯。

浩曰：木庵謂當有托興，是也。首章起聯以風露比擯斥之者；三四謂一入嫌疑，便苦周旋不易；「三清」、「仙島」，似比內職。次章似即留宿代晝之情事。五六言爾之遠我，非可反咎我疎；結則「一寸相思一寸灰」之意。

即日〔一〕

小鼎煎茶面曲池，白鬚道士竹間棋。何人書破蒲葵扇〔二〕？記著〔三〕南塘移樹時〔四〕。

〔一〕一作「目」，誤。

〔二〕說文：椶，栟櫚也。玉篇：椶櫚一名蒲葵。續晉陽秋：謝安鄉人有罷中宿縣，詣安，安問歸資，答曰：「惟有五萬蒲葵扇。」謂非時爲滯貨。安乃取其一中者捉之，士庶競慕，增價十倍。虞龢論書表：羲之罷會稽，住蕺山下。一老嫗捉十許六角竹扇出市，一枚直二十許錢。右軍取筆書扇，扇爲五字，嫗大悵惋。王云：「但言王右軍書，字索一百。」入市，人競市去，嫗復以十數扇請書，王笑不答。姚寬曰：是二事，偶誤用。徐曰：二事合用。

〔三〕一作「得」。

〔四〕南塘在京城南，杜詩遊何將軍山林：不識南塘路，今知第五橋。許渾題韋曲野老村舍詩：背嶺枕南塘，數家村落長。

浩曰：日面曲池，則在京之作矣。南塘移樹，記一時之蹟也。更取「紫雲新苑移花處」證之，似暗寓令狐綯之移宅，在大中三年漸貴時也。以下每書晉昌矣。穿鑿之譏，吾所不辭耳。

促漏

促漏遙鐘動靜聞，報章重疊杳〔一〕難分。舞鸞鏡匣收殘黛〔二〕，睡鴨香爐換夕熏〔三〕。歸去定〔四〕知還向月，夢來何處更爲雲〔五〕？南塘漸暖蒲堪結〔六〕，兩兩鴛鴦護水紋。

〔一〕一作「字」。

〔二〕黛，説文作「黱」，畫眉也。楚詞大招：粉白黛黑。又：青色直眉。餘屢見。

〔三〕香譜：塗金爲狻猊麒麟鳧鴨之狀，空其中以然香。

〔四〕一作「豈」。

〔五〕皆屢見。

〔六〕説文：蒲，水草，可以作席。續述征記：烏常沉湖中，有九十臺，皆生結蒲，云秦始皇遊此臺，結蒲繫馬，自此蒲生則結。

浩曰：徐氏以寄意令狐，則次句指屢啓陳情，或屢爲屬草也；三四夜宿；五謂歸惟獨處；六謂更何他求；結則望其終能歡好也。或作摹繪艷情看，亦得。高棅以爲宫怨，似而非矣。

如有〔一〕

如有瑶臺客〔二〕，相難復索歸〔三〕。芭蕉開緑扇，菡萏薦紅衣。浦外傳光遠，煙中結響微。良宵一寸燄〔四〕，回首是重幃。

〔一〕原編集外詩。

〔二〕詳後。

〔三〕舊本皆作「相難」。梁費昶陽春發和氣詩：「拂袖當留客，相逢莫相難。」難，去聲，而平聲亦可通也。初疑當作「歡」，非也。

〔四〕舊本皆作「豔」，朱氏作「焰」。然豔，光彩也，不必定作「焰」。姚曰：五六用洛神賦語與李夫人事。浩曰：三四夏景，五六言來而相語也。用事不必泥，蓋又借豔情寓慨。

令狐舍人說昨夜西掖玩月因〔一〕戲贈〔二〕

昨夜玉輪明，傳聞近太清。涼波衝碧瓦〔三〕，曉暈落金莖〔四〕。露索秦宮井〔五〕，風絃漢殿箏〔六〕。幾時緜竹頌〔七〕，擬薦子虛名〔八〕。

〔一〕一無「因」字。

〔二〕英華題作「西掖玩月」四字，以此爲注，他本題皆如此。舊書：大中三年，綯拜中書舍人。漢書注：正殿之旁，有東西掖門，如人臂掖，故名。初學記：漢官儀曰：左右曹受尚書事。前世文士以中書在右，因謂中書爲右曹，又稱西掖。錢曰：意是干謁，而曰戲贈，諱之也。

〔三〕漢書禮樂志：月穆穆以金波。

〔四〕廣韻：暈，日月旁氣也。餘屢見。

〔五〕朱氏引曹植迯行賦「濯予身於秦井」，乃謂溫泉也。此自謂宮中井耳。

〔六〕朱氏引楊愼丹鉛錄：古人殿閣簷稜間有風琴、風箏，皆因風動成音，自叶宮商。按：俟再考。何曰：汲之使出，縱之使高，只在一舉手耳。晤起結句。

〔七〕漢書：緜竹縣屬廣漢郡。

〔八〕漢書揚雄傳：孝成帝時，客有薦雄文似相如者，召雄待詔承明之庭。從上甘泉，還，奏甘泉賦以風。文選注：翰曰：揚雄嘗作緜竹頌，成帝時直宿郎楊莊誦此文，帝曰：「似相如之文。」莊曰：「非也，此臣邑人揚子雲。」帝卽召見，拜黄門侍郎。史記司馬相如傳：蜀人楊得意爲狗監，上讀子虛賦而善之，得意曰：「臣邑人司馬相如自言爲此賦。」上驚，乃召問相如。揚雄答劉歆書：雄先作縣邸銘、王佴頌、階闥銘及成都城四隅銘，楊莊誦之於成帝，雄遂以此得外見。雄爲郎之歲，得觀書于石渠。後一歲，作繡補靈節龍骨之銘詩三章，成帝好之。朱曰：雄答歆書不及緜竹頌，翰注不知何本？五臣注極爲東坡所譏，然有可采者，如此事義山亦引用之矣。按：雄答歆書，宋洪容齋辯其反覆牴牾，必漢魏之際好事者爲之也。然李善注文選，已引用之矣。善注亦不及緜竹頌，則何歟？

昨夜

不辭鶗鴂妒年芳〔一〕，但惜流塵暗燭房。昨夜西池涼露滿，桂花吹斷月中香。

〔一〕見崇讓東亭醉後。

浩曰：上二句謂弁不敢有遲暮之怨，但恨心跡不白耳，語愈哀矣。下二句人間天上之慨。

杜司勳〔一〕

高樓風雨感斯文，短翼差池不及羣〔二〕。刻意傷春復傷別，人間惟有杜司勳。

〔一〕舊、新書傳：杜牧，字牧之，宰相佑之孫，從郁之子。善屬文，第進士，復舉賢良方正。會昌中累遷左補闕、史館修撰，轉膳部、比部員外郎，歷黃、池、睦三州刺史，入爲司勳員外郎、史館修撰，轉吏部員外郎，授湖州刺史，入拜考功郎中、知制誥，遷中書舍人。

〔二〕詩：燕燕于飛，差池其羽。

何曰：「高樓風雨」、「短翼差池」，義山本自傷春傷別，乃彌有感於司勳也。楊曰：推重樊川，正自作聲價。浩曰：傷春謂宦途，傷別謂遠去。餘詳下篇。

贈司勳杜十三員外

杜牧司勳字牧之，清秋一首杜陵〔一〕詩〔二〕。前身應是梁江揔，名揔還曾字揔持〔三〕。心鐵已從干鏌利〔四〕，鬢絲休歎雪霜垂〔五〕。漢江遠弔西江水，羊祜韋丹盡有碑〔六〕。

〔一〕一作「秋」，誤。

〔二〕按：戊籤作「杜陵」，他本作「杜秋」，朱氏曰：一作「陵」，誤。今細味詩情，必「杜陵」是也。牧之集新轉南曹未敍朝散初秋暑退出守吳興書此篇以見志起聯云：捧詔汀洲去，全家羽翼飛。又將赴吳興登樂遊原一絶云：清時有味是無能，閒愛孤雲靜愛僧。欲把一麾江海去，樂遊原上望昭陵。舊、新書傳：牧之善屬文，嘗自負經緯才略，居下位，心常不樂。今考大中二三年，牧之仍職史館，轉歷南曹，可冀內擢，而又出刺江鄉，自有失意之嘆。樂遊原在杜陵，次句時地皆合，一首詩必指此也。若杜秋娘詩，既無清秋之景，又久在入爲司勳之前，與通章都無貫注，其何謂哉？

〔三〕南史：江揔，字揔持。程曰：揔入陳入隋，唐詩多屬之於梁，杜詩亦云「遠愧梁江揔」，殊不可解。徐曰：以揔得名於梁也。

〔四〕吳越春秋：闔閭請干將鑄作名劍，三月不成。干將妻莫耶曰：「夫神物之化，須人而成。」莫耶乃投於爐中，遂以成劍，陽曰干將，陰曰莫耶，陽作龜文，陰作漫理。莊子：兵莫憯于志，鏌鎁爲下。新序：仁人之兵，鋌則若莫邪之利刃，嬰之者斷；銳則若莫邪之利鋒，當之者潰。舊書傳：武宗朝，誅昆夷鮮卑。牧上宰相書，言戎、胡入寇，在秋冬之間，盛夏無備，宜五六月中擊胡爲便。李德裕稱之。注孫武十三篇行於代。新書傳：牧咎長慶以來措置無術，復失山東，嫌不當位而言，故作罪言。及劉稹拒命，牧復移書於德裕：諸軍道絳而入，必覆賊巢。昭義之食盡仰山東，節度率留食邢州，山西兵單少，可乘虛襲取。澤潞平，略如牧策。句所謂「心鐵」利也。

〔五〕牧之詩：前年鬢生雪，今年鬚帶霜。「鬢絲」字杜集中屢見。

〔六〕原注：時杜奉詔撰韋碑。通鑑：大中三年正月，上與宰相論元和循吏孰爲第一，周墀曰：「臣嘗守土江西，聞觀察使韋丹功德被於八州，沒四十年，老稚歌思，如丹尚存。」詔史館修撰杜牧撰遺愛碑以記之。餘見交城舊莊。

姚曰：前從名字比擬，後從姓比擬，詩格絶奇，總見文章必傳世。浩曰：通篇自取機勢，別成一格也。牧之奇才偉抱，迴翔郡守，抑鬱不平，此二章深惜之而慰之也。下半言武功之奏，既與有謀畫，文章之傳，又與古爭烈，不朽固自有在矣。晚唐之初，牧之、義山體格不同，而文采相敵，觀樊南乙集序可知，故曰「人間惟有杜司勳」也。惟既轉南曹，何以仍稱司勳，豈以新轉未敍故耶？乙集序亦稱司勳也。余舊所箋者謬甚。

無題

相見時難別亦難，東風無力百花殘〔一〕。春蠶到死絲方盡，蠟炬成灰淚始乾。曉鏡但愁雲鬢改，夜吟應覺月光寒。蓬山此去無多路，青鳥殷勤爲探看〔二〕。

〔一〕馮己蒼曰：次句畢世接不出。

〔二〕屢見。

浩曰：首言相晤爲難，光陰易過。次言己之愁思，畢生以之，終不忍絕。五言惟愁歲不我與。六謂長此孤冷之態。末句則謂未審其意旨究何如也？此段諸詩，寓意率相類。

故驛迎弔故桂府常侍有感〔一〕

飢鳥翻樹晚雞啼，泣過秋原沒馬泥。二紀征南恩與舊，此時丹旐玉山西〔二〕。

〔一〕鄭亞責授循州，卒於官，無年月，大約不久而卒也。舊書志：左右散騎常侍，正三品。亞必例加此，史略之耳。

〔二〕王褒送葬詩：丹旐書空位。漢書志：藍田縣山出美玉。寰宇記：藍田山一名玉山。

浩曰：追數樊南生十六時，約二紀矣。鄭與李本皆滎陽人，淺解固相合也。然義山與亞似非舊交，在桂幕止年餘，於「有感」字無可深長思者，余竊以爲別有深感也。舊、新書傳：李德裕在翰林，鄭亞以文章謁，深知之，出鎮浙西，辟爲從事。德裕於長慶二年觀察浙西，凡在浙西者八年。亞之赴辟，未知何年，至此時，要與二紀之數相符矣。此征南指德裕也。亞坐德裕黨貶而死，則以死報其恩舊矣，題所以云「有感」也。此解似幻而實摯，詩味倍長矣。

野菊〔一〕

苦竹園南椒塢邊〔二〕，微香冉冉淚涓涓。已悲節物同寒鴈，忍委芳心與暮蟬。細路獨來當此夕，清樽相伴省他年。紫雲〔三〕新苑移花處〔四〕，不取霜栽近御筵。

〔一〕又見孫逖集，題作詠樓前海石榴，誤。

〔二〕永嘉郡記：樂成縣民張薦，隱居頤志，不應辟命。家有苦竹數十頃，在竹中爲屋，恆居其中，一郡號爲高士。「薦」一作「鳶」。謝靈運山居賦：竹則四苦齊味。注曰：青苦、白苦、紫苦、黄苦。竹苦、椒辛，皆喻愁恨。

〔三〕一作「微」。

〔四〕按：舊、新書志：開元元年，改中書省曰紫微省，令曰紫微令，後復舊，故舍人皆稱紫微。此作「紫微」似更明切。作「紫雲」取霄路神仙之義，亦合。

楊曰：與九日篇同旨。「清樽相伴」，即「曾共山公把酒時」也。「不取霜栽」，即「不學漢臣栽苜蓿」也。追思其父，深怨其子。浩曰：絕非詠石榴，有目共曉。近人毛西河唐七律選屬之孫逖，而述張南士之論以證之，此欺人之談耳！「紫雲新苑移花」者，綯官中書舍人，已移居晉昌坊也。義山此日獨至楚之舊居，而溯昔年「清樽相伴」之事，正在於此也。其爲大中三年移居似確。

漫成五章

沈宋裁辭矜變律〔一〕，王楊落筆得良朋〔二〕。當時自謂宗師妙〔三〕，今日惟觀對屬能。

李杜操持事略齊，三才萬象共端倪〔四〕。集仙殿與金鑾殿〔五〕，可是蒼蠅惑曙雞〔六〕！

生兒古有孫征虜〔七〕，嫁女今無王右軍〔八〕。借問琴書終一世〔九〕，何如旗蓋仰三分〔一〇〕！

代北偏師銜使節〔一一〕，關東〔一二〕裨將建行臺〔一三〕。不妨常日饒輕薄，且喜臨戎用草萊〔一四〕。

郭令素心非黷武〔一五〕，韓公本意在和戎〔一六〕。兩都耆舊偏〔一七〕垂淚〔一八〕，臨老中原見朔風。

〔一〕新書文藝傳：建安後訖江左，詩律屢變，至沈約、庾信以音韻相婉附，屬對精密。及宋之問、沈佺期，又加靡麗，回忌聲病，約句準篇，如錦繡成文，號爲沈宋。又贊曰：陳、隋風流，浮靡相務，至沈宋等研揣聲音，浮切不差，而號律詩。

〔二〕新書傳：王勃與楊炯、盧照鄰、駱賓王皆以文章齊名，天下稱王、楊、盧、駱四傑。

〔三〕莊子有大宗師篇。漢書藝文志：儒家宗師仲尼，以重其言。

〔四〕舊書文苑傳：天寶末，詩人杜甫與李白齊名，時人謂之李杜。

〔五〕舊書張說傳：明皇召說及禮官學士等賜宴於集仙殿，謂說曰：「今與卿等賢才同宴於此，宜改名爲集賢殿。」因授說集賢院學士，知院事。餘屢見。

〔六〕詩：匪雞則鳴，蒼蠅之聲。新書文藝杜甫傳：天寶十三載，朝獻太淸宮，饗廟及郊，甫奏賦三篇。帝奇之，使待制集賢院，命宰相試文章。李白傳：白至長安，召見金鑾殿，論當世事，奏頌一篇。帝賜食，親爲調羹，詔供奉翰林。數宴見。白嘗侍帝，醉使高力士脫鞾。力士恥之，擿其詩以激楊貴妃。帝欲官白，妃輒沮止。按：白爲妃所沮。而甫爲右拾遺，以上疏救房琯出外，亂離流落，非有人讒之也。詩言集仙金鑾，李杜不得久居，而以詩鳴；彼紛紛不如李杜者，反得以文學侍從，吟詠其間，則似蒼蠅之惑曙雞矣。義取鳴聲，非關讒口。

〔七〕按：吳志：袁術表孫堅破虜將軍，曹公表策討逆將軍，表權討虜將軍。注引吳歷曰：曹公出濡須，見孫權舟船器仗軍伍整肅，喟然嘆曰：「生子當如孫仲謀，劉景升兒子若豚犬耳。」以「討虜」爲「征虜」，豈諧聲假借耶？

〔八〕晉書：太尉郗鑒使門生求女壻於王導，導令就東廂徧觀子弟，歸謂鑒曰：「王氏諸少並佳，然咸自矜持。惟一人在東床坦腹食，獨若不聞。」鑒曰：「正此佳壻耶？」訪之，乃羲之也，遂妻之。後羲之爲右軍將軍，會稽內史。

〔九〕晉書：羲之雅好服食養性，不樂在京師，初渡浙江，便有終焉之志。後稱病去郡，於父母墓前自誓，朝廷亦不復徵之。所謂「琴書終一世」也。

〔一〇〕見覽古。

〔一〕新書志：代州鴈門郡有大同軍、天安軍，又有代北軍。通鑑注：代北諸軍，陘嶺以北諸軍也。

〔二〕一作「中」，非。

〔三〕關東其地甚廣，古稱山東者，皆可曰關東。此則指河東。晉書溫嶠傳：嶠乃立行臺。新書志：邊要之地，置總管以統軍，加號使持節，有行臺，有大行臺。

〔四〕抱朴子：招孫、吳於草萊。

〔五〕新書傳：乾元元年，郭子儀進中書令。子儀有單騎與回紇盟事；又吐蕃請和，得子儀載書而定，詳史書。可爲非黷武之證。

〔六〕舊書傳：神龍初，張仁愿爲朔方總管，於河北築三受降城，突厥不敢度山畋牧。景龍二年，累封韓國公。

〔七〕一作「皆」，非。

〔八〕唐時京師爲西都，河南爲東都。然邊事與河南無涉，當兼言太原北都。

浩曰：論詩談兵，語絕不符。楊致軒謂是歷敍生平而作，午橋本之，已略得其用意，而未能全合。愚爲之細參，蓋實義山自敍一生淪落之嘆，必先解明末二章，而前三章了然一串矣。四章「代北」二句，專爲石雄發，以見李衛公之善任人也。舊、新書及通鑑曰：「雄，徐州人，系寒，不知其先所來。曾爲壁州刺史，以王智興誣奏，長流白州。太和中，党項寇河西，選求武士，乃召還，隸振武軍使劉沔爲裨將。會昌初，回鶻烏介可汗奉太和公主犯雲、朔北川，詔移沔河東節度，沔以太原之師屯雲州。雄受沔之教，自選勁騎三千，月暗發馬邑，直犯烏介牙，追擊之，遂迎公主還。」正代北之地，故曰「代北偏師」也。河東道諸州皆關東也。雄起自偏裨，以功授天德防禦副使，遷河中尹、晉絳行營節度，則建行臺矣。振武軍在單于東都護府，天德軍在豐州中受降城西之大同川，皆關內道之邊，與河東道之邊犄角以禦北狄。雄之立功，實在關東，舊本皆作「東」，朱氏作「中」，誤也。潞之役，雄功最多。二句蓋統指破回紇、平昭義之事。其後又移河陽、鳳翔兩鎮。而王宰者，智興之子，數沮陷之。會德裕罷相，因代歸，雄自陳黑山烏嶺之功，求一鎮以終老。執政以德裕所薦，僅除龍武統軍，失勢怏怏，聞德裕貶，發疾而卒。雄本系寒，又召自流所，黨人既排擯於德裕罷相之後，必早輕薄於德裕委任之時，故曰「不妨常日饒輕薄，且喜臨戎用草萊」也。其時名將，劉、石並稱，然沔不可云草萊；且義而有勇，罕有雄之比者，故武宗李相於諸將中最賞識者惟雄也。雄爲黨人排擯，義山受黨人之累，故特爲之鳴不平，而致慨於衞國也。朱氏引王忠嗣、李靖以疏代北二句，事雖相類，而語不可合。且前時戰功甚多，何獨舉之？至或云王茂元，則尤不足辨矣。五章詠河、湟收復之事，而悼衞公也。通鑑：「會昌四年，以回紇微弱，吐蕃內亂，議復河、湟四鎮十八州，令天德、振武、河東訓卒勵兵以俟其時。會昌一品集所謂令代北諸軍摐摐排比也。時劉濛爲巡邊使，其賜詔曰：「緣邊諸鎮，各宜選練師徒，多蓄軍食，使器甲犀利，烽火精明，密爲制置，勿顯事機。」是衞公已大有收復之謀，其異議者必曰佳兵黷武，故借郭張以白之。觀會昌初，天德軍使田牟請擊嗢沒斯及赤心內附之衆，德裕獨謂當遣使鎮撫，賜以糧食，懷柔得宜，彼必感恩，此亦足見非黷武而在和戎之大指矣。及大中三年收復河、湟，未始非叨會昌之餘威，而衞公則已叠貶將死也。吐蕃傳云：河、隴耆老率長幼千餘人赴闕，莫不歡呼忭舞，爭冠帶於康衢。河、湟在京都西北，今既來歸，則中原見朔風矣。曰「垂老」者，喜今日而追痛前此也。時以憲宗常有志復河、湟，加順、憲二廟尊號；而武宗、李相之功，無一人言之者，此義山所爲感慨出之也。又曰：義山始受知彭陽，習爲章奏，自幸師承可恃，致身亨衢，豈知後爲其子所棄哉？徒以章奏之學，操筆事人，故曰「惟觀對屬能」，非校文品之高下，深嘆此外之無能得益也。義山自負才華，不得內用；而綯以淺陋之胸，居文學禁密之職，豈非蒼蠅之亂晨雞耶？此首二兩章爲令狐父子言之也。夫義山之一生淪落，以見棄於楚之子綯也。其見棄者，以其壻於茂元也。第三首爲五篇之關鍵。孫仲謀比令狐之有貴子，王右軍自比，下二句承上而言，一蕭閒，一顯赫，迥不侔矣。集中用方朔小兒及才子郎君，此其例也，不必過爲拘看。四五兩章則大白衞國任將運籌之勳，而恨讒口之無良，以衞國之相業，石雄之戰功，尚遭排斥，更何有於他人哉？此五篇之線索，而義山一生喫緊之篇章也。其體格則全仿老杜。

贈庾十二朱版〔一〕

固漆投膠不可開〔二〕，贈君珍重抵瓊瑰〔三〕。君王曉坐金鑾殿，只待相如草詔來〔四〕。

〔一〕自註：時庾在翰林朱書版也。「也」一作「上」，似非。朱曰：舊唐書：大中三年九月，以起居郎庾道蔚充翰林學士。疑卽此人。按：禮記：造受命於君前，書笏。周禮天官司書疏曰：古有簡策以記事，若在君前，以笏記事，後代用簿。簿，今手版。此朱版似朱色之版，或可以朱書之版也。徐氏謂是手版，不必拘定。

〔二〕古詩：以漆投膠中，誰能別離此？

〔三〕詩：何以贈之？瓊瑰玉佩。說文：瓊，赤玉。又：火齊，玫瑰也。以比朱版。

〔四〕漢書淮南王安傳：武帝以安辯博，善爲文辭，每爲報書及賜，嘗召司馬相如等視草乃遣。翰林志：學士於禁中草詔，雖宸翰所揮，亦資檢討，謂之視草。

無題

紫府仙人號寶燈〔一〕，雲漿未飮結成冰〔二〕。如何雪月交光夜，更在瑤臺十二層〔三〕？

〔一〕抱朴子：黄帝東到青邱，過風山，見紫府先生，受三皇內文，以劾召萬神。道源曰：佛有寶燈之名，神仙無此號。然佛亦稱金仙，故可通用。按：佛經屢稱仙人，則古仙、佛同稱也。

〔二〕漢武故事：西王母曰：「太上之藥有玉津金漿，其次藥有五雲之漿。」

〔三〕拾遺記：崑崙山傍有瑤臺十二，各廣千步，皆五色玉爲臺基。浩曰：新書傳：綯爲承旨，夜對禁中，燭盡，帝以乘輿金蓮華炬送還。院吏望見，以爲天子來，及綯至，皆驚。可爲此首句類證也。時蓋元夕在綯家，候其歸而飲宴，故言候之久而酒已成冰，當此寒宵，何尚不卽歸乎？卽下章之昨日也。「紫府」字屢見古書，今所引以見內職之意。

昨日

昨日紫姑神去也〔一〕，今朝青鳥使來賒〔二〕。未容言語還分散，少得團圓足怨嗟〔三〕。二八月輪蟾影破〔四〕，十三絃柱鴈行斜〔五〕。平明鐘後更何事？笑倚牆邊〔六〕梅樹花。

〔一〕見聖女祠。

〔二〕屢見。

〔三〕梁簡文帝當壚曲：十五正團圓，流光滿上蘭。

〔四〕謝靈運怨曉月賦：照三五兮旣滿，今二八兮將缺。春秋演孔圖：蟾蜍，月精也。

〔五〕急就篇注：箏亦瑟類也，本十二絃，今則十三。通典：絃柱擬十二月，清樂箏並十二，他樂皆十三。梁王臺卿箏詩：促調移輕柱。

〔六〕一作「匡」。

陸曰：一夜之間，百感交集；及至平明，自覺無謂。末句淡語自深。浩曰：「更」字慘極，味乃不窮。詩爲元夕次日作。三句憶匆匆往還；四句嘆歡聚甚少；五取破鏡之義；六指哀筝之調，皆互見爲令狐所賦諸詩中；結則極狀無聊也。考其元宵在京之跡，則大中四年。

子直晉昌李花〔一〕

吳館何時熨〔二〕，秦臺幾夜熏？綃輕誰解卷〔三〕？香異自先聞〔四〕。月裏誰無姊？雲中亦有君〔五〕。樽前見飄蕩，愁極客襟分。

〔一〕戊籤題下有「得分字」三字。朱曰：長安志曰：令狐楚宅在開化坊，而李商隱詩多言晉昌里第，未詳。以此詩考之，晉昌乃綯之居也。徐曰：當是綯又移居也。朱曰：長安圖，自京城啓夏門北入東街第二坊曰進昌坊。「進」亦作「晉」。朱泚傳：姚令言迎朱泚於晉昌里第。按：長安志：進昌坊次南安興坊，叛臣朱泚宅；又次南通善坊；又次南通濟坊，山南節度令狐楚家廟。此坊南街抵城之南面，而綯宅未載，然詩必可據，集中橫塘、蓮塘、芙蓉塘、外南塘等字，必皆指綯所居者，豈又有別館歟？無可再考。

〔二〕御覽引越絕書：吳人於硯石山置館娃宮。吳都賦注曰：揚雄方言：吳有館娃宮。

〔三〕暗爲分頂。綃輕卽飾西施以羅縠之義。

〔四〕香異似用韓壽事；上用秦臺，亦壻事也。

〔五〕此聯全同槿花詩，惟改「寧」字爲「誰」，又與「誰」字複，不知何以致此？

李花

李徑獨來數，愁情相與懸〔一〕。自明無月夜，強笑欲風天。減粉與園籜，分香沾〔二〕渚蓮〔三〕。徐妃久已嫁〔四〕，猶自玉爲鈿〔五〕。

〔一〕一作「憐」，非。

〔二〕一作「活」，非。

〔三〕道源曰：李開不與蓮同時，此彷彿其色耳。

〔四〕南史：梁元帝徐妃與帝左右暨季江通，季江每嘆曰：「徐娘雖老，猶尚多情。」初妃嫁夕，車至西州，雪霰交下，帷簾皆白，帝以爲不祥，後果不終婦道。

〔五〕借取猶尚多情之意，用事隱曲每如此。

浩曰：此章全以自傷。第二句一篇之主也。「無月夜」、「欲風天」，境象可慨矣。獨明以標秀，「強笑」以混俗也。五六言才華沾丐他人。「徐妃已嫁」者，借比己之久薄於令狐，而屢至他人幕府也。「猶自玉爲鈿」，謂猶粧飾容貌以悅之也。愁情懸懸，終何依託歟？又曰：或以「徐妃久嫁」

比己之登第已久也；「猶自玉爲鈿」，猶爲人製應試之文，當與後之柳下暗記同看。然上說於味較長。

訪人不遇留別館〔一〕

卿卿不惜瑣窗春〔二〕，去作長楸走馬身〔三〕。閒倚繡簾吹柳絮，日高深院斷無人。

〔一〕才調集作「留題別館」。

〔二〕世說：王安豐婦常卿安豐，安豐曰：「於禮爲不敬，後勿復爾。」婦曰：「親卿愛卿，是以卿卿；我不卿卿，誰復卿卿？」遂恒聽之。晉書庾敳傳：王衍不與敳交，敳卿之不置，衍曰：「君不得爲耳。」敳曰：「卿自君我，我自卿卿；我自用我家法，卿自用卿家法。」衍甚奇之。此兼用之，微以艷體託意。

〔三〕曹植名都篇：走馬長楸間。

浩曰：此必至令狐家未得見而留待也。「卿卿」惟可施於令狐，他人不得有此情款。解者謂友人貯嬌之處，非矣。下二句以怨女自比，極寫久候無聊，蓋左右使令之人亦冷落之耳。

一片

一片非煙隔九枝〔一〕，蓬巒仙仗儼雲旗。天泉水暖龍吟細〔二〕，露畹春多鳳舞遲。楡莢散來星斗轉〔三〕，桂花尋去月輪移。人間桑海朝朝變〔四〕，莫遣佳期更後期〔五〕。

〔一〕見寓懷。

〔二〕晉書禮志：三月三日，會天泉池賦詩。陸機云：天泉池南石溝引御溝水，池西積石爲禊堂。鄴中記：華林園中千金堤上作兩銅龍，相向吐水，以注天泉池，通御溝中。三月三日，石季龍及皇后百官臨水宴賞。馬融長笛賦：龍鳴水中不見己，截竹吹之聲相似。

〔三〕春秋運斗樞：玉衡星散爲楡。元命苞：三月楡莢落。又用天上白楡之義，見聖女祠。

〔四〕屢見。

〔五〕楚詞：與佳人期兮夕張。

浩曰：戊籤玉山、一片兩章同編，而曰似爲津要之力能薦士者詠，非情詞也。愚謂總望令狐身居內職，日侍龍光，而肯垂念故知，急爲援手，皆在屢啓陳情之時。姚云：恐遭逢之遲暮。得之矣。

寄懷韋蟾〔一〕

謝家離別正凄涼，少傅臨岐賭佩囊〔二〕。却憶短亭迴首處，夜來煙雨滿池塘〔三〕。

〔一〕一無「寄懷」二字。

〔二〕晉書：謝幼度少好佩紫羅香囊，叔父安石患之，而不欲傷其意，因戲賭取，即焚之，於此遂止。按：謝安石進拜太保，贈太傅，無少傅之階，世説亦無此稱，似小誤。

〔三〕句中暗寓鴛鴦，豈韋有艷情而爲其長者禁絶之邪？

白雲夫舊居

平生誤識白雲夫，再到仙簷憶酒壚〔一〕。牆柳〔二〕萬株人絶跡，夕陽惟照欲棲烏。

〔一〕世説：王濬冲經黄公酒壚，顧謂後車客：「吾昔與嵇叔夜、阮嗣宗酣飲此壚，自嵇生夭，阮公亡以來，便爲時所羈紲。今日視此雖近，邈若山河。」

〔二〕一作「外」。

徐曰：藝文志：令狐楚表奏十卷，注曰：自稱白雲孺子表奏集。此「白雲夫」，當是楚。夫者，尊稱也。「誤識」，即「早知今日繫人心，悔不當初不相識」之類，深感之之詞也。浩曰：徐箋妙矣，此固非道家者流也。「憶酒壚」當與九日、野菊同看。

驕兒詩〔一〕

袞師我驕兒，美秀乃無匹〔二〕。文葆未周晬〔三〕，固已知六七。四歲知姓名，眼不視〔四〕梨栗〔五〕。交朋頗窺覰，謂是丹穴物〔六〕。前朝尙器〔七〕貌，流品方第一〔八〕。不然神仙姿，不爾燕鶴骨〔九〕。安得此相謂？欲慰衰朽質〔一〇〕。青春妍和月，朋戲渾甥姪。繞堂復穿林，沸若金鼎溢。門有長者來〔一一〕，造次請先出。客前問所須，含意不吐實。歸來學客面，闒〔一二〕敗秉爺笏〔一三〕。或謔張飛胡〔一四〕，或笑鄧艾吃〔一五〕。豪鷹毛崱〔一六〕屴〔一七〕，猛馬氣佶傈〔一八〕。截得青篔簹〔一九〕，騎走恣唐突〔二〇〕。忽復學參軍，按聲喚蒼鶻〔二一〕。又復紗燈旁，稽首禮夜佛。仰鞭罥蛛網，俯首飲花蜜。欲爭蛺蝶輕，未謝柳絮疾。階前逢阿姊，六甲頗輸失〔二二〕。凝〔二三〕走弄香奩，拔脫金屈戌〔二四〕。抱持多反倒〔二五〕，威怒不可律。曲躬牽窗網〔二六〕，衉唾拭琴漆〔二七〕。有時看臨書，挺立不動膝〔二八〕。古錦請裁衣，玉軸亦欲乞。請爺書春勝，春勝宜春日。芭蕉斜卷箋，辛夷低過筆〔二九〕。爺昔好讀書，懇苦自著述。顦顇欲四十，無肉畏蚤虱〔三〇〕。兒愼勿學爺，讀書求甲乙〔三一〕。穰苴司馬法〔三二〕，張良黄石術〔三三〕。便爲帝王師，不假〔三四〕更纖悉〔三五〕。況今西與北，羌戎正狂悖〔三六〕。誅赦兩未成，將養如痼疾〔三七〕。兒當速成大，探雛入虎窟〔三八〕。當爲萬戶侯〔三九〕，勿守一經袠〔四〇〕。

〔一〕或謂宜作「嬌兒」，然「驕子」固有典，杜詩有「驕兒惡臥」之句，詩正極形「驕」字。

〔二〕蔡寬夫詩話：白樂天晚年極喜義山詩，云：「我死得爲爾子足矣。」義山生子，遂以白老名之。既長，略無文性，溫庭筠嘗戲之曰：「以爾爲白老後身，不亦忝乎？」然義山有「袞師我驕兒，美秀乃無匹」之句，不知卽此子否乎？後何其無聞也！田曰：此眞無稽之言。按：後人又有以薛逢子延珪，見舊、新書傳、北夢瑣言者，而以爲義山子，更謬甚也。

〔三〕史記趙世家：公孫杵臼、程嬰謀取他人嬰兒負之，衣以文葆。廣韻：晬，周年子也。

〔四〕一作「識」，非。

〔五〕陶潛責子詩：雍端年十三，不識六與七。通子垂九齡，但覓梨與栗。

〔六〕爾雅：岠齊州以南，戴日爲丹穴。山海經：丹穴之山，有鳥狀如雞，五彩而文，名曰鳳凰。

〔七〕一作「氣」。

〔八〕南史王僧綽傳：究識流品。晉書衛玠傳：時中興名士惟王承及玠，爲當時第一。南史謝晦傳：晦美風姿，博贍多通。時謝琨風華爲江左第一，嘗與晦俱在宋武帝前，帝曰：「一時頓有兩玉人。」

〔九〕朱曰：燕頷鶴步，皆貴人風骨。後漢書：班超燕頷虎頸，飛而食肉，此萬里侯相也。按：以鶴比人，如嵇紹野鶴、南史劉歆如雲中白鶴之類屢見。此謂骨相如鶴，俟再考證。

〔一〇〕田曰：不自信，正是自矜。

〔一一〕漢書：陳平家貧，負郭，以席爲門，然門外多長者車轍。

〔一二〕韋委切。

〔一三〕國語：闔門與之言。注曰：闔，闢也。道源曰：敗其門而入，秉爺笏以學客面也。

〔四〕按：南史：劉胡本以面坳黑似胡，故名坳胡，及長，單名胡焉。「張飛胡」義同，俗稱黑張飛也。舊註誤。

〔五〕世說：鄧艾口吃，語稱「艾艾」。

〔六〕化力反。

〔七〕良直反。何曰：讀若翕力。魯靈光殿賦：崱屴嵫釐。

〔八〕離直反。詩：四馬既佶。箋曰：佶，壯健之貌。「傈」字，玉篇云：廟主也，本作「栗」。此云「佶傈」，未檢何本。

〔九〕吳都賦：其竹則篔簹箖箊。

〔一〇〕竹馬，見後漢書郭伋傳。又杜夷幽求新書：五歲有鳩車之樂，七歲有竹馬之樂。後漢書桓帝紀：及所唐突壓溺物故。

〔一一〕御覽引樂府雜錄曰：弄參軍，始因後漢館陶令石躭有贓穢，和帝惜其才，免罪，每宴樂，即令衣白夾衫，命優伶戲弄辱之，經年乃放，後為參軍。誤也。開元中有李仙鶴善此戲，明皇特授韶州同正參軍，以食其幹，是以陸鴻漸撰詞云「韶州參軍」，蓋由此。又引趙書曰：石勒參軍周延為館陶令，斷官絹數百疋，下獄，宥之。後每大會，使俳優着介幘黃絹單衣，優問：「汝為何官，在我輩中？」曰：「我本為館陶令。」斗藪單衣曰：「政坐取是，故入汝輩中。」以為笑。按：參軍固即漢時公府掾之職，然其名始於漢魏之際，至晉置官，非和帝時已有也。樂府雜錄正辨明之，而其初似由以後趙事訛爲後漢也。文獻通考引之，以誤也爲誠也。而注家皆以爲始後漢，故特詳之。朱曰：五代史吳世家：楊隆演幼懦不能自持，徐知訓尤凌侮之。嘗飲酒樓上，命優人高貴卿侍酒，知訓爲參軍，隆演鶉衣髽髻爲蒼鶻。按：朱氏引此極是。蓋參軍是主，蒼鶻是僕也。朱氏又引狐爲田參軍，謂蒼鶻可撲狐，則與詩意背矣。

〔二二〕禮記：九年，教之數日。注曰：朔望與六甲也。南齊書：顧歡年六七歲，畫甲子有簡三篇，歡析計，遂知六甲。按：「畫」字誤。梁武帝答陶隱居論書曰：「吾少來乃至不能，嘗畫甲子，無論於篇紙。」疑亦作「畫」字。

〔二三〕去聲。

〔二四〕梁簡文詩：織成屏風金屈戌。此謂奩具之鈕。索姊所輸物而拔脫之。

〔二五〕一作「側」，誤。尙書胤征傳曰：顚覆，言反倒。正義曰：人當豎立，今乃反倒。

〔二六〕楚詞招魂：網戶朱綴，刻方連些。

〔二七〕廣韻：⿰齒各，音客，唾聲也。二聯皆頂索輸物來，自覺乏趣，乃牽網拭琴。

〔二八〕宣和書譜：御府所藏李商隱書二：正書月賦，行書四六藁草。元王惲玉堂嘉話：李陽冰篆二十八字，後有韋處厚、李商隱題，商隱字體絕類黃庭經。

〔一九〕以箋筆請書宜春也。以上見不徒好弄，實有慧心。按：舊書柳公權傳：宣宗召昇殿，御前書，宦官捧硯過筆。過筆，蓋古語也。

〔二〇〕南史文學傳：卞彬仕不遂，著蚤蝨等賦，大有指斥。序曰：蚤蝨猥流，淫癢渭濩，無時恕肉。不懃於討捕，孫孫子子，三十五歲焉。按：隱用此事。「畏蚤蝨」，喻畏人蚩誚也。義山時年約三十八。

〔二一〕漢書儒林傳：歲課博士弟子甲科四十人爲郎，乙科二十人爲太子舍人，丙科四十人補文學掌故。新書選舉志：經、策全通爲甲第，策通四、帖過四以上爲乙第。

〔二二〕史記：齊威王追論古者司馬兵法，附穰苴於其中，號曰司馬穰苴兵法。

〔二三〕史記留侯世家：老父出一編書，曰：「讀此則爲王者師矣。後見濟北穀城山下黄石，卽我矣。」視其書，乃太公兵法也。

〔二四〕一作「暇」，非。

〔二五〕田曰：憤激語中含數意。

〔二六〕指党項及回紇遺種事，詳史書。

〔二七〕漢書賈誼傳：天下之勢，方病大瘇；失今不治，必爲痼疾。

〔二八〕一作「穴」。後漢書劉陶傳：陛下不悟，而令虎豹窟於麑場。班超傳：不入虎穴，不得虎子。

〔三九〕見韓同年新居。

〔四〇〕「帙」同。漢書韋賢傳：鄒魯諺曰：遺子黃金滿籯，不如一經。說文：袠，書衣也。後漢書楊厚傳：吾綈袠中有先祖所傳祕記。晉經簿曰：盛書有刺青縑袠、布袠、絹袠。

胡震亨曰：俚而能雅，曲盡兒態。惜結處迂纏不已，反不如玉川寄抱孫篇以一兩語謔送爲斬截耳。田曰：寫得色色可人。不知因兒有詩，抑借發詩興？浩曰：全仿左太冲嬌女詩，而後幅綴以感慨。

對雪二首〔一〕

寒〔二〕氣先侵玉女扉〔三〕，清光旋透〔四〕省郎闈〔五〕。梅花大庾嶺頭發〔六〕，柳絮章臺街裏飛〔七〕。欲舞定隨曹植馬〔八〕，有情應濕謝莊衣〔九〕。龍山萬里無多遠〔一〇〕，留待行人二月歸〔一一〕。

旋撲珠簾〔一二〕過粉牆，輕於柳絮重於霜。已隨江令誇瓊樹〔一三〕，又入盧家妒玉堂〔一四〕。侵夜可能爭桂魄，忍寒應欲試梅粧〔一五〕。關河凍合東西路，腸斷斑騅送陸郎〔一六〕。

〔一〕自注：時欲之東。徐曰：此將往徐州時也。偶成轉韻詩曰：「挺身東望心眼開。」乙集序：「十月，尚書范陽公以徐戎凶悍，闕判官，奏入幕。」則正對雪時矣。按：徐箋似確。盧弘正鎮徐州，辟義山爲判官，詳年譜，時大中四年。

〔二〕一作「爽」，誤。

〔三〕見和友人戲贈。

〔四〕一作「遶」。

〔五〕見喜雪。

〔六〕漢書南粵傳：令諸校屯豫章梅領待命。白帖：大庾嶺上梅，南枝落，北枝開。元和郡縣志：韶州始興縣大庾嶺，本名塞上。漢伐南越，有監軍姓庾，城于此地，衆軍皆受庾節度，故名大庾。五嶺中此最在東，故一名東嶠。

〔七〕見回中牡丹。

〔八〕曹植有白馬篇。

〔九〕宋書符瑞志：大明五年元日，花雪降殿庭。時右衛將軍謝莊下殿，雪集衣，還白，上以爲瑞，于是公卿並作花雪詩。王阮亭曰：二句雖非上乘語，然尚不失雅馴。墨客揮犀載羅可句云：「斜侵潘岳鬢，橫上馬良眉。」則晚唐五季惡道，所謂下劣詩魔者也。雅俗之間不可不辨。

〔一〇〕山海經大荒西經有龍山。餘見漫成三首。

〔一一〕以慰閨人，故聊訂歸期。

〔一二〕一作「樓」。

〔一三〕見後南朝。

〔一四〕按：古樂府有云：「黃金爲君門，白玉爲君堂。」而河中之水歌無「白玉堂」字，詩屢云「盧家白玉堂」，當別有據。

〔一五〕雜五行書：宋武帝女壽陽公主，人日臥於含章殿簷下，梅花落額上，成五出花，拂之不去。皇后留之，看得幾時，經三日，洗之乃落。宮女奇其異，競效之，今梅花粧是也。何曰：連宵達曉。

〔一六〕樂府神弦歌明下童曲曰：「走馬上前阪，石子彈馬蹄。不惜彈馬蹄，但惜馬上兒。」「陳孔驕赭白，陸郎乘斑騅。徘徊射堂頭，望門不欲歸。」按：清商曲吳聲歌有神弦歌十一曲，此爲十也。時代未細詳，而後人或附在晉時。陳孔、陸郎，未可確指，舊注引之，而所解則誤，故特詳之。爾雅：蒼白雜毛，騅。說文：騅，蒼黑雜毛。

何曰：細看其層次，集中最卑之格。浩曰：用意婉轉，是別閨人之作。首篇起句即指閨閣；次句自比；三四詠雪習用之語；五謂又欲出遊；六謂終宜還朝；下以歸期不遠慰之，蓋未知府公相遇何如也。次作全與閨中夾寫。中四句皆狀其美貌，不可以「盧家」三字謂借點徐幕；結言閨人爲之「腸斷」，從對面着筆，倍覺生動。讀者弗以堆垛沒其旨趣焉。

東下三旬苦於風土馬上戲作

路遶函關東復東〔一〕，身騎征馬逐驚蓬。天池遼濶誰相待？日日虛乘九萬風〔二〕。

〔一〕潘岳關中記：秦西以隴關爲限，東以函谷爲界。餘詳荆山。按：函關本東移河南穀城縣，穀城卽新安。今出關而東復東，謂赴徐也。

〔二〕屢見。

題漢祖廟〔一〕

乘運應須宅八荒〔二〕，男兒安在戀池隍〔三〕！君王自起新豐後〔四〕，項羽何曾在故鄉〔五〕？

〔一〕後漢書注：高祖廟在徐州沛縣東故泗水亭中，卽高祖爲亭長之所。

〔二〕淮南子：四海之外八澤，八澤之外八埏，八埏之外八荒。

〔三〕說文：城池也。有水曰池，無水曰隍。

〔四〕見行次昭應縣。

〔五〕史記：項羽，下相人也。又曰：項王見秦宮室殘破，又心欲東歸，曰：「富貴不歸故鄉，如衣繡夜行。」自立爲西楚霸王，都彭城。何曰：宅八荒者，可以自起新豐；戀池隍者，終不能故鄉晝錦。

形容最妙。

隋宮守歲

消息東郊木帝迴〔一〕，宮中行樂有新梅。沉香甲〔二〕煎〔三〕爲庭燎〔四〕，玉液瓊蘇作壽杯〔五〕。遥望露盤疑是月〔六〕，遠聞鼉鼓欲驚雷〔七〕。昭陽第一傾城客〔八〕，不踏金蓮不肯來〔九〕。

〔一〕月令：孟春之月，其帝太皞，盛德在木；立春之日，迎春於東郊。

〔二〕一作「夾」。

〔三〕去聲。

〔四〕宋書：范曄和香方序：棗膏昏鈍，甲煎淺俗。南州異物志：沉水香出日南。先斫壞樹著地，外皮朽爛，其心至堅者置水則沉，名沉香；其次在心白之間，置水中不沉不浮，與水面平者，名棧香；其最小麤白者，名槧香。又：甲香，螺屬也，大者如甌面，圍殼有刺。可合衆香燒之，皆使益芳，獨燒則臭。一名流螺。按：本草陳藏器曰：甲煎以諸藥及美果花燒灰，和蠟治成，可作口脂。蓋黏則爲脂，散則爲粉，故又曰甲煎粉也。通作夾牋，義同。紀聞：貞觀時除夜，太宗延蕭后同觀燈，問曰：「隋主何如？」答曰：「隋主每除夜，殿前諸院設火山數十，盡沉香木根，每一山焚沉香數車，火光暗，則以甲煎沃之，燄起數丈，香聞數十里。一夜之間，用沉香二百餘車，甲煎過二百餘石。」

〔五〕初學記引拾遺記：王母薦穆王琬液清觴。按：拾遺記「薦清澄琬琰之膏以爲酒」，卽此。十洲記：瀛洲有玉膏如酒味，名曰玉酒，飲之令人長生。南岳夫人傳：夫人在王屋山，王子喬等降，夫人設瓊蘇綠酒。

〔六〕屢見。

〔七〕詩：鼉鼓逢逢，矇瞍奏公。

〔八〕詳後華清宮。神女賦：高唐之客。

〔九〕南史：齊廢帝東昏侯鑿金爲蓮花以帖地，令潘妃行其上，曰：「此步步生蓮花也。」餘見前。

程曰：通鑑：中宗景龍二年十二月晦，勅中書門下與學士諸王駙馬入閤守歲，設庭燎，置酒奏樂。胡三省注曰：守歲之宴，古無之。梁庾肩吾除夕應令詩：「聊傾栢葉酒，試奠五辛盤。」蓋江左已然。隋煬帝云云。據此則唐時除夜宴樂，蓋本於隋，故借隋以紀事耶？浩曰：有寓意，故用事不專隋也。中書學士皆得與守歲之宴，此妒令狐之承渥寵也。「新梅」借寓新參鹽梅之任。三句正點隋宮。四句上壽天子守歲事也。五六言露盤鼓漏皆在殿廷，以深侍宮中，故曰「遥望」「遠聞」也。「昭陽第一」，喻禮絕百僚。步「踏金蓮」，借金蓮華炬爲言。此時子直初相，蓋大中四年除夕也，義山已在徐幕，遥聞而賦之。首曰「消息」，乃雙關字法。

讀任彦昇碑〔一〕

任昉當年有美名，可憐才調最縱横。梁臺初建應惆悵〔二〕，不得蕭公作騎兵〔三〕。

〔一〕南史：任昉字彦昇，能屬文，當時無輩，尤長爲筆，王公表奏無不請焉。齊永元末爲司徒右長史。梁武帝霸府初開，以爲驃騎記室參軍。武帝踐阼，歷官御史中丞、秘書監，出爲新安太守，卒。

〔二〕晉書成帝紀：咸和五年造新宫，始繕苑城，七年遷於新宫。輿地圖曰：卽臺城也。容齋隨筆：晉、宋後以朝廷禁省爲臺，故稱禁城爲臺城。按：南朝每以一朝之興爲某臺建，「梁臺建」之字史甚多。

〔三〕南史：武帝與昉遇竟陵王西邸，從容謂昉曰：「我登三府，當以卿爲記室。」昉亦戲帝曰：「我若登三事，當以卿爲騎兵。」以帝善射也。至是引昉符昔言焉。

浩曰：義門評云：「中書堂裏坐將軍」也，奈何他不得。此溫飛卿嘲令狐綯者。綯固短於文學，所謂燮理之餘，時宜覽古者也。程氏因以梁臺初建比綯初爲相。余細味全集，此解自合，當與鈞天同一寄慨也。唐闕史言盧弘正魁梧俊邁，若比初入盧幕，亦可，但盧固能文者也。二説皆在此年。

偶成轉韻七十二句贈四同舍〔一〕

沛國東風吹大澤〔二〕，蒲青柳碧春一色。我來不見隆準人〔三〕，瀝酒空餘廟中客〔四〕。征東同舍鴛與鸞〔五〕，酒酣勸我懸征鞍〔六〕。藍山寶肆不可入〔七〕，玉中仍是青琅玕〔八〕。武威將軍使中俠，少年箭道驚楊葉〔九〕。戰功高後數文章，憐我秋齋夢蝴蝶〔一〇〕。詰旦天〔一一〕門傳奏章〔一二〕，高車大馬來煌煌。路逢鄒枚不暇揖，臘月大雪過大梁〔一三〕。憶昔公爲會昌宰〔一四〕，我時入謁虛懷待。衆中賞我賦高唐〔一五〕，迴看屈宋由〔一六〕年〔一七〕輩。公事武皇爲鐵冠〔一八〕，歷聽請我相所難。我時顦顇在書閣，卧枕芸香春夜闌〔一九〕。明年赴辟下昭桂〔二〇〕，東郊慟哭辭兄弟。韓公堆上跋馬時〔二一〕，迴望秦川樹如薺〔二二〕。依稀南指陽臺雲，鯉魚食鉤〔二三〕猿失羣〔二四〕。湘妃廟下已〔二五〕春盡〔二六〕，虞帝城前初日曛〔二七〕。謝遊橋上澄江館〔二八〕，下望山城如一彈〔二九〕。鷓鴣聲苦曉驚眠，朱槿花嬌晚相伴。頃之失職辭南風，破帆壞槳荆江中〔三〇〕。斬蛟破〔三一〕璧不無意〔三二〕，平生自許非忽忽。歸來寂寞靈臺下〔三三〕，著破藍衫出無馬〔三四〕。天官補吏府中趨〔三五〕，玉骨瘦來無一把。手封狴牢屯制囚〔三六〕，直廳印鎖黃昏愁。平明赤帖使修表〔三七〕，上賀嫖姚收賊州〔三八〕。舊山萬仞青霞外〔三九〕，望見扶桑出東海〔四〇〕。愛君憂國去未能，白道青松了然在。此時聞有燕昭臺〔四一〕，挺身東望心眼開。且吟王粲從軍樂〔四二〕，不賦淵明歸去來〔四三〕。彭門十萬皆雄勇，首戴公恩若山重〔四四〕。廷評日下握靈蛇〔四五〕，書記眠時吞綵鳳〔四六〕。之子夫君鄭與裴〔四七〕，何甥〔四八〕謝舅當世才〔四九〕。青袍白簡風流極，碧沼紅蓮傾倒開〔五〇〕。我生麤疎不足數〔五一〕，梁父哀吟鴝鵒舞〔五二〕。橫行濶視倚公憐，狂來筆力如牛弩〔五三〕。借酒祝公千萬年，吾徒禮分常周旋。收旗臥鼓相天子〔五四〕，相門出相光青史〔五五〕。

〔一〕舊書志：河南道徐州彭城郡，武寧軍節度使治所，管徐泗濠宿四州。舊書傳：盧弘正字子強。

〔二〕漢書高帝紀：高祖，沛豐邑中陽里人也。地理志：沛郡。後漢書郡國志：沛國。漢書：高祖母媼嘗息大澤之陂，夢與神遇。是時雷電晦冥，父太公往視，則見交龍於上，遂產高祖。又：高祖被酒夜徑澤中，有大蛇當徑，高祖拔劍斬蛇。有一老姥夜哭，曰：「吾子白帝子也，化爲蛇當道，今赤帝子斬之。」

〔三〕漢書：高祖爲人，隆準而龍顏。

〔四〕先叙作詩時地，亦與體也。

〔五〕通典：四征將軍皆漢魏以來置。征東將軍，漢獻帝初平三年，以馬騰爲之，或云以張遼爲之。

〔六〕假同舍勸詞，見永將依託。

〔七〕見故驛迎弔桂府。

〔八〕禹貢：球琳琅玕。傳曰：琅玕，石而似珠。本草經：青琅玕一名珠圭。廣韻：琅玕，美石次玉。謙言己之不及同舍，不宜闌入寶肆。晉棗據爲賈充從事中郎，其詩云：「余非荊山璞，謬登和氏場。」意相類也。

〔九〕戰國策：養由基去柳葉者百步而射之，百發百中。新書藝文志：馬幼昌穿楊集四卷。注曰判目。是唐人每以比文戰。唐摭言：同華解最推利市，若首送，無不捷者。元和中，令狐文公鎮三峯，時及秋賦，牓云：特加置五場。蓋詩、歌、文、賦、帖經爲五場。聞者皆寢去，惟盧弘正尙書獨詣華請試。公命供帳酒饌，侈靡於往時，客皆縱觀。盧自謂獨步文場，公命日試一場，務精不務敏也。已試兩場而馬植下解，既而試登山采珠賦，公大伏其精當，遂奪盧解元。則弘正之雄於文亦可見矣。

〔一〇〕見七夕偶題。

〔一一〕舊本皆作「元」，近刊本作「九」，今改正。

〔一二〕史記天官書：蒼帝行德，天門爲之開。按：九門以京城言，非專宸居也。此必誤「天」作「元」，後又訛「九」耳，故竟正之。

〔一三〕通典：汴州陳留郡，今理浚儀開封二縣。戰國時魏惠王自安邑徙居大梁，即今浚儀縣。按：此紀所經之地也。時方得侍御史，名稍高矣，故踴躍言之。自來諸箋無不以「武威將軍」爲王茂元，「穿楊」謂其善射，「戰功」謂討劉稹，「憐我」句謂妻以女，於是支離膠轕，大不可通。夫長篇起承離合皆有線索。「沛國」四句，敍到徐也。「征東」四句，同舍相留也。下文「憶昔」八句，追敍已與盧往日情款也。無緣中間夾入王茂元幕事，況未點明盧公，追敍於何伏脈？蓋此八句正點盧公奏請入幕也。「武威將軍」比盧，蓋節鎮稱將軍，如祭令狐相公尙曰「將軍樽旁」矣。「穿楊」句美其少年登第也。徐州有銀刀都，驕暴不法，前後屢逐主帥，弘正戮其尤無狀者，軍旅無譁，事見史傳。然云「戰功高」，後下篇亦云「戰罷幕府開」，是在出鎮之前，大約宣諭河朔時，當與有戰功，史略之耳。莊生夢蝶，乃變幻境，象義山赴桂管，不久卽歸，去住無端，渾如一夢。其奏入幕在十月，故先言秋時之冷落。下文「赴辟昭桂」十餘句，皆以此先逗消息也。「詰旦」二句，指奏辟而車騎甚都，少遲出京，故臘月過梁。汴州在京東，徐州又在汴東，路乃經過。若云赴忠武幕，則在汴西，何反越其境哉？以上敍明來幕，下乃層層追敍，以作波瀾。而「燕昭」四句兜轉，文勢騰踔，大是奇觀。通首不涉茂元一字也。惟是以武威稱盧，未知何謂，要不必泥看。

〔一四〕會昌卽昭應之舊名，詳行次昭應詩。朱曰：據此盧嘗令會昌，史略之耳。

〔一五〕舊本作「堂」，近刊本作「唐」，然必用高唐，與屈宋相合。或謂如樂府相和歌辭「置酒高堂上」者，非也。高唐亦是諷諫，不嫌太豔。

〔一六〕「猶」通。

〔一七〕一作「前」，誤。

〔一八〕舊、新書志：法冠以鐵爲柱，上施兩珠，爲獬豸之形，御史大夫、中丞、御史之服也。

〔一九〕此義山重入秘省時也。按：秘閣與柏臺相對，故曰歷廳以請。舊書弘正傳：沈傳師表爲江西團練副使。杜牧之集有陪昭應盧郎中在宣州佐今吏部沈公幕罷府周歲公宰昭應牧在淮南之題。考舊書紀：太和四年九月，傳師由江西觀察改宣歙，七年四月入爲吏部侍郎，九年四月卒。牛僧孺傳：太和六年十二月出鎮淮南，凡在淮甸者六年。則杜之在淮南與盧之宰昭應，皆在八年明矣。傳云：弘正入朝爲侍御史，三遷兵部郎中、給事中。故解者多以鐵冠爲侍御史。今據牧之詩已稱「昭應郎中」，而職官志：會昌爲京縣，與御史中丞、給事中同品，則必由郎中出宰昭應，入爲中丞，方與官階合，豈至會昌初反止爲六品之侍御哉？必史又略之矣。歷廳之請，或以劉稹平後，弘正奉命宣諭河朔三鎮爲解，似亦可通。時義山重入秘省不久卽罹母憂，故細蹟無可詳考。

〔一〇〕謂赴桂管也。「明年」字活看，詳年譜。

〔一一〕白香山集：韓公堆在藍橋驛南商州北。長安志：韓公堆驛在藍田縣南。通鑑注：跋馬，勒馬使迴轉也。

〔一二〕三秦記：長安正南秦嶺根水流爲秦川，一名樊川。按：此爲移家關中稱樊南生之證，蓋赴桂辟時仍從永樂移來也。餘詳文集卷一之首。梁戴暠詩：今上關山望，長安樹如薺。

〔一三〕一作「釣」。

〔一四〕暗寓夫婦離別之況。

〔二五〕一作「江」。

〔二六〕舊書紀是年閏三月。

〔二七〕見奉使江陵。春盡至湖南，夏時至桂州也。謂長沙舜廟者，誤。

〔二八〕按：上句已至桂州矣，此橋當在其境，未詳。舊註皆誤。南史：謝靈運宥徙廣州。而靈運好遊山水，疑其曾至桂州，有遺跡也。

〔二九〕庾信哀江南賦：地惟黑子，城猶彈丸。

〔三〇〕詳見前詩。

〔三一〕一作「斷」。

〔三二〕呂氏春秋：荆有佽飛者，得寶劍於干遂，還返涉江，至於中流，有兩蛟夾繞其船，佽飛攘臂袪衣，拔寶劍赴江刺蛟，殺之。荆王聞之，仕以執珪。博物志：澹臺子羽齎千金之璧濟河，陽侯波起，兩蛟夾船，子羽左操璧，右操劍擊蛟，皆死。既渡，以璧三投於河，河伯三躍而歸之，子羽毁璧而去。意取「荆江」，乃二事合用。

〔三三〕後漢書：第五倫少子頡。三輔決錄注曰：頡爲三郡太守、諫議大夫，洛陽無主人，鄉里無田宅，寄止靈臺中，或十日不炊。此謂寓居，非謂國子博士也。徐府罷歸，始爲博士。

〔三四〕藍衫猶青袍。

〔三五〕古樂府：盈盈公府步，冉冉府中趨。謂歸朝尉盩厔，奏署掾曹。

〔三六〕新書志：法曹掌鞫獄、麗法、督盜賊。時所署當爲法曹參軍。

〔三七〕京兆尹令典牋奏，皆詳年譜。

〔三八〕乙集序：屬天子事邊，康季榮首得七關。數月，李玭得秦州。月餘，朱叔明得長樂州，而丞相亦尋取維州，聯爲章賀。事詳舊書紀。

〔三九〕雲笈七籤：元始天王東遊碧水豪林之境，上憩青霞九曲之房。又青要帝君紫雲爲屋，青霞爲城。字屢見道書。

〔四〇〕謂天壇山，見畫松詩。

〔四一〕屢見。田曰：一縱一收，攬入本題。

〔四二〕王粲從軍詩：從軍有苦樂，但問所從誰？

〔四三〕晉書陶潛傳：義熙二年，解印去縣，乃賦歸去來。

〔四四〕時義山爲判官，軍職也，句中暗以自寓。以下指四同舍。

〔四五〕漢書：宣帝地節三年，初置廷尉平四人。舊書志：大理評事從八品下階。諸傳中幕官每帶試大理評事銜。曹植與楊德祖書：人人自謂握靈蛇之珠。注曰：隨侯見大蛇傷斷，以藥傅而塗之；後蛇於大江中銜珠以報之，因曰隨侯之珠。

〔四六〕晉書：羅含字君章，嘗晝臥，夢一鳥文彩異常，飛入口中，因驚起，自此後藻思日新。按：御覽於鳥卵門引幽明錄與羅含傳，皆作「夢得一鳥卵，五色雜耀，因取吞之」，小有不同。

〔四七〕之子，本詩經。夫君，本楚詞。

〔四八〕一作「生」，非。

〔四九〕南史宋武帝紀：何無忌，劉牢之外甥，酷似其舅。謝舅當用謝安，蓋安有甥羊曇也。同舍中必有爲甥舅者，故云。

〔五〇〕皆屢見。

〔五一〕吳志魯肅傳：張昭訾毀之云：「年少麤疎，未可用。」

〔五二〕蜀志：諸葛亮躬耕隴畝，好爲梁父吟。晉書：王導辟謝尚爲掾，導謂曰：「聞君能作鴝鵒舞，一座傾想。」尚曰：「佳。」便著衣幘而舞。導令坐者撫掌擊節，尚俯仰在中，旁若無人。

〔五三〕弩亦以筋角爲之，故古曰角弩，亦曰犀弩。玉海云：唐時西蜀有八牛弩，而江淮弩士號精兵，見唐書傳中。志林：鍾繇弟子宋翼每作一戈，如百鈞弩。錢曰：極寫得遇知己之樂。

〔五四〕晉書王鑒傳：卷甲韜旗。後漢書隗囂傳：還師振旅，櫜弓臥鼓。

〔五五〕史記孟嘗君傳：將門必有將，相門必有相。語亦屢見。按：新書表：四房盧氏，大房、二房、三房皆有宰相，弘正系四房，未有相，故以頌之。錢曰：贈同舍而以祝府主終，以見知之感同也。戊籤曰：末叠用二句轉韻，以急節終之。

田曰：一篇皆爲盧弘正發，緯以平生所歷，傲岸激昂，儒酸一洗。錢氏審體選本曰：此律詩也，題曰「轉韻」，自明其爲律也。唐人律詩有仄韻者，有轉韻者，有通篇無對偶者，其聲調皆今體，故皆名律詩，前人論之甚詳。今雜於歌行中，蓋不得已而從俗，其說不可不辨。浩曰：既轉韻，則非律詩。此篇音節殊類高、岑，其曰「偶成轉韻七十二句」者，蓋語多豪邁，頗覺自誇，製題亦寓得意之態，實古體也。否則燕臺、河陽諸篇，獨非轉韻乎？何木庵不謂是律哉？順序中變化開展，語無隱晦，詞必鮮妍，神來妙境，本集中少有匹者。

戲題樞言草閣三十二韻〔一〕

君家在河北，我家在山西〔二〕。百歲本無業〔三〕，陰陰仙李枝〔四〕。尚書文與武，戰罷幕府開〔五〕。君從渭南至〔六〕，我自仙遊來〔七〕。平昔苦南北，動成雲雨乖〔八〕。逮今〔九〕兩攜手，對若牀下鞵〔一〇〕。夜歸碣石館，朝上黃金臺〔一一〕。我有苦寒調〔一二〕，君抱陽春才。年顏各少壯，髮綠齒尚齊〔一三〕。我雖不能飲，君時醉如泥〔一四〕。政靜籌畫簡，退食多相攜。掃掠走馬路，整頓射雉翳〔一五〕。春風二三月，柳密鶯正啼。清河在門外，上與浮雲齊〔一六〕。欹冠調玉琴，彈作松風哀〔一七〕。又彈明君怨〔一八〕，一去怨不迴。感激坐〔一九〕者泣，起視雁行低。翻憂龍山雪，却雜胡沙飛〔二〇〕。仲容銅琵琶〔二一〕，項直聲凄凄〔二二〕。上貼金捍撥〔二三〕，畫爲承〔二四〕露雞〔二五〕。君時臥棖觸〔二六〕，勸客白玉盃。苦云年光疾，不飲將安歸？我賞此言是，因循未能諧〔二七〕。君言中聖人〔二八〕，坐臥莫我違。榆莢亂不整，楊花飛相隨。上有白日照，下有東風吹。青樓有美人，顔色如玫瑰。歌聲入青雲，所痛無良媒〔二九〕。少年苦不久，顧慕良難哉〔三〇〕！徒令眞珠肶〔三一〕，裛入珊瑚腮〔三二〕。君今且少安，聽我苦吟詩。古詩何人作？老大猶〔三三〕傷悲〔三四〕！

〔一〕錢曰：「樞言」疑草閣主人字。程曰：管子有樞言篇，似取以名閣，以運籌帷幄自許。按：錢説是。

〔二〕按：義山先世本隴西也。漢書趙充國傳：山東出相，山西出將。山西謂天水、隴西、安定、北地諸郡，漢時所爲六郡良家子者，皆其地。虞詡傳：關東出相，關西出將。關東、西即山東、西。宋王伯厚地理通釋：秦、漢稱山東、山西、山南、山北，皆指太行，非華山。蓋秦在山西，以太行山言；而六郡之稱山西，則又以秦隴諸山言。漢書注曰：隴坻即隴山。隴西郡在隴之西，可類推矣。二句謂各支派，否則如史文所云義山懷州人，反爲河北道矣。朱氏以寓居永樂爲山西，此古山東之地也，尤誤。

〔三〕一作「異」，誤。史記酈生傳：好讀書，家貧落魄，無以爲衣食業。

〔四〕神仙傳：老子生而能言，指李樹爲姓。二句謂無恆產，而實貴胄。

〔五〕尚書謂盧弘正，即「戰功高後數文章」之意。

〔六〕新書志：京兆府渭南縣。此亦以官所言。

〔七〕長安志：盩厔縣有仙遊鄉仙遊澤仙遊宮。按：志引尹先生內傳：周康王時爲大夫，領散關長，得遇老君，其後，先生白日上昇於此。縣界有老子墓，有廟；有尹舊宅，有廟。縣地多以仙名。餘別詳。義山由盩厔尉出赴徐辟。

〔八〕顔延之詩：朋好雲雨乖。

〔九〕一作「及」。

〔一〇〕「鞋」同。

〔一一〕皆屢見。謂同在幕。

〔一二〕子夜警歌：誰知苦寒調，共作白雪絃。

〔一三〕以今所定年譜，大中五年爲三十九歲，尚可稱少壯；若如舊譜則漸老矣。義山先時已悲白髮，而此言少壯者，所遇稍足樂也。

〔一四〕見昭州。

〔一五〕後漢書仇覽傳：廬落整頓。西京雜記：茂陵文固陽，本琅琊人，善馴野雉爲媒，用以射雉。每以三春之月，爲茅障以自翳，用觟矢射之。文選射雉賦注：翳者，所隱以射者也。按：茂陵文固陽，太平御覽引之作「茂陵人周陽」。

〔一六〕徐州臨水，韓昌黎詩所謂「汴泗交流郡城角」也。又有雉帶箭詩，亦可與此互證。

〔一七〕樂府詩集琴集曰：風入松，晉嵇康所作也。

〔一八〕樂府詩集琴曲有昭君怨。石崇王明君辭序：昭君以觸晉文帝諱，改明君。

〔一九〕一作「臥」，非。

〔二〇〕從琴及雁，遞生情景。

〔二一〕晉書：阮咸字仲容，妙解音律，善彈琵琶。通典：阮咸亦秦琵琶也，而項長過於今制，列十有三柱。武太后時，蜀人於古墓中得銅者，時莫有識之，太常少卿元行冲曰：「此阮咸所造。」乃令匠人改以木爲之，聲甚清雅。竹林七賢圖阮咸所彈與此類同，因謂之「阮咸」。

〔二二〕樂府雜錄：琵琶有直項者、曲項者。此亦蒙上引入，線索細妙。

〔二三〕見詠孔雀。

〔二四〕一作「水」，誤。

〔二五〕江表傳：南郡獻長鳴承露雞。

〔二六〕謝惠連祭冥漠君文：以物棖撥之。注曰：說文：棖，杖也，宅庚切。然南人以物觸物爲棖。此謂指琵琶勸客，彈以佐酒。上彈琴是實事，此琵琶是虛事。

〔二七〕應上不能飲。

〔二八〕魏略：徐邈爲尚書郎，時禁酒，邈私飲沉醉，校事趙達問以曹事，邈曰：「中聖人。」達白之，太祖甚怒，鮮于輔進曰：「酒客謂淸者爲聖人，濁者爲賢人。邈偶醉言耳。」

〔二九〕詩：匪我愆期，子無良媒。曹植美女篇：靑樓臨大道，高門結重關。媒氏何所營？玉帛不時來！

〔三〇〕嵇康琴賦：徘徊顧慕。謂所思難合而年華易逝，極宜少愁而多飲也。

〔三一〕一作「䏶」。徐曰：眞珠，淚也。肶，臓也。淚出痛腸之意。按：說文、廣韻、集韻諸書：膍，房脂切，牛百葉也。一曰：鳥膍胵。胵，充脂切，鳥胃也。一曰：五臓總名。「肶」同「膍」。又「肶臍」亦作「魮臍」，是「魮」亦同也。又據周禮醢人脾析之注，是「膍」與「脾」亦通也。䏶，正韻音陛，䏶胵，胃脘也，義亦相類。徐氏之解似之。余則謂眞珠肶如胸有慧珠之意，下句裛爲潤濕之義，方謂紅腮淸淚耳。

〔三二〕俗「顋」字。江摠詩：盈盈扇掩珊瑚脣。上數句眞美人香草之思。「君言」以下，皆彼所言相勸慰者。「靑樓美人」，其人以比義山。

〔三三〕一作「徒」，非。

〔三四〕古樂府：少壯不努力，老大徒傷悲。四句義山答詞，言老大猶將傷悲，可不及時努力耶？田曰：敍述易見，以善用韻，遂使聲色俱古，中有開宋人粗莽爲得意者。何曰：氣味逼古，後幅純乎漢、魏樂府。」浩曰：義山在徐幕，心事稍樂，故有此種之作。音節古雅，情景瀟灑，神味綿渺，離合承引，極細、極自然，五古中上乘也。不得其解，何從研咀？今而後讀此詩者，意何如歟？

越燕二首〔一〕

上國社方見〔二〕，此鄉秋不歸。爲矜皇后舞〔三〕，猶著羽人衣〔四〕。拂水斜紋亂，銜花片影微。盧家文杏好〔五〕，試近莫愁飛〔六〕。

將泥紅蓼岸〔七〕，得草綠楊村。命侶添新意，安巢復舊痕。去應逢阿母〔八〕，來莫害王孫〔九〕。記取丹山鳳〔一〇〕，今爲百鳥尊〔一一〕。

〔一〕本草注：紫胸輕小者越燕，胸斑黑聲大者胡燕。

〔二〕左傳：郯子曰：「玄鳥氏，司分者也。」

〔三〕用飛燕事，詳後蜂。

〔四〕拾遺記：周昭王晝而假寐，忽夢白雲蓊蔚而起，有人衣服並皆毛羽，因名羽人，夢中與語，問以上仙之術。

〔五〕長門賦：飾文杏以爲梁。陶隱居曰：越燕多在堂室中梁上作巢，胡燕多在檐下作巢。此句正勾清越燕。

〔六〕梁武帝河中之水歌：河中之水向東流，洛陽女兒名莫愁。十五嫁作盧家婦，十六生兒字阿侯。盧家蘭室桂爲梁，中有鬱金蘇合香。

〔七〕爾雅：蔷，虞蓼。注曰：澤蓼。詩周頌：以薅荼蓼。毛傳曰：蓼，水草也。爾雅翼：蓼有紫、赤、青等種。太平廣記：漢燕蓐泥爲窠，即越燕也。

〔八〕原註：樂府詩：東飛伯勞西飛燕，黄姑阿母長相見。朱曰：今本作「黄姑織女」。

〔九〕漢書：成帝時童謠曰：「燕飛來，啄王孫。」

〔一〇〕屢見。

〔一一〕家語：子夏曰：「羽蟲三百有六十，而鳳爲之長。」

浩曰：在徐幕作，題取燕巢於幕之義。首章次聯言因恃才傲物而被擯在外，七句方是借點盧氏。次首三四謂地雖易而職則同，五六言去宜至我闥中，來則莫爲我害，義山本王孫也。時令狐綯已拜平章，禮絶百僚，故結句云。

蟬

本以高難飽，徒勞恨費聲〔一〕。五更疏欲斷，一樹碧無情〔二〕。薄宦梗猶泛〔三〕，故園蕪已平〔四〕。煩君最相警，我亦舉家清〔五〕。

〔一〕吳越春秋：秋蟬登高樹，飲清露，隨風撝撓，長吟悲鳴。

〔二〕所謂屢啓陳情而不之省也，寫得沉痛如許。錢曰：傳神空際，超超元箸。

〔三〕戰國策：蘇子曰：「土梗與木梗鬬，曰：『汝不如我，汝逢疾風淋雨，漂入漳河，東流至海，氾濫無所止。』」

〔四〕陶潛傳：弱年薄宦。又曰：田園將蕪，何不歸？盧思道聽鳴蟬篇：故鄉已超忽，空庭正蕪沒。又曰：詎念漂搖嗟木梗？

〔五〕此章無可徵實，味其意致，當在斯時。

辛未七夕〔一〕

恐是仙家好別離，故教迢遞作佳期。由來碧落銀河畔，可要金風玉露時。清漏漸移相望久，微雲未接過來遲〔二〕。豈能無意酬烏鵲〔三〕，惟與蜘蛛乞巧絲〔四〕！

〔一〕大中五年辛未。

〔二〕古有伺織女度河事。崔寔四民月令：見天漢中有奕奕正白氣如地河之波，輝輝有光耀五色，以此爲徵應。

〔三〕淮南子：烏鵲填河成橋而渡織女。

〔四〕見七夕偶題。塡橋之功最多，豈得反厚於蜘蛛耶？時在徐幕，必有借慨。

迎寄韓魯〔一〕州瞻〔二〕同年〔三〕

積雨晚騷騷〔四〕，相思正鬱陶。不知人萬里，時有燕雙高。寇盜纏三蜀〔五〕，莓苔滑百牢〔六〕。
聖朝推衞霍〔七〕，歸日動仙曹。

〔一〕誤，似當作「果」。

〔二〕一作「詹」。

〔三〕按：舊、新書志：調露元年於靈夏南境以降突厥，置魯、麗、含、塞、依、契諸州，謂之六胡州。其後分合廢置不一：開元二十六年於此置宥州，寶應後廢；元和時又置，爲吐蕃所破；長慶四年復置。復置者止宥州。而吐蕃傳長慶元年以壯騎屯魯州者，仍其地之舊名耳，且與詩之興元百牢絕不相涉，必誤也。愚玩史、鑑，疑王贄弘由果州刺史爲興元副使、充行營兵馬使，而韓瞻或代刺果州，故行程必過百牢關，「果」「魯」音近而訛也。臆測頗似，而難遽定。是年春盧弘正卒，義山還京，其迎寄之跡未能細核。

〔四〕張衡賦：寒風淒而永至兮，拂穹岫之騷騷。

〔五〕舊本皆作「三輔」，今改定。自注：時興元賊起，三川兵出。漢書百官表：右扶風、左馮翊、京兆尹是爲三輔。通典：唐開元中，以近畿之州同、華、岐、蒲爲四輔。按：蒲州屬河東道，同、華、鳳翔爲關内道之三輔。新書封敖傳：節度興元，蓬、果賊依雞山寇三川，敖遣副使王贄捕平之。通鑑：大中五年十月，蓬、果羣盜依阻雞山，寇掠三川，以果州刺史王贄弘充三川行營兵馬使，六年二月討平之。時封敖奏巴南妖賊言辭悖慢，上怒甚。崔鉉曰：「此皆陛下赤子，迫於饑寒，盜弄兵於谿谷間，不足煩大軍，但遣一使者可平矣。」乃遣京兆少尹劉潼詣果州招諭之，賊投弓列拜請降。潼歸館，而贄弘引兵已至山下，竟擊滅之。胡三省注：雞山在蓬、果二州之界。三川，東、西川及山南西道。按：此事舊書失載，新傳略甚也。雞山之名不一。舊書溫造傳：造初赴鎮漢中，遇大雨，乃禱雞翁山祈晴，卽時開霽。文宗詔封雞翁山爲侯。寰宇記：山在褒城縣北，入斜谷一十里。則非此山也。寰宇記云：蓬州蓬山縣西南六十里石雞翁山有石如雞，又果州有石如雞母，二山相對，去五里。蓬果羣盜所依阻者必此山也。蓬果屬興元，故曰興元賊起，與梓州成都所管，邊境連接，故寇掠三川，出兵致討也。小賊卽平，何至擾動三輔哉？或疑入擾鳳翔寶雞之境，故曰「纏三輔」。然以注之三川證句之三輔，必不然矣。余故以爲「三蜀」之訛。左思蜀都賦：三蜀之豪。常璩蜀志：益州以蜀郡、廣漢、犍爲爲三蜀。又巴志：板楯蠻攻害三蜀，漢中州郡連年苦之。舊書李晟傳：三川震恐。又曰：從晟言，三蜀可坐致也。三蜀本非廣指三川，而以三蜀稱三川，史文習見，所訂必不誤矣。

〔六〕通典：漢中府西縣，隋置關，在縣西南，今名百牢關。元和郡縣志：百牢關，自京師趣劍南達淮左皆由此。餘詳分水嶺。

〔七〕一作「索」。衞、霍，漢書衞青、霍去病也。二句似言主將成功，佐理之人歸至曹司，亦增光燿矣。衞、索，晉書尚書令衞瓘、尚書郎索靖俱善草書，時號一臺二妙。則以美其文采，歸後自有清華之境，意亦可通。玩曰「仙曹」，似「衞索」較是。或如頗、牧出自禁署之意，則衞、霍是也。浩曰：味詩語，似朝命韓瞻往佐討賊，故前半言正爾相思，不知有此遠行，五紀時事，六想程途，結則祝其還朝，送行常法。

詠懷寄祕閣舊僚二十六〔一〕韻〔二〕

年鬢日堪悲〔三〕，衡茅益自嗤。攻文枯若木〔四〕，處世鈍如槌〔五〕。敢忘垂堂戒〔六〕，寧將暗室欺〔七〕？懸頭曾苦學〔八〕，折臂反成醫〔九〕。僕御嫌夫懦〔一〇〕，孩童笑叔癡〔一一〕。小男方嗜栗〔一二〕，幼女漫憂葵〔一三〕。遇炙誰先啖〔一四〕？逢齏即更〔一五〕吹〔一六〕。官銜同畫餅〔一七〕，面貌乏凝脂〔一八〕。典籍將蠡測〔一九〕，文章若管窺〔二〇〕。圖形翻類狗〔二一〕，入夢肯非羆〔二二〕。自哂成書簏〔二三〕，終當呪酒卮〔二四〕。嬾霑襟上血〔二五〕，羞鑷鏡中絲〔二六〕。橐籥言方喻〔二七〕，樗蒲齒詎知〔二八〕？事神徒惕慮，佞佛愧虛辭〔二九〕。曲藝垂麟角〔三〇〕，浮名狀虎皮〔三一〕。乘軒寧見寵〔三二〕，巢幕更逢危〔三三〕。禮俗拘嵇喜〔三四〕，侯王忻戴逵〔三五〕。途窮方結舌〔三六〕，靜勝但搘〔三七〕頤〔三八〕。糲食空彈劍〔三九〕，亭衢詎置錐〔四〇〕！栢臺成口號〔四一〕，芸閣暫肩隨〔四二〕。悔逐遷鶯伴，誰觀擇虱時〔四三〕？甕間眠太率〔四四〕，牀下隱何卑〔四五〕！舊跡登弘閣〔四六〕，摧心對董帷〔四七〕。校讐如有暇〔四八〕，松竹一相思〔四九〕。

〔一〕止二十四。

〔二〕舊本皆作「二十六」，似誤。然細玩通篇，多是詠懷，而寄舊僚太略，似「牀下隱何卑」下再得兩韻轉捩，「舊跡」句接更融和，頗疑脫二韻，故未改從實數。通典：漢氏圖籍所在，有石渠、石室、延閣、廣內，又有御史掌蘭臺秘書及麒麟、天祿二閣。後漢桓帝始置秘書監。文選陸士衡詩：挈身躋秘閣。又表云：身登三閣。晉官品令：秘書郎掌中外三閣經書，覆校殘闕，正定脫誤。

〔三〕南史：齊宗室子範曰：「雖佩恩寵，還羞年鬢。」

〔四〕陸機文賦：兀若枯木。

〔五〕晉書祖納傳：納謂梅陶、鍾雅曰：「君汝、潁之士，利如錐；我幽、冀之士，鈍如槌。持我鈍槌，捶君利錐，皆當摧矣。」

〔六〕見故番禺侯。史記索隱：垂，邊也。近堂邊恐其墮墜。

〔七〕舊注引梁簡文帝紀「弗欺暗室，豈況三光」，又宋書阮長之傳「一生不悔暗室」，皆非初出處也。

毛詩巷伯傳：昔者顏叔子獨處于室，鄰之釐婦又獨處于室。夜，暴風雨至而室壞，婦人趨而至，顏叔子納之而使執燭，放乎旦而蒸盡，縮屋而繼之。按：古所謂顏子縮屋稱貞也，而事文類聚「不欺闇室」一條引史記云云，卽此事，豈古書以此爲不欺暗室耶？采之以俟再考。

〔八〕楚國先賢傳：孫敬好學，時欲寤寐，奮志懸頭屋梁以自課。崔鴻前秦錄：姜宇字子居，每夜讀書，睡則懸頭於屋梁，達旦而止。

〔九〕左傳：齊高彊曰：「三折肱知爲良醫。」楚詞惜誦：九折臂而成醫兮，吾至今乃知其信然。

〔一〇〕新序：楚白公之難，有莊善者將往死之，比至公門，三廢車中。其僕曰：「子懼矣！」曰：「懼。」「旣懼，何不返？」善曰：「懼者，吾私也；死義，吾公也。君子不以私害公。」及公門，刎頸而死。君子曰：「好義乎哉！」齊崔杼弑莊公，有陳不占者將赴之，比去，餐則失匕，上車失軾。御者曰：「怯如是，去有益乎？」不占曰：「死君，義也；無勇，私也。不以私害公。」遂往，聞戰鬭之聲，恐駭而死。人曰：「仁者之勇也。」二事相類。詩蓋明己之好義。

〔一一〕晉書：王湛初有隱德，人莫能知，兄弟宗族皆以爲癡。兄子濟輕之，嘗詣湛，見牀頭有周易，濟請言之。湛因剖析玄理，微妙有奇趣。濟乃嘆曰：「家有名士，三十年而不知。」武帝見濟，曰：「卿家癡叔死未？」曰：「臣叔殊不癡。」因稱其美。

〔一二〕見驕兒詩。

〔三〕列女傳：魯漆室女倚柱而嘯，隣婦曰：「欲嫁乎？」曰：「我憂魯君老，太子少也。」婦曰：「此魯大夫之憂。」女曰：「昔晉客舍我家，繫馬於園，馬佚，踐我園葵，使我終歲不厭葵味。吾聞河潤九里，漸洳三百步。今魯國微弱，亂將及人。」

〔四〕晉書王羲之傳：年十三，謁周顗，顗察而異之。時重牛心炙，坐客未噉，顗先割啗羲之，於是始知名。

〔五〕一作「便」。

〔六〕楚詞九章：懲熱羹而吹韲兮。六帖：傅奕曰：「懲沸羹者吹冷韲。」

〔七〕魏志：明帝詔曰：「選舉莫取有名，名士如畫地作餅，不可啖也。」

〔八〕世説：王右軍見杜弘治，歎曰：「面如凝脂，眼如點漆，此神仙中人。」

〔九〕漢書東方朔傳：以筦闚天，以蠡測海。筦，古管字。

〔一〇〕晉書王獻之傳：此郎亦管中窺豹，時見一斑。

〔一一〕見上杜僕射。

〔一二〕楚詞注：或言周文王夢立令狐之津，太公在後，帝曰：「昌，賜汝名師。」文王再拜。太公夢亦如此。文王出田，見識所夢，載與俱歸，以爲太師。餘見上杜僕射。

〔一三〕已見奉使江陵。又新書文藝傳：李善淹貫古今，不能屬辭，故人號書簏。

〔二四〕晉書：劉伶求酒於妻，妻涕泣諫曰：「君飲酒太過，非攝生之道，宜斷之。」伶曰：「善，吾不能自禁，惟當祝鬼神自誓耳，便可具酒肉。」妻從之。伶跪祝曰：「天生劉伶，以酒爲名，一飲一斛，五斗解酲，婦兒之言，慎不可聽。」乃引酒御肉，隗然復醉。集韻：「祝」或作「呪」。

〔二五〕詩：鼠思泣血。餘見任弘農尉。

〔二六〕通俗文：拔減髮鬢謂之鑷。南史有齊高帝拔白髮擲鏡鑷事。

〔二七〕老子：天地之間，其猶橐籥乎！虛而不屈，動而愈出。

〔二八〕馬融樗蒲賦：排五木，散九齒。晉書葛洪傳：洪少好學，性寡欲，不知碁局幾道，樗蒲齒名。此聯謂委心任運，不與人角勝負。

〔二九〕見奉使江陵。

〔三〇〕北堂書鈔引抱朴子：學而牛毛，成而麟角。按：而，如也。隋書文學王貞傳：咸言坐握蛇珠，誰許獨爲麟角？困學紀聞：學如牛毛，成如麟角，出蔣子萬機論。

〔三一〕見送劉五經。

〔三二〕左傳：衛懿公好鶴，鶴有乘軒者。

〔三三〕左傳：夫子之在此也，猶燕之巢於幕上。

〔三四〕晉書阮籍傳：能爲青白眼，見禮俗之士，以白眼對之。嵇喜來弔，籍作白眼，喜不懌而退。喜弟康齎酒挾琴造焉，籍大悅，乃見青眼。由是禮法之士疾之若讎。晉書嵇康傳：兄喜有當世才，歷太僕宗正。北堂書鈔：嵇憙集云：晉武爲撫軍，妙選官屬，以憙爲功曹。句取爲幕職。「喜」、「憙」同。

〔三五〕廣韻：「忻」同「欣」。玉篇：「訢」與「欣」通。集韻：「訢」，又僖上聲，亦喜也。晉書隱逸傳：戴逵字安道，譙國人。性不樂當世，常以琴書自娛。徙會稽剡縣。孝武帝時，以散騎常侍國子博士累徵，辭不就，乃逃於吳。後王珣請徵爲祭酒，不至。後太傅會稽王道子、少傅王雅、詹事王珣疏薦參皇太子僚侍，且曰：「逵既重幽居之操，必以難進爲美，宜下所在備禮發遣。」會病卒。北堂書鈔：王珣啓戴逵爲國子祭酒，云：「前國子博士戴逵，綽有遠槩，堪發胄子之蒙。」句取爲博士。

〔三六〕史記主父偃傳：吾日暮途窮。漢書杜欽傳：皆結舌杜口。句當用晉書：阮嗣宗口不臧否人物。鍾會以時事問之，欲因其可否而致之罪，以酣醉獲免。餘見亂石。

〔三七〕支通。

〔三八〕晉書：王徽之字子猷，爲車騎桓冲騎兵參軍。冲嘗謂徽之曰：「卿在府日久，比當相料理。」徽之初不酬答，直高視，以手版拄頰云：「西山朝來，致有爽氣。」句暗用此事。

〔三九〕史記孟嘗君傳：馮驩彈其劍而歌曰：「長鋏歸來乎，食無魚！」

〔四〇〕易大畜卦：何天之衢，亨。莊子：堯舜有天下，子孫無置錐之地。呂氏春秋：無立錐之地，至貧也。此聯謂徒充幕客，不得仕於天朝。

〔四一〕六典：御史臺曰栢臺。義山得寄祿之侍御史，故曰口號。

〔四二〕禮記：五年以長，則肩隨之。追遡爲校書郎時，亦因御史臺與祕省對也。

〔四三〕晉書顧和傳：王導爲揚州，辟從事。月旦當朝，未入，停車門外。周顗遇之，和方擇虱，夷然不動。顗既過，顧指和心曰：「此中何所有？」和徐應曰：「此中最是難測地。」句謂心事無人能察。

〔四四〕晉書畢卓傳：爲吏部郎，比舍郎釀熟，卓因醉，夜至其甕間盜飲之，爲掌酒者所縛。明旦視之，乃畢吏部也。阮籍傳：鄰家少婦有美色，當壚沽酒。籍嘗詣飲，醉便臥其側，籍不自嫌，其夫亦不疑。「眠」字似兼用此，然不必拘。

〔四五〕用事未詳。後漢書仇覽傳：覽入太學，時諸生同郡符融有高名，與覽比宇，賓客盈室。覽常自守，不與融言。融心獨奇之，乃謂曰：「今京師英雄四集，志士交結之秋，雖務經學，守之何固？」覽正色曰：「天子修設太學，豈但使人游談其中？」高揖而去，不復與言。後融以告郭林宗，林宗因與融齎刺就房謁之，遂請留宿。林宗嗟歎，下牀爲拜。按：此聯似取同舍比宇，以言舊僚，此句更切太學，「牀下」當用此，惟「隱」字不符。舊註既誤，余初引後漢書逸民傳「梁鴻、孟光至吳，依皐伯通，居廡下，爲人賃舂」，而疑「牀」字「廡」字形近而訛，亦謬也。

〔四六〕一作「閤」。史記平津侯傳：對策擢第一，拜爲博士，後爲丞相。餘見哭蕭侍郎。此指舊僚。

〔四七〕漢書：董仲舒爲博士，下帷講誦，弟子傳以久次相授業，或莫見其面，蓋三年不窺園。此自謂。

〔四八〕劉向別傳：讎校：一人讀書，校其上下得謬誤爲校；一人持本，一人讀折，若怨家相對曰讎。

〔四九〕何曰：要以歲寒之意。

浩曰：此爲博士時作也。乙集序云：「在國子監主事講經，申誦古道，教太學生爲文章。」與詩中諸句皆符。其中於入幕情事三致意焉者，蓋桂管則遭貶，徐州則府公卒，皆有憂危，故有「僕御」「巢幕」等句。「栢臺」四句，乃專指徐方也，第又以述懷訴恨之辭，前後錯入其中，讀者易致淆亂耳。

房中曲〔一〕

薔薇泣幽素，翠帶花錢小。嬌郎癡若雲，抱日西簾曉〔二〕。枕是龍宮石〔三〕，割得秋波色。玉簟失柔膚，但見蒙羅碧〔四〕。憶得前年春，未語含悲辛。歸來已不見，錦瑟長於人〔五〕。今日澗底松〔六〕，明日山頭蘗〔七〕。愁到天地〔八〕翻，相看不相識〔九〕。

〔一〕漢書禮樂志：高祖有房中詞，武帝時有房中歌，皆本周房中樂。此則以言悼亡也。集中悼亡詩始此。

〔二〕幼不知哀，日高始寤。

〔三〕龍宮有龍女，故泛言寶石耳。

〔四〕覩枕而如見明眸，見被而難尋玉體。王氏色美，而必尤豔於目，以後屢言之。

〔五〕大中七年，乙集序云「三年已來，喪失家道」，則悼亡定在五年也。他詩云「柿葉翻時」，則當在秋深矣。此云「前年」，指四年也。「春」字不必泥。歸來謂自徐歸也。回中牡丹詩已云錦瑟，意王氏女妙擅絲聲，故屢以致慨。

〔六〕左思詩：鬱鬱澗底松。比己之不得志。

〔七〕古子夜歌：高山種芙蓉，復經黃蘗塢。比己將銜悲行役。

〔八〕一作「池」。

〔九〕古樂府：天地合，乃敢與君絕。句意本此。天池，海也，於義亦通。然「天地」似暗承上「澗底」「山頭」。何曰：最古。

宿晉昌亭聞驚禽

羈緒鰥鰥夜景侵〔一〕，高窗不掩見驚禽。飛〔二〕來曲渚煙方合，過盡南塘樹更深〔三〕。胡馬嘶和榆塞笛〔四〕，楚猿吟雜〔五〕橘村砧〔六〕。失羣挂木知何限，遠隔天涯共此心〔七〕！

〔一〕釋名：愁悒不能寐，目常鰥鰥然。字從魚，魚目恆不寐。

〔二〕英華作「行」。

〔三〕曲渚、南塘，以晉昌近地言。

〔四〕史記：秦却匈奴，樹榆爲塞。漢書：衞青西定河南地，案榆谿舊塞。注曰：長榆，塞名，或謂之榆中。

〔五〕一作「斷」。

〔六〕水經注：湘水又北逕南津城西，西對橘洲。餘詳故番禺侯。

〔七〕蘇武詩：胡馬失其羣，思心常依依。本草：猿居多在林木。掛、挂、絓並同。「絓」本字，見左傳鞌之戰。

田曰：一詩之情，生於首四字。三四寫夜，亦見可驚之地正自無限；下半見失意者更有猿馬，人世苦境只禽也耶！却放自己在外，更慘。浩曰：田評眞解頤矣。首四字兼悼亡言之，末二句敍別深妙。

壬申七夕〔一〕

已駕七香車〔二〕，心心待曉霞〔三〕。風輕惟響珮，月〔四〕薄不嫣花。桂嫩傳香遠，榆高送影斜〔五〕。成都過卜肆〔六〕，曾妒識靈槎〔七〕。

〔一〕大中六年壬申。

〔二〕魏武帝與楊彪書：今贈足下畫輪四望通幰七香車一乘。隋書禮儀志引此事，謂用牛駕之，蓋犢車也。

〔三〕江揔詩：心心不相照，望望何由知？

〔四〕舊皆作「日」，何義門校改。

〔五〕見聖女祠五排。

〔六〕見送崔珏。

〔七〕詳海客。追慨前遊之不遇也，託意微妙。

浩曰：時當已承東川之辟矣。首聯暗寓已承辟命，只待啓行；三四比雖將行役，未甚光華；結則撫今追昔，而言又將入蜀也。

柳

曾逐東風拂舞筵，樂遊春苑斷腸天。如何肯到清秋日，已帶斜陽又帶蟬〔一〕！

〔一〕田曰：不堪積愁，又不堪追往，腸斷一物矣。

浩曰：初承東川命，假物寓姓而言哀也，意最深婉。上痛不得久官京師，下慨又欲遠行。東川之辟在七月，正清秋時。「斜陽」喻遲暮，「蟬」喻高吟，言沉淪遲暮，豈肯尚爲人書記耶？尋乃改判上軍。若僅以先榮後悴解之，淺矣。此種入神之作，既以事徵，尤以情會，妙不可窮也。

王十二兄與畏之員外相訪見招小飲時予以悼亡日近不去因寄〔一〕

謝傅門庭舊末行〔二〕，今朝歌管屬檀郎〔三〕。更無人處簾垂地，欲拂塵時簟竟牀〔四〕。嵇氏幼男猶可憫〔五〕，左家嬌女豈能忘〔六〕？愁〔七〕霖腹疾俱難遣〔八〕，萬里西風夜正長〔九〕。

〔一〕朱曰：王十二必茂元之子。徐曰：文集有茂元子侍御瓘，本集有王十三分司校書，王十二豈即侍御歟？按：悼亡日近，王氏之卒期近也，非初亡時。

〔二〕晉書：謝道韞曰：「一門叔父則有阿大、中郎，羣從兄弟復有封、胡、羯、末。」

〔三〕臆乘：古之以郎稱者，潘岳曰潘郎、檀郎；又以奴得名者，潘岳曰檀奴。按：朱氏引李賀詩「檀郎、謝女眠何處」，又趙嘏詩「謝家聯句待檀郎」，唐人慣以「檀郎」稱壻也。徐氏謂指畏之，其殆然乎！

〔四〕潘岳悼亡詩：展轉眄枕席，長簟竟牀空；牀空委清塵，室虛來悲風。

〔五〕晉書嵇康傳：與山巨源書曰：「女年十三，男年八歲，未及成人，況復多疾。」

〔六〕左思嬌女詩：左家有嬌女，皎皎頗白皙。小字爲織素，口齒自清歷。其娣字蕙芳，眉目粲如畫。按：「織」一作「紈」，「娣」一作「姊」，「蕙」一作「惠」，是姊妹二人。此即上河東公啓所謂「眘言息胤，不暇提攜，或小於叔夜之男，或幼於伯喈之女」也。

〔七〕一作「秋」。

〔八〕左傳：叔展曰：「河魚腹疾奈何！」

〔九〕何曰：西風加「萬里」，夜長加「正」字，極寫鰥鰥不寐之情。

錢曰：平平寫去，淒斷欲絶，唐以後無此風格矣。

壬申閏秋題贈烏鵲〔一〕

繞樹無依月正高〔二〕，鄴城新淚濺雲袍〔三〕。幾年始得逢秋閏，兩度塡河莫告勞〔四〕。

〔一〕通鑑目錄：大中六年閏七月。

〔二〕魏武短歌行：月明星稀，烏鵲南飛，繞樹三匝，何枝可依？

〔三〕魏武都鄴。

〔四〕按：乙集序：七月河東公奏爲記室，十月得見吳郡張黯見代，改判上軍。蓋判官視掌書記稍高。義山於徐幕已爲判官，此時必至東都懇仲郢再爲奏請而改，故下二句借言機緣難遇，莫憚兩次陳請也。否則奏充書記而私自移易，必不然矣。上二句則兼失偶言之，其深處眞未可輕測。

夜冷〔一〕

樹遶池寬月影多，村砧塢笛隔風蘿〔二〕。西亭翠被餘香薄〔三〕，一夜將愁向敗荷。

〔一〕一作「吟」。

〔二〕馬融長笛賦序：融獨臥郿縣平陽塢中，有洛客舍逆旅吹笛。

〔三〕何遜嘲劉孝綽詩：稍聞玉釧遠，猶憐翠被香。

西亭

此夜西亭月正圓，疎簾相伴宿風煙。梧桐莫更翻清露，孤鶴從來不得眠〔一〕。

〔一〕鶴警露，故云。

徐曰：崇讓宅有東亭、西亭。此與上章皆悼亡作。浩曰：皆在東都宿崇讓宅作，當以謁謝仲郢而來也。仍即還京，而冬間赴梓。

無題二首

鳳尾香羅薄幾重〔一〕？碧文圓頂夜深縫〔二〕。扇裁月魄羞難掩〔三〕，車走雷聲語未通〔四〕。曾是寂寥金燼暗，斷無消息石榴紅〔五〕。斑騅只繫垂楊岸〔六〕，何處西南待〔七〕好風〔八〕！

重幃深下莫愁堂，臥後清宵細細長。神女生涯元是夢〔九〕，小姑居處本無郎〔一〇〕。風波不信菱枝弱，月露誰教桂葉香？直道相思了無益，未妨惆悵是清狂〔一一〕。

〔一〕陳帆曰：鳳尾羅，鳳文羅也。黄庭經序：盟以金簡鳳文之羅四十尺。「尺」，一作「匹」。白帖：鳳文、蟬翼，並羅名。庾信謝賚皂羅袍啓：鳳不去而恆飛，花雖寒而不落。

〔二〕姚曰：程泰之演繁露云：唐人婚禮多用百子帳，捲柳爲圈，以相連鎖，百開百闔。大抵如今尖頂圓亭子，而用青氈通冒四隅上下，以便移置。義山殆指此。按：姚說近是，古所謂青廬也。但此頂上句，謂羅帳。

〔三〕詳後碧城、河內詩。

〔四〕見前無題。

〔五〕石榴酒可喻合歡，見惱韓同年。孔紹安事可喻京宦，見回中牡丹。

〔六〕見對雪。

〔七〕一作「任」，誤。

〔八〕見李肱遺畫松詩。

〔九〕屢見。

〔一○〕原注：古詩有「小姑無郎」之句。樂府神弦歌青溪小姑曲：開門白水，側近橋梁；小姑所居，獨處無郎。劉敬叔異苑：青溪小姑，蔣侯第三妹也。

〔一一〕漢書昌邑王傳：清狂不惠。蘇林曰：凡狂者，陰陽脈盡濁；今此人不狂似狂者，故言清狂也。或曰：色理清徐而心不慧曰清狂，如今白癡也。

浩曰：將赴東川，往別令狐，留宿而有悲歌之作也。首作起二句衾帳之具；三句自慚；四句令狐乍歸，尚未相見；五六喻心跡不明而歡會絕望；七八言將遠行，「垂楊岸」寓柳姓，「西南」指蜀地。次章上半言不寐凝思，惟有寂寥之況，往事難尋，空齋無侶。五謂菱枝本弱，那禁風波屢吹，慨今也；六謂桂枝之香，誰從月露折贈，遡舊也。惟其懷此深恩，故雖相思無益，終抱癡情耳。此種眞沉淪悲憤，一字一淚之篇，乃不解者引入岐途，粗解者未披重霧，可慨久矣！

有感

非關宋玉有微辭〔一〕，却是襄王夢覺遲。一自高唐賦成後，楚天雲雨盡堪疑〔二〕。

〔一〕登徒子好色賦：登徒子短宋玉曰：「玉爲人體貌閑麗，口多微辭，又性好色，願王勿與出入後宮。」玉曰：「體貌閑麗，所受於天也；口多微辭，所學於師也；至於好色，臣無有也。」章華大夫曰：「蓋徒以微辭相感動。」

〔三〕屢見。全從杜詩宋玉一章化出。

楊曰：此爲無題作解。浩曰：屢啓不省，故曰「夢覺遲」，猶云喚他不醒也。不得已而托爲無題，人必疑其好色，豈知皆苦衷血淚乎？千載而下，紛紛箋釋，猶半在夢境中，玉谿有知，尤當悲咤矣！此與「中路因循」之章，一前一後，皆爲生平大端，自後乃眞絶望，無題之篇少矣。北夢瑣言有「宰相怙權」一條，專詆令狐綯，言其尤忌勝己者，以商隱、溫岐、羅隱三才子之怨望，卽知綯之遺賢也。是則綯不第怒義山之背恩耳。又曰：余嘗謂韓致光香奩詩當以賈生憂國、阮籍途窮之意讀之。其他詩云：「謀身拙爲安蛇足，報國危曾捋虎鬚。」乃一腔熱血也。旣以所丁不辰，轉喉觸忌，壯志文心，皆難發露，於是托爲豔體，以消無聊之況。其思錄舊詩淒然有感云：「緝綴小詩鈔卷裏，尋思閑事到心頭。自吟自泣無人會，腸斷蓬山第一流。」固已道破苦心。後人信口薄之，或且以爲和凝之作，可怪矣。義山所遭之時，大勝於致光，而人品則大不如致光。至於托事言哀，纏綿悽楚，一而已矣。義山詩法，冬郎幼必師承，香奩寄恨，彷彿無題，皆楚騷之苗裔也。余編義山詩，而後之讀者果取史書、文集，事會其通，語抉其隱，當知確不可易耳。

晉昌晚歸馬上贈〔一〕

西北朝天路，登臨思上才。城閑煙草徧，村暗雨雲迴。人豈無端別？猿應有意哀。征南予更遠，吟斷望鄉臺〔三〕。

〔一〕原編集外詩。

〔二〕寰宇記：益州記云：昇遷亭夾路有二臺，一名望鄉臺，在成都縣北九里。按水經注：升遷橋有送客觀，司馬相如所題。通鑑咸通十一年注曰：升遷橋即升僊橋。故他書於橋於亭多作昇仙，其實當爲升遷。

浩曰：程氏謂自絢處歸，馬上贈別友人之作，是赴東川幕府時也，似之矣。「西北朝天」者，友人自東南來也。三四寫晚歸，似兼言將歸東南楚鄉。下半相別，而言我將西南行矣。友人似亦爲令狐所薄。五六澹語，却沉痛。結三字統指蜀中，不必泥臺在西川也。

赴職梓潼留別畏之員外同年〔一〕

佳兆聯翩遇鳳凰〔二〕，雕文羽帳紫金牀〔三〕。桂花香處同高第，柿葉翻時獨悼亡〔四〕。烏鵲失棲常不定〔五〕，鴛鴦何事自相將〔六〕？京華庸蜀三千里〔七〕，送到咸陽見夕陽〔八〕。

〔一〕舊書志：劍南道梓州梓潼郡，東川節度使治所，管梓、綿、劍、普、榮、遂、合、渝、瀘等州。本傳：柳仲郢鎮東川，辟爲判官。餘詳年譜。

〔二〕左傳：懿氏卜妻敬仲，其妻占之，曰：「吉，是謂鳳凰于飛，和鳴鏘鏘。」此曰聯翩，則婚期不相遠，豈遲至河陽時哉？

〔三〕昭明太子詩：羽帳鬱金牀。洞冥記：神明臺有金牀象席。

〔四〕南史劉歊傳：歊未死之春，有人爲其庭中栽柿，歊謂兄子弇曰：「吾不及見此實，爾其勿言。」及秋而亡。

〔五〕自歎又欲遠行。

〔六〕指畏之。

〔七〕尚書牧誓：庸蜀。

〔八〕錢曰：言有盡而意無窮。

餞席重送從叔余之梓州〔一〕

莫歎萬重山，君還我未還。武關猶悵望，何況百牢關〔二〕！

〔一〕程曰：即鄭州獻詩之從叔舍人褎也。按：近似，未可定。

〔二〕程曰：文集代絳郡公啓「某本洛下諸生」，言君將歸洛而望武關，猶不免悵望，況我之度百牢而客獨歟！

悼傷後赴東蜀辟至散關遇雪〔一〕

劍外從軍遠〔二〕，無家與寄衣。散關三尺雪，回夢舊鴛機。

〔一〕散關，屢見。按：赴桂赴徐，閨人固在，今則失偶而出遊也。非謂乍悼亡卽赴辟。

〔二〕劍閣之外。

籌筆驛〔一〕

魚〔二〕鳥猶疑畏簡書〔三〕，風雲長爲護儲胥〔四〕。徒令上將揮神筆〔五〕，終見降王走傳〔六〕車〔七〕。管樂有才眞〔八〕不忝〔九〕，關張無命欲〔一〇〕何如〔一一〕？他年錦里經祠廟〔一二〕，梁父吟成恨有餘〔一三〕。

〔一〕一統志：保寧府廣元縣北八十里有籌筆驛，蜀相諸葛亮出師，嘗駐於此。唐李義山詩云。全蜀藝文志：利州碑目：舊有李義山碑，在籌筆驛，因兵火不存。按：今據王阮亭蜀道驛程「朝天峽上有籌筆驛」，則志書謂卽神宣驛者非也。

〔二〕一作「猿」。

〔三〕詩：畏此簡書。傳曰：戒命也。

〔四〕揚雄長楊賦：木雍槍纍，以爲儲胥。蘇林曰：木擁柵其外，又以竹槍纍爲外儲胥也。韋昭曰：儲胥，蕃落之類。

〔五〕世說：晉文王固讓九錫，司空鄭冲就阮籍爲文敦喻，宿醉扶起，書札爲之，時人以爲神筆。字亦習見。

〔六〕一作「副」，誤。

〔七〕蜀志：鄧艾至城北，後主輿櫬詣軍壘門，艾解縛焚櫬。後主舉家東遷至洛陽。潘岳西征賦：作降王於道左。史記田橫傳：高帝赦齊王田橫罪，田橫廼乘傳詣洛陽。游俠傳：條侯乘傳車將至河南。漢書注：傳若今之驛。古者以車，謂之傳車；後人單置馬，謂之傳驛。

〔八〕一作「終」，非。

〔九〕蜀志：諸葛亮每自比於管仲、樂毅，時人莫之許也，惟博陵崔州平、潁川徐庶元直謂爲信然。

〔一〇〕一作「復」。

〔一一〕蜀志：先主與羽、飛恩若兄弟。先主定益州，羽督荆州，攻曹仁於樊，降于禁，斬龐德，威震華夏。曹公議徙許都以避其鋭，乃遣人勸孫權躡其後，羽引軍還。權據江陵，遣將逆擊羽，斬之。先主伐吳，飛當率兵萬人自閬中會江州，臨發，其帳下將張達、范彊殺之，持其首順流而奔孫權。魏謀臣程昱等咸稱羽、飛萬人之敵。蜀志楊戲傳：關、張赳赳，隕身匡國。

〔二〕見武侯廟古栢。

〔三〕見偶成轉韻。白虎通：梁甫者，泰山旁山名。西溪叢語：文選張衡四愁詩：我所思兮在泰山，欲往從之梁父艱。注曰：言王者有德則封泰山。泰山以喻時君，梁父以喻小人。諸葛好爲梁父吟，恐取此意。按：所傳武侯梁父吟，專詠齊晏嬰以二桃殺三士事，有云：「力能排南山，文能絕地紀。一朝被讒言，二桃殺三士。」似嘆蘊文武之才，而恐爲人所斥也。前遊不得志，當亦有讒之者。

范元實詩眼：文章貴向衆中傑出，如同賦一事，工拙易見。余行蜀道，過籌筆驛，如石曼卿詩云「意中流水遠，愁外舊山青」，膾炙天下久矣。然有山水處便可用，不必籌筆驛也。殷潛之與小杜詩甚健麗，亦無高意。惟義山詩「魚鳥」云云。「簡書」蓋軍中法令約束，言號令嚴明，雖千百年之後，「魚鳥」猶畏之。「儲胥」蓋軍中藩籬，言忠義貫神明，「風雲」猶爲護其壁壘也。誦此兩句，使人凜然復見孔明風烈。至於「管樂」云云，屬對親切，又自有議論，他人不及也。何曰：議論固高，尤在抑揚頓挫處，使人一唱三歎，轉有餘味。楊曰：沉鬱頓挫，絕似少陵。

望喜驛別嘉陵江水二絕〔一〕

嘉陵江水此東流，望喜樓中憶閬州〔二〕。若到閬州〔三〕還赴海，閬州應更有高樓〔四〕。

千里嘉陵江水色，含煙帶月碧於藍〔五〕。今朝相送東流後，由〔六〕自驅車更向南〔七〕。

〔一〕自注：此情別寄。通典：秦州上邽縣嶓冢山，西漢水所出，經嘉陵，曰嘉陵江；經閬中，曰閬中江。寰宇記：源出秦州嘉陵谷，因名。廣元縣志：南去有望喜驛，今廢。按：香山酬元九東川路詩中有「嘉陵縣望驛臺」，卽望喜驛也。羯鼓錄云：出蜀至利州西界望喜驛，入漢川矣。自西南來，始臨嘉陵，頗有山川景致。

〔二〕見梓潼長卿山。舊書志注：閬水迂曲，經郡三面，故曰閬中。

〔三〕一作「中」，誤。

〔四〕地形志：閬中居蜀、漢之半，當東道要衝。通典：今郡城卽古閬中城，名曰高城，前臨閬水，却據連岡。按：嘉陵江自昭化、廣元間又東南入蒼溪縣界，此驛舊蹟，正當其地。又東南歷閬中南部，皆唐閬州之境，自此歷唐之果州，至渝州入大江，滔滔東下而赴海矣。詩以「東流」「赴海」，喻彼之無情；「更有高樓」，喻己之悵望。

〔五〕徐曰：杜詩「嘉陵江色何所似？石黛碧玉相因依」，義山亦云然，當是川水之最清者。

〔六〕「猶」同。

〔七〕梓州在閬州西南。

浩曰：此情別寄者，以今東川之行，追歎前此巴蜀之役也。江水於此東流，我更驅車南向，昔行既屬徒勞，今此亦非得意，言外寄慨無窮也。惜前後細蹤無可殫索耳。

張惡子廟〔一〕

下馬捧椒漿〔二〕，迎神白玉堂〔三〕。如何鐵如意，獨自與姚萇〔四〕？

〔一〕太平廣記引北夢瑣言：梓潼縣張蝁子神，乃五丁拔蛇之所也。或云雟州張生所養之蛇，因而立祠，時人謂爲張蝁子，其神甚靈。按：今瑣言刊本無此條。爾雅：蛈，蝁。注曰：蝮屬，大眼，最有毒，今淮南人呼蝁子。蛈，音迭；蝁，烏落切。華陽國志：梓潼縣有五婦山，故蜀五丁士拽蛇崩山處也。有善板祠，一曰惡子，民歲上雷杼十枚，歲盡不復見，云雷取去。是其初皆因拔蛇之所，而後乃不一其說也。「蝁」與「惡」音相類。「惡」，古文作「亞」。史記盧綰孫他之封亞谷侯，漢書作惡谷，皆烏落切，非衣駕切。午橋引語林：宋人獲玉印，文曰「周惡夫印」，劉原父以爲漢條侯印。古「亞」、「惡」二字通用，而謂此亦張亞子。其說非也。梓潼之神，後益靈應。近代則附之以文昌之星，崇之以帝君之號。世所傳化書，雖不敢盡信，而靈奇不測，超越常理，牖民廣教，功斯爲大矣。朱曰：案圖志，神之墓在梓潼縣東二十里，其廟先號九曲，蓋梓潼水來朝，九折而去，後號七曲。四川通志：五婦山七曲山皆在梓潼縣北，二山相接。

〔二〕楚詞：奠桂酒兮椒漿。

〔三〕見對雪。徐曰：梓潼、灌口、射洪號爲三神，宋井度有蜀三神祠錄。

〔四〕後秦錄：初，萇遊至梓潼嶺，見一神人，謂之曰：「君蚤還秦。秦無主，其在君乎？」萇請其姓氏，曰：「張惡子也。」言訖不見。至是稱帝，卽其地立張相公廟祀之。梓潼化書第七十五化云：往關中，與姚萇爲友。久之，予厭處凡世，歸蜀峯。後萇以龍驤將軍使蜀，至鳳山訪予，予假以鐵如意，祝之曰：「麾之可致兵。」萇疑予，予爲之一麾，戈盾戎馬萬餘列之平坡，今試兵壩是也。後萇以苻堅死卽帝位。

五言述德抒情詩一首四十韻獻上杜七兄僕射相公〔一〕

帝作黃金闕〔二〕，仙開白玉京〔三〕。有人扶太極，惟嶽降元精〔四〕。耿賈官勳大〔五〕，荀陳地望清〔六〕。旂常懸祖德〔七〕，甲令著嘉聲〔八〕。經出宣尼壁〔九〕，書留晏子楹〔一〇〕。武鄉傳陣法〔一一〕，踐土主文盟〔一二〕。自昔流王澤〔一三〕，由來仗國楨〔一四〕。九河方〔一五〕合沓〔一六〕，一柱忽崢嶸〔一七〕。得主勞三顧〔一八〕，驚人肯再鳴〔一九〕。碧虛天共轉，黃道日同行〔二〇〕。後飲曹參酒〔二一〕，先和傳說羹〔二二〕。卽時賢路闢〔二三〕，此夜泰階平〔二四〕。願保無疆福，將圖不朽名〔二五〕。率身期濟世，叩額慮興兵。感念殽屍露〔二六〕，咨嗟趙卒坑〔二七〕。儻令安隱忍，何以贊貞明〔二八〕。惡草雖當路〔二九〕，寒松實挺生。人言眞可畏〔三〇〕，公意本無爭〔三一〕。故事留臺閣〔三二〕，前驅且旆旌。

芙蓉王儉府〔三三〕，楊柳亞夫營〔三四〕。清嘯頻疎俗〔三五〕，高談屢析酲〔三六〕。過庭多令子〔三七〕，乞墅有名甥〔三八〕。南詔應聞命，西山莫敢驚〔三九〕。寄辭收的博〔四〇〕，端坐掃欃槍〔四一〕。雅宴初無倦〔四二〕，長歌底有情？檻危春水暖，樓迴雪峯晴〔四三〕。移席牽緗蔓，迴橈撲絳英〔四四〕。誰知杜武庫〔四五〕？只見謝宣城〔四六〕！有客趨高義，於今滯下卿〔四七〕。登門慚後至〔四八〕，置驛恐虛迎〔四九〕。自是依劉表〔五〇〕，安能比老彭〔五一〕？雕龍心已切〔五二〕，畫虎意何成〔五三〕？豈省〔五四〕曾黔突〔五五〕？徒勞不倚衡〔五六〕。乘時乖巧宦〔五七〕，占象合艱貞〔五八〕。廢弃〔五九〕淹中學〔六〇〕，遲迴谷口耕〔六一〕。悼傷潘岳重〔六二〕，樹立馬遷輕〔六三〕。隴鳥悲丹觜〔六四〕，湘蘭怨紫莖〔六五〕。歸期過舊歲，旅夢繞殘更〔六六〕。弱植叨華族〔六七〕，衰門倚外兄〔六八〕。欲陳勞者曲〔六九〕，未唱淚先橫。

〔一〕舊、新書傳：杜悰，字永裕，宰相佑之孫，式方之少子。以門蔭三遷太子司議郎，尚憲宗女岐陽公主。會昌中，由淮南節度入拜中書侍郎同平章事。劉稹平，進左僕射。未幾，出爲東川節度使，徙西川，復鎮淮南，罷爲東都分司。踰歲起爲留守，復節度西川，召爲右僕射，進同平章事。初加司空，繼加司徒，後加太傅，封邠國公。按：二書悰傳，年月皆不細。考宰相表，悰由淮南入相，在會昌四年閏七月；罷相在五年五月。其移鎮西川，則在大中二年二月，見通鑑考異中。三年十月，始奏取維州。又舊書紀及白敏中傳，李回于大中元年八月節度西川，二年正月左遷湖南觀察；敏中於五年出鎮邠寧，七年移西川節度。然則悰洵於二年二月由東川移西川，而七年始移淮南。故柳仲郢六年鎮東川，其子柳珪被悰辟聘也。悰之再鎮西川，則在大中十一、二年間，仲郢已罷梓府矣。又考薛逢有送西川杜司空赴鎮詩，是大中末由東都留守復鎮西川時也。又有送司徒相公赴闕詩，是懿宗咸通二年二月又從西川入相時也。悰由留守加司空，再鎮成都加司徒，其加太傅、封邠國，則在咸通再相之時，故此題只稱「僕射相公」也。合而訂之，凡舊書傳止一書鎮西川，不書再鎮，又不書復移鎮淮南，而舊紀與通鑑書敏中於大中六年四月調西川。朱氏譜此詩於大中末再鎮西川之時，徐箋文集謂柳珪之辟在仲郢咸通初鎮興元時事，一一皆誤也。又按：文集獻相國京兆公啓，余初誤爲杜悰，而以詩中「早歲乖投刺」爲疑，今知啓乃上韋琮也。此二篇余初誤爲大中二年義山蜀遊時作，時未悼亡，故於「悼傷」句誤引懷舊賦戴侯、楊君以比王茂元之卒，後從成都文類得爲河東公上西川相國京兆公書，知義山有奉使西川決獄一事，而此箋乃能改定。其曰「有客」四句，是以隣封使客，驛路相迎，灼然明白矣。悰於七年移淮南，義山六年冬抵東川，當卽赴西川，而來春返梓也。

〔二〕周禮：正月之吉，縣法于象魏。鄭司農云：象魏，闕也。史記高祖紀：蕭丞相營未央宮，立東闕、北闕。按：宮闕習言金闕。史記封禪書：三神山在渤海中，黃金銀爲宮闕。神異經：西北荒有金闕，中有金階入兩闕中，名天門。皆借證耳。

〔三〕見杏花。又五星經：天上有白玉京、黃金闕。

〔四〕詩：維嶽降神，生甫及申。後漢書郎顗傳：元精所生，王之佐臣。

〔五〕後漢書：建威大將軍好時侯耿弇，左將軍膠東侯賈復，並圖畫南宮雲臺。

〔六〕後漢書：荀淑，潁川潁陰人，當世名賢皆宗師之，出補朗陵侯相。陳寔，潁川許人，天下服其德，除太邱長，後累徵命不起。按：寰宇記：潁川郡八姓，陳、荀首之。

〔七〕周禮夏官：辨旗物之用，王載大常，諸侯載旂。書：厥有成績，紀于大常。舊書傳：杜佑相德、順、憲三宗，拜司徒，封岐國公。佑取劉秩所撰政典，加以開元禮樂，書成二百卷，號曰通典。

〔八〕戰國趙策：臣敬修衣服，以待令甲。漢書述景紀曰：著于甲令，民用寧康。宣帝紀注曰：令有先後，故有令甲令乙令丙。蔡邕郭有道碑文：聆嘉聲而響和。

〔九〕見贈劉五經。

〔一〇〕晏子春秋：晏子將死，鑿楹納書，謂妻曰：「楹語也，子壯而視之。」及壯，發書，書之言曰：「布帛不可窮，窮不可飾；牛馬不可窮，窮不可服；士不可窮，窮不可任；國不可窮，窮不可竊也。」按：竊字似誤。舊書傳：式方明練鍾律，有所考定。家財鉅萬，別墅爲城南之最。與時賢遊，樂而有節。累官至桂管觀察。以上謂其承祖父家學。

〔一一〕蜀志：諸葛亮封武鄉侯。亮推演兵法，作八陣圖。十道記：武鄉谷在南鄭縣，孔明受封之地。

〔一二〕晉文公盟諸侯于踐土。見春秋僖二十八年。

〔一三〕兩都賦序：王澤竭而詩不作。

〔一四〕詩：王國克生，維周之楨。

〔一五〕舊皆作「分」，必誤。今以意改定。

〔一六〕書傳：河水分爲九道，在兗州界平原以北是。

〔一七〕禹貢注：底柱石在大河中流，其形如柱，今陝州三門山是也。

〔一八〕蜀志諸葛亮傳：先帝不以臣卑鄙，猥自枉屈，三顧臣於草廬之中。

〔一九〕見送李千牛。

〔二〇〕漢書天文志：日有中道。中道者，黄道，一曰光道。晉書志：黄道，日之所行也，半在赤道外，半在赤道内。新書傳：會昌初，悰節度淮南，武宗詔揚州監軍取倡家女進禁中，監軍請悰同選，又欲閲良家有姿相者，悰皆不從。帝以悰有大臣體，乃罷所進伎，有意倚悰爲相。踰年召爲平章。何曰：一鳴驚人，指此事也。

〔二一〕史記曹相國世家：參代蕭何爲相國，一遵何約束，日夜飲醇酒；卿大夫及賓客欲有言者，輒飲以醇酒。

〔二二〕書説命：若作和羹，爾惟鹽梅。悰自淮南入爲尚書僕射，領鹽鐵轉運使，尋爲相，仍判度支事。故有後先二語。傳、表小疎，此可正之。

〔二三〕董仲舒詣公孫弘記室書：大開蕭相國求賢之路。

〔二四〕漢書注：黄帝泰階六符經曰：三階平則陰陽和，風雨時，社稷神祇咸獲其宜，天下大安，是爲太平。餘詳送李千牛。

〔二五〕左傳：立德、立功、立言，此之謂不朽。

〔二六〕左傳：晉敗秦師于殽。又曰：秦伯伐晉，濟河焚舟，晉人不出，封殽屍而還。

〔二七〕見送李千牛。

〔二八〕易：日月之道，貞明者也。

〔二九〕左傳：爲國家者，見惡如農夫之務去草焉。

〔三〇〕詩：人之多言，亦可畏也。

〔三一〕此段暗伏罷相之由。按：唐書、通鑑：昭義叛時，破科斗寨，焚掠小寨一十七。明年正月，楊弁又亂，朝議鼎沸，言宜罷兵。七月悰爲相。八月郭誼殺劉稹。李德裕言宜并誅誼等，悰以饋運不繼，誼等可赦。帝專倚德裕，故不聽。既斬誼等，又悉誅昭義將士之同惡者，死者甚衆。盧鈞疑其枉濫，奏請寬之，亦不聽。王元逵殺昭義屬城二十餘人，衆懼，復閉城自守。蓋當時皆以殺降爲非。潞之役，惟李衛公一心佐理，此外皆異議之人也。「叩額慮興兵」，正指饋運不繼，懼更激亂。「殽屍」句指官軍之被焚殺者，「趙卒坑」指殺諸降人，皆實切晉地。「惡草」指李衛公。舊書畢誠傳云：武宗朝，李德裕專政，出杜悰節度東蜀。悰之故吏莫敢餞送問訊，惟誠無所顧忌，德裕怒之。固已明書其事，可與本傳互參矣。下首「慷慨資元老」數聯，與此同意。

〔三二〕後漢書左雄傳：雄多所匡肅，章表奏議，臺閣以爲故事。新書藝文志故事類有杜悰事跡一卷。

〔三三〕屢見。

〔三四〕漢書周亞夫傳：文帝後六年，亞夫爲將軍，軍細柳。文帝勞軍，按轡徐行，至中營，亞夫揖曰：「介胄之士不拜，請以軍禮見。」天子爲動，改容式車。

〔三五〕異苑：氣激於喉中而濁謂之言，激於舌端而清謂之嘯。嘯之清可以感鬼神，致不死。出其言善，千里應之；出其嘯清，萬靈授職。漢書揚雄傳：遐方疎俗。按：此疎俗是祛俗之意。

〔三六〕風賦：清清泠泠，愈病析酲。

〔三七〕新書傳：悰子裔休、逑休、孺休。

〔三八〕晉書：謝安與玄圍碁賭別墅，玄不勝，安顧甥羊曇曰：「以乞汝。」廣韻：乞，與人物也。

〔三九〕皆見送從翁東川。

〔四〇〕新書：韋臯命將分出西山、靈關，破峨和、通鶴、定廉城，踰的博嶺，遂圍維州。

〔四一〕見送李千牛。舊書李德裕、杜悰傳：太和五年，吐蕃維州守將悉怛謀以城降，卽古西戎地也，南界江陽，岷山連嶺而西，不知其極；北望隴山，積雪如玉；東望成都，若在井底。一面孤峯，三面臨江，是西蜀控吐蕃之要也。河隴陷蕃，此州尚存，吐蕃利其險要，設計得之，號曰無憂城。貞元中，韋皐萬計取之不獲，至是悉怛謀送款。德裕發兵鎮守，因陳出攻之利害。牛僧孺與德裕不協，乃詔德裕勒還其城。悉怛謀一部之人，贊普皆加虐刑。至大中時，悰鎮西川，復收之，亦不因兵刃，乃人情所歸也。按：此事大可鋪張，第以既痛詆衞公，不得不輕約其詞，實詩人之紕繆也。

〔四二〕傳云：悰每荒湎宴適而已。

〔四三〕時令是初春。

〔四四〕說文：緗，帛淺黃色也；絳，大赤也。

〔四五〕晉書：杜預拜度支尚書，損益萬幾，不可勝數，朝野稱美，號曰「杜武庫」，言其無所不有。

〔四六〕見和韋潘前輩。二句謂蘊抱難窺，而風流易挹，兼寓不得在朝而出爲外鎮也。以上述德，以下抒情。

〔四七〕春秋時，列國有上卿、下卿。左傳：王以上卿之禮饗管仲，管仲辭曰：「臣，賤有司也，陪臣敢辭。」受下卿之禮而還。故以比己爲幕僚。

〔四八〕後漢書：李膺獨持風裁，士有被其容接者，號曰「登龍門」。

〔四九〕見南山北歸。

〔五〇〕見安定城樓。

〔五一〕錢曰：是何言歟？按：孔子事古人習用不避。

〔五二〕史記：談天衍，雕龍奭。注曰：騶奭修衍之文飾，若雕鏤龍文。北史：魏劉勰撰文心雕龍。

〔五三〕後漢書：馬援誡兄子書：效季良不得，陷爲天下輕薄子，所謂畫虎不成反類狗者也。

〔五四〕一作「有」，非。

〔五五〕按：文子：墨子無黔突，孔子無煖席。班固答賓戲：孔席不暖，墨突不黔。文選注引文子也。而淮南子修務篇：孔子無黔突，墨子無煖席。新論亦云：仲尼栖栖，突不暇黔。則皆可互言之也。

〔五六〕程曰：漢書袁盎傳：百金之子不騎衡。如淳曰：騎，倚也；衡，樓殿邊欄楯也。師古曰：騎，謂跨之耳，非倚也。按：騎衡喻在幕遇憂危，「不」字活看，非用論語也。水經注引之，作「立不倚衡」。

〔五七〕史記汲黯傳：黯姑姊子司馬安文深巧善宦，官四至九卿。漢書無「姑」字，他書引之，多止作「姊子」。御覽引史記曰：司馬安是其姊長子。安得古本史記校定之歟？

〔五八〕易明夷：利艱貞。

〔五九〕一作「忘」。

〔六〇〕「弃」，古「棄」字。爾雅：棄，忘也。按：以音節當作弃。史記正義七錄云：古儀禮出魯淹中。淹中，里名。

〔六一〕漢書傳：谷口鄭子眞修身自保。揚雄論曰：「鄭子眞不詘其志，耕於巖石之下，名震於京師，豈其卿，豈其卿！」溝洫志注：谷口在今雲陽縣。

〔六二〕潘岳悼亡詩，見王十二兄與畏之相訪。

〔六三〕漢書司馬遷傳：特以爲智窮罪極，不能自免，卒就死耳。何也？素所自樹立使然。人固有一死，死有重於泰山，或輕於鴻毛，用之所趨異也。

〔六四〕禰衡鸚鵡賦：命虞人於隴坻。又曰：紺趾丹觜，綠衣翠衿。

〔六五〕楚詞：秋蘭兮青青，綠葉兮紫莖。此謂懷才感遇之慨。

〔六六〕上云春水雪峯，合之此句，蓋冬抵西蜀，而遂至度歲矣。

〔六七〕左傳：子產如陳，歸告大夫曰：「其君弱植。」晉書：王遐少以華族，仕至光祿卿。字屢見。

〔六八〕儀禮：姑之子。注曰：外兄弟也。按：李翺所撰鄭州李則墓誌云：府君次女壻杜式方。外兄之稱，似因是矣。舊書本傳祖俌，非則也，其爲從祖歟？

〔六九〕文選：謝混詩：信此勞者歌。善曰：「韓詩序：伐木廢，朋友之道缺。勞者歌其事，詩人伐木，自苦其事，故以爲文。」

田曰：淸警飄宕，蘊味有餘，眞堪希蹤老杜。浩曰：北夢瑣言有杜邠公不恤親戚一條，云：其諸院姊妹寄寓貧困者，未嘗拯濟，節臘一無沾遺，有乘肩輿至衙門詬駡者。又云：時號悰爲「禿角犀」，甘食竊位，未嘗延接寒素。今玩「登門慚後至」，「早歲乖投刺」，則義山昔未相洽，前此巴蜀間遊，已成虛望；今因上遵新制，隣道憲銜，於是禮展郊迎，情聯中表，豈眞意相關哉！長篇疊贈，醜詆名臣，妄希汲引，可謂無聊之謬算矣。舊傳采瑣言而脫去「未」字，反若嘗延接寒素者，誤也。

今月二日不自量度輒以詩一首四十韻干瀆尊嚴伏蒙仁恩俯賜披覽獎踰其實情溢於辭顧惟疎蕪曷用酬戴輒復五言四十韻詩一章獻上亦詩人詠歎不足之義也

家擅無雙譽〔一〕，朝居第一功〔二〕。四時當首夏〔三〕，八節應條風〔四〕。滌濯臨清濟〔五〕，巉巖倚碧嵩〔六〕。鮑壺冰皎潔〔七〕，王珮玉丁東〔八〕。處劇張京兆〔九〕，通經戴侍中〔一〇〕。將星臨迥夜〔一一〕，卿月麗層穹〔一二〕。下令銷秦盜〔一三〕，高談破宋聾〔一四〕。含霜太山竹〔一五〕，拂霧嶧陽桐〔一六〕。樂道乾知退〔一七〕，當官蹇匪躬〔一八〕。服箱青海馬〔一九〕，入兆渭川熊〔二〇〕。固是符眞宰〔二一〕，徒勞讓化工〔二二〕。鳳池春瀲灩〔二三〕，雞樹曉曈曨〔二四〕。願守三章約〔二五〕，嘗期〔二六〕九譯通〔二七〕。薰琴調大舜〔二八〕，寶瑟和神農〔二九〕。慷慨資元老〔三〇〕，周旋値狡童〔三一〕。仲尼羞問陳，魏絳喜和戎〔三二〕。欵欵將除蠹〔三三〕，孜孜欲達聰〔三四〕。所求因渭濁〔三五〕，安肯與雷同〔三六〕？物議將調鼎〔三七〕，君恩忽賜弓〔三八〕。開吳相上下〔三九〕，全蜀占西東〔四〇〕。銳卒魚懸餌〔四一〕，豪胥鳥在籠〔四二〕。疲民呼杜母〔四三〕，鄰國仰羊公〔四四〕。置驛推東道〔四五〕，安禪合北宗〔四六〕。嘉賓增重價〔四七〕，上士悟眞空〔四八〕。扇舉遮王導〔四九〕，樽開見孔融〔五〇〕。煙飛愁舞罷，塵起〔五一〕惜歌終〔五二〕。岸柳兼池綠，園花映燭紅。未曾周顗醉〔五三〕，轉覺季心恭〔五四〕。繫滯喧人望，便蕃屬聖衷〔五五〕。天書何日降，庭燎幾時烘〔五六〕？早歲乖投刺〔五七〕，今晨幸發蒙〔五八〕。遠途哀跛鼈〔五九〕，薄藝奬雕蟲〔六〇〕。故事曾尊隗〔六一〕，前修有薦雄〔六二〕。終須煩刻畫〔六三〕，聊擬更磨礱〔六四〕。蠻嶺晴留雪〔六五〕，巴江晚帶楓〔六六〕。營巢憐越燕〔六七〕，裂帛待燕鴻〔六八〕。自苦誠先蘗〔六九〕，長飄不後蓬〔七〇〕。容華雖少健，思緒即悲翁〔七一〕。感激淮山館〔七二〕，優游碣石宮〔七三〕。待公三入相〔七四〕，丕祚始無窮〔七五〕。

〔一〕後漢書荀爽傳：潁川爲之語曰：「荀氏八龍，慈明無雙。」

〔二〕見韓碑。

〔三〕謝靈運詩：首夏猶清和。

〔四〕易通卦驗：立春，條風至，東北風也。喻其和藹。

〔五〕韓子：清濟濁河，足以爲限。

〔六〕喻其清高。

〔七〕鮑照詩：清如玉壺冰。

〔八〕原注：摯虞決疑要注云：漢末喪亂，絕無玉珮。魏侍中王粲識舊珮，始復作之。今之玉珮，受法於粲也，故云。按：魏志王粲傳注引之，今補正。韻府羣玉：丁當，珮聲，或謂丁東。詩緝云：東卽當也。

〔九〕漢書：張敞拜膠東相，自謂治劇郡，非賞罰無以勸善懲惡。入守京兆尹，窮治所犯，盡行法罰，枹鼓希鳴，市無偷盜。舊書傳：太和六年，悰轉京兆尹。

〔一〇〕後漢書：戴憑字次仲，年十六，郡舉明經，後拜侍中。正旦朝賀，帝令羣臣說經，更相難詰，義有不通，輒奪其席以益通者，憑遂重坐五十餘席。京師語曰：「解經不窮戴侍中。」百官志：侍中比二千石。注曰：漢儀曰：侍中常伯，選舊儒高德，博學淵懿，仰占俯視，切問近對，喻旨公卿，上殿稱制，在尙書令、僕射下。

〔一一〕史記天官書：中宮斗魁戴匡六星，曰文昌宮：一曰上將，二曰次將。又：南宮郎位旁一大星，將位也。又：北宮河鼓，詳七夕偶題。

〔一二〕書洪範：卿士惟月。

〔一三〕見行次西郊。

〔一四〕左傳：申舟以孟諸之役惡宋，曰：「鄭昭宋聾。」舊書傳：太和七年，悰節度鳳翔隴右，丁內艱，八年起復，節度忠武軍。朱曰：京兆、鳳翔，秦地也；陳、許，宋地也。

〔一五〕古詩：冉冉孤生竹，結根太山阿。竹譜：魯郡鄒山有篠，質特堅潤，宜爲笙管。

〔一六〕禹貢：嶧陽孤桐。傳曰：嶧山之陽特生桐，中琴瑟。舊書傳：開成初，悰入爲工部尚書，屬岐陽主薨，久而未謝，文宗怪之。李珏曰：「近日駙馬爲公主服斬衰三年，士族之家不願爲國戚，半爲此也。」乃下詔令行杖周，永爲通制。此聯暗敍其事，以笙琴比夫婦，孤竹孤桐喻喪偶，故下接「知退」。太平廣記引前定錄云：懿安皇后，宣宗幽崩。悰，懿安子壻也。悰在西川，忽一日內牓子索檢責宰臣元載故事，賴宰相馬植萬端營救，事遂寢。此大中二年事也。若果有之，則敍尚主宜隱約矣。

〔一七〕易乾卦：知進退存亡而不失其正者，其唯聖人乎！

〔一八〕易蹇卦：王臣蹇蹇，匪躬之故。

〔一九〕詩：「睆彼牽牛，不以服箱。」餘見詠史。

〔二〇〕史記：西伯將獵，卜曰：所獲非熊非羆，非龍非彲，伯王之輔。果遇太公於渭之陽。

〔二一〕莊子：若有眞宰，而特不得其眹。

〔二二〕謂深契宸衷，久宜爲相。

〔二三〕晉書：荀勗守中書監久，專管機事。及守尚書令，或有賀之者，勗曰：「奪我鳳凰池，諸君賀我耶？」

〔二四〕見太原同院崔侍御。

〔二五〕見故番禺侯。又史記曹相國世家：百姓歌之曰：「蕭何爲法，顜若畫一。曹參代之，守而勿失。載其清淨，民以寧一。」

〔二六〕一作「期嘗」，誤。一作「還期」。

〔二七〕史記大宛傳：重九譯，致殊俗。

〔二八〕見詠史。

〔二九〕漢書金日磾傳：莽何羅行觸寶瑟。淮南子：神農初作瑟，以歸神反望及其天心也。

〔三〇〕詩：方叔元老。

〔三一〕詩：彼狡童兮。餘見南山趙行軍，指劉稹事。

〔三二〕左傳：魏絳告晉侯曰：「和戎有五利焉。」

〔三三〕周禮：翦氏掌除蠹物，以攻禜攻之，以莽草熏之。韓非子有五蠹篇，言人主宜除之。

〔三四〕書：達四聰。

〔三五〕詩：涇以渭濁。箋云：涇水以有渭，故見濁。後漢書黨錮傳贊：渭以涇濁。注曰：渭以涇濁，乃題其清。按：渭水本清。水經注：渭水又東，得白渠口。渠爲趙國白公奏穿，引涇水，起谷口，出鄭渠南，而漸由東南以入於渭。歌辭所謂「涇水一石，其泥數斗；衣食京師，億萬之口」者也。渭之水濁，其以是歟？因者任其自然，卽川澤納汙之義。

〔三六〕曲禮：毋雷同。以上四聯謂論澤潞事與德裕不協，乃罷相之由也。詳上篇。

〔三七〕謂將居首輔。

〔三八〕詩序：彤弓，天子以賜有功諸侯也。書文侯之命：彤弓一、盧弓一。

〔三九〕文選：晉張悛爲吳令謝詢求爲諸孫置守塚人表：進爲狗漢之臣，退爲開吳之主。此指昔鎮淮南，吳、楚之地。

〔四〇〕詳題下。

〔四一〕軍讖：軍無財則士不來，故香餌之下，必有懸魚。

〔四二〕左思詩：習習籠中鳥，舉翮觸四隅。

〔四三〕後漢書：杜詩爲南陽太守，時人方於召信臣，故南陽爲之語曰：「前有召父，後有杜母。」

〔四四〕晉書羊祜傳：祜都督荆州諸軍事，與吳人開市大信，於是吳人翕然悅服，稱爲羊公，不之名也。

〔四五〕東道，見奉使江陵。餘屢見。

〔四六〕張纘南征賦：尋太傅之故宅，今築室以安禪。舊書方伎傳：僧神秀與慧能師事弘忍。弘忍卒，神秀居荆州南陽山，慧能住韶州廣果寺。天下傳其道，謂神秀爲北宗，慧能爲南宗。

〔四七〕劉峻廣絶交論：顧眄增其重價。

〔四八〕老子：上士聞道，勤而行之。佛說海八德經：吾道微妙，經典淵奧，上士得之。徐曰：悰其學佛者歟？按：此慰其不得久居相位也，而全蜀藝文志碑目有如舜禪師碑銘，在金堂龍槐院，唐杜悰課，似可例證。

〔四九〕晉書王導傳：庾亮以望重地逼，出鎭於外，而執朝廷之權。導內不平，常遇西風塵起，舉扇自蔽，曰：「元規塵汙人。」此句非指德裕，時德裕已貶死矣，當別指朝貴。

〔五〇〕後漢書孔融傳：及退閑職，賓客日盈其門，常歎曰：「坐上客常滿，尊中酒不空，吾無憂矣。」

〔五一〕一作「定」。

〔五二〕劉向別錄：善雅歌者，魯人虞公，發聲清哀，能動梁塵。通典：漢有虞公善歌，能令梁上塵起。

〔五三〕晉書周顗傳：補吏部尚書，以醉酒爲有司所糾，白衣領職。後爲護軍將軍。紀瞻置酒請顗及王導等，顗荒醉失儀，復爲有司所奏。世說：周伯仁過江積年，恆大飲酒，嘗經三日醒，時人謂之「三日僕射」。

〔五四〕漢書：季布弟季心，氣蓋關中，遇人恭謹。按：謂其不以躭飲失禮，蓋迴護之詞。

〔五五〕左傳：便蕃左右，亦是帥從。按：詩作「平平」，傳引之作「便蕃」，注曰：數也。

〔五六〕詩小雅有庭燎篇。此祝其入朝。

〔五七〕見奉使江陵。

〔五八〕素問：黄帝曰：發蒙解惑。易蒙卦：初六發蒙。

〔五九〕荀子：跬步不休，跛鱉千里。

〔六〇〕揚子：或問：「吾子好賦？」曰：「然，童子雕蟲篆刻。」俄而曰：「壯夫不爲也。」

〔六一〕戰國策：燕昭王卑身厚幣以招賢者。往見郭隗先生，隗曰：「王誠欲致士，先從隗始；隗且見事，況賢於隗者乎？豈遠千里哉！」於是爲隗築宮而師之。

〔六二〕離騷：謇吾法夫前修兮。餘見西掖玩月。

〔六三〕晉書周顗傳：庾亮謂顗曰：「人咸以君方樂廣。」顗曰：「何乃刻畫無鹽，唐突西施也。」按：刻畫，雕飾之義，故以言被人賞遇。

〔六四〕漢書枚乘傳：磨礱砥礪。

〔六五〕指雪嶺。

〔六六〕江岸多楓，非指深秋霜葉也。蠻嶺在西，巴江在東，略舉疆域言之。

〔六七〕謂在幕也，見詠懷寄秘閣。

〔六八〕見卽日。又江淹恨賦：裂帛繫書，誓還漢恩。此若以鞫獄而論，得非申復臺中，候其回牒歟？

〔六九〕古子夜歌：黄蘗向春生，苦心隨日長。

〔七〇〕曹植詩：轉蓬離本根，飄颻隨長風。

〔七一〕漢鐃歌鼓吹曲有思悲翁。

〔七二〕漢書：淮南王安招致賓客方術之士數千人。神仙傳：八公詣淮南王門，王迎登思仙之臺，日夕朝拜。

〔七三〕見送劉五經。二句謂暫得淹留之跡，不可以上句謂移淮南。

〔七四〕荀子：楚相孫叔敖曰：「吾三相楚而心益卑，體愈恭。」職源云：唐宰相有再入三入四入五入者。此用典致頌，不必泥看。悰後於咸通初乃再入耳。

〔七五〕刊本有此篇在前，上篇在後者，誤。田曰：激圓如弄丸脫手，濺珠走荷。錢曰：二詩以全力赴之者也。莊重典雅，不減少陵；而變化不逮。才之不可強如是。浩曰：逐句細箋，方知左宜右有，才力博大。

韓冬郎即席爲詩相送一座盡驚他日余〔一〕方追吟連宵侍坐徘徊久之句有老成之風因成二絶寄酬兼呈畏之員外〔二〕

十歲裁詩走馬成，冷灰殘燭動離情。桐花萬里丹山路，雛鳳清於老鳳聲〔三〕。

劍棧風檣各苦辛〔四〕，別時冬〔五〕雪到時春〔六〕。爲憑何遜休聯句〔七〕，瘦盡東陽姓沈人〔八〕。

〔一〕一作「徐」。

〔二〕新書傳：韓偓字致光，京兆萬年人。擢進士第。昭宗時爲翰林學士，遷兵部侍郎，進承旨，爲朱全忠貶濮州司馬。天祐二年，復召爲學士，偓不敢入朝，挈其族南依王審知而卒。紀事曰：偓小字冬郎，字致堯，今曰致光，誤矣。自號玉山樵人。按：吳融集亦作韓致光，史文必不誤也。朱箋本作「余方」，唐音戊籤與席氏從宋刊本皆作「徐方」，未定孰是。

〔三〕晉書：陸雲幼時，閔鴻奇之，曰：「此兒若非龍駒，當是鳳雛。」

〔四〕郭璞江賦：舳艫相屬，萬里連檣。餘見哭蕭侍郎，又見因書。

〔五〕一作「冰」，今從戊籤。

〔六〕秋潦冬雪，見馬融長笛賦。

〔七〕見漫成三首。何集亦有與他人聯句者。

〔八〕自注：沈東陽約嘗謂何遜曰：「吾每讀卿詩，一日三復，終未能到。」余雖無東陽之才，而有東陽之瘦矣。按：「終未能到」與史文小異。約於隆昌元年除吏部郎，出爲東陽太守。

浩曰：箋之難定在「徐」「余」二字與「劍棧風檣」四字。若云在徐幕作，則大中四年臘月大雪過大梁，與此別時到時正合；然以劍棧指迎寄韓瞻之時，則年已不符，意亦微背，而義山赴徐非水程，則「風檣」何屬也？若云在梓幕作，則「劍棧」自謂，「風檣」似謂韓有水程之役，頗通；但散關遇雪，抵梓赴蜀皆在歲前，且失偶未久，於寄韓情緒何不更含感悼？故兩難細合也。無可定編，聊附於此，究以後說近之。

柳

爲有橋邊拂面香，何曾自敢占流光？後庭玉樹承恩澤〔一〕，不信年華有斷腸。

〔一〕三輔黄圖：甘泉宫北岸有槐樹，今謂玉樹，根幹盤峙，三二百年木也。楊震關輔古語云：相傳即揚雄甘泉賦所謂「玉樹青葱」也。文選甘泉賦注：漢武帝故事曰：上起神屋，前庭植玉樹，珊瑚爲枝，碧玉爲葉。御覽引唐書：雲陽縣界多漢宫故地，有似槐而葉細，士人謂之玉樹。餘見陳後宫。

浩曰：寓柳姓也。寄人幕下，風光皆屬他人，敢妄叨耶？何故交之不相憐也！

三月十日〔一〕流杯亭〔二〕

身屬中軍少得歸〔三〕，木蘭花盡失春期〔四〕。偷隨柳絮到城外〔五〕，行過水西聞子規〔六〕。

〔一〕一作「三日」，誤。

〔二〕舊注引巴州嚴武所創流觴亭，地已不合；或引他處，尤誤。流杯亭是處可有，此必在東川也。徐曰：「詩有子規，且木蘭蜀中尤盛。」得之矣。

〔三〕乙集序云：時公始陳兵新教作場，閱數軍實，判官務檢舉條理，不暇筆硯。即此句意。

〔四〕見前木蘭。

〔五〕神農本草經：柳花一名柳絮。

〔六〕本草釋名：子規其鳴若曰「不如歸去」。餘見木蘭花。

西溪〔一〕

悵望西溪水，潺湲〔二〕奈爾何？不驚春物少，只覺夕陽多。色染妖韶〔三〕柳〔四〕，光含窈窕蘿〔五〕。人間從到海，天上莫爲河〔六〕。鳳女彈瑤瑟〔七〕，龍孫撼玉珂〔八〕。京華他夜夢，好好寄雲波〔九〕。

〔一〕四川通志：西溪在潼川府西門外。胡震亨曰：樊南集謝河東公和詩啓指此詩也。朱曰：有引放翁筆記華州鄭縣之西溪亭者，謬也。

〔二〕一作「潺潺」。

〔三〕一作「嬈」。

〔四〕陸機七徵：舒妍陣以妖韶。

〔五〕方言：美狀爲窕，美心爲窈。詩：蔦與女蘿。傳曰：女蘿，菟絲松蘿也。

〔六〕朱曰：「從到海」，以其有朝宗之義；「莫爲河」，以其隔牛、女之會。

〔七〕屢見。

〔八〕龍孫，龍駒也。餘詳淚。

〔九〕鳳女龍孫並非泛設，謂昔年客中憶在京妻子，尚得好好一寄消息；今則妻亡子幼，夢亦多愁矣。言外含悲，隱而不露。

柳

柳映江潭底有情〔一〕？望中頻遣客心驚。巴雷隱隱千山外，更作章臺走馬聲〔二〕。

〔一〕庾信枯樹賦：昔年移柳，依依漢南；今看搖落，悽愴江潭。

〔二〕見回中牡丹、無題四首。

浩曰：走馬章臺，乃官於京師者也。今雷在巴山，聲偏相類，益驚遠客之心矣。意曲而摯。或前遊巴蜀時作，用意亦同。

細雨成詠獻尚書河東公〔一〕

灑砌聽來響，卷簾看已迷。江間風暫定，雲外日應西〔二〕。稍稍落蝶粉，斑斑融燕泥。颸萍初過沼，重柳更緣堤。必擬和殘漏，寧無晦暝鼙。半將花漠漠，全共草萋萋。猿別方長嘯〔三〕，烏驚始獨棲〔四〕。府公能八〔五〕詠〔六〕，聊且續新題〔七〕。

〔一〕原編集外詩。河東，柳氏郡望也。仲郢封河東男，見舊書大中十一年紀。仲郢字諭蒙，見舊書傳。

〔二〕巧句。

〔三〕見失猿，謂遠客也。

〔四〕謂失偶。

〔五〕一作「入」，非。

〔六〕金華志：沈約守東陽，作八詩題於玄暢樓，後人因更爲八詠樓。韻府：六朝王府臣僚稱其主爲府公。唐幕僚稱節度爲府公，蓋沿六朝之舊。按：後漢書諸曹掾屬皆曰公府掾，是以稱府公非始六朝也。

〔七〕着題之作，頗近帖體。

屬疾〔一〕

許靖猶羈宦〔二〕，安仁復悼亡〔三〕。茲辰聊屬疾〔四〕，何日免殊方！秋蝶無端麗，寒花更不〔五〕香〔六〕。多情眞命薄，容易即迴腸。

〔一〕義山在東川，往往因愁致疾，屢見於詩。「屬疾」者，以疾暫假也，亦曰移疾。先後史文中極多。漢書：公孫弘移病免歸。師古曰：移書言病也。其義亦相類，然免歸與暫假有殊。

〔二〕蜀志：許靖字文休，因劉璋招入蜀，爲巴郡廣漢太守。先主克蜀，以靖爲左將軍長史；及即尊號，策靖司徒。

〔三〕潘岳集悼亡詩三首，又有賦。此謂復遇妻亡之日。

〔四〕因妻亡日託言疾也。

〔五〕一作「只暫」。

〔六〕「寒花只暫香」，杜詩薄遊成句。

楊本勝說於長安見小男阿衮〔一〕

聞君來日下，見我最嬌兒。漸大啼應數〔二〕，長貧學恐遲。寄人龍種瘦〔三〕，失母鳳雛癡〔四〕。語罷休邊角〔五〕，青燈兩鬢絲。

〔一〕乙集序：大中七年十月，弘農楊本勝始來軍中。舊書楊漢公傳：子籌、範皆登進士，累辟使府。新書宰相世系表：籌字本勝，監察御史。題曰「長安」，詩曰「寄人」，知仍寄家關中矣。

〔二〕陶潛詩：嬌兒索父啼。漸大則知思父遠遊，傷母早背，故「啼應數」。或疑之者，誤也。

〔三〕義山本宗室。

〔四〕見韓冬郎。

〔五〕角，畫角也。謂晚角將罷。

錦瑟

錦瑟無端五十絃〔一〕，一絃一柱思華年〔二〕。莊生曉夢迷蝴蝶〔三〕，望帝春心托杜鵑〔四〕。滄海月明珠有淚〔五〕，藍田日暖玉生烟〔六〕。此情可待成追憶，只〔七〕是當時已惘然〔八〕。

〔一〕見送從翁東川。素女所鼓，本五十絃。本集又云「雨打湘靈五十絃」，則是言瑟之泛例耳。余初疑合兩瑟言之者，尚誤也。或謂以二十五絃爲五十，取斷絃之義者，亦誤。

〔二〕楊曰：琴瑟喻夫婦，冠以錦者，言貴重華美，非荆釵布裙之匹也。五十絃、五十柱，合之得百數。「思華年」者，猶云百歲偕老也。按：楊說似精而實非也。言瑟而曰錦瑟、寶瑟，猶言琴而曰玉琴、瑶琴，亦泛例耳。有絃必有柱，今者撫其絃柱而歎年華之倏過，思舊而神傷也，便是下文「追憶」二字，前人每以求深失之。

〔三〕見七夕偶題。取物化之義，兼用莊子妻死，惠子弔之，莊子則方箕踞鼓盆而歌。義山用古，頗有旁射者。

〔四〕見哭蕭侍郎。謂身在蜀中，託物寓哀。

〔五〕禮斗威儀：德至淵泉，則江海出明珠。大戴禮記：蚌蛤龜珠，與月盛虛。餘見回中牡丹及題僧壁。

〔六〕錄異傳：吳王夫差小女曰玉，悦童子韓重，許爲之妻；王怒不與，玉結氣而死。後，玉梳妝忽見，王云云，夫人聞之，出而抱之，玉如烟然。困學紀聞：司空表聖云：戴容州叔倫謂詩家之景，如藍田日暖，良玉生烟，可望而不可置於眉睫之前也。義山句本此。按：非取此意也。蓋下半重致其撫今追昔之痛，五句美其明眸，六句美其容色，乃所謂「追憶」也。木庵謂是哭之葬之，則接第七句必不融洽矣。

〔七〕一作「祗」。

〔八〕「惘然」緊應「無端」二字。「無端」者，不意得此佳耦也。當時睹此美色，已覺如夢如迷，早知好物必不堅牢耳。

胡震亨曰：宋人緗素雜記以適怨清和爲解，分配中間四句，託蘇、黄問答以實之，固非。即紀事以爲令狐楚之青衣名錦瑟，又有謂義山莊事楚，必綯之青衣，皆妄爲之説者也。朱曰：此與「錦瑟長於人」同意，非賦錦瑟也。浩曰：此悼亡詩定論也。以首二字爲題，集中甚多，何足泥也。余爲逐句箋定，情味彌出矣。許彦周詩話「適怨清和」一作「感怨清和」，云令狐楚侍人能彈此四曲，皆妄説耳。

近人著柳南隨筆云：義門謂是玉谿自題其集以開卷，此又非義門之說而訛承者。何曰：首借素女鼓瑟事以發端，言悲思之情有不可得而止者。次連悲其遽化異物，腹連又悲其不能復起之九原也。按：此解亦可。

江上憶嚴五廣休〔一〕

征南幕下帶長刀，夢筆深藏五色毫〔二〕。逢著澄江不敢詠〔三〕，鎮西留與謝功曹〔四〕。

〔一〕一本入集外詩。

〔二〕見牡丹。

〔三〕見和韋潘前輩。

〔四〕南齊書：謝朓文章清麗，遷隨王子隆鎮西功曹。子隆在荆州，朓被賞愛，不捨日夕。

浩曰：上二句言無暇爲詩，則「江上」者當爲東川判上軍不暇筆硯之時也。但以嚴五蹤跡未詳，詩意未能全會耳。

李夫人三首〔一〕

一帶不結心〔二〕，兩股方安髻〔三〕。慚愧白茅人，月沒教星替〔四〕。

剩結茱萸枝〔五〕，多擘秋蓮的〔六〕。獨自有波光〔七〕，綵囊盛不得〔八〕。蠻絲繫條脫〔九〕，妍眼和香屑〔一〇〕。壽〔一一〕宮不惜鑄南人〔一二〕，柔腸早被秋眸割。清澄有餘幽素香，鰥魚渴鳳眞珠房。不知瘦骨類冰井〔一三〕，更許夜簾通曉霜。土花漠碧〔一四〕雲茫茫，黄河欲盡天蒼蒼〔一五〕。

〔一〕事見漢宮絶句。潘岳悼亡詩：獨無李氏靈，髣髴覩爾容。題取此意。

〔二〕梁武帝詩：腰間雙綺帶，夢爲同心結。

〔三〕炙轂子：漢有同心髻。

〔四〕文子：老子曰：百星之明，不如一月之光。讀曲歌：月没星不亮，持底明儂緒。漢書：武帝拜欒大爲五利將軍，又刻玉印曰「天道將軍」，使衣羽衣，立白茅上受印，以示不臣也。按：致李夫人者，爲齊人少翁，拜文成將軍，與五利等耳。夫人已死，月没也；刻石似之，教星替也。尚書緯曰：天子大社以五色土爲壇，將封諸侯，各取方土苴以白茅以爲社。唐時藩鎮猶古封建，故又晤以白茅人比仲郢耳。五利、文成不足泥也。

〔五〕西京雜記：戚夫人侍兒賈佩蘭出爲扶風人段儒妻，說在宮内時九月九日佩茱萸。續齊諧記：費長房謂汝南桓景：「九月九日汝家有災，宜令家人各作絳囊，盛茱萸以繫臂，此禍可消。」

〔六〕爾雅：荷，芙蕖，其實蓮，其中的，的中薏。

〔七〕招魂：娭光眇視，目曾波些。

〔八〕續齊諧記：弘農鄧紹嘗以八月旦入華山采藥，見一童子執絲囊承栢葉上露，曰：「赤松先生取以明目。」

〔九〕條脫卽臂釧，詳中元作。

〔一〇〕朱曰：香屑，百和香屑也。

〔一一〕一作「守」，誤。

〔一二〕按：漢書郊祀志：武帝置壽宮神君，而神君中有長陵女子以乳死，見神於先後宛若。宛若祀之其室，武帝置祠內中，聞其言不見其人云。三輔黃圖：壽宮張羽旗設供具以禮神君，神君來則肅然風生，帷帳皆動。以比李夫人之來，雅切矣。朱氏引李夫人傳「圖畫其形於甘泉宮」者，非所用也。朱又曰：「鑄南人無解。或『南金』之訛，言不惜金鑄其像也。」此解似之。

〔一三〕文選：江淹擬曹植詩「從容冰井臺」，善曰：鄴中記：銅雀臺北則冰井臺。按：藏冰井室，卽詩云「凌陰」也。

〔一四〕一作「漠漠」，誤。

〔一五〕一作「蒼黃」。姚曰：拾遺記：李少君使人至闇海求得潛英之石，其色青輕如毛羽，命工人依先圖刻作夫人形，置輕紗幙裏，宛若生時。此詩似用其事。按：姚說是矣。蓋首四句謂狀其形，而一睹姸眼，終非向日明眸，便令我腸斷也。「淸澄」二句，冷靜之態；「鰥魚渴鳳」，明點悼亡。「不知」二句言瘦骨業已如冰，況加以霜寒乎？結乃碧落黃泉，不可復接之意。

浩曰：三首爲悼亡，蓋借古以寓哀。義山赴蜀後，河東公賜以樂籍張懿仙，上啓力辭，正此時也。首章言一帶不能同心，兩股方能成髻；單棲者固當求偶，其如月光已沒，終非星所能替乎！次作舉茱萸之可以囊盛，蓮菂之皆在房中，而歎獨此波光斷不能盛之使長留，以申明星難替月之義。三章上四句又申明波光不可復得，而深致其哀，故一曰「姸眼」，一曰「秋眸」。蓋婦人之美，莫先於目，義山妻以此擅秀，於斯更信。又曰：錢曰：樊紹述園池記，元人以分其句讀爲能事，其說有三，究不知樊之句讀何如。而昌黎銘樊，美其文從字順，則知元人直爲樊所欺，兼爲韓所欺也。此等詩亦園池記也，何可爲其所愚？愚謂錢說固快，然甘爲古人所愚，正讀古一法。此三首一經拈出，未爲絕奧，餘詩或有當闕疑者。

即日

一歲林花卽日休，江間〔一〕亭下悵淹留。重吟細把眞無奈，已落猶開未放愁〔二〕。山色正來銜小苑，春陰只欲傍高樓〔三〕。金鞍忽散銀壺滴〔四〕，更醉誰家白玉鉤〔五〕！

〔一〕一作門。

〔二〕田曰：謂未全愁。按：如曰未盡愁。錢曰：閒冷處徧搜得到，宋人之工全在此。

〔三〕何曰：言幷使我不得稍淹留也。

〔四〕一作「漏」。

〔五〕見無題二首。何曰：風光易過，不醉無以遣愁，然使我更醉誰家乎？無聊之甚也。何曰：一歲之花遽休，一日之景遽暮，金鞍忽散，惆悵獨歸，泥醉無從，排悶不得，其強裁詩歌與泣俱矣。

春日

欲入盧家白玉堂〔一〕，新春催破舞衣裳。蝶銜花〔二〕蕊蜂銜粉，共助青樓一日忙。

〔一〕見對雪。浩曰：酷寫女郎春遊情態，其寓意則與下章同。首句借喻玉堂；蝶蜂共助，比代爲詩啓也。

〔二〕一作「紅」。

江亭散席循柳路吟歸官舍〔一〕

春詠敢輕裁，銜辭入半杯〔二〕。已遭江映柳，更被雪藏梅。寡和眞徒爾〔三〕，殷憂動即來。從詩得何報？惟看〔四〕二毛催〔五〕。

〔一〕一以「歸官舍」三字爲注。

〔二〕姚曰：古人作詩未有不從苦心得者，「敢」字最妙；次句何等細心靜氣。

〔三〕宋玉對楚王問：其曲彌高，其和彌寡。

〔四〕一作「感」。

〔五〕左傳：不禽二毛。潘岳秋興賦：余春秋三十有二，始見二毛。

浩曰：徐氏以江亭爲曲江之亭，柳路爲柳衙之路。余初以結句似在壯年，遂從其說；今乃悟其謬也。義山官京師，爲秘省郎、京兆掾、國子博士三者，無論秘省在皇城之內，即京掾、學博亦無可循路吟歸官舍之事。此蓋猶柳下暗記之作，「循柳路」者，循其意指也，故曰「藏梅」「寡和」。結句定作「看」字。從詩何報？惟看白髮催增，非乍驚斑鬢也。首聯便寫居人幕下之慨，通篇情味酸而旨矣。

柳下暗記〔一〕

無奈巴南柳〔二〕，千條傍吹臺〔三〕。更將黃映白，擬作杏花媒〔四〕。

〔一〕後漢書：應奉少聰明，凡所經歷，莫不暗記。

〔二〕梓州在巴南。華陽國志：巴西郡南接梓潼。

〔三〕水經注：陳留風俗傳：縣有倉頡、師曠城，上有列仙之吹臺，北有牧澤，俗謂之蒲關澤，梁王增築以爲吹臺，卽阮嗣宗所謂：「駕言發魏都，南向望吹臺。簫管有遺音，梁王安在哉？」元和郡縣志：吹臺俗號繁臺。

〔四〕柳璧入都應舉，義山代之作啓，詳文集，故作此暗記之。「吹臺」爲梁王之蹟，暗以鄒、枚自比，言其泥我揮毫也。「黄映白」卽妃青儷白之意，謂四六文也。「杏花媒」謂將藉以得第。玉泉子載楊希古事有曰：今子弟之求名者，大半假手也。可爲此二章的證。

夜出西溪

東府憂春盡〔一〕，西溪許日曛。月澄新漲水，星見欲銷雲。柳好休傷別〔二〕，松高莫出羣〔三〕。軍書雖倚馬〔四〕，猶未當能文〔五〕。

〔一〕按：晉書：會稽王道子開東第，築山穿池，列樹竹木，此孝武帝時也。又曰：道子爲長夜之飲，政委世子元顯，加元顯錄尚書事。時謂道子爲東錄，元顯爲西錄。西府車騎塡湊，東第門下可設雀羅，此安帝時也。元經：安帝義熙十年冬十月，城東府。薛氏傳曰：城東府者何？尚書府也。自道子、元顯分東府西府掌其事，至劉裕因之居東府。此句借謂東川使府。

〔二〕寓柳姓，謂且可久留。

〔三〕自謂。

〔四〕漢書息夫躬傳：軍書交馳而輻輳。世説：桓宣武北征，袁虎時從，被責免官。會須露布文，喚袁倚馬前令作，手不輟筆，俄成七紙。

〔五〕言我豈僅軍書見才者歟？

寓興

薄宦仍多病，從知竟遠遊〔一〕。談諧叨客禮〔二〕，休澣接冥搜〔三〕。樹好頻移榻，雲奇不下樓。豈關無景物？自是有鄉愁！

〔一〕「竟」字悲痛。

〔二〕陶潛詩：談諧終日夕。

〔三〕天台山賦序：遠寄冥搜。餘見朱槿花。

假日〔一〕

素琴絃斷酒缾空，倚坐欹眠日已中。誰向劉靈〔二〕天幕內〔三〕，更當陶令北窗風〔四〕。

〔一〕離騷：聊假日以媮樂。此謂休假之日。

〔二〕一作「伶」。

〔三〕劉伶酒德頌：幕天席地，縱意所如。文苑英華辨證：皇甫湜醉賦：劉靈作酒德頌。文選五臣注引臧榮緒晉書：劉靈字伯倫。顏延之五君詠、文中子、語林並作「靈」，而晉書本傳作「伶」，故他書通用。

〔四〕見自貺。

浩曰：正以閑適寫寂寥，當在東川病假時作。

題僧壁〔一〕

捨生求道有前蹤，乞腦剜身結願重〔二〕。大去便應欺粟顆〔三〕，小來兼可〔四〕隱針鋒〔五〕。蚌胎未滿思新桂〔六〕，琥珀初成憶舊松〔七〕。若信貝多眞實語〔八〕，三生同聽一樓鐘〔九〕。

〔一〕義山好佛，在東川時於常平山慧義精舍經藏院刱石壁五間，金字勒妙法蓮華經七卷，見文集。詩爲是時所作。玩結語，蓋久不得志，因悟一切皆空矣。

〔二〕因果經：菩薩昔以頭目髓腦以施於人，爲求無上正眞之道。又：有來從我乞求頭目腦髓。菩薩本行經：佛言我昔於閻浮提作國王，剜身出肉，深如大錢，以蘇油灌中作千燈炷，語婆羅門，請說經法，求無上道。

〔三〕一作「粒」，句未詳。維摩經：若菩薩住是解脱者，以須彌之高廣，内芥子中，無所增減。佛藏經曰：四天下中普雨大石，皆如須彌，有人以手承接此石，無有遺落，如芥子者。按：句意類此，俟再考所本。或引一粒粟中藏世界，乃呂洞賓見黄龍超慧禪師時語，在唐末年矣。

〔四〕一作「恐」。

〔五〕維摩經：舉恆河沙無量世界，如持針鋒舉一棗葉而無所嬈。大般涅槃經：諸佛其身姝大，所坐之處如一針鋒，多衆圍繞，不相障礙。徐曰：二句卽芥子納須彌，須彌納芥子之義。

〔六〕呂氏春秋：月，羣陰之本。月望則蚌蛤實，羣陰盈；月晦則蚌蛤虚，羣陰揫。揫，今本作「虧」。餘見鏡檻。

〔七〕博物志：仙傳曰：松脂淪地中，千年化爲茯苓，千年化爲琥珀。戊籤：「舊松」前生；「新桂」來生。

〔八〕阿難問事經：佛言至眞，而信者少。楞嚴經：樺皮貝葉書寫此咒。餘詳安平公詩。金剛般若經：如來是眞語者實語者。法華經：如所説者，皆是眞實。

〔九〕魏書釋老志：經旨言生生之類，皆因行業而起，有過去、未來、當今三世。報恩經：歸依一佛，卽是三世諸佛，以佛無異故。法華經：椎鐘告四方，誰有大法者。「一樓鐘」取覺悟之義。按：金石錄：唐四證臺記，一作四證堂碑，李商隱撰，正書無姓名，大中七年十一月。考其時正在東川，亦見宋王象之所考潼川府碑記中。碑記又曰：道興觀碑，道士胡君新井碣銘，並見李義山集。更有彌勒院碑，李商隱書；而懷安軍碑記、爲八戒和尚謝復三學山精舍表，李商隱譔，皆見全蜀藝文志。愚意金石錄所云無姓名者，當卽義山自書也。錄又云：義山又有佛頌，廣明元年十月吳華篆書。又按：雲笈七籤：胡尊師名宗，居梓州紫極宮。梓之連帥及幕下如周相公、李義山，畢加敬致禮。蓋義山在梓，好釋、道之教，藉以遣懷也。

七夕

鸞扇斜分鳳幄開，星橋橫過〔一〕鵲飛迴。爭將世上無期別〔二〕，換得年年一度來〔三〕。

〔一〕事文類聚作「道」。

〔二〕漢費鳳碑：壹別會無期。庾信詩：共此無期別。

〔三〕述異記：天河之東，有美麗女人，乃天帝之子，機杼女工，年年勞役，織成雲霧絹縑之衣，辛苦殊無懽悅，容貌不暇整理。天帝憐其獨處，嫁與河西牽牛之夫壻，自後竟廢織紝之功，貪懽不歸。帝怒，責歸河東，但使一年一度相會。此篇亦悼亡作，年已漸久，故酌編此。

寫意

燕鴈迢迢隔上林，高秋望斷正長吟。人間路有潼江險，天外山惟玉壘深〔一〕。日向花間留返照〔二〕，雲從城上結層陰〔三〕。三年已制思鄉淚，更入新年恐不禁。

〔一〕漢書地理志：廣漢郡梓潼縣五婦山，馳水所出，南入涪。應劭曰：潼水所出，南入墊江。涪音浮。墊音徒浹反。水經注：馳水一名五婦水，亦曰潼水也。通典：梓潼郡左帶涪水，右挾中江，水陸衝要。按：渡梓潼江，又渡涪江，乃次梓州也。玉壘山在成都。此遡昔年至巴蜀途次曾身親此江流之險，亦暗寓人心險於山川也。西川終無屬望，如山最深，不得入矣。此之謂寫意。

〔二〕遲暮之悲。

〔三〕羈愁之痛。

浩曰：黯然神傷，情味獨絕。又曰：甚似前遊巴蜀時所作，擬編北禽五律之下；惟「三年」字更不比夜飲之「江海三年客」可通融也，故不得已編此，爲撫今追昔之慨。

寄太原盧司空三十韻〔一〕

隋艦臨淮甸〔二〕，唐旗出井陘〔三〕。斷鰲撐四柱〔四〕，卓馬濟三靈〔五〕。祖業隆盤古〔六〕，孫謀復大庭〔七〕。從來師傑俊〔八〕，可以煥丹青〔九〕。舊族開東岳〔一〇〕，雄圖奮北溟〔一一〕。邪同獬廌觸〔一二〕，樂伴鳳凰聽〔一三〕。酣戰仍揮日〔一四〕，降妖亦鬬霆〔一五〕。將軍功不伐〔一六〕，叔舅德惟馨〔一七〕。雞塞誰生事〔一八〕？狼烟不暫停〔一九〕。擬塡滄海鳥〔二〇〕，敢競太陽螢〔二一〕。內草纔傳詔〔二二〕，前茅已勒銘〔二三〕。那勞出師表〔二四〕，盡入大荒經〔二五〕。德水縈長帶〔二六〕，陰山繚〔二七〕畫屏〔二八〕。只〔二九〕憂非綮肯〔三〇〕，未覺有膻腥〔三一〕。保佐資沖漠，扶持在杳冥。乃心防暗室，華髮稱明廷〔三二〕。按甲神初靜〔三三〕，鳴聱〔三四〕思〔三五〕欲醒〔三六〕。羲之當妙選〔三七〕，孝若近歸寧〔三八〕。月色來侵幌，詩成有〔三九〕轉櫺〔四〇〕。羅含黃菊宅〔四一〕，柳惲白蘋汀〔四二〕。神物龜酬孔〔四三〕，仙才鶴姓丁〔四四〕。西山童子藥〔四五〕，南極老人星〔四六〕。自頃徒窺管〔四七〕，於今愧挈瓶〔四八〕。何由叨末席〔四九〕？還得叩玄扃〔五〇〕。莊叟虛悲鴈〔五一〕，終童漫識颷〔五二〕。幕中雖策畫，劍外且伶俜〔五三〕。俁俁行忘止〔五四〕，鰥鰥臥不瞑。身應瘠於魯〔五五〕，淚欲溢爲滎〔五六〕。禹貢思金鼎〔五七〕，堯圖憶土鉶〔五八〕。公乎來入相，皇〔五九〕欲駕云亭〔六〇〕。

〔一〕原編集外詩。舊書傳：盧鈞字子和，本范陽人。元和四年進士第。太和中累遷給事中。至會昌四年誅劉稹，檢校兵部尚書、昭義節度使。大中初移宣武，加司空。四年入爲太子少師，進上柱國、范陽郡開國公。六年復檢校司空，尹太原，節度河東。九年召爲尚書左僕射。十一年檢校司徒、同平章事，節度山南西道，入爲太子太師，卒，年八十七。

〔二〕煬帝早渡淮詩：淮甸未分色，泱漭共晨暉。餘詳隋宮。

〔三〕史記淮陰侯列傳：信欲東下井陘擊趙，趙聚兵井陘口。平旦，信建大將之旗鼓，鼓行出井陘口。正義曰：井陘故關在幷州石艾縣陘東十八里，卽井陘口。元和郡縣志：井陘今亦名土門。按：隋大業十三年，唐高祖留守太原，舉義旗。

〔四〕列子：女媧氏斷鼇足以立四極。

〔五〕道源曰：卓馬猶立馬也。眞誥：卓雲虛之駿。

〔六〕述異記：盤古氏死，頭爲四岳，目爲日月，脂膏爲江海，毛髮爲草木，天地萬物之祖也。以比高祖。

〔七〕莊子：昔者容成氏、大庭氏、伯皇氏、中央氏，若此之時，則至治已。以比宣宗。

〔八〕一作「俊傑」，非。

〔九〕鹽鐵論：公卿者四海之表儀，神化之丹青也。按：唐以前「丹青」字泛取文采昭煥之義，不專繪事。後人解杜詩「丹青憶老臣」句，每誤會。

〔一〇〕新書表：盧氏出自姜姓，食采於盧，濟北盧縣是也，因以爲氏。

〔一一〕屢見。

〔一二〕見謝往桂林。

〔一三〕見鈞天。此則承上句，又如鳳鳴朝陽之義。舊書傳：鈞還左補闕，與同職理宋申錫之枉，由是知名。

〔一四〕淮南子：魯陽公與韓戰酣，日暮，援戈而撝之，日爲之退三舍。

〔一五〕北史齊薛孤延傳：神武嘗閱馬北牧，道逢暴雨，大雷震地，火燒浮圖，令延覘之。延案矟直前大呼，繞浮圖走，火遂滅。延還，鬚及馬鬃尾皆焦。神武歎其勇决，曰：「延乃能與霹靂鬬。」舊、新書傳：劉稹平，以鈞節度昭義。鈞及潞，石雄兵已入，稹將白惟信率卒三千保潞城未下。鈞至高平，惟信獻欵，曰：「不即降者，畏石尙書耳。」雄欲盡夷潞兵，鈞不聽，坐治堂上，左右皆雄親卒，擊鼓傳漏，鈞自居甚安，雄引去，乃迓惟信至闕，餘衆悉原。按：舊書及通鑑：李德裕言：前潞州市有男子磬折唱曰：「雄七千人至矣」。劉從諫以爲妖言，斬之。破潞州必雄也。及劉稹誅，乃詔石雄將七千人入潞，以應謠言。「降妖」指降潞人，「亦鬬霆」又指石雄也。詔出潞軍五千戍代北，鈞坐城門勞遣。卒素驕，不欲去，酒酣，反攻城，鈞奔潞城。大將李文矩諭叛兵，衆乃悔服，迎鈞還府，斬首惡乃定。詔趣戍者行，密使盡戮之於太平驛。「酣戰仍揮日」則指此事也。鈞曾出奔，故上句隱約。

〔一六〕書：汝惟不伐，天下莫與汝爭功。

〔一七〕禮記：九州之長，天子同姓謂之叔父，異姓謂之叔舅。書：明德惟馨。

〔一八〕漢書匈奴傳：漢遣高昌侯董忠、車騎都尉韓昌將兵出朔方雞鹿塞。後漢書：竇憲將萬騎出朔方雞鹿塞。注曰：闞駰十三州志：窳渾縣有大道，西北出雞鹿塞。漢書陳湯傳：貢禹爭，谷吉送單于子往，必爲國取悔生事。

〔一九〕埤雅：古之烽用狼糞，取其煙直而聚，風吹不斜，故曰狼堠。

〔二〇〕見北禽。

〔二一〕晉傅咸螢火賦：當朝陽而戢景，進不競於天光。二句喻虜之蠢動。

〔二二〕內草，內制也。

〔二三〕左傳：前茅慮無。注曰：軍行前有斥堠蹹伏，見賊舉幡，備慮有無也。茅，明也。或曰：時楚以茅爲旌識。餘見行次昭應縣。

〔二四〕見武侯廟。

〔二五〕山海經有大荒東、南、西、北經。

〔二六〕漢書郊祀志：秦文公獲黑龍，此水德之瑞，更名河曰德水。功臣表：黃河如帶。文選陸士衡詩：巨海猶縈帶。

〔二七〕一作「繞」。

〔二八〕史記秦始皇本紀：北據河爲塞，並陰山至遼東。通典：瀚海都護府，改安北大都護府，有陰山。餘詳贈契苾。西都賦：繚以周牆。

〔二九〕一作「祇」。

〔三〇〕莊子：枝經肯綮之未嘗，而況大軱乎？

〔三一〕周禮：內饔辨腥臊羶香之不可食者。以上六韻，正賦鎮太原。通鑑：大中六年六月，河東節度使李業縱吏民侵掠雜虜，又妄殺降者，由是北邊擾動。閏月，以太子少師盧鈞節度河東，鈞奏度支郎中韋宙爲副使。宙徧詣塞下，悉召酋長諭以禍福，禁唐民毋入虜境侵掠，由是雜虜遂安。「生事」指李業，「前茅」指韋宙而言，中其機要，遂不逞動也。

〔三二〕追頌爲太子少師，且言宜在朝宁。

〔三三〕漢書韓信傳：不如按甲休兵。

〔三四〕一作「揮戈」，與「揮日」複，今從戊籤。

〔三五〕一作「醉」。

〔三六〕禮記：鼓鼙之聲讙，君子聽鼓鼙之聲，則思將帥之臣。謂在外鎮，暗寓不得志。

〔三七〕自注：小弟羲叟早蒙眷以嘉姻。潘岳懷舊賦：名余以國士，眷余以嘉姻。餘見漫成五章。

〔三八〕自注：三十五丈明府高科來歸膝下。晉書：夏侯湛字孝若。文選夏侯湛東方朔畫贊序：朔平原厭次人。建安中，分厭次爲樂陵郡，故又爲郡人。大人來守此國，僕自京師言歸定省。

〔三九〕一作「看」。

〔四〇〕美其才之捷也，詩成而月僅轉窗櫺。

〔四一〕見菊。

〔四二〕見酬令狐見寄。

〔四三〕晉書：孔愉字敬康，會稽山陰人。建興中以討華軼功，封餘不亭侯。愉嘗行經餘不亭，見籠龜於路者，買而放之溪中，龜中流左顧者數四。及是，鑄侯印，而印龜左顧，三鑄如初，印工以告，愉乃悟，遂佩焉。

〔四四〕見喜雪。二句比王山人。

〔四五〕魏文帝詩：西山一何高，高高殊無極。上有兩仙童，不飲亦不食。與我一丸藥，光曜有五色。服藥四五日，身輕生羽翼。「不飲」一作「不飢」。述異記：相州棲霞谷，昔有橋順二子於此得仙，服飛龍一丸，十年不飢。魏文帝詩云云卽此。

〔四六〕史記天官書：狼比地有大星曰南極老人。晉書天文志：老人一星在弧南，一曰南極，常以秋分之旦見於丙，春分之夕沒於丁。見則治平，主壽昌。神仙感應傳：唐相國盧鈞射策爲尚書郎，以疾求出，爲均州刺史，羸瘠不耐見人。忽有王山人踰垣而入，曰：「公位極人臣，而壽不永，故相救耳。」以腰巾蘸於井中，解丹一粒，捩腰巾之水以咽丹。「約五日，疾當愈。後三年，當再相遇，在夏之初。」公自是疾愈。明年還京，夏四月，山人尋至。自此復去，云：「二十三年五月五日，可令一道士於萬山頂候，此時君節制漢上，當有月華相授。」自是公便蓄貴盛。後鎭漢南，及期，命道士牛知微登萬山之頂，山人在焉，以金丹二使知微呑之，以十粒令授於公，曰：「當享上壽，無忘修鍊；世限既畢，佇還蓬宮耳。」忽不見。按：傳云：會昌初，鈞爲襄州節度，卽漢南也。舊、新書傳言初刺常州，拜華州防禦使，無刺均州事，豈史之踈耶？恐難深信。

〔四七〕見詠懷秘閣。

〔四八〕左傳：雖有挈瓶之智，守不假器。注曰：挈瓶汲者喻小智。

〔四九〕晉書張憑傳：王濛就劉惔清言，有所不通，憑於末坐判之。

〔五〇〕漢書揚雄傳：侯芭常從雄居，受太玄、法言。鹽鐵論：未遑叩扃之義，而錄拘儒之論。論林：劉眞長，桓宣武共聽講禮記，桓曰：「時有入心處，便咫尺玄門。」尙書故實：盧鈞好道，與賓友話言，必及神仙之事。按：義山亦好道。

〔五一〕莊子：夫子舍於故人之家，故人喜，令豎子殺一鴈而烹之。豎子曰：「其一能鳴，其一不能鳴，請奚殺？」主人曰：「殺不能鳴者。」

〔五二〕見贈送劉五經。能鳴多識，正復何益！

〔五三〕古猛虎行：少年惶且怖，伶俜到他鄉。玉篇：行不正也，本作「竛竮」。

〔五四〕詩：碩人俁俁。

〔五五〕左傳：何必瘠魯以肥杞。

〔五六〕禹貢：導沇水，東流爲濟，入于河，溢爲滎。

〔五七〕左傳：昔夏之方有德也，貢金九牧，鑄鼎象物。

〔五八〕史記本紀：秦二世曰：「吾聞之韓子曰：堯、舜飯土塯，啜土形，雖監門之養不觳於此。」按：韓非子：堯有天下，飯於土簋，飲於土鉶。韓詩外傳：舜甑盆無羶，飯乎土簋，啜乎土型。形、鉶、型字皆同，瓦器也。

〔五九〕一作「王」。

〔六〇〕漢書郊祀志：無懷氏封太山，禪云云；黄帝封太山，禪亭亭。晉灼曰：云云在蒙陰縣故城東北，下有云云亭。地理志：泰山郡鉅平縣有亭亭山祠。

浩曰：舊傳云：九年，召爲尚書左僕射，後輩子弟多至台司。雖居端揆，心殊失望。常移病不視事，與親舊遊城南別墅，或累日一歸。宰臣令狐綯惡之，乃罷僕射，仍檢校司空，守太子太師。物議罪綯弄權。事在此時寄詩之後。錢夕公引此以證「黄菊」「白蘋」「西山」「南極」之句，非矣。題書「寄太原」，結句祝其來入，蓋時方在鎮，略寫其閑適怡神耳。「溢爲滎」三字止是用典，不得以爲梓州府罷居滎陽時作也。

憶梅

定定住天涯，依依向物華。寒梅最堪恨，長〔一〕作去年花。

〔一〕一作「常」，誤。

姚曰：自不能去，却恨寒梅，妙絕。

天涯

春日在天涯，天涯日又斜。鶯啼如有淚，爲濕最高花〔一〕。

〔一〕最高花，所指顯然。

田曰：一氣渾成，如是卽佳。楊曰：意極悲，語極艷，不可多得。

二月二日〔一〕

二月二日江上行，東風日暖聞吹笙。花鬚柳眼各無賴，紫蝶黄蜂俱有情〔二〕。萬里憶歸元亮井〔三〕，三年從事亞夫營〔四〕。新灘〔五〕莫悟〔六〕遊人意，更作風簷雨夜〔七〕聲〔八〕。

〔一〕按：文昌雜錄：唐時節物，二月二日有迎富貴果子。而全蜀藝文志：成都以二月二日爲踏青節。至宋張詠乃與賓僚乘綵舫數十艘，號小遊江。則唐時梓州當亦爲踏青節也。

〔二〕何曰：前半逼出憶歸，如此濃至，却使人不覺，所謂國風好色而不淫也。

〔三〕晉書：陶潛字元亮。陶集歸田園詩：井竈有遺處，桑竹殘朽枝。

〔四〕見上杜僕射。此寓柳姓。

〔五〕一作「春」，誤。

〔六〕一作「誤」，一作「訝」，一作「怪」。

〔七〕一作「夜雨」，一作「雨後」。

〔八〕「悟」字入微。我方借此遣恨，乃「新灘莫悟」，而更作風雨淒其之態以動我愁，眞令人驅愁無地矣。作「誤」作「訝」似皆淺也。

何曰：此等詩神似老杜處，在作用不在氣體也。同一江上行也，耳目所接，萬物皆春，不覺引動歸思，及憶歸未歸，則江上灘聲頓有淒涼風雨之意，字字化工。

西溪

近郭西溪好，誰堪共酒壺？苦吟防柳惲〔一〕，多淚怯楊朱〔二〕。野鶴隨君子〔三〕，寒松揖大夫〔四〕。天涯長〔五〕病意，岑寂勝歡娛。

〔一〕南史：柳惲字文暢，少工篇什，爲詩曰：「亭皐木葉下，隴首秋雲飛。」王融見而嗟賞，因書齋壁。餘見酬令狐見寄。

〔二〕見離席。苦吟多淚，皆與病夫不宜，故不與共也。柳仲郢父子皆工詩文，而楊木勝賢而文，愨索其所作四六。此其借指歟？

〔三〕抱朴子：周穆王南征，一軍盡化：君子爲猿爲鶴，小人爲蟲爲沙。

〔四〕見畫松。

〔五〕一作「常」，誤。

田曰：自不欲人共，非無人共也。傲情可想，「勝」字更傲。程曰：仲郢恩禮不薄，義山情好亦深，大抵自慨「因人作遠遊」，故不覺「滿目悲生事」耳。

題白石蓮華寄楚公〔一〕

白石蓮花誰所共〔二〕？六時長捧佛前燈〔三〕。空庭苔蘚饒霜露，時夢西山老病僧。大海龍宫無限地〔四〕，諸天雁塔幾多層〔五〕。謾〔六〕誇鶖子眞羅漢〔七〕，不會牛車是上乘〔八〕。

〔一〕道源曰：續高僧傳：楚南，閩人也。武宗廢教，深竄山谷；大中時出，隨黄檗山禪師。昭宗聞其道化，賜鹿皮衣五事，卒年七十。程曰：古人稱僧，如晉之竺法深稱深公，宋之惠遠稱遠公，唐之齊己稱己公，率舉下一字，不聞上一字。此非楚南。徐曰：武宗廢教在會昌六年，去昭宗龍紀初四十五年。楚南年止七十，計義山時南年尚少，而詩云「西山老病僧」，其非楚南可知。浩曰：二說皆精核。新書藝文志明言楚南昭宗大順中人也。源師所注釋子多誤，是不可解。

〔二〕共卽供。

〔三〕魏書釋老志：六時禮拜。道源曰：鑿白石爲蓮花臺，捧燈佛前。

〔四〕按：尙書考靈曜已有卯金赤符藏龍吐珠之語。鄭氏注曰：秘藏也。珠，寶物，喻道也。至佛家每謂經典爲法海藏，譬如大海，是衆寶藏也，亦曰龍藏。佛說法海經：大海之中，神龍所居。諸龍妙德難量，能造天宮，品物之類，無不仰之，吾僧法亦復如是。纂靈記：華嚴大經，龍宮有三本，佛滅度後六百年，有龍樹菩薩入龍宮，誦下本十萬偈四十八品，流傳天竺，卽今所傳華嚴經也。庾信碑文：龍藏之所不盡。

〔五〕道源曰：佛書有三界諸天，自欲界以上皆曰諸天。西域記：昔有比邱見羣雁飛翔，思曰：「若得此雁，可充飲食。」忽有一雁投下自殞，佛謂比邱：「此雁王也，不可食之。」乃瘞而立塔。袁曰：言道之廣遠崇高。

〔六〕「漫」通。

〔七〕因果經：舍利弗者，於智慧中最爲第一。世尊爲舍利弗廣說四諦，卽得阿羅漢果。法華經音釋：舍利弗，此云鶖子，連母爲名。其母名舍利，眼如鶖鷺，身形美好。弗卽子也。四十二章經：阿羅漢能飛行變化，曠刦壽命，住動天地。修行本起經：得一心者，萬邪滅矣，謂之羅漢。羅漢者，眞人也。

〔八〕妙法蓮華經：長者諸子於火宅中戀著戲處，無求出意。長者設方便，言羊車鹿車牛車在門外，可以遊戲，隨汝所欲，皆當與汝。諸子爭出火宅，白父，願時賜與。爾時長者各賜一大車珍奇雜寶而莊嚴之，駕以白牛。我財物無極，不應以下劣小車與諸子等，如是七寶大車，其數無量。佛告舍利弗，如來亦復如是，於三界火宅爲說三乘：聲聞乘如求羊車，辟支佛乘如求鹿車，佛乘利益天人，度脫一切，是名大乘，如求牛車。如來說三乘引導衆生，然後但以大乘而度脫之。魏書釋老志：初根人爲小乘，行四諦法；中根人爲中乘，受十二因緣；上根人爲大乘，則修六度。浩曰：在東川作也。西山隨處可稱，而自東川則尤確。下半喻職官之多，階品之積，乃我不得効用朝家，而惟寄身使府，譬之說法，徒歎小乘耳。義山斯時因病耽禪，可於言外參悟。

病中聞河東公樂營置酒口占寄上〔一〕

聞駐行春旆〔二〕，中途賞物華。緣憂武昌柳〔三〕，遂憶洛陽花〔四〕。嵇鶴元無對〔五〕，荀龍不在誇〔六〕。只將滄海月，長壓赤城霞〔七〕。興欲傾燕館〔八〕，歡於〔九〕到習家〔一〇〕。風長應側帽〔一一〕，路隘豈容車〔一二〕？樓迴波窺錦，窗虛日弄紗。鎖門金了鳥，展幛玉鴉叉〔一三〕。舞妙從兼楚〔一四〕，歌能莫雜巴〔一五〕。必投潘岳果〔一六〕，誰摻禰衡撾〔一七〕？刻燭當時忝〔一八〕，傳杯此夕賒〔一九〕。可憐漳浦臥〔二〇〕，愁緒獨〔二一〕如麻。

〔一〕原編集外詩。

〔二〕後漢書許荊傳、謝夷吾傳皆有「行春」字。

〔三〕晉書：陶侃鎮武昌，嘗課諸營種柳。都尉夏施盜官柳植之於己門。侃後見，駐車問曰：「此是武昌西門前柳，何因盜來？」施惶怖謝罪。

〔四〕羣芳譜：唐、宋時洛陽牡丹之花爲天下冠，故竟名洛陽花。又天彭號小西京，以其好花，有京、洛之遺風焉。陸游天彭牡丹譜：牡丹在中州，洛陽爲第一；在蜀，天彭爲第一。

〔五〕晉書：嵇紹始入洛，或謂王戎曰：「昨於稠人中見嵇紹，昂昂然如野鶴之在雞羣。」

〔六〕後漢書：荀淑有子八人，並有才稱，時人謂八龍。仲郢子珪、璧、玭，史皆有傳。新書藝文志：柳玭有柳氏訓序一卷。

〔七〕南史劉訏傳：族祖孝標稱訏「超超越俗，如半天朱霞」。餘見送從翁東川。嵇鶴、月比仲郢，荀龍、霞比諸子，謂仲郢風度高邁，時無匹者，有子皆賢，勝於荀氏，而諸子文采皆爲父所壓也。柳氏最修禮法，此稍及之。

〔八〕燕館卽碣石宮。謂盡攜賓佐。

〔九〕一作「終」。

〔一〇〕晉書山簡傳：簡鎮襄陽，惟酒是耽。諸習氏有佳園池，簡每出遊嬉，多之池上，置酒輒醉，名之曰高陽池。時有童兒歌曰：「山公出何許？往至高陽池。日夕倒載歸，酩酊無所知。」襄陽記：峴山南習郁有大魚池。

〔一〕原注：獨孤景公信舉止風流，嘗風吹帽傾，觀者盈路。按：事見周書。北史云：信在秦州，嘗因獵日暮，馳馬入城，其帽微側。詰旦而吏民有戴帽者，咸慕信而側帽焉。

〔二〕原注：樂府：相逢狹路間，路隘不容車。

〔三〕何曰：了鳥卽屈戌，今北方語猶然。鵶叉，吳語也。合用南北方言。按：叉疊韻。

〔四〕史記留侯世家：上曰：「爲我楚舞。」

〔五〕見喜雪。

〔六〕晉書：潘岳美姿儀，少時嘗挾彈出洛陽道，婦人遇之者，皆連手縈繞，投之以果，滿車而歸。此指柳氏諸子。

〔七〕按：「摻」，戊籤作「操」，非祗刻誤，蓋因天中記云：吳淑校理古樂府，有「摻」字多改爲「操」。又魏了翁云：「魏、晉間避曹操諱，改爲『摻』，故好奇作此耳。」詳見聽鼓。此句自謂。

〔八〕南史：王僧孺、虞羲、邱國賓、蕭文琰、邱令楷、江洪、劉孝孫並以善詞藻遊竟陵王子良西邸。竟陵王嘗夜集，刻燭爲詩，四韻者則刻一寸。

〔九〕梁簡文帝有詠武陵王左右伍嵩傳杯詩。

〔二○〕見崇讓東亭。

〔二一〕一作「亂」，非。

南潭上亭讌集以疾後至因而抒情〔一〕

馬卿聊應召〔二〕，謝傅已登山〔三〕。歌發百花外，樂調深竹間。鷁舟縈遠岸〔四〕，魚鑰啓重關〔五〕。鷺蜨如相引，煙蘿不暇攀。佳人啓玉齒〔六〕，上客頷朱顏〔七〕。肯念沉痾士〔八〕，俱期倒載還〔九〕。

〔一〕徐曰：南潭即南江。文苑英華有宋之問梓潼南江泛舟序云：「艤舟於江潭。」蓋梓州遊宴之所。按：今英華作王勃。又有宴梓州南亭詩序，作盧照鄰，起云：梓州城池亭者，長史張公聽訟之別所也。

〔二〕用雪賦，見送從翁。

〔三〕見彭陽公薨後，又見贈趙協律。

〔四〕屢見。

〔五〕屢見。

〔六〕莊子：吾君未嘗啓齒。郭璞遊仙詩：靈妃顧吾笑，粲然啓玉齒。

〔七〕左傳：衞侯入，逆於門者，頷之而已。註曰：謂搖其頭。楚辭招魂：美人既醉，朱顏酡些。

〔八〕漢書五行志：痾，病貌。

〔九〕山簡事，即見前。古人每謂醉者爲倒載，如嶺表錄異曰：廣州酒戢，晚市散，男兒女人倒載者，日有三二十輩。

春深脫衣〔一〕

睥睨江鴉集〔二〕，堂皇海燕過〔三〕。減衣憐蕙若〔四〕，展帳〔五〕動烟波〔六〕。日烈憂花甚，風長奈柳何！陳遵容易學，身世醉時多〔七〕。

〔一〕原編集外詩。按：製題暗取酒酣更衣之意，見漢書竇嬰傳。

〔二〕釋名：城上垣曰睥睨，言於其孔中睥睨非常也。亦曰陴，亦曰女牆。

〔三〕漢書胡建傳：列坐堂皇上。注曰：堂無四壁曰皇。

〔四〕楚詞：自前世之嫉賢兮，謂蕙若其不可佩。南都賦：其香草則有薜荔、蕙若。

〔五〕一作「障」。

〔六〕按：史記高祖本紀：復留止，張飲三日。註曰：張，帷帳也。步障字已見前朱槿花，或取中庭障日之用，亦通。此句作「帳」作「障」皆可，而飲帳尤合，展帳如動烟波也。

〔七〕漢書：陳遵字孟公，放縱不羈，日出醉歸，曹事數廢。又曰：遵耆酒，每大飲，賓客滿堂，輒關門，取客車轄投井中。

浩曰：是醼飲之作。一二時地；三四候暖飲酣，醒出題字；五六對景感懷，佳在尚未說明，直至結句以「醉時多」三字振起全篇。題亦不露飲席字，蓋其意有所不快也。

有懷在蒙飛卿〔一〕

薄宦頻移疾〔二〕，當年久索居〔三〕。哀同庾開府〔四〕，瘦極沈尚書〔五〕。城綠新陰遠，江淸返照虛〔六〕。所思惟翰墨〔七〕，從古待雙魚〔八〕。

〔一〕原編集外詩。舊書傳：溫庭筠本名岐，大中初應進士，苦心研席，尤長於詩賦，累年不第。徐商鎭襄陽，署爲巡官。按：飛卿咸通中事與義山無涉矣，故不錄。北夢瑣言曰：溫庭雲字飛卿，或云作「筠」字。「在蒙」無考。

〔二〕見屬疾。

〔三〕禮記：吾離羣而索居，亦已久矣。

〔四〕庾信傳：仕周爲開府儀同三司。餘見宋玉。

〔五〕見奉使江陵。二句自敍。

〔六〕寫景中喻二人新入幕而遠不相照。

〔七〕魏文帝典論：古之作者，寄身於翰墨，見意於篇籍。

〔八〕屢見。

聞著明凶問哭寄飛卿〔一〕

昔歎讒銷骨〔二〕，今傷淚滿膺。空餘雙玉劍〔三〕，無復一壺冰〔四〕。江勢翻銀漢〔五〕，天文露玉繩〔六〕。何因攜庾信，同去哭徐陵〔七〕。

〔一〕朱曰：著明爲會昌進士盧獻卿。著明有愍征賦，司空圖注之。其後述云：盧君以讒擯，致憤於累千百言。故此首句云然。按：新書藝文志盧獻卿愍征賦一卷，而司空圖一鳴集明言會昌中進士盧獻卿著明也。注愍征賦述一篇有云：愍去郢以抽毫，悵征秦而寓旨。又後述一篇云：著明幸於棄黜，而能以愍征爭勍千載之下。且凡稟精英之氣，智謀超出羣輩，一旦憤抑，肆其筆舌，亦猶武人逞怨於鋒刃也；然則據權而蔽善者，得不以此危慮哉！蓋著明不遇，亦權貴斥之，而表聖目覩白馬淸流之禍，故借以發慨耳。本事詩：范陽盧獻卿，大中中舉進士，作愍征賦數千言，時人以爲哀江南之亞。連不中第，薄遊衡、湘，至郴而病，夢人贈詩曰：卜築郊原古，青山惟四隣。扶疎遶臺榭，寂寞獨歸人。後旬日而歿，郴守爲葬之近郊，果以夏初窆，皆符所夢。

〔二〕史記張儀傳：衆口鑠金，積毁銷骨。

〔三〕説苑：襄城君始封之日，衣翠衣，帶玉劍。按：玉具劍習見之事，漢書匈奴傳注曰：摽首鐔衞盡用玉爲之也。此指其遺物耳。徐氏謂暗用延陵掛劍徐君墓事，雙者喻己與飛卿，非然也。

〔四〕屢見。

〔五〕一作「礫」，誤。釋名：「小石曰礫。」何足以言江勢。

〔六〕屢見。

〔七〕南史傳：徐陵字孝穆，博涉史籍。自梁入陳，累官至左僕射、太子少傅。國家大手筆，必命草之。其文緝裁巧密，多有新意。餘見宋玉。徐、庾自古並稱。「牆哭」字不必更有典。

浩曰：新書藝文志：段成式、温庭筠、余知古漢上題襟集十卷，而王仁裕玉堂閒話則曰三卷。成式從事襄陽徐商幕，與温庭筠、崔皎、余知古、韋蟾、周繇等唱和詩什及往來簡牘也，皆不及義山。乃他書又有謂柯古罷刺江州居襄陽，與温、李唱和之作。今考舊、新書傳，徐商之鎮襄陽，在大中之季，時義山在東川，故有寄飛卿詩；義山自梓還京，不經襄漢，則題襟自當無與。若段之刺江州，則爲咸通初，尤不相涉矣。因温、李並稱，傳者誤牽引耳。

梓州罷吟寄同舍〔一〕

不揀花朝與雪朝，五年從事霍嫖姚〔二〕。君緣接坐交珠履〔三〕，我爲分行近翠翹〔四〕。楚雨含情皆有托，漳濱多〔五〕病竟無憀〔六〕。長吟遠下燕臺去，惟有衣香染未銷〔七〕。

〔一〕大中十年，徵柳仲郢入朝。詳年譜。

〔二〕漢書霍去病傳：爲票姚校尉，元狩三年春爲票騎將軍。服虔曰：音飄搖。師古曰：頻妙、羊召反，勁疾之貌也。荀悅漢紀作「票鷂」字。去病後爲票騎將軍，尙取「票姚」之字。今讀者音飄遙，則不當其義也。朱曰：後人多從服音。

〔三〕史記：春申君客三千餘人，其上客皆躡珠履。此則謂婦人珠履。

〔四〕姚曰：二句是互文法。

〔五〕一作「臥」。

〔六〕接上，言同舍各有所歡，我獨以病無憀，觀辭張懿仙事可見矣。解者乃曰自爲無題注脚，非也。

〔七〕「燕臺」指幕府，「衣香」見牡丹。言我惟懷府公之德，別無閒情牽繞也。舊書仲郢傳：三爲大鎭，廐無名馬，衣不薰香。此用典固不拘耳。

浩曰：玩題中「寄」字及第六句，則府未罷時義山已因病別居矣，樂營置酒一章可互證也。此因同舍有所戀戀，故調之。

飲席戲贈同舍〔一〕

洞中屐響省分攜，不是花迷客自迷〔二〕。珠樹重行憐翡翠〔三〕，玉樓雙舞羨鵾雞〔四〕。蘭迴舊蕊緣屏〔五〕綠，椒綴新香和壁泥〔六〕。唱盡陽關〔七〕無限疊〔八〕，半杯松葉凍頗黎〔九〕。

〔一〕當是餞席。

〔二〕官妓豈長戀故人，人每自迷耳。

〔三〕左思吳都賦：翡翠列巢於重行。餘見碧瓦。

〔四〕西京雜記：公孫乘月賦：鵾雞舞於蘭渚。謝惠連雪賦：對庭鵾之雙舞。漢書上林賦注：昆雞似鶴，黃白色。餘詳後九成宮。

〔五〕一作「屏緣」。

〔六〕西京雜記：溫室以椒塗壁。漢官儀：皇后稱椒房，取其實蔓延；外以椒塗，亦取其溫。世說：石季倫以椒爲泥。蜀都賦注：岷山特多藥草，其椒尤好。雖詩意不主此，亦可取證。

〔七〕一作「關山」。

〔八〕東坡志林：舊傳陽關三疊，然今世歌者，每句再疊而已，若通一首言，又是四疊，皆非是。偶讀樂天對酒詩云：「聽唱陽關第四聲。」自注云：「勸君更盡一杯酒。」是首句不疊審矣。

〔九〕庾信詩：方欣松葉酒。天竺記：大雪山中有寶山，諸七寶並生，取可得，惟頗黎寶生高峯，難得。玄中記：大秦國有五色頗黎，紅色最貴。此謂酒杯。

陸曰：此必同舍戀其所歡，不能別去，戲贈是詩也。浩曰：陸已悟到，余更定爲梓州府罷作耳。次聯「憐翡翠」、「羨鵾雞」，歎人之不如物也；五六則因舊新相代，居處重葺，眞欲留無計矣；結則歌殘酒冷，黯然魂銷也。

飲席代官妓贈兩從事

新人橋上著春衫〔一〕，舊主江邊側帽簷〔二〕。願得化爲紅綬帶，許教雙鳳一時銜〔三〕。

〔一〕春衫卽青袍，言將至也。

〔二〕見病中聞樂營置酒。

〔三〕徐曰：陶潛閒情賦：願在裳而爲帶，束窈窕之纖身。二句從此化出。按：後漢書輿服志：諸侯王赤綬。新書車服志有雁銜綬帶、鶻銜綬帶。詩固借言耳。

浩曰：官妓送舊迎新，故以兩從事爲言。玩「從事」「江邊」之字，必與上章仝作，正見「不是花迷」之意。

行至金牛驛寄興元渤海尚書〔一〕

樓上春雲水底天，五雲章色破巴牋〔二〕。諸生箇箇王恭柳〔三〕，從事人人庾杲蓮〔四〕。六曲屏風江雨急，九枝燈檠〔五〕夜珠圓。深慙走馬金牛路，驟和陳王白玉篇〔六〕。

〔一〕舊書志：山南西道梁州興元府。餘見南山北歸題下。舊書紀：大中三年正月，以太常卿封敖檢校兵部尚書，爲興元尹、山南西道節度使。封敖傳：其先渤海蓨人。武宗時翰林學士、中書舍人。宣宗卽位，遷禮部侍郎。大中二年，典貢部，多擢文士，轉吏部侍郎、渤海男。四年，出爲興元尹、山南西道節度使，歷左散騎常侍。十一年，拜太常卿。新書傳：加檢校吏部尚書，還爲太常卿。按：文集有爲渤海公高元裕舉代狀，而舊書紀有大中二年七月，以前山南西道節度使高元裕爲吏部尚書，余初遂以此題必亦爲高元裕。但舊、新書元裕傳止書山南東道，不書西道，文苑英華有杜牧撰元裕除吏部尚書制，時當大中六年，由山南東道重拜天官，而追敘官資，初無興元之蹟，則紀文前山南西道必有錯誤，不可據。而此篇情味於封敖特爲親切，故改定焉。

〔二〕周禮春官：保章氏以五雲之物辨吉凶。孫氏瑞應圖：五色氤氳，謂之慶雲。書史會要：封敖屬辭美贍，而字亦美麗。

〔三〕晉書：王恭美姿儀，人多愛悅，或目之曰：濯濯如春月柳。

〔四〕屢見。

〔五〕去聲。

〔六〕朱曰：子建集無之，疑逸。徐曰：宋本作「白馬篇」，用曹子建詩。按：宋本余未見。樂府詩集曹植白馬篇，宋袁淑以下效之，共十一首，多言邊塞征戰之事。而袁淑之篇言才賢從外來，長安羣公競致書幣，而一諾許人，無慚俠烈也。豈爲此所託意乎？且當作「玉」，闕疑。

浩曰：金牛爲秦、蜀孔道，在興元之西南。興元非此時所經，故云寄也。玩首聯與六句，蓋春正宴飲賦詩，義山途次聞之，發興屬和也；次句美原唱；三四門生賓佐之盛，當以公醼，故列敍之；結乃自言身在宦程，僅可寄和。其非義山自爲行役可知，否則何難紆道修謁哉？又曰：此章殊費考核，由於是朝簡籍散亂也。舊書紀傳：大中元年，王起卒於興元鎮；三年正月，封敖出鎮，中間更不書何人鎮興元也。三年十一月，紀書東川節度使鄭涯、鳳翔節度使李玭奏修文川谷路，下詔褒美，經年爲雨所壞，又令封敖修斜谷舊路。東川當爲山南之誤。唐會要亦載此事，而曰大中三年十一月山南西道節度鄭涯云云，至四年六月，中書門下請詔封敖修斜谷舊路。通鑑於三年之末書山南西道節度鄭涯奏取扶州。是則封敖之前，鄭涯實鎮之，而封非於三年春初至興元也。後至十一年八月，紀云以守散騎常侍渤海郡開國伯封敖爲太常卿，九月盧鈞爲山南西道節度，十月以山南西道節度蔣係權知刑部尚書，合之蔣係傳，是盧鈞之前，蔣實代封出鎮，而封之入朝守常侍，又無細年月可考也。封在鎮頗久，節使每加常侍。余以仲郢內徵，義山隨之入朝，故有金牛走馬之跡；若當赴柳幕時，時令不符。大中三年春初，封若已抵鎮，其時義山自巴蜀入京，亦可有此作，然情事必不可合，故定編此。

鄠杜馬上念漢書〔一〕

世上蒼龍種，人間武帝孫。小來惟射獵，興罷得乾坤〔二〕。渭水天開苑〔三〕，咸陽地獻原〔四〕。英靈殊未已，丁傅漸華軒〔五〕。

〔一〕一云五陵懷古。漢書注：杜屬京兆，鄠屬扶風。

〔二〕漢書紀：孝宣皇帝，武帝曾孫，戾太子孫也。高材好學，然亦喜遊俠，鬬雞走馬，數上下諸陵，周偏三輔，尤樂鄠、杜之間，率常在下杜。昌邑王廢，迎之尚冠里舍，即皇帝位。

〔三〕漢書紀：宣帝神爵三年，起樂遊苑。三輔黃圖：在杜陵西北。

〔四〕漢書紀：宣帝元康元年，以杜東原上爲初陵，更名杜縣爲杜陵。元帝初元元年，孝宣皇帝葬杜陵。

〔五〕漢書外戚傳：孝元傅昭儀，哀帝祖母也，産男爲定陶恭王，稱定陶太后。王薨，子代爲王。成帝徵王，立爲太子，即位，尊爲皇太太后。弟子喜大司馬，封高武侯；晏亦大司馬，封孔鄉侯；商封汝昌侯。定陶丁姬，哀帝母也。尊爲帝太后。兩兄忠、明。明以帝舅封陽安侯，封忠子滿平周侯。明爲大司馬票騎將軍，輔政。丁、傅以一二年間暴興尤盛。又：高昌侯董宏希指，上書言宜立丁姬爲帝太后，師丹劾奏宏懷邪誤朝，不道。上初卽位，謙讓，從師丹言止。後乃白令王太后下詔，尊之。又：哀帝崩，王莽秉政，使有司舉奏丁、傅罪惡，皆免官爵，徙歸故郡。莽奏貶傅太后號爲定陶共王母，丁太后號曰丁姬，復請徙歸定陶冢次，掘平其故冢。按：宣帝末至哀帝，四十餘年矣。戾太子傳曰：宣帝卽位，有司議尊祖之義：「陛下爲孝昭帝後，承祖宗之祀，制禮不踰閑，以爲親謚宜曰悼皇，母曰悼后，比諸侯王。故皇太子謚曰戾，史良娣曰戾夫人。」後有司復言：「悼園宜稱尊號曰皇考，立廟，因園爲寢，以時薦享，尊戾夫人曰戾后。」蓋追尊之事實始於此，至丁、傅而尤甚，故云然也。

范元實詩眼：予舊愛劉夢得先主廟詩，山谷使予讀義山宣帝詩，然後知夢得之淺近。何曰：「人間」謂舊勞於外，「興罷」謂險阻備嘗，如是而起踐帝位，宜有深仁厚德，以綿無疆之祚，乃王伯雜用，竟致再世之後，冢嗣屢絕，丁、傅華軒，而王氏得以乘之，豈非昧於貽厥哉！浩曰：范氏祇空言耳，何氏亦未盡詩旨也，蓋唐宣宗入纂大統，與漢宣相類。魏志紀與晉書志曰：魏明帝太和三年，詔曰：「禮，王后無嗣，擇建支子以繼大宗，何得顧私親哉！漢宣繼昭帝後，加悼考以皇號；哀帝以外藩援立，旣尊恭皇，立廟京都，又寵藩妾，使比長信，敍昭穆於前殿，並四位於東宮，僭差無度，人神弗佑，非罪師丹忠正之諫，用致丁、傅焚如之禍。其令公卿有司，深以前世爲戒。後嗣萬一有由諸侯入奉大統，則當明爲人後之義；敢爲佞邪導諛，妄建非正之號以干正統，謂考爲皇，稱妣爲后，則誅之無赦。」今宣宗卽位，既尊母鄭氏爲皇太后，其年十一月享太廟，其穆宗室文曰「皇兄」。太常博士閔慶之奏：「禮有尊尊，而不敍親親，祝文稱弟未當，請改爲嗣皇帝。」從之。至三年十二月，以河湟收復，追尊順、憲諡號，而穆、敬、文、武四宗未之及。至十年，吏部尚書李景讓上言：「穆宗乃陛下兄，敬、文、武乃兄之子，陛下拜兄尚可，拜姪可乎？宜遷四主出太廟，還代宗以下入廟。」議不決而止，人以是薄景讓。事見舊紀、通鑑。又大中六年，勅賜元舅右衞大將軍鄭光雲陽、鄠縣兩莊，皆令免稅，宰相諫稅不宜免，亦見通鑑。詩意精切隱約，非詳爲梳剔，殊難會也。此大中末年作。

留贈畏之三首〔一〕

清時無事奏明光〔二〕，不遣當關報早霜〔三〕。中禁詞臣尋引領〔四〕，左川歸客自迴腸〔五〕。郎君下筆驚鸚鵡〔六〕，侍女吹笙弄鳳凰〔七〕。空記〔八〕大羅天上事〔九〕，衆仙同日詠霓裳〔一〇〕。

待得郎來月已低，寒暄不道醉如泥〔一一〕。五更又欲向何處？騎馬出門烏夜啼〔一二〕。

戶外重陰黯不開，含羞迎夜復臨臺。瀟湘浪上有煙景〔一三〕，安得好風吹汝來〔一四〕！

〔一〕原注：時將赴職梓潼，遇韓朝迴。朱曰：第二首選入才調集，注云：遇韓朝迴。浩曰：原注必有誤。第一首第三首並非朝迴，第一首並非將赴梓潼也。第二首似遇韓朝迴，而以艷情寄意，原注中爲後人妄添上六字，又移於首章題下耳。安得古本校正之歟？

〔二〕漢官儀：尚書郎主作文書起草，夜更直建禮門內。又：郎握蘭含香奏事。三輔舊事：桂宮內有明光殿。餘詳行至昭應縣。

〔三〕見富平少侯。

〔四〕蔡邕獨斷：天子所居，門閤有禁，稱禁中。此以內相望之。

〔五〕左川即東川。

〔六〕見撰彭陽誌文。

〔七〕屢見。又漢武內傳：王母命侍女董雙成吹雲和之笙。後漢書矯慎傳有騎龍弄鳳之字，即謂弄玉也。

〔八〕一作「寄」，今從戊籤。

〔九〕葛洪枕中記：玄都玉京七寶山，週迴九萬里，在大羅之上。三洞宗玄：最上一天名曰大羅，在玄都玉京之上，紫微金闕，七寶騫樹，麒麟師子化生其中，三世天尊治在其內。按：之上互異，不足校。

〔一〇〕鄭嵎津陽門詩注：葉法善引上入月宮，上苦淒冷，不能久留，歸于天半，尚聞仙樂；及歸，且記憶其半，遂於笛中寫之。會西梁都督楊敬述進婆羅門曲，聲調相符，遂以月中所聞爲之散序，用敬迹所進作其腔，而名霓裳羽衣法曲。唐逸史：羅公遠嘗與明皇遊月宮，見仙女數百，皆素練霓衣，舞于廣庭間，其曲曰霓裳羽衣，帝默記其音調而還。明日，召樂工作是曲。按：諸書所記各有小異。文獻通考：唐明皇朝有大羅天曲，茅山道士李會元作。新書禮樂志：文宗詔太常卿馮定采開元雅樂，製雲韶法曲、霓裳羽衣舞曲。選舉志：太和八年，復罷進士議論而試詩賦，文宗從內出題。唐摭言：開成二年，高侍郎鍇主文，恩賜詩題霓裳羽衣曲；三年，復前詩題爲賦題，太學石經詩。舊書高鍇傳：自太和九年十月以本官權知禮部貢舉，開成元年春試畢，進呈及第人名，文宗謂所試似勝去年，乃以鍇爲禮部侍郎，凡掌貢部三年。朱曰：或疑義山、畏之皆李肱榜進士，但本集於李肱不云同年。按：鍇自太和九年至開成三年榜出，凡貢舉三年也。畫松詩不稱同年，或在未第時。但摭言專記科第類事，何以不書李肱事也？摭言又云高侍郎鍇第一榜之明年，裴思謙以仇軍容一緘求得巍峩。容齋隨筆亦云鍇第二年知舉事，似開成二年榜元是裴。而唐詩紀事、全唐詩話皆云思謙開成三年登上第，則二年榜元是李肱也。唐時，秋命主司，明春放榜。雲溪友議固云元年秋復司貢籍，則榜開於二年也，且當合考存疑耳。

浩曰：此東川歸後作也。若如舊注，則赴職時方自秦入蜀，何云「歸客」？一可疑也；前已有留別之作，此又云「留贈」，二可疑也；韓果朝迴，首二句措辭反背，三可疑也；前云「劍棧風檣各苦辛」，與此大異，四可疑也；前云冬郎「十歲裁詩」，與此「下筆」之句相似而不同，此時當漸長矣，五可疑也。余故以爲東川府罷，義山必由京而至鄭州，時畏之方得意，故遡及第之年而歎榮枯不齊也。惜韓偓傳不追敍其父，無可細考。

〔一〕屢見。

〔二〕謂夜深醉歸，五更又入朝矣。此乃留贈之作也。馮默庵才調集評云：是贈同年，所以意深味旨。俗本作無題，誤。按：默庵誤矣，作無題而意有所託，乃妙，本集之例皆然也。以入朝爲向何處，亦惟作無題，庶免語病。然則古本才調集作無題，而下注「遇韓朝迴」以疏之，若作「留贈畏之」，則可不注矣。趙氏刊萬首絶句作無題二首，可以互證。

〔三〕指竹簟，猶云水文簟也。

〔四〕若曰安得吹來而並宿言情乎？其非朝迴顯然。

楊曰：此二首當更有題。浩曰：題既當作無題，則幷非爲畏之發也。同年僚壻，必不瀆漠至此。上首是去而留宿以候，及入朝時，終不得見；下首是傍晚又往謁也。惟子直之家情事宜然。綯於十三年始罷相，義山自東川歸時必往相見，豈怨恨之深，幷其題而亦削之歟？此解深入義山心坎，當與訪人不遇之作同悟，庶爲得其眞矣。

過招國李家南園二首〔一〕

潘岳無妻客爲愁，新人來坐舊粧樓。春風猶自疑聯句，雪絮相和飛不休〔二〕。
長亭歲盡雪如波，此去秦關路幾多？惟有夢中相近分，臥來無睡欲如何！

〔一〕見早訪招國李十將軍。

〔二〕用謝道韞事，屢見。上二追昔，下二撫今。

浩曰：先是義山成婚，必借居南園。此曰「春風」，曰「歲盡」，則非赴東川時明矣，必東川歸後追悼之作。原編留贈畏之之上，是同時情事也。

正月十五夜聞京有燈恨不得觀〔一〕

月色燈光滿帝都，香車寶輦隘〔二〕通衢。身閑不覩中興盛，羞逐鄉人賽紫姑〔三〕。

〔一〕宋敏求春明退朝錄：上元燃燈，或云沿漢祠太一自昏至晝故事，唐以前歲不常設。徐曰：舊書紀於睿宗先天二年、玄宗開元二十八年，皆書上元觀燈；後至文宗開成四年，書正月丁卯夜咸泰殿觀燈作樂，三宮太后諸公主等畢會。是則自祿山亂後，此舉無聞，至文帝始再行，義山所以有中興之感也。按：紀文只書其最盛者，每歲習見之事，何煩屢書？非直至開成始再行也。開成時不可言中興，且其時義山固在京也。初疑會昌中武功平定，故有慶賀之舉，史偶不書，時退居永樂，故曰「身逐鄉人」。然舊書紀、通鑑：宣宗大中之政有貞觀之風，訖於唐亡，人思詠之，謂之小太宗，三州七關乃得收復，以云中興，於斯爲合。文集上相國汝南公啓於大中朝云慶屬中興矣，則身閑者必東川歸後，病還鄭州時也，「鄉人」亦似鄭州較親切。

〔三〕一作「溢」，誤。

〔三〕詳聖女祠。田曰：不爲悞燈期，悲身閑也。

正月崇讓宅

密鎖重關掩綠苔，廊深閣〔一〕迥此徘徊。先知風起月含暈〔二〕，尙自露寒花未開。蝙拂簾旌終展轉〔三〕，鼠翻牕網小驚猜〔四〕。背燈獨共餘香語，不覺猶歌夜起〔五〕來〔六〕。

〔一〕「閤」同。

〔二〕周王褒關山月詩：風多暈欲生。廣韻：月暈則多風。

〔三〕簾旌，簾端施帛也。南史：柳世隆屛人，命典籤李黨取筆及高齒屐，題簾箔旌。

〔四〕心有追憶，動成疑似。

〔五〕一作「起夜」。

〔六〕樂府解題：起夜來，其辭意猶念疇昔思君之來也。何曰：此悼亡之詩，情深一往。浩曰：何說是也。戊籤疑私待侍婢之流，誤矣。昔年自徐還京，冬即赴梓，則此正月崇讓宅，必東川歸後也。

贈田叟

荷蓧衰翁似有情，相逢攜手遶村行。燒畬曉映遠山色〔一〕，伐樹暝傳深谷聲。鷗鳥忘機翻浹洽〔二〕，交親得路昧平生〔三〕。撫躬道直誠感激，在野無賢心自驚〔四〕。

〔一〕廣韻：畬，式車切，燒榛種田。農書：荆楚多畬田，先縱火熂爐，俟經雨下種，歷三歲土脈竭，復熂旁山。熂，燹火燎草；爐，火燒山界也。

〔二〕莊子：海上有人，旦從鷗鳥遊，鷗鳥至者百數；其父令取來，鷗鳥舞而不下。

〔三〕錢曰：信口說出，妙在突然。

〔四〕二句緊接交親之得路者。新書姦臣傳、通鑑：明皇欲廣求天下之士，命一藝以上皆詣京師。李林甫恐斥其姦惡，言草野未知禁忌，恐汙聖聽，乃令郡縣精切試練，送省，委尚書試問，御史中丞監總，遂無一中程者。此暗用其意，言躬懷直道，感激不平，彼妒賢嫉能，妄謂在野無賢，安得不令我驚心哉！語似晦而意甚悲，略以「野」字映帶田叟耳。舊解皆謬，此似廢還鄭州後作。

寄在朝鄭曹獨孤李四同年〔一〕

昔歲陪遊舊跡多，風光今日兩蹉跎。不因醉本蘭亭在，兼忘當年舊永和〔三〕。

〔一〕獨孤雲、李定言見本集，當即其人。舊書鄭餘慶傳：餘慶之孫茂休，開成二年登進士第，累官至祕書監。曹確傳：開成二年進士第，至咸通五年同平章事。當亦即其人。

〔二〕見送裴十四。何延之蘭亭記：王右軍揮豪製序，興樂而書，用蠶繭紙、鼠鬚筆，遒媚勁健，絕代更無，其時乃有神助。及醒後，他日更書數百千本，終無如祓禊所書之者。右軍亦自珍愛寶重此書。按：「更書」二句，一本作「醒後連日再書數十百紙，終不能及」。唐時登第後，例於曲江遊讌，故以爲喻。

浩曰：初定閑居永樂時作，不如大中末病還鄭州，年深詩味更深也。

水齋

多病欣依有道邦，南塘晏起想秋江〔一〕。卷簾飛燕還拂水，開戶暗蟲猶打窗〔二〕。更閱前題〔三〕已披卷〔四〕，仍斟昨夜未開缸〔五〕。誰人爲報故交道？莫惜鯉魚時一雙〔六〕。

〔一〕南塘與前諸詩之南塘異。

〔二〕何曰：簾已捲而飛燕拂水不入，戶已開而暗蟲打窗不休，是多病晏起卽目事。

〔三〕一作「頭」，非。

〔四〕釋名：書稱題，審諦其名號也；亦言第，因其第次也。北史儒林李興業傳：愛好墳籍，躬加題帖。

〔五〕一作「巩」，同。

〔六〕見贈任秀才。

陸曰：起言病體煩躁，日想秋涼，豈知「卷簾」「開戶」，仍然夏令。又病後善忘，故書須再閱；病後量減，故酒多「未開」。田云：五六已開劍南門庭，唐人雖中、晚，餘馥猶沾溉不少。浩曰：集中言病多矣，此章情味，必廢罷還鄭州時方合，詩格亦是老境，故以爲編年之末。

〔唐〕李商隱　著
〔清〕馮浩　箋注
蔣凡　標點

玉谿生詩集箋注

下

上海古籍出版社

玉谿生詩集箋註卷之三 不編年

卷中有遊蹟頗明及可悟其爲何時作者，但追考不能細符，故雖前後略移，仍不免叢雜凌亂，無可更訂正矣。

寄羅劭興〔一〕

棠棣黄花發〔二〕，忘憂碧葉齊〔三〕。人閑微病酒，燕重遠兼〔四〕泥〔五〕。混沌何由鑿〔六〕？青冥未有梯〔七〕。高陽舊徒侶〔八〕，時復一相攜〔九〕。

〔一〕一作「興」。按：舊書孝友羅讓傳：讓子劭京，讓再從弟子劭權，並歷清貫。北夢瑣言：劭權，咸通時使相也。此劭興當與爲昆季。

〔二〕按：爾雅分列唐棣、栘，常棣、棣，而疏以召南唐棣之華、小雅常棣之華分屬之。本草合引於郁李下。今且未細剖，而其花或白或赤，皆不言黄。故程氏謂今人園圃中有名棣棠者，花繁黄色，義山其指此耶？所揣頗似之矣。

〔三〕詩：焉得諼草，言樹之背。傳曰：諼草令人忘憂。説文：藼，詩曰：安得藼草？或从煖，蕿；或从宣，萱。博物志：神農經曰：中藥養性，合歡蠲忿，萱草忘憂。

〔四〕一作「嗛」。

〔五〕嗛有與銜同之音義，然「兼」字是。

〔六〕莊子：南海帝儵、北海帝忽謀報中央帝混沌之德，曰：「人皆有七竅，此獨無有，嘗試鑿之。」日鑿一竅，七日而混沌死。

〔七〕謝靈運詩：共登青雲梯。餘見鈞天。

〔八〕史記：酈生瞋目案劍，叱使者曰：「走復入言沛公，吾高陽酒徒也，非儒人也。」

〔九〕語意似未第時。

崔處士

眞人塞其內〔一〕，夫子入於機〔二〕。未肯投竿起〔三〕，惟歡負米歸〔四〕。雪中東郭履〔五〕，堂上老萊衣〔六〕。讀遍先賢傳〔七〕，如君事者稀。

〔一〕眞人字見莊子，屢見道書。史記秦始皇本紀曰：吾慕眞人。詩：秉心塞淵。鄭氏箋：塞，充實也。老子：塞其兌，閉其門。莊子：愼汝內，閉汝外。皆塞其內之意。

〔二〕莊子至樂篇：萬物皆出於機，皆入於機。謂出入於造化機也，非機心機事之謂。姚曰：「入」當改

「出」，誤矣。

〔三〕文選：應休璉與從弟君苗君胄書曰：伊尹輟耕，郅惲投竿。注曰：東觀記：郅惲字君章，從鄭次都隱弋陽山，漁釣甚娛。留十日，喟然告別而去。客江夏郡，舉孝廉爲郎。莊子釣於濮水，楚王使大夫往焉，曰：「願以境內累先生。」莊子持竿不顧。蜀志秦宓傳：楚聘莊周，執竿不顧。此當用郅惲事。

〔四〕家語：昔者由也常食藜藿之實，爲親負米百里之外；親沒之後，南遊於楚，積粟萬鍾，列鼎而食，願欲食藜藿爲親負米，不可復得也。

〔五〕見喜雪。

〔六〕師覺授孝子傳：老萊子，楚人。行年七十，父母俱存。常着斑斕之衣，爲親取飲，上堂脚跌，恐傷父母之心，僵臥作嬰兒啼。孔子曰：「若老萊子，可謂不失孺子之心矣。」

〔七〕魏文帝有海內先賢傳，其他書名甚多。

霜月

初聞征雁已無蟬，百尺樓南〔一〕水接天〔二〕。青女素娥俱耐冷〔三〕，月中霜裏鬭嬋娟〔四〕。

〔一〕一作「高」，一作「臺」。

〔二〕晉書樂志：淮南王，自言尊，百尺高樓與天連。

〔三〕謝莊月賦：集素娥於后庭。餘見贈句芒神。

〔四〕豔情也。

商於〔一〕

商於朝雨霽，歸路有秋光。背塢猿收果，投巖麝退香〔二〕。建瓴眞得勢〔三〕，橫戟豈能當〔四〕？割地張儀詐〔五〕，謀身綺季長〔六〕。淸渠州外月，黃葉廟前霜〔七〕。今日看雲意，依依入帝鄉〔八〕。

〔一〕見新開路。

〔二〕嵇康養生論：麝食栢而香。新書志：商州土貢麝香。埤雅：商、汝山中多麝。麝絕愛其香，每爲人所迫逐，勢且急，卽自投高巖，舉爪剔出其香。

〔三〕漢書高帝紀：秦形勝之國也，下兵於諸侯，譬猶居高屋之上建瓴水也。

〔四〕戰國策：齊王建入朝於秦，雍門司馬橫戟當馬前，曰：「王何以去社稷而入秦？」王不聽，遂入秦。史記楚世家：秦昭王遺楚懷王書，願會武關，面結盟而去。懷王患之。昭睢曰：「秦虎狼，不可信。」懷王子子蘭勸王行。秦令一將軍伏兵武關，號爲秦王。楚王至，則閉武關，遂與西至咸陽。懷王卒於秦。二句專指懷王入秦也，言秦已得地勢，而楚墮其術中，非横戟馬前所能止之也。

〔五〕見新開路。

〔六〕一作「良」，詳前。

〔七〕徐曰：州是商州，廟是四皓廟。

〔八〕莊子：華封人謂堯曰：「千載厭世，去而上仙，乘彼白雲，至于帝鄉。」陶潛歸去來辭：富貴非吾願，帝鄉不可期。帝鄉者，仙境，卽漢武皇求白雲鄉也，每以借言帝京。

錢曰：寫景懷古相間，道中詩常調。浩曰：次商洛望京師之作，起結明甚，中二聯借古事以寓今慨，然未可揣其爲何年也。

清河〔一〕

舟小迴仍數，樓危凭亦頻。燕來從及社，蝶舞太侵晨。絳雪除煩後〔二〕，霜梅取味新。年華無一事，只是自傷春〔三〕！

〔一〕清河，洛水也。自商洛以東，從洛水至河南。薛能清河泛舟詩：都人層立似山邱，坐嘯將軍擁棹遊。義山入京應舉，屢出此途。此章則未第而迴也。

〔二〕一作「俊」，非。漢武內傳：西王母云：「仙之上藥有玄霜絳雪。」按：柳子厚李赤傳：豈狂易病惑耶？取絳雪餌之。可以證此句之意。霜梅亦含酸苦。

〔三〕唐人喻下第，每云傷春。

襪

常聞宓妃襪，渡水欲生塵。好借嫦娥著，清秋踏月輪〔一〕。

〔一〕唐人每以桂枝喻得第，此亦泛洛應舉之作，嫦娥自喻。

同學彭道士參寥〔一〕

莫羨仙家有上真〔二〕，仙家暫謫亦千春〔三〕。月中桂樹高多少？試問西河斫樹人〔四〕。

〔一〕「參寥」字見莊子，故道流多以為名。

〔二〕仙有太上、上真、中真、下真之別，屢見道經。

〔三〕江淹別賦：駕鶴上漢，驂鸞騰天，暫遊萬里，少別千年。此託意恨未第也。

〔四〕酉陽雜俎：異書言，月桂高五百丈，下有一人常斫之，樹創隨合。人姓吳名剛，西河人，學仙有過，謫令伐樹。

浩曰：亦未第之感。

效長吉〔一〕

長長漢殿眉〔二〕，窄窄楚宮衣〔三〕。鏡好鸞空舞，簾疎燕誤飛。君王不可問，昨夜約黄歸〔四〕。

〔一〕新書傳：李賀字長吉，辭尚奇詭，所得皆驚邁，絶去翰墨畦逕，當時無能效者。餘詳文集李賀小傳。

〔二〕後漢書馬廖傳：長安語曰：「城中好廣眉，四方且半額。」

〔三〕庾肩吾詩：細腰宜窄衣。

〔四〕朱曰：額黄也。梁簡文帝詩：約黄能效月，裁金巧作星。

浩曰：傷罷歸也。

舊頓〔一〕

東人望幸久咨嗟，四海於今是一家〔二〕。猶鎖平時舊行殿〔三〕，盡無宮戶有宮鴉〔四〕。

〔一〕增韻：頓，貯也，宿食所也。舊書裴度傳：敬宗欲幸洛陽，宰相及兩省諫官論列，不聽，令度支員外郎盧貞檢計行宮及洛陽大內。會度自興元來，帝語及巡幸，度曰：「國家營創兩都，蓋備巡幸；然自艱難以來，此事遂絶，宮闕營壘廨署，悉多荒廢，亦須稍稍修葺，一年半歲後方可議行。」又朱克融、史憲誠各請以丁匠五千助修東都，帝遂停東幸。按：唐時行幸，以大臣充置頓使。此爲幸東都之頓。

〔二〕憲宗平諸藩鎮，自後數朝，叛者少矣，故曰「於今是一家」。

〔三〕通鑑注：自長安歷華、陝至洛，沿道皆有行宮。

〔四〕一作「宮花」，一作「飛鴉」，皆非。

浩曰：程氏謂爲敬宗作，固有據；若泛作慨想承平盛事，亦可。

齊宮詞

永壽兵來夜不扃〔一〕，金蓮無復印中庭〔二〕。梁臺歌管三更罷〔三〕，猶自風搖九子鈴〔四〕。

〔一〕南史紀：齊廢帝東昏侯寶卷起芳樂、芳德、仙華、含德等殿，又別爲潘妃起神仙、永壽、玉壽三殿。蕭衍師至，王珍國、張稷應之，夜開雲龍門，勒兵入殿。是夜，帝在含德殿，吹笙歌作女兒子，臥未熟，聞兵入，趨出，直後張齊斬送蕭衍。

〔二〕見隋宮守歲。

〔三〕齊之後爲梁。餘見讀任彥昇碑。

〔四〕西京雜記：趙飛鷰女弟居昭陽殿，設九金龍，皆銜九子金鈴，帶以金銀花鑷，聲動左右。南史：華殿寺有九子鈴，外國寺佛面有光相，禪靈寺塔諸寶珥，皆剝取以施潘妃殿飾。田曰：此齊時故物，新主爲歡，猶搖昔響。沈、范、王亮愧此多矣。按：田評可，斷章取義，詩意却不深也。馮鈍吟曰：詠史俱妙在不議論。徐曰：傷敬宗也，借古爲言，四句中事皆備具。浩曰：南史言東昏常以五更就臥，至晡乃起。元會之日，百僚陪位，皆僵仆菜色。每出遊還宮，常至三更。被害時年十九。與敬宗諸事相合，故借傷也。徐說似矣，然何以兵來永壽，不云含德？所用金蓮、九子鈴，皆專詠潘妃，豈致歎於敬宗宮嬪，如所云「新得佳人」者乎？此意一無可徵，疑其別有寄慨矣。

寄永道士

共上雲山獨下遲，陽臺白道細如絲〔一〕。君今併倚三珠樹〔二〕，不記〔三〕人間落葉〔四〕時〔五〕。

〔一〕眞誥：王屋山，仙之別天，所謂陽臺是也。始得道者，皆詣陽臺，是淸虚之宮也。欲入山者，此山難尙也。按：登眞隱訣：立冬日，陽臺眞人會集列仙，定新得道人，始入名仙錄。故用爲科第之喻。

〔二〕見碧瓦。昔我分倚，今爾併倚。

〔三〕一作「計」。

〔四〕一作「葉落」。

〔五〕落葉，喻下第。

一片

一片瓊英價動天〔一〕，連城十二〔二〕昔虛傳〔三〕。良工巧費眞爲累，楮葉成來不直錢〔四〕。

〔一〕詩：尚之以瓊英乎而。

〔二〕朱曰：當作「五」。

〔三〕史記：趙得楚之和氏璧，秦王請以十五城易之。魏文帝與鍾繇謝玉玦書：不損連城之價。

〔四〕列子：宋人有爲其君以玉爲楮葉者，三年而後成，鋒殺莖柯，毫芒繁澤，亂之楮葉中，不可別也。此人遂以巧食宋國。史記灌夫傳：臨汝侯方與程不識耳語，夫罵臨汝侯曰：「生平毁程不識不直一錢，今日乃效女兒呫囁耳語！」

浩曰：自歎之詞，當在未第時。

少年

外戚平羌第一功，生年二十有重封〔一〕。直登宣室螭頭上〔二〕，橫過甘泉豹尾中〔三〕。別館覺來雲雨夢，後門歸去蕙蘭叢〔四〕。灞陵夜獵隨田竇〔五〕，不識寒郊自轉蓬〔六〕。

〔一〕漢書樊噲傳：賜重封。張晏曰：益祿也。臣瓚曰：增封也。師古曰：加二號耳。後漢書：馬防，明德馬皇后兄也。肅宗建初四年封潁陽侯，以平定西羌增邑千三百五十戶。此類事頗多，詩所指者，當爲郭汾陽之裔。憲宗后，郭曖之女；敬宗貴妃，郭義之女，皆見舊書傳。

〔二〕漢書：東方朔曰：「夫宣室者，先帝之正處也，非法度之政，不得入焉。」舊書紀：文宗太和九年，勅左右省起居齋筆硯及紙於螭頭下記言記事。唐會要：左右二史分立殿下，直第二螭首坳處，號曰螭頭。和墨濡筆，皆即坳處記錄。

〔三〕三輔黃圖：甘泉宮一曰雲陽宮，本始皇作；一曰林光宮，在故甘泉山，漢武帝增廣之，去長安三百里。漢書揚雄傳：是時，趙昭儀方大幸，每上甘泉，常法從，在屬車間豹尾中。後漢書輿服志：乘輿大駕，備千乘萬騎。西都行祠天郊，甘泉備之。官有其注，名曰甘泉鹵簿。最後一車懸豹尾，豹尾以前比省中。

〔四〕漢書：成帝始爲微行出。張晏曰：於後門出，從期門郎及私奴，若微賤之所爲。

〔五〕史記：武安侯田蚡，孝景后同母弟；魏其侯竇嬰，孝文后從兄子。餘見舊將軍。

〔六〕見無題二首。

玄微先生〔一〕

仙翁無定數，時入一壺藏〔二〕。夜夜桂露濕，村村桃水香〔三〕。醉中抛浩劫〔四〕，宿處起神光〔五〕。藥裹丹山鳳〔六〕，碁函白石郎〔七〕。弄河移砥柱〔八〕，呑日倚扶桑〔九〕。龍竹裁輕策〔一〇〕，鮫絲〔一一〕熨下裳〔一二〕。樹栽嗤漢帝〔一三〕，橋板笑秦皇〔一四〕。徑欲隨關令，龍沙萬里強〔一五〕。

〔一〕文、武、宣三朝，道流頗多，未詳何人。

〔二〕見道靖院。

〔三〕庾信詩：流水桃花香。徐曰：暗用桃源事。

〔四〕「浩劫」字屢見道書。

〔五〕漢書禮樂志：用事甘泉圜丘，昏祠至明，夜常有神光如流星，止集於祠壇。後漢書安帝紀：帝自在邸第，數有神光照室。

〔六〕漢武內傳：仙藥有蒙山白鳳之脯。

〔七〕道源曰：碁函，碁筒也。樂府白石郎曲：白石郎，臨江居，前導河伯後從魚。又曰：積石如玉，列松如翠；郎豔獨絶，世無其二。朱曰：列仙傳：白石先生常煮白石爲糧，因就白石山居，故名。御覽引晉書：王質入山斫木，見二童圍碁，坐觀之；及起，斧柯已爛矣。按：述異記：信安郡石室山童子數人碁而歌，質因聽之。童子以一物與質，如棗核，質含之不覺饑。此句必不用白石郎。朱氏謂合用白石先生、石室山二事，或然歟？

〔八〕西京雜記：鞠道龍説淮南王：「方士能畫地成江河。」餘見述德抒情。

〔九〕眞誥：欲得延年，當洗面精心，日出二丈，正面向之，口吐死炁，鼻噏日精。又：霍山鄧伯元受服青精石飯吞日丹景之法。太平經：青童君採飛根，吞日景。餘見畫松。

〔一〇〕見聖女祠五排。

〔一一〕一作「綃」。

〔一二〕鮫綃屢見。南史：何敬容衣裳不整，伏牀熨之。

〔一三〕漢武內傳：王母命侍女索桃，須臾，以玉盤盛仙桃七顆。帝食輒收其核，欲種之，母曰：「此桃三千年一實，中夏地薄，種之不生。」

〔一四〕見海上。

〔一五〕史記老子傳：見周之衰，廼遂去。至關，關令（標點者註：原無「令」字，據史記老子韓非列傳補。）尹喜曰：「子將隱矣，彊爲我著書。」老子乃著上下篇，言道德之旨五千餘言而去，莫知其所終。注引列仙傳曰：老子西遊，關令尹喜先見其氣，候物色而接之，果得老子，與俱之流沙之西，服具勝實，莫知其所終。列異傳：尹喜望見有紫氣浮關，老子果乘青牛而過也。正義曰：抱朴子云：「老子西遊，遇關令尹喜於散關。」或以爲函谷關。

公子

一盞新羅酒〔一〕，凌晨〔二〕恐易銷。歸應衝鼓半〔三〕，去不待笙調。歌好惟愁和〔四〕，香濃豈〔五〕惜飄。春場鋪艾帳，下馬雉媒嬌〔六〕。

〔一〕「新羅」，謂新漉。袁山松酒賦：纖羅輕布，浮蟻競升。舊引東夷新羅國，謬矣。

〔二〕一作「霜」。

〔三〕衝鼓半，謂夜深始歸，下句謂乍歸又去。無夜無明，狂遊而已。

〔四〕何曰：只欲家妓擅長，惟恐更有和者，非公子無此心情也。寫得妙。

〔五〕一作「多不」。

〔六〕潘岳射雉賦：摯場拄翳。又：睨驍媒之變態。注曰：射者聞有雉聲，便除地爲場，拄翳於草。又曰：少養雉子，至長狎人，能招引野雉，因名曰媒。按：古樂府：艾而張羅。解者引穀梁傳：艾蘭以爲防。蓋「艾」與「刈」同，艾草以爲蒐狩之大防也。若陳蘇子卿詩「張機蓬艾側」，則直以爲艾葉矣。李賀詩亦然。此云「艾帳」，亦同蘇子卿之解。餘詳樞言草閣。

姚曰：極寫輕儁之狀。

閒遊

危亭題竹粉，曲沼嗅荷花。數日同攜酒，平明不在家。尋幽殊未極，得句總〔一〕堪誇。強下西樓去，西樓倚暮霞〔二〕。

〔一〕一作「已」。

〔二〕似少作。

贈歌妓二首

水精如意玉連環〔一〕，下蔡城危莫破顔〔二〕。紅綻櫻桃含白雪〔三〕，斷腸聲裏唱陽關〔四〕。

白日相思不〔五〕奈何，嚴城清夜斷經過。只知解道春來瘦，不道春來獨自多〔六〕。

〔一〕戰國齊策：秦始皇使使者遺君王后玉連環，曰：「齊多智，而解此環不？」君王后以示羣臣，羣臣不知解。君王后引椎椎破之，謝秦使曰：「謹以解矣。」餘見擬意。

〔二〕破顔，笑也。水經注：蔡成公自新蔡遷於州來，謂之下蔡。餘見鏡檻。

〔三〕櫻桃，喻口。餘屢見。

〔四〕見飲席戲贈。

〔五〕一作「可」。

〔六〕謂爾只解道我春來消瘦，何不解道我春來獨自歎！如此解方妙。

秋月〔一〕

池上與橋邊〔二〕，難忘復可憐。簾開最明夜，簟卷已涼天。流處水花急，吐時雲葉鮮〔三〕。
姮娥無粉黛，只是逞〔四〕嬋娟〔五〕。

〔一〕一作「月」，今從文苑英華。

〔二〕一作「樓上與池邊」。

〔三〕見孔雀詠。

〔四〕一作「鬭」。

〔五〕阮籍詩：秋月復嬋娟。錢曰：結句開後來俗調。

浩曰：豔情秀句，可與霜月同參。

樂遊原〔一〕

春夢亂不記，春原登已重。青門弄煙柳〔二〕，紫閣舞雲松〔三〕。拂硯輕冰散，開樽綠酎〔四〕

濃〔五〕。無悰託詩遣，吟罷更無悰〔六〕。

〔一〕一本無「原」字。長安志：樂遊原居京城之最高，四望寬敞，京城之内，俯視指掌。每正月晦日、三月三日、九月九日，士女咸就此登賞祓禊。餘見鄠杜念漢書。

〔二〕見和友人戲贈。

〔三〕見念遠。

〔四〕一作「酒」。

〔五〕月令：孟夏，天子飲酎。注曰：重釀之酒也。正義曰：酎，音近稠。

〔六〕漢書廣陵厲王傳：出入無悰爲樂亟。浩曰：與下向晚、俳諧，皆似少作。

向晚

當風横去幰，臨水卷空帷。北土鞦韆罷，南朝祓禊歸〔一〕。花情羞脈脈，柳意悵微微。莫歎佳期晚，佳期自古稀〔二〕。

〔一〕皆屢見。

〔二〕五六俗甚。

俳諧〔一〕

短顧何由遂？遲光且莫驚。鸎能歌子夜，蝶解舞宮城〔二〕。柳訝眉傷〔三〕淺，桃猜粉太輕。年華有情狀，吾敢恡〔四〕生平〔五〕。

〔一〕史游急就篇：倡優俳笑。摯虞文章流別論：五言於俳諧倡樂多用之。朱曰：杜詩有戲作俳諧體遣悶二首。程曰：隋書經籍志有俳諧文十卷，袁淑撰。按：後漢書：蔡邕曰：「作者鼎沸，下則連偶俗語，有類俳優。」而古散樂有俳樂辭，是其始也。

〔二〕唐六典：宮城在皇城之北。句是泛言城闕。

〔三〕一作「雙」，非。

〔四〕一作「豈怯」。

〔五〕廣韻：吝，良刃切。悔吝。又惜也，恨也。俗作「恡」。鄙悋，本亦作「吝」。

浩曰：寓言我雖有才，人未心許。

藥轉〔一〕

鬱金堂北畫樓東〔二〕，換骨神方上藥通〔三〕。露氣暗連青桂苑〔四〕，風聲偏獵紫蘭叢〔五〕。長籌未必輸孫皓〔六〕，香棗何勞問石崇〔七〕。憶事懷人兼得句，翠衾歸臥繡簾中。

〔一〕葛洪神仙傳：劉根嘗曰：「上藥有九轉還丹。」眞誥：仙道有九轉神丹。

〔二〕周禮春官：鬱人。註：鬱金，香草。鄭司農云：鬱爲草若蘭。説文：鬱，芳艸也。十葉爲貫，百廾貫築以煑之爲鬱。一曰：鬱鬯，百草之華，遠方鬱人所貢芳艸。鬱，今鬱林郡也。戴延之西征記：洛陽城有鬱金屋。沈佺期詩：盧家少婦鬱金堂，海燕雙棲玳瑁梁。餘已見越燕詩。

〔三〕「換骨」，卽易骨，見漢武内傳。

〔四〕御覽引洞冥記：武帝使董謁乘琅霞之輦以昇壇，至三更，西王母至。壇之四面列種軟條青桂，風至，桂枝自拂堦上遊塵。按：洞冥記刊本作列種軟棗，條如青桂。壇則武帝所起壽靈壇也。

〔五〕宋玉風賦：獵蕙草。

〔六〕道源曰：長籌，廁籌也。法苑珠林：吳時於建業後園平地獲金像一軀，孫皓素未有信，置於廁處，令執屏籌。至四月八日浴佛時，遂尿頭上，尋卽通腫，陰處尤劇，痛楚號叫，忍不可禁。太史占曰：「犯大神聖所致。」宮内伎女有信佛者曰：「佛爲大神。陛下前穢之，今急，可請耶？」皓信之，伏枕皈依，懺謝尤懇，以香湯洗像，慙悔殷重，隱痛漸愈。

〔七〕白帖：大將軍王敦至石家廁，取箱食棗，羣婢笑之。道源曰：世説：石崇廁常有十餘婢侍列，皆麗服藻飾，置甲煎粉沈香汁之屬，又與新衣著令出，客多羞不能如廁。王大將軍往，脱故衣，著新衣，神色傲然，羣婢相謂曰：「此客必能作賊。」又曰：王敦初尙主，如廁，見漆箱盛乾棗，本以塞鼻，王謂廁上亦下果，食遂至盡。白帖合之爲一，義山詩亦如此用，豈別有據耶？按：語林又有劉寔詣石崇家如廁之事，亦見晉書傳。

浩曰：此篇舊人未解，而妄談者託之竹垞先生，以爲藥轉乃如廁之義，本道書，午橋采以入箋。余曾叩之竹垞文孫稼翁，力辨其誣也。頗似詠閨人之私產者，次句特用換骨，謂飲藥墮之，三四謂棄之後苑，五六借以對襯，結則指其人歸臥養疴也。穢瀆筆墨，乃至此哉！

屏風

六曲連環接翠帷，高樓半夜酒醒時。掩燈遮霧密如此，雨落月明俱不知。

浩曰：與可歎諸作互參。或謂刺蔽賢之人，非也。

風

撩釵盤孔雀〔一〕，惱帶拂鴛鴦〔二〕。羅薦誰教近〔三〕？齋時鎖洞房〔四〕。

〔一〕陳思王美女篇：頭上金爵釵。

〔二〕江揔雜曲：合歡錦帶鴛鴦鳥。

〔三〕見回中牡丹。

〔四〕宋玉風賦：躋於羅帷，經於洞房。馮鈍吟曰：撩釵拂帶，詠風之麗語也。洞房無人，風吹羅薦，寂寞光景，宛然在目。義山詩取境幽遠，大率類此。程曰：此亦刺女冠之流也。浩曰：齋時應鎖洞房，風乃偏近羅薦，上二句正狎而玩之之象，程說得之。

九成宮〔一〕

十二層城〔二〕閬苑西〔三〕，平時避暑拂虹霓〔四〕。雲隨夏后雙龍尾〔五〕，風逐周王八馬蹄〔七〕。吳岳曉光連翠巘〔八〕，甘泉晚景上丹梯〔九〕。荔枝盧橘沾恩幸〔一〇〕，鸞鵲天書濕紫泥〔一一〕。

〔一〕新書志：鳳翔府麟遊縣西五里有九成宮，本隋仁壽宮，貞觀五年復置，更名，并置禁苑及府庫官寺等。集古錄：唐九成宮醴泉銘：太宗避暑於宮中，以杖琢地，得水而甘，因名醴泉。

〔二〕一作「樓」。

〔三〕朱曰：十洲記、水經注皆言崑崙天墉城有金臺五所，玉樓十二；漢書郊祀志亦言五城十二樓。義山每用十二城，未詳所本。程曰：淮南子：「崑崙山有層城九重。」不云十二，想別有據。徐曰：

宋本與戊籤皆作「樓」，集亦有「十二樓前再拜辭」之句，疑「城」字誤。按：集仙錄：西王母所居宮闕在閬風之苑，有城千里，玉樓十二。則「城」字「十二」字可通融取用，十二城、十二樓集中皆屢見，未可云誤。閬苑比京城，見玉山詩。鳳翔在京西也。

〔四〕虹霓，見寄令狐學士，兼切暑天。

〔五〕山海經：大樂之野，夏后啓于此儛九代，乘兩龍。傳曰：九代，馬名。博物志：夏德之盛，二龍降之，禹使范成光御之行域外，既周而還。

〔六〕一作「駿」。

〔七〕見華嶽下王母廟。兩龍、八駿習用之語，此便覺與清暑獨切。

〔八〕史記封禪書：華以西名山吳岳。漢書地理志：周官職方氏：正西曰雍州，其山曰嶽。師古曰：即吳岳也。新書志：隴州汧陽郡吳山縣有西鎮吳山祠。按：國語謂之西吳也，是又在鳳翔西百數十里，故曰連。

〔九〕漢甘泉宮去京三百里，與九成之離京相符，而九成有醴泉，故以言之。

〔一〇〕蜀都賦：側生荔枝。史記上林賦：盧橘夏熟。郭璞曰：「今蜀中有給客橙，似橘而非，若柚而芬香，冬夏華實相繼，如彈丸，如拳，通歲食之，即盧橘也。」索隱曰：「伊尹書曰：果之美者，箕山之東，青馬之所，有盧橘，夏熟。廣州記云：盧橘皮厚，大小如柑，酢多，九月結實，正赤，明年二月更青黑，夏熟。吳錄云：建安有橘，冬月樹上覆裹，明年夏，色變青黑，味甚甘美。盧卽黑色是也。」按：郭注云「通歲食之」，似與「夏熟」字未合，故索隱引諸說，隱爲辨之也。盧橘前人屢辨考，大率是柚柑之屬。或以爲卽枇杷者，誤，上林賦下文明言「枇杷橪柿」矣。此句亦用夏熟。又按：玉篇「櫨」字註引呂氏春秋「青鳧之所，有甘櫨焉」，而本書作「青島」，史記注作「青馬」，文選注作「青鳥」，傳刻多訛，未知孰是。

〔二〕庾肩吾書品序：波迴墮鏡之鸞，楷顧雕陵之鵲。餘見獻從叔。

姚曰：此追憶承平巡幸氣象。浩曰：姚解得之。首二志其以淸暑幸離宮，三四百官扈從之儀；五六曉暮登臨之景，七八則遠方珍果時獻邀恩，皆承平之盛事也。唐自中葉後，巡幸之事久廢，詩亦於言外寓慨耳。或以爲刺者，非也。

少將

族亞齊安陸〔一〕，風高漢武威〔二〕。煙波別墅醉，花月後門歸。青海聞傳箭〔三〕，天山報合圍〔四〕。一朝攜劍起，上馬卽如飛〔五〕。

〔一〕南齊書宗室傳：安陸昭王緬封安陸侯，贈安陸王。子寶晊嗣，改封湘東王，寶賢爲江陵公，寶宏霄城公。齊又有安陸王子敬，乃武帝第五子，爲明帝所殺。此云「族」，必指緬之子嗣爵者。

〔二〕漢書志：武威郡，故匈奴休屠王地，武帝太初四年開。縣十，有姑臧、張掖、武威。後漢書公孫述傳：帝怒，讓副將劉尚，曰：「尚宗室子孫。」餘詳聖女祠七律。

〔三〕隋書地理志：西海郡置在古伏俟城，即吐谷渾國都，有青海。餘見懷求古翁。

〔四〕史記索隱：祁連山一曰天山，亦曰白山，在張掖、酒泉二郡界。後漢書注：西河舊事曰：「白山之中有好木，匈奴謂之天山。」廣志曰：「白山通歲有雪，亦名雪山。」禮記：天子不合圍。李陵報蘇武書：單于臨陣，親自合圍。

〔五〕一作「馬上疾如飛」。田曰：何等飄忽，心事如雪。

馮曰：此詩佳在後半，似吳叔庠。浩曰：首聯言宗室而爲將軍也。姑臧、武威每爲李氏封號，此必爲李氏世冑詠者，但未能定考何人。此章深美其少年華貴，非庸材也。

爲有

爲有雲屏無限嬌〔一〕，鳳城寒盡怕春宵。無端嫁得金龜壻〔二〕，辜負香衾事早朝〔三〕。

〔一〕漢書王莽傳：莽常翳雲母屏風。西京雜記：昭儀上趙皇后物有雲母屏風、琉璃屏風。張協七命：雲屏爛汗。

〔二〕舊書輿服志：天授元年，改內外所佩魚並作龜，三品以上龜袋用金飾，四品用銀飾，五品用銅飾。

〔三〕言外有刺。

幽人

丹竈三年火〔一〕，蒼崖萬歲藤。樵歸說逢虎〔二〕，棋罷正留僧。星斗同秦分〔三〕，人煙接漢陵〔四〕。東流清渭苦，不盡照衰興。

〔一〕江淹別賦：守丹竈而不顧。

〔二〕何曰：正見塵迹隔絕。

〔三〕史記天官書：二十八舍主十二州，斗秉兼之。漢書志：東井輿鬼雍州。晉書志：自東井十六度至柳八度爲鶉首，於辰爲未，秦分野。

〔四〕按：漢書：徙郡國民以奉園陵。又如車千秋爲丞相徙長陵，黃霸爲丞相徙平陵之類。西都賦所云三選七遷，充奉陵邑也。此言所居之遠京城。

何曰：恆人屢閱興亡，幽人不知時代，「秦分」、「漢陵」不以密邇妨其獨善，眞高尚其事者也。浩曰：用意似甘露變後作。

子初全溪作〔一〕

全溪不可到，況復盡餘醅。漢苑生春水，昆池換劫灰〔二〕。戰蒲知雁唼〔三〕，皺月覺魚來〔四〕。清興恭聞命，言詩未敢迴〔五〕。

〔一〕全溪，山中小地名，當在京郊，俟考。子初未知何人。

〔二〕見寄惱韓同年。

〔三〕玉篇：唼，子合切。楚辭：鳧雁皆唼夫粱藻兮。

〔四〕田曰：「戰」、「皺」太纖。

〔五〕主人留飲索詩而作。

程曰：太和九年二月，以鄭注言，發左右神策千五百人浚曲江及昆明池。詩當作於此時。徐曰：全唐詩有張衆甫，字子初，清河人，河南府壽安縣尉，僑居雲陽，後拜監察御史，爲淮南軍從事。義山同時人，疑卽其人也。浩曰：程說據舊書紀，然不可拘也。若張衆甫者，其詩高仲武登之中興間氣集，文苑英華有權德輿撰子初墓誌，云建中三年三月終於家，是安得與義山同時哉？徐說誤矣。若以詩格論，贈宗魯筇竹杖，確是義山意趣。若此章五六之刻鏤，與本集相近而大不同，結聯意調亦不類。其後子初郊墅篇，輕婉之態，亦異本集也。余初斥在卷末，然與其過疑，毋寧過慎，故仍收之。

贈宗魯筇〔一〕竹杖〔二〕

大夏資輕策〔三〕，全溪問〔四〕所思〔五〕。靜憐穿樹遠，滑想過苔遲。鶴怨朝還望〔六〕，僧閒暮有期〔七〕。風流眞底事，常欲傍清羸。

〔一〕戊籤作「卭」。

〔二〕宗魯，未知何人。詩亦云全溪，疑其人名宗魯，字子初，或是兩人，未可定也。其年當長於義山。

〔三〕漢書：張騫至大夏，見卭竹杖，問安得此？國人曰：「吾賈人市之身毒國。」晉戴凱之竹譜：竹之堪杖，莫尚於笻，磥砢不凡，狀若人功。豈必蜀壤？亦產餘邦。一曰扶老，名實縣同。按：經、史中「資」字有貨也、取也、蓄也之義，又「資」與「齎」同。此「資」字未定何解。

〔四〕一作「贈」。

〔五〕曲禮：凡以弓劍苞苴簞笥問人者。注曰：問，猶遺也。國語：楚王使工尹襄問郤至以弓。

〔六〕北山移文：蕙帳空兮夜鶴怨。何曰：思作故山之遊。點化前人語，何等新活。

〔七〕皆言必藉於杖。

微雨

初隨林靄動，稍共夜涼分。窗迴〔一〕侵燈冷，庭虛近水聞〔二〕。

〔一〕一作「逼」，又一作「過」，皆誤。

〔三〕田曰：寫「微」字入神。

詠雲

捧月三更斷，藏星七夕明。纔聞飄迥路，旋見隔重城。潭暮隨龍起〔一〕，河秋壓雁聲〔二〕。只應惟宋玉，知是楚神名〔三〕。

〔一〕取行雲之意。

〔二〕取銀河之意。何曰：句更新。

〔三〕屢見。與碧城相類，託意甚明。錢氏以爲托詠北司之横，非也。

碧城三首

碧城十二曲闌干〔一〕，犀辟塵埃玉辟寒〔二〕。閬苑有書多附鶴〔三〕，女牀〔四〕無樹不棲鸞〔五〕。星沈海底當窗見，雨過河源隔座看。若是曉珠明又定〔六〕，一生長對水精盤〔七〕。

對影聞聲已可憐，玉池荷葉正田田〔八〕。不逢蕭史休回首〔九〕，莫見洪崖又拍肩〔一〇〕。紫鳳放嬌銜楚珮〔一一〕，赤鱗狂舞撥湘絃〔一二〕。鄂君悵望舟中夜，繡被焚香獨自眠〔一三〕。

七夕來時先有期〔一四〕，洞房簾箔至今垂。玉輪顧兔初生魄〔一五〕，鐵網珊瑚未有枝〔一六〕。檢與神方教駐景〔七〕，收將鳳紙寫相思〔八〕。武皇內傳分明在〔九〕，莫道人間總不知〔一〇〕。

〔一〕徐曰：江淹詩：闌干十二曲，垂手明如玉。「十二」字不必定指城也。餘見送從翁東川。

〔二〕述異記：却塵犀，海獸也。然其角辟塵，致之於座，塵埃不入。嶺表錄異：辟塵犀爲婦人簪梳，塵不着也。按：西王母有夜山火玉之語，上元夫人帶六出火玉之佩，見武帝內傳。又梁四公記：扶桑國貢觀日火玉，映日以觀，日中宮殿晈然分明。然玉德溫潤，故豔體每云煖玉，不必拘何事。

〔三〕鮑照舞鶴賦：望崑閬而揚音。鶴傳書，未檢所本，盧綸詩「渡海傳書怪鶴遲」，可相證耳。

〔四〕一作「牆」，誤。

〔五〕山海經：女牀之山有鳥焉，其狀如翟而五采文，名曰鸞鳥。胡震亨曰：四語甚貴，舍主第，即孫壽賈夫人家未易副。按：皆已寓意。

〔六〕淮南子：若木末有十日。高誘注曰：若木端有十日，狀如連珠。御覽引易參同契曰：日爲流珠，青龍之俱。注曰：陽精爲流珠。青龍，東方少陽也。唐詩鼓吹注：曉珠，謂日也。按：舊注引飛燕外傳枕前不夜珠，非也。

〔七〕「水精」，亦作「晶」，舊注引飛燕事，詳天平公座，蓋取與不夜珠相合，然非也。三輔黃圖：董偃以玉晶爲盤，貯冰於膝前，玉晶與冰相潔，侍者謂冰無盤，必融濕席，乃拂玉盤墜，冰玉俱碎。玉晶千塗國所貢，武帝以賜偃。按：何氏謂曉珠、晶盤，皆用董偃事。愚以若用賣珠，則「曉」字無謂也。今定曉珠謂日，晶盤不必拘看，詳下總箋。

〔八〕文選南都賦：鉗盧玉池。注曰：陂澤名。樂府王金珠懽聞歌：豔豔金樓女，心如玉池蓮。古詩：江南可采蓮，蓮葉何田田，魚戲蓮葉間。

〔九〕見送從翁。

〔一〇〕見七月二十八日。

〔一一〕古禽經：紫鳳謂之鷟。三輔決錄注曰：色多紫者爲鸑鷟。楚辭：紉秋蘭以爲珮。亦用江妃二女解佩事，詳擬意。

〔一二〕韓詩外傳：瓠巴鼓瑟而潛魚出聽。淮南子作「淫魚」，注曰：淫魚長丈餘，出江中，喜音。別賦：聳淵魚之赤鱗。

〔一三〕見牡丹。

〔一四〕用牛、女會合，不可因七句謂用漢武內傳王母來事。

〔一五〕楚詞天問：夜光何德，死而又育？厥利維何，而顧菟在腹？尚書：旁死魄。傳曰：旁，近也。月二日近死魄。疏曰：月始生魄然貌。

〔一六〕外國雜傳：大秦西南漲海中珊瑚洲，洲底大盤石，珊瑚生其上，人以鐵網取之。本草：珊瑚生海底盤石上，一歲黃，三歲赤。海人先作鐵網沉水底，貫中而生，絞網出之，失時不取則腐。

〔七〕說文：景，光也。駐景，猶駐顏之意，謂得神方使容顏光澤不易老也。舊註皆非。

〔八〕徐曰：鳳紙，唐宮宸翰所用，王建宮詞「每日進來金鳳紙，殿頭無事不教書」是也。按：天中記：唐時將相官誥用金鳳紙書之，而道家青詞亦用之也。

〔九〕按：今刊本漢武帝內傳題班固著，而宋史藝文志班固漢武故事五卷，在故事類，漢武內傳二卷不知作者，在傳記類。漢武故事，唐張柬之曰：王儉造。

〔一〇〕莫謂我不知之也。

胡孝轅曰：此似詠其時貴主事。味蕭史一聯及引用董偃水精盤故事，大指已明，非止爲尋恆閨閣寫豔也。浩曰：三詩向莫定其解。曝書亭集曰：一詠楊貴妃入道，一言妃未歸壽邸，一言明皇與妃定情係七月十六日，固未然也。錢木庵亦有楊妃之解，然首章總不可通，餘亦未融洽，要惟胡孝轅戊籤謂刺入道宮主者近之。第其句下所釋尚有誤會者，余更爲演之曰：首章泛言仙境，以賦入道。首句高居，次句清麗溫柔，入道爲辟塵，尋歡爲辟寒也。三四書憑鶴附、樹許鸞棲，密約幽期，情狀已揭。下半尤隱晦難解，竊意海底河源，暗用三神山反居水下與乘槎上天河見織女事，謂天上之星已沉海底而乃當窗自見，暮行之雨待過河源而後隔座相看，以寓遁入此中，恣其夜合明離之迹也。「曉珠」似當謂日，水晶盤專取清潔之意，不必拘典故。本集中「慢裝嬌樹水晶盤」，狀女冠之素豔矣。惟曉珠不定，故得縱情幽會；若既明且定，則終無昏黑之時，一生只宜清冷耳。蓋以反托結之也。次章先美其色，對影聞聲，已極可憐，况得游戲其間耶？不逢蕭史，謂本不下嫁，何有顧忌！莫見洪崖，謂得一浮邱，情當知足。紫鳳、赤鱗，狂且放縱之態。然而尚有欲親而未得者，故獨眠而悵望耳。三章程箋頗妙，謂紀其跡之彰著，而致警於人言之可畏也。首句遡歡會也。次句以深藏引起下聯，冤曾在腹，網未收枝，比喻隱而實顯，當與藥轉參看，戊籤謂爲初瓜寫嫩，誤矣。五六惟願美色不衰，歡情永結，若云鴻都道士，絶不可符。結二句總括三章，漢武内傳多紀女仙，故借用之，不可泥看。孝轅之子夏客云：讀劉中山題九仙宫主舊院詩：武皇曾駐蹕，親問主人翁。前此詩人，未嘗諱言，何疑於玉谿哉！以此解之，通體交融矣。若以武皇爲定指明皇，則楊妃之事，先後詩人彰之篇什，卽本集中明譏毒刺不一而足，何獨於此而必隱約出之哉？

蜂

小〔一〕苑華池爛漫通〔二〕，後門前檻思無窮。宓妃腰細纔勝露〔三〕，趙后身輕欲倚風〔四〕。紅壁寂寥崖蜜盡〔五〕，碧簷〔六〕迢遞霧巢空〔七〕。青陵粉蝶休離恨〔八〕，長定相逢二月中。

〔一〕一作「少」，誤。

〔二〕莊子在宥篇：大德不同而性命爛漫矣。上林賦：爛漫遠遷。師古曰：言其雜亂移徙也。洞簫賦：憚怆瀾漫。注曰：分散也。此字皆當作「瀾漫」，亦作「爛漫」。有作「熳」者，誤。

〔三〕洛神賦：腰如約素。餘見代魏宮私贈。

〔四〕張衡西京賦：飛燕寵於體輕。三輔黃圖：成帝與趙飛燕戲於太液池，以金鎖纜雲舟於波上，每輕風時至，飛燕殆欲隨風入水，帝以翠縷結飛燕之裾。今太液池尚有避風臺。

〔五〕西京雜記：南越王獻高帝石蜜五斛。本草圖經：石密卽崖密，人以長竿刺出，多者至三四石，味醶，色綠，勝他密。按：山海經：平逢之山，實惟蜂蜜之廬。注曰：蜜，赤蜂名。蓋「蜜」字从蟲，本卽蜂也。本草注中多以「蜜」爲「密」。

〔六〕一作「簾」，今從英華。

〔七〕御覽引博物志：人家養蜂者，以木爲器，或十斛、五斛，開小孔，令蜂出入，安着簷前或庭下。二句是過時之景，故下接「離恨」。

〔八〕見後青陵臺。

程曰：此寄慰別情之作。一二思其里巷，三四想其風流，五六憶其寂寥，七八以相見不遠慰之。

明日

天上參旗過〔一〕，人間燭焰銷。誰言整雙履〔二〕，便是隔三橋〔三〕？知處黃金鎖，曾來碧綺寮〔四〕。憑欄明日意，池濶雨蕭蕭。

〔一〕史記天官書：參爲白虎。其西有句曲九星，三處羅：一曰天旗。正義曰：參旗九星，在參西，天旗也。朱曰：「過」即所謂參横。

〔二〕述異記：公主山在華山中。漢末，王莽秉政，南陽公主避亂入此峰學道，後升仙。至今嶺上有一雙朱履。

〔三〕史記索隱：今渭橋有三所：一在城西北咸陽路，曰西渭橋；一在東北高陵路，曰東渭橋；其中渭橋在故城之北。此取銀河之義，見無愁果有愁曲。又兩京雜記：西京外郭城朱雀街東有第三橋。

〔四〕皆見前。上句是今去，下句是昨來。田曰：細看其詩，多不肯作一直語，所以成家。浩曰：言外是追憶昨宵，故題曰「明日」也。姚云：參横燭炧，夜盡明來時矣。一經分手，便隔天涯。此解得之。程氏疑指富貴女冠，余疑亦詠貴主事也。

石榴

榴枝婀娜榴實繁，榴膜輕明榴子鮮。可羡瑤池碧桃樹〔一〕，碧桃〔二〕紅頰一千年〔三〕。

〔一〕見聖女祠。

〔二〕舊本皆作「桃」。朱本「桃」一作「眉」，非。

〔三〕關令尹喜內傳：喜從老子西遊，省太眞王母，共食碧桃。餘見玄微先生。程曰：卽杜牧「綠葉成陰子滿枝」之歎。浩曰：石榴多子，與「玉輪」「鐵網」一聯同看。此豈羡眞仙而學道者歟？

擬沈下賢〔一〕

千二百輕鸞〔二〕，春衫瘦著寬。倚風行稍〔三〕急，含雪語應寒。帶火遺金斗〔四〕，兼珠碎玉盤〔五〕。河陽看花過，曾不問潘安〔六〕？

〔一〕舊書栢耆傳：李同捷叛，竊蹶求降。耆既宣諭訖，與節度使李祐謀，耆乃帥數百騎入滄州，取同捷赴京。滄、德平，諸將害耆邀功，上表論列，文帝不獲已，貶循州司戶，判官沈亞之貶虔州南康尉。晁氏讀書志：沈亞之集八卷，字下賢，元和十年進士，累進殿中丞、御史、內供奉。太和三年，栢耆宣慰德州，取爲判官。耆罷，亞之貶南康尉，後終郢州掾。亞之以文詞得名，常遊韓愈門。李賀、杜牧、李商隱俱有擬沈下賢詩，亦當時名輩所稱許云。按：下賢吳興人，昌谷所云「吳興才人怨春風」也。晁氏作長安人，似誤。昌谷樊川之詩非擬也。亞之詩，宋志云十二卷，今存者不及三十首。

〔二〕漢書王莽傳：黃帝以百二十女致神僊。何曰：千金房中補益論：昔黃帝御女一千二百而登仙，俗人一女伐命，知與不知，相去遠矣。事出鬻子，亦見抱朴子。按：飛卿答柯古詩「一千二百逃飛鳥」，卽此句事。若更有典，俟考。

〔三〕上聲。

〔四〕淮南子：炮烙始於熨斗。帝王世紀：紂欲重刑，乃先爲大熨斗，以火爇之，使人舉不能勝，輒爛手。晉東宮舊事：皇太子納妃，有金塗熨斗。

〔五〕極寫嬌憨。

〔六〕見縣中惱飲席。

浩曰：豔體也。但何以爲擬沈則未詳，或引亞之秦夢詩，亦不可合。

蜨

飛來繡戶陰，穿過畫樓深。重傅秦臺粉〔一〕，輕塗漢殿金〔二〕。相兼惟柳絮，所得是花心。可要凌孤客，邀爲子夜吟〔三〕。

〔一〕古今注：三代以鉛爲粉。蕭史與秦穆公鍊飛雪丹第一轉，與弄玉塗之，今之水銀膩粉是也。

〔二〕漢書：趙昭儀居昭陽舍，殿上髹漆，切皆銅沓冒黃金塗。徐曰：翅粉多，故曰重傅；黃色淺，故曰輕塗。

〔三〕梁武帝子夜歌：花塢蝶雙飛，柳隄鳥百舌。不見佳人來，徒勞心斷絶。

程曰：亦爲遊冶而作，語意甚明。

牡丹

壓逕復緣溝，當窗又映樓〔一〕。終銷一國破〔二〕，不啻萬金求〔三〕。鸞鳳戲三島〔四〕，神仙居十洲〔五〕。應憐萱草淡，却得號忘憂〔六〕。

〔一〕何曰：方是牡丹大觀。隴右牡丹成樹，長與簷等，少所見者罕不以此句爲砌合也。按：要非佳句。

〔二〕朱曰：比其豔於佳人之傾國。

〔三〕國史補：長安貴遊尚牡丹，每春暮，車馬若狂。人種以求利，一本有直數萬者。

〔四〕屢見。

〔五〕見河中河亭，言此是仙家貴種也。

〔六〕天寶遺事：明皇與貴妃宿酒初醒，同看木芍藥，帝折一枝與妃遞嗅，帝曰：「不惟萱草忘憂，此花香豔亦能醒酒。」按：雖非所用，意亦相通。然開元記則謂是千葉桃花。

浩曰：直是詠物，與令狐家無關，徐氏未細分也。又曰：疑在涇州詠，如前所云回中牡丹者。

春風

春風雖自好，春物太昌昌。若教春有意，惟遣〔一〕一枝芳。我意殊〔二〕春意，先春已斷腸〔三〕。

〔一〕一作「遺」，誤。

〔二〕一作「如」，誤。

〔三〕滿目繁華，我獨懷恨，不待春來，腸先斷矣。寓意未詳。

人欲〔一〕

人欲天從竟不疑，莫言圓蓋便無私〔二〕。秦中已久〔三〕烏頭白〔四〕，却是君王未備知。

〔一〕人欲天從，固本泰誓，而王仲宣雜詩「迴身入空房，託夢通精誠。人欲天不違，何懼不合并」，實所取義也。

〔二〕宋玉大言賦：圓天爲蓋。

〔三〕一作「久已」。

〔四〕燕丹子：燕太子丹質於秦，欲歸，秦王謬言曰：「烏頭白，馬生角，乃可。」丹仰天歎，烏即白頭，馬爲生角。秦王不得已而遣之。

浩曰：「人欲天從」，無私而竟有私矣。世間必無之事，乃竟有之意外，惟巧爲自掩，故無由覺也，可歎深矣。與下二首同。

吳宮

龍檻沈沈水殿清，禁門深掩斷人聲。吳王宴罷滿宮醉，日暮水漂花出城。

可歎

幸會東城宴未迴，年華憂共水相催。梁家宅裏秦宮入〔一〕，趙后樓中赤鳳來〔二〕。冰簟且眠金鏤枕〔三〕，瓊筵不醉玉交杯〔四〕。宓妃愁坐芝田館〔五〕，用盡陳王八斗才〔六〕。

〔一〕後漢書梁冀傳：冀愛監奴秦宮，官至太倉令，得出入妻孫壽所。壽見宮，輒屏御者，託以言事，因與私焉。

〔二〕飛燕外傳：后所通宮奴燕赤鳳，雄捷能超觀閣，兼通昭儀。時十月十五日，宮中故事，上靈女廟，吹塤擊鼓，連臂踏地，歌赤鳳來曲。后謂昭儀曰：「赤鳳爲誰來？」昭儀曰：「赤鳳自爲姊來，寧爲他人乎？」按：十月十五日共入靈女廟，歌上靈之曲，既而踏地爲節，歌赤鳳凰來，見西京雜記。

因曲名與燕赤鳳同，故以相詰怒。

〔三〕見無題四首。

〔四〕何暇醉乎？

〔五〕東京賦：宓妃攸館。餘詳代元城吳令。

〔六〕南史：謝靈運曰：「天下才共一石，曹子建獨得八斗，我得一斗，自古及今共用一斗。」奇才博識，安足繼之！

何曰：一首中五人名，未免獺祭之病。錢曰：所刺不可得而知，豈有貴人年邁，而少姬恣行放誕者乎？浩曰：題已顯然，結句乃別有所指，非承三四也。義山詩軼者多矣，而此種大傷忠厚之篇，其不幸而傳者乎！

偶題二首

小亭閑眠微醉消，山〔一〕榴海栢枝相交〔二〕。水文簟上琥珀枕〔三〕，傍有墮釵雙翠翹〔四〕。

清月依微香露輕，曲房小院多逢迎〔五〕。春叢定是雙〔六〕棲夜〔七〕，飲罷莫持紅燭行。

〔一〕一作「石」。

〔二〕山榴即石榴，唐人詩題每曰山石榴。

〔三〕西京雜記：會稽歲時獻竹簟供御，世號爲流黄簟。又：以竹爲簾，簾皆水文。楊妃外傳：妃進見初，帝授以玉竹水紋簟。此卽所云「瀟湘浪上」之意。餘詳詠史。萬首絶句作「珊瑚枕」，似誤刊耳。

〔四〕見送從翁東川。

〔五〕七發：往來遊讌，縱恣於曲房隱閒之中。

〔六〕一作「饒」。

〔七〕朱本作「饒棲鳥」。按：「夜」字是贅説，然「雙棲鳥」直致乏味。浩曰：上章晝景，下章夜景，語含尖刺，當與可歎同參，此較婉約。

荷花

都無色可並，不奈此香何。瑶席乘涼設〔一〕，金羈落晚〔二〕過〔三〕。迴〔四〕衾燈照綺，渡襪水沾羅〔五〕。預想前秋〔六〕別，離居夢櫂歌〔七〕。

〔一〕楚辭：瑶席兮玉瑱。

〔二〕一作「曉」，誤。

〔三〕陳思王詩：白馬飾金羈。

〔四〕一作「覆」，非。

〔五〕屢見。

〔六〕英華作「秋前」。

〔七〕南史：羊侃善音律，自造采蓮、櫂歌兩曲，甚有新致。此豔情之作，後又有同題者。

送〔一〕臻師二首

昔去靈山非拂〔二〕席〔三〕，今來滄海欲求珠〔四〕。楞伽頂上清涼地〔五〕，善眼仙人憶我無〔六〕？

苦海迷途去未因〔七〕，東方〔八〕過此幾微塵〔九〕。何當百億蓮華上，一一蓮華見佛身〔一〇〕。

〔一〕戊籤作「別」，諸本皆作「送」。

〔二〕一作「佛」，誤。

〔三〕史記大宛傳注：括地志曰：王舍國靈鷲山，胡語曰耆闍崛山，山青石頭似鷲鳥，佛於此坐禪，及諸阿難等俱在此坐。南史羊欣傳：欣嘗詣謝混，混拂席改服，然後見之。欣由此益知名。按：此拂席之義，俟於釋典再考。道源引妙法蓮華經方便品比丘等五千人等禮佛而退諸句，於「是以不住」下增「拂席而起」四字，余檢經文，實無此四字也，異哉！高僧傳曰：「知顗初禮思禪師，思曰：『昔日靈山同聽法華，宿緣所追，今復來矣。』乃授法華三昧，其後精進，豁然見靈山一席，儼然未散。此略近之，亦未全符也。

〔四〕宋書王微傳：傾海求珠。維摩經：不下巨海，不能得無價寶珠。報恩經：善友太子入海乞得龍王左耳中如意摩尼寶珠。此以求珠喻得道升進。

〔五〕楞伽經：佛住南海濱楞伽山頂，種種寶華以爲莊嚴。魏書釋老志：漢明帝令畫工圖佛像，置清涼臺。眞誥：洛陽南宮清涼臺作佛形像。按：清涼寂靜，佛家常語。

〔六〕楞伽經：世尊於大衆中唱如是言，我是過去一切佛，及種種受生，我爾時作曼陀轉輪聖王、六牙大象及鸚鵡鳥、釋提桓因、善眼仙人，如是等百千生經說。按：維摩經亦作「善眼菩薩」。

〔七〕涅槃經：法眼明了，能度衆生於大苦海。楞嚴經：方便提獎，引諸沉冥出於苦海。莊子：黃帝將見大隗乎具茨之山，至於襄城之野，七聖皆迷，無所問塗。朱曰：去未因，過去未來之因。

〔八〕一作「遊」。

〔九〕涅槃經：爾時東方去此無量無數阿僧祇恆河沙微塵等世界，彼有佛土名意樂美音，佛號虛空等如來，彼佛告大弟子：「汝今宜往西方，彼土有佛號釋迦牟尼如來，汝可持此世界香飯奉獻彼佛世尊。」按：所引取東方來此之義。

〔一〇〕大般涅槃經：世尊放大光明，身上一一毛孔出一蓮華，其華微妙，各具千葉，是諸蓮華各出種種雜色光明，是一一華各有一佛，圓光一尋，金色晃耀，微妙端嚴，爾時所有衆生多所利益。法華經：我等願欲見此佛身。又：時文殊師利坐千葉蓮華從於大海，龍宮自然涌出，詣靈鷲山，從蓮華下，至於佛所。文殊往龍宮，所化衆生，其數無量。無數菩薩坐寶蓮華，從海涌出，詣靈鷲山，住在虛空，皆是文殊師利之所化度。翻譯名義集引摩訶衍云：釋迦牟尼，屬應身也，而此應身周帀千華上復現千釋迦，一華百億國，一國一釋迦，故名千百億化身也。此以喻人人如願，如摭言所載，稱登科記爲千佛名經者。

街西池館〔一〕

白閣他年別〔二〕，朱門此夜過。疎簾留月魄〔三〕，珍簟接煙波〔四〕。太守三刀夢〔五〕，將軍一箭歌〔六〕。國租容客旅〔七〕，香熟玉山禾〔八〕。

〔一〕舊書志：京師有東西兩市，南北十四街，東西十一街，街分一百八坊。皇城南大街曰朱雀之街，街東五十四坊，萬年縣領之；街西五十四坊，長安縣領之。

〔二〕見念遠。

〔三〕見碧城。按：尚書正義曰：魄者，形也，謂月之輪郭無光之處。而詩中用月魄則皆作月明用，蓋月之見爲魄，亦由漸有明意而然。

〔四〕謝脁詩：珍簟清夏室。

〔五〕晉書：王濬夢懸三刀於卧屋梁上，須臾，又益一刀，意甚惡之。主簿李毅賀曰：「三刀爲『州』字，又益一者，明府其臨益州乎？」果遷益州刺史。

〔六〕未詳。按：朱氏謂同楊巨源「三刀夢益州，一箭取遼城」，此白香山贈楊詩所云「早聞一箭取遼城」也。其事未詳，亦似不合。或作「聊」，謂用魯仲連事，更謬也。朱又補注曰：御覽引唐書：王棲曜爲袁傪偏將，嘗遊虎邱寺，先一箭射雲中雁，再發，貫之。江東文士自梁肅以下歌詠焉。余檢舊書傳：棲曜爲尙衡衙前總管，一箭殪逆將邢超然，遂拔曹州。後爲袁傪偏將，討草賊袁晁，遊奕近郊，爲賊所脅，進圍蘇州。棲曜因賊懈怠，挺身登城，率城中兵出擊，賊衆大潰。而與御覽，皆無朱氏所采也。此乃見南部新書，與所引既不盡同，且必非所用。姚氏引薛仁貴三箭定天山，謂避出句，改三爲一，亦謬。要知五字中一字不符，卽當闕疑。

〔七〕漢書景十三王傳：入多於國租稅。後漢書志：侯國納租於侯，以戶數爲限。又來歙傳：兎歷兄弟官，削國租。通典：唐制，凡京諸司各有公廨田，在外諸司公廨田亦各有差。徐曰：新書食貨志：給祿之外，又有職田，國租之謂也。

〔八〕文選張協七命：瓊山之禾。注曰：卽崑崙木禾。山海經曰：崑崙之上有木禾，長五尋，大五圍。穆天子傳：黑水之阿，爰有野麥，爰有荅堇，西膜之所謂木禾，重䜌氏之所食。鮑照詩：誠不及靑鳥，遠食玉山禾。

浩曰：唐時街東街西各坊第宅園館，大略載宋敏求長安志。本集中所可徵引，如昭國、開化、晉昌，皆街東也。若街西池館，如興化坊晉國公裴度池亭，宣義坊司徒李逢吉宅，園林甚盛，皆無相涉。此是主人爲太守將軍，而池館供其棲止者，無可妄舉其人以實之也。或謂疑王茂元入爲司農時暫居之所，非也。

華清宮〔一〕

華清恩幸古無倫〔二〕，猶恐蛾眉不勝人。未免被他褒女笑〔三〕，只教天子暫蒙塵〔四〕。

〔一〕新書志注：溫泉宮在驪山下，天寶六載，更曰華清宮，治湯井爲池，環山列宮室。

〔二〕舊書楊貴妃傳：每年十月幸華清宮，國忠姊妹五家扈從，每家爲一隊，著一色衣，五家合隊，照映如百花煥發，遺鈿墮舄，瑟瑟珠翠，璨瓓芳馥於路。

〔三〕史記：幽王嬖愛褒姒，褒姒不好笑，幽王欲其笑萬方，故不笑。幽王舉烽火，諸侯悉至，至而無寇，褒姒乃大笑。申侯與繒、西夷犬戎攻幽王，幽王舉烽火，兵莫至，遂殺幽王驪山下，虜褒姒。

〔四〕左傳：王使來告難，臧文仲對曰：「天子蒙塵于外，敢不奔問官守？」朱曰：深戒色荒，意最警策。何曰：言明皇幸免驪山之禍耳，反言之所以爲絞而婉也。浩曰：通鑑載張權輿言：幽王幸驪山，爲犬戎所殺；始皇葬驪山，國亡；明皇宮驪山，而祿山亂。唐人每連類言之。然詩語殊尖薄矣。杜公北征援引褒、妲，出於忠憤，正得小雅之遺。若此與驪山、龍池之作，皆大傷名敎，讀者斷不可賞其輕脆也。漁隱叢話曰：用事失體，在當時非所宜言。是也。

百果嘲櫻桃〔一〕

珠〔二〕實雖先熟，瓊莩縱早開〔三〕。流鶯猶故在〔四〕，爭得諱含來？

〔一〕易：百果草木皆甲坼。

〔二〕一作「朱」。

〔三〕後漢書章帝紀：方春生養，萬物莩甲。釋名：莩，孚也，孚甲在上稱也。正義曰：月令無薦果之文，仲夏獨薦含桃。以此果先成，異於餘物，故特記之。

〔四〕一作「向」。

櫻桃答

衆果莫相誚，天生名品高〔一〕。何因古樂府，惟有鄭櫻桃〔二〕！

〔一〕錢曰：率直至此。

〔二〕樂府詩集：晉書載記曰：石季龍寵惑優僮鄭櫻桃而殺妻郭氏，更納清河崔氏，櫻桃又譖而殺之。

櫻桃美麗，擅寵宮掖，樂府由是有鄭櫻桃歌。十六國春秋：後趙石虎鄭后名櫻桃，晉冗從僕射鄭世達家妓也。按：漢書注：僮者奴婢之通稱。晉書載記：張豺謂鄭后爲倡賤。浩曰：與越公房、盧家人諸篇意相類而微異，此則似侍婢之流也。

曉坐〔一〕

後閤〔二〕罷朝眠〔三〕，前墀思黯然。梅應未假雪，柳自不勝煙。淚續淺深綆〔四〕，腸危高下絃。紅顏無定所，得失在當年。

〔一〕一作「後閤」。

〔二〕一作「閣」。

〔三〕按：閣，音各，觀也，樓也。閤，音合，門旁戶，又內中小門也。自古或分爲二，或音義相通。

〔四〕莊子：綆短者不可以汲深。

程曰：應茂元之辟，致令狐之怨，莫保紅顏，有自來矣。浩曰：三句似自負，四句似妒他人也。通體悽惋。

日射

日射紗窗風撼扉，香羅拭〔一〕手春事違。迴廊四合掩寂寞，碧鸚鵡對紅薔薇。

〔一〕一作「掩」，誤。

華清宮

朝元閣迥〔一〕羽衣新〔二〕，首按昭陽第一人〔三〕。當日不來高處舞，可能天下有胡塵。

〔一〕一作「轉」。

〔二〕鄭嵎津陽門詩：朝元閣成老君見。南部新書：朝元閣在山嶺之上，最爲嶄絕。「羽衣新」謂於閣上舞霓裳羽衣也。舊注引太眞外傳「天寶四載七月，於鳳凰園册太眞宮女道士楊氏爲貴妃，進見之日，奏霓裳羽衣曲」者，非也。

〔三〕漢書外戚傳：趙后寵少衰，而弟絕幸，爲昭儀，居昭陽舍。按：諸書亦多言女弟在昭陽，惟三輔黄圖則云：成帝趙皇后居昭陽殿，有女弟俱爲婕妤。而西京雜記：趙后、昭儀二人，並色如紅玉，爲當時第一，皆擅寵後宮。李白詩：「宮中誰第一？飛燕在昭陽。」蓋合用之也。太眞外傳：上乘照夜白，妃步輦至興慶池沉香亭前，牡丹方繁開，宣學士李白立進清平樂詞，遂促李龜年歌之，太眞酌酒笑領，歌詞中有「可憐飛燕倚新粧」句。句用此事。

浩曰：一題兩首，用韻又同，此較意莊而語直，疑友人同作，未必皆出義山。

獨居有懷

麝重愁風逼，羅疎畏月侵〔一〕。怨魂迷恐斷，嬌喘細疑沉。數急芙蓉帶〔二〕，頻抽翡翠簪〔三〕。柔情終不遠〔四〕，遙妒已先深〔五〕。浦冷鴛鴦去，園空蛺蝶尋〔六〕。蠟花長遞淚〔七〕，箏柱鎮移心〔八〕。覓使嵩雲暮，迴頭灞岸陰〔九〕。只聞涼葉院，露井近寒砧。

〔一〕已含秋景，與結處相應。

〔二〕梁元帝烏棲曲：芙蓉爲帶石榴裙。錢曰：瘦則帶緩，故數急之。

〔三〕見念遠。

〔四〕一作「未達」。

〔五〕姚曰：二語妙，女子善懷亦善妒也。

〔六〕張協雜詩：蝴蝶飛南園。

〔七〕庾信對燭賦：銅花承蠟淚。

〔八〕見昨日。

〔九〕身在嵩雲，迴望長安，覓使傳書。

浩曰：通首就所懷之人著筆。一二寫其嬌態；三四言其魂夢相思；以下數聯，皆摹離緒；末二聯拍到己之獨居而懷之也。大旨是寄內之作，或別有豔情，必非寓意令狐。

代董秀才却扇〔一〕

莫將畫扇出帷來，遮掩春山滯上才〔二〕。若道團圓是〔三〕明月〔四〕，此中須放桂花開。

〔一〕唐封演聞見錄：近代婚嫁，有障車、下壻、却扇及觀花燭之事。通鑑：中宗以老乳母戲竇從一，令誦却扇詩。注曰：唐人成婚之夕，有催粧詩、却扇詩。卽引義山此篇。

〔二〕春山謂眉，屢見。沈約詠月：西園遊上才。

〔三〕一作「似」。

〔四〕班婕妤怨歌行：裁爲合歡扇，團圓似明月。

驪山有感

驪岫飛泉泛暖香，九龍呵護玉蓮房〔一〕。平明每幸長生殿〔二〕，不從金輿惟壽王〔三〕。

〔一〕鄭嵎津陽門詩：暖山度臘東風微，宮娃賜浴長湯池。刻成玉蓮噴香液，漱迴煙浪深逶迤。注曰：宮內除供奉兩湯池，內外更有湯十六所。長湯每賜諸嬪御，其修廣與諸湯不侔。甃以文瑤寶石，中央有玉蓮捧湯泉，噴以成池。上時於其間泛鈒鏤小舟以嬉遊焉。明皇雜錄：上於華清宮新廣一湯，安祿山以白玉石爲魚龍鳧雁，仍爲石梁及石蓮花以獻，命陳於湯中，仍以石梁横亙湯上，而蓮花纔出水際。按：取意不僅在此。

〔二〕長安志：華清宫，殿曰九龍，以待上浴；曰飛霜，以奉御寢；曰長生，以備齋祀。程曰：通鑑注曰：唐寢殿皆謂之長生殿。武后寢疾之長生院，卽長生殿，洛陽宫寢殿也；肅宗大漸，越王係授甲長生殿後，長安大明宫之寢殿也；白居易長恨歌「七月七日長生殿，夜半無人私語時」，華清宫之長生殿也。據此，則義山此句於晨夕寢處之典，故未曾分明。若云齋祀，尤不當平明每幸之矣。按：程説非也。舊書紀：天寶元年十月，溫泉宫新成長生殿，名曰集靈臺，以祀天神。津陽門詩注云：長生殿，齋殿也。有事於朝元閣，卽御長生殿以沐浴。又云：飛霜殿卽寢殿。而白傳長恨歌以長生爲寢殿，殊誤矣。今玩白傳詩，初未言是寢殿，七月七日焚香乞巧，亦祀天神之類也。鄭嵎所譏自欠明析，通鑑注亦小疎，故程氏更誤會耳。

〔三〕舊書傳：壽王瑁，明皇第十八子，母武惠妃。開元十三年三月封。新書傳：大曆十年薨。又傳曰：貴妃楊氏，始爲壽王妃。武惠妃薨後，宫中無當意者。或言妃姿質天挺，遂召內禁中，異之，卽爲自出妃意者，丐籍女官，號太眞，更爲壽王聘韋昭訓女，而太眞得幸，遂專房宴，宫中號「娘子」，儀體與皇后等，天寶初進册貴妃。按：舊紀，天寶四載八月，册太眞妃楊氏爲貴妃。其始爲壽王妃之事，舊書皆無之，舊傳止云：或言楊玄琰女姿色冠代，召見時，衣道士服，號曰太眞。新書乃云

「始爲壽王妃」，而遂於開元二十八年十月紀文大書以壽王妃楊氏爲道士號太眞矣。夫爲道士者，卽傳所云「丐籍女官」也。必妃自父母家先遣人諭意，借此入宮。由父母家來，必非從壽邸來。新傳所云始爲壽王妃者，初聘而未娶，故下書更爲壽王聘韋氏女。白香山詩：「楊家有女初長成，養在深閨人未識。」固非矯詞也。明皇納其子已聘之人，尙不免新臺之刺；若旣在壽邸，斷不若是之無禮矣。陳鴻長恨歌傳「詔高力士潛搜外宮，得於壽邸」者，妄也。惟舊書李林甫傳：帝「衽席無別，不以爲耻」，頗似成爲壽王妃者。然納其已聘，固卽無別，且豈獨此語爲實錄哉！曝書亭集書太眞外傳後，力辨妃以處子入宮，說至明核矣。長恨歌傳云：帝初得妃，別疏湯泉，詔賜澡瑩，旣出水，體弱力微，若不勝羅綺。是則妃之進見，實始於溫泉，故香山首敍「春寒賜浴」「新承恩澤」，此卽丐籍女官之初，而遇齋祀焚香，從駕行禮，正其職也。此詩上二句指「春寒賜浴」之事，「九龍」喻明皇，「玉蓮房」喻妃尙以處女爲道士，故曰「呵護」，此卽「新承恩澤」時也。下二句言每遇平明幸長生殿焚香之時，妃以女冠必從焉，故壽王不得從金輿矣。意甚細緻，實以長生殿爲齋殿，豈昧寢處之典故哉！

思賢頓〔一〕

內殿張絃管〔二〕，中原絕鼓鼙。舞成青海馬〔三〕，鬬殺汝南雞〔四〕。不見華胥夢〔五〕，空聞下蔡迷〔六〕。宸襟他日淚，薄暮望賢西〔七〕。

〔一〕原編集外詩。朱曰：卽望賢宮也。舊書紀：天寶十五載六月乙未，上至咸陽望賢驛置頓，官吏駭散，無復儲供。

〔二〕舊書音樂志：明皇敎樂工子弟三百人爲絲竹之戲，音響齊發，有一聲誤，必覺而正之，號爲「皇帝弟子」，又云「梨園弟子」。又：宮女數百人爲破陣樂、太平樂、上元樂，雖太常積習，不如其妙。

〔三〕鄭嵎津陽門詩注：設連榻，令馬舞其上，馬衣紈綺而被鈴鐸，驤首奮鬣，舉趾翹尾，變態動容，皆中音律。舊書音樂志：內閑廐引蹀馬三十匹，爲（標點者註：原無「爲」字，據舊唐書音樂志增。）傾杯樂曲，奮首鼓尾，縱橫應節。又施三層校牀，乘馬而上，抃轉如飛。新書禮樂志：嘗以馬百匹，盛飾分左右，施三重榻，舞傾杯樂數十曲，壯士舉榻，馬不動。樂工少年十數人，衣黃衫、文玉帶立左右。每千秋節賜宴設酺，舞於勤政樓下。餘見詠史。

〔四〕樂府雞鳴古辭：東方欲明星爛爛，汝南晨雞登壇喚。陳鴻祖東城老父傳：明皇樂民間清明節鬬雞戲，立雞坊於兩宮間，索長安雄雞金毫鐵距、高冠昂尾千數，養於雞坊，選六軍小兒五百人，使馴擾敎飼之。

〔五〕列子：黃帝晝寢而夢遊華胥。華胥氏之國，蓋非舟車足力之所及，神遊而已，其民神行而已。黃帝既寤，怡然自得。又二十八年，天下大治，幾如華胥國矣。

〔六〕見鏡檻，指寵楊貴妃。

〔七〕幸蜀記：明皇憩望賢宮樹下，怫然若有棄海内之意；高力士覺之，遂抱上足，嗚咽開諭，上乃止。天寶亂離記：至望賢宮，迨曛黑，百姓稍稍來，乃得麥飯。此章通首作勢，結乃喚醒。

十一月中旬至扶風界見梅花〔一〕

匝路亭亭艷，非時裛裛香。素娥惟與月，青女不饒霜〔二〕。贈遠虛盈手〔三〕，傷離適斷腸。爲誰成早秀？不待作年芳〔四〕。

〔一〕舊書志：關内道鳳翔府扶風郡。

〔二〕屢見。

〔三〕說苑：越使諸發執一枝梅遺梁王。荆州記：陸凱與路曄爲友，在江南，寄梅花一枝詣長安與曄，並贈詩曰：折花奉秦使，寄與隴頭人。江南無所有，聊贈一枝春。按：陸凱，吳荆州牧也。茲據太平御覽春時所引。路姓一作「范」，首句一作「折花逢驛使」，三句一作「江南無别信」，皆未知孰是。

〔四〕姚曰：傷所遇非時也。早秀鮮知己，正復何益！月冷霜清，孤孑無侶，未堪贈遠，適足傷離耳。浩曰：自鳳翔扶風西南至興元入蜀，西北至涇州也。初疑開成三年馳赴興元時作，檢舊紀，是年十一月辛酉朔，丁丑，令狐楚卒，義山已在其幕，安得中旬猶在扶風界哉？至大中時赴東川途次意味亦不可符，則似涇原往來所作，但無可定編。

龍池〔一〕

龍池賜酒敞雲屏，羯鼓聲高衆樂停〔二〕。夜半宴歸宮漏永，薛王沉醉壽王醒〔三〕。

〔一〕唐會要：開元二年，以興慶里舊邸爲興慶宮。初，藩邸有龍池湧出，日以浸廣，望氣者云有天子氣，至是爲宮。

〔二〕舊書音樂志：羯鼓正如漆桶，兩手具擊，以其出羯中，故號羯鼓，亦謂之兩杖鼓。南卓羯鼓録：其音焦殺鳴烈，尤宜急曲促破，又宜高樓曉引，破空透遠，特異衆樂。明皇極愛之。嘗聽琴未畢，叱琴者出，曰：「速召花奴將羯鼓來，爲我解穢。」花奴，汝陽王璡小名也。

〔三〕舊書傳：睿宗第五子業，初封趙王，進封薛王，開元二十二年薨。子十一人，琄封嗣薛王。容齋續筆：唐明皇兄弟五王俱開元時薨，至天寶時已無存者。楊太眞以三載方入宮，而元稹連昌宮詞「百官隊仗避岐、薛，楊氏諸姨車鬭風」，李商隱詩「夜半宴歸」云云，皆失之也。朱曰：豈俱指嗣王歟？要之作者微文刺譏，不必一一核寔。按：舊書紀：天寶三載二月，冊頊爲嗣薛王。偶舉作陪，固不必詳核也。壽王之名，舊傳瑁，新表瑁，而新傳作琩，誤。嗣薛王傳作琄，紀作頊。鶴林玉露曰：詞微而顯，得風人之旨。余謂正大傷詩教者。

蜨〔一〕

初來小苑中，稍與瑣闈通。遠恐芳塵斷，輕憂艷雪融〔二〕。只知防浩〔三〕露〔四〕，不覺逆尖風。迴首雙飛燕，乘時入綺櫳〔五〕。

〔一〕舊本連下「長眉畫了」二絶作蜨三首，今從戊籤。

〔二〕艷雪，謂蜨粉。

〔三〕一作「皓」。

〔四〕陸雲九愍：挹浩露於蘭林。王融詩：浩露零中宵。鮑照詩：憑楹觀皓露。此當作「浩」。

〔五〕張協七命：雕堂綺櫳。

浩曰：自慨之作。起二句喻初爲秘省，得與諸曹接近；下言不意被斥，讓他人乘時升進也。似出尉時所賦。

無題二首〔一〕

長眉畫了繡簾開，碧玉行收白玉臺〔二〕。爲問翠釵釵上鳳，不知香頸爲誰迴！

壽陽公主嫁時粧〔三〕，八字宮眉捧額黃〔四〕。見我佯羞頻照影〔五〕，不知身屬冶遊郎〔六〕。

〔一〕題從戊籤。

〔二〕樂府詩集：碧玉歌，宋汝南王所作也。碧玉，汝南王妾。梅禹金曰：古今樂錄：孫綽在晉，已有情人碧玉歌；謂汝南王妾，亦未有據。按：此以「碧玉小家女」謂侍婢也。餘詳後。

〔三〕見對雪。

〔四〕事文類聚：漢武宮人畫八字眉。梁簡文帝詩：同安鬟裏撥，異作額間黃。庾信詩：眉心濃黛直點，額角輕黃細安。

〔五〕古詞捉搦歌：可憐女子能照影，不見其餘但斜領。

〔六〕丹陽孟珠歌：道逢遊冶郎，恨不早相識。

浩曰：此必當別作無題也。語易解而尖薄已甚，宜其名位不達矣。

別薛巖〔一〕賓

曙爽行將拂，晨清坐欲凌。別離真不那〔二〕，風物正相仍。漫水任〔三〕誰照？衰花淺自矜。還將兩袖淚，同向一窗燈。桂樹乖真隱〔四〕，芸香是小懲〔五〕。清規無以況，且用玉壺冰〔六〕。

〔一〕「嵒」同。

〔二〕「那」，廣韻：俗言那事，奴可切。

〔三〕一作「淸」，誤。

〔四〕見哭蕭侍郎。南史：何尚之致仕方山，著退居賦以明所守。後還攝職，袁淑錄古隱士有蹟無實（標點者注：今本南史作「名」）者爲眞隱傳以嗤焉。

〔五〕芸香，屢見。小懲，用易語。朱曰：二語義山自謂也。由秘省校書郎調補弘農尉，故有芸香之句。按：唐人每以降謫爲小懲。北夢瑣言孟弘微躁妄一條云：貶其官，示小懲也。

〔六〕見上杜僕射。玉壺冰，政治習用語。浩曰：朱氏之説似之。第秘省淸資，何以云小懲？其爲出尉時之失意，或薛之官途曾降改秘省，無可定也。薛似亦爲縣令等官，故以冰壺美之。

曉起

擬杯當曉起〔一〕，呵鏡可〔二〕微寒。隔箔山櫻熟〔三〕，褰帷桂燭殘〔四〕。書長爲報晚，夢好更尋難。影響輸雙蝶，偏過舊畹蘭〔五〕。

〔一〕「起」，才調集作「氣」。「擬杯」二字可疑。

〔二〕一作「有」。

〔三〕一作「發」。沈約詩：山櫻發欲然。

〔四〕庾信對燭賦：刺取燈花持桂燭。

〔五〕似以艷體寓懷，當與蜨詩互參。

閨情

紅露花房白蜜脾，黃蜂紫蝶兩參差。春窗一覺〔一〕風流夢，却是同衾〔二〕不得知〔三〕。

〔一〕古孝切。

〔二〕一作「袍」，今從戊籤。

〔三〕阮籍詠懷詩：夙昔同衾裳。

浩曰：尖薄而率。

月夕

草下陰蟲葉上〔一〕霜，朱欄迢遞壓湖光。兔寒蟾冷桂花白，此夜姮娥應斷腸。

〔一〕一作「下」，誤。

謝先輩防〔一〕記念拙詩甚多異日偶有此寄〔二〕

曉用雲添句，寒將雪命篇。良辰多自感，作者豈皆〔三〕然〔四〕！熟寢初同鶴〔五〕，含嘶欲並蟬。題時長不展，得處定應偏〔六〕。南浦無窮樹〔七〕，西樓不住煙〔八〕。改成人寂寂，寄與路綿綿〔九〕。星勢寒垂地，河聲曉上天。夫君自有恨，聊借此中傳。

〔一〕一作「昉」。

〔二〕國史補：互相推敬，謂之先輩。徐曰：疑即與陶進士書中所謂「得謝生於雲臺觀」者。

〔三〕一作「徒」，誤。

〔四〕自謙亦自負。

〔五〕按：相鶴經：晝夜十二鳴，隆鼻短喙則少眠。淮南子：鶴知夜半。詩義疏：常夜半高鳴，聞八九里。此乃云「熟寢」，未知所本。然李白詩「松高白鶴眠」，項斯詩「鶴睡松枝定」，皮日休詩「鶴靜共眠覺」，詩家多以睡言鶴矣。

〔六〕「偏」，爲「專」字、「獨」字之義，如主恩偏、雨露偏之類。

〔七〕楚辭：送美人兮南浦。江淹別賦：送君南浦，傷如之何！

〔八〕庾肩吾詩：天禽下北閣，織女入西樓。

〔九〕古辭：綿綿思遠道。胡震亨曰：興寄視他篇自超，惜重「寒」、「曉」二字，爲全璧之玷。錢曰：首二句言作詩之勤；三四言非無爲而作；五六言苦吟；八言忽得好句，不知其所自來，曰偏，謙辭也。浩曰：「南浦」二聯，言多送別懷人之作，不指與謝相去。「星勢」二句，言聲光在此而感發在彼，方吸起謝自有恨，借我詩傳之，故記念甚多也。楊氏謂結語辨無題本旨者，誤。

馬嵬二首〔一〕

冀馬燕犀動地來〔二〕，自埋紅粉自成灰。君王若道能〔三〕傾國，玉輦何由〔四〕過馬嵬？

海外徒聞更九州〔五〕，他生未卜〔六〕此生休〔七〕。空聞虎旅鳴〔八〕宵柝〔九〕，無復雞人報曉籌〔一〇〕。此日六軍同駐馬〔一一〕，當時七夕笑牽牛〔一二〕。如何四紀爲天子〔一三〕，不及盧家有莫愁〔一四〕！

〔一〕舊書楊貴妃傳：安祿山叛，潼關失守，從幸至馬嵬，禁軍大將陳玄禮密啓太子，誅國忠父子。既而四軍不散，曰「賊本尚在」，指貴妃也。帝不獲已，與貴妃訣，遂縊死於佛室，時年三十八，瘞於驛西道側。上皇自蜀還，密令中使改葬他所。初瘞時以紫褥裹之，肌膚已壞，而香囊仍在，內官以獻，上皇視之悽惋。通典：馬嵬故城，孫景安征途記云：馬嵬所築，不知何代人。姚萇時，扶風丁駙以數千人堡馬嵬，卽此也。按：晉書姚萇傳中作扶風王驎，與丁駙異。此章當與韓琮同賦，詳文集箋。

〔二〕左傳：冀之北土，馬之所生。考工記：燕無函，非無函也，夫人而能爲函也。左傳：羣兇尙多，棄甲則那？後漢書蔡邕傳：幽冀舊壤，鎧馬所出。徐陵與王僧辯書：躍冀馬者千羣，披燕犀者萬隊。

〔三〕一作「堪」。

〔四〕一作「因」。

浩曰：兩「自」字淒然，寵之適以害之，語似直而曲。

〔五〕原注：鄒衍云：九州之外，復有九州。史記鄒衍傳：中國者，於天下八十一分居其一分，中國名曰赤縣神州。中國外如赤縣神州者九，所謂九州也。於是有裨海環之，一區中爲一州。如此者九，乃有大瀛海環其外。

〔六〕英華作「決」。

〔七〕陳鴻長恨傳：上皇命方士致貴妃之神，東極天海，跨蓬壺，見最高山上多樓闕，西廂下有洞戶，署曰「玉妃太眞院」。方士抽簪叩扉，稱唐天子使者，且致其命。玉妃出見云云，取金釵鈿合各拆其半，授使者，謝獻太上皇。方士將行，請當時一事不爲他人聞者爲驗。玉妃茫然退立，若有所思，徐而言曰：「昔天寶十載，侍輦避暑驪山宮。牽牛、織女相見之夕，夜始半，休侍衛於東西廂，獨侍上。因仰天感牛、女事，密相誓心，願世世爲夫婦。言畢，執手各嗚咽。此獨君王知之耳。」使者還奏，皇心震悼。

〔八〕一作「傳」。

〔九〕西京賦：陳虎旅於飛廉。

〔一〇〕周禮：雞人，夜嘑旦以䳌百官。後漢書百官志注：蔡質漢儀曰：不畜宮中雞，汝南出雞鳴，衛士候朱雀門外，專傳雞鳴於宮中。晉太康地道記曰：後漢固始、鮦陽、公安、細陽四縣衛士，習此曲於闕下歌之，今雞鳴是也。一作「今雞唱」是也。舊書紀：乙未夕，次金城。丙申，次馬嵬。是將宿於馬嵬也。而兵士圍驛，遂賜妃自盡，則長眠不復曉矣。緊賦駐宿驚悲之狀，舊解多誤會。

〔一一〕長恨傳：六軍徘徊，持戟不進。謂駐馬請誅之也。

〔一二〕風月堂詩話：此二句與溫飛卿蘇武廟詩「回日樓臺非甲帳，去時冠劍是丁年」，用事屬對如此者罕有。

〔一三〕舊書紀：明皇御蜀都府衙，宣詔曰：「聿來四紀，人亦小康。」

〔一四〕見越燕。

詩眼：馬嵬詩唐人尤多，如劉夢得「綠野扶風道」一篇，人頗誦之，其淺近乃兒童所能。義山「海外」二句，語極親切，不用愁、怨、墮淚等字，而聞者爲之深悲。「空聞」二句，如親扈明皇，寫出當時物色意味也。「此日」二句益奇。末聯則又其淺近者。毛西河曰：首句不出題，不知何指。三四庸泛無味，結太輕薄。何曰：縱橫寬展，亦復諷歎有味。起聯才如江海，五六倒敍奇特，落句乃不保其妻子之意，專責明皇，極有識。浩曰：起句破空而來，最是妙境，況承上首，已點明矣，古人連章之法也；次聯寫事甚警；三聯排宕；結句人多譏其淺近輕薄，不知却極沉痛，唐人習氣，不嫌纖豔也。英華以絕句爲第二首，當因先律後絕之故，實則律詩當爲次章也。西河之評，殊未然。

追代盧家人嘲堂内

道却横波字〔一〕，人前莫謾羞。只應同楚水，長短入淮流〔二〕。

〔一〕傅毅舞賦：目流睇而横波。

〔二〕胡震亨曰：淮，懷也。道源曰：以淮代懷，乃隱語也，如古樂府「石闕銜碑」之類。按：「楚」字或寓悽楚之意。

代應

本來銀漢是紅牆，隔得盧家白玉堂。誰與王昌報消息〔一〕？盡知三十六鴛鴦〔二〕。

〔一〕梁武帝河中之水歌：人生富貴何所望？恨不早嫁東家王。餘見無題三韻、越燕。洪容齋隨筆：所云「不早嫁東家王」，莫詳其義。襄陽耆舊傳：王昌字公伯，爲東平相、散騎常侍，早卒。婦任城王曹子文女。錢希言桐薪：意其人身爲貴戚，出相東平，則姿儀儁美，爲世所共賞可知。按：王昌，唐人習用，崔顥云「十五嫁王昌」，上官儀云「東家復是憶王昌」，必有事實，今無可考耳。再檢襄陽耆舊傳云：昌弟式，字公儀，婦是尙書令桓階女。昌母有典敎，二婦入門，皆令變服下車，不得踰侈。後階子嘉尙魏主，欲金縷衣見式婦，嘉止之，曰：「其嫗嚴，不須持往犯人家法。」則詩之王昌必非用此，舊注引之，謬也。又互詳後水天閑話。又按：隋書誠節劉子翊傳：昔長沙人王毖，漢末，爲上計詣京師。既而吳、魏隔絶，毖於內國更娶，生子昌。毖死後，爲東平相，始知吳之母亡，便情繫居重，不攝職事。當卽東平相之王昌也，與所云昌母有典敎，二婦入門之事又不相合，而總必非唐人豔體所用之王昌矣。

〔二〕古樂府相逢行：入門時左顧，但見雙鴛鴦。鴛鴦七十二，羅列自成行。又雞鳴古辭：舍後有方池，池中雙鴛鴦。鴛鴦七十二，羅列自成行。徐曰：酉陽廣支：霍光園中鑿大池，植五色睡蓮，養鴛鴦三十六對，望之爛若披錦。按：徐氏所引恐未足信。李郢戲贈詩「聞道彩鸞三十六，一雙雙對碧蓮池」，正與此句同。朱氏謂純舉雌言之，似非也。

浩曰：舊本不分體者，皆以此首編上首之下。戊籤則因五言七言分體，乃與代應二首中「昨夜雙鉤敗」互易。余初從之，今思集中一題數首，頗有異體者，況互易而意義仍不聯對 則必非也，何如仍舊之爲愈乎？此與上題「家人堂內」四字頗有針鋒對答，細味自見。

妓席

樂府聞桃葉〔一〕，人前道得無？勸君書小字，愼〔二〕莫喚官奴〔三〕。

〔一〕古今樂錄：桃葉歌，王子敬所作也。桃葉，子敬妾，緣於篤愛，所以歌之。

〔二〕一作「切」。

〔三〕宣和書譜：羲之嘗書樂毅論一篇與獻之學，後題云：賜官奴。官奴卽獻之小字。按：徐氏謂借官奴字以戲官妓，似矣。詩若言流落之蹟，不願直呼，不必從子敬小字泥看也。然此種詩固無定詮。

燒香曲〔一〕

鈿雲蟠蟠牙比魚〔二〕，孔雀翅尾蛟龍鬚〔三〕。漳〔四〕宮舊樣博山爐〔五〕，楚嬌〔六〕捧笑開芙蕖。八蠶繭緜〔七〕小分〔八〕炷〔九〕，獸燄〔一〇〕微紅隔雲母〔一一〕。白天月澤寒未冰〔一二〕，金虎含秋向東吐〔一三〕。玉珮呵光銅照昏〔一四〕，簾波日暮衝〔一五〕斜門〔一六〕。西來欲上茂陵樹 栢梁已失栽桃魂〔一七〕。露庭月井大紅氣，輕衫薄袖〔一八〕當君意〔一九〕。蜀殿瓊人伴夜深〔二〇〕，金鑾〔二一〕不問殘燈事〔二二〕。何當巧吹君懷度〔二三〕，襟灰爲土填清露〔二四〕。

〔一〕原編集外詩。

〔二〕「牙」，戊籤誤作「互」。朱曰：㸦，古「互」字。按：周禮：牛人共其牛牲之互。徐音牙。廣韻曰：互，俗作「㸦」。今詳考之，蓋昔人以㸦爲「互」，後人又混作「牙」，其實「互」當作「㸦」，不當作「牙」。此句是用魚牙，與下句同爲爐上形狀，不可改。

〔三〕初學記：王琰冥祥記曰：費崇先少信佛法，常以鵲尾香爐置膝前。齊劉繪詠博山香爐詩：下刻蟠龍勢，矯首半銜蓮。

〔四〕一作「章」。

〔五〕西京雜記：丁緩作九層博山香爐，鏤爲奇禽怪獸，自然運動。又：趙昭儀上皇后襚，中有五層金博山香爐。漳宮謂魏宮，暗用魏武遺令分香事也。樂府詩集作章宮，用章臺宮，與「楚嬌」合，亦通。

〔六〕一作「姬」。

〔七〕作「絲」作「錦」皆誤。

〔八〕一作「分小」。

〔九〕文選吳都賦：鄉貢八蠶之綿。善曰：劉欣期交州記曰：一歲八蠶繭出日南。按：八蠶繭綿，包裹香者也，就中小分而將燒之。

〔一〇〕一作「炭」，非。

〔一一〕語林：洛下少林木，炭止如粟狀。羊琇驕豪，乃擣小炭爲屑，以物和之，作獸形，用以溫酒。火熱既猛，獸皆開口，向人赫然。按：洞天香錄云：銀錢雲母片、玉片、砂片俱可爲隔火。隔火者，用以承香，使隔而燒之也。句卽此意，蓋如今所云煎香。

〔一二〕淮南子：弱土之氣，御乎白天。

〔一三〕文選陸機詩：望舒離金虎。善曰：漢書曰：西方，金也。尙書考靈耀曰：西方秋虎。漢書曰：參爲白虎，三星。又曰：觜觿爲虎首。尙書傳曰：昴，白虎中星，然西方七星畢、昴之屬俱白虎也。按：先賦夜景也。秋夜已涼而未寒，月星之光昏見西方，則所向爲東；或謂金虎指太白，卽詩「西有長庚」之義。舊解謂爐烟之暖，回其秋令；或謂金虎是爐蓋，皆非也。

〔一四〕朱曰：銅照，鏡也。

〔一五〕一作「依」。

〔一六〕西京雜記：漢諸陵寢皆以竹爲簾，爲水文及龍鳳像。道源曰：簾波，水文也。按：參之燕臺詩中句，不必定竹簾也。二句謂美人捧爐而出。

〔一七〕見玄微先生，取天子與女仙事。蓋以宮人奉命入道，且寓故君之感。

〔一八〕一作「細」。

〔一九〕上句謂爐火通紅，香氣盛也；此句燒香時之服。

〔二〇〕拾遺記：蜀先主甘后玉質柔肌，先主召入綃帳中，於戶外望者如月下聚雪。河南獻玉人高三尺，置后側，夕則擁后而玩玉人，后與玉人潔白齊潤，殆將亂惑，嬖寵者非惟嫉后，亦妒玉人。

〔二一〕一作「鸞」。

〔二二〕用唐太宗問蕭后事，見隋宮守歲。作伴者惟有瓊人，而宮中舊事不得再問矣。

〔二三〕古詩：順風入君懷。

〔二四〕何得有人吹入君懷，以衣襟盛灰爲土而填清露乎？似從「畏行多露」意化出。

浩曰：此咏宮人之入道者。漳宮、蜀殿、金鑾皆言宮也。「茂陵」似指文宗。蓋開成中出宮女寺觀安置，詩作於開成之後。末二句則俗情未消，猶冀有憐之者。語皆易解，不必他求也。又曰：程箋泥「漳宮」二字，以爲歎杜秋娘之流落，說似可通，而解之未細。余聊爲演證曰：杜秋娘爲漳王傅姆，王被罪廢，秋歸故鄉。時爲太和五年，以鄭注之誣告，貶漳王爲巢縣公，宰相宋申錫爲開州司馬也。秋爲金陵人，故曰「楚嬌」。秋寵於憲宗，而穆宗即位，乃命傅皇子。果如程箋，則「茂陵」當謂穆宗。「栽桃」取結子之義，比撫養皇子也。「蜀殿」二句，當指舊寵於憲宗也。且舊書漳王傳：鄭注誣構時，言十六宅宮市典晏敬則將出漳王吳綾汗衫一領、熟線綾一匹，以荅宋申錫。「輕衫」句或指此。「大紅氣」指赤眚。新書五行志：太和元、二年皆有赤氣之異，其元年八月，見於京師滿天。是則上文「金虎」謂秋八月，「向東吐」謂京師在西方也。鄭注傳中亦歸咎於一時之沴氣矣。此箋亦可附會，然終未能字字皆符，愚故以前一解較優，或竟闕疑尤得。

判春〔一〕

一桃復一李，井上占年芳〔二〕。笑處如臨鏡，窺時不隱牆〔三〕。敢言西子短，誰覺宓妃長〔四〕？珠玉終相類，同名作夜光〔五〕。

〔一〕胡震亨曰：爲二美判同價也，晦其旨，故題云。徐曰：羯鼓錄：明皇遊別殿，柳杏將吐，嘆曰：「對此好景，不可不與判斷之。」此「判」字義同。

〔二〕古歌辭：桃生露井上，李樹生桃旁。蟲來齧桃根，李樹代桃僵。

〔三〕登徒子好色賦：此女子登牆窺臣三年，至今未許。亦兼取鑽穴相窺之意。

〔四〕皆見前。

〔五〕文選西都賦：夜光在焉。善曰：經典不載夜光本末。鄒陽云：夜光之璧。劉琨云：夜光之珠。然則夜光爲通稱。此極形兩美如一。

浩曰：讀此知桃葉、桃根，實指二美。「井上」者，以屈在使府後房也。詩不佳。

無題

近知名阿侯〔一〕，住處小江流。腰細不勝〔二〕舞，眉長惟是愁〔三〕。黄金堪作屋〔四〕，何不作重樓〔五〕？

〔一〕見越燕。

〔二〕一作「成」。

〔三〕後漢書五行志：桓帝元嘉中，京都婦女作愁眉，細而曲折。梁冀傳：妻孫壽善爲愁眉。古今注：梁冀改驚翠眉爲愁眉。「驚」，他書或作「鶩」。

〔四〕見茂陵。

〔五〕似言何不容更作一樓貯之耶？

浩曰：此章與效長吉，戊籤編五言小律。唐人五律頗有三韻五韻者。

贈〔一〕白道者〔二〕

十二樓前再拜辭，靈風正滿碧桃枝。壺中若是有天地〔三〕，又向壺中傷別離〔四〕！

〔一〕一作「送」。

〔二〕卽白道士也，當爲京師中道流。按：洞庭東山席氏從宋本刊此集，列此首於詠史七律下，題作一「又」字，而注曰：「一云贈白道者。」豈宋本若是誤耶？

〔三〕屢見。

〔四〕敍別工於造語。

咸陽

咸陽宮闕鬱嵯峨，六國樓臺艷綺羅〔一〕。自是當時天帝醉〔二〕，不關秦地有山河〔三〕。

〔一〕史記：秦始皇每破諸侯，寫放其宮室，作之咸陽北阪上，以東至涇、渭，殿屋複道周閣相屬，所得美人鐘鼓以充入之。

〔二〕文選西京賦：昔者大帝悅秦繆公而覲之，饗以鈞天廣樂，帝有醉焉，乃爲金策，錫用此土，而剪諸鶉首。注曰：虞喜志林曰：諺曰：天帝醉秦暴，金誤隕石墜。謂繆公夢奏鈞天樂，已有此諺。

〔三〕史記六國表：秦始小國，僻遠諸夏，卒幷天下，非必險固便形勢利也，蓋若天所助焉。

離亭賦得折楊柳二首〔一〕

暫憑樽酒送無憀〔二〕，莫損愁眉與細腰。人世死前惟有別，春風爭擬惜長條〔三〕。

含煙惹霧每依依，萬緒千條拂落暉。爲報行人休盡折，半留相送半迎歸〔四〕。

〔一〕按：後漢書班超傳注：古今樂錄曰：横吹，胡樂也。張騫入西域，傳其法，惟得摩訶兜勒一曲，李延年因之更造新聲二十八解，乘輿以爲武樂。其後在俗用者十曲，折楊柳其一也。漢曲後不傳。晉太康末，京、洛爲折楊柳之詞，則古名而新詞矣。自後至唐，多非古義。此二首直賦贈行，故樂府詩集列入近代曲詞。

〔二〕通鑑注：無憀，無聊賴也。

〔三〕錢曰：戒以莫折，答以不得不折。何曰：驚魂動魄，一字千金。

〔四〕錢曰：以休折盡繳足前意。浩曰：就詩論詩，已妙入神矣。深窺之，必爲艷體傷別之作。

十字水期韋潘侍御同年不至時韋寓居水次故郭邠〔一〕寧宅〔二〕

伊水濺濺相背流〔三〕，朱欄畫閣幾人遊？漆燈夜照眞無數〔四〕，蠟炬晨炊竟未休〔五〕。顧我有懷同大夢〔六〕，期君不至更沉憂。西園碧樹今誰主〔七〕？與近高窗臥聽秋〔八〕。

〔一〕舊皆作「汾」，今從徐氏改。

〔二〕按：白香山分司東都，有二月二日詩云「十字津頭一字行」，又劉夢得詩云「三花秀色通春幌，十字清波遶宅牆」，卽此十字水也。徐曰：舊作「郭汾寧」，又一作「汾陽」，皆誤。張籍法雄寺東樓詩：「汾陽舊宅今爲寺，猶有當時歌舞樓。四十年來車馬散，古槐深巷暮蟬愁。」是久爲禪客居矣。此當作「邠寧」。蓋郭行餘爲邠寧節度，而與甘露之難，故有第三句。行餘當有故宅在東都，而韋寓居其中也。按：徐氏以爲當作「邠寧」是也，餘則誤矣。郭汾陽，華州鄭縣人，別墅在京城南，見本傳；居宅在親仁里，見盧羣、李石傳，固未聞有宅在河南也。封氏聞見記與譚賓錄：郭令宅居親仁地四分之一，諸院往來乘車馬，僮客於大門出入，各不相識，何可以法雄一處該之哉？李訓在東都，與行餘親善，或有宅在東都，然族誅何可復道！且詩之三句僅言其死，無他慘禍也。此似郭旼宅。旼爲尙父之從子，郭太后之季父，見柳公權傳。其有宅在東都，何不可也？據舊紀與題中同年之稱，似必爲郭旼，邠、汾相近致訛耳，然未敢執定。舊書紀：開成三年十月，以左金吾將軍郭旼爲邠寧節度使，四年五月卒。

〔三〕水經：洛水東過洛陽縣南，伊水從西來注之。餘詳寄遠。

〔四〕述異記：闔閭夫人墓周迴八里，漆燈照爛如日月焉。史記正義：帝王用漆燈冢中，則火不滅。

〔五〕見牡丹七律。

〔六〕莊子：且有大覺，而後知此其大夢也。

〔七〕鮑照蕪城賦：璇淵碧樹。注曰：玉樹也。按：淮南地形訓：珠樹、玉樹、琁樹、絳樹、碧樹皆在昆崙增城之旁。餘詳小松。

〔八〕首二句謂十字水，末二句郭之故宅。浩曰：在洛中作，而未定何年也。故宅之稱雖不拘久近，然感歎當在喪之未久耳。三句自有所慨，未可妄測。

青陵臺〔一〕

青陵臺畔日光斜，萬古貞〔二〕魂倚暮霞。莫訝〔三〕韓憑爲蛺蝶〔四〕，等閑飛上別枝花〔五〕。

〔一〕搜神記：宋康王舍人韓憑娶妻美，康王奪之，憑怨，王囚之，憑自殺。妻乃陰腐其衣，王與之登臺，遂自投臺下，左右攬之，衣不中手而死，遺書於帶曰：「願以屍與憑合葬。」王怒，使埋之二塚相望，曰：「爾夫婦相愛，能使塚合，則吾弗阻也。」宿昔便有文梓生於二冢之端，旬日而盈抱，屈體相就，根交於下，枝錯於上。又有鴛鴦雌雄各一，恒棲樹上，交頸悲鳴。宋人哀之，號其木曰相思樹。按：本書及法苑珠林、太平御覽所引者，皆不云衣化爲蝶。寰宇記濟州鄆城縣韓憑冢引搜神記云：左右攬之，着手化爲蝶。彤管新編云：宋康王捕舍人，築青陵臺，何氏作烏鵲歌以見志，遂自縊死。「憑」或作「朋」。「何氏」，輿地記作「息氏」。諸書每有小異。

〔二〕一作「春」。

〔三〕英華作「許」。

〔四〕山堂肆考：俗傳大蜨必成雙，乃韓憑夫婦之魂。

〔五〕按：此詩之眼全在「莫訝」二字，言雖暫上別枝，而貞魂終古不變。蓋自訴將傍他家門戶，而終懷舊恩也。疑爲令狐作於將游江南時矣。若作「莫許」，而徒以豔情解之，與上二句意不可貫。太平御覽引郡國志：青陵臺在鄆州須昌縣。與寰宇記所引，皆唐時鄆州屬也。疑義山受知令狐，實始鄆幕，故以托意歟？

酬崔八早梅有贈兼〔一〕示之作〔二〕

知訪寒梅過野塘，久〔三〕留金勒爲迴腸。謝郎衣袖初翻雪〔四〕，荀令熏爐更換香〔五〕。何處拂胸資蜨粉，幾時塗額藉蜂黃〔六〕？維摩一室雖多病，亦要〔七〕天花作道場〔八〕。

〔一〕一本有「見」字。

〔二〕一作「什」。按：原注二句，戊籤采入崔珏逸句，恐或誤也。詳送崔珏往西川。

〔三〕一作「又」。

〔四〕見對雪。

〔五〕見牡丹。

〔六〕按：野客叢書引草堂詩餘注：蜨粉蜂黃，唐人宮妝也。且引此聯以證之。然粉面額黃，豈始唐時哉？

〔七〕一作「要舞」。

〔八〕英華本自注：時余在惠祥上人講下，故崔落句有「梵王宮地羅含宅，賴許時時聽法來」。維摩經：長者維摩詰其以方便現身有疾，因以身疾廣爲說法。佛告文殊師利：「汝詣維摩詰問疾。」時維摩詰室有一天女，見諸天人聞所說法，便現其身，卽以天華散諸菩薩大弟子上，華至諸菩薩，卽皆墮落；至大弟子，便着不墮。結習未盡，華著身耳；結習盡者，華不著也。法苑珠林引西域傳：吠舍釐國卽毗舍離國，有塔，是維摩故宅基，說法現疾處。

浩曰：當卽同詣藥山之崔八，但此未詳何年。義山後在東川幕，大有養疾躭禪之跡。程氏乃謂酬崔八挾妓之作，崔八卽東川同幕之崔福也。全由臆揣，毫無可據，更非疑爲崔珏之比矣。詩之情味，必非在東川。特惠祥上人未可定指，若卽歸來篇之惠禪師，亦必非桂管東川歸後事也。程說誤甚。

擬意〔一〕

悵望逢張女〔二〕，遲迴送阿侯〔三〕。空看小垂手〔四〕，忍問大刀頭〔五〕。妙選茱萸帳〔六〕，平居翡翠樓。雲屏〔七〕不取暖，月扇未障〔八〕羞〔九〕。上掌眞何有〔一〇〕？傾城豈自由！楚妃交薦枕〔一一〕，漢后共藏鬮〔一二〕。夫向羊車覓〔一三〕，男從鳳穴求〔一四〕。書成祓禊帖〔一五〕，唱殺畔牢愁〔一六〕。夜杵鳴江練，春刀解石〔一七〕榴〔一八〕。象床穿幰網〔一九〕，犀帖釘窗油〔二〇〕。仁壽遺明鏡〔二一〕，陳倉拂綵毬〔二二〕。眞防舞如意〔二三〕，佯蓋臥箜篌〔二四〕。濯錦桃花水〔二五〕，濺裙杜若洲〔二六〕。魚兒懸寶劍，燕子合金甌〔二七〕。銀箭催摇落，華筵慘去留。幾時銷薄怒〔二八〕？從此抱離憂〔二九〕。帆落啼猿峽，樽開畫鷁舟〔三〇〕。急絃腸對斷，剪蠟淚爭流〔三一〕。璧馬誰能帶〔三二〕？金蟲不復收〔三三〕。銀河撲醉眼，珠串咽歌喉〔三四〕。去夢隨川后〔三五〕，來風貯石郵〔三六〕。蘭叢銜露重，榆莢點星稠〔三七〕。解珮無遺跡〔三八〕，凌波有舊遊〔三九〕。曾來十九首，私識詠牽牛〔四〇〕。

〔一〕原編集外詩。

〔二〕文選潘岳笙賦：輟張女之哀彈。注曰：閔洪琴賦曰：汝南鹿鳴，張女羣彈。江總雜曲：曲中惟聞張女調，定有同姓可憐人。

〔三〕見越燕。

〔四〕見牡丹。

〔五〕吳兢樂府古題要解：古詞「藁砧今何在」，藁砧，鈇也，問夫何處也。「山上復有山」，重山爲「出」

字，言夫不在也，「何當大刀頭」，刀頭有環，問夫何時當還也。「破鏡飛上天」，言月半當還也。按：漢書李陵傳：陵故人任立政等至匈奴，見陵，未得私語，即目視陵，而數數自循其刀環，握其足，陰諭之，言可還歸漢也。環之喻還始此矣。四句領起別意。

〔六〕張正見豔歌：幷捲茱萸帳，爭移翡翠床。

〔七〕一作「衣」。

〔八〕一作「遮」。

〔九〕古雜詩：舉袖欲障羞。

〔一〇〕御覽引漢書：趙飛燕能掌上舞。南史：羊侃儛人張淨琬，腰圍一尺六寸，時人咸推能掌上儛。

〔一一〕笙賦：楚妃歎而增悲。餘見代元城吳令。

〔一二〕一作「鉤」。藏鬮即藏鉤，見無題二首。追敍未婚時居處之事。

〔一三〕晉書：潘岳總角，乘羊車入市，見者皆以爲玉人，觀之者傾都。以下五聯謂擇對成婚。

〔一四〕見嬌兒詩。

〔一五〕見送裴十四。

〔一六〕漢書：揚雄作反離騷。又旁離騷作重一篇，名曰廣騷。又旁惜誦以下至懷沙一卷，名曰畔牢愁。注曰：畔，離也；牢，聊也。與君相離，愁而無聊也。

〔一七〕一作「若」。

〔一八〕謂製衣也，見獨居有懷。

〔一九〕周書：紂爲象床。戰國策：孟嘗君至楚，獻象床，象牀之直千金，孟嘗君勿受。說文：幰，車幔也。此則言牀幔爲網戶紋。

〔二〇〕釋名：牀前帷曰帖，言帖之而垂也。此則言帖於窗櫳。

〔二一〕陸機與弟雲書：仁壽殿前有大方銅鏡，高五尺餘，廣三尺二寸，立著庭中，向之，便寫人形體了了。

〔二二〕劉向別錄：寒食蹴鞠，黃帝所造，本兵勢也。或云起於戰國。「鞠」與「毬」同，古人蹋蹴以爲戲。玉燭寶典：此節城市尤多鬬雞之戲。左傳：季、郈鬬雞。其來遠矣。荆楚歲時記：寒食鬬雞打毬。餘詳寄令狐學士。程曰：謂雞毬也。新書禮樂志：天寶時，嘗以寒食於諸陵薦餳粥雞毬。王建宮詞：走馬犢車當御路，漢陽公主進雞毬。按：此句似謂采飾耳。以上三聯，謂衣服房闥器飾。

〔二三〕拾遺記：孫和悅鄧夫人，嘗著膝上。和月下舞水精如意，誤傷夫人頰，血流污袴，嬌姹彌苦。

〔二四〕洛陽伽藍記：魏高陽王雍美人徐月華，能彈臥箜篌，爲明妃出塞之曲。按：箜篌有豎有臥。舊書志曰：箜篌形似瑟而小，七絃，用撥彈之如琵琶。此蓋謂臥箜篌也。又曰：豎箜篌，胡樂也，漢靈帝好之。體曲而長，二十三絃，豎抱於懷，用兩手齊奏，俗謂之擘。三才圖會曰：箜篌首尾翹上，虛其中，以兩架承之爲臥箜篌。此聯用意殊變，蓋隱語也。

〔三五〕後漢書：三月上巳，官民皆禊於東流水上，曰洗濯祓除，去宿垢疢爲大絜。注曰：謂之禊也。周禮：女巫掌歲時以祓除疾病。韓詩曰：鄭國之俗，三月上巳之溱、洧兩水之上，招魂續魄，秉蘭草，祓除不祥。一說云：後漢有郭虞者，三月上巳産二女，二日中並不育。俗以爲忌，至此月日，諱止家，皆於東流水上爲祈禳，自潔濯，謂之禊祠。漢書溝洫志：來春桃花水盛。注曰：韓詩傳云：三月桃花水。餘見送從翁東川。

〔三六〕楚辭：搴芳洲兮杜若。玉燭寶典：元日至月晦，人並度水，士女悉湔裳，酹酒水湄，以爲度厄。今惟晦日臨河解除，婦人或湔裙。此句則指上巳事。北史竇泰傳：泰母有娠，朞而不産，有巫曰：「度河湔裙，産子必易。」泰母從之，俄而生泰。此聯隱謂浣濯與生子。

〔三七〕按：簡狄有玄鳥墜卵，覆以玉筐，呑之生契之事。見呂氏春秋、宋書符瑞志諸書。漢元后在家，有白燕銜白石墮績筐中，石自剖爲二，其中有文曰：母天地。后乃合之，遂復還合。後爲皇后，常置璽笥中，謂爲天璽。見西京雜記。而金甌如南史朱异傳：梁武言：「國家猶金甌，無一傷缺。」合之燕子，固不符也。朱氏引車服志佩魚佩劍，姚氏又引水經注日南范文得兩鯉（標點者注：水經注作「鯉」）魚，治作兩刀，以解「魚兒」句，亦誤。且當闕疑，其意則謂生男女也。

〔三八〕神女賦：頩薄怒以自持兮。

〔二九〕四句一篇轉捩處。「搖落」指傷逝。

〔三〇〕屢見。

〔三一〕兩情傷別之景。

〔三二〕甘泉賦：璧馬犀之璘㻞。注曰：作馬及犀牛爲璧飾也。按：文選作「璧」，漢書作「壁」。徐曰：渚宮故事：宋沈攸之廐中羣馬每夜騰擲驚嘶。令人伺之，見一白駒，以繩縛腹，超軼如飛，掩之不及。視廐猶闔，縱入閤內。問內人，惟愛妾馮月華臂上玉馬以綠繩穿之，臥輒置枕下，夜或失所在，旦則如故，視其蹄果有泥跡。攸之亡，不知所在。句用此事。

〔三三〕吳均古意：蓮花銜青雀，寶粟鈿金蟲。徐曰：宋祁益部方物志：金蟲出利州山中，蜂體綠色，光若金星，里婦取佐釵鐶之飾。按：固言不事粧飾，亦寓兩人不得再合也。

〔三四〕馮鈍吟曰：禮記：纍纍乎端如貫珠。毛詩：串夷載路。串、貫通，古今字也。按：爾雅：閑、狎、串、貫，習也。義本相同，故互用。周伯琦六書正譌以爲「貫」俗作「串」者，非也；亦非古今字之異。

〔三五〕洛神賦：於是屏翳收風，川后靜波。

〔三六〕樂府丁都護歌：督護初征時，儂亦惡聞許。願作石尤風，四面斷行旅。容齋五筆：石尤風，不知其義，意其爲打頭逆風也，唐人詩好用之。陳子昂、戴叔倫、司空文明云云。計南朝篇詠必多用之，未暇憶也。困學紀聞：石尤，李義山作「石郵」，楊文公亦作「石郵」。按：「郵」與「尤」同，見漢書注。江湖紀聞：傳聞石氏女嫁爲尤郎婦云云。此後人妄談，不可信也。

〔三七〕見聖女祠五排。

〔三八〕列仙傳：江濱二女者，不知何許人，步漢江湄，逢鄭交甫，挑之，不知其神人也，女遂解佩與之。交甫悅，受佩而去，數十步，空懷無佩，女亦不見。按：他本每作「江妃二女」，今採初學記及太平御覽所引爲正。

〔三九〕見招國李十將軍。

〔四〇〕古詩十九首：迢迢牽牛星，皎皎河漢女。河漢淸且淺，相去復幾許！洛神賦：歎匏瓜之無匹兮，詠牽牛之獨處。

浩曰：豔體不待言矣。首二聯點明相別；「妙選」四聯追敍幼時，富麗中已含尖毒；「夫向」四聯謂于歸之事；「眞防」三聯已詳句下；「銀箭」二聯正謂將別；「落帆」二聯交寫別情；「壁馬」以下則統言從此離情難訴，追昔撫今，而私願不可遂也。此種筆墨，重傷忠厚矣。

代魏宮私贈〔一〕

來時西館阻佳期〔二〕，去後漳河隔夢思〔三〕。知有宓妃無限意〔四〕，春松秋菊可同時〔五〕。

〔一〕自注：黃初三年，已隔存歿，追代其意，何必同時！亦廣子夜鬼歌之流變。按：洛神賦之爲甄后事，詳文選注也。魏志：后於黃初二年賜死。洛神賦序：黃初三年，余朝京師，還濟洛川。古人有言，斯水之神名曰宓妃。感宋玉對楚王神女之事，遂作斯賦。自注「已隔存歿」云云，蓋以有託而言，原非實錄，不足拘存歿之迹也。樂府有子夜變歌，故云流變。

〔二〕魏志陳思王傳：黃初四年來朝，文帝責之，置西館，未許朝，上責躬詩。

〔三〕水經注：魏武引漳流自城西東入，逕銅雀臺下。

〔四〕史記索隱：如淳曰：宓妃，伏羲女，溺死洛水，遂爲洛水之神。宓音伏。

〔五〕戊籤：用洛神賦「榮曜秋菊，華茂春松」。引迷樓記作「春蘭」者，非。

代元城吳令暗爲答〔一〕

背闕歸藩路欲分，水邊風日〔二〕半西曛〔三〕。荆王枕上元無夢，莫枉陽臺一片雲〔四〕。

〔一〕魏志：吳質字季重，以文才爲文帝所善，出爲朝歌長，遷元城令，封列侯。

〔二〕一作「物」。

〔三〕洛神賦：余從京師，言歸東藩，背伊闕，越轘轅，經通谷，陵景山。日既西傾，車殆馬煩，爾乃稅駕乎蘅皋，秣駟乎芝田，容與乎陽林，流眄乎洛川。

〔四〕宋玉高唐賦序：楚襄王與宋玉遊雲夢之臺，望高唐之觀，其上雲氣變化無窮。王問玉，玉曰：「所謂朝雲者也。先王嘗遊高唐，怠而晝寢，夢見一婦人，曰：『妾巫山之女也，爲高唐之客，聞君遊高唐，願薦枕席。』王因幸之，去而辭曰：『妾在巫山之陽，高邱之岨，旦爲朝雲，莫爲行雨，朝朝莫莫，陽臺之下。』旦朝視之，如言，故爲立廟，號曰朝雲。」神女賦序：襄王使玉賦高唐之事，其夜王寢，果夢與神女遇，其狀甚麗。明日，以白玉，玉曰：「其夢若何？」王曰：「見一婦人，狀甚奇異，寐而夢之，寤不自識，於是撫心定氣，復見所夢。」玉曰：「狀何如也？」王曰「茂矣，美矣」，云云。王曰：「若此盛矣，試爲寡人賦之。」玉曰：「唯唯。」按：高唐賦先追賦懷王事；末云「王將欲見之，必先齋戒」，是謂襄王欲見之也。神女賦：王果與神女遇。「將」字「果」字，上下鉤通。玉先問其夢若何者，問王所夢爲何事也。王告以見一婦人，而恍若復見所夢，玉乃重問狀何如也，而王重答之，既畢，王又曰：「若此盛矣，試爲賦之。」其又加「王曰」二字者，正以見色之盛，而命其極意形容也。經書中頗多此例，乃沈存中筆談、姚寬西溪叢語謂是宋玉夢神女，「玉」與「王」字當互易。至張鳳翼刊文選，遂刻爲玉夢，妄删去「果」字。今汲古閣初刊本尚有「果」字，而評者又堅守沈、姚之謬說，總以又加「王曰」爲疑，恐後來刊本皆仍其誤矣。因朱氏采之以疏「元無夢」句，故詳引而辨正之。惟朱曰：宋玉假夢爲辭，即懷王亦豈眞有夢乎！斯言則圓通矣。程氏又疑夢皆是懷王，而自古誤作襄王，亦疎也。

東阿王〔一〕

國事分明屬灌均〔二〕，西陵魂斷夜來人〔三〕。君王不得爲天子〔四〕，半爲當時賦洛神〔五〕。

〔一〕魏志：黄初四年，植徙封雍邱；明帝太和三年，徙封東阿；六年，以陳四縣封爲陳王，遂發疾薨。

〔二〕魏志：黄初二年，監國謁者灌均希指，奏植醉酒悖慢，刼脅使者。有司請治罪，帝以太后故，貶爵安鄉侯。

〔三〕鄴都故事：魏武遺命諸子曰：「吾死，葬於鄴之西岡。婕妤美人，皆著銅雀臺上，施六尺牀、繐帳，朝晡上酒脯粻糒之屬，月朔十五輒向牀前作伎樂。汝等時時登銅雀臺，望吾西陵墓田。」江淹恨賦：一旦魂斷，宫車晚出。餘見正月崇讓宅。

〔四〕魏志：植以才見異，幾爲太子者數矣，而任性而行，不自雕勵。文帝御之以術，矯情自飾，宫人左右並爲之説，遂定爲嗣。

〔五〕徐曰：東阿王作，謂文宗疑安王與賢妃有私而不得立也。涉洛川作，爲楊賢妃不勸文宗殺仇士良，而反受其害也。二首是一時作。若論故實，則丕爲世子在建安一十二年，植賦洛神相去十五年矣，歲月懸殊，謂之詠史可乎？按：此謬説，詳下。

涉洛川

通谷陽林不見人〔一〕，我來遺恨古時春。宓妃漫結無窮恨，不爲君王殺灌均〔二〕。

〔一〕見代元城吳令。華延洛陽記：城南五十里有大谷，舊名通谷。

〔二〕原注：灌均，陳王之典籤，譖諸王於文帝者。按：此章宜稍在後，今類列之。

浩曰：以上四章，命意未曉。余初因徐氏之說而徵之舊、新書紀、傳、通鑑，曰文宗多疾無嗣，楊賢妃嘗請以安王爲嗣。及仇士良立武宗，欲歸功於己，乃發安王舊事，故二王與賢妃俱死。餘詳曲江詩箋。新書安王傳云亡其母之氏位，舊傳云母楊賢妃，蓋妃欲以爲太子，故安王以母事妃，傳文疎略耳。陳王成美，敬宗第六子，開成四年十月以爲皇太子。五年正月，宰相李珏、知樞密劉弘逸欲奉太子監國；中尉仇士良、魚弘志矯詔迎潁王爲皇太弟，言太子幼沖，復爲陳王。文宗崩，仇士良說太弟賜賢妃與二王死。徐氏之意，謂發安王舊事者，不僅欲爲太子之事，而更有被誣也。夫安王爲文宗弟，而妃請以爲嗣，固易招謗議矣。觀武宗曰：「楊嗣復勸妃：姑姑何不效則天臨朝？」崔珙等曰：「此事曖昧，眞虛難辨。」帝又曰：「向使安王得志，我豈有今日？」則其時讒口波騰，可以想見。故以詩之代魏宮，代元城吳令，謂以文帝寓文宗，而諸篇句皆爲之辨冤訴恨，不能爲厲鬼殺中官也。所解頗似深切，及今反覆玩味，而決其必不然矣。夫安王之不立，由謀於李珏，非文宗有疑於賢妃也。當甘露變後，宦官勢益盛，猜忌益深，妃安能勸文宗殺士良也？閹寺擅權，肆口誣衊，寧復有所隱忍？而史文於安王母事賢妃之外，一無他語也。文宗恭儉之主，雖寵賢妃，仍謀宰輔，其內政克修，毫不聞有倖恣，何可於數千載下妄加揣誣，大傷忠厚哉！況當現有陳王成美之時，而反引古之陳王以比今之安王，亦太淆混，皆必非也。蓋義山自有豔情誣恨，而重疊託意之作，代贈代答，如代盧家人之類。宓妃取洛中之地，曰「來時」，曰「去後」，明有往來之跡，而兩情不得合也。曰「已隔存歿」，「何必同時」，謂一死一生，情不滅而境永隔也。曰「我來遺恨古時春」，是重經洛中，追恨舊事也。「灌均」必指府中用事之人而被其指摘者。陳思王則以才華自比，可歎篇云「宓妃愁坐芝田館，用盡陳王八斗才」，可以取證也。此解方得其情，與曲江、景陽井絕不可同。前說似是而實謬，特贅列而明辨之，後人無再滋疑焉。又曰：四章必非一時作，但本無可編，彙列於此。

歸來

舊隱無何別〔一〕，歸來始更悲。難尋白道士〔二〕，不見惠禪師〔三〕。草徑蟲鳴急，沙渠水下遲〔四〕。却將波浪眼，清曉對紅梨。

〔一〕漢書曹參傳：蕭何薨，參聞之，趣治行；居無何，使者果召參。

〔二〕朱曰：集有贈白道者，即其人也。

〔三〕按：古稱禪師，例舉下一字。程氏謂即酬崔八早梅詩注之惠祥上人，未知是否？

〔四〕西崑酬唱集劉子儀小園秋夕詩：「枳落莎渠急夜蟲。」似作「莎」亦可。

浩曰：「波浪眼」謂水程，其寫景則秋也。東、西京往來，詳清河詩下。此章蹤跡情味，難定何年，未必謂從江湖歸而以紅梨寓重入秘省之意也。首句云「無何」，此別固未久耳。聊附於此。

燕臺詩四首

風光冉冉東西陌，幾日嬌魂尋不得。蜜房羽客類芳心〔一〕，冶葉倡條徧相識〔二〕。暖藹輝遲桃樹西，高鬟立共桃鬟齊。雄龍雌鳳杳何許？絮亂絲繁天亦迷。醉起微陽若初曙〔三〕，映簾夢斷聞殘語。愁將鐵網罥珊瑚〔四〕，海闊天寬〔五〕迷處所〔六〕。衣帶無情有寬窄〔七〕，春煙自碧秋霜白。研丹擘石天不知〔八〕，願得天牢鎖冤魄〔九〕。夾羅委篋單綃起，香肌〔一〇〕冷襯琤琤珮〔一一〕。今日東風自不勝，化作幽光入西海〔一二〕。

右春

前閣雨簾愁不卷，後堂芳樹陰陰見。石城景物類黃泉，夜半行郎空柘彈〔一三〕。綾扇喚風閶闔天，輕帷翠幕波洄〔一四〕旋〔一五〕。蜀魂寂寞有伴未〔一六〕？幾夜瘴花開木棉〔一七〕。桂宮流〔一八〕影光難取，嫣熏蘭破輕輕語〔一九〕。直教銀漢墮懷中，未遣星妃鎮來去〔二〇〕。濁水清波何異源〔二一〕？濟河水清黄河渾〔二二〕。安得薄霧起緗裙，手接雲軿呼太君〔二三〕？

右夏

月浪衡〔二四〕天天宇〔二五〕濕〔二六〕，涼蟾落盡疎星入〔二七〕。雲屏不動掩孤嚬，西樓一夜風箏急〔二八〕。欲織相思花寄遠，終日相思却相怨。但聞北斗聲迴環，不見長河水清淺〔二九〕！金魚鎖斷紅桂春〔三〇〕，古時塵滿鴛鴦茵〔三一〕。堪悲小苑作長道，玉樹未憐亡國人〔三二〕。瑶琴〔三三〕愔愔藏楚弄〔三四〕，越羅冷薄金泥重。簾鉤鸚鵡夜驚霜，唤起南雲繞雲夢〔三五〕。雙璫丁丁聯尺素〔三六〕，内記湘川相識處〔三七〕。歌脣一世銜雨看〔三八〕，可惜馨香手中故〔三九〕！

右秋

天東日出天西下〔四〇〕，雌鳳孤飛女龍寡〔四一〕。青溪白石不相望〔四二〕，堂中遠甚蒼梧野〔四三〕。凍壁霜華交隱起，芳根中斷香心死〔四四〕。浪乗畫舸憶蟾蜍，月娥未必嬋娟子〔四五〕。楚管蠻絃愁一槩，空城罷舞〔四六〕腰支在〔四七〕。當時歡向掌中銷，桃葉桃根雙姊妹〔四八〕。破鬟矮〔四九〕墮凌朝寒〔五〇〕，白玉燕釵黄金蟬〔五一〕。風車雨馬不持去〔五二〕，蠟燭啼紅〔五三〕怨天曙〔五四〕。

右冬

〔一〕班固終南山賦：碧玉挺其阿，蜜房溜其巔。芳心如蜂，倒句法也。

〔二〕發端四句，言東西飄蕩不可會合，徒想見其春心撩亂也。

〔三〕午醉初起，微陽恰如初曉。

〔四〕見碧城。

〔五〕一作「翻」。

〔六〕高唐賦：雲無處所。田曰：以上總尋不得光景。按：「曖藹」二句，想其貯立凝思；「醉起」二句，想其春夢乍醒，皆芳心之所造也。而好事終迷，杳然何所！分明作二小段。

〔七〕古詩：相去日以遠，衣帶日以緩。徐陵詩：愁來瘦轉劇，衣帶自然寬。

〔八〕呂氏春秋：石可破也，而不可奪堅；丹可磨也，而不可奪赤。

〔九〕晉書志：天牢六星在北斗魁下，貴人之牢也。又曰：貫索九星，賤人之牢也，一曰天牢。錢曰：「衣帶」句，不自知其消瘦；「春煙」句，景自韶麗，心自悲涼；「研丹」二句，誠極而怨也。按：四句言其含愁漸瘦，春煙自碧，渾如秋霜之白，猶云看春不當春也。下二句則極寫怨恨。

〔一〇〕一作「眠」。

〔一〕暗逗入夏。

〔二〕四句總言春光暗去也，而上二句衣服姿態，下二句言東風亦若不勝愁恨者，與「天亦迷」同一造意。四章皆點明時景而絕不凝滯，蓋以言情爲主耳。此首大旨，則先謂其被人取去而懷怨恨也。

〔三〕西京雜記：長安五陵人以柘木爲彈，眞珠爲丸，以彈鳥雀。梁簡文帝洛陽道：遊童初挾彈。此四句皆夜景。「類黃泉」者，雨天昏黑也，非陰寒之義。潘郎挾彈，見河東公樂營置酒，唐詩屢用之。此言夜半何所用之。

〔四〕一作「淵」，誤。

〔五〕爾雅：逆流而上曰泂。注曰：旋流也。道源曰：帷幕風動，如旋波之有文。

〔六〕屢見。

〔七〕見李衞公。又廣志：木綿樹赤花，爲房甚繁。四句形容其人之翩然而來矣。「蜀魂」指子規，取春時也，言爾春時寂寞，今樂有伴未？木棉花紅，借比炎暑。

〔八〕一作「留」，誤。

〔九〕洛神賦：含辭未吐，氣若幽蘭。言月光流轉，難見其貌，惟微笑私語，吹氣如蘭。

〔一〇〕直欲留之使長在懷抱，則可至秋矣，故無意中逗出。

〔一一〕傅休奕和秋胡行：清濁必異源。

〔二二〕戰國策：齊有清濟濁河。

〔二三〕眞誥：駕風騁雲軿。徐曰：輜軿，婦人車有障蔽者。太君指仙女。按：此章全是夜深密約，故曰「夜半」，曰「幾夜」，皆寫暗中情景。「濟河」二句，悵異者終不能久同也。結謂那得明明而來，可接之呼之，不再若前此之私會乎？正反託深夜幽歡也。

〔二四〕一作「衝」。

〔二五〕一作「雨」，誤。

〔二六〕徐曰：衡字是月光如水而不流，故曰衡。朱曰：月曰金波，故言浪。按：衡、衝二字，古書互用極多，蓋義相近，不第形相似也。

〔二七〕月既落則星光入戶。

〔二八〕吹之牽之，使遠去也。

〔二九〕見擬意。言將遠去而相思相怨，但晦明轉換而良會難圖。已逗出寄遠，爲「雙璫」伏脈。

〔三〇〕道源曰：金魚，魚鑰也。按：舊書輿服志：佩魚袋，三品以上用金魚袋。此兼取意，言貴人深貯之也。

〔三一〕茵，褥也。西京雜記：昭儀上皇后襚，有鴛鴦被、鴛鴦褥。

〔三二〕重門深閉，茵席生塵，其人已去矣。人既去，則小苑人人得至，故曰「作長道」。「玉樹」句謂勝於張、孔之美豔。

〔三三〕一作「瑟」。

〔三四〕嵇康琴賦：愔愔琴德，不可測兮。新書禮樂志：琴工猶傳楚、漢舊聲及清調，蔡邕五弄、楚調四弄，謂之九弄。

〔三五〕陸雲詩：聲播東汜，響溢南雲。餘見夢澤。此四句又想其人之夜起彈琴也。「越羅」句，彈琴時之服飾。琴響一傳，而禽爲之驚，雲爲之動矣。其人自湘中遠去而迴憶，故曰「楚弄」，記舊蹟也。曰「南雲」，曰「繞雲夢」，迴繞衡湘也，合之下句「湘川相識」，其爲潭州事益信。

〔三六〕王粲七釋：珥照夜之雙璫。風俗通：耳珠曰璫。繁欽定情詩：何以致區區？耳中雙明珠。按：不必拘珠璫玉璫。

〔三七〕尺素雙璫，詩中屢見，蓋實事也。錢氏謂女郎寄來，或謂義山寄與，未知孰是？有寄必有答，彼此同之矣。曰「記湘川相識處」，是其人先至湘川，及義山抵湘，得一相識，而其人又他往，故屢以此事追慨。

〔三八〕姚曰：銜雨看，應是淚雨。

〔三九〕「歌脣」，必指其人，言將終身銜淚對之，而可惜馨香漸故矣。

〔四〇〕狀冬日之短。

〔四一〕「女龍」，雌龍也。左傳：有夏孔甲擾于有帝，帝賜之乘龍，河、漢各二，各有雌雄。

〔四二〕青溪小姑，見無題七律二首。白石郎，見玄微先生。皆神弦曲也。此借比男女不相合。

〔四三〕四句彼此怨曠之情。人既遠去，則此堂中便絶遠耳。

〔四四〕庾信詩：香心未啓蘭。良緣已斷，愁心欲死。

〔四五〕張衡靈憲：姮娥託身於月，是爲蟾蜍。此以月娥比其人，謂其人遠去，容光消瘦，未必仍如昔日之美矣。

〔四六〕一作「舞罷」。

〔四七〕管絃雜弄，觸緒生悲，昔日舞腰，何能再睹也！曰「空城」者，謂其人久去也，此倒句法。時義山尚在其地，故下二句遂溯舊事。

〔四八〕見杏花與妓席。按：樂府本詩云：桃葉復桃葉，桃樹連桃根；相憐兩樂事，獨使我殷勤。而後人附會作姊妹也。梁吳均詩曰：倡家少女名桃根。

〔四九〕一作「委」，非。

〔五〇〕見一顆櫻桃。

〔五一〕屢見。

〔五二〕樂府詩集：傳休奕吳楚歌，一作燕美人歌：雲爲車兮風爲馬。

〔三〕一作「明」，誤。

〔四〕此又想其容飾而憐其愁恨也。不持去者，無能持之去以就所歡。冬夜最長，乃徹夜相思，徒悲天曉矣！

田曰：極力撇拗，研人浮氣，讀之亦自有益。錢曰：語豔意深，人所曉也。以句求之，十得八九；以篇求之，終難了了。馮默庵謂見此公詩如見西施，不必知名而後美也。亦不得已之論。浩曰：解者各有所見，未能合一。愚則妄定之若是：首篇細狀其春情怨思，次篇追敍舊時夜會，三篇彼又遠去之歎，四篇我尙羈留之恨。每章各有線索，否則時序雖殊，機杼則一，豈名筆哉！總因不肯吐一平直之語，幽咽迷離，或彼或此，忽斷忽續，所謂善於埋沒意緒者。唐季有此一派，於詩敎中固非正軌，然而神味原本楚騷，文心藉以疏瀹，譬之金石靈品，得訣者鍊服以昇仙，愚懵者乃中毒而戕命矣。又曰：燕臺，唐人慣以言使府，必使府後房人也。參之柳枝序，則此在前，其爲「學仙玉陽東」時，有所戀於女冠歟？其人先被達官取去京師，又流轉湘中矣。以篇中多引仙女事，故知女冠。「鐵網珊瑚」，他人取去也。玉陽在東，京師在西，故曰「東風」、「西海」也。玉陽在濟源縣，京師帶以洪河，故曰「濁水清波」也。曰「石城」，曰「瘴花」，曰「南雲」，曰「楚弄」，曰「湘川」，曰「蒼梧」，皆楚地之境，故知又流轉湘中也。與河內、河陽諸篇事屬同情，語皆互映。柳枝而外，似別有一種風懷也。內惟「石城」二字，與石城、莫愁之作又相類，何歟？又曰：讀此種詩，着一毫麤躁不得。

柳枝五首 有序

柳枝，洛中里孃也。父饒好賈〔一〕，風波死湖上。其母不念他兒子，獨念〔二〕柳枝。生十七年，塗粧綰髻，未嘗竟，已復起去〔三〕。吹葉嚼蕊〔四〕，調絲擫管〔五〕，作天海風濤之曲，幽憶怨斷之音。居其旁，與其家接〔六〕故往來者〔七〕，聞十年尚相與，疑其醉眠夢物斷不娉〔八〕。余從昆讓山，比柳枝居爲近。他日春曾陰，讓山下馬柳枝南柳下，詠余燕臺詩，柳枝驚問：「誰人有此？誰人爲是〔九〕？」讓山謂曰：「此吾里中少年叔耳。」柳枝手斷長帶，結讓山爲贈叔乞詩。明日，余比馬出其巷，柳枝丫鬟畢粧〔一〇〕，抱立扇下，風鄣一袖，指曰：「若叔是〔一一〕？後三日，鄰當去濺裙水上〔一二〕，以博山香待，與郎俱過〔一三〕。」余諾之。會所友有偕當詣京師者，戲盜余臥裝以先，不果留。雪中讓山至，且曰：「東〔一四〕諸侯取去矣〔一五〕。」明年，讓山復東，相背於戲上〔一六〕，因寓詩以墨其故處云〔一七〕。

花房與蜜脾〔一八〕，蜂雄蛺蝶雌。同時不同類，那復更相思？

本是丁香樹，春條結始生〔一九〕。玉作彈碁局，中心亦不平〔二〇〕。

嘉瓜引蔓長〔二一〕，碧玉冰〔二二〕寒漿〔二三〕。東陵雖五色〔二四〕，不忍值牙香。

柳枝井上蟠〔二五〕，蓮葉浦中乾〔二六〕。錦鱗與繡羽，水陸有傷殘。

畫屏繡步障，物物自成雙。如何湖上望，只是見鴛鴦〔二七〕？

〔一〕史記貨殖傳：好賈趨利。

〔二〕一作「命」。

〔三〕粧未竟，復起去弄歌，善寫嬌憨之態。下文「畢粧」可反證。

〔四〕傅休奕笳賦：吹葉爲聲。按：舊書音樂志云：葉二歌二。又云：嘯葉，銜葉而嘯，其聲清震，橘柚尤善。新書禮樂志：歌二人，吹葉一人。蓋吹葉即嘯葉也。而郭璞遊仙詩：中有冥寂士，靜嘯撫清絃。放情陵霄外，嚼蕊挹飛泉。放情二句，似頂靜嘯撫絃而言之，故此用嚼蕊，以足吹葉二字。或别有典，則未詳。

〔五〕說文：擪，一指按也，於協切。張衡南都賦：彈琴擪籥。

〔六〕一作「揖」。

〔七〕接，揖未知孰是。愚意居其旁者，鄰里也，「接故」二字似連讀，謂與其家交接故舊相往來者，如吳志吳範傳「與親故交接有終始」是也。或謂揖取主人揖客之義，與其家素以賓主往來者，恐非也。

〔八〕玉篇：娉，娶也。集韻：同聘。後漢書樂成靖王傳：娉取人妻。南蠻傳：初設媒娉。字屢見。按：朱刊本省去「物」字，而舊本皆有。

〔九〕誰人有此情，誰人爲此詩也。寫得神動。

〔一〇〕陳啓源曰：丫鬟謂頭上梳雙髻，未適人之粧也。辛延年詠胡姬「兩鬟何窈窕」，正指十五歲時。劉禹錫詩云：「花面丫頭十三四。」

〔一一〕句。戊籤作「若叔是耶」，徐本皆旁注「句」字。

〔一二〕見擬意。

〔一三〕一作「博香山」，誤，見燒香曲。徐曰：考古圖：鑪象海中博山，下盤貯湯，潤氣蒸香，象海之四環。句謂當焚香以待也。按：古楊叛兒曲：暫出白門前，楊柳可藏烏；歡作沉水香，儂作博山鑪。李謫仙則以「雙烟一氣」衍之，隱語益顯矣。此亦用其意，蓋約之私歡也。

〔一四〕戊籤「東」字上有「爲」字，舊本無。

〔一五〕「東諸侯」，語本左傳，唐時稱東諸侯者其境甚廣。

〔一六〕漢書注：戲，水名也，在新豐東南三十里。師古曰：今有戲水驛。戲音許宜反。

〔一七〕一作「云云」二小字。序語不無迴護之詞，未必皆實，而有筆趣。

〔一八〕本草圖經：蠟卽密脾底也。

姚曰：此以本無妃偶之事自解。浩曰：上二句皆分喻。

〔一九〕本草圖經：丁香出交廣，木類桂，花圓細，黃色，其子出枝蕊上，如丁子，長三四分，紫色。其中有麤大如山茱萸者，謂之母丁香。海藥：丁香二月三月花開，紫白色，至七月方始成實。

〔二〇〕見無題五律。

姚曰：此以恨無作合之人自解。浩曰：無從結合，徒抱不平，當皆就柳枝說。

〔二一〕後漢書五行志：安帝元初三年，有瓜異本共生，一瓜同蔕，時以爲嘉瓜。宋書符瑞志：漢桓帝建和二年，河東有嘉瓜，兩體共蔕。此泛言瓜。

〔二二〕去聲，逋孕切，見集韻。

〔二三〕樂府情人碧玉歌：碧玉破瓜時，郎爲情顛倒。

〔二四〕見永樂縣所居。又阮籍詩：昔聞東陵瓜，近在青門外。五色曜朝日，嘉賓四面會。

浩曰：上二句謂初破瓜，東陵故侯喻東諸侯，「五色」喻貴人，末句謂不忍遭其採食也。

〔二五〕朱曰：種非其所。

〔二六〕以不得水喻不得交歡。

浩曰：上二句謂在後房而不得承寵，下二句謂其又有遠行。

〔二七〕浩曰：上二句其人已去，房室空存；下二句自歎臨流凝望之無益。此二首又與前湘中之跡殊相似，何歟？

錢曰：五首故爲朴拙，殊乏意味，不可解。姚曰：俱效樂府體。浩曰：却從生澀見姿態。據序語是先作燕臺詩，後遇柳枝，是兩事也。然豔情大致相同，豔詞每多錯互，合之湖湘尺素雙璫之事，終不能辨其是一是二矣。

石城〔一〕

石城誇窈窕〔二〕，花縣更風流〔三〕。簟冰將飄枕〔四〕，簾烘不隱鈎〔五〕。玉童收夜鑰〔六〕，金狄守更籌〔七〕。共笑鴛鴦綺〔八〕，鴛鴦兩白頭〔九〕。

〔一〕元和郡縣志：郢州郭下長壽縣，卽古之石城。按：通典：晉分南郡、江夏郡地置竟陵郡，後周以其地置郢、復二州，郢卽先置之石城郡也，唐亦爲郢州、復州。晉又分江夏置安陸郡，唐爲安州，雲夢之澤在焉。義山所云南遊郢澤，合之此時諸篇，必無疑矣，詳年譜。

〔二〕舊書樂志：石城樂，宋臧質所作也。石城在竟陵。莫愁樂者，出於石城樂。石城有女子名莫愁，善歌謠，因有此歌。樂府詩集：此爲清商西曲歌也。莫愁樂曰：莫愁在何處？莫愁石城西。艇子打兩槳，催送莫愁來。容齋隨筆：莫愁，石城人。盧家莫愁，洛陽人。近世誤以金陵石頭城爲石城。

〔三〕屢見。

〔四〕樂府華山畿：啼著曙，淚落枕將浮，身沈被流去。此意相類。

〔五〕隱約間如見之。

〔六〕小童主啓閉者。

〔七〕文選西京賦：列坐金狄。善曰：金狄，金人也。初學記：般夔漏刻法：蓋上鑄金爲司辰，具衣冠，以兩手執箭。張衡漏水轉渾天儀制：兩壺，右爲夜，左爲晝。蓋上鑄金銅仙人居左壺，爲金胥徒居右壺，皆以左手把箭，右手指刻，以别天時蚤晚。按：尚書顧命傳曰：狄，下士。金狄謂金胥徒司夜者。二句防閑隔絶。

〔八〕見奉使江陵。

〔九〕姚曰：反不如被上鴛鴦矣。

浩曰：此下多篇皆開成會昌之際楚遊所作，其時又似曾轉至吳地。因其豔情爲多，而細跡尚難詳指，故不入編年，而彙列於此。

代贈

楊柳路盡處，芙蓉湖上頭。雖同錦步障〔一〕，獨映鈿箜篌〔二〕。鴛鴦可羨頭俱白，飛去飛來煙雨秋。

〔一〕見朱槿花。

〔三〕風俗通：空侯，又坎侯。漢書：孝武皇帝塞南越，禱祠太一、后土，始用樂人侯調，依琴作坎坎之樂，言其坎坎應節奏也。「侯」以姓冠章耳。或説空侯取其空中，琴瑟皆空，何獨坎侯耶？舊書志：或云侯輝所作，謂之坎侯，聲訛爲箜篌。或謂師延靡靡樂，非也。

浩曰：是在湘中相見而不相親也，安得如鴛鴦之長相守乎？

莫愁

雪中梅下與誰期？梅雪相兼一萬枝。若是石城無艇子，莫愁還自有愁時〔一〕。

〔一〕田曰：其意明淺，好處正在其中。

贈柳

章臺從掩映〔一〕，郢路更參差〔二〕。見説風流極，來當婀娜時〔三〕。橋迴行欲斷，隄遠意相隨〔四〕。忍放花如雪〔五〕，青樓撲酒旗〔六〕。

〔一〕屢見。

〔二〕九章：惟郢路之遼遠兮，魂一夕而九逝。楚都於郢，後世江陵之境是也。

〔三〕甚美而在芳年。

〔四〕跡已斷而心不舍。

〔五〕伍緝之柳花賦：飄零花而雪飛。

〔六〕晉書：金城麴氏與游氏，世爲豪族，西州爲之語曰：「麴與游，牛羊不數頭。南開朱門，北望青樓。」青樓，後人每用爲歌舞飲讌之地。舊注引齊武帝興光樓上施青漆謂之青樓，非其義矣。

浩曰：全是借詠所思。上言其由京至楚，下言己之憐惜。

謔柳

已帶黃金縷，仍飛白玉花。長時須拂馬，密處少藏鴉〔一〕。眉細從他斂，腰輕莫自斜。玳梁誰道好？偏擬映盧家〔二〕。

〔一〕晉樂府：顧看楊柳樹，已復藏班鴉。玉臺集近代雜歌：暫出白門前，楊柳可藏鴉。

〔二〕見越燕、藥轉。

浩曰：拂馬藏鴉，喻其冶態；結則妒他人有之也。

代贈二首

樓上黃昏欲望〔一〕休，玉梯横絕月中〔二〕鉤〔三〕。芭蕉不展丁香結，同向春風各自愁〔四〕。

東南日出照高樓〔五〕，樓上離人唱石州〔六〕。總把春山掃眉黛〔七〕，不知供得幾多愁〔八〕！

〔一〕一作「望欲」。

〔二〕一作「如」。

〔三〕梁簡文帝烏棲曲：浮雲似帳月如鉤。

〔四〕彼此含愁，不言自喻。

〔五〕見東南。

〔六〕樂苑：石州，商調曲也。有曰：終日羅幃獨自眠。

〔七〕西京雜記：卓文君姣好，眉色如望遠山，臉際常若芙蓉。東觀記：明德馬皇后眉不施黛。事文類聚引炙轂子：漢明帝宮人掃青黛娥眉。

〔八〕兼用愁眉。

楚吟

山上離宮宮上樓，樓前宮畔暮江流。楚天長短黄昏雨，宋玉無愁亦自〔一〕愁〔二〕。

〔一〕一作「有」。

〔二〕九辨：余萎約而悲愁。

田曰：只在意興上想見。浩曰：吐詞含味，妙臻神境，令人知其意而不敢指其事以實之。

柳

動春何限葉，撼曉幾多枝？解有相思否〔一〕？應無不舞時〔二〕！絮飛藏皓蝶，帶弱露黄鸝。傾國宜通體〔三〕，誰來〔四〕獨賞眉？

〔一〕一作「苦」，非。何曰：「否」字方活。

〔二〕問其猶能思我否？爾固無時不舞也。語含妒情。

〔三〕隋書柳昂傳：昂偏風不能視事。昂卒，子調爲侍御史。楊素嘗於朝堂見調，因獨言曰：「柳條通體弱，獨搖不須風。」調斂板正色以對。葉枝絮帶，所謂通體。

〔四〕一作「家」。

程曰：義山柳詩十餘首，各有寄托。此首語語是柳，却語語是人。唐人言女子好以柳比之，如樂天之楊柳小蠻，昌黎之倩桃風柳，以及章臺柳詞皆然。浩曰：程説是矣，余更信其爲柳枝作。結二句言已屬他人，彼得賞其通體，我惟覩其面貌耳，妒情尤露矣。韻語陽秋譏此起二句有斧鑿痕，不味通篇用意，眞謬説也。

韓翃舍人即事〔一〕

萱草含丹粉，荷花抱緑房〔二〕。鳥應悲蜀帝〔三〕，蟬是怨齊王〔四〕。通内藏珠府〔五〕，應官解玉坊〔六〕。橋南荀令過，十里送衣香〔七〕。

〔一〕新書文藝傳：盧綸與吉中孚、韓翃、錢起等號大曆十才子。翃字君平，南陽人。侯希逸表佐淄青幕府，後李勉在宣武，復辟之。俄以駕部郎中知制誥，終中書舍人。藝文志：翃詩集五卷。晁氏讀書志：翃，天寶十三年進士，詩興致繁富，朝野重之。許堯佐柳氏傳：天寶中，昌黎韓翃有詩名。其姬柳氏。翃擢上第，省家於清池。盜覆二京，士女奔駭，柳氏寄跡法靈寺。是時侯希逸節度淄青，請翃爲書記。洎宣皇帝以神武返正，翃遣使間行求柳氏，以練囊盛麩金，題之曰：「章臺柳，章臺柳，顔色青青今在否？縱使長條似舊垂，也應攀折他人手。」柳氏捧金嗚咽，答曰：「楊柳枝，芳菲節，可恨年年贈離別。一葉隨風忽報秋，縱使君來豈堪折！」無何，有蕃將沙吒利者刼以歸第，寵之專房。及希逸除左僕射，入覲，翃得從至京。偶於龍首岡見輜軿，翃偶隨之。自車中問曰：「得非韓員外乎？某乃柳氏也。」使女奴竊言失身沙吒利，請詰旦相待於道政里門。及期，以輕素結玉合，實以香膏，自車中授之，曰：「當遂永訣，願寘誠念。」乃回車，以手揮之。翃大不勝情。會淄青諸將合樂酒樓，請翃。翃意色皆喪，音韻悽咽。有虞候許俊者，撫劍言曰：

「必有故，願一効用。」翃具告之。俊曰：「請足下數字，當立致之。」乃徑造沙吒利之第，候其出行里餘，乃被衽執轡，犯關排闥，急趨而呼曰：「將軍中惡，使召夫人。」遂升堂，出翃札示柳氏，挾之跨鞍，倏忽乃至，四座驚歎。翃、俊懼禍，乃詣希逸；希逸大驚，遂獻狀言之。尋有詔，柳氏宜還韓翃。按：「翃」，刊本或誤作「翊」。

〔二〕魯靈光殿賦：圜淵方井，反植荷蕖。綠房紫菂，窋咤垂珠。

〔三〕屢見。

〔四〕古今注：牛亨問董仲舒曰：「蟬名齊女者何？」答曰：「昔齊王后怨王而死，尸變爲蟬，登庭樹嘒唳而鳴，王悔恨之，故名齊女。」

〔五〕莊子：藏珠於淵。又取龍宮之義。徐氏以內爲大內之內。愚閱元微之詩「憶得雙文通內裏，玉櫳深處暗聞香」，則內室之通稱也。

〔六〕徐曰：應官猶云當官，是唐人口語。鮑照升天行：冠霞登綵閣，解玉飲椒庭。此句非鮑詩之意，直謂治玉耳。坊名不必泥看，舊說皆非。

〔七〕見牡丹。言荀令來過，彼美能遠聞衣香否？

浩曰：題與詩初不可解，今詳採此事與柳枝詩序及諸篇情事大有相近者。上四句寫柳之怨情；五喻美人如珠之深藏；六喻韓爲舍人，同於翰林之爲玉署也；七八記其道間相逢之事。柳枝屬意義山，而東諸侯取去，安得有如許俊其人者哉！唐詩紀事既載此事，又錄義山此詩，似已窺見其旨，特未合以相證耳。

代越公房妓嘲徐公主〔一〕

笑啼俱不敢，幾欲是吞聲。遽遣離琴怨，都由半鏡明。應防啼與笑，微露淺深情〔二〕。

〔一〕古今詩話：陳太子舍人徐德言尙樂昌公主。陳政衰，德言謂主曰：「以君之才容，國亡必入豪家。儻情緣未斷，猶期再見。」乃破一鏡，人執其半，約他日以正月望日賣於都市。及陳亡，主果歸楊素。德言訪於都市，有蒼頭賣半鏡者，高大其價；德言引至旅舍，言其故，出半鏡以合之，仍題詩曰：「鏡與人俱去，鏡歸人未歸。無復姮娥影，空留明月輝。」主得詩，悲泣不食。素知之，召德言至，還其妻；因命主賦詩，口占曰：「今日何遷次？新官對舊官。笑啼俱不敢，方信作人難。」

〔二〕新淺舊深。

代貴公主

芳條得意紅，飄落忽西東。分逐春風去，風迴得故叢。明朝金井露，始看憶春風。

袁曰：起句配徐，次句遭亂，三句歸楊，四句還徐，結言又未嘗不憶楊也。浩曰：宰相世系表：楊氏汝士、虞卿及嗣復，皆爲越公房，其借古事以詠所思歟？是愚之妄測也。

代應二首

溝水分流西復東〔一〕，九秋霜月五更風〔二〕。離鸞別鳳今何在〔三〕？十二玉樓空更空。

昨夜雙鉤敗〔四〕，今朝百草輸〔五〕。關西狂小吏〔六〕，惟喝繞牀盧〔七〕。

〔一〕見同年李定言。

〔二〕遠行之候。

〔三〕西京雜記：慶安世年十五，爲成帝侍郎，善鼓琴，能爲雙鳳離鸞曲。趙后悅之，與同居處。

〔四〕雙鉤卽藏鉤，詳上卷無題二首。

〔五〕荆楚歲時記：五月五日，四民並蹋百草。今人又有鬭百草之戲。

〔六〕一作「史」。史記李斯傳：年少時爲郡小吏。按：小史，官府之役。晉書潘岳傳：孫秀嘗爲小史。此句用事未詳，皆與下句不符。

〔七〕晉書劉毅傳：東府聚樗蒲大擲，餘人並黑犢以還，惟劉裕及毅在後。毅擲得雉，大喜，褰衣遶床，叫曰：「非不能盧，不事此耳。」裕惡之，因挼五木久之，曰：「老兄試爲卿答。」既而四子俱黑，一子轉躍未定，裕厲聲喝之，即成盧。南史鄭鮮之傳亦載此事，曰：武帝得盧，毅與鮮之大喜，徒跣遶床大叫，聲聲相續。毅甚不平，謂之曰：「此鄭君何爲者？」按：似取盧姓，而意不可曉。

浩曰：舊本不分體者，皆以此連上首作代應二首也。戊籤則分體而互易之。今思此與上章，意雖不相同，而於代盧家人嘲堂內亦絕不相應，無可妄解，則何如仍舊本之爲得歟？又曰：代應二首，舊本與代贈二首相隔各編，初不連接，即明刊分體本亦然，乃戊籤則緊接代贈之下。今詳玩詩意，殊不相對，故仍離之爲是。

楚宮

複壁交青瑣〔一〕，重簾掛紫繩〔二〕。如何一柱觀〔三〕，不礙九枝燈〔四〕？扇薄常規〔五〕月〔六〕，釵斜只鏤冰〔七〕。歌成猶未唱，秦火入夷陵〔八〕。

〔一〕史記張耳傳：貫高等乃壁人柏人，要之置廁。索隱曰：置人於複壁中，謂之置廁。後漢書趙岐傳：孫賓石藏岐複壁中。餘見奉使江陵。

〔二〕古子夜歌：重簾持自障，誰知許厚薄？

〔三〕渚宮故事：宋臨川王義慶鎮江陵，於羅公洲立觀甚大，而惟一柱，號一柱觀。按：張華博物志已云南荆賦：江陵有臺甚大而有一柱，衆木皆共此柱也。

〔四〕見送宮人。

〔五〕一作「窺」。

〔六〕屢見。又魏徐幹圜扇賦：仰明月以取象，規圓體之儀度。

〔七〕鹽鐵論：內無其質而外學其文，雖有賢師良友，若畫脂鏤冰，費日損功。此喻玉釵。「月」、「冰」皆取孤冷之義。

〔八〕史記：秦昭襄二十一年，白起拔郢，燒夷陵。通典：唐硤州夷陵郡，即楚夷陵地。浩曰：起聯言藏之密；次聯言爾止一身，豈能消此多麗？三聯想見美人後房冷靜；末則誚其未遑行樂，忽遇驚危。似在嗣復貶潮時乎？

送崔珏往西川〔一〕

年少因何有旅愁？欲爲東下更西遊。一條雪浪吼巫峽〔二〕，千里火雲燒益州〔三〕。卜肆至今多寂寞〔四〕，酒壚從古擅風流〔五〕。浣花牋紙桃花色〔六〕，好好題詩詠玉鉤〔七〕。

〔一〕新書藝文志：崔珏詩一卷，字夢之，大中進士第。宰相世系表：崔氏清河小房珏。北夢瑣言：珏嘗寄家荆州。按：崔八早梅有贈兼示詩自註之崔落句，唐音戊籤采入崔珏逸句，未知其更有別據否也？余檢李頻有漢上逢同年崔八詩，李爲大中八年進士，其詩意謂己方作客，羨崔還家，與珏之寓荆州第進士頗相似。李羣玉集在長沙裴幕時亦有崔八，約在會昌大中間，然皆不書其名也。檢新書表所列珏與邠、鄯、鄲、鄆同房，而分支七八世。邠、鄯輩子孫極盛，子名皆從玉旁，而珏兄弟行絶少。若無他據，而僅以義山集注合之，則本集固分標崔八、崔珏，似明是兩人，何可妄合哉？俟再詳考。

〔二〕水經注：廣谿峽乃三峽之首，江水東逕而歷巫縣、巫谿，又東逕巫峽，杜宇所鑿通也，其間首尾一百六十里，謂之巫峽。自三峽七百里中，重岩叠嶂，隱天蔽日。春冬時，素湍緑潭，迴清倒影；夏水襄陵，雖乘奔御風不以疾也。

〔三〕益州，成都府。盧思道納涼賦：火雲赫而四舉。何曰：夏初之景。

〔四〕漢書傳：蜀有嚴君平卜筮於成都市，以爲卜筮賤業而可以惠衆人，因埶導之以善。裁日閲數人，得百錢足自養，則閉肆下簾而授老子。年九十餘終。蜀人愛敬，至今稱焉。

〔五〕見杜工部蜀中離席。

〔六〕舊書杜甫傳：成都浣花里，結廬枕江。國史補：紙有蜀之麻面、屑末、滑石、金花、長麻、魚子、十色牋。按：寰宇記云：薛濤十色牋。元人蜀牋譜云：浣花潭水造紙佳，薛濤僑止百花潭，躬撰深紅小彩箋，時謂之薛濤箋。濤爲名妓，歷事幕府，以詩受知。句似用此也。若桓玄僞事詔平准作青赤縹緑桃花紙，必非所用。

〔七〕鮑照翫月城西門廨中詩：始見西南樓，纖纖如玉鉤。蜀於地勢爲西南，而崔年少，乍入使府，故以取義。鮑詩中有「仕子」、「休澣」、「宴慰」諸句。

浩曰：首稱年少，似爲崔未第時，而義山年長於崔也。三四是荆江赴蜀之程，則是江鄉相送，非京師也。隨常情景，一無感觸，當在義山未遊巴蜀之前。但無可定編，聊列於此，與前題崔八相辨正焉。

夢澤〔一〕

夢澤悲風動白茅〔二〕，楚王葬盡滿城嬌。未知歌舞能多少，虚減宮廚爲細腰〔三〕！

〔一〕按：左傳、爾雅注疏：江夏安陸縣城東南有雲夢城；南郡枝江縣西有雲夢城；華容縣東南巴邱湖，江南之夢也。蓋楚之雲夢，跨江南北，故一澤而每處有名，單稱雲，單稱夢，合稱雲夢皆可，未可定謂江北爲雲，江南爲夢也。雲夢在青草以北。通典：岳州巴陵郡，青草、洞庭湖在焉。此荆、郢、安諸州與潭、岳接境而分疆者也。義山南遊郢澤，固至此境。或云潭州在江南，故標曰夢澤，詩家固無煩細核耳。

〔二〕左傳：爾貢包茅不入。餘見李夫人三首。

〔三〕見碧瓦。

浩曰：與楚宮同意。

即日〔一〕

地寬樓已迥，人更迥於樓。細意經〔二〕春物〔三〕，傷酲屬暮愁〔四〕。望賒殊易斷，恨久欲難收。大埶〔五〕眞無利，多情豈自由！空園〔六〕兼樹廢，敗港擁花流。書去青楓驛〔七〕，鴻歸杜若洲〔八〕。單棲應分定〔九〕，辭疾索誰憂〔一〇〕？更替林鴉恨，驚頻去不休。

〔一〕一作「目」。

〔二〕一作「細意輕」。

〔三〕卽夜思所謂「往事經春物」也，指雙璫尺素。

〔四〕毛詩傳：病酒曰酲。

〔五〕「勢」同。

〔六〕一作「垣」。

〔七〕杜工部雙楓浦詩，註家引方輿勝覽：青楓浦在潭州瀏陽縣。乃朱氏引以證此句，改云杜有青楓驛詩，眞令人一字不可信矣。此固不必指地以實之也。

〔八〕見擬意。

〔九〕易通卦驗：夏至小暑伯勞鳴。博勞性好單棲，其飛㚇，其聲嗅嗅。按：此據淵鑑類函所引。又佩文韻府引禽經：鸝必匹飛，鶪必單棲。

〔一〇〕後漢書周燮傳：遂辭疾而歸。此類事甚多也。言以疾爲辭，而意中之人已遠，誰復憂之？浩曰：此在湘中歎所思之人又遠去也。四聯言勢難圖利，情不能忘；五聯寫景而兼寓事；六聯謂書札往還；結以林鴉比其人屢驚而屢去也。

失猿

祝融南去萬重雲〔一〕，清嘯無因更一聞〔二〕。莫遣碧江通箭道〔三〕，不教腸斷憶同羣〔四〕。

〔一〕初學記引南岳記：衡山下踞離宫，攝位火鄉，赤帝館其嶺，祝融托其陽。按：衡山爲南岳，祝融可爲統稱。荆州記曰：山有三峯：紫蓋、石囷、芙蓉，芙蓉最爲竦桀。其後每云七十二峯，最大者五峯，祝融峯乃最高者。杜詩：祝融五峯尊，峯峯次低昂。紫蓋獨不朝，爭長嶫相望。是亦言五峯矣。

〔二〕異苑：嘯有一十五章，其六曰巫峽猿。荆州記：高猿長嘯，屬引清遠。

〔三〕梁書：高祖曰：「漢口不闊一里，箭道交至。」此只取莫爲人所射耳。

〔四〕見哀箏。

浩曰：歎所思之又遠去也。在祝融之南，則非潭州矣。似亦座主鎮西川時之深慨也。失猿似寓失援之隱。

鴛鴦

雌去雄飛萬里天，雲羅滿眼淚潸然〔一〕。不須長結風波願，鎖向金籠始兩全〔二〕。

〔一〕嵇康詩：雲網塞四區，高羅正參差。梁元帝賦：秋雲似羅。鮑明遠舞鶴賦：掩雲羅而見羈。

〔二〕水鳥在水，風波自不能免，必得鎖向金籠，庶相保也。此亦湖湘傷别之作，非寄内詩。

人日即事〔一〕

文王喻復今朝是〔二〕，子晉吹笙此日同〔三〕。舜格有苗旬太遠〔四〕，周稱流火月難窮〔五〕。鏤金作勝傳荆俗，翦綵爲人起晉風〔六〕。獨想道衡詩思苦，離家恨得二年中〔七〕。

〔一〕北史魏收傳：晉議郎董勛荅問禮俗云：正月一日爲雞，二日爲狗，三日爲猪，四日爲羊，五日爲牛，六日爲馬，七日爲人。按：北史及太平御覽所引，皆一日至七日止。竊意取自小至大，萬物之性，人爲貴，故曰七日，最靈辰也。西淸詩話載劉克以東方朔占書示客，乃有八日爲穀句。穀是植物，非其義也，殊不足信。

〔二〕易：七日來復。王注、孔疏取六日七分之義，舉成數言，故曰七日也。變月言日，乃褚氏、莊氏之說，疏中駁去之。姚氏譏義山疎於經學，反誤矣。

〔三〕見送從翁東川。

〔四〕書：七旬有苗格。

〔五〕詩：七月流火。姚曰：恨客中難度，由七日而七旬而七月，正不知幾時得過。按：頗善爲說，豈其然乎？

〔六〕荊楚歲時記：人日剪綵爲人，或鏤金箔爲人，以貼屏風，亦戴之頭鬢；又造華勝以相遺。華勝起於晉代，見賈充李夫人典戒，云像瑞圖金勝之形，又取像西王母戴勝也。劉臻妻陳氏進見儀：正月七日，上人勝於人。

〔七〕御覽引國朝傳記：薛道衡聘陳，爲人日詩：入春纔七日，離家已二年。人歸落雁後，思發在花前。何曰：齊、梁中有此體，今變爲七言耳。浩曰：題曰「即事」，通體層叠，注到離恨，是在江鄉寓慨也。然自成一格，微近香山；本集若此輕儇取勢者絶少，惟和韋潘七月十二日詩略似耳。玩結聯，或他人見贈之作乎？類列於此，與柳詩皆可疑也。

柳

江南江北雪初消，漠漠輕黄惹嫩條。灞岸已攀行客手，楚宫先騁舞姬腰。清明帶雨臨官道，晚日含風拂野橋。如線如絲正牽恨〔一〕，王孫歸路一何遥〔二〕！

〔一〕一作「曳」。

〔二〕劉安招隱士：王孫遊兮不歸，春草生兮萋萋。

錢曰：平易輕穩，不似義山手筆。浩曰：直作咏柳固得，或三四比其人自京來楚，結悵歸路尚遠，其楚中艷情之作歟？然語淺格弱，殊異玉谿，似他人和贈而誤入者。

無題〔一〕

白道縈迴入暮霞，斑騅嘶斷七香車〔二〕。春風自共何人笑？枉破陽城〔三〕十萬家〔四〕。

〔一〕一作「陽城」。

〔二〕見對雪、壬申七夕。

〔三〕一作「洛陽」，非。

〔四〕見鏡檻。

浩曰：别情也。

春雨

悵臥新春白袷衣，白門寥落意多違〔一〕。紅樓隔雨相望冷，珠箔飄燈獨自歸。遠路應悲春晼晚〔二〕，殘宵猶得夢依稀〔三〕。玉璫緘札何由達？萬里雲羅一雁飛〔四〕。

〔一〕按：淮南子：八極之西南方曰編駒之山，曰白門。必非所用。魏志呂布傳：彭城有白門樓。南史：建康宣陽門謂之白門。水經注：鄴城有七門，西曰白門。亦非所用。此似取「白門楊柳」之意，詳柳枝序。

〔二〕其人遠去。

〔三〕惟夢中可尋。

〔四〕末聯記私札傳情之事。

丹邱〔一〕

青女丁寧結夜霜，羲和辛苦送朝陽。丹邱萬里無消息，幾對梧桐憶鳳凰〔二〕？

〔一〕楚辭遠遊：仍羽人於丹邱兮，留不死之舊鄉。注曰：丹邱，晝夜常明之處。徐曰：此同丹山用。

〔二〕上二句，夜復夜日復日也；下二句，遠無消息，徒勞憶念。

到秋

扇風淅瀝簟流離〔一〕，萬里南雲滯所思。守到清秋還寂寞，葉丹苔碧閉門時〔二〕。

〔一〕一作「灕」，一作「漓」，戊籤作「琉璃」。朱曰：流離，簟文也。按：琉璃，漢書志本作「流離」，然此是言簟文。文選魯靈光殿賦：流離爛漫。善曰：分散遠貌。濟曰：光色貌。

〔二〕次句所思在南雲，非身在南雲，解作桂管者誤也。此楚遊時，其人已去，而義山猶守客舍，時亦將歸矣。

夜思〔一〕

銀箭耿寒漏，金釭凝夜光。綵鸞空自舞，別燕〔二〕不相將〔三〕。寄恨一尺素，含情雙玉璫。曾前猶月在，去後始宵長。往事經春物〔四〕，前期託報章〔五〕。永令虛粲枕〔六〕，長不掩蘭房〔七〕。覺動迎猜影，疑來浪認香〔八〕。鶴應聞露警〔九〕，蜂亦爲花忙。古有陽臺夢，今多下蔡倡〔一〇〕。何爲薄冰雪，消瘦滯非鄉〔一一〕？

〔一〕原編集外詩。按：或入正集。

〔二〕一作「雁」。

〔三〕諸篇每曰西風，當作燕。燕以秋去，雁以秋來。

〔四〕此遡舊情。

〔五〕詩：雖則七襄，不成報章。傳曰：不能反報成章也。此則借言書札，謂更訂後期。

〔六〕詩：角枕粲兮。

〔七〕宋玉諷賦：主人之女，乃更於蘭房芝室止臣其中。何承天芳樹篇：蘭房掩綺幌。

〔八〕四句承上「前期」，言擬心摹揣。

〔九〕見酬別令狐。

〔一〇〕屢見。

〔一一〕何曰：「非」當作「他」。按：謂夢境無憑，美人不乏，何爲久戀於此？聊爲自解之詞也。與上章當稍後。

河內詩二首〔一〕

鼉鼓沉沉虬水咽〔二〕，秦絲不上蠻絃絕〔三〕。嫦〔四〕娥衣薄不禁寒，蟾蜍夜艷秋河月。碧城冷落空蒙〔五〕煙，簾輕幙重金鉤欄〔六〕。靈香不下兩皇子〔七〕，孤星直上相風竿〔八〕。八桂林邊九芝草〔九〕，短襟小鬢相逢道〔一〇〕。入門暗數一千春，願去閏年留月小〔一一〕。梔子交加香蓼繁〔二〕，停辛佇苦留待君〔三〕。

右一曲樓上〔四〕

閶門日下吳歌遠〔五〕，陂路綠菱香滿滿〔六〕。後溪暗〔七〕起鯉魚風〔八〕，船旗閃斷芙蓉幹。傾〔九〕身奉君畏身輕〔一〇〕，雙橈兩〔一一〕槳樽酒清。莫因風雨罷團扇，此曲斷腸惟此〔一二〕聲〔一三〕。低樓小徑城南道，猶自金鞍對芳草。

右一曲湖中〔一四〕

〔一〕程曰：義山里居河內，當道其故鄉事。二詩一言「八桂」，一言「閶門」，舉粵中吳中以爲詞；其言皆女子送遠之情，殊不可曉。浩曰：與燕臺同意。「學仙玉陽東」，正懷州河內之境。

〔二〕初學記：張衡漏水轉渾天儀制：以玉虬吐漏水入兩壺。

〔三〕通典：箏，秦聲也，或以爲蒙恬所造。

〔四〕一作「短」。

〔五〕一作「濛」，非。

〔六〕拘攔，見古今注漢顧成廟，猶欄干也。此言簾鉤耳。

〔七〕靈香，焚香禮神也。兩皇子，與河陽詩「雙金莖」同意，而事則未詳。眞誥、雲笈七籤皆云：周靈王太子子晉，是爲王子喬。子喬弟兄七人得道，五男二女。其靈王第三女名觀香，字衆愛，於子喬爲別生妹，受子喬道，入緱氏山，後受書，領東宮中候眞夫人，即中候王夫人也。子喬又一妹，其名不載。此與本句絶無涉，乃道源引眞誥：靈王女觀靈，字衆愛。又有妹觀香成道，領東宮中候眞夫人。是誤會靈、香二字，而析一人爲二人以實之，何其謬妄哉！

〔八〕古今注：司風烏，夏禹所作。傅休奕相風賦：建修竿之亭亭，棲神烏於竿首。似以孤星自喻。

〔九〕漢書：武帝元封二年，甘泉宮内中産芝，九莖連葉，作芝房之歌。餘見酬令狐郎中。

〔一〇〕「八桂」、「九芝」，借言仙境。蓋玉陽王屋，本玉眞公主修道之處，必有故院及女冠在焉，玩前後措詞曉然矣。「短襟小鬢」乃晚粧，或當夏令，與燕臺次章互看。懷慶府志曰：九芝嶺在陽臺宮前，八桂嶺在陽臺宮南。余更疑古已有其名，而義山用之，故曰相逢道。府志或訛「桂」爲「柱」耳。必非用粤中桂林。

〔一一〕相逢時私誓也。永不忍舍，拚以千春爲期。去其閏年，留其月小，庶幾少速。眞癡情也。

〔一二〕上林賦注：鮮支，支子，香草也。本草：梔子花六出，甚芬香，俗説即西域薝蔔花。梁徐悱妻劉氏摘同心梔子贈謝娘詩：同心何處恨？梔子最關人。本草：蓼類甚多，惟香蓼宿根重生，可爲生菜。

〔一三〕梔子、香蓼，味皆辛苦，且皆夏時開花，與上文相映。

〔一四〕浩曰：一二言夜靜無聲；三四喻其人之輕艷；五六形容樓居；七八言彼不能輕下，我欲升高就之；九十言相會之事；十一十二盟誓之言；結言舊約不可負，堅待後期也。此章尚易解。

〔一五〕通典：吳歌雜曲，並出江東，晉、宋以來稍有增廣。闔門見吳越春秋、越絕書。

〔一六〕蜀都賦：綠菱紅蓮。

〔一七〕一作「晴」，誤。

〔一八〕按：梁簡文帝有女篇：燈生陽燧火，塵散鯉魚風。下云：霧暗窗前柳，寒疎井上桐。似秋令也。李賀江樓曲：樓前流水江陵道，鯉魚風起芙蓉老。下云：鼉吟浦口飛梅雨，竿頭酒旗換青苧。注昌谷集者引歲時記：九月風曰鯉魚風，又引石溪漫志：鯉魚風，春夏之交。而以漫志爲是。玩此則是秋令。

〔一九〕一作「輕」，誤。

〔二〇〕漢書：周陽侯爲諸卿，嘗繫長安，張湯傾身事之。道源曰：暗用飛燕事。

〔二一〕一作「雙」。

〔二二〕一作「北」，誤。

〔二三〕古今樂錄：團扇郎歌者，晉中書令王珉好捉白團扇，與嫂婢謝芳姿有情好。嫂捶撻婢過苦，王東亭聞而止之。芳姿素善歌，嫂令歌一曲，當赦之，芳姿應聲而歌：「白團扇，辛苦五流連，是郎眼所見。」珉聞，更問：「汝歌何道？」芳姿即轉歌云：「白團扇，憔悴非昔容，羞與郎相見。」此專取末句「羞與郎相見」，故令其歌終也。

〔四〕浩曰：首四句實賦吳中水遊；「傾身」四句致其愛護，而使歌終一曲；末句則其人已去，故居猶在，策馬過之，情不能忘也。用吳中事，似與諸篇不同，豈其本吳人耶？要難妄測。

河陽詩〔一〕

黃河〔二〕摇溶天上來，玉樓影近中天臺〔三〕。龍頭瀉酒客壽杯〔四〕，主人淺笑紅玫瑰〔五〕。梓澤東來七十里〔六〕，長溝複塹埋雲子〔七〕。可惜秋眸一臠光，漢陵走馬黃塵起〔八〕。南浦老魚腥古涎〔九〕，眞珠密字芙蓉篇〔一〇〕。湘中寄到夢不到，衰容自去抛涼天〔一一〕。憶得鮫絲裁小卓〔一二〕，蛺蝶飛迴木棉薄。綠繡笙囊不見人，一口紅霞夜深嚼〔一三〕。幽蘭泣露新香死，畫圖淺縹松溪水〔一四〕。楚絲微覺竹枝高，半曲新詞寫綿紙〔一五〕。巴西〔一六〕夜市紅守宮〔一七〕，後房點臂斑斑紅。隄南渴雁自飛久，蘆花一夜吹西風〔一八〕。曉簾串斷蜻蜓翼，羅屏但有空青色〔一九〕。玉灣不釣三千年，蓮房暗被蛟龍惜〔二〇〕。濕銀注鏡井口平〔二一〕，鸞釵映月寒錚錚〔二二〕。不知桂樹在何處〔二三〕，仙人不下雙金莖。百尺相風插重屋〔二四〕，側近嫣紅伴柔綠〔二五〕。百勞不識對月郎〔二六〕，湘竹千條爲一束〔二七〕。

〔一〕按：明分體刊本獨缺此篇。舊書志：河陽三城節度使領孟、懷二州。又：孟州城臨大河，長橋架水，古稱天險。按：河橋，晉杜元凱所立；三城，魏時所築。河陽本佳麗地，江淹別賦「妾住河陽」，梁簡文帝詩「懸勝河陽妓」。

〔二〕舊皆作「龍」，今從朱本。

〔三〕詳九成宫與瞻宇文。從河陽地勢賦起。

〔四〕樂府三洲歌：湘東酃醁酒，廣州龍頭鐺。玉樽金鏤椀，與郎雙杯行。

〔五〕子虛賦：其石則赤玉、玫瑰。晉灼曰：玫瑰，火齊珠也。主人卽所懷之美人。紅玫瑰，喻其笑口。

〔六〕見杏花。又戴延之西征記：梓澤去洛城六十里。通典：金谷、梓澤並在河南縣東北。元和郡縣志：河陽縣西南至河南府八十里。寰宇記：七十里。

〔七〕朱曰：雲子，謂如雲之女子。按：雖止七十里，不啻長溝複塹深埋之矣。解作「遭亂」者誤。

〔八〕後漢諸帝皆葬洛陽近地，故曰漢陵。此謂其人有遠行矣。南史：梁末童謠云：不見馬上郎，但見黃塵起。

〔九〕唐時有魚子牋，且兼取鯉魚傳書。

〔一〇〕似美人所寄。

〔一〕此又燕臺詩「雙璫尺素」之事。拋涼天，似言漸近南中炎熱之地。「衰容」不知何指，疑消瘦減容光之意。

〔二〕廣韻：卓，古文作「桌」。正字通：俗呼几案曰桌。餘屢見。

〔三〕舊注引眞誥：華陰山中尹受子受蘇門周壽陵服丹霞之道。「受子」一作「虔子」。余謂此四句想見其深居刺繡也。「蛺蜨」句或實指繡囊，或偶作襯筆。「一口紅霞」不必用典，如養生經謂口爲軍營，唾爲甘泉之類，蓋夜深解煩之意。或曰是直咀嚼檳榔以消悶耳，亦通。

〔四〕謂畫蘭也。淺縹松溪，畫蘭之色，當取湘蘭之義。

〔五〕朱曰：楚絲猶云楚弄。新書劉禹錫傳：禹錫爲朗州司馬，諸夷風俗喜巫鬼，每祠歌竹枝。禹錫謂屈原作九歌，使楚人以迎送神，乃倚其聲作竹枝十餘篇，於是武陵夷俚悉歌之。樂府詩集：竹枝本出於巴渝，劉禹錫作新辭九章，敎里中兒歌之，由是盛於貞元、元和之間。禹錫曰：其音如吳聲，含思宛轉。

〔六〕朱本作「陵」。

〔七〕爾雅：蠑螈、蜥蜴、蝘蜓，守宮也。博物志：以器養之，食以眞朱，體盡赤，重七斤，擣萬杵，以點女人體，終身不滅，耦則落，故號守宮。按：舊本皆作「巴西」，道源引本草：石龍子即守宮，出襄州、申州、安州。朱氏乃謂與巴陵正接近也。然市物何拘出處？且本草言生平陽川谷及荊山山石間，今處處有之，則尤不可執定，故仍從舊本。惟以潭湘言之，則巴陵相近耳。

〔一八〕「渴雁」自謂飛久始到，不意其人又被西風吹去，即所謂「西樓一夜風箏急」也。

〔一九〕其人去後，舊居空冷之象。

〔二〇〕垂釣無人，蓮房清冷，皆寓言也。

〔二一〕濕銀，鏡光；井口，鏡形。

〔二二〕拾遺記：魏文帝納薛靈芸，外國獻火珠龍鸞之釵，帝曰：「明珠翡翠尚不能勝，況乎龍鸞之重？」

〔二三〕何處可攀。

〔二四〕張衡七辨：重屋百層，連閣周漫。此又與「孤星直上相風竿」相類。

〔二五〕以上皆言故居空存。

〔二六〕爾雅：鶪，伯勞也。餘見越燕與郎日、「對月郎」自謂。

〔二七〕伯勞東飛與吹西風，應是其人已去，不識我猶在湘中悲思墮淚也。

浩曰：詩本難解，說者又皆以王茂元曾節度河陽而斷爲悼亡，尤添蔀障矣。義山之婚不在鎮河陽時，已詳年譜；且舉父之官蹟以稱其女，可乎？史志懷州河內郡屬縣有河內、河陽，會昌四年以前河陽固統於懷也。一舉其郡，一舉其縣，意本同也。又與燕臺詩詞意多相類，而春雨七律、夜思五律「尺素雙璫」，胥此事也。燕臺詩云「湘川相識處」，此云「湘中寄到」，而所用地理皆湖湘一帶。燕臺次首大有幽歡之蹟，夜思五律則曰「會前猶月在，去後始宵長」，非暗中歡會而何？又曰「古有陽臺夢，今多下蔡倡」，斯言也，豈以禮成婚之夫婦哉！今就此章疏之：首二點地；三四追敍初會之歡；「梓澤」二句言被人取來；「可惜」二句言其遂有遠行也；其行當赴湖湘，故「南浦」四句緊敍湘中寄書之事，其寄當在義山赴湘之先矣；「憶得」八句想見其在湘中之情事；「巴西」二句，言其徒充後房，未嘗專寵；「堤南」二句言我方來此，不料其人又將他往也；「曉簾」以下十二句則其人已去，簾屏猶在，遥憶銀鏡鸞釵，光寒色冷，徒令我見彼美之舊居，對月光而零淚矣；義山尚滯湘中，故以湘竹爲結，與楚宮夢澤等詩皆可互證也。余爲細通其旨若此，以俟後之讀者。又曰：統觀前後諸詩，似其艷情有二：一爲柳枝而發；一爲學仙玉陽時所歡而發。謔柳、贈柳、石城、莫愁，皆詠柳枝之入郢中也；燕臺、河陽、河內諸篇，多言湘江，又多引仙事，似昔學仙時所戀者今在湘潭之地，而後又不知何往也。前有判春，後有宮井雙桐，大可參觀互證。但郢州亦楚境，或二美墮於一地，不可細索矣。又曰：諸詩中用字多似嶺南者，合之代越公房妓之作，頗疑楊嗣復自潭貶潮時之情事，但無可妄測也。

涼思

客去波平檻，蟬休露滿枝〔一〕。永懷當此節〔二〕，倚立自移時。北斗兼春遠，南陵寓使遲〔三〕。天涯占夢數〔四〕，疑誤有新知〔五〕。

〔一〕何曰：寫水亭秋夜，讀之覺涼氣侵肌。

〔二〕一作「際」。

〔三〕舊書志：江南西道宣州南陵縣，武德七年屬池州，後來屬。治赭圻城，移理青陽城。

〔四〕詩：訊之占夢。

〔五〕後漢書公孫瓚傳：疑誤社稷。蔡邕傳：疑誤後學。此言身在天涯，頻訊占夢，誤意有新相知者而竟不得也。

浩曰：或宣州別有機緣，故寓使而希遇合也。當與懷求古翁同參。

江東〔一〕

驚魚撥〔二〕刺〔三〕燕翩翾〔四〕，獨自江東上釣船。今日春光太漂蕩，謝家輕絮沈郎錢〔五〕。

〔一〕江東見史記項羽本紀者，謂吳中也。秦時會稽郡治在吳，即後之蘇州也。會稽郡地兼吳、越，而江淮諸郡盡吳分，故後世概稱江左，即江東也。項王欲東渡烏江，烏江在牛渚，今當塗縣境。唐時江南西道之池州、宣州，亦江東也。合之諸詩，義山或實有江東之遊矣。又漢書志：丹陽郡石城縣分江水首受江，東至餘姚入海。舊書志：池州治秋浦縣，漢石城縣也。集中既有宣、池、江東之蹟，或詩中所用石城即借指池州亦未可知。江南東道之潤州，淮南道之揚州，地皆接近。南朝、隋宮諸篇，或係因地懷古，非虛擬也。第以遊蹟行年，無可確定，故不入編年而彙列於此。

〔二〕方割反。

〔三〕力達反。

〔四〕後漢書張衡傳：彎威弧之撥刺。注曰：張弓貌也。文選作「拔刺」，音義同。後人每謂魚跳爲撥刺，蓋鶡冠子曰：「水激則旱，矢激則遠，精神迴薄，震蕩相轉」，其意相同也。野客叢書謂撥刺，劃烈震激之聲，箭鳴亦然。謝靈運山居賦：鵾鴻飜翥而莫及，何但燕雀之翩翾。

〔五〕晉書食貨志：吳興沈充又鑄小錢，謂之沈郎錢。此比榆莢也。漢書食貨志：令民鑄莢錢。如淳曰：如榆莢也。餘見送裴十四。何曰：比世情之輕薄。

浩曰：極寫客遊之無聊賴也。

風雨

淒涼寶劍篇〔一〕，羈泊欲窮年〔二〕。黃葉仍風雨，青樓自管絃〔三〕。新知遭薄俗，舊好隔良緣〔四〕。心斷新豐酒〔五〕，銷愁斗幾千〔六〕？

〔一〕張說郭代公行狀：公少倜儻，廓落有大志，十八擢進士第，判入高等，授梓州通泉尉。則天聞其名，驛徵引見，令錄舊文，上古劍篇，覽而喜之。汗簡，郭元振文集序：昔於故鄴城下得異劍，上有古文四字云「請族薛燭」，因作古劍歌。

〔二〕盧思道詩：羈泊水鄉，無乃勤悴。庾信哀江南賦：下亭飄泊，高橋羈旅。

〔三〕楊曰：一喧一寂，對勘自見。

〔四〕「新知」謂婚於王氏，見寓目。「舊好」指令狐。「遭薄俗」者，世風澆薄，乃有朋黨之分，而怒及我矣。

〔五〕舊書馬周傳：西遊長安，宿新豐逆旅，主人惟供諸商販而不顧待周，遂命酒一斗八升，悠然獨酌，主人深異之。至京師，舍於中郎將常何家，爲何陳便宜二十餘事，皆合旨。太宗卽日召與語，尋授監察御史。

〔六〕漢書東方朔傳：銷憂者莫若酒。曹植詩：歸來宴平樂，美酒斗十千。

浩曰：引國初二公爲映證，義山援古引今皆不夾雜也。不得官京師，故首尾皆用內召事焉。曰「羈泊」，是江鄉客中作矣。

贈鄭讜處士

浪跡江湖白髮新，浮雲一片是吾身〔一〕。寒歸山觀隨碁局，暖入汀洲逐釣輪〔二〕。越桂留烹張翰鱠〔三〕，蜀薑供煮陸機蓴〔四〕。相逢一笑憐疎放，他日扁舟有故人。

〔一〕維摩經：是身如浮雲。

〔二〕一作「綸」。江賦：或揮輪於懸碕。注曰：輪，釣輪也。

〔三〕晉書：張翰爲齊王冏大司馬東曹掾，冏時執權。翰見秋風起，思吳中菰菜、蓴羹、鱸魚膾，遂命駕而歸。俄而冏敗。

〔四〕呂氏春秋：和之美者，蜀郡楊樸之薑。後漢書方術傳：左慈字元放，於曹公座求銅盤貯水，以竹竿釣一鱸魚，又得蜀中生薑。世説：陸機詣王武子，武子前置數斛羊酪，指以示陸，曰：「卿江東何以敵此？」陸曰：「有千里蓴羹，但未下鹽豉耳。」輿地志：華亭谷出佳魚蓴菜，陸機云「千里蓴羹」即此。

浩曰：首二自謂，三四謂偕鄭遊，五六留物贈之，七八敍交情、期後會，是江鄉旅次偶然之地主也。用張、陸事，其遊江東時歟？

齊梁晴雲〔一〕

緩逐煙波起，如妒柳綿飄。故臨飛閣度，欲入迴陂銷〔二〕。縈歌憐畫扇，敞景弄柔條。更耐〔三〕天南位，牛渚宿殘宵〔四〕。

〔一〕戊籤題首有「效」字。沈約宋書謝靈運傳論：欲使宮羽相變，低昂互節，若前有浮聲，則後須切響。一簡之內，音韻盡殊；兩句之中，輕重悉異。妙達此旨，始可言文。自騷人以來，此祕未睹。至於高言妙句，音韻天成，皆闇與理合，匪由思至。張、蔡、曹、王，曾無先覺；潘、陸、謝、顏，去之彌遠。世之知音者，有以得之。南史沈約傳：約撰四聲譜，自謂入神之作。陸厥傳：吳興沈約、陳郡謝朓、琅琊王融以氣類相推轂，汝南周顒善識聲韻。約等文皆用宮商，將平、上、去、入爲四聲，以此制韻，有平頭、上尾、蜂腰、鶴膝。五字之中，音韻悉異，兩句之內，角徵不同，不可增減。世呼爲「永明體」。劉勰文心雕龍聲律篇曰：言語者，律呂脣吻而已。商徵響高，宮羽聲下，抗喉矯舌之差，攢脣激齒之異，廉肉相準，皎然可分，可以數求，難以辭逐。凡聲有飛沈，響有雙疊：雙聲隔字而每舛，疊韻雜句而必睽；沈則響發而斷，飛則聲揚不還，並轆轤交往，逆鱗相比；迂其際會，則往蹇來連，文家之吃也。將欲解紛，務在剛斷。左礙而尋右，末滯而討前，則聲轉於吻，玲玲如振玉；辭靡於耳，纍纍如貫珠矣。本朝馮鈍吟雜錄曰：齊梁體略避雙聲疊韻，然文不粘綴，取韻不論雙隻，首句不破題，平仄亦不相儷。沈、宋因之變爲律詩，視齊梁體爲優矣。唐自沈、宋以前，有齊梁詩，無古詩也；氣格亦有差古者，然皆有聲病。沈、宋既裁新體，陳子昂崛起，直追阮公，創辟古詩，唐詩遂有古、律兩體，而永明文格微矣。又曰：八病者：平頭、上尾、蜂腰、鶴膝、大韻、小韻、旁紐、正紐。阮逸注文中子已云未詳。宋時有一惡書，名曰金鍼詩格，託之梅堯臣，言八病，絕可笑。古書多亡，然時有可徵。郭忠恕佩觿云：雕弓之爲敦弓，則又依平旁紐。敦屬元韻，雕屬蕭韻，皆徵音端母，則旁紐者雙聲字也。九經字樣云：紐以四聲，是正紐也，東、董、凍、篤是也。劉知幾史通言梁武帝云「得既自我，失亦自我」，爲犯上尾，兩我字相犯也。平頭未詳。蜂腰、鶴膝見宋人詩話，偶忘其名，乃雙聲之變也。上下二字清，中一字濁，爲鶴膝；上下二字濁，中一字清，爲蜂腰。大韻、小韻，似論取韻之病，大小之義未詳也。若能如沈侯所云，則八病俱去，亦不在曲折分其名目也。今本玉篇有紐弄之圖，序引聲譜，恐是隱侯四聲譜，今人於此處全不詳，何以稱律？趙秋谷聲調譜曰：聲病興而詩有町畦。然古今體之分，成於沈、宋，開元、天寶間或未之遵也；廣德、永泰以還，其途判然不復相入。勝國士大夫浸多不知者，今則悍然不信，見齊梁體與古今體相亂，而不知其別爲一體也。齊梁體無粘聯，有平仄，在本句本聯中論平仄。浩曰：齊梁體爲變古入律之漸，今就其粗跡論之，排偶多而散行少也，采色濃而澹語鮮也。分句言之，有律句焉，有古句焉；合一章言之，上下不相黏綴也。然此皆皮相耳，其精微全在聲病。玉篇後附沙門神珙所撰四聲五音九弄反紐圖，明言沈約創立紐字之圖，唐又有陽寧公、釋處忠撰元和韻譜，今此列圖爲於切韻之機樞，亦是詩人之鈐鍵。斯言也，正紹隱侯之餘緒矣。必洞悉乎音韻之微，乃可尋聲而按節。夫字義一定不易，而音則今古有異，南北有殊。唐以前能詩者，未有不知音；宋以後不知音者，未爲不工詩也。聲病之學，專家實鮮，四聲中各有五音，況僅以平仄分之，更何從得其趣哉？李淑詩苑詳論八病，未可信也。鈍吟之論旁紐、正紐、蜂腰、鶴膝，似是矣。上尾之説，吾又不謂然。蓋字既同矣，何音之足論？秋谷止辨平仄，似尤淺也。音韻一途，浩未究心，不敢强爲之辭。史言約之諸賦，亦往往乖聲韻，而陸厥致書辨難，蓋當時已多不信從者，工拙固非專在是也。困學紀聞曰：惟上尾、鶴膝最忌，餘病亦通。嚴滄浪曰：作詩正不必拘此，蔽法不足據也。要之篇終吟唱，果無一字格於喉舌間，自闓與之符矣。劉彥和所論數十句，已得其精，會而通之，古律皆宜，何獨齊梁哉？秋谷聲調譜之作，固學詩者不可廢，而古今詩家格調固非譜之所能囿也。余不憚詳引而疏之，非曰知詩，統論其理云爾。

〔二〕左思吳都賦：江湖嶮陂。注指江湖之阻，洞庭之嶮。迴陂，猶嶮陂也。諸本皆作「迴」，聲調譜作「廻」，而注曰「三平」，誤也。

〔三〕一作「奈」。

〔四〕宣州圖經：牛渚山突出江中，謂之牛渚圻，古津渡處也。謂旅宿於此，亦兼用牽牛星事。與「南陵寓使」互證，是江東春遊也。

浩曰：中二聯分之皆律，合之不粘，首尾則本聯皆不粘也，與徐、庾輩詩音節甚符，可見斯體之大略，其聲病則未深曉。

效徐陵體贈更衣〔一〕

密帳眞〔二〕珠絡〔三〕，温幃翡翠裝〔四〕。楚腰知便寵，宮眉正鬭強。結帶懸梔子〔五〕，繡領刺鴛鴦〔六〕。輕寒衣省夜，金斗熨沉香〔七〕。

〔一〕史記：衛子夫爲平陽主謳者。武帝過平陽主，既飲，謳者進，上獨說子夫。是日武帝起更衣，子夫侍尚衣軒中，得幸。樂府詩集有更衣曲。

〔二〕一作「珍」。

〔三〕魏略：大秦國明月夜光珠帳。吳時外國傳：斯條國王作白珠交結帳。此謂帳中絡以眞珠也。

〔四〕招魂：翡幃翠幬，飾高堂些。「幬」一作「帳」。

〔五〕見河內詩。

〔六〕漢書：廣川王去姬榮愛爲去刺方領繡。晉灼曰：今之婦人直領也。沈約集有領邊繡詩。

〔七〕上六句皆爲更衣作勢，結乃點明。首尾兩聯律句也，中四句皆不粘，與上章同，卽齊梁體也。

又效江南曲〔一〕

郎船安兩槳〔二〕，儂舸動雙橈〔三〕。掃黛開宮額，裁裙約楚腰。乖期方積思，臨醉〔四〕欲拚〔五〕

嬌〔六〕。莫以采菱唱〔七〕，欲羨秦臺簫〔八〕。

〔一〕古今樂錄：梁武帝改西曲，製江南上雲樂十四曲，江南弄七曲。又曰：江南弄有江南曲。按：又效者承上章也。戊籤無「又效」字，編冠五律，誤矣。末聯仍不粘也。

〔二〕見石城。

〔三〕方言：南楚江湘，凡船大者謂之舸。又：楫謂之橈，或謂之櫂。

〔四〕一作「酒」。

〔五〕「拌」同。

〔六〕陳帆曰：拚嬌如諺云放嬌也。

〔七〕一作「曲」。古今樂錄：江南弄採菱曲。

〔八〕屢見。此章可與河內詩、湖中曲相證。

南朝

地險悠悠天險長〔一〕，金陵王氣應瑤光〔二〕。休誇此地分天下，只得徐妃半面粧〔三〕。

〔一〕易坎卦：天險、地險。

〔二〕吳錄：張紘言於孫權曰：「秣陵，楚武王所置，名曰金陵。秦始皇時，望氣者云金陵有王者氣，故斷連岡，改名秣陵。」春秋運斗樞：北斗七星，第一天樞，第二璇，第三璣，第四權，第五玉衡，第六開陽，第七摇光。第一至第四爲魁，第五至第七爲杓，合爲斗。瑶、摇同。漢書志：吳地斗分壄也。今之會稽、九江、丹陽、豫章、廬江、廣陵、六安、臨淮郡，盡吳分也。

〔三〕南史：梁元帝徐妃無容質，不見禮，帝三二年一入房。妃以帝眇一目，每知帝將至，必爲半面粧以俟，帝見則大怒而出。

南朝

玄武湖中玉漏催〔一〕，雞鳴埭口繡襦迴〔二〕。誰言瓊樹朝朝見〔三〕，不及金蓮步步來〔四〕？敵國軍營漂木柹〔五〕，前朝神廟鎖煙煤〔六〕。滿宮學士皆顔色，江令當年只費才〔七〕。

〔一〕見陳後宮。

〔二〕南史：齊武帝數幸琅邪城，宫人常從，早發，至湖北埭，雞始鳴，故呼爲雞鳴埭。古樂府：妾有繡腰襦。

〔三〕陳書：後主采尤豔麗者爲曲詞，大指皆美張貴妃、孔貴嬪之容色，其略曰：璧月夜夜滿，瓊樹朝朝新。

〔四〕見隋宫守歲。

〔五〕南史陳後主紀：宣帝崩，隋遣使赴弔，修敵國之禮。又：隋文帝命大作戰船，人請密之，文帝曰：「吾將顯行天誅，何密之有？使投柹於江，若彼能改，吾又何求？」說文：杮，削木札樸也，從木，𠂔聲。陳、楚謂櫝爲柹，芳吠切。晉書王濬傳：造船於蜀，其木柹蔽江而下。字亦作「柹」，柹卽杮也。或云當改「杮」者，誤。

〔六〕通鑑：太市令章華上書極諫，略曰：「高祖、世祖、高宗功勤亦至矣。陛下不思先帝之艱難，惑於酒色，祠七廟而不出，拜三妃而臨軒。今隋軍壓境，如不改弦易張，麋鹿復遊於姑蘇矣。」帝怒，斬之。徐曰：句用此事。前朝，陳之前朝也。不特咎其不親祭太廟，亦言祖宗之統自此滅矣。語最警切，舊注皆誤。玉篇：煤，炱煤也。高誘呂氏春秋注：煤，室烟塵之煤也。

〔七〕陳書：張貴妃，龔、孔二貴嬪，又有王、李二美人，張、薛二淑媛，袁昭儀、何婕好、江修容等七人，並有寵。以宮人有文學者袁大捨等爲女學士。後主每引賓客，對貴妃等遊宴，則使諸貴人及女學士與狎客共賦新詩，互相贈答，選宮女有容色者以千百數，令習而歌之。又：後主之世，江總當權宰，不持政務，但日與後主遊宴後庭，共陳暄、孔範、王瑗等十餘人，當時謂之狎客。北史：薛道衡曰：「陳尚書令江總惟事詩酒。」

浩曰：南朝始於吳，終於陳。劉賓客西塞山懷古上半重敍吳亡，所謂獨探驪珠也。許丁卯金陵懷古則以「玉樹歌殘王氣終」追括六代，義山此章與許同法，元經書陳亡而具五國之義也。首二句志舊地而紀新遊；三四跌重陳朝；下半純是陳事，案而不斷，荒淫敗亡一一畢露，眞善於措詞矣。人以堆砌繁瑣譏之，何哉？此爲遊江東懷古之作，無他寓意。

隋宮〔一〕

乘興南遊不戒嚴〔二〕，九重誰省〔三〕諫書函〔四〕？春風舉國裁宮錦，半作障泥半作帆〔五〕。

〔一〕一云「隋堤」。隋書煬帝紀、食貨志：大業元年開通濟渠，引穀洛水達於河，又自板渚引河達於淮海，謂之御河。河畔築御道，樹以柳。通鑑：自板渚引河入汴，又引汴入泗，達于淮；又淮南開邗溝，自山陽至楊子入江。按：隋書紀：上御龍舟幸江都，始於大業元年八月，後至義寧二年三月，宇文化及等弒帝於江都宮。題作「宮」字是。

〔二〕晉書輿服志：凡車駕親戎，中外戒嚴。

〔三〕一作「削」，誤。

〔四〕隋書：大業十二年七月幸江都宮。奉信郎崔民象以盜賊充斥，上表諫不宜巡幸，王愛仁以盜賊日盛，諫請還西京，皆斬之。其時臣工皆不敢諫，史臣所謂「上下相蒙，莫肯念亂」也。

〔五〕西京雜記：武帝時，得貳師天馬，以綠地五色錦爲蔽泥。晉書王濟傳：濟善解馬性，嘗乘一馬，著連乾鄣泥，前有水，終不肯渡。濟云：「此必是惜鄣泥。」使人解去，便渡。隋書食貨志：大業元年造龍舟、鳳艒、黄龍、赤艦、樓船、篾船幸江都，舳艫相接二百餘里。何曰：借一事點化，運筆絶妙。

隋宫

紫泉宫殿鎖煙霞〔一〕，欲取蕪城作帝家〔二〕。玉璽不緣歸日角〔三〕，錦帆應是到天涯〔四〕。於今腐草無螢火〔五〕，終古垂楊有暮鴉〔六〕。地下若逢陳後主，豈宜重問後庭花〔七〕！

〔一〕司馬相如上林賦：丹水更其南，紫淵徑其北。胡震亨曰：唐人諱淵曰泉。

〔二〕鮑照蕪城賦，謂廣陵也。通鑑：自長安至江都，置離宫四十餘所。

〔三〕鄭氏尚書中候注：日角謂庭中骨起，狀如日。舊書唐儉傳：高祖召訪時事，儉曰：「明公日角龍庭，李氏又在圖牒，天下屬望，指麾可取。」程曰：舊注指太宗，非是。玉璽言傳國，已詳井泥篇。舊書紀：隋恭帝二年，奉皇帝璽綬於高祖。

〔四〕開河記：錦帆過處，香聞十里。何曰：着此一聯，直説出狂王抵死不悟，方見江都之禍，非偶然不幸。後半諷刺更有力。

〔五〕隋書紀：帝於景華宫徵求螢火，得數斛，夜出遊山，放之，光徧巖谷。按：景華宫在東都，而杜牧揚州詩「秋風放螢苑，春草鬭雞臺」，則詠揚州事也。

〔六〕見上首。馮定遠曰：腹聯慷慨，耑以巧句爲義山，非知義山者也。

〔七〕隋遺錄：煬帝在江都，昏湎滋深，嘗遊吳公宅雞臺，恍忽與陳後主相遇，尚喚帝爲殿下。後主舞女數十，中一人迥美，帝屢目之，後主曰：「卽麗華也。」乃以綠文測海蠡酌紅粱新釀醞勸帝，帝飮之甚歡，因請麗華舞玉樹後庭花。麗華徐起，終一曲。後主問帝曰：「龍舟之遊樂乎？始謂殿下致治在堯、舜之上，今日復此逸遊，曩時何見罪之深耶？」帝忽寤，叱之，恍然不見。

何曰：前半展拓得開，後半發揮得足，眞大手筆。三四尤得杜家骨髓。

詠史

北湖南埭水漫漫〔一〕，一片降旗百尺竿〔二〕。三百年間同曉夢〔三〕，鍾山何處有龍盤〔四〕？

〔一〕北湖卽玄武湖，見前。按：輿地志及建康志：吳大帝鑿東渠，名青溪，通潮溝以洩玄武湖水，南入秦淮。溪口有埭，當卽後稱青溪閘口也。潮溝在青溪西南，溝上爲雞鳴埭。詩云「南埭」，固皆可稱矣。李雁湖注王荆公詩引建康志：南埭，今上水閘也，正對青溪閘。源師據此而謂非雞鳴埭，則拘矣。

〔二〕吳志嗣主孫皓傳：晉龍驤將軍王濬先到，受皓之降，解縛焚櫬。

〔三〕隋書：薛道衡曰：「郭璞有言：『江東分王三百年，復與中國合。』今數將滿矣。」庾信哀江南賦：

將非江表王氣終於三百年乎？

〔四〕張勃吴録：劉備曾使諸葛亮至京，因覩秣陵山阜，乃嘆曰：「鍾山龍盤，石頭虎踞，帝王之宅也。」金陵圖曰：吴大帝爲蔣子文立廟鍾山，封蔣侯，名曰蔣山。丹陽記：蔣山岩嶤嶷異，其形象龍，實作揚都之鎮。

何曰：氣脈何等闊遠。又曰：今人都不了首句爲風刺。又曰：盤遊不戒，則形勢難憑，空令敗亡荐至，寫得曲折藴藉。浩曰：首句隱言王氣消沉，次句專指孫皓降晉，三句統言五代，音節高壯，如鏗鯨鐘。

聽鼓

城頭疊鼓聲〔一〕，城下暮江清〔二〕。欲問漁陽摻，時無禰正平〔三〕。

〔一〕文選謝朓詩：疊鼓送華輈。善曰：小擊鼓謂之疊。

〔二〕一作「晴」，晴則鼓聲更震，似「晴」字佳。

〔三〕後漢書：禰衡字正平。曹操欲見之，而衡稱狂病不肯往。操懷忿，聞衡善擊鼓，乃召爲鼓史，因大會賓客，閲試音節。諸史過者，皆令脱其故衣，更著岑牟單絞之服。次至衡，衡方爲漁陽參撾，蹀躞而前，容態有異，聲節悲壯，聽者莫不慷慨。進至操前，先解衵衣，次釋餘服，裸身而立，徐取岑牟單絞著之，畢，復參撾而去。操笑曰：「本欲辱衡，衡反辱孤。」注曰：搥及撾，並擊鼓杖也。參撾是擊鼓之法。而王僧孺詩云：「散度廣陵音，參寫漁陽曲。」自音云：「參，音七紺反。」後諸文人多同用之。據此詩意，則「參」曲奏之名，則「撾」字入於下句，全不成文。下云「復參撾而去」，足知參撾二字相連，而讀參爲去聲，不知何所憑也？參，七甘反。按：此用漁陽摻，亦承僧孺句耳。字本作「參」，至「摻」字見詩經鄭風、魏風，或後人於此亦加手耳。徐鍇曰：摻，音七鑒反，三撾鼓也。亦作去聲矣。

浩曰：此遊江鄉作，未定前後何時也。禰衡遇害於江夏，得毋於武昌感歎而作歟？

過鄭廣文舊居〔一〕

宋玉平生恨有餘，遠循三楚弔三閭〔二〕。可憐留著臨江宅，異代應教庾信居〔三〕。

〔一〕新書文藝傳：鄭虔，鄭州滎陽人。明皇愛其才，更爲置廣文館，以虔爲博士。嘗自寫其詩并畫以獻，帝大署其尾曰「鄭虔三絶」。還著作郎。安禄山反，劫百官置東都，僞授水部郎中，因稱風緩，求攝市令，潛以密章達靈武。賊平，貶台州司戶參軍，後數年卒。諸儒服其善著書，時號鄭廣文。長安志：韓莊在韋曲之東，退之與東野賦詩，又送其子讀書處。鄭莊又在其東南，鄭十八虔之居也。按：鄭州當亦有故宅。義山鄭州人，味詩意似從湖湘歸後，觸緒寓慨。若長安鄭莊，不相符矣。

〔二〕文選：阮嗣宗詠懷詩：三楚多秀士。注曰：孟康漢書注：舊名江陵爲南楚，吳爲東楚，彭城爲西楚。李周翰曰：爲楚文王都郢，昭王都鄀，考烈王都壽春。史記屈原傳：漁父曰：「子非三閭大夫歟？」注曰：三閭之職，掌王族三姓屈、昭、景。宋玉九辯、招魂皆爲屈原作。

〔三〕見宋玉。

田曰：即後人復哀後人意，那轉婉曲，遂令人迷。程曰：宋玉比鄭，庾信自比，淪落文人，後先相望。浩曰：結言誰克踵其風流不愧此宅乎？虛說尤妙，自譽自歎，皆寓言外。

宮妓〔一〕

珠箔輕明拂玉墀〔二〕，披香新殿鬬腰支〔三〕。不須看盡魚龍戲〔四〕，終遣君王怒偃師〔五〕。

〔一〕新書志：武德後，置內敎坊于禁中。武后如意元年改曰雲韶府，以中官爲使。開元二年，又置內敎坊于蓬萊宮側，有音聲博士；京都置左右敎坊，掌俳優雜技。自是不隸太常，以中官爲敎坊使。按：舊書順宗紀「出掖庭敎坊女樂六百人」，即宮妓也，頻見唐書。

〔二〕屢見。

〔三〕三輔黄圖：未央宮中掖庭宮，武帝時，後宮八區，有披香殿。舊書蘇世長傳：高祖嘗引之於披香殿。

〔四〕見謝往桂林。

〔五〕列子：周穆王西巡狩，越崑崙下還，道有獻工人名偃師。偃師所造能倡者，趨步俯仰，信人也，巧夫！領其頤則歌合律，捧其手則舞應節，千變萬化，惟意所適。王以爲實人也，與盛姬內御並觀之。技將終，倡者瞬其目而招王之左右侍妾。王大怒，立欲誅偃師，偃師大懾，立剖散倡者以示王，皆傅會革木膠漆白黑丹青之所爲。王始悦而歎曰：「人之巧乃可與造化者同功乎！」浩曰：此諷宮禁近者不須日逞機變，致九重悟而罪之也，託意微婉。楊文公談苑云：余知制誥日，與陳恕同考試，出義山詩共讀，酷愛此篇，擊節稱歎曰：「古人措詞寓意如此之深妙，令人感慨不已。」蓋以同朝有不相得者，故託以爲言也。後人乃謂刺宮禁不嚴，淺哉！

宮辭

君恩如水向東流，得寵憂移失寵愁。莫向樽前奏花落〔一〕，涼風只在殿西頭〔二〕。

〔一〕樂府詩集：橫吹曲梅花落本笛中曲也。唐有大梅花、小梅花曲。

〔二〕江淹擬班婕妤詠扇：竊愁涼風至，吹我玉階樹。君子恩未畢，零落在中路。次句謂得寵者以其昔憂移付失寵人矣。下二句却喚醒得寵人，莫恃新寵，工爲排斥，涼風近而易至，爾亦未可長保也。與上章寓意同。

武夷山〔一〕

只得流霞酒一盃〔二〕，空中簫鼓當〔三〕時迴〔四〕。武夷洞裏生毛竹〔五〕，老盡曾孫更不來。

〔一〕史記封禪書：祠武夷君用乾魚。索隱曰：顧氏案：地理志云建安有武夷山，溪有仙人葬處，卽漢書所謂武夷君。是時旣用越巫勇之，疑卽此神。蕭子開建安記：武夷山高五百仞，岩石悉紅紫二色，望若朝霞。其石間有水碓、礱、簸箕、籮、箸、竹器等物，靡不有之。顧野王謂之地仙之宅。半岩有懸棺數千。傳云昔有神人武夷君居此，故名。

〔二〕論衡：河東蒲坂項曼卿好道學仙，去三年而反，自言欲飲食，仙人輒飲我以流霞，每飲一盃，數日不飢。

〔三〕去聲。一作「幾」，誤。

〔四〕陸羽武夷山記：武夷君於八月十五日置幔亭，化虹橋，通山下村人。是日，太極玉皇太姥、魏眞人、武夷君三座空中，告呼村人爲曾孫，令男女分坐，會酒餚。須臾樂作，乃命行酒，令彭令昭唱人間可哀之曲。

〔五〕武夷山記：武夷君因少年慢之，一夕山心悉生毛竹如刺，中者成疾，人莫敢犯。遂不與村俗往來，蹊徑遂絕。

程曰：嘗見武夷山志，題詠之詩以義山爲始，攷蹤蹟未至建州，不知何爲有此？武夷之祀，起自漢武，當借詠武宗好仙之事耳。浩曰：江東春遊之時，或者曾自越而衢而建，無可追尋矣。曰諷武宗，則太迂遠，必非也。

聖女祠

松篁臺殿蕙香幃〔一〕，龍護瑤窗鳳掩扉。無質易迷三里霧〔二〕，不寒長著五〔三〕銖衣〔四〕。人間定〔五〕有崔羅什〔六〕，天上應無劉武威〔七〕。寄問釵頭雙白燕〔八〕，每朝珠館幾時歸？

〔一〕一作「花閒」。

〔二〕見鏡檻。

〔三〕一作「六」。

〔四〕博異志：貞觀中，岑文本於山亭避暑，有叩門云：「上清童子元寶參。」衣淺青衣。文本問冠帔之異，曰：「僕外服圓而心方正，此是上清五銖衣。」又曰：「天衣六銖，尤細者五銖也。」出門數步，牆下不見。文本掘之，一古墓，惟得古錢一枚。自是錢帛日盛，至中書令。阿含經：忉利天衣重六銖。載酒園詩話：可望不可親，有「是耶非耶」之致。

〔五〕一作「豈」。

〔六〕酉陽雜俎：長白山西有夫人墓。魏孝昭之世，清河崔羅什被徵經此，忽見朱門粉壁，一青衣出曰：「女郎須見崔郎。」什怳然下馬，入兩重門，一青衣引前，曰：「女郎平陵劉府君之妻，侍中吳質之女。府君先行，故欲相見。」什遂前，入就牀坐，其女在戶東立，與什敍溫涼。女曰：「比見崔郎息駕庭樹，嘉君吟嘯，故欲一敍玉顏。」什曰：「貴夫劉氏，願告其名。」女曰：「狂夫劉孔才之第二子，名瑤字仲璋，比有罪被攝，乃去不返。」什下牀辭出，留玳瑁簪，女以指上玉環贈什。什上馬行數十步，回顧乃一大冢。

〔七〕後漢書馮異傳：制詔武威將軍。注曰：劉尙也。南蠻傳：武威將軍劉尙。神仙感遇傳：劉子南者，漢武威太守、冠軍將軍也，從道士尹公受務成子螢火丸，佩之隱形，辟百鬼諸毒兵刃盜賊。永平間爲虜所圍，矢下如雨，未至子南馬數尺，矢輒墮地，終不能傷，乃解圍而去。其丸一名「冠軍丸」，一名「武威丸」。按：所考僅若此，當別有事，未及詳也。如劉夢得誚失婢榜云：「不逐張公子，卽隨劉武威。」可知必有事在。

〔八〕見無題四首。

錢曰：此章全是寄託，不然何慢神若此？浩曰：此與前所編二首迥不相似，必非途次經過作也。

程氏謂爲女冠作，似之，但無可細詳。

板橋曉别〔一〕

迴望高城落曉河〔二〕，長亭窗户壓微波。水仙欲上鯉魚去，一夜芙蓉紅淚多〔三〕。

〔一〕王阮亭隴蜀遺聞：板橋在今中牟縣東十五里，白樂天詩：「梁苑城西三十里，一渠春水柳千條；若爲此路重經過，十五年前舊板橋。」李義山亦有詩，皆此地。按：板橋雖非一處，而唐人記板橋三娘子者，首云汴州西有板橋店，行旅多歸之，卽梁苑城西也。義山往來東甸，其必此板橋矣。香山集板橋路詩乃三韻小律，末云：「曾共玉顔橋上别，不知消息到今朝。」蓋旅舍冶遊，與此章同情矣。白詩又與劉夢得楊柳枝詞中相類，劉、白倡詶，故有互雜。

〔二〕高城指汴城。

〔三〕列仙傳：琴高，趙人也，以鼓琴爲宋康王舍人，行涓、彭之術，浮遊冀州、涿郡間二百餘年。後辭入涿水中取龍子，與諸弟子期曰：「明日皆潔齋候於水旁，設祠屋。」果乘赤鯉來，留月餘復入水去。吳均登壽陽八公山詩：是有琴高者，陵波去水仙。按：水仙鯉魚是用琴高，芙蓉以花比貌。而南徐州記：子英於芙蓉湖捕魚，得赤鯉，養之一年，生兩翅，魚云：「我來迎汝。」子英騎之，卽乘風雨騰而上天。每經數載來歸見妻子，魚復來迎。芙蓉湖卽射貴湖也。又列仙傳云：子英者，舒鄉人，故吳中門戶作神魚子英祠。此事與琴高相類而易混。拾遺記：魏文帝美人薛靈芸，常山人也，別父母升車就路，以玉唾壺承淚，壺則紅色，及至京師，壺中淚凝如血。

關門柳〔一〕

永定河邊一行柳，依依長發故年春。東來西去人情薄，不爲淸陰減路塵。

〔一〕新書地理志：華陰縣有潼關，有渭津，有漕渠。按：舊書食貨志及韋堅傳云：韋堅治漢、隋運渠，自關門西抵長安，通山東租賦。題曰「關門」，疑近此也。永定河，志、傳中未見。詩云「東來西去」，似近東都伊、洛間也。

寄裴衡〔一〕

別地蕭條極，如何更獨來？秋應爲紅〔二〕葉，雨不厭青苔。沈約只能瘦，潘仁豈是才〔三〕！離情堪底寄，惟有冷於灰。

〔一〕按：宰相世系表：裴衡字無私，系出東眷房。文集有代裴無私祭文，疑卽此人。祭文云「綬黃鬢白」，疑後之與裴明府詩亦卽此人。若與陶進士書中之裴生，似非也。

〔二〕朱本作「黃」，非。

〔三〕沈、潘自比又自謙也。

浩曰：前之相別，已覺蕭條，況今獨經此耶？秋風秋雨，蕭條更何如也！結言有何可寄，惟有冷於灰耳。蓋情之蕭條，較地尤甚矣。逐層剝進，不堪多讀。

銀河吹笙〔一〕

悵望銀河吹玉笙，樓寒院冷接平明。重衾幽夢他年斷，別樹羈雌昨夜驚〔二〕。月榭故香因雨發，風簾殘燭隔霜清。不須浪作緱山意〔三〕，湘瑟秦簫自有情〔四〕。

〔一〕取首四字爲題，非有誤。

〔二〕枚乘七發：暮則羈雌迷鳥宿焉。

〔三〕見送從翁東川。

〔四〕屢見。

浩曰：上四句言重衾幽夢，徒隔他年，羈緒離情，難禁昨夜，是以未及平明而起，望銀河吹笙遣悶也。總因不肯直敍，易令人迷。緱山專言仙境，湘瑟秦簫則兼有夫妻之緣者，與銀河應。此必詠女冠，非悼亡矣。

聞歌

斂笑凝眸意欲歌，高雲不動碧嵯峨〔一〕。銅臺罷望〔二〕歸何處〔三〕，玉輦忘還事幾多〔四〕？青冢路邊南雁盡〔五〕，細腰宮裏北人過〔六〕。此聲腸斷非今日，香灺〔七〕燈光〔八〕奈爾何〔九〕！

〔一〕列子：秦青撫節悲歌，聲振林木，響遏行雲。

〔二〕一作「望罷」，誤。

〔三〕見東阿王。

〔四〕拾遺記：周穆王御黃金碧玉之車。餘見題王母廟。穆天子傳備敍巡遊，而終以盛姬之喪，故云。

〔五〕見贈別契苾。

〔六〕巫山楚宮，古謂之細腰宮，然可泛稱。餘見夢澤。

〔七〕「炧」同。

〔八〕一作「殘」。

〔九〕說文：灺，燭𣺦也，徐野切。按：集韻又有待可切，音舵，燭餘也。世說：桓子野聞清歌輒喚奈何，謝公聞之，曰：「子野可謂一往有深情。」

浩曰：此聞怨女之歌而作也。中四句皆引宮闈事。程氏謂指宮人之流落者，如杜秋娘之類。余謂宮人出居寺觀者甚多，不必流轉他鄉也。或以孟才人爲言，尤誤矣。

贈華陽宋眞人兼寄清都劉先生〔一〕

淪謫千年別帝宸〔二〕，至今猶識〔三〕蕊珠人〔四〕。但驚茅許多玄分〔五〕，不記〔六〕劉盧是世親〔七〕。玉檢賜書迷鳳篆〔八〕，金華歸駕冷龍鱗〔九〕。不因杖屨〔一〇〕逢周史〔一一〕，徐甲何曾有此身〔一二〕？

〔一〕按：白香山集春題華陽觀注云：觀卽華陽公主故宅，有舊內人存焉，所謂「頭白宮人掃影堂」者也。後又有重到華陽舊居詩，蓋白公應舉時曾居華陽也。眞人是女冠，故下題有姊妹。劉賓客詩「東嶽眞人張鍊師」，與此同稱也。朱氏引句曲山，誤矣。文粹有歐陽詹玩月於永崇里華陽觀之詩序，可爲月夜重寄作切證也。又南部新書云：新進士翌日排建福門候謁宰相，時有詩曰「華陽觀裏鐘聲起，建福門前鼓動時」，則應試者多居觀中可見矣。清都見李肱所遺畫松詩。舊書敬宗紀：道士劉從政號昇玄先生。文粹：馮宿撰劉先生碑銘云：「先生棲於王屋不啻一紀，其後還居都下，又至京師，竟遂東還。」此卒於太和四年，一作七年者，未知是此人否？而題曰「清都」，必指居王屋者，劉賓客有送家兄歸王屋山隱居詩似可取證。若舊紀會昌元年衡山道士劉玄靖，則非也。

〔二〕義山自謂墮落也。

〔三〕一作「謝」。

〔四〕黄庭内景經：太上大道玉宸君，閒居蕊珠作七言。注曰：蕊珠，上淸境宫闕名。按：蕊珠人統指劉、宋。

〔五〕一作「同仙籍」，見鄭州獻從叔。

〔六〕一作「道」。

〔七〕見贈趙協律。宋與劉必本親串。

〔八〕一作「籙」。道經中書體有八顯一條：其二曰神書，雲篆是也；其三曰地書，龍鳳之象也。謂由於倉頡傍龍鳳之勢，採爲古文。

〔九〕舊注引皇初平金華石室事。然玉檢、金華、鳳篆、龍鱗皆道家習見語，如茅盈内傳：曾祖濛於華山之中乘雲駕龍，白日升天；神仙傳：王方平乘羽車駕五龍；蓬萊四眞人中石慶安詩「乘飈駕白龍」；葛仙公詩亦曰「龍駕翳空迎」；庚子山入道士館詩「金華開八館，玉洞上三危」之類，未可悉數。上句指宋之入道，賜書年久，故曰迷；下句指劉已歸，故曰冷，正分醒贈寄二字。

〔一〇〕一作「履」。

〔一一〕神仙傳：老子者名重耳，字伯陽，楚國苦縣人，以李爲姓，周文王時爲守藏史，武王時爲柱下史。

〔一二〕神仙傳：老子有客徐甲，少賃於老子，約日雇百錢，計欠甲七百二十萬錢。甲見老子出關，乃倩人作辭，詣關令尹喜，以言老子。而爲作辭者亦不知甲已隨老子二百餘年矣，惟計甲所應得直之多，許以女嫁甲。甲見女美，尤喜，遂通辭於尹喜，乃見老子。老子問甲曰：「汝久應死，吾昔賃汝，爲官卑家貧，無有使役，故以太玄清生符與汝。吾語汝，到安息國固當以黃金計直還汝，汝何以不能忍？」乃使甲張口向地，太玄眞符立出於地，甲成一具枯骨矣。喜知老子神人，能復使甲生，乃爲甲叩頭請命，乞爲老子出錢還之；老子復以符投之，甲立更生，喜即以錢二百萬與甲，遣之而去。周史謂劉，徐甲自喻。

楚宮〔一〕

十二峯前落照微〔二〕，高唐宮暗坐迷歸。朝雲暮雨長相接，猶自〔三〕君王恨見稀。

〔一〕諸集本皆作楚宮二首，才調集選下首，題作水天閒話舊事。今玩七絕，託意未明，要異於七律之用意。戊籤已從才調集分編，故亦從之。

〔二〕見深宮。

〔三〕一作「是」。

水天閒話舊事

月姊曾逢下彩蟾，傾城消息隔重簾。已聞珮響知腰細，更辨絃〔一〕聲覺指纖〔二〕。暮雨自歸山峭峭〔三〕，秋河不動夜厭厭〔四〕。王昌且在牆東住，未必金堂得免嫌〔五〕。

〔一〕律髓作「琴」。

〔二〕楊曰：摹擬入細。

〔三〕一作「悄悄」，非。劉蛻文冢銘序：峭峭爲壁。謝靈運詩：威摧三山峭。

〔四〕神味勝上聯。

〔五〕何曰：後漢書逸民傳：平原王君公儈牛自隱，時人謂之曰：「避世牆東王君公。」嵇康高士傳曰：君公明易，爲郎。數言事不用，乃自汙與官婢通，免歸。此必實有比儗之事，而不可攷矣。按：謂近在牆東，嫌疑難免，不我肯即，徒枉然耳。與「隔重簾」緊應。何氏引王君公，以「牆東」字相牽耳，其實牆東猶曰東家，何可據以強合？王昌必非其人，揔不如闕疑也。互詳代應七絕。

中元作〔一〕

絳節飄颻空〔二〕國來，中元朝拜上清迴。羊權雖〔三〕得金條脫〔四〕，温嶠終虛玉鏡臺〔五〕。曾省驚眠聞雨過，不知迷路爲花開〔六〕。有娀未抵瀛洲遠〔七〕，青雀如何鴆鳥媒〔八〕？

〔一〕歲時記：盂蘭盆經云：目蓮卽鉢盛飯，餉其亡母，食未入口，化成火炭，遂不得食。佛言汝母罪重，當須十方衆僧威神之力，七月十五日，當具百味五果著盆中，供養十方大德佛。是時，目蓮母得脱一切餓鬼之苦。故後人因此廣爲華飾，乃至刻木、割竹、飴蠟、剪綵，模花葉之形，極工妙之巧。唐六典：中尚署七月十五日進盂蘭盆。按：唐時中元日大設道場，并有京城張燈之事。舊書言王縉好佛，屢啓奏代宗，代宗設內道場，七月望日，造盂蘭盆，飾以金翠，所費百萬。又設高祖以下七聖神座，幡節、龍傘、衣裳之制，排儀仗，百寮序立迎呼，出陳於寺觀，歲以爲常。蓋自是而故事相沿矣，傾城出遊，冶容盈路。頻見唐詩中。

〔二〕一作「宮」。

〔三〕一作「須」。

〔四〕眞誥：蕚綠華贈羊權詩一篇，火澣布手巾一條，金玉條脱各一枚。條脱似指環而大，異常精好。盧氏新記：唐文宗謂宰臣曰：「古詩『輕衫襯條脱』，眞誥言安妃有金條脱，即今之腕釧也。」一作「跳脱」，亦作「挑脱」。

〔五〕世說：溫公喪婦，從姑劉氏家值亂離散，唯一女甚有姿慧，屬公覓婚。公密有自婚意，答曰：「佳壻難得，但如嶠比云何？」姑曰：「喪敗之餘，乞粗存活，何敢希汝比？」卻後少日，公報姑云：「已覓得壻處。」因下玉鏡臺一枚，姑大喜。既婚，交禮，女以手披紗扇，撫掌大笑，曰：「我固疑是老奴，果如所卜。」玉鏡臺，公爲劉越石長史北征劉聰所得。劉孝標注曰：嶠初取李暅女，中取王謝女，後取何邃女，都不聞取劉氏，便爲虚謬。按：今考前妻王氏，後妻何氏，見嶠傳，而此事無可互證。

〔六〕徐曰：暗用高唐、天台二事。

〔七〕呂氏春秋：有娀氏有二佚女，爲之九成之臺，飲食必以鼓。

〔八〕離騷：望瑤臺之偃蹇兮，見有娀之佚女。吾令鴆爲媒兮，鴆告余以不好。餘見漢宮詞。

浩曰：此亦爲入道公主作。起二句點題，三句暗有所歡，四句終無下嫁。下半言雨過而曾令眠驚，花開而偏嗟迷路，雖非遠不可即，乃青雀不逢，而鴆鳥爲媒，豈佳偶之相合歟？此種殊傷詩品。

相思〔一〕

相思樹上合歡枝〔二〕，紫鳳青鸞並〔三〕羽儀。腸斷秦臺吹管客〔四〕，日西春盡到來遲。

〔一〕一作「相思樹上」。

〔二〕相思樹，見青陵臺。又吳都賦：相思之樹。注曰：大樹也，材理堅，邪斫之，則文可作器，其實如珊瑚，歷年不變。古今注：欲蠲人之忿，則贈以青棠，一名合歡。風土記：夜合一名合歡，亦名合昏。句是借喻，不必核定。

〔四〕屢見。

浩曰：以豔情寓慨，當與青陵臺類觀，但未測何年作耳。

日日〔一〕

日日春光鬬日光，山城斜路杏花香。幾時心緒渾無事，得及遊絲百尺長〔二〕！

〔一〕一作「春光」。

〔二〕田曰：不知佳在何處，却不得以言語易之。

浩曰：客子倦遊，情味渺然。

流鶯

流鶯漂蕩復參差，度陌臨流不自持。巧囀豈能無本意？良辰未必有佳期。風朝露夜陰晴裏，萬戶千門開閉時〔一〕。曾苦傷春〔二〕不忍〔三〕聽，鳳城何處有花枝〔四〕？

〔一〕漢書郊祀志：作建章宮，度爲千門萬戶。此聯追憶京華鶯聲，故下接「曾苦」，

〔二〕一作「心」。

〔三〕一作「思」。

〔四〕趙次公注杜：弄玉吹簫，鳳降其城，因號丹鳳城。其後言京師之盛曰鳳城。浩曰：頷聯入神，通體悽惋，點點杜鵑血淚矣。亦客中所賦。

題李上謩壁

舊著思玄賦〔一〕，新編雜擬詩〔二〕。江庭猶近別，山舍得幽期。嫩割周顒韭〔三〕，肥烹鮑照葵〔四〕。飽聞南燭酒〔五〕，仍及醱〔六〕醅時〔七〕。

〔一〕後漢書：張衡嘗思圖身之事，以爲吉凶倚伏，幽微難明，乃作思玄賦以宣寄情志。

〔二〕文選詩有雜擬類，江淹有三十首。

〔三〕南史：文惠太子問周顒：「菜食何味最勝？」答曰：「春初早韭，秋末晚菘。」

〔四〕鮑照園葵賦：乃羹乃瀹，堆鼎盈筐。甘旨蒨脆，柔滑芬芳。

〔五〕神仙服食經：採南燭草，煮其汁爲酒，碧映五色，服之通神。

〔六〕一作「撥」。

〔七〕庾信春賦：石榴聊汎，蒲桃醱醅。廣韻：醱醅，酘酒。又：醅，酒未漉也。按：醱讀若撥，或遂作「撥」，或作「潑」，以酒之新釀者言之。此留飲題壁之作。

復京〔一〕

虜騎胡兵一戰摧，萬靈回首賀軒臺〔二〕。天教李令心如日，可要〔三〕昭陵石馬來〔四〕。

〔一〕詳送李千牛詩。

〔二〕山海經：王母之山有軒轅之臺，射者不敢西向。史記封禪書：黃帝接萬靈明庭。鶡冠子：聖人之德，上及太清，下及太寧，中及萬靈。軒臺喻皇居，萬靈猶萬物。

〔三〕一作「待」。

〔四〕新書志：太宗昭陵在醴泉縣九嵕山。唐會要：上欲闡揚先帝徽烈，乃刻石爲常所乘破敵馬六匹於昭陵闕下。安祿山事蹟：潼關之戰，我軍既敗，賊將崔乾祐領白旗引左右馳突，我軍視之，狀若神鬼。又見黃旗軍數百隊，官軍潛謂是賊，不敢偪之。須臾，見與乾祐鬬，黃旗軍不勝，退而又戰者不一，俄不知所在。後昭陵官奏：是日靈宮前石人馬汗流。

浩曰：朱氏補注疑虜騎胡兵不可言朱泚；又以石馬事李令當爲郭令，指廣德初吐蕃入寇，帝幸陝州，賴郭汾陽收復之事。余初亦然其說，既而悟命題遺詞之隱，而一字不可易也。朱泚僭亂，李晟收復，在興元元年，明年卽改貞元矣。貞元二年八月，吐蕃寇涇、隴、邠、寧，諸道節度軍鎮咸閉壁自守，京師戒嚴，民間傳言復欲出幸。宰臣齊映奏言：「人情洶懼，臣聞大福不再，奈何不熟計之？」因俯伏流涕，帝爲之感動。九月，吐蕃遊騎及好時，時李晟節度鳳翔，令王佖率三千人夜襲賊營，擊敗之。又寇鳳翔，晟出兵禦之，一夕而退。事皆詳唐書、通鑑。使當時無西平，京城必復陷於虜矣，故題曰復京，詩曰「虜騎胡兵」，以見京師從此無虞，收復之功於是乃全也。「一戰摧」正謂一夕而退，「萬靈」句正與民之訛言相應，「昭陵石馬」則借喻諸道之主軍者，言固不藉若輩爲也。且是時吐蕃用尚結贊之計，抵鳳翔不虜掠以間晟，宰相張延賞屢言晟不可久典兵，德宗乃罷晟兵柄，皆詳傳中。則晟已處疑忌之際，而終盡力王事，眞丹心如日者也。又曰：此「虜」字固指外夷，然古來敵國、叛臣皆可曰虜，史文極多，他處不可拘泥。

渾河中〔一〕

九廟無塵八馬回〔二〕，奉天城壘長春苔。咸陽原上英雄骨，半向君家養馬來〔三〕。

〔一〕舊書傳：渾瑊，皐蘭州人，本鐵勒九姓部落之渾部也。德宗幸奉天，瑊率家人子弟自京城至，爲行在都知兵馬使；興元元年三月，加同中書平章事、奉天行營副元帥；六月，加侍中；七月，德宗還宮，以瑊守本官兼河中節度使，封咸寧郡王。瑊之治蒲共十六年，卒於鎮，故稱渾河中。奉天之難，李晟勤王以復京，渾瑊衞帝以免難，一攻一守，功足相匹。

〔二〕舊書紀：開元十年，增置太廟爲九室。程曰：國史補曰：「德宗覽李晟復京露布曰：『臣已肅清宮禁，祇謁寢園，鐘簴不移，廟貌如故。」上感泣失聲。所謂九廟無塵也。馮鈍吟曰：德宗以八馬幸蜀，七馬道斃，惟望雲騅來往不頓，貞元中老死天廐，元稹作歌以記之。八馬即指此。按：七馬既斃，何以云回？此自用穆王八駿。

〔三〕漢書：金日磾本匈奴休屠王太子也。日磾父爲昆邪所殺，與母閼氏、弟倫俱沒入官，輸黃門養馬。武帝異之，拜爲馬監，遷侍中，日見親近。後以討莽何羅功封秺侯。舊書傳：瑊忠勤謹慎，功高不伐，位極將相，無忘謙抑，物論方之金日磾。此句乃翻用，言其廝養皆英雄也。程曰：德宗避難奉天，渾瑊有童奴曰黃芩者，力戰有功，即封渤海郡王，此明證矣。

程曰：大中時討党項，諸將退畏不前，師久無功。二篇借往日之名將，歎今日之無人也。浩曰：程說義可旁通耳。余意連上章美李衞公專主用兵，不搖旁議，又能任用劉沔、石雄二名將，以奏膚功，意當主此。黃芩即高固，事詳史傳。

北齊二首

一笑相傾國便亡，何勞荊棘始堪〔一〕傷〔二〕。小憐玉體橫陳夜〔三〕，已報周師入晉陽〔四〕。

巧笑知堪敵萬機，傾城最在著戎衣。晉陽已陷休迴顧〔五〕，更請君王獵一圍〔六〕。

〔一〕一作「悲」。

〔二〕吳越春秋：子胥垂涕曰：「城郭邱墟，殿生荆棘。」

〔三〕北史傳：齊後主馮淑妃名小憐，大穆后從婢也。穆后愛衰，以五月五日進之，號曰「續命」。慧黠能彈琵琶，工歌舞，後主惑之，願得生死一處。按：太平御覽果部引三國典略：馮淑妃名小蓮也。宋玉諷賦：主人之女又爲臣歌曰：內怵惕兮徂玉牀，橫自陳兮君之旁。楞嚴經：我無欲心應汝行事，於橫陳時味如嚼蠟。朱曰：釋德洪楞嚴合論引司馬相如好色賦曰：花容自獻，玉體橫陳。今此賦不傳，或出假託。按：必僞無疑。錢曰：故用極褻昵字，下句方有力。

〔四〕北史紀：武平七年十二月，周武帝來救晉州，齊師大敗，帝棄軍先還。入晉陽，留安德王延宗等守晉陽，帝走入鄴。延宗與周師戰於晉陽，大敗，爲所虜。浩曰：北齊以晉陽爲根本地，晉陽破則齊亡矣。詩言淑妃進御之夕，齊之亡徵已定，不待事至始知也。

〔五〕一作「首」。

〔六〕北史傳：周師之取平陽，帝獵於三堆，晉州亟告急，帝將還，淑妃請更殺一圍，帝從其言。及帝至晉州，城已欲沒矣。按：隋、唐地志：晉陽在太原，與晉州平陽郡相距數百里。淑妃請更殺一圍，乃平陽事，非晉陽也，似小誤。或言晉陽尋即陷矣，無可迴顧，其猶能更請一圍乎？猶上首已入晉陽之意，用筆皆幽折警動。

錢曰：有案無斷，其旨更深。浩曰：程氏、徐氏以武宗遊獵苑中，王才人必袍騎而從，故假事以諷之。夫武宗豈高緯之比？斷非也。寄託未詳，當直作詠史看。

別智玄法師〔一〕

雲鬟無端怨別離，十年移易住山期。東西南北皆垂淚，却是楊朱眞本師〔二〕。

〔一〕道源曰：當作知玄。佛祖通紀：太和元年，詔沙門知玄入殿問道，賜號悟達國師。玄五歲能吟詩，出家爲沙彌，十四講經。李商隱贈以詩云：「十四沙彌解講經，似師年紀止攜餅。沙彌說法沙門聽，不在年高在性靈。」稽古略：匡宗大德諱知玄，姓陳氏，咸通四年制署號悟達國師。帝幸安國寺，賜師沉香寶座。僖宗中和二年幸蜀，召赴行在，後辭還九龍山，世稱陳菩薩。浩曰：異哉源師之爲此注也，其所兩引已有舛異。余檢佛祖統紀，既於武宗、宣宗下至僖宗敍知玄事，而源師所引太和元年云云，本文作憲宗元和元年，其舛尤不足論也。咸通十二年僧重謙、僧澈事，已詳五月六日夜憶澈師題下。北夢瑣言云：韋太尉昭度舊結沙門僧澈，得大拜。諸相在西川行在謁僧澈之師悟達國師，皆申跪禮。其事在義山歿後久矣。「十四沙彌」之詞，淺俚已極，卽曰戲占，亦安得更有本師之致敬耶？唐六典云：道士有三事號：其一法師，其二威儀師，其三律師。其德高思精者謂之練師。故女冠之稱法師練師，唐人詩文中習見。首曰「雲鬟」，自古有

「鬒髮如雲」之衲子否乎？舊注本可全删，今節存而詳辯之。昔人之自矜淹貫，而雜引僞造以欺後學者，固不一而足也。

〔二〕史記樂毅傳：樂臣公本師號曰河上丈人。後漢書桓榮傳：榮爲豫章何湯本師。餘屢見。其人必無清範，故不得已移居而垂淚也。楊朱，義山自比，不可爲本師而卻是本師，慨歎中亦含狎昵。若禪家以移居垂淚，無理亦無味矣，自來爲其所誤。而下二句晦澀難通，強以爲當作禪語參之，亦可笑哉。

附錄：曹學佺蜀中高僧知玄傳：時李商隱方從事河東梓潼幕，以弟子禮事玄。偶苦眼疾，慮嬰昏瞽，玄寄天眼偈三章，讀終疾愈。迨後臥病，語僧錄僧徹曰：「某志願削染，爲玄弟子。」臨終又寄書偈與之訣別。後鳳翔府寫玄眞像，作義山執拂侍立焉。按：爲朱氏序者據此也。釋道者流每託文人以增聲望，故有此種流傳之事，絕不足信。溫飛卿有訪知玄上人詩云：「惠能未肯傳心法，張湛徒勞與眼方。」則其人能治眼疾，或因此附會耳。

贈孫綺新及第

長樂遙聽上苑鐘〔一〕，綵衣稱慶桂香濃〔二〕。陸機始擬誇文賦〔三〕，不覺雲間有士龍〔四〕。

〔一〕元和郡縣志：長樂坡在萬年縣東北一十五里。長安志：長樂驛在長樂坡下。

〔二〕韻語陽秋：唐人與親別而復歸，謂之拜家慶。按：本顏延年秋胡詩「上堂拜嘉慶」也。

〔三〕文選注：臧榮緒晉書：機妙解情理，心識文體，作文賦。按：晉書謂機少爲牙門將，年二十而吳滅，退臨舊里，與弟雲勤學，積十一年，俱入洛。故前輩謂文賦當爲入洛之前所作。杜詩「二十作文賦」，未知何據。此亦同杜意。

〔四〕晉書：陸雲與荀隱會張華坐，華曰：「今日相遇，可勿爲常談。」雲因抗手曰：「雲間陸士龍。」隱曰：「日下荀鳴鶴。」鳴鶴，隱字也。此必兄弟能文而綺方少年。詩則酬應率筆。

寄華嶽孫逸〔一〕人

靈嶽幾千仞，老松逾百尋。攀崖仍躡壁，啖葉復眠陰〔二〕。海上呼三鳥〔三〕，齋中戲五禽〔四〕。惟應逢阮籍，長嘯作鸞音〔五〕。

〔一〕一作「山」。

〔二〕異苑：毛女食松栢葉。御覽引博物志：荒亂不得食，可細切松栢葉，水送令下，以不飢爲度。栢葉五合，松葉三合，不可過。

〔三〕舊本皆作「島」，朱本一作「鳥」，然必三青鳥，故曰「呼」。劉向九歎：三鳥飛飛以自南兮，覽其志而欲北。願寄言於三鳥兮，去飄疾而不可得。劉峻山居營室詩：將馭六龍輿，行從三鳥食。此句取招仙人之意。

〔四〕後漢書方術傳：華佗謂吳普曰：「人體欲得勞動，但不當使極耳。動搖則穀氣得銷，血脈流通，病不得生，譬如户樞，終不朽也。吾有一術，名五禽之戲：虎、鹿、熊、猿、鳥。亦以除疾，兼利蹏足。體有不快，起作一禽之戲，怡而汗出。」

〔五〕晉書：阮籍嘗於蘇門山遇孫登，與商略終古及棲神道氣之術，登皆不應，籍因長嘯而退。至半嶺，聞有聲若鸞鳳之音響乎嵓谷，乃登之嘯也，遂歸著大人先生傳。

賦得桃李無言〔一〕

夭桃花正發，穠李蕊方繁〔二〕。應候非爭艷，成蹊不在言。静中霞暗吐，香處雪潛翻。得意摇風態，含情泣露痕。芬芳光上苑〔三〕，寂默委中園。赤白徒自許，幽芳誰與論！

〔一〕見永樂縣所居。

〔二〕韻語陽秋：省題詩自成一家，非他詩比也。首韻拘於見題，則易於牽合；中聯縛於法律，則易於駢對，非可縱横在我也。如商隱句云云，與兒童無異。以此知省題詩自成一家也。

〔三〕「芳」字複，「芬芳光」三字音相犯。

浩曰：此用帖體，却非試席作也。閑居觀物，率筆抒懷，後二聯顯然矣。此章與月照冰池，文苑英華帖體類中初不收入，後人乃入試帖選本，誤矣。

賦得月照冰池〔一〕

皓月方離海，堅冰正滿池。金波雙激射〔二〕，璧彩兩參差〔三〕。影占徘徊處〔四〕，光含的皪時〔五〕。高低連素色，上下接清規。顧兔飛難定〔六〕，潛魚躍未期〔七〕。鵲驚俱欲遶〔八〕，狐聽始無疑〔九〕。似鏡將盈手〔一〇〕，如霜恐透肌。獨憐遊玩意，達曉不知疲。

〔一〕一有「詩」字。

〔二〕見西掖玩月。

〔三〕用璧月語。

〔四〕曹植詩：明月照高樓，流光正徘徊。

〔五〕司馬相如上林賦：明月珠子，的皪江靡。

〔六〕見碧城。

〔七〕禮記月令：孟春之月，魚上冰。夏小正：正月啓蟄，魚陟負冰。

〔八〕見壬申閏秋。

〔九〕伏滔北征記：河冰厚數丈，冰始合，車馬未過，須狐先行。此物善聽，聽水無聲乃過。

〔一〇〕西京雜記：公孫乘月賦：隱員巖而似鉤，蔽修堞而分鏡。按：初學記引之作枚乘，作「如鏡」。陸機詩：安寢北堂上，明月入我牖。照之有餘暉，攬之不盈手。

浩曰：此亦非試帖作，中間全是寓意，結羨得意者之遊賞，反託己之寂寞也。毛西河選入試帖，誤矣。英華帖體，是題葉季良作，止六韻。

代祕書贈弘文館諸校書〔一〕

清切曹司近玉除〔二〕，比來秋興復何如？崇文館裏丹〔三〕霜後〔四〕，無限紅梨憶校書。

〔一〕按：通典、舊、新書志：中書省下秘書省秘書郎四員，後減一員；校書郎八人，新書作「十人」；正字四人。門下省下弘文館校書郎二人，有學生三十人，新書作「三十八人」。其學生教授考試如國子學之制。此云弘文諸校書，豈不專指二人歟？

〔二〕長安志：門下省在西內太極殿東廊左延明門東南，弘文館在門下省東，聚天下書籍。又：皇城內承天門街之西第五橫街之北有秘書省。按：故以近玉除羨弘文。

〔三〕一作「飛」。

〔四〕按：舊書志：漢有東觀，魏有崇文館，至唐武德初置修文館，後改弘文。太宗秦府有十八學士，後弘文、崇文二館皆有學士，蓋即後翰林之職。崇文，貞觀中置，太子學館也。自明皇置翰林供奉，後改供奉爲學士，而弘文、崇文漸以輕矣。題曰「弘文」，而詩曰「崇文」，似通稱耳，非指太子學館也。或别有意，未詳。

贈從兄閬之

悵望人間萬事違，私書幽夢約忘機。荻花村裏魚標在〔一〕，石蘚庭中鹿跡微。幽境定攜僧共入，寒塘好與月相依。城中猘犬憎蘭佩〔二〕，莫損幽芳久不歸〔三〕。

〔一〕或釣魚，或賣魚，用以標識者。道源云：以白木板插水際，投餌其下，魚爭聚焉，以籠罩罩之。則不可云標也。

〔二〕左傳：國人逐瘈狗。又：國狗之瘈，無不噬也。注曰：瘈，狂也。説文：猘，狂犬也，征例切。楚辭懷沙：邑犬羣吠兮，吠所怪也。離騷：謂幽蘭其不可佩。

〔三〕中四句皆約言也。三「幽」字當有訛。

常娥

雲母屏風燭影深，長河漸落曉星沉。常〔一〕娥應悔偷靈藥〔二〕，碧海青天夜夜心〔三〕。

〔一〕「嫦」同，一作「姮」。

〔三〕屢見。

〔三〕十洲記：東有碧海，與東海等，水不鹹苦，正作碧色。餘屢見。

何曰：自比有才反致流落不遇。浩曰：或爲入道而不耐孤孑者致誚也。

殘花

殘花啼露莫留春，尖髮〔一〕誰非怨別人〔二〕。若但掩關勞獨夢，寶〔三〕釵何日不生塵〔四〕？

〔一〕一作「鬌」。

〔二〕「尖髮」、「尖鬌」，皆未解，徐氏引新書五行志唐末拋家髻，不符也。

〔三〕一作「瑤」。

〔四〕秦嘉與婦徐淑書：今致寶釵一雙，價值千金，可以耀首。淑答曰：未奉光儀，則寶釵不設。

浩曰：余初亦以爲寓言，然「殘花」命題，斷非借以自慨矣。與上章意更不同，故木庵咎其誨淫。

天津西望〔一〕

虜馬崩騰忽一狂，翠華無日〔二〕到東方。天津西望腸眞斷，滿眼秋波出苑牆〔三〕。

〔一〕舊書志：水部之職，凡石柱之梁四：洛則天津、永濟、中橋，灞則灞橋。元和郡縣志：天津橋在河南縣北四里，隋煬帝造，以架洛水，用大船維舟，鐵鎖鉤連之，南北夾路對起四樓。然洛水溢，浮橋輒壞。貞觀十四年，更令累方石爲脚。按：在宫苑之東，故曰「西望」。

〔二〕一作「不」，誤。

〔三〕元和郡縣志：洛水在洛陽縣西南三里，西自苑内上陽之南瀰漫東流。舊書志：宫城在都城之西北隅，上陽宫在宫城之西南隅，南臨洛水，西距穀水，東即宫城，北連禁苑。上陽之西隔穀水有西上陽宫，虹梁跨穀。禁苑在都城之西，東抵宫城。

浩曰：與灞岸、舊頓同看。首句指安祿山之亂，自此遂廢東幸；末句蕭颯，所歎深矣。

汴上送李郢之蘇州〔一〕

人高詩苦滯夷門〔二〕，萬里梁王有舊園〔三〕。煙幌自應憐白紵〔四〕，月樓誰伴詠黄昏〔五〕？露桃塗頰依苔井〔六〕，風柳誇腰住水村〔七〕。蘇小小墳今在否〔八〕？紫蘭香徑與招魂。

〔一〕新書藝文志：李郢詩一卷，字楚望，大中進士第，侍御史。九國志：郢，長安人，大中十年進士。詩調清麗。居餘杭，不務進取，終藩鎮從事。唐末避亂嶺表。按：全唐詩所存多在浙東、西作，其中有淮南從事之題，蓋遊蹟多在江鄉也。

〔二〕史記：侯嬴年七十，家貧，爲大梁夷門監。夷門者，城之東門也。

〔三〕屢見。郢自汴至蘇，唐人謂遠道輒曰萬里，此似蘇州爲鎮汴者之舊地。

〔四〕宋書樂志：白紵舞詞有巾袍之言；紵本吳地所出，宜是吳舞也。

〔五〕美其工詩。

〔六〕晉傳休奕桃賦：華升御於內庭兮，飾佳人之令顏。此句只言桃頰。

〔七〕從蘇州寫豔，頂上「伴」字，引起下句。

〔八〕樂府廣題：蘇小小，錢塘名倡也，南齊時人。寰宇記：蘇小小墓在嘉興縣前，晉朝歌姬錢塘蘇小小。舊書志：蘇州嘉興縣。句必有所借指，詳眞娘墓。

憶住〔一〕一師

無事經年別遠公〔二〕，帝城鐘曉憶西峯。烟爐〔三〕消盡寒燈晦，童子開門雪滿松〔四〕。

〔一〕一作「匡」。

〔二〕高僧傳：惠遠姓賈氏，雁門樓煩人。屆尋陽，見廬峰清淨，始住龍泉精舍。刺史桓伊復於山東立房殿，卽東林是也。卜居三十餘年。

〔三〕一作「爐烟」。

〔四〕下二句憶西峯也。

田曰：不近不遠，得意未可言盡。

早起

風露澹清晨，簾間獨起人。鶯〔一〕啼花又笑〔二〕，畢竟是誰春〔三〕？

〔一〕一作「鳥」。

〔二〕一作「鶯花啼又笑」。

〔三〕一作「親」。

浩曰：神味正長。

細雨

帷飄白玉堂，簟卷碧牙牀。楚女當時意〔一〕，蕭蕭髮彩涼〔二〕。

〔一〕楚女字見春秋公羊傳西宮災註：僖公以齊媵爲適，楚女廢在西宮，而不見恤。後漢書宦者呂強傳：楚女悲愁，則西宮致災。然非此所用。

〔二〕胡震亨曰：着彩字方是瑤姬。趙氏萬首絶句誤改爲「髮影」，公然一婆矣。按：此蓋化密雨如散絲之意。左傳：有仍氏女鬒黑而甚美，光可以鑑。髮固可言彩矣。吳融詩：如描髮彩匀。則髮彩習用也。

歌舞

遏雲歌響清，迴雪舞腰輕〔一〕。只要君流眄，君傾國自傾〔二〕。

〔一〕皆屢見。

〔二〕其如不流眄何？所慨多矣。

魏侯第東北樓堂郢叔言別聊用書所見成篇〔一〕

暗樓連夜閣，不擬爲黄昏〔二〕。未必斷別淚，何曾妨夢魂〔三〕！疑穿花逶迤〔四〕，漸近火温黁〔五〕。海底翻無水〔六〕，仙家却有村〔七〕。鎖香金屈戌，帶〔八〕酒玉崑崙〔九〕。羽白風交扇，冰清月印〔一〇〕盆。舊歡塵自積，新歲電猶奔〔一一〕。霞綺空留段〔一二〕，雲峯不帶根〔一三〕。念君千里舸，江草漏燈痕。

〔一〕魏侯第，似魏博節度之留邸也。郢叔未知何謂，當非本集中之李郢也。「用書所見」，豔語爲多；末三韻則敍別，用意多未可曉。豈其人從事江鄉，而攜妓醼別於此乎？

〔二〕似言晝亦昏暗，不擬至晚始爲黄昏也。

〔三〕以上費解。

〔四〕叶上聲。說文：逶迆，衺去之皃。阮籍東平賦：逶迤漫衍。

〔五〕廣韻：⿸广香，香也，奴昆切。

〔六〕庾信詩：蓬萊入海底，何處可追尋？

〔七〕用三神山反居水下之意，以狀其深暗，詳海上謠。似以避暑而爲暗室，使炎曦不到也。上聯花、火，如曰解語花、溫柔鄉。

〔八〕一作「殢」。

〔九〕按：滯酒未解。玉篇：殢，極困也。以言困酒，似近之。通鑑：京兆尹韋澳欲寘鄭光莊吏於法，宣宗曰：「誠如此，但鄭光殢我不置耳。」或此當作「殢」，以言勸請之意，唐人口語也。朱曰：記事珠：宇文卓方執崑崙玉盞聽左丞檀超高談，不覺墮地。又唐人小説多名奴子爲崑崙，似玉刻人形作器玩耳。按：檀超，南齊書文學有傳，朱氏此所引者，本見馮贄雲仙散録。陳直齋謂馮贄不知何人，其所蓄異書，皆古今所不聞。則人與書皆子虛烏有也，何足據哉！奴名崑崙，多以黑色。此玉崑崙，似指酒器耳。

〔一〇〕一作「映」。

〔一一〕淮南子：日行月動，電奔雷駭也。

〔三〕見憶嚴五。

〔三〕陶詩：夏雲多奇峯。餘見贈劉司戶。

華山題王母祠〔一〕

蓮華峯下鎖雕梁〔二〕，此去瑤池地共長。好爲麻姑到東海，勸栽黃竹莫栽桑〔三〕。

〔一〕見前。

〔二〕見和劉評事。

〔三〕皆屢見。何曰：黃竹，地名，不知作者何所承也。按：黃竹非近西王母，詳瑤池絕句下。而穆天子傳曰：庚戌，天子西征至於玄池，奏廣樂三日，是曰樂池；天子乃樹之竹，是曰竹林。癸丑西征，癸亥至於西王母之邦。疑義山因此而用，本荒遠不足細校耳。竹貫四時而不改，桑田有時變海，故結句云。

浩曰：似指令狐交情，願修好久要而不更變也。可與「欲就麻姑買滄海」同參。此祝詞，彼怨詞，但難鑿定耳。

華師

孤鶴不睡雲無心，衲衣筇杖來西林〔一〕。院門晝鎖迴廊靜，秋日當堦柿葉陰。

〔一〕見詣藥山。

過華清內廐門

華清別館閉黃昏，碧草悠悠內廐門。自是明時不巡幸，至今青海有龍孫〔一〕。

〔一〕見詠史。

田曰：婉而多風。

樂遊原

萬樹鳴蟬隔斷〔一〕虹，樂遊原上有西風。羲和自趁〔二〕虞泉宿〔三〕，不放斜陽更向東〔四〕。

〔一〕一作「岸」。

〔二〕一作「是」，誤。

〔三〕淮南子：日至於悲泉，爰止其女，爰息其馬，是謂縣車；至於虞淵，是謂黃昏。

〔四〕與五絕同慨。

贈荷花

世間花葉不相倫，花入金盆葉作塵。惟有綠荷紅菡萏〔一〕，卷舒開合任天眞。此花〔二〕此葉長相映，翠減紅衰愁殺人〔三〕！

〔一〕爾雅：荷，其葉蕸，其花菡萏。

〔二〕一作「荷」，誤。

〔三〕豔情耳，前已有題。

房君珊瑚散〔一〕

不見常〔二〕娥影，清秋守月輪。月中閑杵臼，桂子搗成塵〔三〕。

〔一〕本草：陳藏器云：珊瑚生石巖下，刺刻之，汁流如血，以金投之爲丸，名金漿；以玉投之爲玉髓，久服長生。篋中方：治七八歲小兒眼有麩翳，未堅，不可妄傅藥，宜點珊瑚散，細研如粉，每日少少點之，三日立愈。

〔二〕一作「姮」。

〔三〕南部新書：杭州靈隱山多桂，僧云是月中種也，至今中秋夜往往有子墜。四句皆比體。

徐曰：段成式哭房處士詩：獨上黃壇幾度盟，印開龍渥喜丹成。豈同叔夜終無分，空向人間著養生。李羣玉亦有送房處士閒遊詩：注藥陶貞白，尋山許遠遊。刀圭藏妙用，岩洞契冥搜。皆即此人，蓋方技之流耳。浩曰：徐箋是矣。但信義山於東川讀天眼偈之事，而謂其時所作，則必非也。

嘲櫻桃

朱實鳥含盡，青樓人未歸。南園無限樹，獨自葉如幃〔一〕。

〔一〕陸機詩：密葉成翠幄。前有嘲、答二首，此則專訴離情矣。南園疑即李家南園。前詩用鄭櫻桃，本優僮也，其爲侍婢之流歟？

浩曰：集中嘲櫻桃與贈荷花，似於河陽、燕臺、柳枝而外，別有風懷，無庸更細推矣。

和張秀才落花有感

晴暖感餘芳，紅苞雜絳房。落時猶自舞，掃後更聞香〔一〕。夢罷收羅薦〔二〕，仙歸勅玉箱〔三〕。迴腸九〔四〕迴後，猶有〔五〕剩迴腸〔六〕。

〔一〕後村詩話：將飛更作迴風舞，已落猶成半面妝。宋景文落花詩也，爲世所稱，然義山固已云云。下句更妙。

〔二〕屢見。

〔三〕晉書左貴嬪傳：元楊皇后誄曰：星陳夙駕，靈輿結駟。其輿伊何？金根玉箱。蘇彥詠織女詩：時來嘉慶集，整駕巾玉箱。

〔四〕一作「久」，非。

〔五〕一作「自」。

〔六〕以豔體比花，常調也。此似歎秀才下第而歸，情終不能忘耳。若義山自有託意，則未定。

櫻桃花下

流鶯舞蝶兩相欺，不取花芳正結時。他日未開今日謝，嘉辰長短是參差。

田曰：意每透過一層。浩曰：亦與五絕同意。「花芳正結」，未破瓜也；「他日未開」，未婚也；「今日謝」，綠葉成陰之意也。

暮秋獨遊曲江

荷葉生時春恨生〔一〕，荷葉枯時秋恨成。深知身在情長在，悵望江頭江水聲〔二〕。

〔一〕一作「起」，非。

〔三〕調古情深

程曰：第三句最悽惋。浩曰：前有荷花、贈荷花二詩，蓋意中人也，此則傷其已逝矣。

月夜重寄宋華陽姊妹

偷桃竊藥事難兼，十二城中鎖彩蟾〔一〕。應共三英同夜賞〔二〕，玉樓仍是水精簾〔三〕。

〔一〕皆見前。

〔二〕朱曰：唐人多用三英，如王勃啓「棄契三英，尙隔黃衣之夢」，未詳何出；或曰卽三珠樹也，珠樹曰三英，猶芝草曰三秀。經籍志有三教珠英。按：鄭風「三英粲兮」，或引之者，謬矣。以三珠樹爲三英，固通，本集「君今併倚三珠樹」，便可互證。詩意以比三人。後漢書馮衍顯志賦：採三秀之華英。註曰：楚詞「采三秀於山間」，王逸曰：謂芝草也。衍集「秀」字作「奇」，「英」字作「靈」，下云：「食五芝之茂英。」此不宜重說，但不知三奇何草也。范改「奇」爲「秀」，恐失之矣。按：章懷雖駁正之，然若後人據之而以三秀爲三英，亦何妨乎？

〔三〕「偷桃」是男，「竊藥」是女，昔同賞月，今則相離。

雨中長樂水館送趙十五滂不及〔一〕

碧雲東去雨雲西，苑路高高驛路低。秋水綠蕪終盡分，夫君太騁錦障泥〔三〕。

〔二〕按：長安志：長樂坡卽滻水之西岸，故有水館。宰相世系表：趙滂字思齊。疑卽其人。

〔三〕見隋宮。

裴明府居止〔一〕

愛君茅屋下，向晚水溶溶。試墨書新竹，張琴和古松。坐來聞好鳥，歸去度疎鐘。明日還相見，橋南貰酒醲〔二〕。

〔一〕賓退錄：明府，漢人以稱太守，唐人以稱縣令。按：許渾有晨至南亭呈裴明府詩，時代既同，南亭在京郊，似卽此裴明府。

〔二〕史記：高祖常從王媼武負貰酒。注曰：貰，賒也，音世，又時夜反。

當句有對〔一〕

密邇平陽接上蘭〔二〕，秦樓鴛瓦漢宮盤〔三〕。池光不定花光亂〔四〕，日氣初涵露氣乾〔五〕。但覺遊蜂饒舞蝶，豈知孤鳳憶〔六〕離鸞〔七〕！三星自轉三山遠〔八〕，紫府程遙碧落寬〔九〕。

〔一〕八句皆自爲對，創格也。標以爲題，猶無題耳。

〔二〕漢書：平陽侯曹壽尚武帝姊陽信長公主，後壽有惡疾，就國，乃詔衛青尚平陽主。三輔黄圖：上林苑中有上蘭觀。

〔三〕吳均詩：屋曜鴛鴦瓦。白帖：鴛鴦甑瓦。餘屢見。秦樓頂平陽，漢宮頂上蘭。

〔四〕任其取適。

〔五〕夜合曉離。

〔六〕戊籤作「更」。

〔七〕止有冶情，並無離恨。對「饒」字似當作「更」。

〔八〕詩：三星在天。傳曰：三星，參也；在天，始見東方也。三星在天，可以嫁娶矣。餘屢見

〔九〕十洲記：青邱紫府宮，天真仙女遊於此地。三星寓好合，三山指學仙。曰遙、曰寬，見遁入此中更無拘束。此亦刺入道公主無疑。

子初郊墅

看山對〔一〕酒君思我，聽鼓離城我訪君。臘雪已添牆〔二〕下水，齋鐘不散檻前雲。陰移竹栢濃還淡，歌雜漁樵斷更聞。亦擬村〔三〕南買煙舍，子孫相約事耕耘〔四〕。

〔一〕范椁詩學禁臠作「酌」。

〔二〕禁䰠作「橋」，非。

〔三〕一作「城」。

〔四〕何曰：作「城南」方是郊外。按：諸本多作「村」。城南韋曲之類，詩家每云村舍也。浩曰：筆趣殊異義山，結聯情態亦不類，但未敢直斥其非本集耳。餘詳子初全溪作。又曰：禁䰠以此篇爲一句造意格，謂起聯一意領下也；以寫意篇爲兩句立意格，謂起聯分領次聯三聯也；又以月姊曾逢篇爲想像高唐格。其說拘滯支離，皆不可從。詩本坦途，何強尋障礙耶？

池邊

玉管葭灰細細吹〔一〕，流鶯上下燕參差。日西千繞池邊樹，憶把枯條撼雪時。

〔一〕後漢書志：候氣之法，以葭莩灰抑律之內端，按歷候之，氣至灰飛。

田曰：感歎流光，出言藴藉。錢曰：無限低徊，於「千繞」二字傳出。浩曰：意其亦指令狐家，末句憶追隨楚之時也。

送王十三校書分司〔一〕

多少分曹掌祕文，洛陽花雪夢隨君〔二〕。定知何遜緣聯句，每到城東憶范雲〔三〕。

〔一〕集有王十二兄，此王十三似亦茂元子。

〔二〕爾獨分司東都。

〔三〕屢見。

復至裴明府所居

伊人卜築自幽深，桂巷杉籬不可尋。柱上雕蟲對書字〔一〕，槽中秣〔二〕馬仰聽琴〔三〕。求之流輩豈易得？行矣關山方獨吟〔四〕。賒取松醪一斗酒，與君相伴灑煩襟〔五〕。

〔一〕說文序：六曰鳥蟲書。餘屢見。

〔二〕一作「瘦」。

〔三〕荀子：伯牙鼓琴，而六馬仰秣。淮南子作「駟馬」，注曰：仰秣，仰頭吹吐，謂馬笑也。御覽引琴書：師涓，紂樂官，善鼓琴，感四馬嘘天仰秣。或曰師曠。傳雖二，疑即是一。

〔四〕何曰：此種要非佳句。錢曰：工部之魔，宋人之俑。

〔五〕是將行役敍別之作。

戲題友人壁

花逕逶迤柳巷深，小闌亭午囀春禽。相如解作長門賦，却用文君取酒金〔一〕。

〔一〕長門賦序：武帝陳皇后得幸，頗妒，別在長門宫，愁悶悲思。聞成都司馬相如天下工爲文，奉金百斤爲相如、文君取酒，因于解悲愁之詞，而相如爲文以悟主上，陳皇后復得親幸。

王昭君〔一〕

毛延壽畫欲通神，忍爲黄金不爲〔二〕人。馬上琵琶行萬里〔三〕，漢宫長有隔生〔四〕春〔五〕。

〔一〕漢書匈奴傳：竟寧元年，呼韓邪單于復入朝，自言願壻漢氏以自親。元帝以後宫良家子王牆字昭君賜單于而歸，號寧胡閼氏。西京雜記：元帝後宫既多，乃使畫工圖形，案圖召幸。諸宫人皆賂畫工，獨王牆不肯，遂不得見。匈奴求美人爲閼氏，於是案圖，以昭君行。及去，召見，貌爲後宫第一，而名籍已定，帝重信於外國，故不復更人。乃窮案其事，畫工皆棄市，籍其家，資皆巨萬。畫工有杜陵毛延壽，爲人形醜好老少，必得其眞。安陵陳敞、新豐劉白、龔寬、下杜陽望、樊育同日棄市。按：匈奴傳作「牆」，元帝紀又作「檣」，而餘書多作「嬙」，通用也。

〔二〕一作「顧」，誤。

〔三〕石季倫王明君辭序：昔公主嫁烏孫，令琵琶馬上作樂，以慰其道路之思，其送明君亦必爾也。其新造曲多哀怨之聲。

〔四〕一作「山」，非。

〔五〕徐曰：似用青塚事。按：謂怨魂終古矣。借慨爲人所擯，語意顯然。

曼倩辭〔一〕

十八年來墮世間〔二〕，瑤池歸夢碧桃閒。如何漢殿穿針夜〔三〕，又向窗中〔四〕覷阿環〔五〕？

〔一〕漢書：東方朔字曼倩。

〔二〕東方朔別傳：朔未死時，謂同舍郎曰：「天下人無能知朔，知朔者惟太王公耳。」朔卒後，武帝得此語，召太王公問之，曰：「爾知東方朔乎？」公曰：「不知。」「公何所能？」曰：「頗善星曆。」帝問諸星俱在否？曰：「獨不見歲星十八年，今復見耳。」帝仰天歎曰：「東方朔生在朕旁十八年，而不知是歲星哉！」慘然不樂。餘詳漢宮。

〔三〕西京雜記：漢彩女常以七月七日穿七孔針於開襟樓。

〔四〕一作「前」。

〔五〕漢武內傳：七月七日，西王母降於宮中，遣侍女郭密香與上元夫人相問，上元夫人又遣一侍女答問，曰：「阿環再拜上問起居。」俄而夫人至，年可二十餘，天姿精耀，靈眸絕朗，向王母拜，王母呼同坐北向。母勅帝曰：「此眞元之母，尊貴之神，女當起拜。」帝拜問寒溫。覷阿環未知所本，方溯既窺王母，則亦覰阿環矣。

浩曰：以仙境比清資，而歎久遭淪謫。上元爲尊貴之神，窗外偶窺，不得深款，當借指朝貴，其亦寓言子直歟？然或直是豔情。

細雨

蕭灑傍迴汀，依微過短亭。氣涼先動竹〔一〕，點細未開萍。稍促高高燕，微疏的的螢〔二〕。故園烟草色，仍近五門青〔三〕。

〔一〕田曰：句最佳。

〔二〕梁簡文詩：朧朧月色上，的的夜螢飛。

〔三〕鄭康成明堂位註：天子五門：臯、庫、雉、應、路。句則泛言京城耳。詩爲客居作，草色相連，人偏遠隔。

錢曰：刻意描題，雖無奇思，自見筆力。

蜨

孤蜨小徘徊，翩翾粉翅開。併應傷皎潔，頻近雪中來〔一〕。

〔一〕自比。

奉寄安國大師兼簡子蒙〔一〕

憶奉蓮花座〔二〕，兼聞貝葉經〔三〕。巖光分蠟屐〔四〕，澗響入銅瓶〔五〕。日下徒推鶴〔六〕，天涯正對螢〔七〕。魚山羨曹植〔八〕，眷屬有文星〔九〕。

〔一〕唐會要：長樂坊安國寺，睿宗龍潛舊宅。續酉陽雜俎：安國寺紅樓，睿宗在藩時舞榭。按：道源以安國大師爲玄秘塔碑大達法師端甫，而序朱氏者駁之，以爲是知玄住上都安國寺，號安國大師者。愚考太和元年，詔白居易與安國沙門義林講論麟德殿，見三教論衡，而舊書作僧惟澄者也。他如安國寺紅樓僧廣宣，見韓昌黎、白香山、劉夢得、雍陶諸人集，而新書藝文志：令狐楚與廣宣唱和詩一卷。蓋其人年頗永，義山固及與之相識矣。道源所引端甫，時亦可合，然安國京師大刹，前後僧徒頗多，難定其爲何人。若知玄之說尤謬，已詳前矣。又東觀奏記：大中時僧從誨住安國寺，道行高潔，兼工詩，以文章應制，多稱旨。此尤與義山同時，而可以工詩相契也，何可定指哉！朱曰：元氏長慶集有寄盧評事子蒙作，疑卽此子蒙。按：白公後集十七卷，時當會昌元年，有贈盧侍御子蒙詩，卽元集中人也，似卽會昌四、五年尹河南之盧貞字子蒙者，詳文集爲河南盧尹表。此題必非其人，不可妄指。

〔二〕一作「坐」。世尊之座，七寶蓮花臺。又文殊師利坐千葉蓮花。此類語佛經甚多。

〔三〕屢見。

〔四〕晉書：阮孚好屐，自蠟屐，因歎曰：「未知一生當着幾兩屐！」

〔五〕見酬令狐見寄。

〔六〕見贈孫綺。

〔七〕暗用車武子事，見秋日晚思。

〔八〕通典：濟州東阿縣魚山，一名吾山，瓠子歌「吾山平兮鉅野溢」，謂此。異苑：陳思王嘗登魚山，忽聞岫裏有誦經聲，清遒深亮，遠谷流響，不覺斂襟祗敬，便效而則之。今梵唱皆植依擬所造。法苑珠林：梵聲顯世始於此焉。魏志：植登魚山，臨東阿，喟然有終焉之志，遂營爲墓。

〔九〕史記樊噲傳：誅諸呂、呂須媭屬。妙法蓮華經：彼佛弟子有無量百千萬億菩薩聲聞以爲眷屬。按：「眷」同「媭」，眷屬字佛經習見，偶引此耳。道源曰：子蒙必安國眷屬。浩曰：似赴桂管後寄也。

景陽宮井雙桐〔一〕

秋港菱花乾，玉盤明月蝕〔二〕。血滲兩枯心，情多去未得。徒經白門伴〔三〕，不見丹山客〔四〕。

未待刻作人〔五〕，愁多有魂魄〔六〕。誰將玉盤與〔七〕，不死翻相誤。天更闊於江，孫枝覓郎主〔八〕。昔妒鄰宮槐〔九〕，道類雙眉斂〔一〇〕。今日繁紅櫻〔一一〕，拋人占長簟〔一二〕。翠襦不禁綻，留淚啼天眼〔一三〕。寒灰劫盡問方知，石羊不去誰相絆〔一四〕？

〔一〕見景陽井。樂府詩集：魏明帝猛虎行：雙桐生空井，枝葉自相加。王僧虔技錄曰：荀錄所載明帝雙桐一篇，今不傳。又：梁簡文帝有雙桐生空井詩。

〔二〕比井之已堙。

〔三〕謂建康之白門，詳春雨。

〔四〕屢見。朱曰：言桐枯而鳳不來。

〔五〕漢書：江充典治巫蠱，遂至太子宮，掘蠱，得桐木人。此則兼取刻石像李夫人事。

〔六〕不必雕刻，固已魂魄如人，直以雙桐作張、孔二美人看。

〔七〕南史紀：隋兵入，僕射袁憲勸後主端坐殿上，正色以待之。後主曰：「鋒刃之下，未可交當，吾自有計。」乃逃於井。是則入井非他人所勸，故曰「誰將玉盤與」。

〔八〕風俗通：梧桐生於嶧陽山岩石之上，採東南孫枝爲琴，聲甚雅。通鑑注：門生家奴呼其主爲郎，今俗猶謂之郎主。徐曰：唐人尙稱天子爲郎，如明皇稱三郎也。按：謂後主不死，而入長安，遠在一方，豈止一江之限？南北桐枝，永抱無主之悲，反不如後主亦死於此，魂魄相依也。源師乃引祖台之志怪白袷桐郎之事，誤矣。故田氏駁之，曰：注引桐郎，泥一「郎」字也，詩實不如是用。依注思之，迷不可通，須知集之難解，詩與注分爲之也。旨哉言乎！今故易朱注而採田評，以曉後之讀斯集者。

〔九〕爾雅：守宮槐，葉晝聶宵炕。注曰：槐葉晝日聶合而夜炕布者，名爲守宮槐。西京雜記：守宮槐十株。

〔一〇〕言槐葉之合如眉之斂，故妒之，卽陳書所謂諸姬並不得進，惟貴妃侍焉也。陳後主長相思：帷中看隻影，對鏡斂雙眉。

〔一一〕一作「桃」，誤。

〔一二〕今則讓櫻桃獨占長簟矣。

〔一三〕徐曰：翠襦喻桐葉，言雨中葉破，如向天啼淚。

〔一四〕一作「伴」，誤。隋書五行志與南史陳紀：羊，國姓也，隋氏姓楊，楊，羊也。此言時逢浩刼，後主爲楊氏所絆，不得復歸南土矣。石羊必有事在，未及檢也。舊注引列仙傳修羊公化石羊事，與詩意絕無干。

浩曰：此直詠張、孔二美人，詞意顯豁，然別有所寄也。燕臺詩云「桃葉桃根雙姊妹」，又曰「玉樹未憐亡國人」，與此引雙桐意合。春雨詩云：「白門寥落意多違。」其他又有嘲櫻桃、越公房妓嘲公主諸篇，與此白門、紅樓、石羊等字一一相通，豔情所寄，確有二美矣。題曰「宮井」，與判春之「井上占年芳」合。末二句言㓗盡方知天數，設當時無楊氏之行，則誰能絆之哉？天實爲之也。是爲二美皆逝後作明矣。又曰：風懷詩最難徵實，必爲細箋，固愚且妄也。中有岐出之見，不耐更求晝一矣。

端居

遠書歸夢兩悠悠〔一〕，只有空牀敵素秋〔二〕。階下青苔與紅樹〔三〕，雨中寥落月中愁〔四〕。

〔一〕遠書彼來，歸夢我去，兩皆久疎。

〔二〕楊曰：「敵」字險而穩。

〔三〕一作「葉」。

〔四〕客中憶家，非悼亡也。

夜半

三更三點萬家眠，露欲爲霜月墮烟。鬭鼠上牀〔一〕蝙蝠出〔二〕，玉琴時動倚窗絃〔三〕。

〔一〕一作「堂」。

〔二〕春秋後語：趙奢曰：「兩鼠鬭於穴中，將勇者勝。」爾雅：蝙蝠，服翼。註曰：齊人呼爲蟙䘃，或謂之仙鼠。

〔三〕田曰：萬家眠，己獨不能眠，愁先景生，非緣境起。

滯雨

滯雨長安夜，殘燈獨客愁。故鄉雲水地，歸夢不宜秋。

月

過水穿樓觸處明，藏人帶樹遠含清。初生欲缺虛惆悵，未必圓時卽有情〔一〕！

〔一〕總是失意之語，不必定有所指。

城外

露寒風定不無情，臨水當山又〔一〕隔城。未必明時勝蚌〔二〕蛤，一生長共月虧盈〔三〕。

〔一〕一作「有」。

〔二〕「蚌」同。

〔三〕見錦瑟與題僧壁，又見家語。又吳都賦：蚌蛤珠胎，與月虧全。

浩曰：寓意未曉。

北青蘿

殘陽西入崦〔一〕，茅屋訪孤僧。落葉人何在，寒雲路幾層？獨敲初夜磬，閑倚一枝藤。世界微塵裏〔二〕，吾寧愛與憎！

〔一〕玉篇：嵫，衣檢切。「崦」同「嵫」。山海經西山經：崦嵫之山。傳曰：日沒所入山也。此泛言夕陽在山。

〔二〕法華經：譬如有經卷書寫三千大千世界事全在微塵中，時有智人破彼微塵，出此經卷。金剛經：若以三千大千世界碎爲微塵。此種語極多。

僧院牡丹

葉薄風才〔一〕倚，枝輕霧〔二〕不勝。開先如避客，色淺爲依僧。粉壁正蕩水〔三〕，緗幃初卷燈。傾城惟待笑，要裂幾多繒〔四〕！

〔一〕一作「纔」。

〔二〕似當作「露」。

〔三〕庾肩吾春夜詩：水光懸蕩壁。

〔四〕帝王世紀：妹喜好聞裂繒之聲，桀爲發繒裂之，以順適其意。

浩曰：頗難猝解，蓋刺僧之隱事也。首言其人嬌小；次以避客反托依僧，「色淺」，謂不便濃妝；五六寫其時地；裂繒似只取「妹喜」二字，謂僞託眷屬，或言其惟不敢狂笑也。此種尖薄，大傷詩教。又曰：如聖女祠之方朔，鏡檻之「射莎」，與此裂繒之類，不善悟者不可與言斯集。然庾辭隱語，非風雅正聲，學者愼勿效之，後人必以此誚余穿鑿入魔也。

高花

花將人共笑，籬外露繁枝。宋玉臨江宅〔一〕，牆低不擬〔二〕窺〔三〕。

〔一〕屢見。

〔二〕諸本皆作「礙」，今從萬首絕句。

〔三〕見判春。宋玉似自比。牆低固不礙窺，然作「不擬」，謂笑顏常露，偏於易窺者，而意不我屬也，較有味。

嘲桃〔一〕

無賴夭桃面，平明露井東。春風爲開了，却擬笑春風〔二〕。

〔一〕一作「花」。

〔二〕豔情尖薄之詞。

浩曰：原與高花接編，似因其薄我不窺，而溯舊以嘲之也。

送豐都李尉〔一〕

萬古商於地，憑君泣路岐。固難尋綺季，可得信張儀〔二〕？雨氣燕先覺〔三〕，葉陰蟬遽知〔四〕。望鄉尤忌晚，山晚更參差〔五〕。

〔一〕舊書志：山南東道忠州豐都縣，後漢平都縣。水經：江水逕東望峽，東歷平都。注曰：峽對豐民洲。舊巴子雖都江州，又治平都，卽此處也。平都縣有天師治，兼建佛寺，甚清靈。

〔二〕借古發慨，正堪泣之情事也。上句用留侯令太子請四皓來則一助也，謂求助無門也，見前四皓廟。下句謂人之虛言殊不足恃，見新開路。何曰：用筆之妙，百讀乃知。

〔三〕暗用石燕事，見武侯廟。

〔四〕暗用蟬得美蔭事，見北禽。二句借寫景以歎人之我先。

〔五〕喻年漸老，則遭逢尤難。何曰：收「岐」字足。

浩曰：商於相遇相送，李必出尉豐都者。疑爲巴蜀歸後借以發慨也。

訪隱

路到層峯斷，門依老樹開。月從平楚轉〔一〕，泉自上方來〔二〕。薤白羅朝饌〔三〕，松黄暖夜杯〔四〕。相留笑孫綽，空解賦天台〔五〕。

〔一〕謝脁詩：平楚正蒼然。

〔二〕佛舍僧居每稱上方。以上同一句法，是一格。

〔三〕潘岳閑居賦：緑葵含露，白薤負霜。本草圖經：薤似韭而葉闊，多白、無實，有赤、白二種，白者冷補。

〔四〕本草圖經：松花上黄粉名松黄，山人及時拂取，作湯點之甚佳。餘屢見。

〔五〕文選孫綽天台山賦序：天台山者，山岳之神秀者也。事絶於常編，名標於奇紀，然圖像之興，豈虚也哉！非夫遠寄冥搜，篤信通神者，何肯遥想而存之？余馳情運思，不任吟想之至，聊奮藻以散懷。此言親至其地，笑古之對圖畫而遥賦。

楊曰：前半渾壯清切，絶似少陵。浩曰：山境未測何地。

葉葉復翩翩〔一〕，斜橋〔二〕對側門。蘆花惟有白，柳絮可能温？西子尋遺殿，昭君覓故村〔三〕。年年芳物盡，來別敗蘭蓀〔四〕。

〔一〕本草注：蛺蜨輕薄，夾翅而飛，葉葉然也。

〔二〕一作「枝」。

〔三〕漢書紀註：昭君本南郡秭歸人也。寰宇記：歸州興山縣王昭君宅，古云昭君之縣，村連巫峽，是此地。香溪在邑界，即昭君所遊處。二句以香魂比之。

〔四〕一作「故園孫」，誤，見畫松詩。

錢曰：無一句咏蜨，却無一句不是蜨，可意會不可言詮，此眞奇作。浩曰：次聯謂人以冷澹遇之，三聯謂我終不忍忘舊，末寓每逢出遊徒來取別也。此亦爲令狐作。「蘭蓀」取喻郎君，「敗」者乖違之意也。頗可編年，今且入此。

蠅蜨雞麝鸞鳳等成篇〔一〕

韓蜨翻羅幙〔二〕，曹蠅拂綺窗〔三〕。鬭雞迴玉勒〔四〕，融麝煖金釭〔五〕。瑇〔六〕瑁明書閣〔七〕，琉璃冰酒缸〔八〕。畫樓多有主，鸞鳳各雙雙〔九〕。

〔一〕錢曰：題怪極，不可解。

〔二〕見青陵臺。

〔三〕吳錄：孫權使曹不興畫屏風，誤落筆點素，因就以作蠅，權以爲生蠅，舉手彈之。

〔四〕說文：勒，馬頭絡銜也。

〔五〕徐曰：融麝，以香練膏也。漢書：趙昭儀居昭陽舍，壁帶往往爲黃金釭，函藍田璧，明珠、翠羽飾之。說文：釭，車轂中鐵也，古雙切。漢書注：師古曰：壁帶之中，往往以金爲釭，若車釭之形也。按：句意以言燈火之光。

〔六〕一作「玳」。

〔七〕漢書注：瑇瑁，其甲相覆而生若甲然，甲上有斑文。

〔八〕晉書崔洪傳：汝南王醼公卿，以琉璃鍾行酒；洪不執。列異傳：濟北神女來遊，車上有壺榼青白琉璃五具。

〔九〕公羊傳：爲其雙雙而俱至者與？

浩曰：似亦以豔體寓令狐，故詭其題也。韓蜨比己貞魂不變，曹蠅比被人彈擊；次聯謂來而留宿；三聯謂只爲索書，聊爾命盞；結則羨他人之各有所主，而我情無著也。或隱有所刺，如偶題、河歎之類，無從定解矣。

樂遊原〔一〕

向晚意不適，驅車登古原。夕陽無限好，只是近黃昏！

〔一〕一上有「登」字，一下無「原」字。

許彥周詩話：洪覺範作冷齋夜話有曰：「詩至義山，謂之文章一厄。」僕讀至此，蹙額無語。渠再三窮詰，僕不得已曰：「夕陽無限好，只是近黃昏。」覺範曰：「我解子意矣。」卽時刪去。今印本猶存之，蓋已前傳出者。詩話類編：憂唐之衰。楊曰：遲暮之感，沉淪之痛，觸緒紛來。

寄遠

姮〔一〕娥擣藥無時已〔二〕，玉女投壺未肯休〔三〕。何日桑田俱變了〔四〕，不教伊水向〔五〕東流〔六〕？

〔一〕一作「常」。

〔二〕見鏡檻。

〔三〕御覽引神異經：東王公與玉女投壺，脫誤不接，天爲之笑。開口流光，今電是也。按：本文云：每投千二百矯，矯出而脫誤不接者，天爲之笑。「矯」一作「梟」。「開口」二句是註中語。

〔四〕見海上。

〔五〕一作「更」。

〔六〕水經：伊水出南陽縣西蔓渠山，皆東北流，過伊闕中至洛陽縣南，北入於洛。田曰：結頗澹曲。浩曰：上二句皆女仙，下二句謂何日免別離也。淺言之則爲豔情，如古體子夜、讀曲之類，多以隱語寄情，伊水借言伊人也；深言之則爲令狐而作，首句喻我之誠求，次句喻彼之冷笑，三四則「欲就麻姑買滄海」之意也。二說中以寓令狐較警。

明禪師院酬從兄見寄〔一〕

貞吝嫌茲世〔二〕，會心馳本原。人非四禪縛〔三〕，地絕一塵喧〔四〕。霜露欹高木，星河墮〔五〕故園〔六〕。斯遊儻爲勝，九折幸迴軒〔七〕。

〔一〕未知即從兄閬之否？

〔二〕「貞吝」，見易。

〔三〕菩薩本起經：太子便得一禪，復得二禪、三禪、四禪。楞嚴經：一切苦惱所不能逼，名爲初禪；一切憂懸所不能逼，名爲二禪；身心安隱得無量樂，名爲三禪；一切諸苦樂境所不能動，有所得心，功用純熟，名爲四禪。沈約詩：四禪隱巖曲。按：四禪尚非眞解脱處，故未盡免縛。餘見奉使江陵。

〔四〕南史隱逸顧歡傳：佛經云：釋迦成佛，有塵刼之數。餘詳送臻師。此則言隔絶塵世。

〔五〕一作「壓」，非。

〔六〕寫景中寓歎老思歸。

〔七〕漢書王尊傳：王陽爲益州刺史，行部至邛郲九折阪，歎曰：「奉先人遺體，奈何數乘此險？」後以病去。

浩曰：義山寓居禪院，從兄當有詩寄之，故述景寄酬也。結言儻以我之幽棲爲勝，幸爾亦迴軒而至。「九折」字不必拘地，禪院未知何處，意致頗近晚年，或東川養疾時乎？

訪隱者不遇成二絶〔一〕

秋水悠悠浸墅〔二〕扉〔三〕，夢中來數覺來稀。玄蟬去〔四〕盡葉黄〔五〕落〔六〕，一樹冬青人未歸〔七〕。

城郭休過識者稀〔八〕，哀猿啼處有柴扉。滄江白石〔九〕樵漁〔一〇〕路，日暮歸來雨滿衣〔一一〕。

〔一〕戊籤無「成」字。

〔二〕一作「野」。
〔三〕廣韻：墅，田廬。
〔四〕一作「聲」，一作「脫」。
〔五〕一作「黄葉」。
〔六〕月令：季秋之月，草木黄落。
〔七〕本草圖經：女貞凌冬不凋，卽今冬青木也，江東人呼爲凍生。羣芳譜：冬青一名萬年枝，女貞别種。此章正賦未歸。
〔八〕暗用後漢書龐德公未嘗入城府事。
〔九〕朱刊本誤作「日」。
〔一〇〕一作「漁樵」。
〔一一〕此章想其歸途也。既不入城郭，則當從樵漁之路而歸矣，非義山自歸也。滄江白石，時聽猿啼，當是遊江鄉時作；或在後之東川時作也。

雨

摵摵度瓜園〔一〕，依依傍竹〔二〕軒〔三〕。秋池不自冷，風葉共成喧〔四〕。窗迥有時見，簷高相續翻。侵宵送書雁，應爲稻粱恩〔五〕。

〔一〕盧諶詩：摵摵芳葉零。

〔二〕一作「水」。

〔三〕呂氏童蒙訓：二句不待說雨，自然是雨。

〔四〕寫秋雨入微，大勝起聯。

〔五〕廣絶交論：分雁鶩之稻粱。此借慨身在幕府。

和人題眞娘墓〔一〕

虎邱山下劍池邊〔二〕，長遣遊人歎逝川。罥樹斷絲悲舞席，出雲清梵想歌筵。柳眉空吐效顰葉〔三〕，榆莢還飛買笑錢〔四〕。一自香魂招不得，祇〔五〕應江上獨嬋娟！

〔一〕原注：眞娘，吳中樂妓，墓在虎邱山下寺中。吳地記：貞娘，吳國之佳麗也。行客才子多題詩墓上。「貞」一作「眞」。

〔二〕越絶書：闔閭冢在閶門外，名虎邱。下池廣六十步，水深丈五尺，銅槨三重，墳池六尺，玉鳧之流扁諸之劍三千，方圓之口三千，時耗、魚腸之劍在焉。千萬人築治之，築三日而白虎居上，故號虎邱。

〔三〕莊子：西子病心而矉其里，其里之醜人見而美之，歸亦捧心而矉其里。注曰：矉頞曰矉，矉、顰同。

〔四〕崔駰七依：迴眸百萬，一笑千金。鮑照詩：千金顧笑買芳年。

〔五〕「秖」同。

浩曰：和詩結歸原唱，唐人常例。玩此結句，豈原唱爲女冠之流耶？余初疑借眞娘以悼從事吳中者，非也。

和鄭愚贈汝陽王孫家箏妓二十韻〔一〕

冰〔二〕霧怨何窮〔三〕，秦絲嬌未已〔四〕。寒空煙霞高，白日一萬里〔五〕。碧嶂愁不行，濃翠遙相倚〔六〕。茜袖捧瓊姿，皎日〔七〕丹霞起。孤猿耿幽寂，西風吹白芷〔八〕。回首蒼梧深，女蘿閉山鬼〔九〕。荒郊白鱗斷〔一〇〕，別浦晴霞委。長彴壓河心〔一一〕，白道聯地尾〔一二〕。秦人昔富家〔一三〕，綠窗聞妙旨〔一四〕。鴻驚雁背飛〔一五〕，象牀殊故里〔一六〕。因令五十絲，中道分宮徵〔一七〕。斗粟配新聲〔一八〕，娣姪徒纖指〔一九〕。風流大隄上〔二〇〕，悵望白門裏〔二一〕。蠹粉實雌絃〔二二〕，燈光冷如水。羌管促蠻柱〔二三〕，從〔二四〕醉吳宮耳。滿內不掃眉，君王對西子〔二五〕。初花慘朝露，冷臂淒愁髓〔二六〕。一曲送連錢〔二七〕，遠別長於死〔二八〕。玉砌銜紅蘭，妝窗結碧綺。九門十二關〔二九〕，淸晨禁桃李〔三〇〕。

〔一〕按：舊書紀：咸通三年，以邕管經略使鄭愚充嶺南東道節度觀察使。北夢瑣言：鄭愚，廣州人，擢進士第，歇歷淸要。而新書藝文志：棲賢法雋一卷，僧惠明與西川節度判官鄭愚、漢州刺史趙璘論佛書。是先曾在西蜀使下矣。摭言「設奇沽譽」一條，亦有鄭愚事。舊書：讓皇帝子璡封汝陽郡王，天寶九載卒。王孫無攷。

〔二〕一作「水」，誤。

〔三〕徐曰：吳均行路難「冰羅霧縠象牙席」，卽此冰霧之義。按：似之而未可定。

〔四〕見河内詩。

〔五〕胡震亨曰：突兀得箏理。按：已逗下遠別意。

〔六〕猶遏雲之意，而造語詭異；或取眉如遠山，與下二句皆狀其貌美。

〔七〕白日、皎日固不妨複，或疑「皎若」之訛。

〔八〕九歌：沅有芷兮澧有蘭。又：辛夷楣兮葯房。廣韻：白芷葉謂之葯。

〔九〕見楚宮。

〔一〇〕朱曰：謂魚書難寄。

〔一一〕廣韻：彴，横木渡水。之若切。

〔二〕朱曰：地尾，地盡處。按：以上八句，錢曰：「言箏聲之哀」，似也，蓋皆望遠馳思之景。

〔三〕一作「貴」。

〔四〕一作「此」。

〔五〕劉孝綽詩：持此連枝樹，暫作背飛鴻。

〔六〕謂兄弟分背。

〔七〕「五十絲」，瑟也，謂夫婦分離。

〔八〕漢書：淮南王長，高帝少子也，文帝時以罪不食而死。民作歌曰：「一尺布，尚可縫；一斗粟，尚可舂；兄弟二人不相容。」

〔九〕玉篇：長婦曰姒，幼婦曰娣。公羊傳：諸侯一娶九女，二國往媵之以姪娣。此只取弟婦用。朱曰：集韻：秦人薄義，父子爭瑟而分之，因名爲箏。此乃作兄弟用，豈所傳不同耶？按：朱氏誤解「五十絲」句也。自秦人以下，蓋謂富盛之時，常理妙音於綠窗；自兄弟二人分散，其一流離異地，弟之妻徒有纖指而無能自活矣。尚未說到藉彈箏以餬口。此必有弟緣罪遠徙，而兄不恤弟婦者。

〔一〇〕古今樂錄清商曲襄陽樂：「朝發襄陽城，暮至大隄宿。大隄諸女兒，花豔驚郎目。」又有大堤曲。

〔一一〕屢見。二句謂漂蕩之蹟，蓋不得已而爲妓矣。

〔二二〕說文：蠹，木中蟲。姚曰：久不彈則柱生蠹。朱曰：其鱗如粉，故曰蠹粉。按：雌絃取獨居之義，律固有雌雄。

〔二三〕羌管，笛也。馬融長笛賦：近世雙笛從羌起。變柱爲箏，謂以笛佐箏。朱氏引晉書：「桓伊奴吹笛，伊撫箏而歌怨詩。」謂竹與絲合也。

〔二四〕一作「徒」，誤。

〔二五〕內人皆若不掃眉者，惟西子一人擅美。此四句方謂入王孫家，擅名一時。

〔二六〕顏之慘，臂之冷，爲彈箏時愁態。

〔二七〕爾雅：青驪驎，驒。註曰：色有深淺，斑駁隱粼，今之連錢驄。梁元帝紫騮馬：長安美少年，金絡錦連錢。

〔二八〕鄭愚或於將遠遊時在王孫家聞箏，故有詩贈之。此四句歸到鄭聞箏時。

〔二九〕班固西都賦：立十二之通門。

〔三〇〕道源曰：言箏妓所處華邃，桃李之容不可得窺。按：篇中所敘地理情景，究有未能明曉者。

九月於東逢雪〔一〕

舉家忻〔二〕共報，秋雪墮前峯〔三〕。嶺外他年憶〔四〕，於東此日逢〔五〕。粒輕還自亂，花薄未成重。豈是驚離鬢，應來洗病容！

〔一〕於東，商於東也。

〔二〕「欣」同。

〔三〕白香山和劉郎中望終南秋雪：徧覽古今集，都無秋雪詩。

〔四〕昔在桂管不可得雪。

〔五〕今乃於秋時逢之。

浩曰：舉家在途，故不驚離鬢而可洗病容也。三四追憶桂管少雪，反託此地早逢。玩「病容」字，東川歸後挈家還鄭，頗爲近之。然細跡總無可定，聊置於此。

失題〔一〕

昔帝迴沖眷，維皇惻上仁〔二〕。三靈迷赤氣〔三〕，萬彙叫蒼旻〔四〕。刊木方隆禹〔五〕，升陑始創殷〔六〕。夏臺曾圮閉〔七〕，汜水敢逡巡〔八〕！拯溺休規步〔九〕，防虞要徙薪〔一〇〕。蒸黎今得請，宇宙昨還淳。纘祖功宜急，貽孫計甚勤。降災雖代有，稔惡不無因〔一一〕。宮掖方爲蠱〔一二〕，邊隅忽遘屯〔一三〕。獻書秦逐客〔一四〕，間諜漢名臣〔一五〕。北伐將誰使？南征決此辰〔一六〕。中原重板蕩〔一七〕，玄象失勾陳〔一八〕。詰旦違清道〔一九〕，銜枚別紫宸〔二〇〕。茲行殊厭勝〔二一〕，故老邃分新〔二二〕。去異封於犟〔二三〕，來寧避處幽〔二四〕。永嘉幾失墜〔二五〕，宣政遽酸辛〔二六〕。元子當傳啓〔二七〕，皇孫合授詢〔二八〕。時非三揖讓〔二九〕，表請再陶鈞〔三〇〕。舊好盟還在，中樞策屢遵〔三一〕。蒼黄傳國璽〔三二〕，違遠屬車塵〔三三〕。雖〔三四〕虎如憑怒〔三五〕，黎龍性漫馴〔三六〕。封崇自何等〔三七〕？流落乃斯民〔三八〕。逗撓官軍亂〔三九〕，優容敗將頻。早朝披草莽〔四〇〕，夜縋達絲綸〔四一〕。忘戰追無及〔四二〕，長驅氣益振〔四三〕。婦言終未易〔四四〕，廟略〔四五〕況非神〔四六〕。日馭難淹蜀，星旄要定秦〔四七〕。人心誠未去，天道亦無親〔四八〕。錦水湔雲浪〔四九〕，黄山掃地春〔五〇〕。斯文虛夢鳥〔五一〕，吾道欲悲麟〔五二〕。斷續殊鄉淚，存亡滿席珍〔五三〕。魂銷季羔竇〔五四〕，衣化子張紳〔五五〕。建議庸何所？通班昔濫臻〔五六〕。浮生見開泰，獨得詠汀蘋〔五七〕。

〔一〕原編集外詩。胡震亨曰：舊本題作送從翁東川弘農尚書幕，今詳詩意似誤，改標失題，俟考。徐曰：疑擬少陵作，或疑少陵詩誤收於此。玩末二句，非是矣。詩與題舊不相合，當有脱頁而誤也。

按：徐氏疑「黄山掃地春」之下有脱頁，今詳玩詩意，却未嘗有遺脱。

〔二〕老子：上仁爲之而有以爲。

〔三〕釋名：祲，侵也，赤黑之氣相侵也。三輔舊事：漢作靈臺觀氣：黄氣爲疾病，赤氣爲兵，黑氣爲水。

按：赤氣爲兵亂之徵，史文中屢見。舊注只引冢墓記「蚩尤冢在東郡壽張縣闞鄉城中，民嘗十月祀之，有赤氣如一匹絳，名爲蚩尤旗」者，近是而泥矣。

〔四〕從隋亂唐興敍起。

〔五〕禹貢：禹敷土，隨山刊木。

〔六〕書序：伊尹相湯伐桀，升自陑，遂與桀戰于鳴條之野，作湯誓。

〔七〕史記：桀囚湯於夏臺，已而釋之。湯率兵伐桀，桀謂人曰：「吾悔不遂殺湯於夏臺，使至此也。」

〔八〕漢書：高祖卽皇帝位氾水之陽。注曰：氾，敷劍反。舊書紀：煬帝多猜忌，人懷疑懼。嘗徵高祖，遇疾未謁。時高祖甥王氏在後宮，帝問曰：「汝舅何遲？」王氏以疾對，帝曰：「可得死未？」高祖聞之益懼，因縱酒沈湎，納賄以混其迹。新書：突厥數犯邊，高祖兵出無功，煬帝遣使者執詣江都，高祖大懼，世民曰：「事急矣，可舉事。」已而傳檄諸郡稱義兵。詩言少遲當被囚執，故不敢逡巡也。

〔九〕抱朴子：規行矩步，不可以救火拯溺。文選策秀才文：拯溺無待於規行。

〔一〇〕漢書霍光傳：客有過主人者，見其竈直突，傍有積薪，謂主人更爲曲突，遠徙其薪，不者且有火患，主人嘿然不應。後家果失火，鄰里共救之，於是殺牛置酒謝其鄰人，而不錄言曲突者。人謂主人曰：「鄉使聽客之言，終亡火患。今論功請賓，曲突徙薪無恩澤，焦頭爛額爲上客耶？」主人廼寤而請之。此言不得不遽卽尊位。

〔一一〕謂貽謀甚備，纘緒者不勵精圖治，以至養成亂階，非可諉之氣數也。領起下文。

〔一二〕左傳：女惑男謂之蠱。指楊貴妃。

〔一三〕謂安祿山將反於漁陽。二句又總挈禍本。

〔一四〕見哭蕭侍郎。通鑑：楊國忠爲相，臺省官有才行時名不爲己用者，皆出之。唐人出就外職，每郎稱逐客。而傳云：人言祿山反者，明皇必大怒，縛送與之。則其時貶謫者多矣。舊謂指李林甫斥落試士，不知上聯已直敍祿山之亂，何暇追遡。

〔一五〕史記：陳平縱反間於楚軍，宣言楚諸將欲與爲一以滅項氏，項王疑之。舊書楊國忠傳：祿山陰圖逆節，動未有名，國忠使門客蹇昂、何盈求祿山陰事，圍捕其宅，殺李超、安岱等，又貶留後吉溫以激怒祿山，幸其搖動，取信於上。祿山惶懼，舉兵以誅國忠爲名。此謂明皇誤任國忠爲相，激成變亂。

〔一六〕詩六月箋曰：美宣王之北伐也。國語：齊桓公曰：「吾欲北伐，何主？」管仲曰：「以燕爲主。」易：南征吉，志行也。左傳：昭王南征而不復。舊書紀：天寶十五載六月甲午，將謀幸蜀，乃下詔親征。「將誰使」者，謂無人可使，故決計南幸。

〔一七〕詩序：厲王無道，天下板蕩。

〔一八〕見謝往桂林。

〔一九〕漢書丙吉傳：出逢清道。

〔一〇〕周禮：羣司馬振鐸，車徒皆作，遂鼓行徒，銜枚而進。又：銜枚氏掌司囂，軍旅田役令銜枚。舊書紀：六月乙未凌晨，自延秋門出，扈從惟楊國忠、韋見素、內侍高力士及太子、親王，妃主、皇孫已下，多從之不及。

〔一一〕漢書高祖紀：始皇曰：「東南有天子氣。」於是東遊以厭當之。王莽傳：欲以厭勝衆兵。

〔一二〕「新」字當誤，愚意必作「分軍」。按：若言分立新天子，於義不安，且失敍次。或謂如左傳「不食新矣」之意，謂至望賢驛父老獻麨之事，亦不可通。今檢舊書紀與宦官傳、通鑑：發馬嵬，將行，百姓遮道，請留皇太子，願戮力破賊收京。明皇曰：「此天啓也。」乃留後軍廄馬從太子，令高力士口宣曰：「百姓屬望，慎勿違之。」時實分麾下兵二千北趨朔方以圖興復，則作「分軍」正合。下聯一去一來，意正分頂，必無疑也。軍與般字勤字皆爲通叶，不必致疑。漢書陳湯傳：卽日引軍分行。晉書宣帝紀：伐蜀，分軍住雍、郿爲後勁。字亦習見。

〔一三〕史記：周考王封其弟桓公於河南，至孫惠公，封少子於鞏，號東周惠公。索隱曰：封少子於鞏，仍襲父號，曰東周惠公。此謂肅宗奉命而去。

〔一四〕用太王遷岐事。此謂明皇避亂來蜀，岐爲鳳翔，入蜀所經，故曰「來」也，非遽指肅宗駐鳳翔及還京之事。

〔一五〕晉書：懷帝永嘉五年，劉曜、王彌入京師，帝蒙塵於平陽。句意統指西晉懷、愍之亡。

〔二六〕唐會要：每月朔望御宣政殿，謂之大朝。五代史李琪傳：宣政，前殿也，謂之衙，衙有仗；紫宸，便殿也，謂之閤。此謂上皇已不在朝，而祿山僭僞號矣。

〔二七〕夏啓。

〔二八〕漢書宣帝紀：名病已，元康二年，更諱詢。餘見念漢書。二句皆謂肅宗，自明皇視之，則爲元子；自列祖視之，則統曰皇孫。舊注以皇孫指代宗，誤甚。

〔二九〕尚書大傳：湯以此三讓，三千諸侯莫敢卽位，然後湯卽位。漢書文帝紀：羣臣固請，代王西鄉讓者三，南鄉讓者再。

〔三〇〕漢書鄒陽傳：聖王制世御俗，獨化於陶鈞之上。通鑑：太子至靈武，裴冕、杜鴻漸等上太子牋，請遵馬嵬之命，牋五上，乃許之。肅宗卽位靈武城南。言時當危急，非卽尊無以固人心，故上表力勸，以重新治道也。

〔三一〕舊書紀：玄宗謂肅宗曰：「西戎、北狄，吾嘗厚之，今國步艱難，必得其用。」八月，迴紇、吐蕃遣使繼至，請和親，願助國討賊。中樞只言兵機耳，舊注謂指李輔國，且云以下似雜言肅、代時事，誤甚。

〔三二〕見行次西郊。

〔三三〕司馬相如諫獵書：犯屬車之淸塵。餘見少年。舊書紀：肅宗卽位靈武，卽白奏於上皇，上皇遣左相韋見素、文部尚書房琯奉冊書及傳國寶等至靈武。「屬車塵」謂上皇遠在蜀也。

〔三四〕「鶵」同。

〔三五〕左傳：今君奮焉，震電馮怒。「如」字與「性」字不對，可疑。或「性」字是「信」字之訛。

〔三六〕史記：夏后氏之衰，有二神龍止於帝庭而言曰：「余褒之二君也。」夏帝卜殺與去之與止之，莫吉；卜請其漦而藏之，乃吉。於是龍亡而漦在。自夏至周，莫敢發；至厲王發之，漦流於庭，後宮童妾遭之而孕，生子，弃之。有賣檿弧箕服者，見而收之，奔於褒，是爲褒姒。安祿山事蹟：明皇嘗夜宴祿山，祿山醉臥，化爲一黑猪而龍首，左右言之，帝曰：「此猪龍也，無能爲者。」通鑑：至德二載正月，安慶緒使李猪兒斫祿山腹，腸出數斗，遂死，慶緒即帝位。舊書傳：慶緒率其餘衆保鄴，旬日之內，賊將各以衆至者六萬餘，兇威復振。漦龍本褒女事，然義取遺種，儘可不拘。此二句皆言慶緒如得所憑藉，未易馴服也。舊注乃謂指張良娣、李輔國，試思上文初敍即位靈武，正當接言破賊復京，而忽及張后、李閹，可乎？

〔三七〕國語：伯禹封崇九山。

〔三八〕以九山比諸道節度身膺崇爵，不力爲剿寇，致斯民久流落也。

〔三九〕漢書韓安國傳：單于入塞，未至馬邑，還去，王恢等皆罷兵。廷尉當恢逗撓，當斬。

〔四〇〕通鑑：靈武文武官不滿三十人，披草萊立朝廷，制度草創。

〔四一〕左傳：夜縋而出。通鑑：顏眞卿以蠟丸達表於靈武，以眞卿爲河北招討采訪使，幷致赦書，亦以蠟丸達之。眞卿頒下河北諸郡及河南江淮諸道，始知上卽位靈武。句是統言，舉一可例。

〔四二〕詳見行次西郊。

〔四三〕通鑑：至德元載十二月，肅宗問李泌曰：「今敵強如此，何時可定？」二載正月，史思明自博陵，蔡希德自太行，高秀巖自大同，牛廷介自范陽，引兵共十萬寇太原。思明以爲指掌可取，既得之，當遂長驅取朔方、河隴，而其餘攻戰互爲勝負者甚多。故此云賊鋒尚盛也。若指郭、李長驅破賊，則上下全不貫。

〔四四〕此句方指張后也。通鑑：張良娣惡李泌、建寧王倓。肅宗卽欲正位中宮，泌言宜待上皇之命。良娣與李輔國相表裏，譖建寧王而賜死。蓋是時尚未破賊，而肅宗已信婦言，曾不思楊妃之鑒也。舊注謂德宗聽郜國公主之言，欲易太子，公主可直用婦言字哉？

〔四五〕一作「算」。

〔四六〕孫子：兵未戰而廟算勝，得算之多者也。晉書羊祜傳：外揚王化，內經廟略。以上皆敍喪亂之事；此下必應敍定亂復京，如送李千牛詩之章法，何竟無一語及恢復哉？

〔四七〕甘泉賦：流星旄以電燭。史記：項王立沛公爲漢王，王巴蜀。漢王還定三秦。舊書紀：至德二載九月，廣平王收西京。十月，上自鳳翔還京，乃遣使迎上皇。十二月，上皇至自蜀。此云「難淹」，則猶淹也；曰「要定」，尚未定也。其爲未收京時明矣。舊解指德宗欲還成都，此謀而不果之事，何云淹留哉！

〔四八〕言人心不忘唐，則天亦必眷顧，豈反佑賊哉？尚是頌禱之詞，未遽成功。

〔四九〕見送從翁東川。

〔五〇〕見送李千牛。上皇在蜀，雲浪更爲鮮明，故曰「湔」；賊據長安，春光皆爲昏濁，故曰「掃」。的是未還京語。

〔五一〕見上禮部魏公。以下自敍白鳳事，切寓居蜀中。

〔五二〕左傳：魯哀公十四年，西狩獲麟，仲尼觀之，曰：「麟也。」然後取之。

〔五三〕禮記：儒有席上之珍以待聘。二句謂因亂在蜀，而同袍零落也。

〔五四〕家語：季羔爲衞士師，刖人之足。蒯聵之亂，季羔逃之，走郭門，刖者守門焉，謂曰：「彼有缺。」羔曰：「君子不踰。」又曰：「彼有竇。」羔曰：「君子不隧。」又曰：「於此有室。」季羔乃入焉，追者罷。文選注：子羔滅髭鬢，衣婦人衣逃出。

〔五五〕謂因亂潛逃，流寓他鄉也。

〔五六〕徐陵表：洪私過誤，寘以通班。以上數聯，與義山絕不符。

〔五七〕見酬令狐見寄。謂若逢開泰，得優游而詠汀蘋，亦所甚幸，不敢復望通班也。曰「獨」者，對上存亡言也。此是虛說，非實境。或以東川柳幕證之，謬極。

浩曰：詩格頗類本集，然多敍喪亂，未及平定，自述蹤跡，危苦親嘗，直疑肅宗初避亂蜀中者之所吟，倘非杜公佚篇，況義山乎？或義山在巴蜀間搜得舊人遺篇，錄存夾入；或自借詠舊事以抒才藻，皆無可妄測也。

送阿龜歸華〔一〕

草堂歸意背烟蘿，黄綬垂腰不奈何〔二〕。因汝華陽求藥物，碧松根下茯苓多〔三〕。

〔一〕萬首絶句作「華陽」。

〔二〕漢書百官公卿表：比二百石以上皆銅印黄綬。後漢書輿服志：四百石、三百石、二百石黄綬淳黄。

〔三〕見題僧壁。新書志：華州土貢茯苓、茯神。唐本草：茯苓第一出華山。

浩曰：意境不似玉谿，蓄疑者久矣，今而知爲香山詩也。香山，下邽人，華州之屬縣也。香山弟行簡，行簡子龜郎，史傳中亦呼阿龜，而白公詩集尤詳之。此必白公送姪歸家之作，乃香山集漏收，而反入斯集，可怪已。

赤壁〔一〕

折戟沉沙鐵未銷〔二〕，自將磨洗認前朝。東風不與周郎便〔三〕，銅雀春深鎖二喬〔四〕。

〔一〕荆州記：蒲圻縣沿江一百里，南岸名赤壁。一統志：赤壁在樊口之上，江之南岸。宋蘇軾指黄州赤鼻山爲赤壁，誤也。今江漢間言赤壁者五，惟江夏之説合於史。此詩見杜牧集。馮定遠曰：赤壁至定子四首，北宋本不載，南宋本始有之。按：以下皆非本集而附錄者，前明分體刊本有垂柳、清夜怨、定子，餘無。席氏仿宋刊本赤壁以下皆無。戊籤無赤壁，餘皆有。

〔二〕吴志：周瑜逆曹公，遇於赤壁。部將黄蓋曰：「操軍方連船艦，首尾相接，可燒而走也。」取鬬艦數十艘，實以薪草，膏油灌其中，裹以帷幕，上建牙旗。先書報曹公，欺以欲降。諸船同時發火，時風甚猛，悉延燒岸上營，死者甚衆，軍遂敗走。

〔三〕吴志：瑜時年二十四，軍中皆呼爲周郎。

〔四〕吴志：橋公兩女皆國色，孫策自納大橋，瑜納小橋。程曰：爵、雀，橋、喬，並古通。

程曰：此詩歸之杜牧爲是。杜與李各自成家，李沉着，杜豪邁也。浩曰：本集未嘗無此種筆法，遊蹤亦曾經歷，然自來多屬之小杜。道山詩話云：石曼卿曾辨正之。

垂柳〔一〕

垂柳碧鬅〔二〕茸〔三〕，樓昏雨帶〔四〕容。思量成晝〔五〕夢，來去〔六〕發〔七〕春慵。梳洗憑張敞〔八〕，乘騎笑稚恭〔九〕。碧虛從〔一○〕轉〔一一〕笠〔一二〕，紅燭近高舂〔一三〕。怨目明秋水，愁眉淡遠峯〔一四〕。小闌花盡蝶〔一五〕，靜院醉醒蛩〔一六〕。舊作琴臺鳳〔一七〕，今爲藥店龍〔一八〕。寶奩抛擲久，一任景陽鐘〔一九〕。

〔一〕亦見唐彥謙集。

〔二〕一作「髯」。

〔三〕廣韻：鬅鬙被髮。

〔四〕一作「帶雨」。

〔五〕一作「夜」，一作「昨」。

〔六〕一作「未久」。

〔七〕舊作「東久廢」，誤，今皆從唐集。

〔八〕見回中牡丹。又漢書：張敞爲婦畫眉，長安中傳張京兆眉憮。

〔九〕晉書：庾翼字稚恭。世說：庾小征西嘗出未還，婦母阮與女上安陵城樓。俄頃翼歸，阮語女：「聞庾郎能騎，我何由得見？」婦告翼，翼便於道盤馬，始兩轉，墜馬墮地，意氣自若。

〔一〇〕一作「隨」。

〔一一〕一作「輔」，誤。

〔一二〕虞昺穹天論：天形穹窿如笠，冒地之表。

〔一三〕淮南子：日經于泉隅，是謂高春；頓于連石，是謂下春。

〔一四〕屢見。

〔一五〕「盡」字疑。

〔一六〕朱曰：「醒」字疑作「鬧」。按「醉」「醒」皆當有誤。

〔一七〕益部耆舊傳：相如宅在少城中笮橋下，又有琴臺在焉。相如琴歌：鳳兮鳳兮歸故鄉，遨遊四海求其凰。

〔一八〕樂府讀曲歌：自從別郎後，臥宿頭不舉。飛龍落藥店，骨出只爲汝。胡震亨曰：別本誤作「藥杏」，今正之。

〔一九〕屢見。

姚曰：此借柳詠人也。浩曰：是客中懷內之作，筆趣略類本集，誤字頗難盡校也。舊書傳：彥謙少時師溫庭筠，故文格類之。宋楊文公談苑曰：鹿門先生唐彥謙爲詩酷慕玉溪，得其淸峭感愴之一體。

清夜怨

含淚坐春宵，聞君欲度遼〔一〕。綠池荷葉嫩，紅砌杏花嬌。曙月當窗滿，征雲出塞遙。畫樓終日閉，清管爲誰調？

〔一〕史記褚先生補侯者年表：范明友，使護西羌，事昭帝，拜爲度遼將軍。

程曰：擬征婦怨，別無寄託。浩曰：聲調清亮，而用意運筆不似義山。樂府陸州歌皆取舊人五言四句分章，其排遍第四，即此「曙月」以下二十字，惟「征雲」作「征人」耳。其歌不知始何時也。王阮亭云：唐樂府往往節取當時詩人之作。

定子〔一〕

檀槽〔二〕一抹廣陵春〔三〕，定子初開〔四〕睡臉新。却笑邱墟〔五〕隋煬帝〔六〕，破家亡國爲何〔七〕人？

〔一〕亦見杜牧外集，題作隋苑，注曰：定子，牛相小青。才調集、萬首絕句皆編杜牧作。朱曰：牛僧孺鎮淮南，牧之掌書記，故有此作。西溪叢語以屬義山，謬也。

〔二〕杜集作「紅霞」，才調集作「濃檀」。

〔三〕明皇雜錄：中官白秀貞自蜀使回，得琵琶以獻，其槽以邏逤檀爲之，清潤如玉，光輝可鑑。

〔四〕杜集作「當筵」。

〔五〕一作「喫虛」，一作「喫虧」。

〔六〕呂氏春秋：國爲邱墟。程曰：喫虛，唐方言，猶喫虧也。按：當從杜集作「邱墟」。文選注：煬，余亮切。

〔七〕杜集作「誰」。

程曰：格調必牧之。

遊靈伽寺〔一〕

碧〔二〕煙秋寺汎湖〔三〕來，水打〔四〕城根古堞摧〔五〕。盡日傷心人不見，石楠〔六〕花滿〔七〕舊琴〔八〕臺〔九〕。

〔一〕見戊籤本集，亦見許渾集。「靈」，許集作「楞」。徐曰：吳地記：靈伽寺在橫山北，隋建，今上方寺也。

〔二〕許集作「晚」。

〔三〕一作「潮」。

〔四〕許集作「浸」，

〔五〕徐曰：吳邑志：吳王魚城在横山下，今田間多高阜，是其遺迹。又酒城在吳城西南，又越城在石湖北。越伐吳，吳王在姑蘇臺，築此城逼之。又隋文帝十一年，命楊素徙郡横山，唐武德四年，復自横山還故城。蓋吳郡古城遺跡多在横山石湖左右，唐時尚有可考，今知之者鮮矣。

〔六〕一作「榴」。

〔七〕一作「發」。

〔八〕一作「歌」。

〔九〕吳地記：硯石山在縣西門外，亦名石鼓，又有琴臺在上。徐曰：吳邑志：今靈岩山寺即其地，有琴臺、石室，有硯池，皆故迹。

程曰：許集有自楞伽寺晨起汎舟、再遊姑蘇諸詩可證，義山似無親歷吳郡之跡。浩曰：義山有無吳、越之遊，未可核斷。唐詩品彙選此詩，亦屬之義山也。然論詩格，固應歸之丁卯橋。

龍邱道〔一〕中二首〔二〕

漢苑殘花別，吳江盛夏來。惟看萬樹合，不見一枝開。

水色饒湘浦，灘聲怯建溪〔三〕。淚流迴月上，可得更猨啼？

〔一〕一作「途」。

〔二〕程曰：見戊籤，但合作一首入五律類，誤也。舊書志：衢州信安郡龍邱縣，屬江南東道。按：後漢書任延傳：「延拜會稽都尉，吳有龍邱萇者，隱居太末，志不降辱。延曰：「龍邱先生躬德履義，都尉埽洒其門，猶懼辱焉。」乃遣功曹奉謁，修書記，致醫藥。注曰：太末，今婺州龍邱縣。則縣之得名，當以萇也。

〔三〕寰宇記：建溪在建州建陽縣東，源從武夷山下西北來。按：建溪所經亦遠。寰宇記：南劍州劍浦縣有三溪：曰東溪，西溪，南溪，合流南歸於海，自古謂之險灘。似此句所指。

程曰：集有武夷山詩，觀此二詩，豈義山嘗從衢州而至建州耶？本傳未載，不可考也。浩曰：建溪似與武夷近，然此與湘浦意皆是比也，程乃誤會矣。詩亦見戊籤牧之集，牧之嘗刺睦州，固近衢州矣。玩詩意是春末發京師，五六月至龍邱，合之義山遊蹤，更不可符，恐牧之亦未必是，筆趣皆不類。萬首絕句五言牧之二十七首，亦無此。

題劍閣詩〔一〕

峭壁橫空限一隅，劃開元氣建洪樞。梯航百貨通邦計，鍵閉諸蠻屏帝都。西蹙犬戎威北狄，南吞荆郢制東吳。千年管鑰誰鎔範？只自先天造化爐。

〔一〕通典：劍州劍門縣有劍閣，卽張載作銘所。　餘見哭蕭侍郎。

浩曰：此刻劍閣石壁者，詩後一行上題劍閣詩，下李商隱。乾隆壬辰歲，余長子應榴視學四川，次子省槐偕行，劍門登眺，搜錄得之，喜以呈余，矜爲妙蹟。余以辭意平淺，不類義山，棄而弗錄。及檢薛逢集題劍門先寄上西蜀杜司徒詩，卽此篇也，體格於薛極類，但全篇只詠劍門形勝，何嘗有一字旁及，則其「先寄」云云，必爲誤贅。因此轉思義山頻經劍州，或有此平易之作，本集舊雖不收，然既有石刻，且徐箋本曾據蜀中名勝收之，而薛又有送西川杜公赴鎮赴闕詩，亦有送義山在徐幕詩，似其間錯雜，亦可藉以互考，故聊爲附錄。浩曰：周密浩然齋雜談：李商隱詩云「咸陽宮殿鬱嵯峨」一條下，又李商隱晉元帝廟云：「青山遺廟與僧鄰，斷鏃殘碑鎖暗塵。紫蓋適符江左運，翠華空憶洛中春。夜臺無月照珠户，秋殿有風開玉扆。弓劍神靈定何處？年年春綠上麒麟。」意淺語弱，必非本集軼篇。殿本已於雜談內加按語訂其誤矣。浩曰：戊籤據事文類聚收金燈花七言二韻，乃又見宋晏殊集者，語意淺甚，必非義山也。徐箋本據歲時雜詠收嘉興社日七絶，而曰亦見劉言史集。考全唐詩小序，劉言史，邯鄲人，初客鎮冀，後客漢南，其集中有潤州、處州之作，則當經嘉興矣。義山雖有江東之遊，未知至嘉興否？且諸集本皆不載也。徐氏又據絶句博選收齊安郡中一首，此牧之刺黄時作也，故皆不附錄。浩曰：洪容齋三筆曰：唐李義山詩云：「鏤月爲歌扇，裁雲作舞衣。」此李義府堂堂詞，洪氏萬首絶句亦載之，必近時刊本訛「府」字爲「山」字也。戊籤據海録碎事收逸句云：「頭上金爵釵，腰佩翠琅玕。」此出陳思王美女篇也。又云：「遥想故園陌，桃李正酣酣。」此崔融和宋之問寒食題臨江驛詩，「想」字乃「思」字之訛也。又云：「蘆洲客雁報春來。」此李賀梁臺古意篇也。無一爲義山矣。徐氏據合璧事類補採詠雪「郊野鵝毛滿，江湖雁影空」之類，共十句，余偶閲萬花谷有詠桃「酥胸酣暖日，玉臉笑春風」，而其他説部、韻類諸書，每有引義山句爲本集所無者，既未遑一一訂正以分棄取，且原非名句，枝贅何庸？故盡舍之。

附錄一

補遺 辛亥季冬

詠三學山〔一〕

五色玻璃〔二〕白晝寒〔三〕，當年佛脚印旃〔四〕檀〔五〕。萬絲織出三衣妙〔六〕，貝葉經傳一偈難〔七〕。夜看聖燈紅菡萏〔八〕，曉驚飛石碧琅玕〔九〕。更無鸚鵡因緣塔〔一〇〕，八十山僧試說看。

〔一〕按：見萬花谷續集潼川路懷安軍題詠，云出李義山，在金堂縣。余昔閱此書，忽而不察。今以大兒應榴錄得，因加審定，必本集所遺無疑也。補編年詩後，當附題僧壁下。法苑珠林：簡州金水縣北三學山，舊屬益州。元和郡縣志：簡州管縣三：陽安、金水、平泉。金水縣有金堂山。漢州管縣有金堂，以界連金堂山，故名。元豐九域志：乾德五年，以簡州金水縣置懷安軍，又以漢州金堂縣隸軍。明一統志：三學山在金堂縣東北一十里，上有法海、普濟、廣濟三寺。翻譯名義集三學法：世尊立教，法有三焉：一者戒律，二者禪定，三者智慧。

〔二〕一作「瓈」。

〔三〕按：玉篇、廣韻：玻瓈，玉也，西國寶。翻譯名義集：頗黎，此云水玉，或云水精，然有赤有白。愚檢前、後漢書：西域罽賓國大秦國多奇寶，中有流離。註引魏略：大秦國出赤白黑黄青緑縹紺紅紫十種流離。蓋自然之物，踰於衆玉，其色不恆。今俗皆銷冶石汁衆藥灌而爲之，虚脆非眞。魏書：大月氏國人商販京師，能鑄石爲五色瑠璃，乃美於西方來者。是皆云流璃，不云玻瓈。玄中記則云大秦國有五色頗黎。藝文類聚引十洲記：方丈山上有瑠璃宫。太平御覽引十洲記：崑崙山上有紅碧頗黎色七寶堂。雖佛書七寶中二者並列，疑古時總爲一類。此謂殿宇高嚴明淨。

〔四〕一作「栴」。

〔五〕法苑珠林：漢州三學山寺，唐開皇十二年，寺東壁有佛跡見，長尺八寸，闊七寸。又栴檀香，竺法眞曰：栴檀出外國。俞益期箋曰：衆香共是一木，木根爲栴檀。翻譯名義集華嚴云：摩羅那山出栴檀香，山峯狀如牛頭，此峯中生栴檀樹，故曰牛頭栴檀。明一統志：三學山有佛跡，石理溫潤，非世間追琢所能。按：開皇是隋，似「唐」字誤。

〔六〕大方等陀羅尼經：佛告阿難，衣有三種：一出家衣，作於三世諸佛法式；二俗服，弟子趣道場時當著一服，常隨逐身，尺寸不離；第三服者，具於俗服，將至道場，常用坐起。其名如是。

修諸淨行，具於三衣。圓覺經：一曰僧伽梨，即大衣也；二曰鬱多羅僧，即七條也；三曰安陀會，即五條也。此是三衣。法苑珠林：天女說偈歌，言若男子女人勝妙衣惠施，施衣因緣，故所生得殊勝。

〔七〕傳法正宗記：釋迦命迦葉曰：吾以清淨法眼實相無相妙法，今付與汝。說偈曰：法本法無法，無法法亦法。今付無法時，法法何曾法。又二祖阿難曰：昔如來以正法眼藏付大迦葉，迦葉入定而付於我，用傳汝等。汝受吾教，當聽偈言。餘見安平公詩。

〔八〕法苑珠林：三學山寺有神燈，自空而現，每夕常爾，齋時則多。初出一燈，流散四空，千有餘現，大風起吹小燈滅，已，大燈還出，小燈流散四空，迄至天明。又山有菩薩寺，迦葉佛正法時，初有歡喜王菩薩造之，寺名法燈。自彼至今，常明空表。一統志：聖燈山在金堂縣東三十里，一名普賢山，世傳昔有普賢聖燈出現。

〔九〕四川通志：三學山飛石記，邑宰張西撰。按：志文足據，未得其詳，似亦唐時邑宰。

〔一〇〕文苑英華鸜鵒舍利塔記：前歲有獻鸜鵒鳥者，有河東裴氏，以此鳥名載梵經，智殊常類，始告以六齋之禁。比及辰後非時之食，或教以持齋名號者，其後即唱言阿彌陀佛，穆如笙竽，念念相續。今年七月，悴而不懌，馴養者乃鳴磬告曰：「將西歸乎？爲爾擊磬。」每一擊一稱彌陀佛，洎十念成，奄然而絕。命火焚餘，果舍利十餘粒。時高僧慧觀常詣三學山巡禮聖迹，請以舍利於靈山建塔。貞元十九年八月韋皐記。翻譯名義集：尼陀那，此云因緣。一切佛語緣起事皆名因緣。

浩曰：義山爲八戒和尚謝復三學山精舍表，此老僧必卽八戒，詩當同時作也。前後詠本山靈蹟；次聯謂習禪者多，悟法者少；末歎不如禽鳥之微，能得正覺。雖皆事屬釋門，而義山沉淪使府，未升朝官，寄慨亦在言外矣。

玉谿生詩詳註補

卷一

玉谿金元好問遺山集水調歌頭詞，賦德新王丈玉溪，溪在嵩前費、莊兩山絶勝處也。句云：嵩高大有佳處，元在玉溪頭。又臨江仙詞云：嵩邱幾度登樓，故人多在玉溪頭。按：此玉溪在嵩山，義山詩中屢云嵩陽，似亦可指，然不如耶律公所云覃懷玉谿，更於懷州切近。（參一頁按語）

領說文：領。徐鍇繫傳：領，春秋傳曰：迎於門者領之而已。臣鍇曰：點頭以應也。今左傳作頷。（參五頁注〔三〕）

文成破體書在紙四句　按：破體或謂破文體，或謂破書體。愚謂破書體必謬，謂破當時爲文之體較是。如段文昌作卽當時體矣。韓公進撰平淮西碑文表：「其碑文今已撰成，謹錄封進。」愚疑碑文錄在大紙，可鋪丹墀，故曰「破體書在紙」，似可備一解。（參六頁注〔三五〕）

七十有三代國朝聖廟時命何焯等纂分類字錦，其數目類引此句，而曰：「古封禪者七十二君，以唐憲宗益之，故云七十三代也。」愚謂下句可以告功封禪，則當作「三」字爲是，抃傳之亦醒豁矣。（參七頁注〔三七〕）

三邊後漢書鮮卑傳：幽并凉三州緣邊諸郡歲被寇抄殺略。又：鮮卑寇三邊。（參八頁注〔二〕）

十三李鼎祚易傳：蒙以養正。干寶曰：武王之崩，年九十三矣，而成王八歲。禮記文王世子孔穎達疏曰：鄭註金縢云：文王崩後，明年成王生。則武王崩時，成王年十歲。喪畢踐阼，周公居東都，時成王年十三。按：皆不必細校，而借用則可。（參九頁注〔三〕）

侵夜鸞開鏡謂曉粧之至早也。詳三卷南朝「雞鳴埭」句。（參一四頁注〔五〕）

迎冬雉獻裘晉書武帝紀：咸寧四年冬，太醫司馬程據獻雉頭裘，帝以奇技異服，典禮所禁，焚之於殿前。爲「冬」字更詳之。（參一五頁注〔六〕）

箕山箕山許由廟，見舊書隱逸田遊巖傳。（參一六頁注〔七〕）

隋按：國語：晉臣辛俞曰：「是隋其前言。」注曰：「隋，許規切，壞也。」是亦音隨。唐人碑文中每有書隨高祖者，其通用審矣。（參一七頁注〔一〕）

鸑鷟師曠禽經：鳳雄凰雌，亦曰瑞鶠，亦曰鸑鷟，羽族之君長也。（參一七頁注〔四〕）

白足禪僧按：蔡京事蹟，雲溪友議曰：楚鎮滑臺之日，見於僧中，令京挈瓶鉢云云。似紀事所本耳。法書苑：天平節度使廳紀，太和五年劉禹錫撰，沙門有鄰八分書。可見令狐與禪僧往來，寧必以蔡京當之耶？（參二一頁注〔一〕及二三頁注〔五〕）

鬱金裙朱長孺補註：張泌粧樓記：鬱金，芳草也。染婦人衣最鮮明，染成則微有鬱金之氣。（參二四頁牡丹詩「折腰爭舞」句）

南省通志職官略：唐時謂尚書省爲南省，門下、中書爲北省。亦謂門下省爲左省，中書爲右省。或通謂之兩省。（參二一九頁注〔七〕）

諸姓喪大記：子姓，謂衆子孫也。姓之言生也。（參三一頁注〔二〕）

三十三天法苑珠林引正法念經。補「正」字。（參三三頁注〔三〕）

嵩陽嵩陽不徒紀地，唐時實有嵩陽觀。如天寶三載嵩陽觀紀聖德頌，李林甫撰，徐浩八分書，爲明皇命道士孫太冲煉丹至九轉而作。後之學仙者必多於此修習，義山固學仙者。（參三九頁東還詩「歸去嵩陽」句）

自取魏志袁紹傳注：紹說進曰：「前竇武欲誅黃門，言語漏洩，自取破滅。」（參四二頁注〔五〕）

漢相通鑑注：甘露記曰：訓長大美貌，口辨無前，常以英雄自任。清江三孔集：孔文仲經父論：李訓義不顧難，忠不避死；而惜其情銳而器狹，志大而謀淺。（參四三頁注〔三〕）

軍烽疑作「鋒」字是。漢書南粵傳：軍鋒之冠。字習見史書。此謂刀兵之光照耀也，內亂不煩舉烽。再酌。（參四〇頁有感「軍烽照上都」句）

重有感陸士湄曰：詩蓋爲劉從諫作也。五句謂文宗受制中人，而反言以存體；六句慨無人效一擊之力也。「星關」猶天門，言禁闕也。按：此實先得我心，特補采之，不敢隱善攘美。（參四八頁總評）

千金子又：司馬相如傳：故鄙諺曰：「家累千金，坐不垂堂。」（參五〇頁注〔七〕）

心存闕莊子：中山公子牟曰：「身在江湖之上，心居魏闕之下。」按：語習見。唐人每用子牟。（參五三頁注〔三〕）

蘭亭二句劉賓客和汴州令狐相公詩：「選壻得蕭咸。」以此度之，令狐有貴壻，朱氏之揣是也。（參五九頁注〔五〕）

和友人戲贈二首按：徐武源謂此二首似贈置姬別室者，逐句有解。愚更就其說申之：首章言會既不易，信亦稀通。三四清冷之態；五六似言偶得相隨，尋復別去；結謂宜深鎖閉之也。次章謂所居僻遠。三四珮爲常繫之物，環有待圓之情，謂終宜合并，且俟徐圖耳。或祇謂以珠珮玉環與之，亦可。下半宜如愚所解。然愚究以妓館之說爲得，否則重有戲之兩結句囑其深鎖尙恐烏龍來臥，毒諢何可禁當歟！（參六〇頁標題）

秀才史記儒林列傳：二千石謹察可者，當與計偕，詣太常，得受業如弟子。能通一藝以上，補文學掌故缺；即有秀才異等，輒以名聞。按：舊書志有唐以來出身入仕者，首有秀才，而無其人。是則秀才皆假借美稱耳。（參六三頁標題）

月裏御覽引歸藏經：嫦娥盜不死之藥奔月。（參六三頁注〔四〕）

終南通鑑漢紀九註：終南山橫亙關中南面，西起秦隴，東徹藍田，凡雍岐郿鄠長安萬年，相去且八百里，而連綿峙據其南者，皆此一山也。特詳於此，以下皆同。（參六四頁李肱所遺畫松「終南與淸都」句）

學仙玉陽東舊書職官志：天寶二載，置崇玄學，習道德等經，同明經例。（參七一頁注〔四六〕）

天壇上白香山有遊王屋自靈都抵陽臺上方望天壇詩，又有天壇峯下詩「頂上將探小有洞」，注：小有洞在天壇頂上。（參七二頁注〔五四〕）

翡翠說文：翡，赤羽雀；翠，青羽雀。「羽」字補。（參七四頁注〔五〕）

無聊漢書張耳傳：天下父子不相聊。師古曰：言無聊賴以相保養。（參七四頁注〔八〕）

松喬淮南子：「王喬、赤松子吐故內新，抱素反眞，以遊玄眇，上通雲天。」按：隸釋：薄城有王子喬碑，曰：「仙人王子喬者，蓋上世之眞人，聞其仙不知興何代也。」此與列仙傳大異。（參七六頁注〔三七〕）

錦里後漢書：王符潛夫論：「濯錦以魚。」（參七六頁注〔三八〕）

雲臺唐人多於華山雲臺觀習業，屢見小說家。（參七六頁注〔三九〕）

東城飲按：西川有東城遊賞之盛，東川亦有之乎？或疑即謂京師之東城。從翁既往東川，京師之醼飲疏矣。下句意其迴念京師并交情也，本集「幸會東城宴」可互証。（參七三頁送從翁從東川弘農尚書幕「少減東城飲」句）

公玉季按：史記索隱曰：「玉」，或音「肅」。姚氏引風俗通：齊濬王臣有公玉冉。三輔決錄：杜陵有玉氏。二姓單複有異，單姓者音肅。後漢司徒玉祝是其後也。按：「濬」似「湣」字誤刊。後漢書是「玉況」。皮日休獻致政裴秘監詩：「玉季牧江西，泣之不忍離。」似以玉季稱弟，與後輩應，「早忝諸孫末」亦通，但公玉又不可合。（參七八頁注〔四三〕）

黑水元和郡縣志：「黑水在興元府城固縣西北。」（參七九頁注〔一一〕）

下苑二句下苑指曲江之會，東門指霸橋送別。（參八〇頁注〔五〕、注〔六〕）

弛刑徒後漢書朱穆傳：「太學書生數千人上書訟穆，曰：『伏見弛刑徒朱穆。』」（參八六頁注〔四〕）

鉗奴張耳陳餘列傳：「以鉗奴從趙王入關，無不爲諸侯相郡守者。」補句。（參八七頁注〔一六〕）

旋踵管子：「車不結轍，士不旋踵，鼓之而三軍之士視死如歸。」（參八五頁哭虔州楊侍郎「旋踵戮城狐」句）

邙山卜宅白香山哭師皐詩：「南康丹旐引魂迴，洛陽籃舁送葬來。北邙原邊尹邨畔，月苦煙愁夜過半。」則楊實葬邙山

也。（參八七頁注〔一八〕）

面啼按：漢書項籍傳：馬童面之。師古曰：面謂背之，不面向也。面縛亦謂反背而縛之。愚意此句「面」字，或亦謂背之。（參九九頁注〔九〕）

羌渾按：舊書郭子儀傳：吐蕃、迴紇、党項、羌、渾、奴剌等各種，而安祿山是柳城雜種胡人，其幼隨母在突厥中。未知與羌渾同異何如耳。（參一〇一頁注〔三四〕）

右一作「左」。藏庫又按：舊書安祿山傳：朝廷震驚，禁衛皆市井商販之人，乃開左藏庫出錦帛召募。又舊書崔光遠傳：駕發，百姓亂入宮禁取左藏大盈庫物，既而焚之。似作「左」作「右」未可執定。但下句「有左無右邊」，則必作「右」是。（參一〇四頁注〔六二〕）

節制舊書職官志：旌節所以委良能，假賞罰。旌節之制，命大將帥及遣使於四方，則請而佩之。（參一〇六頁注〔七二〕）

官健通鑑：代宗大曆十二年，定諸州兵。其召募給家糧春冬衣者，謂之官健。（參一〇八頁注〔九七〕）

無愧辭左傳：范武子之德，其祝史陳信於鬼神，無愧辭。此則用碑事。（參一一二頁注〔四〕）

彈棊中心筆談：棊局方二尺，中心高如覆盂，其巔爲小壺，四角微隆起。（參一一五頁注〔六〕）

永憶江湖二句預計他年功名成就，歸老江湖，仍抱不忘魏闕之意；則此時之所進取者，卑之不足道也。（參一一六頁注〔七〕）

南渡宜終否通鑑：晉元帝江東草創，始立太學。成帝時，以江左寖安，興學校，徵集生徒；而士大夫習尙老莊，儒術

終不振。穆帝時，以軍興，學校遂廢。（參一二六頁注〔一六〕）

皆三皇莊子天運篇：老子曰：「余語女：三皇五帝之治天下，名曰治之，而亂莫甚焉。」（參一二八頁注〔二八〕）

受經忙通鑑：唐太宗貞觀中幸國子監，大徵天下名儒爲學官，增學生滿二千二百六十員。以師說多門，章句繁雜，命孔穎達與諸儒撰定五經疏，謂之正義。此爲唐學業盛事。（參一二九頁注〔三七〕）

誅非聖何休公羊傳注：無尊上、非聖人、不孝者，斬首梟之。（參一二九頁注〔四三〕）

坊禮記作「坊」，音房，與「防」通。集本皆作「防」。（參一三〇頁注〔五〇〕）

藏鈎按：說文：彄，弓弩端，弦所居也。而古人每借用之。（參一三四頁注〔五〕）

蘭臺白香山詩自註：秘書府即蘭臺也。按：是唐人習稱。（參一三四頁注〔九〕）

隱忍漢書劉輔傳：小罪宜隱忍。（參一三六頁鏡檻「隱忍陽城笑」句）

仙眉佛髻法苑珠林敬佛篇：髮似光螺，眉方翠柳。又：迦畢試國有佛髮，青色，螺旋右縈，引長丈餘，卷可寸許。（參一三七頁注〔七〕、注〔八〕）

幰舊書輿服志：隋制，車有亘幰、通幰。（參一三九頁注〔一九〕）

一封馳師古曰：脊上有一封，其隆高若封土也。按：一封謂以一馳取酒，亦可，不必定謂馳封。（參一三九頁注〔三〇〕）

中路因循後漢書鄧彪胡廣傳論：昔人明慎於所受之分，遲遲於岐路之間。注：謂不可妄進也。義山自悔其不遲遲耳。（參一四一頁有感「中路因循」句）

景陽井按：萬花谷引吳越春秋：越王用范蠡計，獻之吳王。其後滅吳，蠡復取西施，乘扁舟遊五湖而不返。與升庵所引異。墨子以比干之殪、孟賁之殺、西施之沉、吳起之裂並言，是實沉於水也。升庵云所引與墨子合。浮，沉也，反言耳。（參一四七頁注〔二〕）

曲水閒話又曰：「五勝」本取相勝代興之義。此句不僅寓「水」字，兼寓新故之感，似與曲江一首必同意。（參一五一頁注〔九〕）

浮雲文子：日月欲明，浮雲蔽之。（參一五七頁注〔三七〕）

大鹵杜預注：太原晉陽縣。（參一六四頁注〔三九〕）

蒸雞晉書惠帝紀：帝次獲嘉，市麄米飯，盛以瓦盆。有老父獻蒸雞，帝受之。（參一六六頁注〔四五〕）

長刀舊書王及善傳：除右千牛衞將軍。高宗曰：「與卿三品要職，佩大橫刀在朕側，知此官貴否？」（參一七〇頁注〔七〕）

彭蠡按：獨孤及江州刺史廳壁記：廬山湓水，周乎雉堞；洞庭彭蠡，爲之襟帶。唐時每以洞庭彭蠡連稱。若論地勢，江州與岳州遠矣。（參一七二頁注〔五〕）

通塞易節卦：不出戶庭，知通塞也。後漢書酈炎傳：通塞苟由己，志士不相卜。（參一七五頁酬別令狐補闕「人生有通塞」句）

寄成都高苗二從事題與注作者已自表明高鍇西蜀幕矣，何疑焉！（參一七九頁標題與注〔一〕）

紫梨恒州記室李邈作進梨表，見唐末許默紫花梨記。（參一七九頁注〔二〕）

馮夷竹書紀年：夏帝芬十六年，洛伯用與河伯馮夷鬭。按：竹書注有殷上甲微假師于河伯，以伐有易，滅之。則河伯似國號，豈後人謂之河神耶？竹書固不足信。（參一九一頁注〔五〕）

師友後漢書班彪傳：彪避地河西，大將軍竇融以爲從事，深敬待之，接以師友之道。文苑傅毅傳：車騎將軍馬防請毅爲軍司馬，待以師友之禮。（參一九八頁注〔八〕）

寢門禮記奔喪：哭師於廟門外，朋友於寢門外。（參一九八頁注〔八〕）

妓席暗記送同年之武昌又曰：義山必曾至蜀而回至武昌。上二句即遡由蜀而回之情事，語甚沉痛，當與蜀桐、失猿等篇同玩味之。（參二〇一頁妓席暗記送同年獨孤雲之武昌總評）

盤豆館按：韋莊有題盤豆驛水館後軒之作，可與此章相証。（參二〇五頁出關宿盤豆館對叢蘆有感總評）

茅君唐柳識茅山白鶴廟記：茅山，舊句曲也。漢元帝世，有茅君來受仙任，因爲茅山。二弟亦此山得道。三峯是三君駐雲鶴之所。備詳傳記。（參二〇九頁注〔三〕）

許掾萬花谷引十二眞君本傳：許遜爲九州都仙太史，家屬四十二口皆乘雲去。（參二〇九頁注〔四〕）

黃紙洪邁曰：晉恭帝時，王韶之遷黃門侍郎，凡諸詔黃皆其辭也。則東晉時已用黃紙寫詔矣。（參二〇九頁注〔五〕）

永樂元豐九域志：熙寧六年，省永樂縣入河東爲永樂鎭。縣有中條山、黃河、嬀水、汭水。（參二一八頁標題）

破甑世說：鄧遐免官後見桓溫，溫曰：「卿何以瘦？」答曰：「有愧於叔達，不能不恨於破甑。」注：孟敏字叔達。宋蘇軾

詩：功名一破甑，棄置何用顧？同此意。（參二二〇頁注〔三〕）

同院崔侍御臺拜唐有三院御史：侍御史謂之臺院，殿中侍御史謂之殿院，監察御史謂之監院。臺拜，臺院也。（參二二三頁標題）

劉放按：孫資爲中書令，劉放爲中書監，皆當宰輔之任，非庶僚也。「劉放」句似謂府主未得還朝，「鄒陽」句乃謂崔以臺拜入京。浩曰：以太原事編此。然細玩情味，疑非本集詩而誤入者。當再考。（參二二四頁注〔三〕）

靈仙閣金石錄：鎭嶽靈仙寺碑，薛收撰，貞觀元年。按：似卽此閣歟？（參二二五頁標題）

樽俎間晏子春秋：孔子曰：不出樽俎之間，而知千里之外，其晏子之謂也，可謂折衝矣。（參二二六頁注〔四〕）

映書南史范雲傳：孫伯翳，太原人。父康，起部郎，貧，常映雪讀書。（參二三一頁注〔七〕）

常娥嫦、常通用，文心雕龍引歸藏經作「常」。餘已詳重有戲。（參二四〇頁注〔二〕）

曬犢鼻晉書阮咸傳：咸與籍居道南，諸阮居道北，北阮富，南阮貧。七月七日，北阮盛曬衣服，錦綺粲目。咸以竿挂大布犢鼻於庭，人或怪之，答曰：「未能免俗，聊復爾耳！」（參二四一頁注〔七〕）

寂寞門扉掩袁安事從御覽引錄異記，與後漢書袁安傳「舉孝廉」註引汝南先賢傳同。（參二四九頁注〔九〕）

麪市御覽引姑臧記：羣公對雪，向隆之曰：「麪堆金井，誰調湯餅？」（參二五〇頁注〔二〕）

鹽車戰國策：驥之齒至矣，服鹽車而上太行，中阪遷延，負轅而不能上。（參二五〇頁注〔三〕）

交城舊莊感事究以追感劉從諫爲近是。蓋從諫於甘露之變後，大得時譽。觀後紀程驤事稱開成初相國彭城公，可

悟餘說皆非。六州借言部曲之類，不必拘魏博也。（參二五四頁標題）

彈按：後漢書邊讓傳：章華賦：琴瑟易調，繁手改彈。與半、散、幹、漢叶。（參二五八頁注〔七〕）

轝按：易大有卦：大車以載。李氏易傳作「大轝」，說卦爲「大輿」。易傳爲「大轝」是。轝、輿、車三字並通，而古人言喪車每作轝。（參二六三頁注〔四〕）

屬車舊書職官志：屬車一十有二。古者屬車八十一乘，皇朝置十二乘也。（參二六四頁注〔六〕）

王母漢書哀帝紀：關東民傳行西王母籌至京師，會聚祠西王母。又五行志：民聚會里巷阡陌，設祭，歌舞祠西王母。按：王母祠廟似始此。顧亭林金石文字記：華嶽唐人題名中有李商隱名。（參二六六頁注〔四〕）

八駿三萬里宋郭若虛圖畫見聞志：舊稱周穆王「八駿日馳三萬里」。晉武帝時所得古本，乃穆王時畫黃素上爲之，腐敗昏潰，而骨氣宛在，逸狀奇形，蓋亦龍之類也。（參二六九頁注〔四〕）

卷二

鄭大唐闕史：公之篇什，可以糠粃顏、謝，笞撻曹、劉。其題緱山王子晉廟詩，警策之句云云，當在李翰林杜工部之右。按：鄭亞爲李翺之壻，畋是外孫，見唐摭言。（參二七四頁注〔一〕）

威風魏志杜畿傳注：古之刺史奉宣六條，以清靜爲名，威風著稱。（參二七八頁注〔三〕）

矮墮古辭陌上桑「頭上倭墮髻」，是詠羅敷採桑時。劉禹錫詩：鬖鬌梳頭宮樣妝。（參二八三頁注〔三〕）

五月六日一作「十五」。**夜**按：法苑珠林：奘法師西國傳云：三月十六日至五月十五日，盛熱也。一作「十五」，或不誤。（參二八四頁注〔一〕）

象卉分疆近禹貢：島夷卉服。傳曰：南海島夷，草服葛越。史記秦始皇本紀：桂林、象郡、南海。按：象郡，漢爲日南郡，與交趾同屬交州，皆桂州近疆。（參二八七頁注〔三〕）

朱槿花二首即今人習稱佛桑花者，非他槿花類。（參二九三頁注〔一〕）

碍燈還按：小説有云碍夜方至。白香山詩：東家典錢歸碍夜，南家貰米出凌晨。是唐人常語。（參二九四頁注〔八〕）

雲孫按：皆以仙家寄意。雲孫，疑即天孫，或楚詞稱雲中君之類。俟再考。或即上從漢武，指其後世，亦通。（參二九六頁注〔六〕）

居士禮記鄭氏註：道藝處士。維摩詰經：爲白衣居士說法。（參三〇一頁注〔三〕）

宋玉史記屈原列傳：楚有宋玉、唐勒、景差之徒，皆好辭而以賦見稱，然皆祖屈原之從容辭令，終莫敢直諫。（參三〇五頁注〔四〕）

匡牀莊子：麗之姬，艾封人之子也。晉國得之，至於王所，與王同筐牀。按：筐、匡當通用。（參三〇六頁注〔三〕）

魚鉤按：所引嶺表志當是嶺表異物志。（參三一〇頁注〔七〕）

豬都按：後漢書朱穆傳：穆著絕交論。註引其論，略有「游豶蹂稼，而莫之禁也」句，似即此豬都之義。（參三一一頁注〔三〕）

假守史記南粤尉佗傳：佗卽以法誅秦所置長吏，以其黨爲假守。漢書作「守假」。（參三一三頁總評）

孔翠晉書張華傳：鷦鷯賦：孔翠生乎遐裔。（參三一六頁題鵝注〔三〕）

門多晉政多門，不可從也。（參三一八頁注〔一〇〕）

上天梯後魏書：魏李順曰：「人言姑臧城南天梯山上，冬有積雪。」（參三一九頁注〔四〕）

文吏二句謂不力戰而玩寇自逸，徒令生民被害。（參三二六頁注〔四〕）

荆門西下浩曰：此篇久未能定，今揣其必爲遇險後至荆門之作。蓋水程由洞庭而經荆江，故迴望兼及洞庭。今則將自荆門西下而至荆州，荆州江陵在荆門之西南，以從陸路，故云「却羡路岐」也。其後陸發荆南，始至商洛，乃可一串相通耳。又曰：偶檢通鑑梁紀：湘東王繹以王僧辯爲大都督，擊侯景，聞景已入江夏，繹與僧辯書曰：「賊乘勝必將西下。」又曰：「賊若水步兩道直指江陵。」通鑑注曰：自江夏指江陵，當作西上。愚疑「西下」字或當時非誤，與此題「西下」似可相證。此似由陸路至江陵，後又陸路至商洛，一時行蹟，其如此歟？又曰：風五律之情景又不可合，當是别有秋時水程，無可再考。頗疑座主鎮蜀，往謁不遇，歸途時作。（參三二七頁標題、注〔一〕及總評）

淚唐摭言：李太尉德裕頗爲寒進開路。及謫官南去，或有詩曰：「八百孤寒齊下淚，一時南望李崖州。」雲溪友議：贊皇削禍亂之階，闢孤寒之路，結怨侯門，取尤羣彥。後之文場困辱者思之，故有「八百孤寒」之句。按：詳引之，尤見所解之確。服虔通俗文。（補「文」字）。（參三三〇頁注〔六〕及總評）

荆南商洛唐時荆州習稱荆南。自荆南陸行至襄鄧數百里，乃可前至東、西兩京。（參三三二頁注〔一〕及總評）

青辭二句是從江湘來至鄧州無疑。（參三三二頁注〔三〕）

虞寄數辭官寄前後所居官未嘗至秩滿，裁朞月，便自求解退。補。（參三三四頁注〔三〕）

白袷説文：袷，衣無絮。古洽切。（參三三四頁注〔四〕）

天外宋玉大言賦：長劍耿耿倚天外。按：唐豈謂劍南道爲天外乎？（參三四七頁風「歸舟天外有」句）

風浩曰：詩意與桂管歸途情味不合。竊疑座主高鍇移鎮西川，義山必至其幕，遭讒擯不得留，其由水程而歸歟？他詩「天外山惟玉壘深」，「天外」二字，似可互証。但核他篇所寫地理，似入峽上蜀，非自蜀而下。若重爲逐一改編，實難妄定耳。（參三四八頁風總評）

九日後漢書西南夷哀牢傳。補字。（參三四九頁注〔三〕）

深宮徐武源曰：雖寫宮怨，而托意又在遇合間也。首言夜景；次聯一喻廢棄，一喻承恩；五根三句意，六根四句意；結言恩澤之偏。明係缺望之情，而不失和平之旨。浩曰：以不得在高座主西川幕証之，情味甚合。結聯即「當鑪仍是卓文君」之意。（參三五四頁深宮總評）

海石萬花谷續集廣西路欽州題詠：「僧憐海石爲碁子，客懼蠻螺作酒杯。」出陶弼詩。按：亦云海石爲碁，必川、廣間有此物產。又唐釋齊己詩「陵州碁子浣花牋，深愧攜來自錦州」，陵州屬劍南道，當亦類此。（參三五五頁注〔六〕）

金鑾殿蘇易簡續翰林志：德宗時移院於金鑾坡上。（參三五六頁注〔二〕）

陣圖按：困學紀聞引薛士龍曰：陣圖有三：一在魚復永安宮南江灘水上。蔡季通曰：一在魚復石磧，迄今如故。此

必指魚復陣圖，故曰東聚。（參三六〇頁注〔五〕）

煙江 水經注：自三峽七百里中，兩岸連山，略無闕處，重巖疊嶂，隱天蔽日，自非停午夜分，不見曦月。按：煙江之稱，猶云「苦霧巴江水」也。白香山詩有「煙江澹秋色」句，又韓致光詩云「遠隨漁艇泊煙江」，至宋王晉卿煙江疊嶂圖，則因蘇文忠詩大著名矣。「煙江」字究未考始於何文也。（參三六〇頁注〔五〕）

杜工部蜀中離席 只取下四字，不取杜姓，杜工部久客蜀。或借以自譽己之詩才，未可定也。（參三六一頁標題）

杜宇 杜宇，蜀主也。借謂西川府主。（參三六四頁注〔二〕）

乾鵲 爾雅：鸒，山鵲。說文：山鵲，知來事鳥也。按：淮南子汜論訓作「乾鵠」。注云：乾鵠，鵲也。乾音干。（參三六四頁注〔七〕）

北禽 錢木庵曰：通首自寓。二聯「值」，當也。言卽能自結主知，難當猛鷙之害。按：「縱能」句，意謂僅一見耳。（參三六四頁標題及三六五頁總評）

自攜明月 法苑珠林引大志經云：大意入海取明月寶珠，以濟衆生。（參三六八頁注〔三〕）

燕脯 按：太平寰宇記：利州理綿谷縣，有龍門山石穴，高數十丈。又東山之北有燕子谷。詩用「燕脯」，或有舊事而莫考者。又按：漢書五行志曰：涎，美好貌也。又見外戚孝成趙皇后傳。師古曰：涎涎，光澤之貌。音徒見反。涎與見叶，史文與註甚明。乃有謂當作「涏涏」。涏，音挺。爾雅釋水：直波爲徑。注言：徑，涏也。又音電。涏涏，美好貌，一曰光澤貌。義或類而音大殊，不可從也。特附辨之。（參三六九頁注〔八〕）

夭閼嵇康答難養生論：五穀易殖，農而可久，所以濟百姓而繼夭閼也。（參三七五頁注〔二〕）

孫朴按：趙明誠金石錄：唐崇聖寺佛牙碑，孫朴撰，大中時立。似卽此孫朴，則亦能文之士也。（參三七六頁注〔一〕）

紅綸按：徐君蒨詩紅綸當謂巾飾。此句紅綸綺寮，謂窗格紅色，又以綵綺結之。（參三八〇頁注〔二〕、注〔三〕）

觜蠵漢書揚雄傳：羽獵賦：抾靈蠵。注曰：雄曰毒冒，雌曰觜蠵。（參三八一頁注〔一五〕）

巴賨後漢書南蠻板楯蠻夷傳：高祖定巴中夷人租賦，戶歲入賨錢口四十。（參三八一頁注〔一六〕）

腸熱應二句按：莊子在宥篇：廉劌彫琢，其熱焦火，其寒凝冰。形容人心也。句意本之。（參三八二頁注〔一〕）

思牢弩箭磨青石戴凱之竹譜：筋竹爲矛，稱利海表。槿仍其幹，刃卽其杪。生於日南，別名爲篻。註曰：筋竹至堅利，南土以爲矛。其筍未成竹時，堪爲弩絃。又：百葉參差，生自南垂。傷人則死，醫莫能治。亦曰簩竹，厥毒若斯。彼之同異，余所未知。註曰：一枝百葉，因以爲名。夷人以刺虎豹，中之輒死。一物二名，未詳其同異。按：卽此種而名互異耳。宋人楊伯嵒臆乘：南番思牢國產竹，質甚澁，可以礪指甲。又李商隱云：「思牢弩箭磨青石」，是知亦可作箭。今東廣新州有此種，製爲礪甲之具，但微滑，當以酸漿漬之，過信則澁。後覩六書豪韻「簩」字註云：⿱竹思簩，竹名，一枝百葉，有毒。按：今廣韻七之云：⿱竹思，竹名，有毒，傷人卽死。又六豪：簩，竹名，一枝百葉，有毒。是分兩種，不合稱。文選吳都賦：篻簩有叢。注曰：簩竹有毒，夷人以爲觚，刺獸，中之必死，亦單名簩也。本集各本皆只作「思牢」，無作「⿱竹思簩」。他書引句亦作「思牢」，或作「⿱竹思簩」。余疑思牢弩箭自有其物，或後人乃以⿱竹思簩實之耳。吳僧贊寧撰筍譜，⿱竹思竹筍、簩竹筍分爲二種。餘已詳。華陽國志蜀志：汶山郡臺登縣山有砮石，火燒成鐵，剛利。禹貢厥賦砮是也。餘已詳。（參三八四

頁注〔三〕）

無題四首首章：徐武源曰：令狐綯作相，義山屢啓陳情不之省，數首疑爲此作也。俱是喻體。此首二句，言信杳而時將盡矣，然痴情不醒，夢寐繫之；急切裁書，亦不及修飾。五六想像華顯之地，結言前已恨其遠，今不更遠乎？次章：陸士湄曰：義山用事大半借意，如賈氏二語，只爲一「少」字、「才」字，是屬確解。而人舍此不求，徒以窺簾留枕事實之，則失作者之意。三章：徐武源曰：此應以綯難見而言也，直待末後而始得一見，故曰晚、曰暫。次聯乃足將進而趦趄意，然又不能與之決絕，殊愧顔矣。結到歸來景象，與首聯暮夜相應。四章：徐曰：此以老女傷春爲比。溧陽二句，喻年少逢時者，與之相形，尤不得不歸而歎矣。結得凄絕，古樂府之遺也。按：徐、陸合解頗通，故屢補采之。然余解似更詳確也。三章首句既曰畹晚，則七句必當爲「晚」字。溧陽公主年雖未考，而秦主苻堅滅燕，冲姊清河公主年十四，有殊色，堅納而寵之。似可借用，猶富平少侯之「十三身襲」歟？（參三八六頁標題及三八八頁總評）

雞香齊民要術：雞舌香，俗人以其似丁子，故爲丁子香也。（參三九一頁注〔三〕）

碧瓦按：朱氏註本句引劉騊駼詩「縹碧以爲瓦」。愚檢後漢書儒林（標點者注：誤，據後漢書，當作「文苑」）劉珍傳：校書劉騊駼馬融校定東觀五經、諸子傳記。舊書志：劉騊駼集二卷。今不可考。此句未知出處，不敢引。（參三九五頁令狐舍人說昨夜西掖玩月因戲贈「涼波衝碧瓦」句）

昨夜流塵比流言。玩下二句，必慨讒人間之於座主西川者，詳前後諸篇。（參三九六頁標題及本詩總評）

杜陵詩唐末李洞應舉，獻詩云：公道此時如不得，昭陵慟哭一生休。葉石林詩話：牧之不滿於當時，故有「望昭陵」之

句。趙與虤娛書堂詩話：唐制，有寃者哭昭陵下。按：采此三條，足知所註之確。（參三九八頁注〔三〕）

行臺史文習見。凡命將統師征討者，皆曰行臺。（參四〇四頁注〔三〕）

強笑趙岐孟子註：詔笑，強笑也。（參四一〇頁李花「強笑欲風天」句）

苦於風土爾雅：風而雨土爲霾。此蓋曰苦烈風揚塵也。（參四二二頁標題）

自起新豐西京雜記：高祖少時，常祭枌楡之社。及既作新豐，并移舊社，衢巷、棟宇，物色惟舊，士女老幼相攜路首，各知其室；放犬羊雞鴨於通塗，亦競識其家。餘見行次昭應縣。（參四二二頁注〔四〕）

甲煎所引紀聞采自通鑑胡三省注，與杜陽編所載同。（參四二三頁注〔四〕）

武威將軍按：宰相世系表盧氏從無「武威」之稱，劉氏則每稱「武威」，豈其族望或有相通歟？或疑以武寧軍號稱，如所云「天平之年，將軍樽旁」之類，則似誤刊作「威」字，亦未必然。且再考。（參四二六頁偶成轉韻七十二句贈四同舍「武威將軍」句）

相所難唐時視河北三鎮如荒外。「相所難」，定指弘正宣諭河北時。（參四二六頁「歷廳請我」句）

秦川按：舊書韋貫之子澳傳：澳上章辭疾，以松檟在秦川，求歸樊川別業。跡相類也。補注中「仍從永樂移來」句下。（參四三〇頁注〔三〕）

荆江中通鑑注：大江自蜀東流入荆州界，謂之荆江。荆江口卽洞庭之水與入江之水會處。按：其時當從桂管渡洞庭湖入荆江遭險。（參四三一頁注〔四〕）

靈臺下舊書職官志：司天臺在永寧坊東南角也，靈臺郎二人。按：似寓居司天臺近側。（參四三一頁注〔三〕）

赤帖如今之硃標文檄。（參四二六頁「平明赤帖」句及四三二頁注〔三〕）陸士湄曰：俊快絕倫，不惟變盡豔體本色，且與韓碑各開生面，足見其才之未易量矣。補偶成轉韻篇總評後。（參四三四頁總評）

樞言按：管子列經言、外言、內言、短語、區言、雜篇等目，「區」本不作「樞」。區言似取藏也或小也之義。後人有作「樞」者，似非。雖相傳房玄齡註管子：區言，樞機之義。然前人已云：註淺陋，恐非玄齡。何足據也！易繫辭傳「出其言善，千里之外應之」，「言行君子之樞機」，其取此乎？（參四三五頁注〔一〕）

山西後漢書鄭興傳：山西雄桀。註曰：山西，謂陝山已西也。（參四三五頁注〔二〕）

整頓史記張耳陳餘傳：宜整頓其士卒。（參四三六頁注〔三〕）

蟬徐武源曰：此從事幕府而以蟬見意也。首寫高潔，中微寓失所依棲，是以嗟泛梗而興故園之思也。（參四四〇頁標題）

三蜀後漢書南蠻傳：巴郡板楯復叛，寇掠三蜀。按：即巴志所云也。愚謂北方口音輔與蜀亦相近，故訛爲輔。（參四四二頁注〔五〕）

百牢百牢關爲秦中南境之界，果州南充郡在嘉陵江之西，必過關也。（參四四四頁注〔六〕）

年鬢南齊書高帝諸子傳：（標點者注：本文見南史及梁書蕭子恪傳，南齊書無。）豫章王嶷子子範，爲正德信威長史十餘年，不出蕃府。及是爲到府牋曰：「上蕃首僚，於茲再忝。老少異時，盛衰殊日，雖佩恩寵，還羞年鬢。」補詳。（參四四五頁注〔三〕）

大儒 按：左傳哀十一年：艾陵之戰，陳僖子謂其弟書：「爾死，我必得志。」註：書，子占也。與新序所云之子占相去遠矣。此固不及辨。（參四四六頁注〔一〇〕）

憂葵 後漢書盧植傳：漆室有倚楹之戚。注引琴操魯漆室女事，曰：昔楚人得罪於其君，走逃吾東家，馬逸，蹈吾園葵，使吾終年不厭菜。按：葵，即菜也。菜是統名，葵是分類，菜猶五穀之稱。偶附志之。（參四四七頁注〔三〕）

天地翻 莊子德充符：雖天地覆墜，亦將不與之遺。（參四五二頁注〔九〕）

房中曲 徐武源曰：此悼亡詞。花泣幽而錢小，猶人歸泉路而遺嬰稚也。嬌郎無所知識，倚父寢興，如凝雲抱日而曉耳。帳中寶枕，乃眼淚所流潤者，人去床空，惟見碧羅蒙罩而已。記得別時，傷心難語；今歸不見人，僅見所遺之物，即愁到天地翻覆，豈能見而識哉！（參四五一頁標題）

嫣花 蘇詩臥病彌月垂雲花開之作，施注引義山句「日薄不嫣花」。（參四五三頁壬申七夕「月薄不嫣花」句）

門庭 漢書嚴助傳注：友壻，同門之壻。此門庭意同。（參四五五頁注〔二〕）

檀郎 按：唐晝上人送顧處士詩：謝氏檀郎亦可儔。檀郎當從謝家，再考。此似頂上謝傅，即指王十二，非指畏之。（參四五五頁注〔三〕）

碧文圓頂 萬花谷引酉陽雜俎：北方婚禮，用青布幔爲屋，謂之青廬，於此交拜行禮。（參四五八頁注〔二〕）

石榴紅句意莫定，似寓不得爲京官之慨。玩結聯，言仍然出依幕府耳。（參四五八頁注〔五〕）

武關漢書高帝紀：沛公攻武關。應劭曰：武關，秦南關，通南陽。（參四六二頁注〔二〕）籌筆驛下。按：石曼卿詩敍蜀事畢，乃爲此追愴之句，豈得謂有山水處便可用耶？（參四六三頁標題及四六五頁總評）

張惡子廟太平寰宇記：劍州梓潼縣濟順王，本張惡子，晉人，戰死而廟存。唐書云：廣明二年，僖宗幸蜀，神於利州桔柏津見，封爲濟順王，親幸其廟，解劍贈神。按：明一統志謂神越巂人，因報母仇，徙居是山。自秦伐蜀以後，世著靈應。曹學佺蜀郡縣古今通釋：梓潼縣，蜀古志云：禹於尼陳山伐梓，其神化爲童子，漢所爲名縣也。此語出翰墨全書，方輿勝覽引之。按：其說多端，今皆詳徵之。（參四六七頁注〔一〕）

甲令賈誼新書：天子之言曰令，令甲令乙是也。（參四七一頁注〔八〕）

黔突今聚珍版文子纘義：孔子無黔突，墨子無煖席。（參四七六頁注〔三〕）

今晨發蒙漢書揚雄傳：長楊賦：墨客降席再拜曰：廼今日發矇，廓然已昭矣。（參四八五頁注〔五八〕）

河東公因話錄：柳仲郢，小字壽郎。（參四九一頁注〔一〕）

錦瑟爾雅釋樂疏：世本云：瑟，庖犧氏作，五十絃。黃帝使素女鼓瑟，悲不自勝，乃破爲二十五絃。互見送從翁東川。按：史記封禪書、漢書郊祀志：泰帝使素女鼓瑟。師古曰：泰帝亦謂泰昊也。而司馬貞補三皇本紀「太皡庖犧作三十五絃之瑟」，又小異。審體本錢木庵曰：一斷爲二，則五十矣。絃分五十，柱仍二十五。數瑟之柱，而思華年，意其人二十五歲而卒也。結聯豈待今日追憶，當生存時固已憂其至此。意其人必婉弱善病，故云。按：木庵起結之解，究爲近理，中四句必如愚解。（參四九四頁總評）

壽宮按：楚辭：蹇將澹兮壽宮。王逸曰：壽宮，供神之處也。此壽宮亦言供神之處，不必定泥漢事。（參四九七頁注〔三〕）

猶未當能文下半四句，或寓柳珪將至西川，我以高才代之作啓，不但軍書之職也。（參五〇二頁注〔五〕）

針鋒法苑珠林：故經中說色界諸天下來聽法，六十諸天共坐一鋒之端，而不迫窄，都不相碍。（參五〇四頁注〔五〕）

蚌胎漢書揚雄羽獵賦：剖明月之珠胎。注曰：珠在蚌中，若懷妊然，故謂之胎。（參五〇四頁注〔六〕）

石刻鋪敍淳熙秘閣續帖十卷，其七卷有李商隱書。（參五〇四頁注〔九〕）

斷鼇淮南子覽冥訓注曰：鼇，大龜。天廢頓，以鼇足柱之。（參五〇八頁注〔四〕）

終童漢書終軍傳：字子雲，使南越，死時年二十餘，故世謂之終童。（參五一三頁注〔三〕）

頳朱顔韓碑當作點頭解，此當作搖頭解，謂已醉辭勸飲也。（參五二三頁注〔七〕）

飲席戲贈徐武源曰：贈同舍挾妓者，當有兩人，故曰「分攜」，曰「重行」、「雙舞」。省乃記省之省，作知字解。末言不忍別離，故無情戀飲而酒冷也。（參五二八頁標題及下頁總評）

行至金牛驛寄興元渤海尚書元和郡縣志：金牛縣東至興元府一百八十里。又按：余得高元裕神道碑，漫漶已甚，其僅存者云：於宛陵□二郡理於漢南□八郡化。又云：爲□州之五歲，慨然有懸車之念，累章陳懇，故復有□□□□

之口，卽日渡江，將休于口口。又云：大中四年夏六月廿日，次於鄧，無疾暴薨於南陽縣之官舍。蓋元裕觀察宣歙，節度漢南，自漢南求罷。其闕文當是爲襄州之五歲，故復有吏部尚書之命，行至南陽而遽卒。其爲山南東道無疑。則傳文是而紀文誤。英華所載杜牧撰制「六年」字亦定誤也。金石錄云：唐吏部尚書高元裕碑，大中七年七月。合之此章行跡詩情，絕無一似。然則非封敖而誰歟？徐武源曰：大意總敍詩文嘉會。首聯言江樓爲吟詠之地；次聯贊人才之妙；五六想像樓中景色，兼有詞源倒峽，刻燭裁詩之意；末言不得與會，而草率遙和佳篇耳。「陳王」借比也；「白玉」，美詞。按：此解甚合。「陳王白玉篇」，以美尚書。「白玉」字不必拘看矣。（參五三〇頁注〔一〕）

弄鳳後漢書矯愼傳：足下審能騎龍弄鳳，翔嬉雲間者。（參五三五頁注〔七〕）

詠霓裳唐闕史：開成初，文宗好古博雅，嘗欲黜鄭衛之樂，復正始之音。有太常寺樂官尉遲璋，善習古樂，遂成霓裳羽衣曲以獻。詔中書、門下及諸司三品以上官具常朝服班坐以聽金奏，相顧曰：「不知天上也，瀛洲也。」因以曲名宣賜貢院充進士賦題。按：補唐摭言。上是實指文宗所新定賜充賦題者。（參五三五頁注〔10〕）

正月十五夜燈按：通鑑：隋柳彧以近世風俗，每正月十五夜然燈遊戲，男女混雜，緇素不分，穢行由此而成，盜賊由斯而起，請頒禁斷，從之。註引梁簡文帝有列燈詩，陳後主有光璧殿遙詠山燈詩，柳彧所謂近世風俗也。此豈非唐以前事乎？（參五三八頁正月十五夜聞京有燈恨不得觀注〔一〕）

正月崇讓宅陸士湄曰：宅係婦家，故全是悼傷之意。通首寫夜來景色，佳處全在神韻；後人效之，便俚質無味矣。（參五三九頁標題及總評）

卷三

劭興一作「輿」。按：爾雅：權輿，始也。疑作「輿」，然不足校。（參五四三頁注〔一〕）

棠棣說文：栘，棠棣也；棣，白棣也。宋景文筆記：常棣，棣也；唐棣，栘也，栘開而反合者也。此兩物不相親。（參五四三頁注〔三〕）

投竿舊唐書杜審權傳：捨築入夢，投竿爲師。按：此則用太公事。（參五四五頁注〔三〕）

陽臺舊書隱逸道士司馬承禎傳：明皇以承禎王屋所居爲陽臺觀，上自題額，遣使送之。餘已見李肱畫松詩。按：陽臺觀最爲學仙者所尚，屢見唐碑文。（參五五一頁注〔一〕）

螭頭上曰上，謂其侍近御座。（參五五三頁注〔三〕）

橫過舊書職官志：左右千牛衛中郎將昇殿供奉，凡侍奉，禁橫過座前者。按：直、橫二字，狀其縱恣。（參五五三頁注〔三〕）

夜獵爾雅：宵田爲獠。釋文：夜獵也。（參五五二頁少年「灞陵夜獵」句）

起神光萬花谷引之作「有神光」。白石萬花谷作「白玉」。倚萬花谷作「傍」。下裳萬花谷作「短裳」。（參五五四頁玄微先生）

贈歌妓舊書職官志：凡三品已上，得備女樂。五品女樂不得過三人。（參五五七頁標題）

酎月令註：酎之言醇也，謂重釀之酒也。說文：漢制，酎，三重醇酒也。（參五五九頁注〔五〕）

紫蘭班固漢武內傳：西王母紫蘭宮玉女王子登常爲王母傳使命。按：則「紫蘭」亦可指女冠。（參五六〇頁藥轉「風聲偏獵」句）

甘泉史記孝文本紀：帝初幸甘泉。索隱曰：應劭云：甘泉宮在雲陽，一名林光。臣瓚云：甘泉，山名。林光，秦離宮名。又顧氏云：甘泉，水名。則山水皆通也。（參五六四頁注〔九〕）

「盧橋」注下：按：逸周書：周公旦生東方，所之青馬黑鬣，謂之母兒。似可爲青馬之證。（參五六四頁注〔一〇〕）

天山報合圍通鑑：貞觀十六年，西突厥遣處月、處密二部圍天山。此類事頻見，以圍天山引之。（參五六六頁注〔四〕）

子初子初墓誌云：僑居雲陽，時以閒情比興疏導心術，志之所之，輒詣絕境。間以羈旅遊京師，卿大夫聆其風者，以聲韻屬和不暇。按：似即此人，而年時不可符。豈他人之作而夾入者乎？（參五六八頁注〔一〕）

玉辟寒如天寶遺事：寧王有煖玉鞍，冬月用之，如溫火之氣。又有煖玉杯，不煖自熱。杜陽雜編：日本國王子冷煖玉碁子之類，皆辟寒也。（參五七一頁注〔二〕）

鶴傳書道源注：錦帶：仙家以鶴傳書，白雲傳信。按：錦帶不知是梁昭明太子錦帶書否？俟再校。（參五七一頁注〔三〕）

三橋舊書李晟傳：德宗至自興元，晟以戎服謁見於三橋。（參五七六頁注〔三〕）

沈下賢太平廣記引異聞集：太和初，亞之出長安，客橐泉邸舍。春時晝夢入秦，公主弄玉壻蕭史先死，拜亞之左庶長，尙公主，侍女分列左右者數百人。亞之居翠微宮，宮人呼爲沈郎苑。復一年，公主卒，公使亞之作墓志銘云云。補詳。（參五七七頁注〔二〕及本詩總評）

人欲天從左傳襄三十一年：太誓云：民之所欲，天必從之。註曰：逸書。（參五八〇頁人欲注〔一〕）

八斗才萬花谷才德類：謝靈運云：天下才共一石，曹子建獨得八斗，我得一斗，自古及今共用一斗。奇才博說，安足繼之！出魏志。按：今檢魏志陳思王傳無此語，而萬花谷可據，雖已引釋常談，采以互證。（參五八二頁注〔六〕）

別諸本皆作「送」，今從戊籤。臻師二首二首皆自言，惟以善眼仙人謂臻師。玩其用意，是敍別，非送彼也。（參五八四頁標題）

拂席又按：戰國策：燕太子丹見田光，跪而拂席。晉書王彌傳：彌兵敗，乃渡河歸劉元海。元海大悅，致書曰：「輒拂席敬待將軍。」舊書文苑王維傳「凡諸王駙馬豪右貴勢之門，無不拂席迎之」之類，則拂席乃敬客留居之義。此謂昔日未及留待也。（參五八四頁注〔三〕）

街西池館韋蘇州寄答秘書王丞詩「街西借宅多臨水」，可與此題作証。（參五八六頁注〔一〕）

一箭歌册府元龜善射類：王栖曜，貞元初浙西都知兵馬使。在蘇州嘗與諸文士遊武邱寺，中野霽日，先一箭射空，再發貫之。江東文士自梁肅以下歌詠焉。按：據此則「一箭」字有着。但射空與射雲中雁不同，疑先一箭射空，卽再發一箭貫先發者，以此誇善射，否則一雁何煩再發乎？特補詳之。（參五八七頁注〔五〕）

國租晉書裴楷傳：楷歲請梁、趙二王國租錢百萬，以散親族。人或譏之，楷曰：「損有餘以補不足，天之道也。」舊書職官志：凡天下諸州有公廨田，凡諸州及都護府官又有職分田。又：凡有功之臣賜實封者皆以課戶充，凡食封皆傳於子孫。又：凡京文武職事官有職分田。（參五八七頁注〔六〕）

華清宮按：敬宗欲幸驪山溫湯，拾遺張權輿叩頭諫云云。詩豈其時作歟？長安志云：祿山亂後，天子罕復遊幸，唐末遂皆圮廢。（參五八八頁注〔一〕）

拭手禮記內則：盥卒授巾。注曰：巾以帨手。釋文曰：帨，拭手也。本又作「捝」，同。（參五九〇頁日射注〔一〕）

日射陸士湄曰：此閨詞也。花鳥相對間，有傷情人在內。（參五九〇頁標題）

龍池壽王瑁。通鑑胡三省註：音冒。當據以定舊傳作「瑁」之是。（參五九八頁注〔一〕）

那爾雅釋詁：那，於也。註：左傳：棄甲則那。那猶今人云那那也。（參六〇〇頁別薛巖賓注〔二〕）

馬嵬通鑑注引杜佑曰：漢平陵，晉改爲始平，有馬嵬故城。（參六〇四頁注〔一〕）

唐闕史：鄭相國滎陽公畋爲鳳翔從事日，題馬嵬詩曰：「肅宗迴馬楊妃死，雲雨雖亡日月新。終是聖明天子事，景陽宮井又何人？」觀者以爲眞輔相之句。按：超然傑作，非義山輩可及也。特附錄之，以快心目。（參六〇六頁總評）

燒香曲通鑑：太和九年初，李德裕爲浙西觀察使，漳王傅母杜仲陽坐宋申錫事放歸金陵，詔德裕存處之。會德裕已離浙西，牒留後李蟾，使如詔旨。至是王璠、李漢奏德裕厚賂仲陽，陰結漳王，圖爲不軌。上怒甚，召宰相及璠、漢、鄭注等面質之，璠、漢等極口誣之。路隋曰：「德裕不至有此。果如所言，臣亦應得罪。」言者稍息，以德裕爲賓客分司。按：事在甘露之變前。今以「漳宮舊爐」句疑此解爲近，故又補詳之。然通篇極寫燒香之情景，謂詠女冠更易解耳。（參六一二頁

總評）

博山爐香譜引東宮故事曰：皇太子初拜，有銅博山香爐。（參六一〇頁注〔五〕）

大刀頭注：荀子：絶人以玦，反絶以環。（參六二一頁注〔五〕）

代吳令暗答陸士淵曰：此假吳質答詞，以明陳思宓妃之事爲虚，并高唐之賦亦誕，而且爲己詩作注脚也。（參六二七頁標題）

總解後又按：東阿王一首，或以西陵指文宗，夜來人指楊賢妃，謂文宗崩後，賢妃尋被害，故云魂斷也。東阿王似指安王，謂其親於賢妃，致斯讒害也。此視徐氏之解較近理，然只解一章，餘難全通，總未可定。（參六二九頁東阿王及六三〇頁涉洛川總評）

柘彈顧野王陽春歌：銀鞍俠客至，柘彈宛童歸。（參六三五頁注〔一三〕）

輕帷句白香山句：風幌影如波。此意同之。（參六三五頁注〔一五〕）

衡考工記玉人註：衡，古文横，假借字也。（參六三六頁注〔二四〕）

燕臺四首徐武源曰：柳枝詩序「能爲幽憶怨斷之音」，將無此四首分屬乎？春之困近乎幽，夏之洩近於憶，秋之悲隣於怨，冬之閉隣於斷。玩其詞義頗相近，其間字樣亦有彼此參雜者，而大旨不離乎是矣。浩曰：余初閲其逐句疏解，穿鑿牽強，力斥其非；今細玩四章，若統以幽、憶、怨、斷味之，頗饒趣味。其分屬四字者，以春、秋、冬三首各有「幽」字、「怨」字、「斷」字在句中，夏雖無「憶」字，而憶之情態自呈。然拘且鑿矣。柳枝爲東諸侯取去，故以燕臺之習擬使府者標題，其亦可妄揣歟？錦瑟一篇分適、怨、清、和，已爲詩家公案，烏可益以燕臺之幽、憶、怨、斷哉！（參六三九頁總許及六四〇頁柳枝詩序）

吹葉廣韻：笳，簫。卷蘆葉吹之也。（參六四一頁注〔五〕）

娉左傳釋文：「聘」，本亦作「娉」。（參六四一頁注〔九〕）

東諸侯按：歷據左傳注，東諸侯以齊、魯之境方是，則柳枝不可云亦至湘中也。（參六四二頁注〔二六〕）

十里衣香隋人王訓詠舞：笑態千金重，衣香十里傳。（參六五一頁注〔七〕）

楚宮按：史記楚世家：楚始封居丹陽，今枝江縣故城。熊渠興兵至於鄂，立其中子紅爲鄂王，今武昌。後至文王熊貲，始都郢，今南郡江陵縣北紀南城是。至平王更城郢。（參六五四頁標題）

夢澤爾雅：十藪：楚有雲夢。註曰：今南郡華容縣東南巴丘湖是也。左傳：䢵子之女生子文，䢵夫人使棄諸夢中。䢵子田，使收之。注曰：夢，澤名，江夏安陸縣城東南有雲夢城。又：鄭伯如楚，王以田江南之夢。註曰：楚之雲夢跨江南、北。又：楚子濟江，入於雲中。註曰：入雲夢澤中，所謂江南之夢；北亦有夢矣。漢書地理志：南郡華容縣。註曰：雲夢澤在南，荆州藪。又：編縣有雲夢宮。又：江夏郡西陵縣有雲夢宮。後漢書郡國志：華容侯國。雲夢澤在南。注引左傳杜註，又引爾雅郭註。杜氏通典：安州安陸縣，雲夢澤在焉。岳州巴陵縣有洞庭湖、巴邱湖、青草湖。元和郡縣志：安州安陸縣南五十里有雲夢澤。史記司馬相如傳：雲夢方九百里。左傳「䢵子之女棄於夢中」，無「雲」字。「楚子濟江，入雲中」，復無「夢」字。則雲、夢二澤自別矣。而禹貢、爾雅雙舉二澤，故後代以來通名一事，故左傳曰畋於江南之雲夢也。又曰：雲夢縣西七里雲夢澤。又曰：岳州巴陵縣西三十里青草湖，中君山，縣西南一里餘洞庭湖，縣南七十九里巴邱湖，又名青草湖，俗云即古雲夢澤也。按：志引「畋於」句增「雲」字。太平寰宇記：安陸縣東南雲夢澤，闊數千里，南接荆湘，雲夢縣楚襄王廟在縣東子城內，相傳祭祀焉。元豐九域志：安州安陸縣雲夢一鎮，省縣爲鎮也。有雲夢澤。岳州巴陵縣有君山洞庭湖。按：雲夢之境，古人多辨之。近人胡渭禹貢錐指博引詳辨，總謂雲夢方八九百里，跨江南、北，南雲北夢，單稱合稱，無所不可。傳稱江南之夢，對江北之夢言，非謂江北爲雲，江南爲夢也。愚更意唐時史志雲夢惟載於安陸，而洞庭、青草載於巴陵，並不通合。元和志且明以「俗云」微斥之也。然則唐、宋間皆以雲夢在安州，洞庭在岳州。左傳「寢夢中」，「田江南之夢」，論其情事，必不得遠至洞庭也。「邔」亦作「鄖」，即今安陸府。柏舉之敗，楚子入雲中，即奔鄖奔隨，亦近境耳。余揣義山既過安州伊僕射舊宅，似凡所云雲夢，皆指安州近地言之，與潭州、岳陽樓各自有慨，不可相混，惜無從細索訂定耳。（參六五七頁注〔一〕）

即日單棲說文：鵙，伯勞也。从鳥，狊聲。（參六五九頁注〔九〕）

人日按：遼史禮志：凡正月之日，一雞，至七日爲人。其占，晴爲祥，陰爲災。與北史同，惟五馬、六牛互異。萬花谷前集：東方朔占書云：歲後八日是云。亦不明言穀，且似有誤字。（參六六〇頁人日即事注〔一〕）

又按：「鏤金」二句，萬花谷續集采之，出李商隱，不必疑也。（參六六〇頁人日即事「鏤金作勝」句及六六一頁總評）

靈香兩皇子萬花谷前集引眞誥：觀香道成，受書爲紫淸宮內傳妃，領東宮中候眞夫人，即中候王夫人也。觀香是宋姬子，其眉壽是觀香之同生兄，亦得道。二人皆王子喬妹，周靈王女，皆學道得仙上昇。按：兩皇子必用此，特補全之。

道源舊註多晩誤耳。（參六六七頁注〔七〕）

鯉魚風萬花谷別集：鯉魚風。引李賀詩二句。又提要錄云：鯉魚風，乃九月風也。（參六六八頁注〔六〕）

龍頭禮記明堂位：夏后氏以龍勺。註曰：勺，龍頭也。疏曰：勺爲龍頭。考工記玉人註：勺謂酒尊中勺也，鼻謂勺龍頭鼻也。又云：鼻勺，流也，凡流皆爲龍口也。（參六七〇頁注〔四〕）

一口紅霞朱氏補註引雲笈七籤金仙内法云：常以月五日夜半子時存日，從口入，使光照一心，霞暉映曖，良久有驗。按：俟再考。（參六七一頁注〔三〕）

燕翩翾才調集作「翩翾」。（參六七五頁注〔四〕）

撥剌淮南子：琴或撥刺枉橈，闊解漏越。按：撥刺似始此。（參六七五頁注〔四〕）

浮雲顔氏家訓：吾今羈旅，身若浮雲。（參六七六頁贈鄭讜處士注〔一〕）

萬花谷引詩苑類格云：蜂腰，謂第二字不得與第五字同聲也；鶴膝，謂第五字不得與第十五字同聲。按：說尤淺陋不足辨。（參六七七頁齊梁晴雲注〔一〕）

陂通鑑注引李巡曰：陂者謂高峯山坡。（參六八〇頁注〔二〕）

埭通鑑注：音代。（參六八三頁注〔二〕）

日角史記周本紀注：雒書靈準聽云：蒼帝姬昌，日角烏鼻。（參六八六頁注〔三〕）

武夷山方輿勝覽：毛竹洞在西溪上流，去武夷山百餘里。偏生毛竹，每節出一幹，其巨細與根等。又引古記云：幔亭

會，秦始皇二年。（參六九二頁注〔四〕、注〔五〕）

劉武威按：後漢書諸紀傳：武威將軍劉尚，光武帝建武九年，來歙率五將軍征公孫述，尚已與焉。至建武二十三年，尚討武陵叛蠻，尚與全軍俱沒。尚雖屢征，並無列傳。至和帝永元元年，竇憲爲大將軍，劉尚爲車騎將軍。九年，行征西將軍劉尚討迷當羌，破之，還入塞。尚坐畏懦徵下獄免。此當別是一劉尚，絶無武威將軍之稱。舊註引劉子南事，亦不可符。當別有事在，俟再考。（參六九四頁注〔七〕）

永定河按：薛居正舊五代史周書翟光鄴傳有永定驛固守踰年之事。玩史文似近汴，疑永定河在斯地乎？（參六九六頁關門柳注〔一〕）

寄裴衡徐武源曰：「潘仁」句用悼亡，裴或其親亞歟？按：親亞之猜似之，餘解未是。（參六九六頁注〔三〕）

細腰宮陸游入蜀記：巫山縣楚故離宮，俗謂之細腰宮。（參六九八頁注〔六〕）

玉檢金華朱氏補注：太平御覽引三元玉檢經云：庚寅九月九日，元始天尊於上清宮告明授三元玉檢，使付學有玄名應爲上清眞人者，度爲女道士。又雲笈七籤：六玄宮主會元眞帝君於靈臺觀，龍車鶴騎，仙仗森列，金華玉女浮遊至於帝前，爲帝陳金丹之道。語訖，金華復位，衆眞冉冉而隱。「金華歸駕」疑用此。按：俟再考。仙家語甚多，亦不足校。（參七〇〇頁注〔八〕、注〔九〕）

峭峭從才調集。徐武源曰：此確是擬艷之詞，非有喻托。五六寫其無情。（參七〇二頁注〔三〕）

王昌王君公附見逢萌傳，自王莽時至東漢初人，必不可合。余幷疑高士傳爲郎之說，亦不確也。（參七〇二頁注〔五〕）

中元作萬花谷：梵云盂蘭，此云救倒懸盆，則此方器也。華梵雙舉，自目連救母始也。出要覽。（參七〇二頁中元作注〔一〕）

流鶯「良辰」句。錢木庵曰：此句何以貼鶯，讀者思之；若以言解，則索然矣。（參七〇五頁流鶯「良辰未必」句）

萬戶千門漢書東方朔傳：起建章宮，左鳳闕，右神明，號稱千門萬戶。（參七〇五頁流鶯注〔一〕）

渾河中畢沅關中金石記：刻李義山渾忠武王祠堂詩，元祐四年重陽日刻，游師雄跋并正書。祠爲奉天令錢景逢建，既圖公之像，并刻李商隱詩以附焉。（參七〇八頁標題）

荆棘史記淮南王列傳：召伍被與謀，被悵然曰：「王安得此亡國之語乎？臣聞子胥諫吳王曰：『臣今見麋鹿游姑蘇也。』今臣亦見宮中生荆棘，露霑衣也。」王怒。（參七一〇頁注〔二〕）

小憐按：萬花谷作「小蓮」，白香山夢行簡詩「池塘草綠無佳句，虚臥春窗夢阿憐」，又以「憐」作「蓮」，豈古皆通用耶？「橫陳」字六朝人詩屢用之。（參七一〇頁注〔三〕）

獵一圍通鑑：晉州告急，自旦至午三至；至暮更至，曰：「平陽已陷。」乃奏之。齊主將還，淑妃請更殺一圍，從之。（參七一〇頁注〔六〕）

法師按：集古録唐孟法師碑：「少而好道，誓志不嫁，居京師至德宮。」即此可徵女冠之稱法師，而衲子亦稱法師，此二氏之通稱也。又按：晉書單道開傳：一日行七百里。其一沙彌年十四，行亦及之。可爲「十四沙彌」之據。（參七一一頁注〔一〕）

孫逸人按：賈島有送孫逸人詩：「衣屣原同俗，妻兒亦宛然。」時代不甚遠，疑同此人。（參七一三頁標題）

老松至眠陰舊書隱逸王希夷傳：嘗餌松柏葉及雜花散，年七十餘，氣力益壯。薛居正五代史晉鄭雲叟傳：西嶽有五粒松，淪脂千年，能去三尸，因居於華陰。（參七一三頁寄華嶽孫逸人注〔三〕）

殢韻書皆音替，又音弟，元人曲音膩。（參七一三頁注〔八〕、注〔九〕）

玉崑崙必酒盞，無煩多猜。（參七一三頁注〔九〕）

按：墨莊漫錄曰：近有龍城錄，非柳子厚所作也。又雲仙散錄尤爲怪誕誤人。又有李歜注杜甫詩及注東坡詩事，皆王銍性之一手僞爲之，殊可駭笑，有識者自知之。洪容齋隨筆：俗間所傳淺妄之書，如雲仙散錄、老杜事實、開元天寶遺事之屬，皆絕可笑。孔傳續六帖采撫唐事，殊有工者，而悉載雲仙錄中事，自穢其書。（參七一三頁注〔九〕）

房君珊瑚散注錢易字希白，吳越王倧之子，入宋官翰林學士，所著書南部新書其一也。（參七一六頁注〔三〕）

三英唐人每以三英稱三人，如李氏三墳記用三英比兄弟三人，元微之長慶集追封宋若華制：「若華等伯姊季妹，三英粲兮。」則女人也。此以指宋華陽姊妹。（參七一九頁月夜重寄宋華陽姊妹注〔二〕）

長樂水館長安志：外郭城東面三門，北曰通化門，門東七里長樂坡，上有長樂驛，下臨滻水。（參七一九頁雨中長樂水館送趙十五滂不及注〔一〕）

村南史記魏其武安侯傳：丞相嘗使籍福請魏其城南田。通鑑：開元時，太子太師蕭嵩嘗賂內謁者監以城南良田數頃。則城南固美田。然此切指郊墅之村南，乃結隣同井之意，非泛言耳。佩文韻府引之作「村」。（參七三二頁注〔四〕）

安國畢沅關中金石志：唐安國寺有二：一在西京者，爲睿宗龍潛宅；一在東京者，爲中宗節愍太子宅。景雲元年並名爲安國者，以睿宗本封故也。（參七三七頁奉寄安國大師兼簡子蒙注〔一〕）

眷屬維摩詰經：父母妻子親戚眷屬吏民知識，悉爲是誰。（參七三八頁注〔九〕）

待笑按：史記夏本紀無妹喜裂繒事。周本紀：褒姒不好笑，幽王欲其笑萬方，故不笑。幽王爲熢燧大鼓，諸侯至而無寇，褒姒乃大笑。亦非裂繒。白帖則引史記：周幽王后褒姒好裂繒聲。（參七四四頁注〔四〕）

豐都通志藝文略：平都山仙都觀記一卷，陰長生成仙之所。（參七四五頁送豐都李尉注〔一〕）

蘭蓀沈約酬謝宣城朓詩：昔賢侔時雨，今守馥蘭蓀。（參七四七頁注〔四〕）

曹蠅吳錄曰：本吳志趙達傳注。（參七四八頁注〔三〕）

蠅婕等篇按：白香山詩後集閒園獨賞自注：因夢得所寄蠹鶴之詠，因成此篇以和之。篇中雜排仙禽芳樹蟻蝸蝶蠹等物，以鵬鷃相去爲結。義山此篇格相似。又曰：直是刺淫之作。首二句謂變貞被汚，中四句歡會之景地，結則慨此類之多也。（參七四八頁總評）

題眞娘墓鄭氏通志藝文略：題眞娘墓詩一卷，唐劉禹錫等二十三人。（參七五三頁標題）

分新周禮秋官：掌客，凡禮賓客，國新殺禮。注曰：國新，新建國也。疏曰：新辟地立君之國。按：此雖無「分」字，意或用之。（參七六二頁注〔三〕）

處豳韻府引漢書：公劉處豳，太王遷郊。郊，古文岐。（參七六二頁注〔四〕）

宣政　册府元龜：高宗修大明宫，改名蓬萊宫，置正門曰丹鳳，正殿曰含元。含元之後曰宣政，宣政左右有中書、門下二省。（參七六三頁注〔二六〕）

雛虎　莊子盜跖篇：盜跖大怒，聲如乳虎。（參七六四頁注〔三四〕）

通班　通志選舉略：魏孝文帝勵精求治，內官通班以上皆自考覈，以爲黜陟。按：通班非必朝貴，如顏魯公家廟碑：幼輿方雅醞藉，通班漢左清道兵曹。（參七六六頁注〔五六〕）

開泰　晉書元帝紀：上書勸進曰：不勝犬馬憂國之情，遲覩人神開泰之路。（參七六六頁注〔五七〕）

阿龜　白香山詩：有姪始六歲，字之爲阿龜。集中屢見。（參七六七頁送阿龜歸華標題及總評）

三學山　按：六朝詩乘：隋釋智炫，成都人，入京大弘佛法。兩都歸趣。後還蜀，隱於三學山，年百餘歲。有遊三學山詩。而唐昭宗時兵營三學山，蜀主王衍太后、太妃遊靑城山，遂至三學山，皆見史文。楞嚴經：攝心爲戒，因戒生定，因定發慧，是名三無漏學。（參七七七頁詠三學山注〔一〕）

附錄二

玉谿生詩箋註序

余於乾隆初持服里居，同學伯陽馮翁以司寇予告在籍，居第與余近，朝夕過從。時令孫孟亭侍御未弱冠，每侍坐，間出所爲詩示余，余喜而嘆曰：「玉谿生再生矣！」司寇心然余言，乃曰：「初學從玉谿入手，庶不染油滑麤厲之習。」又十年，孟亭成進士，爲名翰林，擢侍御史。臺館中評隲孟亭詩者，亦與余言劵合。壬申夏，余忽遘沉痾，急請假歸。丁丑冬，孟亭以母憂還里，去余所居更近，考業論文，修乃祖洎余故事，獨念余衰白僅存，情誼益篤。既，孟亭服闋，以舊有心疾，時發時止，未得赴補。因素愛玉谿詩文，惜諸家所注，各有踳駮附會，舊、新唐書本傳各有岐誤，爰細意鉤核，發詩文之含蘊，以詳譜其行年。年譜定而詩之前後各得其所矣；詩得其所，文之前後亦莫不按部就班，而本傳之同異自見，於是作者之心跡大彰灼於卷帙間。書成，問序於余。余惟昔賢聲詩蹤跡，其顯晦遲早，若默有定數者然。同一玉谿生集也，余亦稍涉焉，其膾炙人口詩篇，未嘗不流連而諷詠之，餘有闕疑者，往往弗深考。曩者，尙書高文良公善詩，愛少陵、玉谿兩家，多所箋記，頗有得解處。每於來朝退食之餘，余偶詣之，談論至夜分不倦，曾出以相示，惜未成書。今得孟亭箋本，與二三學子首尾繙閱，浹旬始得終讀。挹其聲光，若更異於昔日者，余亦不能自解焉。是可爲玉谿幸，而又多孟亭之深嗜孤詣爲難能也。

乾隆乙酉秋九月，香樹錢陳羣題於荆合齋。

李義山詩文集箋註序

論古今著述得失者甚多，請以一言決之，曰：讀書與不讀書而已矣。李義山詩文箋注，吾師孟亭先生碎金耳，要而論之，斷斷非不讀書人所能辨也。蓋義山爲人，史氏所稱與後儒所辨，均爲未得其中。注之者倘非貫穿新、舊唐書，博觀唐、宋人紀載，參伍其黨局之本末，反覆於當時將相大臣除拜之先後，節鎭叛服不常之情形，年經月緯，了然於胸，則惡能得其要領哉？若先生之所注，信乎其能如是矣！是雖不過一家之言，而已有關於史學。尤奇者，鉤稽所到，能使義山一生蹤跡歷歷呈露，顯顯在目。其眷屬離合，朋儔聚散，弔喪問疾，舟嬉巷飲，瑣屑情事，皆有可指，若親與之游從，而籍記其筆札者。深心好古如是，細心考古如是，平心論古如是，讀之直恨先生不具千手眼，盡舉天下書評閱之然後快也。故曰：斷斷非不讀書人所能辦也。或謂著述家蹈空者固多，若注釋則安能蹈空爲？予謂不然。夫躁於求名而懶於攷核，俗學之恆態也。彼所甚畏者，史册之繁重，故所引用，每不出於本書，徒襲取人牙後慧，鈔謄了事。如此，縱滿紙爛然，究與蹈空無異。不但虛談義理、馳騁筆鋒者空而無實，即在注釋家亦猶之空而無實矣。若先生此編，則從實學中來，非襲取可得。甚矣，眞讀書人可貴也！予曩者由詞館教習出先生門下，每蒙招集邸舍，杯酒論文，受益多矣。比來跧伏里閈，竊欲以垂老之年，專力經史，以藥游談不根之病。捧誦此編，爰趣舉膚見，書之簡端，用爲勸學之一助。若夫義山詩文家數何如，其出處行事何如，諸家論之詳矣，茲不復贅云。

乾隆丁亥九秋，受業東吳王鳴盛拜撰。

玉谿生詩箋註序

余幼學詩，聞之長老言：初學乍知詩味，每易墮麤浮輕率之習以自喜，而不知其自畫也；若從晚唐入，殆免是矣，是詩學中之一徑也。晚唐以李義山爲巨擘。余取而誦之，愛其設采繁艷，吐韻鏗鏘，結體森密，而旨趣之遙深者未窺焉。後雖間爲披閱，無暇專攻。侵尋三十餘年，學不加進而病已攖心，夙昔願以姓名託文字以傳於世者，當遂付之泡影也。偶復取義山詩，一爲諷詠，動有微悟，試詮數章，機不可遏。於是徵之文集，參之史書，不憚悉舉而辨釋之；詩集既定，文集迎刃以解，鮮格而不通者；廼次其生平，改訂年譜，使一無所迷混，余心爲之愜焉！夫箋注義山詩文者既有數家，皆積歲月以尋求，顧作者之用心，明者半，昧者猶半。豈諸家之力有所不逮歟？抑千載而上，千載而下，即雕蟲小技，亦有默操其顯晦之數者歟？然則又安知後之讀斯集者，不更有一往之深情，如覩其面，如接其言論，而嗤余之所得尙有遺憾也哉！余既患心疾，固不能更進於斯也。編纂成，筆之以弁其端。若謂余於詩，惟義山之是尙也，則又余之所不居也。文集箋注不更序。

大淸乾隆二十八年癸未春日，桐鄉馮浩書。

乾隆四十五年庚子秋日重校付梓，不更序。

玉谿生詩箋註發凡 十二條

一、諸家箋本皆名李義山詩集，今從唐書藝文志玉谿生詩三卷之名，以復其舊。

一、自明以前，箋斯集者逸而無存。朱長孺曰：「西淸詩話載都人劉克嘗注杜子美、李義山詩，又延州筆記載張文亮有義山詩注，今皆不傳。」按：延州筆記所載唐音諸人詩句張文亮注云者，非專注本集也，且寡陋不足官注。釋石林道源創之，朱長孺鶴齡成之，行世百年矣。近則程午橋夢星、姚平山培謙各有箋本，余合取而存其是，補其闕，正其誤焉；疑而未晰者尚間有之。蓋義山不幸而生於黨人傾軋、宦竪横行之日，且學優奥博，性愛風流，往往有正言之不可，而迷離煩亂、掩抑紆迴，寄其恨而晦其跡者，索解良難，所無如何耳。

一、余初脱稿，聞吳江徐湛園逢源有未刊箋本。徐爲虹亭太史子，窮老著述。余因外弟盛百二向其後人借觀，視朱氏程氏爲優。第或疎或鑿，時不能免，而持論多偏。聞其晚歲，改易點竄，反有舍前説之是而遁入岐途者，窮苦之累其神明也。余虚衷研審，擇其善者採之，庶苦心孤詣，不至全泯，亦可以無恨矣。原稿仍歸徐氏。

一、年譜乃箋釋之根幹，非是無可提挈也。義山官秩未高，事跡不著，史傳豈能無訛舛哉？今據詩文證之時事，一生之歷涉稍詳，史筆之遺漏或補，讀者宜細閲之。

一、舊本皆作三卷，而凌亂錯雜，心目交迷，其分體者更不免割裂之病。余定爲編年詩二卷，不編年詩一卷。行藏遞考，情味彌長，所不敢全編者，愼之也。

一、朱氏已采錢龍惕陳帆潘畊之説，余所見有馮已蒼舒定遠班田賓山蘭芳何義門焯錢木菴良擇楊致軒守智袁虎文彪諸家評本，又陸圃玉崐曾有專解七律刊本，皆爲節采附入，庶深情妙緒，尤能引而伸之已。余既采何義門評本，辛卯春日，取吳下所刊義門讀書記中兩卷，細爲校勘，同異頗多，且有他人評語而誤收者，有意義舛戾斷不出自義門者。蓋屢經傳錄，漸滋淆亂，而義門於斯小集，固不比經史諸大集之審愼精當。世之服膺前哲者，宜更決擇焉。

一、箋者，表也；注者，著也。義本同歸。今乃以徵典爲注，達意爲箋，聊從俗見耳。凡舊說之是者，必標明「某曰」，不敢攘善；顯然誤者，改之而已；若似是而非，或滋後人之疑者，則贅列而辯正之。引據故實，未免繁冗，緣取義隱曲，每易以刪摘失其意指，故不可不詳也。一事屢用，注皆見前。間有見於後者，亦有前後互證者。

一、說詩最忌穿鑿，然獨不曰「以意逆志」乎？今以「知人論世」之法求之，言外隱衷，大堪領悟，似鑿而非鑿也。如無題諸什，余深病前人動指令狐，初稿盡爲翻駁；及審定行年，細探心曲，乃知屢啓陳情之時，無非借豔情以寄慨。蓋義山初心依恃，惟在彭陽；其後郎君久持政柄，舍此舊好，更何求援？所謂「何處哀箏隨急管」者，已揭其專壹之苦衷矣。今一一詮解，反浮於前人之所指，固非敢稍爲附會也。若云通體一無謬戾，則何敢自信！

一、論義山詩，每云善學老杜，固已。然以杜學杜，必不善學杜也。義山遠追漢魏，近仿六朝，而後詣力所成，直於浣花翁可稱具體，細玩全集自見，毋專以七律爲言。其終不如杜者，十之三學爲之，十之七時爲之也。

一、集中雙聲疊韻屬對精細，而押韻每寬。律詩東、冬，蕭、肴之類通用；古詩如支、微、齊、佳、灰五韻通用，眞、文、元、寒、删、先六韻通用，唐人常例，不足異也，且所重不在韻，故略之。

一、友朋贈答，傳自當時，評隲抑揚，紛於異代，皆爲不可廢者，故附諸譜後。架鮮藏書，恨網羅未備耳。

一、海鹽陳靈茂許廷有箋本，久不傳矣。聞閩中寧化李元仲世熊亦有箋本，未及訪其存否也。數十年來，海寧許蒿廬昂霄曾注其半部，亦無可覓。許蒿廬校注義山詩云：「時事年月，職官遷轉，舊唐書必詳著之，新書則疎漏多矣。」張宗柟云：「蒿廬箋注玉溪生詩六卷，又年譜、考證及叢說凡數卷。博考新舊兩書、傳記百家，以及近時評注，疏通證明，駁正瑕璺，期與作者邈詞託寄不隔一塵。定藁僅有其半，餘則零丁件繫，塗改勾勒，殊難辨識。」近如如皐史笠亭鳴皐與余先後入翰林，每擧玉谿詩互爲賞析，而凡文士之從事於斯者，應不乏也。夫文有一定之解，詩多博通之趣。茲編也，我自用我法耳。若前輩之精研，同時之濬發，各有會悟，不妨異同，自當並行，以俟後人之審擇。

重校發凡二條

一、初恐病廢，急事開雕。既而檢點謬誤，漸次改修，積十五六年，多不可計。既欲重鐫，通爲校改，大半如出兩手矣，然究未全愜意也。初行之本無從收回，祈四方學士，見輒爲我毁之，或郵寄相易，實叨惠好。

一、所引典故，初梓半仍舊本，以爲何煩盡改也。詎意舊本動有疎誤，甚且僞造妄增，以成其說。而後起諸書或不之察，轉相據引，襲謬承訛，久而轉疑古籍之脱落，是誠爲害已。今逐條討核，不目審而心會者，弗以錄也，學者庶可見信。

桐鄉馮浩孟亭氏識

贈詩

贈李商隱　喻鳧

羽翼恣摶扶，山河使筆驅。月踈吟夜桂，龍失詠春珠。草細盤金勒，花繁倒玉壺。徒嗟好章句，無力致前途！惜其未第之作。

重送徐州李從事商隱　薛逢

曉乘征騎帶犀渠，醉別都門慘袂初。蓮府望高秦御史，柳營官重漢尚書。斬蛇澤畔人煙曉，戲馬臺前樹影疎。尺組挂身何用處？一作「說」。古來名利盡邱墟。

秋日旅舍寄義山李侍御　　溫庭筠

一水悠悠隔渭城，渭城風物近柴荆。寒蛩乍響催機杼，旅雁初來憶弟兄。自爲林泉牽曉夢，不關砧杵報秋聲。子虛何處堪消渴？試向文園問長卿。

哭李商隱　　崔珏

成紀星郎字一作「李」。義山，適歸黄一作「高」。壤抱長歎。詞林枝葉三春盡，學海波瀾一夜乾。風雨已吹燈燭滅，姓名長在齒牙寒。只應一作「應遊」。物外攀琪樹，便著霓裳上絳壇。一作「蜺衣上玉壇」。

虛負凌雲萬丈才，一生襟抱未曾一作「嘗」。開。鳥啼花落一作「發」。人何在？竹死桐枯鳳不來。良馬足因無主踠，舊交心爲絕絃哀。九泉莫歎三光隔，又送文星入夜臺。

詩話　專論一篇一聯者各附詩下，其彙論者纂於此。

楊文公談苑

義山爲文，多簡閱書册，左右鱗次，號「獺祭魚」。

劉貢父中山詩話

祥符天禧中，楊大年億錢文僖惟演晏元獻殊劉子儀筠以文章立朝，爲詩皆宗尚李義山，號「西崑體」，後進多竊義山語句。嘗內宴，優人有爲義山者，衣服敗裂，一作「敝」。告人曰：「吾爲諸館職撏撦至此。」聞者歡笑。一作「大噱」。子儀畫義山像，寫其詩句列左右，貴重之如此。

蔡寬夫詩話

王荊公晚年亦喜稱義山詩，以爲唐人知學老杜而得其藩籬者，惟義山一人而已。每誦其「雪嶺未歸天外使，松州猶駐殿前軍」，「永憶江湖歸白髮，欲回天地入扁舟」，與「池光不受月，暮氣欲沉山」，「江海三年客，乾坤百戰場」之類，雖老杜無以過也。

義山詩合處信有過人。若其用事深僻，語工而意不及，自是其短。世人反以爲奇而效之，故崑體之弊，適重其失，義山本不至是云。按：爲之細箋，但覺情味有餘，無所謂語工而意不及者。

許彥周詩話

作詩，淺易鄙陋之氣不除，大可惡。客問：「何從去之？」僕曰：「熟讀李義山詩與黃魯直詩而深思焉，則去也。」

呂居仁紫微詩話

東萊公嘗言，少時作詩，未有以異於衆人；後得李義山詩，熟讀規摹之，始覺有異。

范元實詩眼

義山詩，世人但稱其巧麗與温庭筠齊名。蓋俗學只見其皮膚，其高情遠意，皆不識也。

葛常之韻語陽秋

楊文公在至道中得義山詩百餘篇，至於愛慕而不能釋手。公嘗論義山詩，以包蘊密緻，演繹平暢，味無窮而炙愈出，鑽彌堅而酌不竭。使學者少窺其一斑，若滌腸而浣胃。知是文公之詩，有得於義山者多矣。

葉少蘊石林詩話

唐人學老杜，惟商隱一人而已，雖未盡造其妙，然精密華麗亦自得其彷彿。故國初錢文僖與楊大年、劉中山，皆傾心師尊，以爲過老杜。至歐陽文忠公始力排之。然宋莒公兄弟，雖尊老杜，終不廢商隱。王荆公亦嘗爲蔡天啓言：「學詩者未可遽學老杜，當先學商隱。未有不能爲商隱，而能爲老杜者。」

朱少章風月堂詩話

李義山擬老杜詩云：「歲月行如此，江湖坐渺然。」眞是老杜語也。其他句「蒼梧應露下，白閣自雲深」「天意憐幽草，人間重晚晴」之類，置杜集中亦無媿矣。然未似老杜沈涵汪洋，筆力有餘也。義山亦自覺，故別立門戶成一家。後人挹其餘波，號「西崑體」，句律太嚴，無自然態度。

張戒歲寒堂詩話

李義山、劉夢得、杜牧之三人，筆力不能相上下。大抵工律詩而不工古詩，七言尤工，五言微弱，雖有佳句，然不能如韋、柳、王、孟之高致也。義山多奇趣，夢得有高韻，牧之專事華藻，此其優劣耳。按：三人各自成家，何用並衡？更何可與韋、柳、王、孟較也？不工五言，此其優劣，皆非確論。

范景文對牀夜語

前輩云：「詩家病使事太多。」蓋取其與題合者類之，乃是編事，雖工何益？李義山人日詩，正如前語。若隋宮「玉璽」二句，籌筆驛「關張」二句，則融化排斡，如自己出，精粗頓異也。「虹收青嶂雨，鳥沒夕陽天」，「月澄新漲水，星見欲銷雲」，「池光不受月，野氣欲沉山」，「城窄山將壓，江寬地共浮」，「秋應爲黄葉，雨不厭青苔」，皆商隱詩也，何以事爲哉！又落花云：「落時猶自舞，埽後更聞香」，梅花云：「素娥惟與月，青女不饒霜」，尤妙。若「江海三年客，乾坤百戰場」，則絶類老杜。

敖器之詩評

暇日與弟姪輩評古諸名家詩，謂李義山如百寶流蘇，千絲鐵網，綺密瓌妍，要非自然。

范德機木天禁語

李商隱家數微密閒艷，學者不察，失於細碎。

胡孝轅唐音癸籤

唐詩不可注也。詩至唐，與選詩大異，說眼前景，用易見事，一注詩味索然，反爲蛇足耳。有兩種不可不注：如老杜用意深婉者須發明；李賀之詭譎，李商隱之深僻，及王建宮詞自有當時宮禁故實者，並須作注，細與箋釋。今杜詩注既如彼，建與賀詩有注與無注同，而商隱一集，迄無一人能下手，始知實學之難，即注釋一家，亦未可輕議也。

元遺山有詩云：「望帝春心託杜鵑，佳人錦瑟怨華年。詩家總愛西崑好，獨恨無人作鄭箋。」蓋謂義山詩用事頗僻，惜無人注釋也。乃遺山鼓吹一選，郝天挺所注義山詩尤蕪謬不通。門牆士親承詩教者尙如此，可望之他人乎？友人屠用明嘗勸余爲義山集作注，以便後學，予笑謂用明曰：「彼自祭魚獺，今又欲我拾獺殘耶？」

馮定遠才調集評

王荆公言學杜當自義山入，余初心謂不然。後讀山谷集，粗硬槎牙，殊不耐看，始知荆公此言，正以救江西派之病也。若從義山入，便都無此病。

賀裳載酒園詩話

義山綺才艷骨，作古詩乃學少陵，如井泥、驕兒、行次西郊、戲題樞言草閣、李肱所遺畫松，頗能質朴。然已有「鏡好鸞空舞，簾疎燕誤飛」，「十五泣春風，背面鞦韆下」諸篇，正如木蘭雖兒牟裲襠，馳逐金戈鐵馬間，神魂固猶在鉛黛也，一離沙場，卽視尙書郎不顧，重復理鬢貼花矣。韓碑詩亦甚肖韓，彷彿石鼓歌，氣槩造語更勝之。按：「鏡好」一聯乃三韻小律，非古詩。

義山之詩妙於纖細，如全溪作「戰蒲知雁唼，皺月覺魚來」，晚晴「幷添高閣迥，微注小窗明」，細雨「氣涼先動竹，點細未開萍」。然亦有極正大者，如肅皇帝挽辭「小臣觀吉從，猶誤欲東封」，過故崔兗海宅與崔明秀才話舊因寄杜趙李三掾「莫憑無鬼論，終負託孤心」，惻然有攀髯號泣及良士不負死友之志，非溫所及。至若「試墨書新竹，張琴和古松」，「石梁高瀉月，樵路細侵雲」，尙是尋常好語，唐律中不難得。

魏晉以降多工賦體，義山猶存比興。

葉星期原詩

七言絕句，古今推李白、王昌齡，李俊爽，王含蓄，兩人辭調意俱不同，各有至處。李商隱七絕，寄託深而措辭婉，可空百代，無其匹也。

何義門讀書記

晚唐中，牧之、義山俱學子美。牧之豪健跌宕，不免過於放，學者不得其門而入，未有不入於江西派者；不如義山頓挫曲折，有聲有色，有情有味，所得爲多。

馮定遠謂熟觀義山詩，自見江西之病；余謂熟觀義山詩，兼悟「西崑」之失。「西崑」只是雕飾字句，無論義山之高情遠識，卽文從字順，猶有間也。

義山五言出於庾開府，七言出於杜工部，不深究本源，未易領其佳處。七言句法兼學夢得。

朱長孺箋本序附錄

玉谿生詩，沈博絕麗，王介甫稱爲善學老杜，惜從前未有爲之注者。元遺山云：「詩家總愛西崑好，只恨無人作鄭箋。」予因繙覈新、舊唐書本傳，以及箋、啓、序、狀諸作所載於英華、文粹者，反覆參考，乃喟然嘆曰：「嗟乎！義山葢負才傲兀，抑塞於鉤黨之禍，而傳所云『放利偷合，詭薄無行』者，非其實也。」夫令狐綯之惡義山，以其就王茂元、鄭亞之辟也；其惡茂元、亞，以其爲贊皇所善也。贊皇入相，薦自晉公，功流社稷，史家之論，每曲牛而直李。茂元諸人，皆一時翹楚，綯安得以私恩之故，牢籠義山，使終身不爲之用乎？綯特以仇怨贊皇，惡及其黨，因併惡其黨贊皇之黨者，非眞有憾於義山也。太牢與正士爲讐，綯父楚比太牢而深結李宗閔、楊嗣復。綯之繼父，深險尤甚。會昌中，贊皇擢綯臺閣，一旦失勢，綯與不逞之徒，竭力排陷之，此其人可附麗爲死黨乎？義山之就王、鄭，未必非擇木之智，渙丘之公。此而目爲「放利偷合，詭薄無行」，則必將朋比奸邪，擅朝亂政，如「八關十六子」之所爲，而後謂之非偷合、非無行乎？且吾觀其活獄弘農，則忤廉察；題詩九日，則忤政府；於劉蕡之斥，則抱痛巫咸；於乙卯之變，則銜寃晉石；太和東討，懷「積骸成莽」之悲；党項興師，有「窮兵禍胎」之戒；以至漢宮、瑤池、華清、馬嵬諸作，無非諷方士爲不經，警色荒之覆國。此其指事懷忠，鬱紆激切，直可與曲江老人相視而笑，斷不得以「放利偷合，詭薄無行」嗤摘之者也。或曰：「義山之詩，半及閨闥，讀者與玉臺、香奩例稱。荆公以爲善學老杜，何居？」予曰：「男女之情，通於君臣朋友。國風之螓首蛾眉，雲髮瓠齒，其辭甚褻，聖人顧有取焉；離騷託芳草以怨王孫，借美人以喻君子，遂爲漢、魏、六朝樂府之祖。古人之不得志於君臣朋友者，往往寄遙情於婉孌，結深怨於蹇修，以序其忠憤無聊纏綿宕往之致。唐至太和以後，閹人暴橫，黨禍蔓延。義山阨塞當塗，沈淪記室。其身危，則顯言不可而曲言之；其思苦，則莊語不可而謾語之。計莫若瑤臺璚宇、歌筵舞榭之間，言之可無罪，而聞之足以動。其梓州吟云『楚雨含情俱有託』，早已自下箋解矣。吾故曰：義山之詩，乃風人之緒音，屈、宋之遺響，蓋得子美之深而變出之者也。豈徒以徵事奧博，擷采妍華，與飛卿、柯古爭霸一時哉！學者不察本末，類以『才人』『浪子』目義山，即愛其詩者，亦不過以爲帷房暱媟之詞而已，此不能論世知人之故也。」予故博考時事，推求至隱，因箋成而發之，以爲世之讀義山集者告焉。按：序中所拈篇什，其誤解者，各詳箋中。

朱竹垞靜志居詩話

石林好讀儒書，嘗類纂子史百家爲小碎集。又以餘力注李義山詩三卷，其言曰：「詩人論少陵忠君愛國，一飯不忘；而目義山爲浪子，以其綺靡華艷，極玉臺、金樓之體而已。第少陵之志直，其詞危。義山當南北水火，中外箝結，不得不紆曲其指，誕謾其詞，此風人小雅之遺，推原其志義，可以鼓吹少陵。」惜其書未刊行。會吳江朱長孺箋義山詩，多取其說，間駁其非，於是虞山詩家謂長孺陰掠其美，且痛抑之。長孺固長者，未必有心效齊邱子也。

按：汪堯峯爲長孺作跋，較竹垞翁辨之尤力，今不更錄。王阮亭倣元遺山論詩絶句云：「獺祭曾驚博奧殫，一篇錦瑟解人難。千年毛鄭功臣在，猶有彌天釋道安。」此興會所及，固非以溢美爲定評也。

舊唐書文苑傳

李商隱，字義山，懷州河內人。曾祖叔恆，年十九登進士第，位終安陽令。祖俌，位終邢州錄事參軍。父嗣。商隱幼能爲文，令狐楚鎮河陽，謂受知始於河陽，誤。以所業文干之，年纔及弱冠。楚以其少俊，深禮之，令與諸子遊。楚鎮天平、汴州，先天平後汴州，誤。從爲巡官，歲給資裝，令隨計上都。開成二年方登進士第，釋褐祕書省校書郎，調補弘農尉。會昌二年，又以書判拔萃。王茂元鎮河陽，辟爲掌書記，得侍御史。茂元愛其才，以子妻之。數語從「茂元鎮河陽」敘下多誤。茂元雖讀書爲儒，然本將家子，李德裕素厚一本無「厚」字。遇之。時德裕秉政，用爲河陽帥。德裕與李宗閔、楊嗣復、令狐楚大相讎怨。商隱既爲茂元從事，宗閔黨大薄之。時令狐楚已卒，子綯爲員外郎，以商隱背恩，尤惡其無行。俄而茂元卒，來遊京師，久之不調。會給事中鄭亞廉察桂州，請爲觀察判官、判官誤。檢校水部員外郎。誤。大中初，白敏中執政，令狐綯在內署，共排李德裕，逐之。亞坐德裕黨，亦貶循州刺史。商隱隨亞在嶺表累載。三年入朝，京兆尹盧弘正尹爲弘正，誤。奏署掾曹，令典牋奏。明年，令狐綯作相，商隱屢啓陳情，綯不之省。弘正鎮徐州，又從爲掌書記。掌書記誤。府罷入朝，復以文章干綯，乃補太學博士。會河南尹柳仲郢鎮東蜀，辟爲節度判官、檢校工部郎中。大中末，仲郢坐專殺左遷，誤。商隱廢罷，還鄭州，未幾病卒。商隱能爲古文，不喜偶對，從事令狐楚幕，楚能章奏，遂以其道授商隱，自是始爲今體章奏。博學强記，下筆不能自休，尤善爲誄奠之辭。與太原温庭筠、南郡段成式齊名，時號「三十六」。小學紺珠：三人皆行十六，故曰「三十六體」。文思清麗，庭筠過之。而俱無特一作「持」，非。操，莊子：罔兩問景：「何其無特操歟？」唐人文中「特操」字習見。此謂反覆無特操也。恃才詭激，爲當塗者所薄，名宦不進，坎壈終身。弟羲叟，亦以進士擢第，累爲賓佐。商隱有表狀集四十卷。傳文之誤，皆於年譜辨正。

新唐書文藝傳

李商隱，字義山，懷州河內人。或言英國公世勣之裔孫。誤。令狐楚帥河陽，奇其文，使與諸子游。楚徙天平、宣武，皆表署巡官，歲具資裝，使隨計。開成二年，高鍇知貢舉，令狐綯雅善鍇，奬譽甚力，故擢進士第。調弘農尉，以活獄忤觀察使孫簡，將罷去，會姚合代簡，諭使還官。又試拔萃，中選。王茂元鎮河陽，愛其才，表掌書記，以子妻之，得侍御史。茂元善李德裕，而牛、李黨人蚩謫商隱，以爲詭薄無行，共排笮之。茂元死，來游京師，久不調，更依桂管觀察使鄭亞府爲判官。亞謫循州，商隱從之，誤。凡三年乃歸。凡字誤。亞亦德裕所善，綯以爲忘家恩，放利偷合，謝不通。未至謝不通也，三字誤。京兆尹盧弘止弘止，舊書皆作「正」，新書傳作「止」，世系表仍作「正」。表爲府參軍，典箋奏。綯當國，商隱歸窮自解，綯憾不置。弘止鎮徐州，表爲掌書記。久之，誤。還朝，復干綯，乃補太學博士。柳仲郢節度劍南東川，辟判官、檢校工部員外郎。府罷，客滎陽，卒。商隱初爲文，瑰邁奇古，及在令狐楚府，楚本工章奏，因授其學。商隱儷偶長短，而繁縟過之。時溫庭筠、段成式俱用是相夸，號「三十六體」。傳中既承舊書之誤，又自有誤者。

藝文志

李商隱樊南甲集二十卷，乙集二十卷，玉溪生詩三卷，又賦一卷，文一卷。

宋史藝文志

李商隱賦一卷，又雜文一卷，別集類。文集八卷，又四六甲乙集四十卷，別集二十卷，詩集三卷，亦別集類。蜀爾雅三卷，小學類。雜纂一卷，雜藁一卷，小說類。金鑰二卷，類事類。桂管集二十卷，總集類。使範一卷，家範十卷。儀注類。按：宋志視唐大有增矣，但志文多重複，未可盡據。桂管集豈在桂海諸賢之合集歟？志於雜稿一卷，書李義山。史志書名不書字，余初疑之，核其上下所引諸書，當即商隱也。雜藁似即象江太守等五紀之類，後人亦稱雜記。

鄭氏通志藝文略於甲、乙集各二十卷外，有玉谿生詩一卷，賦一卷。

晁氏郡齋讀書志於甲、乙集各二十卷外，又文集八卷。晁氏曰：「商隱儷偶繁縟，旨能感人，人謂其橫絕前後無儔者。又有古賦及文共三卷。辭旨怪詭。宋景文序傳中云：『譎怪則李商隱。』蓋以此詩五卷，清新纖豔。」按：晁氏似合古賦與文三卷、詩五卷，統稱文集八卷也，與宋志異矣。通志作詩一卷，豈合三卷爲一卷耶？馬氏經籍考集類既全引晁志矣，別標玉谿生集三卷，引陳氏書錄解題曰：「李商隱自號。此集即前卷中賦及雜著也。」又於詩集標李義山集三卷，引陳氏曰：「唐太學博士李商隱義山撰。」皆不細符也。陳氏曰：「商隱所作應用之文，當時以爲工；以近世四六較之，未見其工也。」蓋宋人駢體與六朝舊法異，故反嗤點樊南耳。文集箋本不採評語，附識於此。

馬氏通考經籍門蜀爾雅下引陳氏曰：「不著撰人名氏。館閣書目按李邯鄲云：『唐李商隱採蜀語爲之。』當必有據。」

又雜纂下引陳氏曰：「俚俗常談鄙事，可資戲笑，以類相從，今世所稱『殺風景』蓋出於此。又有別本稍多，皆後人附益。」巽岩李氏曰：「用諸酒杯流行之際，可謂善謔。其言雖不雅馴，然所訶誚，多中俗病，聞者或足以爲戒，不但爲笑也。」

又金鑰下引陳氏曰：「分四部，曰帝室、職官、歲時、州府。大略爲牋啓應用之備。」玉海藝文類：唐金鑰二卷，太學博士李商隱分門編類。按：是則宋本多稱學博。

明文淵閣書目：李義山文集一部十册，李商隱詩集一部四册。書目係正統六年大學士楊士奇等編次。文集舉字，詩集舉名，一也。十册四册，豈較今本爲多？惜不能搜校已。崑山葉氏菉竹堂書目，文集十一册，詩集同四册。

焦氏經籍志小學書類：李商隱古字略一卷。按：宋英國公夏竦輯古文四聲韻五卷，標列所引諸書，有李商隱字略。

附録三

玉谿生年譜

譜創於朱氏，改訂於程氏、徐氏，俱有疎誤。今以詩文爲據，史書爲證，重定一通，意在詳明，不嫌辭費。譜中詩文同編。但遺佚既多，傳者又錯亂，故行藏大略，猶可追尋；年月細蹤，不能殫審。或從類敍之科，要無凌節之弊。所採史事，視舊譜大有删增，惟取與詩文印合者。

李商隱，字義山，懷州河內人。本傳。

朱曰：「義山乃宗室。英國公孫敬業，則天時起義，事敗被誅，復姓徐氏。新書傳乃云：『或言義山是其裔孫。』不足信也。」按：李氏溯原隴西。史記傳：李將軍廣，隴西成紀人也。晉書傳：涼武昭王，廣之十六世孫也。舊唐書紀：高祖神堯皇帝，涼武昭王七代孫也。義山詩曰「我系本王孫」，又曰「我家在山西」，山西卽隴西也。李勣，本徐氏，曹州離狐人，隋末徙滑州之衞南。義山非其裔，誠不足辨。李翺撰歙州長史隴西李則墓誌云：「涼武昭王十三世孫李君，歸葬鄭州某縣岡原。」正與義山家世相合。必卽其族而分派已遠，如李白亦涼武昭王後而不編屬籍也。又舊書傳：李玄道本隴西人，世居鄭州，爲山東冠族；李揆，隴西成紀人，家於鄭州。則李氏之居鄭州者多矣。義山詩曰「爲邦屬故園」，謂鄭州也。祭叔父文曰「壇山舊塋」，山在鄭州也。祭姊文云「寓殯獲嘉」，又云「小姪寄兒來自濟邑」，濟源、獲嘉，乃河北地。則義山必舊居鄭州，遷居懷州，故有習業於玉陽、王屋之跡。然姊與姪女仍歸葬壇山，是終以鄭州爲故園也。舊傳云「還鄭州」，最得其實；新傳「客」字小誤；而二傳祇書懷州河內人，皆小疎也。

父嗣。本傳。

嗣爲簿尉之流，終浙東、西從事，詳下文。

憲宗元和八年癸巳　商隱生。

按：義山生年無明文，核之當在此年也。朱氏據令狐楚鎭河陽，義山纔及弱冠，而謂生貞元十一、二年間，不知史已誤矣！徐氏以爲楚鎭河陽，義山當十六歲，亦誤也。本集可據考年齒者有三：一爲開成時上崔華州書，是龜從，非戎。一爲會昌四年改葬姊與姪女之祭文，以諸祭文所書，定爲四年。一爲驕兒詩。祭裴氏姊文曰：「靈有行於元和之年，返葬於會昌之歲，光陰迭代，三十餘秋。」又云：「寓殯獲嘉，向經三紀。」又云：「沉綿之際，殂背之時，某方解扶牀，猶能記面。」又云：「此際兄弟尚皆乳抱。」時義山僅二三歲耳。若泥「三紀」實數，則當逆數至元和四年矣。然三十餘秋者，踰三十即可稱；而「三紀」舉成數，不必細拘。如開元、天寶合四十三載，而云「四紀爲天子」也。況國語云「十年，數之紀也」，何必定十二年哉？祭姊與姪女時，袞師未生。其後初在東川時云「或小於叔夜之男」，約當爲七歲，則袞師約生於會昌六年。乃驕兒詩形容四五歲嬉戲情狀，而自歎「顦顇欲四十」。又云：「況今西與北，羌戎正狂悖。」指大中三四年党項寇邊，及回紇遺種逃附奚部者言之。逆數至元和八年，則三十八年，與「欲四十」合。其姊若亡於元和九年，則至會昌四年得三十一年，云「經三紀」可也。崔龜從爲華州，紀在開成元年十二月。崔鄲爲宣州在二年正月。書爲其時所上，而云「愚生二十五年」。今自元和八年至開成二年，數乃正符，此尤其朗然者。故斷以是年爲生年。縱或少有先後，而大要足據，不若舊譜之動多窒礙矣。

九年甲午

十年乙未

商隱隨父赴浙。祭姊文云：「恭惟先德，實紹元風。良時不來，百里爲政。」又云：「時先君子以交辟員來，南轅已轄。」蓋義山父爲鎭浙東、西者所辟。按：姊亡當在九年，而以赴浙辟屬下年者，參以下文「年方就傅」之句也。況姊亡與赴浙，其爲某月皆不可考，安知非九年冬十年春耶？

十一年丙申

十二年丁酉

十三年戊戌　十一月，令狐楚爲懷州刺史、河陽懷節度使。舊書紀，參令狐楚傳。

本傳皆言受知令狐始自河陽，今則其誤不待辨矣。

十四年己亥　七月，令狐楚同中書門下平章事。舊書紀。

十五年庚子　正月，憲宗崩，穆宗卽位。七月，令狐楚罷爲宣歙池觀察使，再貶衡州刺史。舊書紀，參傳。

穆宗長慶元年辛丑　四月，令狐楚量移郢州刺史，是年，遷太子賓客，分司東都。舊書傳。

商隱隨父在浙約六年。父卒，奉喪侍母而歸。祭姊文云「浙水東西，半紀漂泊。某年方就傅，家難旋臻，躬奉板輿，以引丹旐」是也。按：在浙似六年有奇，喪父是九歲幾十歲。

二年壬寅　十一月，令狐楚授陝虢觀察使，楚至陝，復授賓客，歸東都。舊書傳。

三年癸卯

四年甲辰　五月，穆宗崩，敬宗即位。令狐楚爲河南尹。九月，檢校禮部尚書、宣武軍節度、汴宋亳觀察等使。舊書紀，參傳。

敬宗寶曆元年乙巳

商隱年十三。父喪除後，似懷州無可居，始居蒲州之永樂。其在是年，或猶在後，未可定。按：祭姊文云：「四海無可歸之地，九族無可倚之親，既祔故邱，謂葬父於鄭州壇山故邱。便同逋駭。及衣裳外除，旨甘是急，乃占數東甸，傭書販舂。」占數，占戶籍之數也。蓋其先由鄭居懷，此似懷州亦無可居。而蒲州在西京東北三百里外，貞觀中，昇爲四輔，故曰東甸。其後會昌四年，移家永樂，有「昔去今來」之句，舊蹟當於此徵矣。時雖居家於此，又近遊以資養母，而凡所云「學仙玉陽東」，「形魄天壇上」，「舊山萬仞青霞外，望見扶桑出東海」，仍屬懷州之境。懷、鄭固宜頻往來也。開成中，移家關中。至後東川罷歸，又還鄭州。一生之屢遷靡定，而戀戀於故土者，皆可見已。又按：懷州近在東都之東北，「占數東甸」，似亦可謂鄭州無可歸，始著籍爲懷州人也，是與玉陽、王屋之蹟更合。若永樂則寓居耳。且玩「昔去驚投筆」句，似其時先有軍事驚心之行役，相去未久；況已在移家關中之後，未必遠溯從前也。此說亦可通，然上說較是。惟追測總難細定耳。

詩富平少侯　日高　陳後宮　陳後宮

二年丙午　四月，横海軍節度使李全略卒。十二月，帝遇弑，文宗即位。舊書紀。

詩覽古

文宗太和元年丁未　五月，以前攝横海節度副使李同捷爲兗海節度使。七月，同捷不受詔。八月，削同捷官爵，發諸道兵討之。舊書紀，參通鑑。

二年戊申　三月，帝親試制策舉人、賢良方正。考官馮宿、賈餗、龐嚴見劉蕡條對歎服，以畏宦官，不敢取。九月，徵令狐楚爲户部尚書。時河南、北諸軍討同捷，久未成功。每有小勝，則虚張首虜，以邀厚賞。朝廷竭力奉之，江淮爲之耗弊。舊書紀，參劉蕡、令狐楚傳，通鑑。

按：劉蕡事詳前（標點者注：見一八一頁注一及一八二頁總評）。

商隱年十六。樊南甲集序曰：「樊南生十六能著才論、聖論，以古文出諸公間。後聯爲鄆相國、華太守所憐，居門下，時勅定奏記，始通今體。」按：著聖論、才論在是時矣。「後聯爲」三字，大可訂傳文之誤，詳下。

詩隋師東　謝書　無題（八歲偸照鏡）　失題

三年己酉　三月，令狐楚檢校兵部尚書、東都留守、東畿汝都防禦使。五月，宣慰行營、諫議大夫栢耆斬同捷，滄景平。十一月，紀作十二月。令狐楚進檢校右僕射、天平軍節度、鄆曹濮觀察等使。十二月，以吏部郎中宇文鼎爲中丞。舊書紀，參傳、通鑑。

商隱從楚在天平幕。按：受知之深，當在此際，故甲集序專稱鄆，祭令狐文亦云「天平之年」，「將軍樽旁，一人衣白」也。是下兩年年方十七八，傳所云「年纔及弱冠，從爲巡官」者，宜屬此時。傳文概書天平、汴州，尚未細核，矧可遠及河陽時哉？又按：巡官之奏充者，如文集狀中是也。新書志：「節度使本有巡官，兼觀察，又有巡官一人。」舊書志：「節度使下參謀無員數，隨軍四人，皆天寶後置，未見品秩。」馬氏通考：「唐辟署之法，有既爲王官而被辟者，有登第未釋褐入仕而被辟者，有強起隱逸特招智略之士者：此多起自白衣，惟其才能，不問所從來。」然則額奏之外，當有隨宜辟置，未遽狀薦，而可白衣從事者，故義山年少未第而爲之也。舊傳云「從爲巡官」，新傳改爲「表署」，「表」字似誤。義山稱兖海三掾爲舊僚同此。

四年庚戌

詩天平公座中呈令狐令公

五年辛亥

詩牡丹

六年壬子　二月，令狐楚爲太原尹、北都留守、河東節度使。舊書紀。

商隱當至太原幕。是年應舉，爲賈餗所斥。見上崔華州書。

按：朱閔歸解書彭陽碑陰云：「公尹洛，禮陳商；爲鄆，薦蔡京；涖京，辟李商隱。」尹洛者，河南尹也。敍涖京於爲鄆後，必太原之爲北京也。令狐傳云：「始自諸生，隨計成名，皆在太原，實如故里。秉麾作鎭，邑老歡迎。」義山受其知遇，必當至其幕中。天平、北京，事本相接，被辟當亦同也。雖集無確據，理必然矣。

按：太原近境之詩，宜有此時作者，但意境多不相合，故無可定編。

七年癸丑　正月，右金吾衞將軍王茂元爲嶺南節度使。三月，出給事中楊虞卿爲常州刺史，蕭澣爲鄭州刺史。六月，令狐楚入爲吏部尚書。閏七月，給事中崔戎爲華州刺史。舊書紀、王茂元、令狐楚傳，參崔珙傳、通鑑。

商隱至鄭州，哭蕭侍郎詩所敍是也。居崔戎幕，掌章奏。詳上下文。

按：安平公詩曰「送我習業南山阿」，蓋時猶年少。今定爲二十一歲，正相合。若舊譜則舛矣。

文太倉箴

八年甲寅　三月，以崔戎爲兗海觀察使，六月卒。十二月，召楊虞卿爲工部侍郎。舊書紀，參傳。

按：蕭澣入爲刑部侍郎，紀文不書，當與虞卿同被命。

商隱隨崔戎自華至兗。是年應舉，爲崔鄲所不取。

詩　初食笋呈座中　海上　贈趙協律晳　贈宇文中丞

文　代安平公華州賀聖躬痊復表　進賀皇躬痊復物狀　謝除兗海表　兗海謝上表　奏杜勝等充判官狀　在道進賀端午馬狀　謝端午賜物狀　兗州祭城隍文　遺表

九年乙卯　六月，下京兆尹楊虞卿獄。同平章事李宗閔貶明州刺史，虞卿貶虔州司馬，刑部侍郎蕭澣貶遂州司馬。十月，以王茂元爲涇原節度使。令狐楚守尚書左僕射，進封彭陽郡開國公。十一月，同平章事李訓謀誅宦官不克，中尉仇士良率兵殺宰相李訓、王涯、賈餗、舒元輿及王璠、郭行餘、韓約等，鳳翔節度使鄭注爲監軍張仲清所殺，皆族之。舊書紀，參令狐楚傳、通鑑。

商隱往來京師，安平公詩「明年徒步弔京國」是也。按：義山入王幕，雖始涇原，但在得第後，詳下文。舊書茂元傳漏書鎮涇原。

詩　安平公詩　過故崔兗海宅話舊寄三掾　宿駱氏亭寄懷崔雍崔衮　公子　東還　夕陽樓

開成元年丙辰　二月，昭義節度使劉從諫表請王涯等罪名；三月，復上表暴揚仇士良等罪惡。四月，令狐楚爲興元尹、山南西道節度使。十二月，楊汝士檢校禮部尚書，充東川節度使。中書舍人崔龜從爲華州防禦使。是年，令狐綯爲左拾遺。舊書紀，參令狐綯傳、通鑑。

按：徐氏謂義山是年從令狐楚興元幕。今考下年馳赴興元，本年未有在幕實據。

詩有感二首　重有感　故番禺侯以贓罪致不辜事覺母者他日過其門　哭遂州蕭侍郎　五松驛　令狐八拾遺綯見招送裴十四歸華州　和友人戲贈二首　重有戲贈任秀才　李肱所遺畫松詩書兩紙得四十一韻　送從翁從東川弘農尚書幕

文別令狐拾遺書

二年丁巳　正月，吏部侍郎崔鄲爲宣歙觀察使。高鍇爲禮部侍郎，知貢舉。餘詳詩箋。六月，成德節度使王元逵尚壽安公主。以左金吾衞將軍李執方爲河陽節度使。十一月，令狐楚卒於鎮。是年，令狐綯爲左補闕。舊書紀，參高鍇、令狐楚傳、本集。

按：彭陽遺表已稱「左補闕綯」，舊書綯傳「服闋後，改左補闕」，小疎也。

商隱登進士第。令狐綯雅善鍇，奬譽甚力，故擢第。本傳。

冬，赴興元代楚草遺表，祭令狐文所云「愚調京下，公病梁山。絶崖飛梁，山行一千」

也。十二月，還京，行次西郊詩「蛇年建丑月，我自梁還秦」也。

按：唐制：登進士第，謂之及第，然未卽爲官。若應他科而中，謂之登科，乃得授官。義山次年應宏詞以此，惜不中耳。或爲人論薦從仕。令狐於義山，雖歲使隨計，實未嘗論薦。徐氏謂以令狐辟舉爲校書郎，誤矣。馬氏通考曰：「唐士之及第者，未能便釋褐入仕，尚有試吏部一關。」韓文公三試於吏部無成，則十年猶布衣，且有出身二十年不獲祿者。義山至四年自以判入等，釋褐爲官也。册府元龜云：「商隱少有奇才。令狐楚罷相，歷汴州、興元節度，辟爲從事，遊處之間，未嘗相捨。」亦是約略之辭，不足泥也。徐氏蓋因舊書傳楚將卒時，有召從事李商隱之語，不知從事乃以向爲巡官之故，史文隨意書之耳。祭文實自稱弟子，故新傳改曰「門人」。

又按：唐摭言：「狀元以下到主司宅謝恩訖，三日後，又曲謝，主司方一一言及薦導之處，俾其各謝挈維之力。苟特達而取，亦要言之。」蓋唐時極重薦導。乃觀與陶進士書，則交誼之乖，固不可專咎令狐矣。

詩　南山趙行軍新詩盛稱游讌之洽因寄一絕　及第東歸次灞上却寄同年　商於新開路　壽安公主出降　寄惱韓同年二首　哭虔州楊侍郎　病中早訪招國李十將軍遇挈家遊曲江二首　韓同年新居餞韓西迎家室　西南行却寄相送者　聖女祠　自南山北歸經分水嶺　行次西郊作一百韻　彭城公薨後贈杜勝李潘

文　上崔華州書　代爲崔京兆祭蕭侍郎文　代彭陽公遺表　爲令狐緒綯謝宣祭表

三年戊午　二月，孫簡爲陜虢觀察使。五傳作「九」。月，以吏部侍郎高鍇爲鄂岳觀察使。

十月，皇太子永薨於少陽院。舊書紀，高鍇傳。

商隱試宏詞不中選，宏詞，詳後。與陶進士書所謂「前年乃爲吏部上之中書，中書長者抹去之」是也。赴涇原王茂元幕，娶其女，皆當在是年。按：義山以娶王氏，見薄於令狐，坐致坎壈終身，是爲事蹟之最要者。而傳既有誤，集無明文，今則定其必在是年也。傳文惟「茂元愛其才，以子妻之」二語爲是，其屬之帥河陽時，及云「表掌書記，得侍御史」，皆誤也。韓畏之西迎家室，義山有「禁臠無人近」之歎，情見乎詞矣，於是遂赴其幕。既喜果諧琴瑟，又希其論薦得官。李肇國史補曰：「伊愼每求甲族以嫁子，李長榮則求時名以嫁子，皆自署爲判官而奏之。」則藩鎮以壻充幕僚，固有故事。義山所希在此。時令狐楚卒未久，得第方資綯力，而遽依其分門別戶之人，此「詭薄無行」之譏斷難解免，而綯惡其背恩者也。祭外舅文云：「往在涇川，始受殊遇。愛才而妻以女，故曰殊遇。綢繆之跡，詩：「綢繆束薪，三星在天。」言成婚也。豈無他人？詩：「豈無他人？不如我同父。」言兄弟也。今借言妻父，乃是翁比。忘名器於貴賤，以品秩言。去形迹於尊卑。以翁壻言。語皇王致理之文，考聖哲行藏之旨。每有論次，必蒙褒稱。時固爲記室之任，然非奏充。及移秩農卿，分憂舊許，羈牽少暇，陪奉多違。跡疏意通，期奢道密。八字有深意。茂元實庸材，雖愛義山，或因人之忌，未敢奏請授官；而義山因是略述蹤跡之疏以自遠，然已無及矣。紵衣縞帶，雅況或比於僑、吳；荊釵布裙，高義每符於梁、孟。」茂元家甚饒，而爲此言者，明己之非豔其財也。然則婚之成於涇原而非陳許，明矣。況帥河陽，茂元方有戎事，旋卒於軍，更何暇及私事？且義山方持母服，而祭文則云：「屬纊之夕，不得聞啓手之言；祖庭之時，不得在執紼之列。」斯豈初婚爲記室之情事也哉？又按：宏詞不中選，已因娶王氏而爲人所斥也。與陶進士書既敘綯助之成進士，復曰：「此時實於文章懈退，乃命合爲夏口門人之一數耳。」其感之也淺矣。又曰：「前年爲吏部上之中書，歸自驚笑，復懊恨周李二學士以大法加我。後幸有中書長者曰：『此人不堪。』抹去之。乃大快樂。」此飾辭也。中書長者，必令狐綯輩相厚之人。漫成三首皆以何遜自比，其云「沈約憐何遜」，謂愛之者也；「延年毀謝莊」，謂讒之者也。又云「霧夕詠芙蕖，何郎得意初」，謂己之新婚也；「此時誰最賞？沈范兩尚書」，謂周、李二學士以鴻博擧之也。然則應鴻博，正當初婚之際，故安定城樓詩「賈生年少虛垂涕，王粲春來更遠遊」，乃不中選回至涇原之作。互爲參考，了無疑義矣。

詩　撰彭陽公誌文畢有感　漫成三首　無題（照梁初有情）　安定城樓　回中牡丹爲雨所敗二首　東南　和韓錄事送宮人入道　奉和太原公送楊戴招楊戎　戲贈張書記　贈送前劉五經映　四皓廟

文　爲韓同年瞻上河陽李大夫啓　代相國令狐公文　爲張周封上楊相公啓　爲濮陽公論皇太子表　謝冬衣狀

四年己未　八月，給事中姚合爲陝虢觀察使。十月，以敬宗子陳王成美爲皇太子。舊書紀。

按：是年，舊書紀：七月，刑部侍郎高鍇爲河南尹。今細核，乃知其誤。詳寄成都高苗二從事詩。

商隱釋褐爲祕書省校書郎，正九品上階。調補弘農尉。弘農爲上縣，尉從九品上階。以活獄忤觀察使孫簡，將罷去，會姚合代簡，諭使還官。本傳。

按：釋褐爲官，必由吏部試判。通典：凡選始於孟冬，終於季春。其擇人以四事：身、言、書、判。始集而試觀其書判，已試而銓察其身言。六品以下，計資量勞而擬官；五品以上不試，列名上中書、門下，聽制勅處分。按：自後六品以下，每集選必試判。義山以判入等，乃釋褐授官，定制必然，故傳文從略。又按：職官以清要爲美，校書郎爲文士起家之良選。諸校書皆美職，而秘省爲最。如翰林無定員，諸曹尚書下至校書郎，皆得與選矣。至尉簿則俗吏，義山外斥，大非得意。與陶進士書曰：「南場作判，比於江淮選人，正得不憂長名放耳。」雖自負文才必得，亦隱謂忌者不能抑也。又曰「尋復啓與曹主求尉於虢，實以太夫人年高，樂近地有山水者」云云，乃矯語耳。觀所編諸詩，憤鬱可見。諭使還官，亦非其意也。又按：義山於開成二年已云「愚調京下」，然卽有興元之急行，而釋褐實在四年，時當移家關中。祭姪女文云：「赴調京下，移家關中。寄瘞爾骨，五年於茲。」溯之當在是年。則云「樂近地有山水者」，必非始願所及矣。

詩 宮中曲　無題二首（昨夜星辰）　鏡檻　曲池　有感（中路因循）　次陝州先寄源從事　荆山　任弘農尉獻州刺史

文 爲楊贊善請東都洒掃狀　爲濮陽公陳情表

五年庚申　正月，帝疾甚。中尉仇士良、魚弘志矯詔立潁王瀍爲太弟，太子成美復爲陳王。帝崩，仇士良說太弟賜賢妃楊氏、陳王成美、安王溶死，遂卽位。八月，葬文宗於章陵。九月，李德裕爲吏部尚書、同中書門下平章事。同平章事楊嗣復出爲湖南觀察使。是年，令狐綯服闋，爲左補闕、史館修撰。起爲原官也，其兼史職，或稍在後。周墀爲華州刺史。韋温爲陝虢觀察使。高元裕爲京兆尹。舊書文宗、武宗紀，令狐綯、周墀、韋溫、高元裕傳，參通鑑、本集。

是年高鍇爲西川節度使。王茂元自涇原入爲朝官。皆從本集酌書。

按：高鍇當代李固言節度西川，崔蠡代鍇觀察鄂岳也。固言傳云「會昌初入朝」者，實於武宗卽位之年卽入朝也，詳寄成都二從事詩。王茂元事詳下。

商隱辭尉任，南遊江鄉。從本集酌書。

按：南遊江鄉，全從篇什中參悟得之也。座主高鍇觀察鄂岳，而安黃爲其所管。義山既遊江鄉，必先赴其幕，路經安黄。玩過伊僕射舊宅詩，高於秋冬間已遷鎮西川，故以舊宅寓慨，而悵不能更涉瀧江也。僅寄詩與成都二從事，了無應合。蓋得第既籍令狐，背恩必相告語，師生誼薄，遂致爲人所擠，不能入幕。後所以有破鏡、送同年獨孤雲之武昌、寄蜀客、蜀桐之追恨也。時適楊嗣復罷相，觀察湖南，因又有潭州、贈劉司戶蕡之蹟。司戶歷爲宣歙王質、興元令狐楚、襄陽牛僧孺從事，皆見傳文。僧孺開成四年八月出鎮，會昌二年罷，蕡在幕正當其時。蕡卒年無明文。新書傳載昭宗誅韓全誨等，左拾遺羅衮訟蕡云：「身死異土，六十餘年。」帝贈蕡左諫議大夫。是年天復三年癸亥，上距會昌四年甲子，得六十年。蕡當於開成、會昌間卒於江鄉，故詩云「復作楚寃魂」，又云「湓浦書來秋雨翻」也。義山於此年至潭州。會昌元年春，與蕡黄陵晤別，而蕡於二年秋卒矣。凡此皆南遊之實據也。與陶進士書「九月東去」，而次年還京乃在春時，與送千牛李將軍「俱聽漢苑鶯」之約相合。則江鄉之遊，不過數月耳。又按：獻相國京兆公啓在大中三年還京之前。詳本篇下。所云「東至泰山，空吟梁父」，謂太和八年兗海幕也；「南遊郢澤，徒和陽春」，似在此時矣。郢州屬山南東道，北則襄、鄧，東南則江南西道之安、黄、鄂、岳，由江渡湖，爲潭、衡，皆楚境也。余揣其卽與潭州之遊同時，然不必專指郢州，固可統言楚境耳。惟是時序不久，篇章頗多，細核未可全定，若後之桂管歸途，又不可合。遞考流年，又豈閑居永樂數年中有此行耶？無可臆定，故附志於此。又按：潭州、郢州，兼有閑情牽引也。柳枝序云：「東諸侯取去。」唐時所稱東諸侯，境固甚廣，不得定指某地。而石城、莫愁、謔柳、贈柳諸篇，何其似指柳枝也。燕臺、河內、河陽諸篇，似「學仙玉陽東」時所歡慕之人，而其人大有湖湘之跡。「尺素雙璫」，「湘川相識」，言之不足，又長言之。湘中爲潭州，合之代越公房妓之篇，豈當嗣復鎭潭時歟？當時既難顯陳，後世何煩追索，愚實自嗤多事也。又有江東、隋宮、南朝諸篇，合之懷求古翁、和韋潘夜泊池州，似更至池、昇、揚諸州矣。凡此遊蹟風懷，得其大略，而無可細尋，故不能編年，特彙列第三卷中。

詩　曲江　景陽井　詠史七律　垂柳　與同年李定言曲水閑話　井泥　送千牛李將軍赴闕　崇讓宅東亭醉後沔然有作　酬別令狐補闕　臨發崇讓宅紫薇　過伊僕射舊宅　寄成都高苗二從事

文　爲汝南公華州謝加階狀　爲渤海公舉人自代狀　爲渤海公謝罰俸狀　爲濮陽公祭崔丞文　與陶進士書

武宗會昌元年辛酉　三月，貶楊嗣復爲潮州刺史。是年，王茂元爲忠武軍節度、陳許觀察使。　舊書紀、傳，參本集。

按：舊傳云：「南中多異貨，茂元積聚家財鉅萬。李訓之敗，中官利其財，言因王涯、鄭注見用。茂元懼，罄家財以賂兩軍，以是授忠武軍節度使。」新傳云：「悉出家貲餉兩軍，得不誅，封濮陽郡侯，召爲將作監，領陳許節度使。」今考諸表文，則於武宗即位之初入朝，歷御史中丞、太常卿、將作監，遷司農卿，而乃出鎮，當在會昌元年。觀爲汝南、京兆賀赦表，而無爲濮陽賀表，則其時尚在京師也。再合之爲祭張氏女文，出鎮在是年夏也。

商隱自江鄉還京。從本集酌書。

按：「春雪黄陵」方爲送別。而祭張書記文，時在四月，其云「一則歸從回鴈之峯」，與「異縣期迴鴈」句相合，似義山自謂也。又賀郊赦表在正、二月，豈歸期若是速耶？潭州距京師約二千五百里。

詩　贈劉司戶蕡　潭州　杏花　岳陽樓（欲爲平生）　離思　楚宮（湘波如淚）　破鏡　七月二十八日夜與二秀才聽雨後夢作　七月二十九日崇讓宅讌作　華州周大夫宴集

文　爲汝南公華州賀赦表　爲京兆公陝州賀郊赦表　祭張書記文　爲濮陽公陳許謝上表　舉人自代狀　奏韓琮等充判官狀　爲鹽州刺史舉判官狀　爲汝南公以妖星見賀德音表　賀彗星不見表

二年壬戌　二月，檢校尚書右僕射李紳爲中書侍郎、同平章事，監修國史。八月，回鶻烏介可汗掠雲、朔北川，乃徵發許、蔡、汴、滑等六鎮之師，以太原節度使劉沔爲南面招討使，盧龍節度使張仲武爲東面招討使，李思忠即嗢沒斯也，歸附賜姓名。爲河西党項都將，西南面招討使：皆會軍於太原。是年，宣武節度使王彥威卒。令狐綯爲戶部員外郎。

舊、新書紀、宰相表，參舊書李紳、王彥威、令狐綯子滈傳、通鑑。

商隱又以書判拔萃，重入秘書省爲郎。本傳參本集。

按：列傳中既爲內外官，從調試判與拔萃者甚多，通典：「選人有格限未至，而能試文三篇，謂之宏詞；試判三條，謂之拔萃，亦曰超絕詞義者，得不拘限而授職。按：試宏詞選人，試拔萃選人，試吏部平判選人，每見紀文，如咸通時所書者。其以尉而試判者亦時見。如舊書陸贄傳「登進士第，以博學宏詞登科，授華州鄭縣尉。罷秩，東歸省母，又以書判拔萃，授渭南簿，遷監察御史」之類是也。義山必請假罷秩，乃又入試拔萃。義山祭姊文云：「三千有司，謂宏詞、吏部試判及拔萃。兩被公選。」謂試判與拔萃。又曰：「兎跡縣正，刊書秘邸。」甲集序云：「兩爲秘省房中官。」偶成轉韻詩：「公侍武皇爲鐵冠，我時憔悴在書閣，臥枕芸香春夜闌。」皆相同也。傳文「會昌二年拔萃」，不誤，第漏書重入秘省，而書「河陽辟掌書記」云云有誤耳。文集徐箋謂拔萃亦在尉弘農前，則誤矣。又按：重入秘省，是復爲清資也，廼仍不得久處，而以母憂罷，從此而後，卽不足深恃之茂元，亦遽卒矣；而令狐八日益尊貴柄用，不援手而嗤薄之。客途飄瞥，使府沉淪，斯義山生平榮枯所由判也，嗟夫！

詩 鸞鳳　贈子直花下　哭劉蕡　哭劉司戶二首　哭劉司戶蕡　妓席暗記送同年獨孤雲之武昌　贈別前蔚州契苾使君

文 爲汝南公賀元日御殿受賀表

三年癸亥　二月，太原節度使劉沔率師至大同軍，遣天德行營副使石雄襲回鶻牙帳，大敗之，迎太和公主以歸。四月，昭義節度使劉從諫卒，三軍以其姪稹爲留後。遣使詔稹護喪歸洛陽，稹拒朝旨。以忠武節度使王茂元爲河陽節度使，邠寧節度使王宰爲忠武節度使。茂元移鎭，舊書無月日，今從通鑑以合遺表也。表云「分領許昌，兼臨河內」，似其初以陳許兼河陽，繼乃命王宰。五月，以翰林學士承旨、中書舍人崔鉉爲中書侍郎、同平章事。舊紀在四年八月，今從新書表，與茂元遺表合。七月，遣戶部侍郎兼御史中丞李回宣諭河朔，鎭冀王元逵、魏博何弘敬皆從命。制告中外削奪劉從諫、稹官爵，以成德軍節度使王元逵充北面招討使，魏博節度使何弘敬充東面招討使，仍委諸鎭各進兵攻討。河中、河東、河陽之屬，先已屯兵境上，備其侵掠，今乃進攻。以武寧節度使李彥佐爲晉絳行營諸軍節度、西南面招討使。時崔元式爲河中晉絳節度使，彥佐則統行營。河陽節度王茂元以本軍屯萬善。八月，昭義牙將李丕降，用爲忻州刺史。以陳許節度使王宰充南面招討使。賊將薛茂卿破天井關南科斗寨，擒河陽大將馬繼等。九月，以王宰兼河陽行營諸軍攻討使。因茂元病也。及茂元卒，以河南尹敬昕爲河陽節度使。王宰將行營，昕供饋餉而已。以天德軍使石雄爲彥佐之副。王茂元卒，贈司徒。李德裕奏：「河陽節度舊領懷州刺史，請以河陽置孟州，其懷州別置刺史。」以石雄代李彥佐爲晉絳行營節度使，令自冀氏取潞州。十月，河東節度使劉沔充義成軍節度使，荆南節度使李石充河東節度使。十二月，薛茂卿入澤州，密與王宰通，謀爲內應，宰疑不敢進。稹誘茂卿至潞殺之，并其族。舊書紀、傳，參新書紀、表、傳、通鑑、會昌一品集、本集。

按：命討昭義，諸史所載，遲速不同。今證之會昌一品集，則舊書似少緩，新書則太急也。舊紀：四月，詔百官會議可誅可宥之狀以聞。五月，進狀，以塞上用兵，不宜中原生事，而諫官上疏者相繼。一品集有五月二日請尚書省集議狀，則新紀五月即書命將進討，爲太驟矣。集有賜元逵弘敬詔云：「勿爲子孫之謀，欲存輔車之勢。」又云：「卿宜嚴固封疆，候彼軍中有變。劉稹歸闕，别有敍用。」蓋已命諸道嚴兵爲備，尚未督其深入；稹或悛改自歸，固不必盡削奪誅夷也。舊書李德裕傳載「勿爲子孫之謀」二句於李回諭旨河朔時，與通鑑不同，似尤得其實，更可爲非速用兵之證。第無從細求其畫一耳。六月五日論彦佐翼城軍狀，十九日論賜澤潞四面節度使狀，止禁其擅自受降，猶未詔進攻；而賊兵亦未出掠。至七月十一日論三鎮狀云：「秋氣已至，將議進兵。」此即所詔「七月中旬五道齊進」者，尚慮河朔暗有連衡，乃遣李回宣諭。則下制削奪必在是月，而舊紀書於九月，則遲矣。制文所指逆節，止言拒命，未及凶鋒，末云「詢自僉謀，諒非獲已」，爲初次進兵語氣。下詔之後，賊將并力南攻，茂元屯兵萬善，勢頗危急，事在八九月間。集有八月中諸狀，而賜王宰詔意云：「賊焚爇晉、絳廬舍，侵逼萬善，罪惡貫盈。」若如舊紀九月下制，何一語不及之歟？王茂元之卒，證之一品集，當在九月之末。而本集茂元再遣使人勸諭劉稹中云「祕不發喪，已踰一月」，則必五月矣；「安而拒詔，又歷數旬」，則必六七月矣。遺表云：「前月某日，軍聲大振，賊勢少衰。」其爲七月以前尚觀望希赦，七月乃力行天討，更爲曉然。蓋廟堂決策，諸鎭彙屯，固皆在夏時。然序逢炎暑，又未探河朔眞情，故不得不少寬以待。至七月，乃布告中外，以必圖剪滅也。先後之間，勢分輕重，大可考悟。視前朝討諸藩鎭，固已迅速，豈遂若新書、通鑑之至速也乎？故詳核而酌譜之。終因紀載舛錯，難一一訂正耳。

商隱居母喪。從本集酌書。

按：遭母喪當在二年三年中，玩諸祭文可證，而不能細定何時也。又有兩京、鄭、懷往來之跡。祭文有云「祥忌云近，哀憂載途」，又云「攝縗告靈，徒步東郊」，則出行固不免，第不敢久離喪次耳。幽居冬暮詩必尚在京郊，至四年春乃移家永樂也。四年冬，渴然有農夫望歲之志，似母服將闋。則居憂宜在二年，總難確核矣。三年四年之詩，蹤蹟情緒多不相類，惟過姚孝子廬略似棘人，豈時値用兵，致減哀痛歟？細蹟難徵，編排易舛，此則愚之拘滯而不能釋然者。又按：葬母無明文。觀其營諸葬事，則葬母不待言也。

詩　灞岸　出關宿盤豆館對叢蘆有感　即日（小苑試春衣）　淮陽路　賦得雞　鄭州獻從叔舍人　懷求古翁　和韋潘前輩　和劉評事永樂閑居　戲題贈稷山驛吏　登霍山驛樓　幽居冬暮

文　爲李郎中祭竇端州文　爲絳郡公鄭州禱雨文　祭宣武王尚書文　爲濮陽公與劉稹書　遺表　爲王瓘謝宣弔賻贈表　爲懷州李中丞謝上表　舉人自代狀　祭城隍文　賽城隍文

四年甲子　正月乙酉朔，河東將楊弁作亂，逐李石。壬子，監軍使呂義忠克太原，生擒弁，盡誅亂卒。二月，以河中節度使崔元式爲河東節度使，以石雄爲河中節度使，仍晉絳行營諸軍征討等使。紀文皆「招討」，他書每作「征討」、「攻討」。楊弁伏誅。此二事爲二月丁巳、辛酉。通鑑列入三月，誤。石雄節度河中，舊紀列入九月，殊誤。今據英華中元式雄授官合制。三月，詔西面招討即上晉絳行營征討。石雄速圖進取，以晉州刺史李丕爲之副。丕由汾改晉，舊紀作汾，小誤。七月，邢、洺、磁三州降，詔石雄率軍七千人入潞州。八月，昭義將郭誼等斬劉稹首以迎雄，澤潞平。王宰傳稹首與郭誼等獻京師。宰相李德裕守太尉，進封衞國公。九月，以前山南東道節度使盧鈞檢校左僕射，充昭義節度使。郭誼等與稹母裴、稹弟、妹、從兄，及李訓、王涯、韓約、王璠之親屬潛匿潞府者，並斬於獨柳。舊、新書紀、李德裕傳，參通鑑、會昌一品集、文苑英華。是年，易定節度使李執方爲陳許節度使。王宰移鎮河東，石雄節度河陽，通鑑作十二月，舊紀書王宰於九月。而執方代王宰事，史皆不載。今參會史文而書之。令狐綯爲右司郎中。據新書傳酌書。

商隱於楊弁平後，移家永樂縣居。餘詳前。本集。

按：葬姊與姪女，似皆在正月；及太原定後，移居永樂。似在春夏之交，母服猶未闋，而詩情不類。豈既葬後，情事少寬歟？細蹟總無可考。時往來京師。本傳云：「茂元卒，來遊京師，久之不調。」亦有小疎。蓋母服當闋三年也。其服闋未調，或以婚於茂元故耳。重祭外舅文云「愚方遁跡邱園，前耕後餉」，春日詠懷云「我獨邱園坐四春」，蓋自此數年，皆閑居永樂也。甲集序云「十年京師寒且餓」，則以雖居永樂，頻至京師，故統言之。厥後在東川，有阿衮寄在長安之跡。大約赴桂管辟，仍移家京下。

詩　行次昭應縣送李郎中充昭義攻討　大鹵平後移家到永樂縣居書懷十韻　和馬郎中移白菊　寄和水部馬郎中題興德驛　喜聞太原同院崔侍御臺拜　寄令狐郎中　靈仙閣晚眺寄鄆州韋評事　明神　過姚孝子廬偶書　憶雪　殘雪

文　祭徐姊夫文　祭徐氏姊文　祭處士房叔父文　祭小姪女文　祭裴氏姊文　重祭外舅司徒公文　爲鄭從事妻祭從父文　爲裴祭薛郎中文　爲李詒孫上李相公啓　爲白從事上李尙書啓　爲絳郡公上李相公啓　上史館李相公啓　上崔相公啓　上李相公啓　爲外姑隴西郡君祭張氏女文

五年乙丑　正月，宰臣李德裕、杜悰等率百寮上徽號。五月，戶部侍郎李回爲中書侍郎、同中書門下平章事。是年令狐綯出爲湖州刺史。盧貞爲河南尹。舊書紀、新書宰相表、舊、新書令狐綯傳、白香山集。

按：舊書傳綯累遷庫部、戶部員外郎，五年刺湖州。新書傳止書右司郎中，而刺湖不書年。傳文互有詳略。

按：白香山集有題府中水堂贈盧尹中丞詩。又會昌五年三月舉七老會，河南尹盧貞年未七十，與會而不及列。又詔取永豐柳植禁苑感賦詩河南尹盧貞和。宋陳直齋爲白公年譜，謂是武宗末年事，非宣宗初事。又曰：「盧貞爲尹，在會昌四年七月。」其當有所據也。

詩　寒食行次冷泉驛　評事翁寄錫粥走筆爲答　縣中惱飲席　花下醉　永樂縣所居一草一木無非自栽今春悉已芳茂　自喜　春宵自遣　題道靖院院在中條山　題小松　七夕偶題　秋日晚思　菊　漢宮詞　所居　奉同諸公題河中任中丞新創河亭　無愁果有愁曲北齊歌　喜雪　按：五年六年之詩，亦有不可細分者，仍當統玩。

文　爲河南盧尹賀上尊號表

六年丙寅　三月，帝不豫。中尉馬元贄立光王忱爲太叔。帝崩，太叔卽位。四月，李德裕檢校太尉、同平章事、江陵尹、荆南節度使。五月，以翰林學士、兵部侍郎白敏中同中書門下平章事。八月，葬武宗於端陵。十月，李德裕爲東都留守。是年柳仲郢爲鄭州刺史。舊書紀、李德裕、柳仲郢傳、參新書紀、通鑑。

按：德裕出鎭荆南，留守東都，舊紀最確。舊傳謂會昌五年出鎭荆南，數月追還，復知政事。今證之本集，德裕終武宗朝未曾外出，故新書表、通鑑皆於六年四月書之也。惟文饒別集云：「余乙丑歲自荆南保釐東周，路出方城，有隱者曰：居守後二年當南行萬里。」然舊傳云：「大中二年冬至潮陽。」則從六年以往，數亦正合。是則集中「乙丑」當爲「丙寅」之訛。舊傳誤據之，而又見武宗病時德裕仍在朝，乃以「數月追還」，彌縫其闕耳。

詩　小園獨酌　小桃園　自貺　所居永樂縣久旱縣宰祈禱得雨　落花　春日寄懷　過故府中武威公交城舊莊感事　寄蜀客　蜀桐　昭肅皇帝挽歌三首　茂陵　漢宮　華嶽下題西王母廟　瑤池　過景陵　四皓廟

宣宗大中元年丁卯　二月，李德裕分司東都。給事中鄭亞爲桂州刺史、桂管防禦觀察使。三月，禮部侍郎魏扶奏放進士三十三人。五月，幽州節度使張仲武大破北部及諸山奚。七月，尚書戶部侍郎、翰林學士承旨韋琮以本官同中書門下平章事。李德裕貶潮州司馬。舊書紀，參新書北狄傳、宰相表。

商隱弟羲叟登第。鄭亞廉察桂州，請商隱爲掌書記。冬，如南郡。江陵府本荆州南郡。十月，編定樊南甲集。本傳，參文集。

按：本傳皆言請爲判官。舊傳又云檢校水部員外郎，而新傳無之。文集止云被奏當表記也。幕職必帶京銜。凡判官、支使、掌書記之屬，舊、新志未見品秩，蓋以所檢校之京職爲高下，如諸狀所云也。員外郎從六品上階，若已得斯銜，則還朝不應猶爲九品之尉，舊傳恐誤。詩云「湘妃廟下已春盡，虞帝城前初日曛」，舊書志：西京至桂州，水陸路四千七百六十里。而是年三月有閏。則於四月抵桂林。

詩　喜舍弟羲叟及第上禮部魏公　題鄭大有隱居　謝往桂林至彤庭竊詠　離席　春遊　岳陽樓（漢水方城）　海客　桂林　深樹見一顆櫻桃尙在　晚晴　五月六日夜憶往歲秋與澈師同宿　酬令狐郎中見寄　寓目　席上作　夜意　訪秋　城上　念遠　朱槿花二首　桂林路中作　高松　海上謠　江村題壁　洞庭魚　自桂林奉使江陵途中感懷寄獻尙書　宋玉

文　獻侍郎鉅鹿公啓　爲滎陽公桂州謝上表　謝借飛龍馬送至府界狀　長樂驛謝敕設狀　謝除盧副使等官狀　爲盧副使謝聘錢啓　爲滎陽公在道進賀端午銀狀　端午謝賜物狀　桂州舉人自代狀　舉王克明等充縣令主簿狀　賀幽州破奚寇表　桂州賽城隍神文　桂州城隍神祝文　賽舜廟文　賽越王神文　賽北源神文　賽曾山蘇山神文　賽白石神文　賽龍蟠山神文　賽陽朔縣名山文　賽海陽神文　賽堯山廟文　賽古欖神文　祭蘭麻神文　祭全義縣伏波神文　又賽諸縣城隍神文三首　賀老人星見表　進賀冬銀狀　進賀正銀狀　謝賜冬衣狀　奏請不敍錄將士狀　祭呂商州文　祭長安楊郎中文　太尉衞公會昌一品集序　樊南甲集序

二年戊辰　二月，鄭亞責授循州刺史。令狐綯召拜考功郎中，尋知制誥，充翰林學士。杜悰爲西川節度使。三月，兵部侍郎判度支周墀同中書門下平章事。舊紀作「三月」，宰相表作「正月」。十一月，韋琮罷爲太子詹事，分司東都。是年，柳仲郢遷爲河南尹，踰月召拜戶部侍郎。冬，李德裕貶崖州司戶參軍。舊書紀、令狐綯、李德裕、柳仲郢傳，參白敏中傳、通鑑。

按：舊書令狐綯傳：「二年，召拜考功郎中，尋知制誥。其年召入，充翰林學士。」今考湖州府志天寧寺陀羅尼經石幢名歟，元年十一月末，猶在吳興。郡守表書「二年四月二日，除翰林學士」。蓋召拜考功，未至闕，又拜學士，與舊傳合。而舊紀書知制誥於元年六月，又失書學士，皆疎也。

按：宣宗朝，史氏自言簡籍遺落，十無三四，故紀文、傳文及他書互證，每不細符。大中初，白敏中執政，令狐綯在內署，共排李德裕，逐之。崖州之謫，綯宜與有力焉。以前則尙在吳興也。及衞公歿後，見夢於綯，綯畏其精爽，白於帝，使得歸葬，似與敏中當區別。亞坐德裕黨，亦貶循州刺史。謫崖州制文云：「洎參信書，亦引親昵。又附李紳之曲情，斷成吳湘之冤獄。」蓋德裕奏改憲宗實錄，凡所載吉甫不善之跡，鄭亞希旨削之；而吳湘之獄，言是鄭亞首唱，李紳織成，李回便奏，故亞、回皆貶。紳已卒，追削三任告身。並詳舊書紀、傳。但制文載在三年，似誤。商隱隨亞在嶺表累載，三年入朝。本傳。亞貶循州，死於官。新書鄭畋傳。

按：去冬如南郡，春初當還桂州。諸詩每言春寒春早也。及亞貶，義山卽由水程歷長沙、荆門，所謂「破帆壞槳荆江中」者，在此夏時，未嘗隨赴循州。送鄭大南覲及後故驛迎弔可證也。其時當至故鄉與東都，以戊辰會靜一篇見之。旋又出而行役，有徘徊江漢、往來巴蜀之程焉。夫說詩之法，實則徵其蹤跡，虛則領其神情。無題篇云：「萬里風波一葉舟，憶歸初罷更夷猶。碧江地沒元相引，黃鶴沙邊亦少留。」謂乍脫風濤，又乘流泝江，少駐橈於武昌也。下引益德、阿童，雖難妥解，而閬州、益州，其後詩句每相關應，必有事在，無可推尋耳。搖落篇云「灘激黃牛暮，雲屯白帝陰」，及「水亭」、「月幌」、「遙夜」、「清砧」諸句，似深秋略頓巴巫之境。過楚宮云「巫峽迢迢」，亦同時也。搖落、因書、夜雨寄北，皆寄內之篇；若後之赴東川幕，途既各殊，且喪失家道，無此意緒矣。梓潼望長卿山至巴西復懷譙秀，暗訴薦拔無人，往來失意，乃此段之關鍵也。夢令狐學士云「山驛荒涼」，重過聖女祠云「來無定所」、「去不移時」，爲三年春還京時作，皆可貫通參悟矣。惟是遠程跋涉，似乎心注成都，是時杜悰已自東川移西川，乃一無謁見之情，至七年春，尚云「早歲乖投刺」也。舉凡後之壬申七夕、望喜驛、寫意諸章句，追慨於閬蜀之間遇合無緣者，情可印而蹟難徵矣。此與開成會昌間江鄉之遊，皆從詩意悟出。楚境數程，又爲隣近，安能一一皆無混謬？然彼時至潭而不至蜀，此段巴蜀之蹟，水陸之程，章句朗然，余所得已費苦心，不能更苛索矣。

詩 卽日 鳳 北樓 思歸 異俗二首 昭郡 賈生 李衛公 題鵝 寄令狐學士 鈞天 玉山 燈 送鄭大台文南覲 獻寄舊府開封公 同崔八詣藥山訪融禪師 漢南書事 荆門西下 舊將軍 淚 亂石 槿花 陸發荆南始至商洛 歸墅 楚澤 戊辰會靜中出貽同志 河清與趙氏昆季讌集得擬杜工部 寓懷 無題（萬里風波）

江上　風　九日　搖落　過楚宮　深宮　夜雨寄北　因書

文　賀相國汝南公啓

三年己巳　正月，以太常卿封敖檢校兵部尚書，爲興元尹、山南西道節度使。詔史館修撰杜牧撰故江西觀察使韋丹遺愛碑。牧以司勳兼史館。四月，兵部侍郎魏扶同中書門下平章事。五月，徐州軍亂，以盧弘正爲武寧軍節度使。十二月，李德裕卒。是年正月，秦、原、安樂三州及石門等七關來歸，至六月收復訖。七月，三州、七關、河隴遺黎數千人見於闕下。九月，西川節度使杜悰奏復維州。令狐綯爲中書舍人，尋拜御史中丞。司勳員外郎杜牧轉吏部員外郎，授湖州刺史。舊書紀、令狐綯、杜牧傳，參宰相表、通鑑。

按：牧之爲司勳，傳無細年月。牧之文集云：「會昌五年十二月，自秋浦移守桐廬，後四年守吳興。」則入爲司勳，必在宣宗初，至是年出守吳興也。刺湖之命在秋時，詳箋中。太平廣記採牧之湖州尋春較遲之事，亦云大中三年。

按：李文饒之卒，舊紀作十二月，通鑑作閏十一月，文饒集與姚諫議書題閏十二月二十八日，祭韋相文題大中四年月日，似當卒於四年正初耳。

商隱還京，選爲盩厔尉。舊書志屬京兆府，爲畿縣，尉爲正九品下階。本傳漏書。京兆尹奏署掾曹。京兆掾曹有功、倉、戶、兵、法、士六曹，參軍事各二人，正七品下階。此曰奏署，固不拘品秩。令典章奏。文集，參本傳。

按：獻相國京兆公啓，係還京之前，途次相遇，但細跡無煩再考。本傳以尹爲盧弘正，誤。弘正傳皆不書尹京，尤知此誤。朱氏已疑之矣。

詩 巴江柳 初起 武侯廟古柏 井絡 杜工部蜀中離席 夢令狐學士 北禽 梓潼望長卿山至巴西復懷譙秀夜飲 利州江潭作 重過聖女祠 木蘭 木蘭花 贈句芒神 謁山 和孫韋孔雀詠 碧瓦 腸 射魚曲 無題四首 哀箏 槿花二首 即日 促漏 如有 令狐舍人說昨夜西掖玩月因戲贈 昨夜 杜司勳 贈司勳杜十三員外 無題（相見時難） 故驛迎弔桂府常侍有感 野菊 漫成五章 贈庾十二朱版

文 獻相國京兆公啓 謝座主魏相公啓 謝宗卿啓 太原白公墓碑銘 爲山南薛從事啓

四年庚午 六月，戶部侍郎崔龜從同中書門下平章事。九月，党項爲邊患，發諸道兵討之。時已連年無功，戍饋不已。會昌六年二月，紀文已有命招討使之事。十月，舊紀作十一月。翰林學士承旨、兵部侍郎令狐綯同中書門下平章事。舊書紀，參令狐綯傳，新書紀、表，通鑑。令狐綯作相，商隱屢啓陳情，不之省。屢啓陳情，自綯漸貴時已然。弘正鎭徐州，奏爲判官。本傳，參文集。

按：弘正表辟在十月，奏爲判官，非掌書記，本傳誤也。時初得侍御史。從六品下階。通鑑注：「幕僚帶御史銜者，謂之寄祿官，亦曰憲官。」傳稱在王茂元幕已得此銜。今考自涇原至再入祕省，實無緣得此。程氏據薛逢贈詩「蓮府望高秦御史」，定於此時，極有識。余證之詠懷寄祕閣舊僚詩，益信。

詩 無題（紫府仙人） 昨日 子直晉昌李花 李花 訪人不遇留別館 一片 寄懷韋蟾 白雲夫舊居 驕兒詩 對雪二首 東下三旬苦於風土馬上戲作 題漢祖廟 隋宮守歲

文 爲舉人獻韓郎中啓 爲任侍御上崔相國啓 上兵部相公啓 上尙書范陽公啓三首

五年辛未 十月，戶部侍郎魏謩同中書門下平章事兼集賢大學士。舊紀作五月，誤。蓬、果羣盜依阻雞山，寇掠三川，以果州刺史王贄弘充三川行營兵馬使討之。是年，宰相白敏中爲邠寧節度使、招撫党項使，党項皆平。然用兵歲久，國用頗乏。舊、新書紀、白敏中傳，參通鑑。

商隱妻王氏亡於是年。乙集序所云「三年已來，喪失家道」也。六年，商隱方還京，房中曲所謂「歸來已不見」也。其亡在秋深，屬疾一章可證，又別有「柿葉翻時」之句。

詩 讀任彥昇碑 偶成轉韻七十二句贈四同舍 戲題樞言草閣三十二韻 越燕二首 蟬 辛未七夕 迎寄韓魯州同年

六年壬申 二月，王贄弘討平雞山賊。七月，河南尹柳仲郢爲梓州刺史、東川節度使。八月，盧鈞充太原尹、北都留守、河東節度使。是年，盧弘正卒於鎮。舊、新書紀，參舊書傳、通鑑。

按：弘正拜宣武之命，而仍卒於徐。傳不書月，當在春時。

徐府罷，商隱入朝，復以文章干綯，乃補太學博士。正六品上階。會河南尹柳仲郢鎮東蜀，辟爲節度書記、乙集序：「七月，河東公奏爲記室；十月，改判上軍。」非若徐府之本奏爲判官也。檢校工部郎中。從五品上階。新書傳作員外郎。北夢瑣言亦云「商隱官止使下員外」也。然博士已正六品上階，不應辟請反降，故從舊書。十月，改判上軍。判官稍高於掌書記。在徐幕已爲判官，而仲郢乃奏爲記室，義山必至洛情懇而奏改也，無仲郢私改之理。詳箋中。仲郢由河南尹遷轉，商隱當先至東都謁謝，乃至東川。自後數年，皆在東川幕。是年冬，差赴西川推獄。本傳，參本集。

按：據爲河東上西川京兆公書，合之述德抒情詩，是六年冬七年春有西川之役也。杜悰於七年移鎮淮南，未詳何月。詳箋中。故爲河東數篇謝啓，似在七年春也。

詩　詠懷寄祕閣舊僚二十六韻　房中曲　宿晉昌亭聞驚禽　壬申七夕　柳（曾逐東風）　王十二兄與畏之員外招飲不去因寄　壬申閏秋題贈烏鵲　夜冷　西亭　無題二首　有感　晉昌晚歸馬上贈　赴職梓潼留別畏之　餞席重送從叔余之梓州　赴東蜀辟至散關遇雪　籌筆驛　望喜驛別嘉陵江水二絕

文　獻河東公啓二首　爲東川崔從事謝辟并聘錢啓二首　爲河東公上西川相國京兆公書

七年癸酉　十一月，編定樊南乙集。

按：東川詩難細分年月。今略爲區別，讀者無煩過泥。

詩　張惡子廟　五言述德抒情獻杜七兄相公　復一章獻上　韓冬郎即席爲詩相送一座盡驚他日成二絶寄酬兼呈畏之員外　柳（爲有橋邊）　三月十日流杯亭　西溪（悵望西溪水）　柳（柳映江潭）　細雨成詠獻河東公　屬疾楊本勝説於長安見小男阿衮　錦瑟　江上憶嚴五廣休　李夫人三首

文　爲河東公謝京兆公啓二首　爲柳珪謝京兆公啓三首　上河東公啓　謝河東公和詩啓　樊南乙集序

按：以文集糾史書之誤，甚愜予心。惟乙集序自大中元年敍至七年，而其中書明年者三：一曰「明年正月自南郡歸，二月府貶，選爲盩厔尉」；一曰「范陽公奏入幕，明年府罷，選爲博士」；一曰「改判東川上軍，明年，記室請如京師，復攝其事」。余初疑其有舛，細核乃豁然也。今統而論之曰：舊傳：「從亞在嶺表累載，三年乃歸。」蓋統赴辟時言之，非耑從亞貶言之，故曰累載。而三年者，大中三年也。上文云大中初，此故直云三年。新書錯會其意，改云：「謫循州，從之，凡三年乃歸。」誤矣。序云「正月自南郡歸」者，使事畢仍歸桂州也。「二月府貶，選爲尉」者，言府貶在二月，而其後還京爲尉。語雖相接，時則稍遲，乃簡筆耳。盧弘正鎮徐始於三年，辟商隱則在四年。啓有云：「去年遠從桂海，來返玉京。亦可證非南郡即赴京。免調天官，獲昇甸壤。謂不俟調而即爲畿甸官，如舊書志所謂非時選也，一百日内注擬之。俟再考。仰燕路以長懷，望梁園而結慮。詩所謂「此時聞有燕昭臺」也，更可爲京尹非弘正之據。豈期咫尺之書，終訪蓬蒿之宅。」是弘正出鎮後，義山方還京，次年乃承其辟。蓋「明年」二字，猶曰「他年」。凡越一年或二三年，皆可通稱。七言轉韻詩中亦有「明年」字，自再命芸閣，至赴昭桂，中間相距固數年矣。惟書東川時之明年，卽爲下一年。讀古人書，卽一二無足重之字，亦不可忽，稍或誤會，荆棘叢生矣。

八年甲戌　蕭鄴爲戶部侍郎兼翰林。新書蕭鄴傳，參本集。

按：新書傳年月未詳，以文集諸啓核之，當在是年。至十一年七月鄴爲相，見表。

詩　卽日　春日　江亭散席循柳路吟歸官舍　柳下暗記　夜出西溪　寓興　假日　題僧壁　七夕　寫意　寄太原盧司空三十韻

文　爲舉人上翰林蕭侍郎啓　爲某先輩獻集賢相公啓　上河東公啓二首　劍州重陽亭銘

九年乙亥　十一月，以河南尹劉瑑檢校工部尙書、汴州刺史、宣武軍節度使。舊書紀，參劉瑑傳。

詩　憶梅　天涯　二月二日　西溪（近郭西溪好）

十年丙子　柳仲郢在鎭五年，美績流聞，徵爲吏部侍郎。舊書柳仲郢傳。

按：仲郢內徵，舊紀不書，傳文無細年月。其領鹽鐵使，舊紀書於十一年十二月，傳則徵爲吏侍下，接書「入朝未謝，改兵部侍郎，充鹽鐵使」，似內徵亦在十一年也。然舊紀十二年二月以同平章事崔愼由節度東川，代韋有翼；以有翼爲吏部侍郞。則有翼代仲郢鎭東川必在前，而紀又不書也。又以仲郢爲刑部尙書，以夏侯孜充鹽鐵轉運使，則仲郢領鹽鐵僅兩月，恐非然矣。蓋簡籍固多訛脫也。通鑑書仲郢領鹽鐵於九年十一月，則太早。唐會要書十一年，又云：「裴休大中五年領鹽鐵使，十年出鎭，尋以柳仲郢夏侯孜杜悰迭判之。」檢舊、新書傳，裴休大中六年八月同平章事，判使如故，在相位五年，十年十月出鎭宣武。則仲郢被命入朝，當在十年冬。合之金牛驛寄興元渤海尚書詩，似十一年春初方還京，故會要亦書十一年，與舊紀同，而紀之十二月則必誤也。在相五年與在鎭五年，皆自大中六年至十年，書法正合。詩云「五年從事霍嫖姚」，亦相合。今故酌於十年、十一年冬春之交，分書而連屬之，似皆得其實矣。

詩　題白石蓮花寄楚公　病中聞河東公樂營置酒口占寄上　南潭上亭讌集以疾後至因而抒情　春深脫衣　有懷在蒙飛卿　聞著明凶問哭寄飛卿　梓州罷吟寄同舍　飲席戲贈同舍　飲席代官妓贈兩從事

文　爲崔從事寄尚書彭城公啓

十一年丁丑　行尚書兵部侍郎、河東縣開國男柳仲郢本官兼御史大夫，充諸道鹽鐵轉運使。舊書紀，參裴休傳、唐會要。

商隱還京後，還鄭州。從本傳、本集酌書。

按：仲郢領鹽鐵，曾以義山充推官，非至京卽還鄭州。詳下。

詩　行至金牛驛寄興元渤海尚書　鄠杜馬上念漢書　留贈畏之三首　過招國李家南園二首

文　爲李兵曹祭兄濠州刺史文

十二年戊寅　商隱卒。

詩　正月十五夜聞京有燈恨不得觀　正月崇讓宅　贈田叟　寄在朝鄭曹獨孤李四同年　水齋

按：新書傳東川「府罷，客滎陽，卒」，舊書傳「還鄭州，未幾病卒。」大要相同，無細年月。裴廷裕東觀奏記於温庭筠勅授隋縣尉，附書「義山以鹽鐵推官死。自開成二年登第，至大中十二年，竟不升於王廷」。義山充推官，他無可徵。然推官分諸道，不一其人，非誤以李從質事爲義山也。義山以掾屬隨還，仲郢憐其衰病，令叨祿贍，厚德者宜然也。仲郢罷使在十二年之春。義山病還鄭州，而以是年卒，或還鄭稍在先也。惟舊傳云：「大中末，仲郢坐專殺左遷。商隱廢罷。」而仲郢傳云：「咸通時鎭興元，因決贓吏過當，分司東都。」非大中東川時事。舊傳自相歧誤耳。仲郢鎭東川時，因李德裕歸葬，命義山爲祭文。注通鑑者引於咸通元年復德裕官爵時，乃追敍也。徐氏取以證義山復在山南幕，亦誤。余既考定生年，義山竟未五十而歿。陸魯望曰：「玉谿生官不挂朝籍而死。」位卑年促，皆在一語中。文人薄命，千古傷之矣！令狐綯秉鈞十年，義山遂不能振，可慨也。

按：程氏所編之譜，其誤甚於朱氏也。始則泥崔華州之必爲崔戎，而謂書中故賈相國、今崔宣州，非躭、非餗、非羣，必別有人，史所失載者。又以驕兒詩西北羌戎之事，屬之開成二年，因直改上崔書之「二十五年」爲「三十五」，定以貞元己卯爲生年。夫生年必首以祭姊文爲據，程氏竟未一采；崔華州不必戎，而必曰戎；故賈相必爲餗，而不曰餗。任去取於古人，而強成其獨見，可乎哉？況如程說，則袞師當生太和六七年，何東川時尚曰「小男阿袞」也？程氏於會昌三年始書娶王氏女，烏得先十餘年已生袞師哉？此所定生年之誤也。後則以過崔兗海宅詩爲咸通十年痛和州刺史崔雍賜死而作，因謂是時義山已七十二歲。夫既爲崔雍而作，何乃隱其己之歷官，反遡其父之故蹟歟？趙、李、杜三人至是居官三十年矣，而乃云「舊掾已華簪」耶？午橋謂此篇悲悼刻至，語皆過情，與崔戎卒時不合。曾不思義山於華太守受知最深，故吐辭悽惋，哀情之深淺，準乎交誼之淡濃，豈徒視彼家門之境遇哉！況安平公詩亦明言「宅破子毀哀如何」矣！此所定卒年之誤也。首尾既謬，中間自多舛誤。如以寄獻舊府開封公爲元和十五年令狐楚貶衡州時；贈、哭劉司戶諸篇，皆爲大中年間；自南山北歸經分水嶺，既於題下從朱長孺之說，而譜又列之梓州府罷之時，皆謬矣。會昌二年下書曰：「文集有爲鄭亞賀幽州破奚寇表。」曾不考是年亞未外擢，而奚與回紇部落大殊也。會昌三年始書娶茂元女，依程氏所編，義山已四十五歲。兩世節鎮之家，相攸何竟無人，而不愛少年若此哉！長安在西，洛城在東，唐之兩京也。凡自秦而東，皆得謂之之東。程氏乃定指東川，故列東下三旬與對雪二首於入東川時，不知蜀在秦之西南，必不得云東也。義山東川歸後還鄭州，不久病卒，乃取望喜驛、北禽、詣藥山諸篇，列之咸通初柳仲郢鎮山南時，而曰重佐山南，想當然耳，何其妄逞臆見哉！其他小誤甚多，特挈其大端於此。余非好爲駁擊，要其用心，皆爲義山開生面耳。讀者當知余愛古人，而亦不薄今人也。

徐湛園曰：唐之朋黨，二李爲大。牛僧孺爲李宗閔之黨魁，故又曰牛李。楊嗣復、李宗閔、令狐楚與李德裕大相仇怨。義山爲楚門下士，是始乎黨牛之黨者也。迨從鄭亞辟，令狐綯以爲忘家恩，憾之不置。義山歸窮自解，綯不之省。徐州歸後，復以文章干綯，乃補太學博士。則終乎黨牛之黨矣。論者以爲王茂元壻，又從事桂林，遂謂黨贊皇之黨。不知茂元自有王涯爲之道地，又得中人之助，所恃不獨一衛公也。惟鄭亞始終爲衛公所引。然從亞非義山本懷，又不過一年。觀其酬令狐郎中詩云：「補羸貪紫桂，負氣託青萍。」則心事和盤託出，不過爲貧而仕耳，非有心負綯者。傳所云「放利偷合」，則不誣也。他如楊虞卿、蕭澣、杜悰、盧鈞，無一非牛黨。雖柳仲郢，史亦稱其與僧孺善，而謂黨贊皇之黨者，吾不信也。集中刺衛公詩，不一而足。若李衛公一絕，尤其顯然者。

按：朱長孺序，過褒義山；徐氏盡翻朱說，尤偏執矣。夫李、牛之黨，實繁有徒，然豈人人必入黨中，不此卽彼，無可解免者哉？既同時矣，同仕矣，勢不能不與之欵接，要惟爲黨魁者，方足以持局而樹幟，下此小臣文士，絕無與於輕重之數者也。今考令狐楚之於李衞公，視牛之怨李則減矣。楚雖與李逢吉善，然元和進用，自由皇甫鎛、蕭俛，豈盡關牛黨哉？盧鈞於衞公當國時鎭澤潞，大中之季，爲令狐綯所惡，不得輔弼，物議罪綯弄權，此可亦謂之牛黨乎？柳仲郢素與僧孺善，德裕以之尹京兆，仲郢謝曰：「不意太尉恩獎及此，仰報厚德，敢不如奇章公門館。」德裕不以爲嫌。後大中朝，仲郢感衞公之知，傷李氏無祿仕者，乃取其兄子從質爲推官，知蘇州院事，令以祿利贍南宅，用是不悅於綯，豈得專舉其與僧孺善哉？盧弘正於會昌中亦李所薦擢。諸人事皆見史書，不得與楊虞卿、蕭澣等並列而無別白也。義山少爲令狐楚所賞，此適然之遇，原非爲入黨局而然。惟是開成時既以綯力得第，而乃心懷躁進，遽託涇原，此舊傳所云綯以背恩，惡其無行也。綯之惡義山實始於此，非遲至德裕用茂元帥河陽時。舊傳必先敍德裕與李宗閔、楊嗣復、令狐楚大相讎怨，乃修史者於一時朝局，心手熟習，贅及之耳。其後以鄭亞爲李衞公所善，逐李幷及鄭，而綯之惡義山，尤不能釋矣。然則赴鄭幕者，所以重綯之怒。其實早怒其得第而背恩，固非從衞國而遷及之也。最後在盧幕，在柳幕，皆屬衞公所賞識。夫義山之歷就諸幕，皆聊謀祿仕，既並非黨李之黨，更烏得以補太學博士之一節，而謂終於黨牛之黨也哉？補博士乃綯之情不可恝，非美遷也，豈可以論黨局？集中歎衛公詩，吾詳味之矣；刺衛公詩絕鮮。其李衛公一絕，傷之，非幸之也。惟上杜悰詩「惡草雖當路」，乃實斥衛公者。以投贈之故，冀聳尊聽，不惜違心而弄舌耳。要而論之，義山不幸而生於朋黨傾軋之日，所遇皆此輩，未免爲其波染。若其蹤跡名位，絕無與於黨局。卽綯之惡其背恩，僅一家之私事耳，安得過信史書，各徇偏見，而必謂其黨李之黨，或謂其黨牛之黨也哉？况義山聯爲令狐楚、崔戎所憐。戎則裴度領太原時之參謀，單車諭王承宗，乃入爲侍御史，得累遷。使必以受知令狐爲黨牛之黨，則晉公薦德裕爲相，而爲李逢吉、李宗閔所深怨，何獨不以受知崔戎爲黨李之黨也乎？

又按：義山既不足與論黨局矣，而統觀全集，其無行誠不能解免。當得第而未仕，則遽背恩而赴涇原；茂元卒，又欲修好於令狐；令狐出刺吳興，又卽膺桂管之辟，泰然有「不憚牽牛妒」之句；桂府遽罷，衛公叠貶，令狐入居禁近，則又哀詞祈請，如醉如迷；迨至令狐宿憾終不可釋，乃始眞絕望，而以漫成五章揭生平之大略，竊隱附於衛公，以冀取重於千載後也。一人之筆，矛盾互持，植品論交，兩無定守。嗚呼，文人鉥肝雕腎於畢生，而徒博後世浮華無實之誚者，其皆自詒伊戚也夫！

年譜補

四五歲嬉戲情狀　韻語陽秋：作驕兒詩時，袞師方三四歲爾。按：余所編似略長一歲。再酌。

山行一千　合之「鄭驛來雖及」句，商隱馳至興元，楚猶未卒，故屬其草遺表。

自梁還秦　必隨其喪而還也。

重入秘書省爲郎　唐人常例，諸傳文屢見。南史張纘傳：秘書郎四員，宋齊以來爲甲族起家之選。其居職，例不數十日便遷任。

萬善鎮　元豐九域志：在河內縣。

遣李回宣諭　按：平潞之役，得力在李回一使，故舊書劉悟傳特敍之。

柳仲郢遷河南尹　舊書仲郢傳：會昌中，三遷吏部郎中，德裕頗知之。御史崔元藻覆案吳湘獄得罪，仲郢上疏理之，人皆危懼。德裕知其無私，益重之，奏爲京兆尹。按：舊書韋貫之傳：子澳，充翰林學士，深爲宣宗所遇。上言：「戶部缺判使，卿意何如？」澳對曰：「臣心力減耗，不耐煩劇。」甥柳玭謂澳曰「舅之獎遇，特承聖知」云云。是仲郢娶貫之女也。

三年　册府元龜廢滯類全載李商隱舊書傳云：「隨亞在嶺表累年，三年入朝。」則無疑也。

十二月李德裕卒　又按：通鑑書己未李德裕卒，而脫去紀月。今檢其上文閏十一月丁酉，下書甲戌，乃又書己未，已閱八十三日，則己未當入明年正月矣。

漁洋精華録集釋	[清]王士禛著 李毓芙、牟通、李茂肅整理
聊齋志異會校會注會評本	[清]蒲松齡著　張友鶴輯校
敬業堂詩集	[清]查慎行著　周劭標點
納蘭詞箋注	[清]納蘭性德著　張草紉箋注
方苞集	[清]方苞著　劉季高校點
樊榭山房集	[清]厲鶚著　[清]董兆熊注 陳九思標校
劉大櫆集	[清]劉大櫆著　吴孟復標點
儒林外史彙校彙評	[清]吴敬梓著　李漢秋輯校
小倉山房詩文集	[清]袁枚著　周本淳標校
忠雅堂集校箋	[清]蔣士銓著　邵海清校 李夢生箋
甌北集	[清]趙翼著　李學穎、曹光甫校點
惜抱軒詩文集	[清]姚鼐著　劉季高標校
兩當軒集	[清]黄景仁著　李國章校點
惲敬集	[清]惲敬著　萬陸、謝珊珊、林振岳標校　林振岳集評
茗柯文編	[清]張惠言著　黄立新校點
瓶水齋詩集	[清]舒位著　曹光甫點校
龔自珍全集	[清]龔自珍著　王佩諍校點
龔自珍詩集編年校注	[清]龔自珍著　劉逸生、周錫䪖校注
水雲樓詩詞箋注	[清]蔣春霖著　劉勇剛箋注
人境廬詩草箋注	[清]黄遵憲著　錢仲聯箋注
嶺雲海日樓詩鈔	[清]丘逢甲著　丘鑄昌標點

湯顯祖戲曲集	[明]湯顯祖著　錢南揚校點
白蘇齋類集	[明]袁宗道著　錢伯城校點
袁宏道集箋校	[明]袁宏道著　錢伯城箋校
珂雪齋集	[明]袁中道著　錢伯城點校
隱秀軒集	[明]鍾惺著　李先耕、崔重慶標校
譚元春集	[明]譚元春著　陳杏珍標校
張岱詩文集(增訂本)	[明]張岱著　夏咸淳輯校
陳子龍詩集	[明]陳子龍著 施蟄存、馬祖熙標校
牧齋初學集	[清]錢謙益著　[清]錢曾箋注 錢仲聯標校
牧齋有學集	[清]錢謙益著　[清]錢曾箋注 錢仲聯標校
牧齋雜著	[清]錢謙益著　[清]錢曾箋注 錢仲聯標校
牧齋初學集詩注彙校	[清]錢謙益著　[清]錢曾箋注 卿朝暉輯校
李玉戲曲集	[清]李玉著 陳古虞、陳多、馬聖貴點校
吴梅村全集	[清]吴偉業著　李學穎集評標校
歸莊集	[清]歸莊著
顧亭林詩集彙注	[清]顧炎武著　王蘧常輯注 吴丕績標校
安雅堂全集	[清]宋琬著　馬祖熙標校
吴嘉紀詩箋校	[清]吴嘉紀著　楊積慶箋校
陳維崧集	[清]陳維崧著　陳振鵬標點 李學穎校補
秋笳集	[清]吴兆騫撰　麻守中校點

清真集箋注	[宋]周邦彦著　羅忼烈箋注
石林詞箋注	[宋]葉夢得著　蔣哲倫箋注
樵歌校注	[宋]朱敦儒著　鄧子勉校注
李清照集箋注(修訂本)	[宋]李清照著　徐培均箋注
陳與義集校箋	[宋]陳與義著　白敦仁校箋
蘆川詞箋注	[宋]張元幹著　曹濟平箋注
劍南詩稿校注	[宋]陸游著　錢仲聯校注
放翁詞編年箋注(增訂本)	[宋]陸游著　夏承燾、吴熊和箋注　陶然訂補
范石湖集	[宋]范成大撰　富壽蓀標校
于湖居士文集	[宋]張孝祥著　徐鵬校點
稼軒詞編年箋注(定本)	[宋]辛棄疾撰　鄧廣銘箋注
姜白石詞編年箋校	[宋]姜夔著　夏承燾箋校
後村詞箋注	[宋]劉克莊著　錢仲聯箋注
雁門集	[元]薩都拉著　殷孟倫、朱廣祁校點
揭傒斯全集	[元]揭傒斯著　李夢生標校
高青丘集	[明]高啓著　[清]金檀注　徐澄宇、沈北宗校點
唐寅集	[明]唐寅著　周道振、張月尊輯校
文徵明集(增訂本)	[明]文徵明著　周道振輯校
震川先生集	[明]歸有光著　周本淳校點
海浮山堂詞稿	[明]馮惟敏著　凌景埏、謝伯陽標校
滄溟先生集	[明]李攀龍著　包敬第標校
梁辰魚集	[明]梁辰魚著　吴書蔭編集校點
沈璟集	[明]沈璟著　徐朔方輯校
湯顯祖詩文集	[明]湯顯祖著　徐朔方箋校

樊南文集	[唐]李商隱著　[清]馮浩詳注 錢振倫、錢振常箋注
皮子文藪	[唐]皮日休著　蕭滌非、鄭慶篤整理
鄭谷詩集箋注	[唐]鄭谷著 嚴壽澂、黄明、趙昌平箋注
韋莊集箋注	[五代]韋莊著　聶安福箋注
李璟李煜詞校注	[南唐]李璟、李煜著　詹安泰校注
張先集編年校注	[宋]張先著　吴熊和、沈松勤校注
二晏詞箋注	[宋]晏殊、晏幾道著　張草紉箋注
梅堯臣集編年校注	[宋]梅堯臣著　朱東潤編年校注
歐陽修詩文集校箋	[宋]歐陽修著　洪本健校箋
歐陽修詞校注	[宋]歐陽修著　胡可先、徐邁校注
蘇舜欽集	[宋]蘇舜欽著　沈文倬校點
嘉祐集箋注	[宋]蘇洵著　曾棗莊、金成禮箋注
王荆文公詩箋注	[宋]王安石著　[宋]李壁箋注 高克勤點校
王令集	[宋]王令著　沈文倬校點
蘇軾詩集合注	[宋]蘇軾著　[清]馮應榴注 黄任軻、朱懷春校點
東坡樂府箋	[宋]蘇軾著　[清]朱孝臧編年 龍榆生校箋
欒城集	[宋]蘇轍著　曾棗莊、馬德富校點
山谷詩集注	[宋]黄庭堅著　[宋]任淵、史容、 史季温注　黄寶華點校
山谷詩注續補	[宋]黄庭堅著　陳永正、何澤棠注
山谷詞校注	[宋]黄庭堅著　馬興榮、祝振玉校注
淮海集箋注	[宋]秦觀撰　徐培均箋注
淮海居士長短句箋注	[宋]秦觀著　徐培均箋注

孟浩然詩集箋注(增訂本)	[唐]孟浩然著　佟培基箋注
王右丞集箋注	[唐]王維著　[清]趙殿成箋注
李白集校注	[唐]李白著　瞿蜕園、朱金城校注
高適集校注(修訂本)	[唐]高適著　孫欽善校注
杜詩趙次公先後解輯校	[唐]杜甫著　[宋]趙次公注 林繼中輯校
杜詩鏡銓	[唐]杜甫著　[清]楊倫箋注
錢注杜詩	[唐]杜甫著　[清]錢謙益箋注
岑參集校注	[唐]岑參著　陳鐵民、侯忠義校注
戴叔倫詩集校注	[唐]戴叔倫著　蔣寅校注
韋應物集校注(增訂本)	[唐]韋應物著　陶敏、王友勝校注
權德輿詩文集	[唐]權德輿撰　郭廣偉校點
韓昌黎詩繫年集釋	[唐]韓愈著　錢仲聯集釋
韓昌黎文集校注	[唐]韓愈著　馬其昶校注 馬茂元整理
劉禹錫集箋證	[唐]劉禹錫著　瞿蜕園箋證
白居易集箋校	[唐]白居易著　朱金城箋校
柳宗元詩箋釋	[唐]柳宗元著　王國安箋釋
柳河東集	[唐]柳宗元著　[宋]廖瑩中輯注
元稹集校注	[唐]元稹著　周相録校注
長江集新校	[唐]賈島著　李嘉言新校
三家評注李長吉歌詩	[唐]李賀著　[清]王琦等評注
樊川文集	[唐]杜牧著　陳允吉校點
樊川詩集注	[唐]杜牧著　[清]馮集梧注
温飛卿詩集箋注	[唐]温庭筠著　[清]曾益等箋注
玉谿生詩集箋注	[唐]李商隱著　[清]馮浩箋注 蔣凡校點

《中國古典文學叢書》已出書目

詩經今注	高亨注
楚辭今注	湯炳正、李大明、李誠、熊良智注
司馬相如集校注	[漢]司馬相如著　金國永校注
揚雄集校注	[漢]揚雄著　張震澤校注
張衡詩文集校注	[漢]張衡著　張震澤校注
阮籍集	[魏]阮籍著　李志鈞等校點
陶淵明集校箋(修訂本)	[晉]陶潛著　龔斌校箋
世説新語箋疏(修訂本)	[南朝宋]劉義慶撰　余嘉錫箋疏　周祖謨等整理
世説新語校釋	[南朝宋]劉義慶撰　[南朝梁]劉孝標注　龔斌校釋
鮑參軍集注	[南朝宋]鮑照著　錢仲聯增補集説校
謝宣城集校注	[南朝齊]謝朓著　曹融南校注集説
文心雕龍義證	[南朝梁]劉勰著　詹鍈義證
詩品集注(增訂本)	[梁]鍾嶸著　曹旭集注
文選	[梁]蕭統編　[唐]李善注
玉臺新咏彙校	吴冠文　談蓓芳　章培恒彙校
王梵志詩集校注(增訂本)	[唐]王梵志著　項楚校注
盧照鄰集箋注	[唐]盧照鄰著　祝尚書箋注
駱臨海集箋注	[唐]駱賓王著　[清]陳熙晉箋注
王子安集注	[唐]王勃著　[清]蔣清翊注
陳子昂集(修訂本)	[唐]陳子昂撰　徐鵬校點